中国少数民族双语教学研究会

学术文库

双语教学与研究

第九辑

丁文楼　主编

中央民族大学出版社
China Minzu University Press

图书在版编目（CIP）数据

双语教学与研究．第九辑 / 丁文楼主编．—北京：中央民族大学出版社，2020.12

ISBN 978-7-5660-1782-6

Ⅰ．①双… Ⅱ．①丁… Ⅲ．①少数民族教育—双语教学—中国—学术会议—文集 Ⅳ．① G759.2-53

中国版本图书馆 CIP 数据核字（2019）第 301918 号

双语教学与研究 • 第九辑

主　　编	丁文楼		
责任编辑	陈　琳　杨爱新		
封面设计	叶　兴		
出版发行	中央民族大学出版社		
地　　址	北京市海淀区中关村南大街 27 号	邮　编	100081
电　　话	68932815（发行部）	传　真	68932751（发行部）
	68932218（总编室）		68932447（办公室）
经 销 者	全国各地新华书店		
印 刷 厂	廊坊市文峰档案印务有限公司		
开　　本	787×1092　1/16　印张：43		
字　　数	682.5 千字		
版　　次	2020 年 12 月第 1 版　　2020 年 12 月第 1 次印刷		
书　　号	ISBN 978-7-5660-1782-6		
定　　价	195.00 元		

谨以此书献给

中华人民共和国成立七十周年

中国少数民族双语教学研究会成立四十周年

中国少数民族双语教学研究会成立四十周年纪念文集

双语教学与研究·第九辑

主　编　丁文楼

副主编　周国炎　关辛秋

编　委　丁文楼　王印娟　冯诗涵　关辛秋

张迎治　金贞爱　周国炎　姜镕泽

全国人大常委会原副委员长铁木尔·达瓦买提同志被聘为名誉会长

中央民族大学终身教授、民族语文学科奠基人马学良先生为
学会第一届至第六届会长、第七届理事会名誉会长

全国人大常委会原副委员长布赫同志被聘为名誉会长

马学良先生（右一）在学会科研工作规划会上讲话

全国人大常委会原副委员长许嘉璐教授被聘为名誉会长

国家语委原副主任王均教授被聘为名誉会长

中国少数民族双语教学研究会第七届理事会暨学术研讨会代表合影

丁文楼会长代表学会为广西武鸣县壮族中学捐款

2010 年第十六次全国双语教育学术研讨会在内蒙古锡林郭勒职业学院召开，学会全体领导在欢迎会上

2012 年学会召开中亚双语教育国际学术研讨会，全国人大民族委员会马启智主任（左三）和上海合作组织负责人应邀参会合影

2013 年第十九次全国双语教育学术研讨会在北方民族大学召开，
进行了第十届理事会换届选举，新领导班子全体合影

2014 年第二十次全国双语教育学术研讨会在云南民族大学举办，
国家民委教科司司长、学会会长田联刚（左二）和学校领导为
“双语教师培训中心”揭牌

2013 年第十九次全国双语教育学术研讨会评选出张公瑾等 10 位教授为全国“有突出贡献双语教育专家”，学会领导为他们颁发荣誉证书

2019 年第二十五次全国双语教育学术研讨会在长春师范大学召开，评选胡振华等 3 位教授为“第二届终身成就奖”专家、张廷芳教授等 4 人为第二届“有突出贡献双语教育专家 ”，此为颁奖合影

双语教学与研究
第二辑
双语教学与研究
（第六辑）
主编 丁文楼
中国少数民族
双语教学研究与实践
主编 丁文楼
SHUANGYU JIAOXUE YANJIU
두가지 언어 교학연구
双语教学与研究
第八辑（下）
马学良先生百年诞辰纪念文集
主编 丁文楼
SHUANGYU JIAOXUE YANJIU
두가지 언어 교학연구

出版文集

双语教育研究
（创刊号）
中国少数民族双语教学研究会主办
北京
1
2018
（总第11期）
中国少数民族双语教学研究会
ZHONGGUOSHAOSHUMINZUSHUANGYUJIAOXUEYANJIUHUI
通讯
TONG
XUN
1
2002

出版会刊

目　　录

代序

会议讲话

双语教育政策研究

双语教育理论研究

双语教育实践研究

双语教育测量与评估

教材　教师　教法

语言与文化研究

双语教育四十年成就展示

追思与缅怀

附录：双语教育历届荣誉表彰

后记

代序

第二十五次全国少数民族双语教育学术研讨会开幕词
——庆祝中国少数民族双语教学研究会成立40周年大会

赵　杰

尊敬的李彧威书记、丁文楼荣誉会长、林琨厅长，尊敬的各位领导、各位专家：

大家上午好！

“空山新雨后，天气晚来秋。”在秋高气爽、秋风习习的东北长春，迎来了共和国的70华诞，与此同时，也迎来了中国少数民族双语教学研究会成立40周年的喜庆日子！今天，来自全国150多位各族双语教育专家齐聚在美丽的长春师范大学共襄盛会，首先向大家表示热烈的欢迎和亲切的问候！同时，也要向举办此次盛会的长春师范大学领导和师生表示衷心感谢！此时此刻，我能代表学会致开幕词，感到由衷的高兴与自豪！

中国少数民族双语教学研究会是改革开放的春风刚刚吹遍神州大地的1979年5月4日成立的国家一级学会，由国家民委主管，中国民族语文学科创始人、民族语文泰斗马学良先生创办并亲任第一届至第六届会长。

40年风雨历程，学会在马学良先生、著名双语教育专家丁文楼先生和学者型领导田联刚教科司长三代会长的领导下，在民族双语教育和研究方面取得了辉煌的成绩！尤其是丁文楼会长发挥了近20年承上启下的中流砥柱作用，使双语学会由小到大、由弱到强，由不为学界重视到发展成为在国内外有着重大影响的学术社团，经历了不平凡的发展历程。

中国少数民族教学研究会乘着改革开放的春风，在各级领导的大力支持下，团结全国各族双语教育工作者，以宣传、贯彻党的民族语文政策为己任，高举中国特色社会主义伟大旗帜，深入贯彻科学发展观，以学术为本，开展“理论研究，学术交流，专业培训，国际合作，咨询服务”，全面弘扬中华民族多元文化，推动建立、完善中国少数民族双语教育学科理论体系，以会养会，不断提高研究会的学术地位、品牌、特色和影响力。为促进我国民族教事业的发展、维护民族团结和构建中华民族共同体做出自己的贡献。

40 多年来，学会秉持“团结、民主、奉献、创新”的会风，不忘初心，牢记使命，先后召开过 25 次全国双语教育学术研讨会（包括 5 次国际学术研讨会），举办过 7 届双语教师培训班，进行过 5 次全国双语教育科研成果评奖，对先进双语教育工作者进行了表彰，创办了会刊《双语教育研究》，编辑、出版了双语教育研究文集 12 部，大大推动了我国民族双语教育理论研究和经验交流，使研究会成为在国内外有重大影响力的学术团队和推动民族双语育事业发展的强大生力军。

“雄关漫道真如铁，而今迈步从头越”，在迎接伟大祖国 70 华诞之日，在落实习近平总书记十九大报告“促进各民族交往、交流、交融，铸牢中华民族共同体意识，唱响民族团结主旋律”的工作推进中，在全党“不忘初心，牢记使命”主题教育的热潮中，我们研究会应该顺势而为，抓住机遇，大有作为。我认为在今后应抓好以下几项工作：

第一，高举习近平新时代中国特色社会主义伟大旗帜，为促进民族团结、维护祖国统一、铸牢中华民族共同体意识做贡献。

第二，全面贯彻《国家通用语言文字法》，大力推广、普及国家通用语言文字，促进国家通用语言文字规范化、标准化和法制化，为少数民族及民族地区脱贫致富，全面建成小康社会和社会主义现代化建设做贡献。

第三，“科学、稳妥推进双语教育”。2015 年 8 月召开的第六次全国民族教育工作会议颁布了《国务院关于加快发展民族教育的决定》，提出了“科学、稳妥推行双语教育”的方针，要求依据法律，遵循规律，结合实际，坚定不移推行国家通用语言文字教育，确保少数民族学生基本掌握和使用国家通用语言文字，少数民族高校毕业生能熟练掌握和使用国家通用语言文字。尊重和保障少数民族使用本民族语言文字接受教育的权利，不断提高少数民族语言文字教学水平。在国家通用语言文字教育基础薄弱地区，以“民汉兼通”为基本目标，建立、健全从学前到中小学各阶段有效衔接，教育模式与学生学习能力相适应，师资队伍、教学资源满足需要的双语教学体系。这是今后一个时期我国民族双语教育的指导方针，必须全面贯彻执行。

第四，传承、发展中华民族多元文化。民族双语教育是中国特色多元文化教育，是传承、发展民族文化的主渠道。弘扬中华优秀传统文化、抢救非物质遗产已经成为以习近平同志为核心的党中央治国理政的一个浓厚情结，国家出台了冷门绝学专项基金。习总书记最近视察甘肃敦煌研究院时进一步强调了抢救文化古迹的重要意义。因此，我们学会在抢救、保护、整理、研究弱化以致濒危的少数民族语言是功在当代，利在千秋的文化强国之大业。各位专家、学者在此领域一展宏图，将大有作为。

第五，理论创新，引领双语教育全面发展。理论是学科的灵魂，“没有理论的行动是盲目的行动。”中国少数民族双语教育是一门新兴科学，不断加强学科理论研究与创新，是增强学科地位和双语教育可持续健康发展的根本。我国广大双语教育工作者要在习近平新时代坚持学科理论研究，与时俱进，不断创新，推出新理论、新方法，不断推动中国特色双语教育事业的新发展。

第六，发展队伍，扎实推进学会分支机构的建设。这届年会我们开会研究并报国家民委人事司和社团办通过，正式成立两个分支机构，即满语言文化专业委员会和少数民族汉字推广专业委员会。这两个专业委员会分别依托东北师范大学和中央民族大学，希望各专业委员会能够立足特色，深入研究，为中国多民族的双语事业，为实现中华民族伟大复兴的中国梦不断创造出独有特色的新贡献！

最后，再次感谢长春师范大学！感谢吉林省教育厅和吉林省民委领导！感谢全国各地各民族的双语专家和代表莅临大会！预祝大会圆满成功！谢谢大家！

2019 年 9 月 28 日

（作者：北京大学教授、博士生导师、中国少数民族双语教学研究会书记兼常务副会长）

会议讲话

在第二十次全国少数民族双语教育学术研讨会上的讲话

田联刚

今天，在美丽的云南昆明，在云南民族大学召开了第二十次全国双语教育学术研讨会。我谨代表国家民委教育科技司和中国少数民族双语教学研究会，向大家的到来表示热烈的欢迎，并通过你们，向长期以来耕耘在少数民族双语教育工作战线的同志们，表示亲切的问候和崇高的敬意！同时，向云南民族大学对本次会议所给予的大力支持，表示衷心的感谢！

一、国家民委所肩负的民族语文工作职责，以及近两年来所开展民族语文工作的情况

1954 年起，国务院即把民族语文管理职责赋予国家民委，主要内容是“管理少数民族语言文字工作，指导少数民族语言文字的翻译工作”。

近两年来，我委在党中央、国务院的坚强领导下，在各级各有关部门的大力支持下，扎实推进民族语文工作，概括起来，主要有六个方面：

一是进一步理清了工作思路。我们全面梳理了我国民族语文工作的历史沿革、民族语文政策、法律法规、国外语言政策等方面情况，并从政治学、民族学、管理学等多角度进行深入研究，提出了今后一个时期改进民族语文工作的思路和对策。主要是：在工作定位上，必须既“管政策制定”，也“管政策执行”，当前必须把“管政策执行”摆在更加突出的位置；在工作手段上，必须坚持“调查研究”“组织协调”“监督检查”与“指导帮助”

并重；在工作平台上，必须建设好“决策支持”“人才培养”和“区域协作”三个平台；在工作力量上，必须突出加强队伍建设，促进素质和能力提高；在工作抓手上，必须搞好每年一次的监督检查，办好一年一度的工作现场会、一年一期的高级研修班，推进每年若干的民族语文工作重点项目研究等。

二是进一步夯实了民族语文工作基础。我们紧紧围绕民族语文工作的现状、存在的困难和问题、解决的思路和对策等，组织开展调查研究，向中央民族工作会议筹备组提交调研报告，提出对策和建议。针对当前民族语文工作底数不够清楚，新的政策理论阐发不够，各有关政策、法规掌握得不够的实际，设立了“少数民族语言文字使用现状调查”“新形势下科学保护各民族语言文字工作理论与政策研究”“民族语文政策法规汇编（2005—2013）”等项目，组织力量进行深入研究。

三是进一步加强了对各级民族语文工作的监督检查和指导帮助。去年，在全国各地民族语文工作部门和有关单位的范围内，对2010年以来贯彻落实党和国家民族语文政策和法律、法规，特别是国家民委民族语文管理工作两个文件的情况进行了全面总结。今年，在筹备中央民族工作会议、第六次全国民族教育工作会议的前期调研中，由民委领导带队赴有些省区，对包括民族语文工作在内的各项工作进行比较深入的调研，并督促、指导各地做好有关工作。同时，持续推动内蒙古、贵州、云南、新疆等地出台少数民族语言文字管理工作《条例》或《意见》，推动吉林、辽宁等地落实少数民族语言文字专项经费。近两年来，全国民族语文工作得到了新的加强，少数民族群众语言文字权益保障工作迈上了新的台阶。

四是进一步推进了工作平台建设。第一个工作平台就是国家民委民族语文工作专家咨询委员会。这个机构成立一年多来，创建了多个部门与社会各界共同谋划推进民族语文工作的良好平台，使得部委之间的沟通和联系多了，专家、学者为我们贡献的智慧和力量多了，发挥了很好的作用。

第二个工作平台就是国家民委双语人才培训基地。2012年底在中央民族大学、西南民族大学、西北民族大学设立了三个国家民委双语人才培训基地，承担为民族地区培养、培训各级、各类民汉双语人才的任务。同时，争取了到人力资源和社会保障部在中央民族大学设立以培养民族语文翻译人才为方向的“国家级专业技术人员继续教育基地”的机会。基地设立一年多来，先后开展了 19 个班次 1090 人次的双语人才培养、培训工作，其中就包括大量双语教师，工作成效明显。

近日，经深入研究，我委批准在延边大学、青海警官职业学院和云南民族大学分别设立国家民委双语人才基地，至此，基地增加到 6 个。等一会儿，我们还将举行云南民族大学国家民委双语人才培训基地的揭牌仪式。在此，我一方面对云南民族大学该基地的设立表示热烈的祝贺，另一方面，也希望云南民族大学倾力支持基地的建设和发展，努力把基地建设成为“五位一体”的基地。第一，要建成学习贯彻和模范执行党和国家民族政策和法律、法规的基地；第二，要建成各民族和谐相处、团结进步的基地；第三，要建成大力培养、培训双语人才，源源不断地为云南乃至西南各地输送双语人才的示范基地；第四，要建成西南片区民汉双语和双语人才培养的理论研究、实践探索基地；第五，要建成展示民族院校特色、拓展服务社会功能、探索推进民族院校改革的基地。

第三个工作平台就是有关民族语文工作机构。我委积极做好服务和指导跨省区民族语文协作机构的工作。持续指导八省区蒙古语文工作协调小组办公室开展奖励表彰、蒙文协作等工作，积极协调吉林省政府加大力度，支持省朝鲜语文协作领导小组办公室机构的建设和工作经费。此外，还积极参与指导藏文、彝文的跨省区协作的有关工作。

五是进一步推进了工作抓手建设。我委坚持每年组织召开一次民族语文工作现场会或座谈会，一方面，各地交流了情况，学习经验，另一方面，会议根据不同主题，有针对性地研究解决了一些问题，推进了工作。

我委坚持联合人力资源和社会保障部每年举办一期全国民族语文翻译工作业务骨干高级研修班，学员全部为有关地区和单位的民族语文工作业务骨干，至今已举办了 7 期，每期 50 至 70 人。截至目前，各界对研修班的评价都很高，一致认为是我委民族语文工作的品牌。

我委根据形势的发展，及时把少数民族濒危语言保护工作摆上重要位置，设立“濒危语言保护标准研究”和“‘20 种少数民族濒危语言调查与保护’项目关键问题及标准研究”两个项目，组织力量进行研究，争取及早提出项目建议书，并协调有关部门争取列入国家“十三五”规划的支持项目。

此外，我委还针对基层民族语文人才认定、职称评聘的急迫需求，组织开展了藏语文、壮语文、彝语文和朝鲜语文的从业人员水平测试标准研究，成熟后将积极协同教育部、人力资源和社会保障部等有关部门，推荐各有关地区和部门使用。

六是进一步拓展了工作的空间和领域。我委根据“民族工作进程”的形势发展和变化，及时对“内地大中城市民族语文公共服务问题”进行了认真研究，提出了工作的基本原则和思路。从去年起，我委将内地大中城市和散居省份的文教处长列为全国民族语文工作会议的参会对象，对城市民族语文公共服务工作一并研究，一并部署。今年初，我委组织召开了“六省（市）朝鲜语文工作协调会议”，协调将朝鲜语文协作范围从东北三省拓展至北京、辽宁、吉林、黑龙江、上海、山东等省市。以上举措适应了形势的发展和变化，进一步拓展了民族语文工作的空间和职能。

我委所属中国民族语文翻译局完成了蒙古、藏、维吾尔、哈萨克、朝鲜、彝、壮等民族语文辅助翻译软件的研发任务，免费向有关民族地区赠送，让民族语文信息化的最新成果在第一时间惠及民族地区和少数民族群众。我委高度重视现代传媒力量，研究起草在全国开展“蒙古—汉”“朝鲜—汉”等类别的“电视双语之星大赛”方案，力争在明年开设试点。同时，大力支持四川凉山开展彝语演讲比赛活动，委托有关单位开展民族语文生态保护双语和谐乡村（社区）建设项目研究，支持新疆建设多文种公共服务平台，开拓了民族语文工作服务地方需求的新路子。以上成绩的取得离不开党中央、国务院的坚强领导，离不开在座的全国民族语文工作战线的全体同志的大力支持，在此，我谨向大家表示诚挚的感谢。

二、当前，党中央、国务院对新形势下的民族文工作提出了新的任务和要求，我们要进一步加强做好民族语文工作，特别是双语教育工作的责任感和紧迫感

党的十八大以来，以习近平同志为核心的党中央高度重视民族问题和民族工作。党中央国务院领导从实现“两个一百年”奋斗目标和中华民族伟大复兴的中国梦的高度，对事关民族工作全局和长远发展的一系列重大问题，提出了许多建设性的新思想、新观点、新论断、新要求。其中，对民族语文工作，特别是双语教育工作也提出了新的更高的要求。习近平总书记赴新疆考察，亲自过问当地小学双语教育情况，并鼓励汉语教师学好维吾尔语。在第二次中央新疆工作座谈会上，习近平同志强调：“搞好义务教育、职业教育、技能培训，是推动少数民族群众直接、广泛参与建设新疆、发展新疆、爱护新疆的重大战略问题。”“要扎实办好义务教育等各级、各类教育，积极推进双语教育和职业教育，帮助新疆各族群众特别是年轻人学好、用好国家通用语言文字。”李克强同志指出：“把教育搞上去，是实现新疆经济发展、社会进步和长治久安的治本之策，也是扩大就业、改善民生的基础”。这些领导指示，都充分凸显了新形势下加强民族教育工作，特别是少数民族双语教育工作的重要性和必要性，也提出了明确要求。今年下半年，党和国家即将召开中央民族工作会议和第六次全国民族教育工作会议，相信党中央、国务院还将就新形势下的民族语文工作、双语教育工作做出进一步的部署。这些重要决策和部署，为我们做好新形势下的民族语文工作和双语教育工作提供了根本遵循、指明了前进方向，我们要切实把思想和行动自觉统一到党中央、国务院的部署和要求上来，深入领会中央领导一系列重要讲话的实质和内涵，进一步加强做好工作的责任感和紧迫感，立足各自岗位，认真抓好贯彻落实。

三、中国少数民族双语教学研究会要进一步发挥作用，服务于国家推进民族教育发展和民族团结进步事业的发展战略

一是增强学习意识。当前，形势发展、变化得非常快。稍不留神，思想观念、工作方式和方法就会落后于别人。双语教育研究是开放式的学习和研究，绝不可以搞闭门造车、抄抄写写的那一套。而要注重从党和国家的基本理论、方针和政策中找方向、找依据，认真领会党中央、国务院的决策和意图，把握时代脉搏，紧跟时代步伐。要注重从实践中找经验、找办法、找灵感，使自己的研究更加切合实际、符合实际，并有实际成效。

二是增强大局意识。我们搞少数民族双语教育研究，不是为了研究而研究，也不是为了教学而教学，而是为了服务民族教育事业和民族团结进步事业。因此，我们工作的立足点和着力点都要放在这个目标和高度上来理解和把握。一项研究的开展、一项政策和建议的提出，一定要看是否有利于民族教育质量的提高，是否有利于民族团结进步事业的发展，是否立足于少数民族群众语言文字合法权益的有效保障，是否定位于实现中华民族伟大复兴的中国梦，等等。唯其如此，我们的工作才能成为社会进步与发展的正能量，才能产生积极的效果。

三是增强舆论宣传意识。工作的推动，离不开社会各界的大力支持，无论是民族语文工作，还是具体到双语教育工作，都要有较好的社会舆论

支持。我们虽然来自不同岗位，但都有一个共同的角色，那就是少数民族双语教育工作者。为此，宣传党和国家的少数民族双语教育政策，我们责无旁贷。当前在有关地方，确实存在对少数民族双语教育认识得不到位、有偏差的情况。我们要通过各种方式和渠道，积极、主动地向相关地区和群众宣传党和国家的少数民族双语教育政策，推动我们的工作进入大众视野，调动各方面的积极性支持少数民族双语教育事业。

四是增强建言献策意识。现实中，我们经常看到，很多研究成果都是发表之后就被束之高阁了。这种现象，往小的方面说，是“半拉子工程”，是忽视了学术研究的社会价值，往大了说，是国家资源的巨大浪费，是研究者对社会责任的不尽职。因此，我们要努力避免这种现象，对好的调研报告、研究报告，要及时转化为提交党委、政府有关部门的政策建议，为其提供重要的决策参考。只要其中的一两条被采纳了，并成为党委、政府推动实际工作的决策和举措，那我们的研究工作就发挥了最大的价值，我们就尽到了应有的社会责任，我们的工作和人生也就变得更加可圈可点。

五是增强凝聚合力，积极、主动开展工作的意识。这点主要是对理事会讲的。理事会要按照研究会的宗旨和章程要求，充分凝聚合力，靠前指挥，主动作为。要精心谋划、研究制定每个年度的工作计划，并不折不扣地抓好贯彻落实。要注重思路创新和工作创新，不能仅仅停留在每年开开会、走走过场的层次上。要充分发挥、协调各方的作用，组织策划并积极承担有关双语教育的国家重大研究课题，拿出一批上档次、有分量的研究成果。要做好服务全体会员的工作，切实为全体会员提供贴心服务，创造沟通、交流、互学、互助、共进的更好的工作平台。要改进工作方式，探索多种形式开展工作，多方筹措资金支持会员进行富有成效的调查研究和学术创新活动。要提高办事效率，用较少人力、物力开展工作，并力争取得好的成效。

同志们，希望大家全面、深入地开展交流、互相学习，努力提高理论水平，做好本职工作，为圆好中华民族一家亲的团结梦、实现各民族走向现代化的发展梦，共铸中华民族伟大复兴的中国梦做出新贡献！最后，祝与会代表工作顺利，万事如意，国庆节快乐！谢谢大家！

在第二十三次全国少数民族双语教育学术研讨会上的讲话

田联刚

尊敬的各位领导、各位专家、各位老师：

大家好！

很高兴来到多彩贵州，参加由中国少数民族双语教学研究会主办、贵州民族大学承办的第二十三次全国少数民族双语教育学术研讨会。在此，我谨代表国家民委教育科技司和少数民族双语教学研究会，向大家的到来表示热烈欢迎，并通过你们，向长期以来耕耘在少数民族双语教育工作战线上的同志们表示亲切问候！同时，向贵州民族大学对本次研讨会所给予的大力支持，表示衷心感谢！

下面，我讲三点意见，供大家参考。

一、做好少数民族双语教育工作意义重大，使命光荣

我国是一个多民族、多语言、多文字的国家。中华人民共和国成立初期，我们党和国家在民族地区实施少数民族双语教育，是根据少数民族和民族地区的实际情况做出的重大决策。几十年来的实践和成就反复证明，实施少数民族双语教育是贯彻落实党的教育方针、党的民族平等政策和语言平等政策的重要体现，是保障我国少数民族教育公平、加快民族教育发展的重要举措，意义重大：

第一，国家通用语言文字和少数民族语言文字同时被列为教学语言，充分体现了党的民族平等和各民族语言文字一律平等的政策，体现了国家对少数民族语言文字的尊重与重视。既维护国家统一，又尊重民族差别是

田联刚：国家民委教育科技司司长、中国少数民族双语教学研究会会长。

马克思主义唯物辩证统一理论在教育领域的良好体现，也是实事求是的毛泽东思想活的灵魂的生动写照。

第二，少数民族语言文字是民族文化的重要载体。实施少数民族双语教育，有利于保护、弘扬少数民族语言和优秀的传统文化，对保持中华文化的多样性和丰富性，推进中华文化与时俱进、创新发展，树立、增强文化自信和文化认同，构建中华民族共有的精神家园，都有着不可替代的作用。

第三，实施少数民族双语教育，体现了我们对人文价值观念的积极追求，既能帮助少数民族同胞学习国家通用语言文字和汉族文化，又维护了少数民族语言和文化的真实性，有利于叙述好中国故事和展示中国文化开放、包容的精神特质。

第四，以少数民族母语为教学语言，符合少数民族儿童的认知和教育规律，较好地保持了他们认知、思维等能力的连贯性，减少了跨语言、跨文化学习的困难，进而增强了民族教育成效，促进了教育公平。

第五，实施少数民族双语教育，有利于培养大量少数民族双语人才，使少数民族学生尽快掌握国家通用语言文字，既可以作为党和国家联系少数民族群众的桥梁和纽带，又可以使少数民族学生学习现代科学技术知识，加强与其他民族的沟通和交往，促进民族地区经济、教育、文化等事业发展，进而实现各民族共同团结奋斗、共同繁荣发展。

当前，我国已进入全面建成小康社会的决胜性阶段，党的十九大即将召开，我们比历史上任何时刻都更加接近中华民族伟大复兴的中国梦。办好让人民满意的民族教育，对加快少数民族和民族地区经济、社会发展，全国人民共同建成全面小康、实现中国梦具有至关重要的作用。作为其中的重要内容的少数民族双语教育，其重要性也加倍凸显。我们必须进一步站在战略和全局的高度，充分认识少数民族双语教育的重要性、特殊性和敏感性，增强责任感和紧迫感，切实把双语教育工作摆在更加突出的重要位置，敢于担当，积极作为。

二、贯彻党中央、国务院重要决策和部署，是双语教育工作应当遵循的根本原则

党的十八大以来，党中央、国务院高度重视民族工作和教育工作，就其中的少数民族双语教育工作方面，有很多重要的决策、部署和要求。借

此机会，我们一起来温习。

在 2014 年的中央民族工作会议上，习近平总书记明确强调：“语言相通是人与人相通的重要环节。语言不通就难以沟通，不沟通就难以达成理解，就难以形成认同。”“在一些有关民族地区推行双语教育，既要求少数民族学习国家通用语言，也要鼓励在民族地区生活的汉族群众学习少数民族语言。少数民族学好国家通用语言，对就业、接受现代科学文化知识、融入社会都有利。在民族地区当干部，少数民族干部要会讲汉语，汉族干部也要争取会讲少数民族语言，这要作为一个要求来提。不然，这个干部是当不好的，话都听不懂怎么做工作？”

2015 年的第六次全国民族教育工作会议和国务院《关于加快发展民族教育的决定》明确指出：“科学稳妥推行双语教育。依据法律，遵循规律，结合实际，坚定不移推行国家通用语言文字教育，确保少数民族学生基本掌握和使用国家通用语言文字，少数民族高校毕业生能够熟练掌握和使用国家通用语言文字。尊重和保障少数民族使用本民族语言文字接受教育的权利，不断提高少数民族语言文字教学水平。在国家通用语言文字教育基础薄弱地区，以民汉双语兼通为基本目标，建立、健全从学前到中小学各阶段有效衔接，教学模式与学生学习能力相适应，师资队伍、教学资源满足需要的双语教学体系。国家对双语教师培养、培训，教学研究，教材开发和出版给予支持，为接受双语教育的学生升学、考试提供政策支持。鼓励民族地区汉族师生学习少数民族语言文字和各少数民族师生之间相互学习语言文字。研究完善双语教师任职资格评价标准，建立双语教育督导评估和质量监测机制。”

以上重要指示和论述，都是党中央、国务院着眼于“四个全面”的战略布局，围绕“两个一百年”的目标，聚焦民族团结进步事业做出的重要决策和部署，是我们在新形势下持续做好民族工作特别是双语教育工作应当遵循的根本原则。

我们从事双语教育工作，一定要进一步增强“四个意识”，深刻领会党中央、国务院关于新时期民族语文工作、民族教育工作特别是双语教育工作的一系列重要决策、部署和要求，努力找准工作定位，明确工作任务和目标，狠抓落实，为推进民族语文工作和民族教育事业发展发挥自己应有的作用。

三、切实投身实践，努力研究解决双语教学一系列重点、难点问题

首先，双语教育要更好地服务于中小学生社会主义核心价值观的培育，更好地服务于中华传统文化的传承、创新与发展。我认为，这句话指出了双语教育工作的“魂”。在双语教育工作中，我们要紧扣这些“魂”来创新教学理念、设计课程内容、改进教学方式，使双语教育兼具语言传授的“形”和以价值观树人、以文化育人的“神”，做到形神兼备。在座各位可以在这个方面大胆探索，加强研究，争取多出成果、出好成果。

其次，我们在基层开展调研工作时，常常听到有地方反映，现在的双语教育质量不高，投入、产出不成正比，主要问题就是双语教师队伍建设和双语教材保障不足。这些重要问题，需要我们在现有成果的基础上持续深入地加以细化探讨和研究。

其中，双语教师专业化发展的特殊性是一个必须关注的问题。我们知道，少数民族双语教育、教学是一种特殊的教育形式，其形式、内容和目标决定了双语教师的专业化发展的特殊性。也就是说，双语教育的目标不仅关注学生对科学知识的学习，而且还要培养学生的科学探索能力、爱国精神等。而双语教师的专业化发展是实现教育目标、培养少数民族学生成为符合时代要求的建设者和接班人，也是少数民族地区学校教育可持续发展的基石，更是少数民族双语教师实现职业理想的必由之路。因此，如何因时、因地地培训、培养少数民族双语教师，值得我们深入研究。

与此同时，我始终坚持的一个观点是，少数民族双语教学除教师以外的第二个关键因素，就是教材。教材在教学过程中起着至关重要的作用，因此，要加强对双语教材建设的研究。目前我们的研究主要还是局限于语言教材，还没有真正实现对包括数、理、化等学科的教材的研究。少数民族双语教材如何适应不同民族、不同环境的教学需要和要求等，都是今后我们双语教育工作者研究的重点。

同志们，中国少数民族双语教学研究会是推进少数民族地区教育基础创新和科学发展的重要力量。为进一步加强研究会的建设，在此，我有两点建议：

一是要坚守“不忘初心，不断创新”的研究会工作思路。中国少数民族双语教学研究会的宗旨是为少数民族地区教育服务。在当前政府职能调整、教育发展方式和社会组织转型的背景下，少数民族双语教学研究会应

当主动抢抓机遇，积极开展群众性教学、科研和面向一线双语教育教师的专业服务，为推进少数民族地区双语教育的发展、少数民族地区基础教育的改革，提高少数民族地区教育质量做出更大的贡献。

二是要努力强化研究会建设，不断增强研究会的凝聚力和影响力。我觉得，研究会只有吸引、聚集一大批关心少数民族教育、研究少数民族双语教育的专家学者队伍加盟，才会有持续的生命力和影响力。因此，研究会今后仍要把发展会员、凝聚力量作为一件大事抓实、抓好，同时要在工作中始终坚持依法办会、民主办会、科学办会，既要使研究会的专家、学者队伍不断发展壮大，同时要保证研究会的发展与少数民族地区教育事业的发展协调、同步。

同志们，党的十九大很快就要召开了，让我们紧密团结在以习近平同志为核心的党中央周围，立足岗位，砥砺奋进，扎实做好双语教学及其研究工作，为实现“中华民族一家亲，同心共筑中国梦”而努力奋斗！

最后，预祝本次研讨会圆满成功，祝大家工作顺利、身体健康、万事如意！谢谢大家！

在第二十三次全国少数民族双语教育学术研讨会上的讲话

张和平

尊敬的田司长、罗司长、学立书记、文亮校长、丁文楼老会长，各位领导，各位专家、学者，各位新老朋友、同志们、同学们：

大家上午好！

正值全国各族人民深入学习习近平总书记系列重要讲话，特别是“726”重要讲话，奋力推进脱贫攻坚，以饱满的政治热情喜迎党的十九大召开之际，由中国少数民族双语教学研究会主办、贵州民族大学承办的第二十三次全国少数民族双语教育学术研讨会，今天在多彩贵州、爽爽贵阳、浪漫花溪召开。来自全国各地的专家、学者欢聚一堂，对于进一步贯彻中央民族工作会议精神，努力构建双语和谐社会，这是一次难得的交流盛会。在此，我谨代表贵州省民族宗教事务委员会，向前来参加本次学术研讨会的各位领导、嘉宾和代表表示热烈的欢迎，致以崇高的敬意！

刚才，田司长和学立书记分别从全国和我省的角度，做了精彩发言，这对我来说是一次难得的现场培训和学习的机会，使我很受教育、很受启发。下面请允许我从民族工作的角度将我省的情况向大家做简要汇报。

贵州是我国 8 个民族省区之一，有 3 个自治州、11 个自治县，193 个民族乡，数量位居全国第一，少数民族人口分布整体上呈“大杂居、小聚居”的格局。贵州是一个多民族、多语言的省份，有苗族、布依族、侗族、土家族、彝族、仡佬族、水族、回族、白族、瑶族、壮族、畲族、毛南族、蒙古族、仫佬族、羌族、满族 17 个世居少数民族，仅次于云南，居全国第二位。根据第六次全国人口普查数据，我省常住人口中共有少数民族人口 1255 万，占全省总人口的 36.11%，少数民族人口占比仅次于广西、云南，

张和平：贵州省民宗委副主任。

居全国第三位。在17个世居少数民族中，有10个民族800多万人还保留本民族语言，其中260多万人存在汉语言障碍。长期以来，在贵州省委、省政府的坚强领导下，在国家民委的指导和兄弟省区的支持下，贵州少数民族语言文字工作取得了一定的成绩。近年来我省出台了《关于进一步做好少数民族语言文字管理与服务工作的意见》（黔族发［2012］104号），充分利用报刊、网络大力宣传我省少数民族新的政策导向，宣传双语省情和双语服务的必要性，宣传我省“构建双语和谐，促进民族团结”的“贵州经验”，并联合有关部门分期在我省使用本民族语言人口较多的苗族、布依族、侗族、彝族、仡佬族、水族、瑶族、壮族、畲族、毛南族10个民族人口集中的县、乡、村建立了32个省级双语和谐环境建设示范点。全省各级双语和谐环境建设示范点有100个。与贵州民族大学、铜仁学院、凯里学院、黔南民族师范学院等10个单位共建省级双语服务基地，授牌10家单位开展双语服务工作。“十二五”期间，共组织了省级民汉双语骨干人才培训33期，共计培训2786人次。另外，双语人才招录取得了较大进展。从2012年起，经过民语测试，苗族、布依族、侗族、彝族、水族5个民族的100多名考生被录取到贵州民族大学中国少数民族语言文学专业，1000多名考生被录取到贵州民族大学、凯里学院、黔南民族师范学院等高校就读本科双语预科班和民族班。为进一步贯彻落实国家文化软实力战略、实施好优秀传统民族文化传承工程，更好地服务于少数民族和民族地区经济、社会的全面发展，我省先后启动了民—汉—英大词典编纂工作。2013年启动了《苗—汉—英大词典》编纂工作，四个方言的四本词典苗汉文部分的编纂任务基本完成；2015年启动了《侗—汉—英大词典》《彝—汉—英大词典》编纂工作；2016年启动了《布依—汉—英大词典》编纂工作。并于2015年出台了《贵州省世居少数民族语言测试管理规定》（试行）、《贵州省世居少数民族语言口语测试实施办法》、《贵州省少数民族语言口语测试标准》等，认定了163名民语测试员，连续三年面向社会开展贵州省世居少数民族语言测试工作，有786人参加了民语口语测试。近年来，我省各级整理、翻译、出版了少数民族精品古籍50多部。

全省现有1750所学校开展了苗族、布依族、侗族、彝族、水族、瑶族等语种的双语教学，有15.15万名学生接受双语教学，其中双语、双文校点516所，班级1827个，教师2937人，学生64434人。双语教育主要集中在学前及小学低年级（即小学四年级以下），其中，多数为双语言教学，少数为双语文教学。编印、出版了苗（东部方言、中部方言、西部方言）汉、侗汉、布依汉、彝汉一至三年级及学前双语教材30册，印数232000本；编写、出版了读物、工具书22册。基本满足了民族地区双语教学需要。“十二五”期间，贵州省民宗委共组织了民汉双语骨干人才培训33期，共计培训2786人次；民汉双语师资培训9期900人次；共投入经费200多万元。教育厅从2008年以来举办了60期双语教师培训班，4000多人次参加了培训。另外，翻译系列民语职称评审工作取得了重大突破。贵州省人力资源和社会保障厅将翻译系列民语翻译专业技术（初、中、高级）职务任职资格评审权授予省民宗委，民宗委掌握了民语翻译职称评审的主动权，为民族事业培养了更多的翻译人才，全省50多人取得了少数民族语翻译中高级职称。

各位代表、朋友们，非常感谢大家长期以来对我省双语教育的关心与支持，贵州虽然取得了一些成绩，但与兄弟省区相比仍然存在较大的差距。他山之石，可以攻玉。我们将以这次学术研讨会议的召开为契机和动力，积极参与，虚心学习，研有所得，学有所获，向全国同行看齐，努力把贵州的双语教育工作推向新阶段，扎实推进扶贫战略行动，齐心协力打赢贵州脱贫攻坚战，以优异的成绩迎接党的十九大胜利召开！

最后，预祝研讨会取得圆满成功！国庆和中秋佳节即将来临，衷心祝福各位身体健康、万事如意、节日快乐！

谢谢大家！

在全国少数民族双语教育高峰论坛上的讲话

毛力提·满苏尔

今天，中国少数民族双语教学研究会在这里召开双语教育高峰论坛，我谨代表教育部民族教育司祝贺论坛的召开！双语教育一直以来都是民族教育重点工作。2015 年，教育部、国家民委联合召开了第六次全国民族教育工作会议，国务院印发了《关于加快发展民族教育的决定》（以下简称《决定》），对当前和今后一个时期加快发展民族教育指导思想、基本原则、目标任务和政策措施提出了明确要求，是做好民族教育工作的思想纲领和行动指南，《决定》对双语教育工作做出了明确规定。下面，我结合《决定》及第六次全国民族教育工作会议精神，围绕积极、稳妥推进双语教育，谈一点想法和意见。

一、坚定不移地推进双语教育，在我国具有重要战略意义

《决定》在第 21 条明确提出："依据法律，遵循规律，结合实际，坚定不移推行国家通用语言文字教育，确保少数民族学生基本掌握和使用国家通用语言文字，少数民族高校毕业生能够熟练掌握和使用国家通用语言文字。尊重和保障少数民族使用本民族语言文字接受教育的权利，不断提高少数民族语言文字教学水平。"从中可以发现双语教育的重要战略意义。

第一，开展双语教育是保障少数民族群众受教育权利的必然要求。少数民族具有两方面权利，一是学习国家通用语言文字的权利，二是使用本民族语言文字的权利，这两种权利是统一的，而非对立的，受到国家法律的保护。中华人民共和国成立以来，党和政府对少数民族采取了"各民族都有使用和发展本民族语言文字的自由"的民族语言政策，为部分没有文字的民族创制了文字，为已有文字的民族进一步规范、改革了旧文字。在尊重少数民族权利的基础上，我国还根据各民族地区的实际情况，不断探

毛力提·满苏尔：教育部民族教育司司长。

索双语教学的科学模式，在推广国家通用语言文字方面取得了很大成绩。

第二，开展双语教育有利于促进各民族交流、交往、交融，是培育中华民族共同体意识的重要举措。有组织、有计划地开展双语教学有利于民族教育的发展，符合国家意志和当地群众的需求。语言不仅是文化的载体，也是文化的重要内容之一。青少年在实行双语教学的学校中不仅能够学习到其他民族的文化知识，还能够通过本民族语言文字的学习，了解各民族的文化与历史，有利于民族传统文化的保留与发展，有利于培育各民族共同精神家园。同时，随着我国经济建设的发展和改革的不断深入，各地区及民族之间的交流日益广泛，而且大量的政治、经济、文化、科学技术等信息主要靠国家通用语言文字传播。学好国家通用语言文字，少数民族便可以充分地借鉴、应用国内外的先进经验与技术，发展本民族的社会经济与文化。民汉兼通的少数民族学生具有更为开阔的眼界和更为广阔的发展平台。

第三，开展双语教育是提升教育质量及少数民族学生学业成绩的重要举措。民族地区理科成绩较低的一个重要原因是语言障碍。因此，处理好民族语言与国家通用语言的关系，使之相互促进、民汉双语兼通，可以大幅减少语言障碍带来的学习困难，有效提高少数民族学生的学习成绩，提高其学习动机，对于提升民族地区入学率，提高教育、教学整体水平，加快教育普及大有裨益。

二、近年来我国双语教育取得了较好成效，具有良好的发展基础

目前，我国有 21 个民族使用 29 种文字进行双语教学。从学前到普通高中，实施双语教育的学校有 1.2 万多所，接受双语教育学生 400 多万人，双语教师 23.5 万人。通过双语教育，我国培养了一大批德才兼备、民汉兼通的各类少数民族人才，这对促进民族地区经济发展、社会稳定，增强中华民族自豪感和凝聚力做出了积极贡献。

一是双语教材形成了较为完善的体系。建立了民族教材出版机构和民族语文教材协作组织。全国有蒙古文、藏文、朝鲜文等教材编译、审查机构和跨省区少数民族文字教材协作组织，并设有相应的少数民族文字教材出版单位，实施跨省区民文教材的统一编译、审查、出版和使用，每年出版民族文字的中小学教材 3500 多种，1 亿多册，基本满足了双语教学的需要。中央财政设立了少数民族文字教材编译、审查专项补助经费，并继续执行“出版发行少数民族文字教材发生的亏损，由中央财政和地方财政各承担一半”的特殊政策。2014 年审查了少数民族文字教材 498 种。

二是双语教师培训工作成效明显。中央民族教育专项补助资金主要用于少数民族双语骨干教师的培训。2014 年下达资金 1 亿元，培训双语教师 1.6 万人次。举办了 4 期汉语课程标准国家级教师培训班，培训了 800 人。积极推进新疆双语教育，2003 年以来，中央财政投入 1.1 亿元，实施了两期“支援新疆汉语教师培训方案”，共培训 1.2 万名汉语教师。

三是双语教育资源建设和质量评价取得一定进展。目前正在推动“三通两平台”教育信息化建设。投入 5000 多万元资金开发了蒙、藏、维、哈、彝等语种的双语教学资源。制定了跨省区使用的民族语文课程标准，印发了《全日制民族中小学汉语课程标准（试行）》。实施“中国少数民族汉语水平等级考试”，2014 年组织了 26 万余人次参加考试。近几年开展了新疆等地双语教育质量监测工作。

三、积极、稳妥推进双语教育的指导原则与基本思路

一是坚持依法推进。以《宪法》《民族区域自治法》《教育法》《国家通用语言文字法》等法律规定为依据，充分保障少数民族学生学习国家通用语言文字及民族语言文字的权利，为其学习创造良好的条件。

二是坚持因地制宜、遵循规律。我国民族地区地域辽阔，双语教育的实际情况千差万别。蒙古语、藏语、维吾尔语、朝鲜语等不同的民族语言学习各有其特点；各地区的教学条件、师资条件等不尽相同；学生的基础水平、少数民族语言与国家通用语言文字的相似度及学习难度、心理机制等差别很大。因此，推进双语教育必须坚持因地制宜，以人为本，因材施教，遵循语言认知规律和教育、教学规律。各民族地区要结合自身的实际情况，采取最优的发展方式。

三是坚持质量优先。双语教育过程中选择哪些内容、采取何种方式、学习进度快慢等都要服务于双语教育质量，服务于学生学习效果的提高。讲求质量、注重实效是积极、稳妥推行双语教育的基本要求。任何教育都要考虑实际效果，如果双语教育缺乏实效性，那么就要反推双语教育过程中各个环节的问题，尽量提高双语教育的质量。

四、加强双语教育工作的几点思考

第一，领导高度重视，完善双语教育制度建设。各地区应将双语教育上升到影响民族团结和社会稳定，影响民族交往、交流、交融的战略高度加以重视。加强双语教育工作的组织领导，形成各级责任机制及问责制。各地要制定具体的发展双语教育的政策，推进双语教育科学、稳妥发展。在国家通用语言文字教育基础薄弱地区，以民汉双语兼通为基本目标，建立、健全从学前到中小学各阶段有效衔接的机制。完善双语教育学生考试升学和就业制度，建立双语教育科研和教研制度，提高双语教育信息化水平。

第二，加强双语教师队伍建设，培养一支满足双语教学工作需要的高水平师资队伍。要严格按照教师任职资格标准，加大对双语教师培养、培训的力度。教育部统筹规划，以民族地区为主，内地省市协助，加强少数民族双语教师培养工作。逐步扩大教育部直属师范院校免费师范生面向民族地区的招生规模，国家支持民族地区建立定向免费培养双语师范生制度。建立完善国家、省区、地州、县市及学校五级培训制度，国家级中小学教师培训计划向民族地区倾斜。同时，各地要探索对双语教师的激励政策，增强双语教师岗位的吸引力与稳定性。要重视双语教研员队伍建设。教研员要深入双语教育课堂对教师的教学、教法进行有针对性的指导。

第三，加强双语教材和教学资源建设。教材和教学资源建设要充分体现“三个离不开”“五个认同”思想，注重把中华民族共同体意识融入教材和教学资源，充分发挥教材和教学资源的育人功能。加强编译、审查队伍建设，不断提高双语教材的编译质量和配套水平。当前，双语教学资源缺乏是一个突出的问题，各地区要积极发挥专家和一线教师的作用，建设与本地区的双语教育特点相适应的教学资源，从国内外教学资源中择优编译部分双语教学资源，并及时配备给双语学校。未经审查通过的教材和教学资源不得进入学校。

第四，建立双语教育督导评估和质量监测制度，形成对双语教育的动态管理机制。双语教育质量要通过督导评估和质量监测，才能做出科学回答。这几年新疆教育厅开展了新疆双语教育质量监测，下一步会加大工作力度，扩大监测的范围和地区。同时要求各地区、各学校也做好双语教育质量监测和分析工作，为改进双语教育工作提供可靠依据。

双语教育政策研究

新时代党的民族双语教育政策核心理念刍议[①]

丁文楼

党的十九大报告号召：全面贯彻党的民族政策，深化民族团结进步教育，铸牢中华民族共同体意识，加强各民族交往交流交融，促进各民族像石榴籽一样紧紧抱在一起，共同团结奋斗，共同繁荣发展。这是对习近平新时代党关于民族工作新思想、新理念、新战略的高度概括，是今后一个时期我国民族工作的指导思想和总方针。

少数民族双语教育是我国民族工作的重要组成部分，全面贯彻新时代民族工作的指导思想与方针，服务于国家民族工作战略，是广大民族教育工作者的光荣历史使命。应该说，中国特色的民族双语教育的伟大时代意义，正是服务于国家民族工作战略的重要阵地，是各民族交往、交流、交融的桥梁，是共同繁荣发展的人才教育基地。党的十八大以来，国务院颁布的有关双语教育的政策、法规，是国家民族工作战略核心理念的具体体现。

一、坚定不移推行国家通用语言文字，铸牢中华民族共同体意识

（一）新时期民族双语教育的指导方针

我国是一个由 56 个民族组成的民族大家庭，50 多个少数民族使用 80 多种语言，除回族和满族已通用汉语，其他民族都有自己的语言，有的有本民族文字。中国共产党以马列主义民族理论为指导，奉行民族平等和语言平等政策，自中华人民共和国成立以来，在民族地区教育中大力实施民族语和汉语双语教育体制。现在民族地区从学前到普通高中，实施双语教

① 此稿简缩版《新时代党的民族双语教育政策核心理念》已于 2018 年 9 月 28 日载《中国民族报》（理论版）。

育的学校有 1.2 万所，接受双语教育的在校生有 410 万人，双语教师有 23.5 万人，双语教育发展迅速，成为中国民族教育的一大特色。

党的十八大以来，习近平总书记对搞好民族双语教育有过系列重要指示。2014 年 4 月在新疆考察时指出："少数民族孩子的双语教育要抓好，学好汉语将来找工作方便些，更主要的是能为民族团结多做贡献。"习总书记的指示不仅表明双语教育的重要和党中央对双语教育的高度重视，也表明双语教育对加强民族团结和铸牢中华民族共同体意识具有重大战略意义。

2015 年 8 月召开的第六次全国民族教育工作会议颁布了《国务院关于加快发展民族教育的决定》（以下简称《决定》），明确要求"依据法律，遵循规律，结合实际，坚定不移推行国家通用语言文字教育，确保少数民族学生基本掌握和使用国家通用语言文字，少数民族高校毕业生能够熟练掌握和使用国家通用语言文字。尊重和保障少数民族使用本民族语言文字接受教育的权利，不断提高少数民族语言文字教学水平。在国家通用语言文字教育基础薄弱地区，以民汉兼通为基本目标，建立、健全从学前到中小学各学段有效衔接，教学模式与学生学习能力相适应，师资队伍、教学资源满足需要的双语教学体系"①。这是国务院在习近平新时代民族工作战略方针指导下对我国民族双语教育的顶层设计，是搞好双语教育的指导方针，是新时代我国民族工作战略核心理念的具体体现。

（二）普及国家通用语言文字是国家语言战略的需要

国家语言战略，即把语言作为国家发展的重要文化资源，把国家语言能力作为软实力的重要代表，通过一系列政策、法律、规划、制度确保国家安全和发展目标的整体实施。

2000 年 10 月通过的《中华人民共和国国家通用语言文字法》规定，普通话和规范汉字是国家通用语言文字。在 2007 年国家语委颁布的《国家语委语言文字应用科研工作"十一五"规划》中，国家语言战略研究已被纳入重点研究方向。随着我国改革开放的不断深化，国家语言战略研究和国家语言能力提升越来越受到重视，特别是习近平总书记提出"一带一路"倡议后，人们更加深刻地认识到"'一带一路'需要用语言铺路"。"语言之路铺设得如何，直接关涉政策能否沟通、道路能否联通、贸易能否畅通、

① 国务院关于加快发展民族教育的决定［N］. 中国民族报，2015.8.18.

货币能否流通、民心能否相通，关涉‘一带一路’能有多宽广、能行多快、能行多远。”①

2016 年 8 月，教育部、国家语委颁布了《国家语言文字事业“十三五”发展规划》（以下简称《规划》），其核心指导思想是语言要服务于国家战略，服务于国家的发展需求。“十三五”国家语言文字事业的发展目标是：到 2020 年在全国范围内基本普及国家通用语言文字，全面提升语言文字信息化水平，全面提升语言文字事业服务于国家需求的能力，实现国家语言能力与综合国力相适应。这就要求我们高度重视语言文字事业，不断提升国家语言能力，为国家战略服务，不断适应国家改革开放发展的需求。可见，普及国家通用语言文字是国家战略和国家发展的需求，是国家统一、民族团结的必然要求，是新时期对语言文字工作的总要求。据统计，到 2015 年我国普通话的普及率已达到 73%。当前，普通话普及的重点是基础薄弱的广大农村地区和少数民族地区。因此，2020 年以前在上述两个地区普及国家通用语言文字是国家语言战略的要求，是“十三五”的攻坚任务。

（三）少数民族学习汉语，有利于对中华文化的认同

汉语不仅是我国主体民族汉族的语言，也是回族、满族等少数民族的语言，是全国通用语，现在全国有 90%以上的人使用汉语，总人口有 13 亿多。汉语作为我国唯一的官方语言，已被广泛应用于国家的政务、经济、文化、教育、法律、商务、民间社会、网络等领域。少数民族中越来越多的人掌握了汉语。汉语汉字是各民族之间交流沟通、实现民族发展进步的主要工具。《中华人民共和国通用语言文字法》规定：“国家通用语言文字的使用应当有利于维护国家主权和民族尊严，有利于国家统一和民族团结，有利于社会主义物质文明和精神文明建设。”

汉语是中华民族的共同语言，汉字是华夏文明之根，是民族的血脉，是中国数千年历史文化的载体。它承载着中华民族优秀的传统文化，记录、传承着我国各民族的文化，在中华民族大家庭中，少数民族学习汉语、汉字就是学习、传承中华民族优秀文化，就能增强对祖国的认同、对中华文化的认同，增强中华民族的凝聚力，铸牢中华民族共同体意识。

---

① 李宇明. 国家出行，语言先行［N］. 光明日报，2018. 8. 12.

二、加强各民族交往、交流、交融，“为民族团结多做贡献”

（一）双语教育培养大批“民汉兼通”的双语人才，是维护民族团结的强大社会力量

我国地域辽阔，民族语言使用情况复杂，不要说各民族之间不同语言的差异，就是同一民族内也有“隔山不通语，隔河不通话”的现象。如果语言不通，各民族之间就难以实现沟通，不沟通就难以达成理解，就难以实现认同。语言是人与人之间建立联系、沟通心灵的桥梁，是感情沟通、打开心结、消除误会、增进友谊的钥匙。构建中华民族命运共同体、加强民族团结必须全方位地发挥语言的作用。

我国民族双语教育，是以“民汉兼通”为目标，从学前到大学的民族语和国家通用语教育相结合的双语教育体系。几十年来，我国各级、各类民族院校培养了数以百万计的双语、双文化人才，他们既是民族地区革命和建设的栋梁与骨干力量，也是民族团结的坚定维护者和祖国统一的坚定捍卫者。

（二）互相学习语言，促进各民族交往、交流、交融

党的民族语文政策的一项重要内容是要求各民族互相学习语言文字。老一代国家领导人毛泽东早在中华人民共和国成立之初的 20 世纪 50 年代就指出：“在少数民族地区工作的汉族干部必须学习当地民族的语言。”周恩来也指示汉族干部：“你们要好好学习少数民族语言，只有学好少数民族语言，才能更好地为边疆各民族人民服务。”

随着我国改革开放的发展、区域合作和经济流通的加快，迫切需要各民族互相学习语言。2014 年召开的中央民族工作会议深刻阐明了我国各民族区域大流动的历史发展趋势。对各民族群众个人来说，学习国家通用语和其他兄弟民族的语言文字，便于获取更广阔的发展空间的机会，也必将促进各民族交往、交流、交融，增进各民族之间的亲密关系和了解，巩固平等、团结、和谐的社会主义民族关系。习近平总书记指出：“在一些有关民族地区推广双语教育，既要求少数民族学习国家通用语，也要鼓励在民族地区生活的汉族群众学习少数民族语言。”习总书记的指示体现了党的民族平等、语言平等政策，也是新形势下促进各民族交往、交流、交融，增进民族团结，构建中华民族共同体意识的必然要求。

为贯彻习总书记的指示，2016 年，中央组织部、中央统战部、国家民委、教育部、人力资源和社会保障部、国家公务员局联合印发了《关于推进民族地区干部双语学习工作的意见》。贵州省是个多民族、多语言、多文

种的省份，根据六部委文件精神，也出台了《关于推进民族地区干部双语学习工作的实施办法》，指出："在我省脱贫攻坚、同步小康历史进程中，大力推进民族地区干部双语学习，既是继承我党优良传统，加强干部作风建设，进一步密切联系各民族群众，服务全省工作大局的必然要求，又是促进各民族交往、交流、交融，建设民族团结进步、繁荣发展示范区和开创百姓富、生态美的多彩贵州新未来的现实需要，具有十分重要的意义。"① 与此同时，对全省少数民族地区干部双语学习工作做出具体安排。

（三）双语教育为各民族学生交往、交流、交融，共学、共进创造条件

正是基于国家民族发展的战略考虑，根据第六次全国民族教育工作会议精神，全面推进民汉双语教育进程，我们开展了大量工作，不断提高双语教学水平，对双语教学的师资培训、教学研究、教材开发并出版给予支持，积极推进民汉合校、混合编班，形成共学、共进的氛围和条件，确保少数民族学生基本掌握并使用国家通用语言文字，少数民族地区的高校毕业生能够熟练掌握并使用国家通用语言文字，为少数民族地区的孩子走出大山、走出家乡、走向全国架起桥梁。相信随着我国双语教育的大力推进，各族人民的心会更加紧密地凝聚在一起，更加深入地融在一起，我国民族团结的基础会更加牢固，也必将更加有利于各民族共有精神家园的构建。

三、发挥文化教育主渠道功能，传承中华多元文化

联合国教科文组织总干事奥德蕾·阿祖莱在2018年国际母语日年会上致辞："语言不仅是一种交流工具，语言是人类的基本条件。在语言中积淀着我们的价值观、信仰及身份认同！我们通过语言，传递着自身的经验、传统和知识。语言的多样性反映了我们丰富多彩的想象力和生活方式。"② 中国是一个多民族、多语言的国家，民族语言可以说是中国语言的富矿，每一种语言不仅记载着该民族丰富多彩的文化和历史，还贮存其世界的智慧和认知方式，是祖国不可复得的宝贵财富。

为传承中国的多元文化，2017年1月，中共中央办公厅、国务院办公厅印发了《关于实施中华优秀传统文化传承发展工程的意见》，指出："中华文化源远流长、灿烂辉煌。在5000多年文明发展中孕育的中华优秀的传

① 贵州《关于推进民族地区干部双语学习工作的实施办法》颁布实施［N］. 贵州民族报（数字版），2018.4.24.

② 李宇明. 全球语言生活治理·序《世界语言生活状况报告（2018）》［J］. 语言研究战略，2018.5.27.

统文化，积淀着中华民族最深沉的精神追求，代表着中华民族独特的精神标识，是中华民族生生不息、发展壮大的丰厚滋养，是中国特色社会主义植根的文化沃土，是当代中国发展的突出优势，对延续和发展中华文明、促进人类文明进步发挥着重要作用。”[①] 要求各地区各部门结合实际认真贯彻落实。2017 年 1 月国务院印发《国家教育事业发展“十三五”规划》，明确要求把“加强多元文化教育和国际理解教育，提升跨文化沟通能力”作为 “提高学生文化修养的具体举措”，把实施多元文化教育、传承中华多元文化载入国家教育规划政策文件中。

教育是文化传递的主要手段，少数民族母语教育有利于传承民族文化，学校教育是民族文化的载体。《国务院关于加快发展民族教育的决定》指出：“尊重和保障少数民族使用本民族语言文字接受教育的权利，不断提高少数民族语言文字教学水平。”民族语文教育是双语教育的重要内容之一，教育作为文化传承的一个重要的载体，肩负着民族文化传承的历史使命。少数民族学生通过对本民族语言、文字的学习传承、弘扬、发展民族文化，有利于加强民族内聚力，增强民族自尊心和自豪感，有利于本民族文化认同。

满族是一个有着 3000 多年悠久历史的古老民族，人口 1041.0585 万（2010），勤劳、聪慧的满族人民创造了独具特色的灿烂文化。满语属阿尔泰语系、满—通古斯语族。17 世纪中叶后，满族入主中原，满汉杂居，普遍开始学汉语、用汉文，熟练运用满语的人越来越少。据统计，当下全国通晓满语、能写满文的不足百人[②]。2009 年联合国教科文组织宣布满语为“极度濒危语言”。

2010 年本溪满族自治县县委和县政府决定抢救、传承满族语言文字，聘请专家，在全县小学开设满语课程，到 2011 年全县所有小学五、六年级全面进行满汉双语教学，开设了满族历史文化与语言文字课程，为抢救满族语言文化闯出了一条路子。“本溪模式”作为抢救、传承满族语言文化的成功范例，得到了辽宁省政府和国家民委有关领导的充分肯定。[③]

景颇族是云南省的世居民族，有本民族的语言文字。位于祖国西南边

---

① 中共中央办公厅，国务院办公厅.关于实施中华优秀传统文化传承发展工程的意见［N］. 新华社，2018.1.25.

② 曹萌，张剑钊.当代满语文濒危与保护抢救情况［J］.满族研究，2017（2）.

③ 丁文楼.双语教育：“科学保护各民族语言文字”的根本途径——以“本溪模式”满语教学为例［J］.满族研究，2017（2）.

陲，云南德宏傣族景颇族自治州陇川县龙安民族小学是一所多民族小学，也是云南省教育厅授予的“云南省双语教学试点学校”。该校自1967年建立以来，坚持民汉双语教学，学校专门制定了《龙安民族小学传承景颇族文化实施方案》，围绕方案进行了一系列民族文化进校园的实践。一是开办景（景颇语）汉双语教学班，使学生景、汉两种语言能力都得到提高；二是编写景汉合璧本土教材，德宏州教育局编写的景汉双语教材，吸收了景颇族历史文化和风俗习惯内容，以增进学生对本民族文化的了解，增强了学生的民族自信心和民族自豪感；三是建立景颇族传统文化展览室，展出景颇族的传统乐器、绘画、服饰、日常用品等，让学生真切地感受、体验祖辈们的生活习俗及本民族的优秀传统文化。①

少数民族学生学习国家通用语，对学习、认同中华传统文化具有极为重要的意义，按照2014年教育部颁发的《全日制民族中小学汉语课程标准》的要求，少数民族学生不仅要掌握汉语听、说、读、写技能和相关汉语知识，还要了解悠久的中国历史、丰富多彩的中国文化，了解中国传统的节日、习俗、饮食、交际、礼仪及中国各民族的多元文化，使祖国民族文化的百花园更加多姿多彩，各美其美，美美与共，这正是双语教育的文化功能。

四、培养大批“民汉兼通”双语人才，为民族地区同步实现小康提供人才支撑和智力支持

（一）民族双语教育的新使命

2015年7月习近平总书记在吉林延边朝鲜族自治州考察调研时说：“我们正在为全面建设小康社会而努力，全面小康一个也不能少，哪个少数民族也不能少，大家要过上全面小康生活。”这是以习近平同志为核心的党中央惠民工程的国家战略。全面小康，民族教育不能缺位。

2014年召开的中央民族工作会议指出：“教育投入要向民族地区、边疆地区倾斜……办好民族地区高等教育，搞好双语教育。”2015年8月召开的第六次全国民族教育工作会议提出了“科学稳妥推进双语教育”的方针。中央民族工作会议和第六次全国民族教育工作会议是在党的十八大提出全面建设小康社会的背景下召开的，目的是准确把握新形势下民族问题、民族工作的特点和规律，统一思想、明确目标和任务，紧扣民生抓发展，促

① 岳早相.传承景颇族文化让校园多姿多彩［J］.中国民族教育，2018（4）.

进民族地区经济、社会全面发展。双语教育之于全面建成小康社会的决战、决胜阶段和实现中国梦的关键时期，更加凸显其无可替代的教育功能和时代意义，这也是同步小康赋予的新使命。

（二）全力推进民族教育事业的发展

《国家中长期教育改革和发展规划纲要（2010—2020 年）》指出："百年大计，教育为本。教育是民族振兴、社会进步的基石，是提高国民素质、促进人的全面发展的根本途径。""强国必先强教"。党和政府历来对民族教育事业高度重视。以内蒙古自治区为例，据不完全统计，全区民族教育各项资金由"十五"期间近 1 亿元、"十一五"期间 12 亿元，到"十二五"期间提高到 20 亿。随着各地民族教育投入的逐年提高，民族教育整体水平与全国平均水平的差距逐渐缩小。据统计，到 2015 年全国各类学校中，少数民族在校生为 2595.57 万人，占全国在校生总数的 10.13%，高出少数民族人口占全国总人口比例的 1 百分点还多。

随着贯彻落实《纲要》，自 2010 年起，教育部、国家发展和改革委启动了学前教育工程。以西藏自治区和新疆维吾尔自治区为例，西藏全面实施了农牧区二年、城镇三年的学前双语教育，2017 年学前教育毛入学率为 66.24%，而 2010 年仅为 24.5%；新疆全面普及农村学前三年免费双语教育。在义务教育阶段，教育部会同有关部门实施农村义务教育经费保障机制，全部免除农村义务教育的学杂费，民族地区受益明显。

为推动民族地区高中教育的发展，实施普通高中改造计划，改扩建高中 372 所，增加在校生 45 万人，支持集中连片特困地区 1542 所学校改善办学条件，使 600 多万普通高中生受益。为提高教育质量，通过实施"农村中小学新课程网络培训项目""援助西藏教师培训计划""援助新疆教师培训计划""援助边境民族地区中小学骨干教师培训项目""中小学教师国家培养、培训计划"等培训项目，培训民族地区教师 140 万人次。"国培计划"向民族地区农村中小学特别是双语教师倾斜，对特岗教师优先保障双语教育要求。2014 年中央投入 6000 多万元培训双语教师 1.58 万次。

教育对口支援成为推动民族教育发展的一支重要力量。"十五"和"十一五"期间，北京大学等 16 所重点大学与新疆大学等 12 所本专科院校全面建立了对口支援关系，显著提升了新疆高校的学科建设和管理水平。从 1985 年创建内地西藏班开始，经过 30 多年的发展，现在有 7 种对口支援的模式，特别是对口支援西藏、新疆和四省藏区教育的力度不断加大。中东部17个省市、教育部15个直属单位对口支援西藏教育，东部19个省市对口支援新疆。以上一系列数据、措施充分表明党中央对民族教育的高度重视，提升了民族教育的质量，大大推动了民族教育的发展，也是服务于民族地区全面建成小康社会战略的需要。①

五、结语

少数民族双语教育是党的民族工作的重要组成部分，是中国民族教育的一大特色。新时代党的双语教育政策的核心理念，正是我国民族双语教育伟大的时代意义与其社会功能的集中体现。

1. 以习近平新时代民族工作的新思想、新理念、新战略为指导，“坚定不移推行国家通用语言文字”，维护国家统一，铸牢中华民族共同体意识，服务于国家语言规划，促进“五个认同”。

2. “科学、稳妥推行双语教育”，提高全民素质，加强各民族交往交流交融，“为民族团结多做贡献”。

3. “尊重和保障少数民族使用本民族语言文字接受教育的权利，不断提高少数民族语言文字教学水平”，传承、弘扬中华多元文化，各美其美，美美与共，增强国家的文化软实力。

4. 培养大批“民汉兼通”的双语人才，促进各民族共同发展、繁荣、进步，为民族地区同步实现小康提供人才支撑和智力支持。

① 赵小雅. 为了各民族地区同步进入小康社会——党的十八大以来民族教育发展评述［J］. 中国民族教育，2017（10）.

深刻认识“科学稳妥推行双语教育”方针的丰富内涵

——解读新时期双语教育的顶层设计①

丁文楼

内容提要：“科学稳妥推行双语教育”是今后一个时期双语教育的指导方针，第六次全国民族教育工作会议对新时期双语教育进行了顶层设计和全面规划，广大双语教育工作者应深刻认识“科学稳妥推行双语教育”方针的丰富内涵。

关键词：解读；新时期；双语教育；顶层设计

2015年8月18日召开了第六次全国民族教育工作会议，此前印发了《国务院关于加快发展民族教育的决定》（以下简称《决定》），确定了“科学稳妥推行双语教育”的方针。深刻认识这一方针的丰富内涵，便可清楚地看到，党中央审时度势，全面总结双语教育经验和问题，站在新的历史起点上，对双语教育进行了科学、缜密的顶层设计，进一步明确了今后一个时期双语教育的方针、目标和任务。

一、一个目标：“以民汉兼通为基本目标”

《决定》要求“在国家通用语言文字教育基础薄弱地区，以民汉双语兼通为基本目标”建立、健全双语教学体系，这里要搞清三个问题：第一，何谓“民汉兼通”；第二“民汉兼通”的标准是什么；第三，为什么要“以民汉兼通为基本目标”。

第一，何谓“民汉兼通”。我国是一个多民族、多语言、多文字的国家。汉族是主体民族，汉语、汉字是“国家通用语言文字”。55个少数民族除回

① 此文简缩稿已于2016年5月6日在《中国民族报》（理论版）上发表，因篇幅所限，文中一些论述不能展开，引用文献未能登出，故在此做了增补。

族、满族已通用汉语外，其他 50 多个民族使用 80 多种语言，有的有本民族的文字。目前，有 22 个民族使用 29 种文字开展双语教育。我国《民族区域自治法》规定："招收少数民族学生为主的学校（班级）和其他教育机构，有条件的应当采用少数民族文字的课本，并用少数民族语言讲课；根据情况从小学低年级或者高年级起开设汉语课程，推广全国通用的普通话和规范汉字。"① 青海、新疆等省区也发文要求学生"在学好本民族语言文字的基础上学好汉语文"。大道至简，"民汉兼通"简言之，就是既懂民族语、民族文，又懂汉语、汉文。

第二，"民汉兼通"的标准是什么。对少数民族学生而言，民族语是其母语，是从小习得的语言，母语教育的主要目的是语文能力的培养、文化知识的积累、价值观的确定等，2014 年 5 月中华人民共和国教育部颁布的《民族中小学汉语课程标准（义务教育）》（以下简称《课程标准》），称之为"语文综合素养"。对其汉语的要求，《决定》规定："确保少数民族学生基本掌握和使用国家通用语言文字，少数民族高校毕业生能够熟练掌握和使用国家通用语言文字。"对此，《课程标准》有详细的实施方案。九年义务教育进行了总体设计，分一至二年级、三至四年级、五至六年级、七至九年级四个学段，对每个学段的语言知识、语言技能（听、说、读、写）、文化知识、学习策略、感情和态度五个方面分别制定了具体标准，其中要求第四学段（高中毕业）的学生"累计认识现代汉语常用字 3000 个左右"，"累计认识现代汉语常用词 6000 左右……，并能正确理解和运用。"② 正如新疆教育部门要求的，学生高中毕业考入高等院校"能直接用民汉两种语言听课"，用现在推广的民族汉考（MHK）规定，少数民族本科生通过四级，即可达到"少数民族高校毕业生能够熟练掌握和使用国家通用语言文字"标准。

第三，为什么要"以民汉兼通为基本目标"。"民汉兼通"③ 是在20世纪80年代改革开放之初我国双语教育蓬勃发展之时提出的，具有深刻而丰富的内涵。首先，它是我国民族语文政策的具体体现，"兼通"意味着民族平

① 民族语文政策法规汇编［A］.《中华人民共和国民族区域自治法》第 37 条［C］. 北京：民族出版社，2006.

② 中华人民共和国教育部. 民族中小学汉语课程标准（义务教育）［M］. 北京：人民教育出版社，2014.

③ 丁文楼. 中国少数民族双语教学研究与实践［M］. 北京：民族出版社，2002.

等和语言平等。其二，“民汉兼通”摆正了民族语教学与汉语教学的关系。在双语教学中，处理好民族语教学与汉语教学的关系，是关系到党的民族语文政策和教学质量的重要问题。民族语是学生的母语，联合国教科文组织多次召开会议，强调母语在基础教育中的重要作用。另外，民族语涉及“尊重和保障少数民族使用本民族语言文字接受教育的权利”，其地位和作用是不可替代的。汉语是国家通用语，在我国语言关系中具有独特的地位和作用。因此，在双语教育中既不能只强调民族语文而忽视汉语文，也不能只强调汉语文而忽视民族语文。同时，民族语和汉语都是教学用语和重要的基础课程，两者密切配合共同构成科学、完整的双语教学体系。其三，它是传承、弘扬少数民族优秀传统文化，促进各民族相互理解，相互交往、交流、交融，在经济上共同发展，在政治上平等相处，构建社会主义和谐社会，最终实现中华民族大团结的有效途径。“民汉兼通”不仅是民族教育的方向和目标，也是对各民族干部群众互相学习的要求。①“民汉兼通”可以说是党的民族语文政策的创举，是我国民族教育的重要特色。因此“民汉兼通”是我国双语教育的“基本目标”。

二、三项原则：依据法律，遵循规律，结合实际

《决定》确定了“科学稳妥推行双语教育”方针，而“依据法律，遵循规律，结合实际”则是实施、践行的三项重要原则。

依据法律：全面贯彻党的民族语文政策和法律、法规。实施双语教育是中华人民共和国成立后党解决民族问题的一项重要国策。为开展好双语教育，国家和地方政府制定了一系列政策和法规。概括起来主要是：第一，民族平等和语言平等政策。我国《宪法》和《民族区域自治法》规定“各民族都有使用和发展自己语言文字的自由”。2001年通过的《中华人民共和国国家通用语言文字法》在其《说明》中指出：“我国语言文字的基本政策是：各民族语言文字平等共存，禁止任何形式的语言文字歧视，各民族都有学习、使用和发展本民族语言文字的自由；国家鼓励各民族互相学习语言文字；国家推广普通话，推行规范汉字。”②这些政策、法规是我国双语教育的法律依据和政治保证。第二，帮助少数民族创制、改革文字。

① 丁文楼. 中国少数民族双语教学研究与实践［M］. 北京：民族出版社，2002.

② 国家民委文宣司. 民族语文政策法规汇编［M］. 北京：民族出版社，2006.

20世纪50年代初，国家投入了大量人力、物力，对少数民族语言进行了大规模的普查工作，帮助壮、布依、彝、苗、哈尼、傈僳、纳西、侗、佤、黎共10个民族创制了14种拉丁字母形式的文字，帮助两个民族改革了文字，帮助三个民族改进了文字。新创和改进民族文字的试行和推行，为民族文化的传承、发展和开展双语教育奠定了基础。第三，积极倡导、鼓励各民族干部群众互相学习语言文字。几十年的实践证明，什么地方党的民族语文政策贯彻得好，其双语教育就搞得好，反之就会走弯路、出问题。

遵循规律：严格遵循第二语言教学规律。少数民族汉语教学“性质上属于第二语言教学”（《课程标准》［2014］），因此，“应遵循汉语作为第二语言教学的基本规律，目标明确，循序渐进，注重实效”。在教学中要切实考虑学生的汉语基础、语言环境、知识结构、文化背景、年龄特点等实际情况，从教材、教法、教学理念上要体现出第二语言教学的特点。“长期以来，少数民族地区各级各类学校的汉语教学主要沿用普通学校汉语文教学的模式，虽然取得了一些成绩，但忽略了第二语言教学的规律，效果不甚好。少数民族学生实际运用汉语的能力较差，加快发展少数民族教育，改革少数民族学校汉语教学势在必行。”（民教函［2002］7号）

结合实际：贯彻“因地制宜，分类指导，分区规划，分步实施”原则。我国民族众多，语言使用情况复杂，教育基础、教学资源等不同，所以双语教育发展不平衡，教学模式呈多样化特点。新疆南疆三地州（和田地区、喀什地区、柯孜勒苏柯尔克孜自治州）和北疆一些地区不同，采取教学模式不同。多年来，我国总结出了“因地制宜，分类指导，分区规划，分步实施”的原则，不搞“一刀切”。实践证明，只有真正实施了这一原则，才能做到“科学稳妥推行双语教育”。

三、实施条件：科学“范式”

《决定》要求：“建立、健全从学前到中小学各阶段有效衔接，教学模式与学生学习能力相适应，师资队伍、教学资源满足需要的双语教学体系。”这里为“科学稳妥推行双语教育”规定了三个必备条件，也为各地设计了一个范式，是实践经验的总结。几十年来，我国双语教育从无到有，发展迅速，取得了辉煌成就，但也存在着不少问题。一是合格的双语教师十分紧缺。据新疆有关调查，随着自治区双语教学的快速推进，中小学少数民族学生接受双语教育的班数、人数迅速增加，教师队伍建设跟不上双语推广速度，尤其是合格的双语教师十分紧缺。2013 年，仅和田地区就短缺理科教师 1280 人，阿克苏地区中小学双语教师缺口达 3830 人。二是“幼、小衔接”问题。近年来双语幼儿园发展很快，而新疆农牧区很多村级小学没有条件办“双语班”，致使幼儿园的孩子进入小学后无法继续接受双语教育。三是双语发展的速度与资源配置的矛盾。表现为缺师资、缺校舍、缺教材等问题突出，直接影响双语教育的巩固发展和提高[①]，类似问题，各地不同程度地存在。可见，这三项不仅真实地反映了当前双语教育中的主要问题，更是办好双语教育的硬件要求，也为今后的双语教育设计了科学的范式。

四、保障机制：国家支持与督导评估

为确保“科学稳妥推行双语教育”，国家不仅确定了方针、目标、实施原则，设计了科学的范式，而且制定了必要的“保障机制”：一是国家对双语师资培养和培训、教学研究、教材开发和出版给予支持。内蒙古自治区每年免费培训中小学蒙汉双语教师 3000 人次，每年编辑、出版蒙汉双语大中小学教材 220 多种，完成了蒙古文版（包括汉语）教学资源的开发建设任务。“在少数民族地区实现了少数民族语言文字多学科、高标准的优质教育资源共享，极大地促进了蒙汉双语教育质量和水平的提高。”[②]广西双语教育专项经费逐年提高，2014 年 1200 万，比 2013 年增长 20%，为接受双语教育的学生升学、考试提供政策支持。二是研究完善“双语教师任职资格标准”，确保教师质量。三是建立双语教育督导评估和质量监测机制。教育部考试中心和新疆教育厅组织有关单位，自 2011 年起连续 5 年对新疆双语教育的质量进行了监测。目前监测包括小学和幼儿园两个阶段，小学阶段的监测范围已覆盖全疆 15 个地州的 92 个县市，5 年来，有超过 12.5 万人次的小学生参加过监测。幼儿园阶段着重测试孩子的汉语听说能力，共

① 葛丰交. 新疆双语教育的现状与问题研究［N］. 中国民族报，2016. 2. 5.

② 黄妙轩，乌兰. 内蒙古民族中小学汉语学科建设与发展［J］. 中国少数民族双语教学研究会通讯，2015（1）.

有7地州的113所双语幼儿园测试了7775名大班幼儿。[①]这些都将使双语教育目标、措施和任务落到实处。

综上所述，双语教育作为国家解决民族问题的重要国策，党和政府给予了高度重视，新时期对其进行了顶层设计与科学规划。为加深对这一战略决策科学性、完整性的认识，笔者再用简表概括其内涵和其中元素的逻辑关系，如下：

新时期少数民族双语教育顶层设计一览简表

“双语教育”释义	民族语、国家通用语两种语言教学体系
方针	科学稳妥推行双语教育
目标	以“民汉兼通”为基本目标
实施原则	依据法律，遵循规律，结合实际
实施条件（范式）	从学前到中小学各阶段有效衔接；教学模式与学生学习能力相适应；师资队伍与教学资源满足需要
两个“确保”	确保少数民族学生基本掌握和使用国家通用语言文字；少数民族高校毕业生能够熟练掌握和使用国家通用语言文字；尊重和保障少数民族使用本民族语言文字接受教育的权利，不断提高少数民族语言文字教学水平。
保障机制	国家对教师培训、教学研究、教材开发和出版给予支持，研究完善双语教师任职资格评价标准，建立双语教育督导评估和质量监测机制。

五、结语：双语教育新理念

1. 2015年10月底召开的党的十八届五中全会正式提出：创新发展、协调发展、绿色发展、开放发展、共享发展的“五大发展理念”将成为统领今后五年各行各业发展的理念。双语教育如何在这五大发展理念的统领下走好自己的路，“科学稳妥推行双语教育”方针的制定及实施，正是顺应了五大理念的要求。

2. 在刚刚结束的2016年全国教育工作会议上，教育部长袁贵仁指出：“现在我们要把时间、精力和资源更多地用在内涵建设上，实实在在地把

① 吴瑞林. 新疆双语教育质量监测工作和主要成果［J］. 中国少数民族双语教学研究会通讯，2015（1）.

质量作为新时期我国教育工作的主题，实现我国教育更高质量、更高效率、更加公平、更可持续的发展。”提高双语教育质量，是“科学稳妥推行双语教育”方针的出发点和落脚点。

3. 教育发展与改革离不开系统设计和规划。2016 年是“十三五”的开局之年，站在新的历史起点上，双语教育的顶层设计与规划正是把教育理念与教育内容、教育方法、教育模式、教育管理、教育机制与任务科学、合理对接的范例。

4. 民族团结是我国民族关系的基石。站在新的历史起点上，“科学稳妥推行双语教育”不仅是民族教育内涵发展的需要，也是促进各民族交往、交流、交融，构建和谐社会，促进各民族共同发展，繁荣进步的战略举措。

双语教育在“一带一路”建设中的担当与使命

丁文楼

内容提要：“一带一路”倡议提出后，在国际上引起了重大反响；在国内涉及18个省区。为推进“一带一路”建设，习近平主席强调聚焦“政策沟通、设施联通、贸易畅通、资金融通、民心相通”。“五通”需要不同语言的沟通。语言是桥梁，是前提，双语教育是语言沟通的门径。

关键词：双语教育；“一带一路”；建设使命

2013 年习近平主席提出的共建“一带一路”重大倡议在国际上引起了重大反响。目前，已经有 100 多个国家和国际组织参与其中，我国已同 30 多个国家签订了共建“一带一路”合作协议，联合国等国际组织也态度积极。就国内情况而言，“一带一路”建设涉及 18 个省区。我国民族地区与周边国家地缘相近，血缘相亲，守望相助，共生共荣，关系密切，这种得天独厚的人文、地理背景无疑是建设“一带一路”的有利条件和丰厚资源。2016 年 6 月 17 日，习主席在北京出席了推进“一带一路”建设座谈会并发表了讲话，强调聚焦“政策沟通、设施联通、贸易畅通、资金融通、民心相通”。习主席提出的“五通”离不开不同语言、文字之间的相互沟通。“语言从来是民族或国家之间建立联系、沟通心灵的桥梁”（许嘉璐，2009），而双语教育是语言沟通的门径。

“一带一路”，双语架桥

（一）中国经济快速发展催生了全球“汉语热”

列宁说过，经济发展的要求决定了各民族之间寻求最有效沟通语言的选择。随着改革开放进程的加快，我国经济快速发展，国际地位和综合国力大大提升，影响力越来越大。各国政府在人民普遍认识到，要想实现本国的发展，搭上中国的“快车”，促进与中国经贸及文化的交流，就必须掌握汉语。从个人角度来说，掌握了汉语，可以打开许多领域的求职之门，获得更大的发展空间。在中国的发展持续向好的情况下，全球“汉语热”方兴未艾。2015 年 9 月，在中美两国元首共同出席的记者会上，美国前总统奥巴马宣布将启动“百万强”计划，即到 2020 年将实现 100 万名美国学生学习汉语。奥巴马强调：“如果美中两国准备在全球各地采取更多行动，那么一个最好的开端就是学习对方的语言、真正了解对方。”与此同时，在华访问的英国财政大臣乔治•奥斯本宣布，将拨款 1000 万英镑支持英国学校开展汉语教学。英国将汉语列为小学三年级以上学生系列外语必修课程，到 2020 年实现全国学汉语人数翻番达 40 万人①。热衷于推动汉语教学的不唯美、英两国。据统计，最近十年来，我国已在 140 个国家设立了 511 所孔子学院和 1073 个中小学孔子课堂，各类学员达 210 万。目前，已有近 70 个国家将汉语教学纳入国民教育体系，全球汉语学习者达 1 亿多人。②

（二）推进“一带一路”建设，需要双语架桥

新世纪以来，以国家之力推动对外汉语教育事业，既是满足世界各国对汉语的需求，也是争取汉语国际话语权、提升国家软实力的需要，中国自身发展的需要，21 世纪中国经济、社会发展的必然要求，也是我们义不容辞的责任。16—19 世纪国际通用语是法语，进入 20 世纪后，英语成为国际通用语。中国已经成为世界第二大经济体，西方国家已经明显意识到汉语正从“异国语言”向“世界语言”发展，汉语属于中国，也属于世界。在汉语的故乡中国，汉语教育工作者真切而深刻地认识到自己所肩负的时代重任，愿意与各国同行一起，为使汉语成为世界性的语言而采取更加积极、主动的汉语传播战略和推广措施，为搭建与各国人民沟通的友谊之桥而努力。

从语言教学角度来说，对外汉语教学，包括对来华留学生和在海外孔子学院进行的汉语国际推广和针对国内少数民族学生的汉语教学，都属于以汉语作为第二语言的教学，即广义的双语教育。虽然课程内容及其承载的文化信息有所区别，但语言知识和技能（听、说、读、写）教学基本相同，特别是教学法都有互相借鉴之处，这是一方面。其二，“一带一路”沿

① 人民日报，2015. 9. 30.

② 第十一届世界孔子学院大会于 2016 年 12 月 10 日在云南昆明召开，数据出自刘延东副总理报告。

线国家，特别是我国周边邻国，如东北的朝鲜族与朝鲜、韩国的主体民族，北边的蒙古族与蒙古国的蒙古族，中亚五国的主体民族与我国新疆的哈萨克族、柯尔克孜族、乌孜别克族、塔吉克族等民族，我国广西的壮族与越南的侬族、岱依族，云南的傣族与泰国的泰族等，其民族历史渊源、生活习俗、语言和文化、宗教信仰相似或相同，国内少数民族的汉语教学与周边邻国的汉语教学基本相同。其三，新世纪以来，为顺应改革开放，特别是"一带一路"建设对外交流的需要，民族地区的高校积极行动起来，"走出去，请进来"，大力开展国际汉语推广工作。像新疆各高校招收了中亚及俄罗斯、巴基斯坦等国的留学生，内蒙古招收了蒙古国留学生，东北延边的大学和其他各高校招收了日本、韩国的留学生，云南民族大学、广西民族大学等高校招收了东南亚各国的留学生，教授其汉语，并在这些国家创办起了孔子学院，从事汉语国际推广，而从事这一工作的骨干力量基本都是多年从事少数民族双语教育的专家、老师，他们不仅有多年的汉语教学经验，而且熟悉周边国家民族的生活习惯和语言文化。几年来，周边国家汉语的国际推广发展迅速，培养了大批既懂本国语言又懂汉语的双语人才，在语言上为"一带一路"建设起到了"铺路架桥"的作用，成为中外文明交流、互鉴的"架桥人"。同时，随着"一带一路"建设的推进，汉语国际推广也为中国双语教育发展提供了新的经验和更大的发展空间。

传播中华文化，"讲好中国故事"

（一）汉语国际推广，就是传播中华文化

语言是文化的载体，是文化的要素，文化是语言的内容，没有语言就没有文化，语言与文化相辅相成，密不可分。汉语随着经济全球化、文化多元化而逐步走向世界。通过汉语之桥，中国人民将给各国人民送去真诚的友谊和美好的祝福，贡献出中国发展的经验和可供各国人民在谋求自身发展时可资借鉴的中华文化精髓。今年 2 月，习近平总书记在党的新闻工作座谈会上强调，要加强国际传播能力建设，增强国际话语权，集中"讲好中国故事"。讲好中国故事，传播中国声音是全面建成小康社会的需要，是中国与世界共享发展的需要。正如一位埃及朋友所说："随着中国语言文化在埃及普及，'中国'在埃及已经不再是简简单单的一个符号，越来越多的埃及人渴望了解中国，开始认知、欣赏与其他文化不同却同样精彩的中

国文化。”[①] 中国让世界看到了中国故事的丰富多彩，中国声音传情、动听，中国倡导的是“和平、发展、合作、共赢”的时代主题，这些将造福世界各国人民。中国坚持“共商、共建、共享”的理念，将使“一带一路”成为和平、友谊的纽带，共同繁荣之路。

（二）双语教育是“讲好中国故事”的主课堂

“讲好中国故事”，讲什么，怎么讲？这方面，世界各国的孔子学院和中国文化中心积累了很好的经验。

外国朋友最感兴趣的是中国文化。比如中国 56 个民族的礼仪、节日、生活习俗，中国的国粹，如京剧、武术、茶道、书法等，这些内容都可根据教学对象的要求，以形象、生动的故事形式进行教学，同时简明易懂地讲解中国民族、中国文化、中国历史等。通过汉语教学，润物无声地使外国朋友学习中国的传统文化，全面地了解中国、认识中国。

自 20 世纪 80 年代开始，我国在海外设立了中国文化中心，近十年来发展迅速，迄今已在非洲、欧洲、亚洲和美洲建成 21 个中国文化中心。2005 年笔者有幸访问了巴黎中国文化中心，听了汉语课，几位老师都是中国人，既懂法语也懂汉语，主要教学生们以法语为中介语学习汉语，即开展法汉双语教育。这里是中国文化与当地文化相互交流、交融的平台，是热爱中国文化的国际友人的精神家园。2015 年 8 月 4 日，埃及尼罗电视台《孔子课堂》揭牌。尼罗电视台是埃及国有电视台，包括新闻、文化、教育等 11 个频道，卫星信号覆盖全球，在非洲和阿拉伯国家影响很大。该台于 2012 年 11 月创办了汉语教学节目，即采用阿拉伯语讲解，既进行汉阿双语教学。节目播出后反应热烈，现在的《孔子课堂》正是在原有汉语教育节目的基础上创建的。孔子课堂面向 22 个阿拉伯国家的亿万观众[②]，受众群体之庞大，前所未有。

培养双语人才，语通“民心相通”

刘延东副总理曾在第六届孔子学院大会开幕式报告中说：“语言作为人类沟通的第一工具，更加凸显其独特价值与时代意义。掌握一门语言，就多了一把广交朋友、认识世界、加强合作、开启未来的钥匙。成千上万的

①② 人民日报（国际版），2015. 8. 6.

人们学习使用对方国家的语言，将使国家间世代友好的社会基础更加牢固。”①足见，培养成千上万既懂对方国家的语言，又懂汉语的各类双语人才，做到“民心相通”，是成功实施“一带一路”倡议的重要因素之一。这里以新疆对中亚开展汉语推广为例。

（一）中亚汉语推广的战略意义

中亚与我国西北部山水相连，自古是古丝绸之路的重要通道，经济、文化交流源远流长，关系密切。但还要看到，中亚国家与我国社会制度不同，社会、政治、经济、文化、人民的心态等存有差异，这是建设“丝绸之路经济带”的重大障碍之一。在中亚建立孔子学院，开展汉语推广，能增进中国与中亚人民的传统友谊，促进与中亚人民相互了解和认识，加深中亚人民对中国语言与文化的理解与认同，有利于扩大中国对中亚地区的影响，对维护中国和中亚地区的稳定与和谐都有重要意义。加大以孔子学院为品牌的中国与中亚地区的人文合作与交流，有利于在民心相通的基础上打造“利益共同体”和“命运共同体”，推进丝绸之路经济带的建设。为配合“一带一路”建设人才培养的需要，新疆正努力打造来华留学生示范基地、援外培训基地，积极开展沿线国家高校合作办学试点项目等。

（二）新疆在中亚汉语推广方面的优势

新疆地处我国西北边疆，是丝绸之路经济带的核心区，是向西北开放的重要窗口，是深化与中亚、南亚、西亚等国家交流、合作的交通枢纽中心、商贸物流中心和文化科教中心。鉴于如此的区位优势，国家汉办于2005年在新疆设立了“汉语国际推广中亚基地”。2005年5月，中亚地区第一所孔子学院——乌兹别克斯坦塔什干孔子学院成立，迄今已经过去了十多年，中亚孔子学院得到了快速发展。到今年，新疆大学、新疆师范大学等几所高校在中亚已创办了10所孔子学院，成为中亚各国人民学习汉语和了解中华文化的重要基地，中国与中亚文化交流的平台和加强中国人民的与中亚人民的友谊、合作的桥梁，受到当地人民的普遍欢迎。现在新疆已成为中亚汉语推广的中心。

（三）中亚汉语推广的主要经验

十几年来，特别是“一带一路”倡议实施以来，新疆在中亚汉语推广方面做了大量工作，做出了巨大贡献，取得了宝贵经验，归纳起来主要有

① 海力古丽. 中亚孔子学院发展研究［J］. 中国少数民族双语教学研究会通讯，2012（1）.

以下三方面：

经验之一，以开放促发展，培养了大批“丝绸之路经济带”所需双语人才。新疆作为丝绸之路经济带核心区，坚持以开放促发展，“走出去，请进来”相结合，多层次、宽领域地与中亚各国高校进行教育交流和合作。新疆大学、新疆师范大学、新疆财经大学、伊犁师范学院等多所高校都设有国际教育学院、语言学院，招收中亚各国留学生，有短期汉语培训，也有汉语和其他专业的学历教育。据统计，2015 年，新疆全年接收长短期各类来华留学生逾 6000 人次，新疆各高校在中亚国家开办的孔子学院学员参与人数已达 1.5 万人次①，并且呈逐年上升的态势，为培养大批知华、友华、亲华的人士，增强中亚人民对中国的认同感做了大量的工作。

经验之二，提高质量，加强教育内涵建设。为全面提高留学生和孔子学院的汉语教学质量，他们首先加强了规范化管理，不断完善教学管理制度，其次优化了教育模式，改革教育方法，采用小班集中授课与单独辅导相结合、文化教学与语言能力培养相结合、汉语知识教学与社会实践相结合的教学模式，大大提高了教学质量，第三，加强了留学生教育的内涵建设，注重教学创新，在课程设置上充分尊重学生的选择，灵活多样，内容丰富多彩。根据市场要求，将开展新疆旅游、新疆艺术、丝绸之路等具有鲜明新疆特色的课程，另外，还将开设商务汉语、交际汉语等适应“一带一路”建设要求的课程等，使留学生规模不断扩大。

经验之三，充分利用疆内教育资源，推进中亚汉语的国际推广。伊犁州与哈萨克斯坦接壤，交通便利、信息畅通。哈萨克族是当地的主体民族，其语言、文化、生活习俗、宗教信仰等与哈萨克斯坦相同。正是依据这种民族和亲缘优势，伊犁师范学院整合伊犁州与哈方各项资源，与哈萨克斯坦多所高校开展了广泛的教育合作：2010 年在哈方国际关系及外国语大学共建了“汉语培训中心”，2012 年与哈萨克斯坦国立师范大学共建了“汉语教育与科技发展中心”，共办了“中华文化展厅”，启动了“汉语教师志愿者培训项目”。与此同时，中哈学者交流、互访频繁，共同合作编写了汉哈双语教材和工具书等，受到了哈方教师和学生的广泛认可和好评，大大推动了哈萨克斯坦的汉语推广与文化交流。

---

① 邢欣，邓新. “一带一路”核心区语言战略构建［J］. 双语教育研究，2016（3）.

迎难而上，任重道远

随着“一带一路”倡议的推进，对外汉语推广发展迅速，规模不断扩大，特别是随着经济、文化、贸易等合作项目的实施，双语人才的需求量越来越大，这也给汉语教学的开展带来了许多始料不及的困难和问题。

首先，师资不足。由于国际汉语推广工作发展快速，教师短缺问题日益凸显，为解决燃眉之急，招募了一些志愿教师。这些教师经过短期培训，仓促上岗，但外语水平、专业基础、汉语知识结构、教学经验等都较欠缺。另外，还有部分当地本民族曾来我国留学后回国任教的教师，他们也存在发音不准、没有较好的专业素养等问题。总之，从教师方面来看，不管是数量还是质量都存在严重不足。

其次，缺乏有针对性的教材。以中亚孔子学院为例，现使用的大部分教材为国内对外汉语教材，多为英、美文化背景的通用型汉语教材，其语料、生活俗语等不适合中亚地区的学习者。较少有自编的符合中亚各国实际情况，特别是用本民族语文编写的具有双语特点的汉语教材。另外，考试用书、文化读物以及相关教辅材料和中华文化读物更少，没有统一的基础性教材和教学大纲等，都会影响教学质量和教学发展。

其三，本土化教学体系资源薄弱。在中亚五国的汉语教学中，本土化教材、教师较少，针对教学法等相关问题的研究不够，制约着教学的发展。中亚各国汉语教育各有其民族和地域特点，决定了对教材、教师和教学法的不同要求，加大培养本地教师，充分利用本地教育资源既可以节约国家投入，又可以发挥当地教师的特长，有利于孔子学院在当地落地生根，是汉语国际推广的重要途径。

“一带一路”倡议的实施为汉语国际推广带来了新的发展机遇，也对其提出了更高的要求。汉语国际推广任重道远，正像孔子学院总部副总干事夏建辉所说：“孔子学院下一步将注意提质增效，加强内涵建设，努力培养各国本土汉语教师，建设汉语国际教育综合体系，推动汉语教育因地制宜，特色发展，满足汉语学习越来越多样化的需求，推动中国与各国优秀文化的双向交流，讲好中国故事，抓紧培养高端翻译人才，为中外经贸合作和‘一带一路’建设服务。”[①] 这也正是我国双语教育工作者和汉语国际推广工作者的历史使命。

---

① 夏建辉. 第十一届世界孔子学院大会闭幕式报告. 2016. 12. 10.

美国21世纪以来的语言政策

周玉忠

学术界都基本同意这种观点：文化曾经、现在、将来都是影响国家具体政策与行为的重要变量，在未来相当长的时期内仍将发挥重要作用。同时，采用文化视角能从不同的角度洞悉影响国家相关政策的民族心理、价值理念、思维方式和行为模式，探究政策制定、实施的根源，从而总体把握一国政策的发展趋势。

语言是文化的载体，它既是个体的，也是群体的。一个民族的语言集中体现了该民族的文化特点和民族精神。作为语言政策的相关组成部分，一个国家的语言立法取向，在某种程度上，正是这个国家文化外在的集中的表现。作为一个移民国家，美国有着多元化的社会族裔，使之不仅成为了文化“大熔炉”，也成为语言的“色拉盘”。根植于“盎格鲁—撒克逊”主流文明，以浓厚的宗教情节为特征，以民族优越感和使命意识为特质的美国文化，构成了具有吞噬其他语言的强大力量的语言环境和氛围，有效地维护了英语的绝对权威，这一点不仅体现在以“美国语言一致性”为核心的语言政策当中，而且落实在“确定英语为唯一官方语言”的语言立法取向当中。

一、美国语言政策的趋同主义文化基脉

美国文化本是源于欧洲大陆的清教文化，由清教信徒移民新大陆时带到北美，却在北美大陆形成了广阔的发展空间并焕发出新的活力，进而异化为美国的白人文化。换句话说，美国的文化表现出的不是欧洲殖民统治的简单延伸，而是对欧洲文化的继承。正是由于美国文化继承、发展了欧洲文化的合理内核，在北美拓殖的过程中发生了嬗变，才产生了与欧洲大陆文化迥然不同的独特魅力。因而，美国的文化既有杂交化的优势，又有

周玉忠：宁夏大学外语学院院长、教授、博士生导师。

多元化的绚丽多彩，是一种别具韵味的整合型文化。它包含着世界上几乎一切的种族、民族、宗教价值、思想和学术元素，任它们在此并肩而立、争奇斗艳，但又始终以“WASP”文化，即白种“盎格鲁—撒克逊”清教文化为主元和核心。这种文化在美利坚民族形成过程中起了重要的作用，但其本身有着很强的排斥异族文化的民族优越感，甚至是鲜明的种族优越意识。从18世纪起，美国人开始从意识形态上界定自己的社会，以证明其从英国的统治下争取独立是合理的，他们自诩为“上帝的选民”，以“救世主”自居，负有教化和拯救弱小民族的“天赋使命”。而美国自诩是“一座照亮世界的山巅之城”（Kibbee，2003）是“自由的灯塔、民主的堡垒”（Clinton，1997），是寻求自由者的“希望之乡”。美国人对其卓尔不群的文化优越性和普世性所持有的坚定信念，使其自身有着强烈的使命意识。美国从建国至今，建设一个以美国为模式的新世界，“将美国文化推及世界”这个被认为是上帝赋予“选民”的神圣使命一直是美国人民矢志不渝追求的理想。正如美国学者马克斯·勒拿（Marx Lerner）所言：“美国人的偶像就是使美国文化成为全世界追崇的偶像，这是由美国早期的信仰和历史经验而形成的。”

这种以民族优越感和使命意识为价值取向的文化贯串于美国的整个历史，主宰了美国政治、文化的主流，并渗透于美国生活的各个领域和各个层面。因而，在现实生活中，美国总是以自身的文化价值观作为尺度来衡量一切事物，积极倡导强化“盎格鲁—撒克逊”清教文化的认同，并且不失时机、不遗余力地推行自身文化的输出，试图通过同化来消除差异。由于美国人民在血统、种族、文化、生活方式、民族背景等方面都存在着明显的多样化的特征，语言的纽带比大多数其他国家更为重要。作为其文化的有机整体的一部分，英语便成为国家统一、民族团结的根本保障，以及美国文化输出中一项不可或缺的内容。美国当代著名政治学学会会长、哈佛大学阿尔伯特·维斯赫德三世学院教授塞缪尔·亨廷顿在他的新书《我们是谁——美国国家特性面临挑战》中曾指出：“美国的民族特性就是‘盎格鲁—撒克逊’清教文化，英语则是其中很重要的一部分。历史经验证明只有单一语种的国家才能保持长期的民族团结和国家统一，双语种、多语种的国家往往陷于分崩离析的境地。”（程克雄，2005）

当世界进入了一个以全球主义、竞争性和合作性为特点的全球化飞速发展的时代之后，有些美国人甚至雄心勃勃地提出要以“美国化”代替“全球化”，并公开宣称：“如果世界趋同共同的语言，它应该是英语；如果世界趋同共同的电信、安全和质量标准，那么它们应该是美国的标准；如果世界正在由电视、广播和音乐联系起来，这些节目应该是美国的；如果共同的价值观正在形成，它们应该是符合美国人意愿的价值观。”（Rothkopf，1997）。美国文化的文明趋同主义观于此表露无余。

二、21 世纪以来美国语言政策及其立法的沿革

（一）官方语言立法

美国文化中特有的优越感和使命观在美国的语言政策中突出地体现为对英语优越性的褒扬，对英语核心地位的维护及对其他语言的鄙夷和排挤；“落实”在美国的语言立法中则表现为极力使英语走上“通用、统一的语言”的轨道，捍卫英语作为唯一的官方语言的坚固地位。冷战之后，随着苏联的解体和东欧的巨变，美国成为世界上唯一的超级大国，英语在世界语言中的地位和势力得到了空前的提高，成为最重要的国际通用语，于是美国的语言政策更加凸显了其作为主流倾向的“美国语言一致性”。“美国语言一致性，也就是英语一统天下；实现美国语言的一致性，就是坚持英语统一北美大地上的其他语言”（周玉忠，2004）。以此为基准和契机，正如星星之火的美国英语官方化运动便以燎原之势如火如荼地展开了。

美国语言立法作为美国语言政策的显性环节，主要是通过两个层面上的立法呈现出来的：一个是联邦国家政府层面的语言政策修正案，另一方面则是形形色色的州法令和地方条例。立法的程序主要是以美国英语协会为首的“唯英语运动”的相关组织和人员首先通过基层征集请愿签名，然后进行院外政治活动，要求议员向国会提案或要求公民投票，最终促成联邦政府或州政府制定法律，确立英语为官方语言的法律地位。

1981 年，当时的加利福尼亚州参议员、旧金山学院院长、美籍日本人 S. I. 早川一会向国会递交了一份修改宪法的提案——《英语语言修正案》，建议美国政府以宪法的名义确定英语的官方语言地位。此项提案被成功列入参议院第 72 号普通议案，虽未被列入审议程序，但它对英语官方化立法产生了至深的影响。从官方英语首次被提议将其纳入美国宪法修正案以来，至今已有超过 15 个国会发表了支持性的演说，超过 50 个议案在国会提出

支持将英语确立为美国的官方语言，这其中，自 20 世纪 90 年代英语官方化立法运动达到高潮之后的议案占到近 90%。

进入 21 世纪后，英语官方语言立法有了长足的发展。2001 年，在第 107 届国会上，H.R.1984 号提案在众议院引发了较大的反响。该提案重申了英语作为美国官方语言的重要性和必要性，主张在不脱离美国宪法第 1 章第 8 节的原则下，制定美国移民进入美国的统一的英语语言规范标准。2003 年，有两项法案在第 108 届国会上被较为成功地提交给众议院，并且得以呈送至立法委员会。其中一项旨在废止双语教育法案、解除双语教育和少数族裔语言事务公署、撤销双语选票的宪法修正案“国家语言法案2003”。虽未能获准通过，但此法案充分显示了美国官方英语立法的一大进展。5 月 18 日，来自俄克拉荷马州的共和党参议员詹姆士·因霍夫提交的一项名为《英语语言一致法案》的 H.R.997 号移民法修正案得到了来自 39 个州的 152 名众议院议员的支持，成为美国第 109 届国会上获得最广泛的支持的提案之一。H.R.997 号提案在最初的参议院表决时以 62 票赞成、35 票反对、3 票弃权得以通过，首次以立法的形式确定英语为国家的官方语言，因此该法案成为历史上美国官方语言立法进程中重要的里程碑。同日，来自科罗拉多州的民主党参议员肯·萨拉查提交了民主党版本的替代修正案 H.R.4408 号，宣称英语为“共同、统一的语言”。付诸表决，该议案以 58 票赞成、39 票反对、3 票弃权通过。这两项法案都被加入参议院预计通过的移民法案中，并送往众议院做参考。至于将哪一个版本的修正案纳入移民法，议员们争论颇多，但最终的结果是多数议员们都同时支持这两项提案，同意禁止在政府服务中使用西班牙语或英语以外的语言。在第 110 届国会上有 5 项涉及英语官方立法的提案，可谓果实丰硕。2007 年 1 月 3 日意在废止克林顿在任期间的 13166 号行政命令，重新设置公民考试程序，限制政府帮助英语受限者的 H.R.768 号提案被成功提交到监督和政府改革委员会。5 月 8 日，由参议员詹姆士·因霍夫提交的 S.1335 号提案极力主张将英语定为美国的官方语言并大力缩减美国政府使用英语之外的其他语言履行行政公务的合法权利。虽然该提案赢得了 8 位参议员作为联合发起人，但是经过了两次审议之后在参议院国土安全和政府公务委员会那里悬而未决。6 月 6 日，美国国会参议院就同样由因霍夫提交的旨在减少外语语言服务授权、名为“早川一会 2007 国家语言修正法案”的 H.R.1151

号修正案进行投票表决，最终该提案以66票赞成、33票反对、1票弃权的绝对优势得以通过。但令参议员遗憾的是，附属于该修正案的一项较大的议案因在参议院未被看好而被延期搁置。2008年3月5日，因霍夫的S.2715号提案，即《2008国家语言法案》顺利进入了参议院的立法听证表决议程，日程编号为600号。5月6日，H.R.5971号提案《美国2008选举法案》被提交至众议院宪法和人权小组委员会进行审议，该提案要求美国联邦政府的各项选举的选票统一用英语一种语言印制，同时修正《1965选举权法案》中关于个别管辖区域可以用英语之外的语言提供选票和其他选举材料的规定。

美国的语言教育立法先后经历了散权状态、地方分权、联邦集权几个阶段。由于现行美国政府的联邦制是一种双重政府制，即“全国政府与州政府构成联邦制的二元，由作为并列的同等主权实体实行共管”（钱满素，2001）。因而美国现有的语言立法体制具有统一与分权并重、平衡与制约结合、严格与灵活共存的特点。两级政府分享政府的各种权力及义务，互相限制，同时又互为补充。在法律和政策方面，全国政府和州政府均享有相当独立的法律权限。在维护全国宪法的前提下，联邦政府与州政府均可制定法律、颁布政令，并且贯彻执行。国会与州议会的语言教育立法也是平行的，二者更多体现的是一种合作关系，而不是支配与服从的关系。更有甚者，即便州政府所颁布的法律和政策违背了全国宪法，只要执行过程中没有人将其告至联邦最高法院，联邦政府是无权干预的。因此，观察和审视美国的语言立法，仅立足联邦政府这一层面是不够的，州政府的法律、法规是考查美国语言立法不可或缺的部分。实际上，州政府所制定的关于语言立法的法律、法规能更加真实地代表和反映美国语言政策的本质和语言立法的倾向，而且美国官方语言立法的主要成果也是在州一级的政府当中。州宪法修订案和法令大多数是在全民公决的基础上通过的，它们至少要得到半数以上议员的同意方能通过，这不能不说是代表了一定数量的美国人的想法。

州政府官方英语法律的制定最早可追溯到1807年，当时作为法国殖民地的路易斯安那州首度将英语拟定为官方语言作为其进入美利坚合众国的先决条件。1980年之后，受到“唯英语运动”的推动，英语立法又重新浮出水面，并以迅雷不及掩耳之势在各州间迅猛发展。到20世纪末，美国已有 25 个州将英语确定为官方语言（这些州大部分集中在美国的南部和平原地区且有较少的外来移民、亚洲裔和拉美裔居民，其他零散分布于东北部和西部）。

进入 21 世纪后，犹他州（2000 年）、艾奥瓦州（2002 年）、亚利桑纳州（2006 年）、爱达荷州（2007 年）、堪萨斯州（2007 年）、俄克拉荷马州（2010 年）这 6 个州先后将英语确定为州官方语言。这 31 个州中，只有内布拉斯加州、夏威夷州、加利福尼亚州、科罗拉多州、佛罗里达州、亚拉巴马州、亚利桑那州这 7 个州是在全民公决的基础上通过修改宪法确立官方英语的地位的，其余 4 个州都通过颁布法律或出台法令来确立的。其余诸州在过去的十年间一直对“是否将英语纳为州官方语言”这一议题争论不休，在州国会立法会议中提交的相关的立法议案或是悬而未决，或是屡被提出又屡被拒绝。仅在 2009 年至 2010 年美国就有 15 个州（包括个别已经通过官方英语立法的州）向国会提议“制定州官方英语立法”或要求“巩固州官方英语立法”，这些州的显著特点都是少数族裔人口众多。

（二）反双语教育立法的终结

作为一个以移民为立国之本的国家，美国社会的语言问题是与生俱来的。美国当代著名历史学家阿瑟 · 施莱辛格认为：像美国这样一个多民族的国家，共同的语言是使之成为一体的唯一纽带。光从法律上确定英语为官方语言还不足以解决这一问题，还必须从教育入手，解决双语教育问题。因为制度化的双语主义，即法律保护下的双语教育、双语选举、双语入籍手续等是瓦解美国的源泉之一，是实现“统一民族”理想的威胁。因此，美国双语教育从其法制地位确立以来，在短短的 30 多年里几经沉浮，可谓命运多舛。伴随“反双语运动”而生的几部立法虽然数量不多，但是对非英语的少数民族语言打击沉重，有效地从侧面确立了以英语趋同主义为主导的美国语言立法的大方向。

《双语教育法》在 1968 年确立之初就是作为一种“过渡性”的手段而存在的，即便在 1984 年、1988 年、1994 年和 1999 年经历了 4 次修订，每一次都没有摆脱“同化”的主题和目的，相反，以英语为核心的这一语言意识形态在每次修改中都得到了强化和重申。可见，从本质上讲，联邦《双语教育法》与美国政府以英语统一美国思想和文化的一贯理念、政策是一致的，其初衷是适应多元文化的崛起，其根本目的是为了促进少数族裔更快地融入美国社会，从而更有效地排挤、打击非英语语言，同化、消解异族语言和文化。因此，无论是从政策本身，还是从政策制定的过程来看，其开明和宽容的程度是有限的，美国政府对辅助双语教育项目的拨款和支持力度也是很有限的。不仅如此，双语、双文化教育体制从一开始就饱受争议。20 世纪 80 年代中期，加州调整了双语教育政策，不再推行《查一莫双语双文化教育法》。1989 年，加州通过了一项创制提案，基本上废除了公立学校的双语教学，而让母语为非英语的学生参加“沉浸式英语计划”。1996 年，数十位正在接受双语教育的西裔学生家长在洛杉矶公开联合抵制双语教育课程，引起全国媒体的关注。1994 年，加利福尼亚州选民投票通过了题为“拯救吾州”的《187 提案》。虽然法律最严厉的部分后来被依法予以否定，但法律所体现的种族歧视和排外思想产生了深远的影响，掀起了民众对双语教育的不满情绪。正是在这样的背景下，加州掀起了废止双语教育的运动高潮。由美国硅谷软件工程师、亿万富翁朗·K.昂兹于 1997 年所起草的旨在废止双语教学的《227 提案》1998 年 6 月 2 日在加利福尼亚州议会上通过全民公决，以 60.9%赞成、39.1%反对的绝对优势获得通过，率先回归阻断母语思维的英语沉浸式教育，废止了加州实行了 20 多年的双语教育。昂兹一时名声大噪，并声称要将废止双语教育的运动推向全国。

21 世纪伊始，昂兹和他的同道们用类似的方法，在亚利桑纳州花费了 10 多万美元，通过请愿签名，形成了《203 提案》，2000 年 11 月 7 日提案以 63%赞成、37%反对在亚利桑那州议会上顺利通过，使亚利桑那州成为第二个宣判双语教育死刑的州，不仅如此，美国本土 20 个印第安保护区也随之取消了双语教育。同时，他们还把“为了孩子们的英语”运动推向科罗拉多州、马萨诸塞州等地，在全国造成了相当大的影响。2002 年，美国的双语教育经受了最大的，也是最后的一次冲击。1 月 8 日，小布什总统将《不让一个孩子掉队法》载入了美国法册。双语教育从前提乃至本质特征上被彻底否定并排除，联邦《双语教育法》被正式废止。取而代之的是《为英语水平有限的学生和移民学生的唯英语法案》，又名《英语习得法》，该法案只强调英语语言技能的习得和水平的提高，不再顾及少数民族学生的母语及母语文化，“双语”这一术语完全从美国联邦立法中消失。为此，詹姆斯·克劳福特教授撰写了一篇“讣文”，宣告享年 34 岁的《双语教育法》悄然逝去。这项由政府立法资助的、一度风行全美的双语教育事业也随之成为明日黄花（Leistyna，2002）。2006年5月18日，美国参议院通过的H.R.997号宪法修正案，其主要内容是确立英语为美国的官方语言，同时对新移民提出一系列英语语言要求，并且取消政府对移民的某些非英语服务。这对早已被打倒在地的美国双语教育事业来说，真可谓是又被踏上了一只脚，恐怕永世不得翻身了。

（三）“911”事件后外语语言立法的回潮

语言是文化的承载体，一个民族的语言体现了该民族的文化特点和民族精神。因此，一国语言政策的制定、语言立法的取向必然会受其语言文化的支配。以民族优越感和使命观为价值导向的、以“盎格鲁—撒克逊”文化为核心的美国趋同型文化直接支配了美国语言立法的倾向，在维护了英语的绝对权威和独尊地位的同时有效地消解并熔化了其他非英语语言。直接的结果是，美国一直以来对本国的外语学习和外语教育的重视程度不够，致使其外语教育的质量和普及率很低，掌握小语种的外语人才相当匮乏。加之美国是个教育分权制的国家，联邦政府对外语教育一般不制定统一的官方政策。美国从建国之初到20世纪末，仅有屈指可数的5部立法与之相关：《国防教育法》（1958年）、《国际教育法》（1966年）、《国家安全教育法》（1991年）、《2000年目标：美国教育法》（1994年）、《外语学习标准：为21世纪做准备》（1996年）。

2001年9月11日，美国遭遇恐怖袭击，该事件给美国带来的是非传统领域的威胁和挑战。美国政府开始意识到“语言武器”在政治、经济、军事、跨文化交流乃至国家安全等领域的至关重要性，并开始反思本国在外语政策制定中的不足，并于新世纪伊始颁布并制定了一系列与国家安全有关、旨在提高国家外语能力的政策和法案，其中较为成功的提案多数集中在第109届国会上。

2005年2月17日，由12位参议员在第109届国会一次会议上提交的28号决议（Senate Resolution 28）在参议院司法委员会全票通过，拟定2005年为“英语学习年”。3月8日，众议院以396票赞成、0票反对、37票弃权通过了H. Res. 122号决议。该决议重申了众议院对外语发展和敲定“英语学习年”的支持态度，强调了外语对国家安全及社会发展的重要性。5月25日，《2005年美中文化交流法案》在参议院引起了很大的反响，在经过两次审议后被呈送至外交关系委员会。11月19日，参议院全票通过了旨在将2006年拟定为“国外学习年”的 S. Res. 308号决议。

2006年1月5日，在全美大学校长国际教育峰会上，由美国国务院、国防部和教育部三方共同策划的《国家安全语言倡议》得以启动。这是自1958年以来最为重要的外语语言立法，因为它首次从美国自身安全和国家持续繁荣的角度审视了外语教学的重要性，更为重要的是，它首次将美国的外语语言教育推升到了联邦政府行政立法干预的层面。3月30日，由众议院议员约翰·布纳提交的旨在修改和延伸《1965高等教育法》的H. R. 609号提案《高校利用和机会法案》以221票赞成、199票反对、12票弃权在众议院通过。12月，众议院议员卢斯·赫尔特提交的《K-16关键外语渠道法案》和H. R. 4630号提案在国会众议院一并获准通过，美国的外语教育规划战线得以从幼儿园延伸到大学，只是在教育部董事会上大多数项目的资助款额都被卡掉了1百分点。

2007年4月，美国国会通过了《为有意义地促进一流的技术、教育与科学创造机会法》，启动了美国确保人才培养和促进国家创新与竞争力的立法程序。7月底，《2007大学机会法》在美国国会通过，作为未来5年高教施政的重要依据，该法修改并延长了《1965高等教育法》。

另外，“911”事件之后得以成功提交但由于种种原因未能进入投票表决程序的其他相关外语和外语教育的提案还包括：《国家安全语言法案》《2005教育机会终身制法案》《国家外语语言对等法案》《2005有效抗击恐怖分子法案》《国际和外语研究法案》《国土安全教育法案》《21世纪国防教育法》《国际事务中人与人交流法案》《高等教育法中国际研究法案》《2005高等教育修正案》《全国语言法案》。

同时，“911”事件之后美国各州也开始积极开展外语教育的立法工作，成效显著的州有3个。怀俄明州于2003年立法通过拨款700万美元支持该州小学的外语教学项目，把对国际教育的支持从研究策略层面落实到财政支持层面。马萨诸塞州于2003年12月召开了“马萨诸塞州与全球经济”会议，再次强调了国际教育的重要性。该州的许多学校已经成功地开展了一些国际课程和外语教学项目。康涅狄格州立法委员会于2004年通过一项议案，要求在K-12学校中积极开展国际教育，并建立了一个专门的组织研究国际教育的实施并提供建议。2004年秋，各学区的学校管理者举行会议，研究在课程中开展国际教育的策略。该州的10所学校与中国山东省的10所学校建立了伙伴关系并开展中文教育。

需要说明的是，“911”事件之后美国政府加强外语立法的举措并没有背离美国语言文化的总体发展趋势。相反，它与美国政府以“英语语言一致”为导向的语言立法倾向是一脉相承的。实际上，美国强化外语立法的根本目的是希望在经济全球化的契机下利用“语言战略武器”来履行向全世界尤其是“关键语言”区域传播美国的意识形态、推销美国的自由和民主及渗透美国文化的“使命”，从而使美国的语言文化走向世界，最终形成“全球文化的美国化”和“美国英语的全球化”格局。

三、21世纪以来美国语言政策面临的挑战及反思

理解单语主义意识形态之下美国的语言政策及其立法，可谓是一件既简单又复杂的事情。如果抛开美国和北美大陆长达 500 多年的民族语言接触不谈，仅从美国 200 多年的历史出发，理解美国以唯英语立场为导向的美国语言政策是一件非常容易的事，在“盎格鲁—撒克逊”清教的文化价值系统下，要想对它们提出质疑甚至反驳亦是相当有难度的事情。毕竟，文化是制度之母。审视一国特别是大国的语言政策和语言立法必须联系该国的政治传统、价值观念、民族意识形态和文化因素，否则就会只知其“然”，不知其“所以然”。语言立法作为一种文化手段，具有十分明显的政治文化意图和国家政策导向，它不可能也从来没有过“科学中性”。美国因其独特的文化传统、历史和政治制度而使其语言政策带有深刻的文化烙印，如果离开美国的政治、文化背景来研究美国的语言立法，就难以把握其立法脉络的内涵和深层动机，也就无法解释“文化”自变量对“语言立法”因变量产生作用的内在机理。

“盎格鲁—撒克逊”清教文化的重要因素包括英语、基督教、宗教义务、英式法制理念、统治者责任理念和个人权利理念。作为清教文化的首要理念的英语，两个多世纪以来一直居于美国的核心位置，无数美国人认为是英语使美国人有了共同之处，也正是英语使美国人将自己同别国人民区别开来。但是从21世纪开始，英语的重要地位及唯英语立法的实质内容受到了以下两个方面的挑战：一是来自拉丁美洲和亚洲移民的新浪潮提升了拉美裔语言和亚洲语言在国家政治中的地位，尤其是西班牙语有形成美

国第二语言之势，美国社会中出现了拉美裔化的倾向。二是学术界和政界流行的多文化主义和多样性理论。多文化主义实质上是在反欧洲文明，它基本上是一种反西方的意识形态。这种意识形态否定“全国一社群”概念，攻击“文化同质论”的基调和立场，对英语构成了一定的威胁。尽管这样，这些挑战还不足以扭转美国语言政策和语言立法的主导倾向，美国语言立法的唯英语导向尽管在每个特定的历史时期由于不同的环境和条件体现出不同的特征，但是目的是相同的，整个过程是一脉相承的，都是为了进一步强化英语的地位，从而进一步强化“盎格鲁民族主义”对外族的同化，巩固美国主流文化的绝对权威和优势。由此可见，发轫于清教徒的宗教信仰、根植于美国特殊的地理环境、形成于美利坚民族的特殊性、以“盎格鲁—撒克逊”的文明趋同主义为核心的美国文化直接支配了美国政府对语言的基本立场和观点，依托了长久以来，尤其是20世纪后半叶以来的美国官方语言立法的主导倾向。具体地说，秉承“上帝”赋予的使命，美国一直把自己视为世界的楷模，当领土扩张已无可能、经济扩张遭到抵制时，美国力图加强其语言文化的渗透并强调英语的普世性和可输出性。在具体行动上表现得张弛有度：横向上，积极通过立法将英语确定为美国的官方语言，最终31个州、40多个地方政府相继制定并颁布了英语为官方语言的法律；纵向上，通过声势浩大的反双语教育立法运动来强化“英语语言一致”的终极目标，美国语言教育重返唯英语教育的轨道，运动最终导致美国废除了实施了长达30多年的《双语教育法》。“911”事件之后，美国通过立法加强全民的外语能力，旨在在新的历史和时代的契机下实现语言立法的双刃剑的功能：一方面提升国家自身的安全防御和保障；另一方面凭借外语的阶梯来实现全球化的“英语统一”。

双语教育理论研究

论少数民族双语教育价值的内涵、构成及特征*

曲木铁西　谷亚华

讨论少数民族双语教育的价值有利于科学、公平、公正地评估双语教育工作，有利于进一步深入研究双语教育的本质及其规律，具有十分重要的现实意义。我们要研究双语教育的价值，首先须弄清双语教育价值的内涵、特征及构成，才能对其有全面、深刻的认识和把握。

一、少数民族双语教育价值的内涵

少数民族双语教育价值的内涵离不开一般教育价值的本质。我国学术界一般把教育价值的本质归结为从事教育活动的主客体之间的一种特殊关系，是指“教育这一事物、现象对其他事物、现象所具有的某种意义。教育价值关涉人的需要与教育的属性两个方面，教育价值指的是教育活动的属性、特点、功能、效果与教育活动主体之间的关系，它表明教育活动过程及其结果对教育活动主体需要的适合或满意程度。”① 这一观点强调教育价值的内涵，以及教育功能与教育价值的关系，指出教育价值的实现依赖

* 本文为教育部人文社会科学重点研究基地“中国少数民族教育现状评估和体制创新需求研究资助项目”（项目批准号：2009JJD85007）研究成果之一。

曲木铁西：彝族，中央民族大学副校长、教授、博士生导师，中国少数民族双语教育学会副会长兼秘书长，研究领域：少数民族教育学。

谷亚华：汉族，博士、山西师大讲师，研究领域：教育哲学。

① 冯建军，周兴国，梁燕冰，张慧真，叶飞. 教育哲学［M］. 武汉：武汉大学出版社，2011：91.

于教育功能的发挥，但教育功能并不等于教育价值。学术界一般把教育价值划分为个人价值与社会价值（或称为“内在价值”与“外在价值”、“直接价值”与“间接价值”等），并把教育的社会价值分为政治价值、经济价值、文化价值等，而把教育的个人价值看作是教育的本体价值、内在价值、直接价值或育人价值。认为“教育的社会价值依赖于教育的个体发展价值亦即育人价值（本体价值和内在价值），教育活动外在的、工具的价值或者社会各方面的价值通过教育培养的内在价值而实现”①。并指出，“教育应先着重教育活动的内在的、非工具性的价值。”②

少数民族双语教育作为一种特殊教育，其价值本质也离不开一般教育价值，在一定意义上，是指少数民族双语教育的属性、特点、功能、效果与民族双语教育主体需要之间的关系。亦表现为个人价值，以及经济价值、政治价值、文化价值、教育价值等社会价值。要深入了解少数民族双语教育价值的内涵，还要明确其教育价值与功能的区别与联系，以避免把功能与价值混淆而导致错误认识。

少数民族双语教育的功能与价值之间既有联系又有区别。在系统、科学地把握理论的基础上，结合我国学者对教育功能的认识，我们认为民族双语教育的功能主要表现为其系统内部诸要素包括教育者、受教育者、教育目的、教育内容和方法及其系统与双语教育环境之间相互作用的结果。其功能又分为内部功能与外部功能：内部功能表现为受教育者的双语交流能力、双语思维能力、双语书面表达能力、通过双语掌握各种知识的能力等；外部功能包括民族地区社会、政治、经济、文化等外部环境因素对教育系统所产生的作用，以及双语教育系统对民族地区社会、政治、经济、文化所产生的作用。

民族双语教育的功能与价值的区别主要表现为：民族双语教育的功能是教育本身属性的体现，具有客观性；而民族双语教育的价值主要表现为双语教育价值主体需要与双语教育价值客体在属性上形成合目的性的关系，侧重于主体性。二者之间的联系主要表现在以下几个方面： 一是少数民族双语教育的功能是实现少数民族双语教育价值的前提和手段。少数民族双语教育的价值要通过双语教育对国家、民族、社会、个人所起的作用

①② 冯建军，周兴国，梁燕冰，张慧真，叶飞. 教育哲学［M］. 武汉：武汉大学出版社，2011：91.

即双语教育的功能来体现，功能是满足价值主体需要的基本条件。二是少数民族双语教育的价值是少数民族双语教育功能的目的，功能的发挥是为了实现价值。“只有价值主体对价值客体‘相约’向价值客体索取，而价值客体发出相应功能的时候，功能才有价值。”①三是少数民族双语教育的价值与少数民族双语教育的功能是相辅相成的。“只有价值客体具备这种为价值主体提供功能的结构，才能发挥价值客体的功能，才能形成价值。”②

二、少数民族双语教育价值的构成

（一）双语教育价值主体

在价值关系中，价值主体是人、社会、民族、国家，而最终意义的价值主体仍归结为人。“凡是谈论价值，从根本上说都应当是相对人而言的。价值为人而产生，为人而存在，人是一切价值的主体”“价值世界的确立与人类的出现可谓是同一事实的两个方面”，价值是“人之为人的终极根据之所在”③。民族双语教育的价值主体也不例外，“是指双语教育系统内教育者、受教育者包括个人、各类群体、社会、民族、国家等”④。因为少数民族群体是由个体成员构成的，社会也是由各民族群众构成，而且社会经济、政治、文化和教育是由人来发展的，发展的成果最终也是为人。这里的社会经济、政治、文化、教育既是价值主体也是价值客体。当社会经济、政治、文化和教育满足双语教育活动主体的需要，为双语教育提供条件时，其为价值客体；当双语教育培养的人才满足社会经济、政治、文化和教育发展的需要时，社会经济、政治、文化和教育就变成了价值主体。

（二）双语教育价值客体

“价值客体是价值关系中价值主体的需求对象”⑤。双语教育价值客体是指其活动过程所指向的教育对象、活动结果，即通过双语教育培养的人才的能力包括接受知识的能力、双语水平、综合学习能力、交际能力，以及民族地区的社会经济、政治、文化、教育的发展。简单地说就是指双语教育活动所指向的对象及其功能。少数民族双语教育活动直接指向的对象

---

①② 韩晶. 教育价值通论（上）[M]. 沈阳：万卷出版公司，2008：8.

③ 何中华. 论作为哲学概念的价值 [J]. 哲学研究，1993（9）.

④ 谷亚华. 论双语教育的价值与功能 [J]. 中国校外教育，2014（10）.

⑤ 韩晶. 教育价值通论（上）[M]. 沈阳：万卷出版公司，2008：14.

（直接客体）是少数民族学生及所有接受双语教育的少数民族地区群众，而间接指向的对象（间接客体）是少数民族地区社会，以及整个国家的政治、经济、文化和教育的发展。

（三）双语教育价值实现的条件

价值是主体和客体之间的一种关系，是客体的属性或功能与主体需要之间的现实关系，价值既不单纯表现为客体的属性或功能，也不单纯表现为主体需要，但又离不开客体的属性、功能与主体的需要，它表示客体的属性或功能在多大程度上能够满足主体的需要。

少数民族双语教育的价值是作为客体的双语教育活动及其功能与社会生态环境对作为双语教育价值主体的个人、民族和社会的双语需要的满足与否、促进与否的关系。少数民族地区双语教育价值的实现离不开双语教育价值主体的需要，也离不开双语教育价值客体的属性，离不开双语教育价值活动的社会经济、政治、文化、教育和环境条件，更离不开价值主体的需要与满足主体需要的价值客体的属性与功能。

（四）双语教育实践活动

“人是一切价值的创造者。人既是一切事物价值的创造者，也是自身价值的创造者。但是，人的价值创造，无论是社会价值还是个人价值，归根到底离不开社会实践。”[①] 少数民族双语教育的功能无论多么大，少数民族双语教育的各项政策无论多么合理，少数民族双语教育的教材无论多么实用，只要没有实施到位的双语教育实践活动，就不会产生双语教育的价值。而且我们需要强调的是，少数民族双语教育的实践活动是一种培养人的双语能力与传授知识、培养学生智力和综合素质的一种社会实践活动。尽管要考虑如何满足社会、教育者、受教育者个人发展的双语需要，但首先应考虑的是如何从少数民族地区实际出发，遵循教育教学的规律，实施双语教育教学实践来提高受教育者接受知识的水平和双语能力，满足受教育者的双语学习需要，然后，学习者通过接受能力和双语能力的提高来掌握各门基础知识，从而进一步提高少数民族教育质量。因此，双语教育的实践活动是一种复杂且必须遵循教育教学规律，以及社会政治、经济、文化发展规律的活动。没有少数民族地区各个少数民族学校实施双语教育的

① 韩晶. 教育价值通论（上）［M］. 沈阳：万卷出版公司，2008：14.

具体实践活动，以及双语教育培养出的各种人才在双语教育活动之外所创造的社会实践活动，双语教育的价值是无法实现的。

（五）双语教育的价值与对双语教育价值实现的价值

少数民族双语教育的价值是由“双语教育的价值”与“双语教育的价值实现的价值”两部分构成的矛盾统一体。

“双语教育的价值”是指作为客体的少数民族双语教育系统及其功能对于作为少数民族双语教育价值主体的民族、社会和少数民族个人的双语需要的满足与否、促进与否及满足程度的意义。“双语教育的价值”按其实现的先后分为直接价值和间接价值，按本末不同分为本体价值和工具价值，按照主体不同分为个体价值、社会价值。“对双语教育价值实现的价值”是指在少数民族双语教育的价值的实现过程中，其客观环境因素条件对其价值实现所产生的各种影响和制约，即自然、地理环境，人口因素，以及社会政治、经济、文化、教育等客观环境条件对少数民族双语教育的价值活动需要的满足和推动，是在少数民族双语教育价值活动的过程中，各种环境条件对少数民族双语教育的价值实现所产生的意义。

“教育系统与非教育系统的各个子系统是教育的生态体系，它们之间必须进行物质、能量、信息交换，这就在社会系统中发生了教育系统的需求问题。”[①]民族双语教育的价值是一个由对立面构成的统一体。当双语教育作为价值客体时，也就是双语教育活动，通过其培养出的人才对于国家、民族、个体，以及社会经济、政治、文化发展需要的满足与否及满足程度如何，亦即双语教育对个人、民族和社会的价值，也就是“双语教育的价值”。没有教育投入，双语教育就无法运行。因而，相对于双语教育活动，社会、个人、民族、国家和教育自身都必然会呈现出各自的教育资源价值。所以，双语教育在充当价值客体的同时，也充当双语教育的价值主体，否则整个双语教育的生命就成了无源之水、无本之木。当双语教育作为教育的价值主体时，社会、个人和国家与双语教育就会发生另一种价值关系，这时双语教育就成为“受益者”“享有者”。在这种背景下，作为双语教育价值客体的社会、个人、国家和自然都会以教育资源的形式或形态对作为价值主体的双语教育产生价值作用，即生成“对双语教育价值实现

① 韩晶. 教育价值通论（上）[M]. 沈阳：万卷出版公司，2008：23.

的价值”。因此，“对双语教育价值实现的价值”是指自然、地理环境，社会经济、政治、文化、教育、个人等教育资源对双语教育价值实现的作用和意义。

三、少数民族双语教育价值的特征

对少数民族双语教育价值特征的认识，需要从多视角来把握，从存在方式上来看表现为对称统一性，从作用方式上来看具有主客体互生性和实践导向性，从实现方式上来看具有实践条件性和社会历史性，从评价方式上来看呈现为多维性、可变性与超越性。

（一）存在方式的对称统一性

从存在方式上来看，少数民族双语教育价值是一个系统，是 “双语教育的价值”和“对双语教育价值实现的价值”这两个对立面构成的统一体，表现为对立面的同一。民族双语教育的价值包含着两个相互对立或对称的部分，即“双语教育的价值”和“对双语教育价值实现的价值”，这两个方面表现为对称性的对立性。因为价值本身就是一个系统，而且这个系统是开放的、完整的，具有对称性。价值如缺少对称性，缺少对立面，就会破坏价值体系的完整性，价值很快就会“死亡”。也就是说有输出就要有投入，反之亦然。一种事物对另一种事物有价值，必定向另一种事物索取“对自身的价值”，否则，就是失去了原来价值本身的价值。有“少数民族双语教育的价值”，就要有“对少数民族双语教育价值实现的价值”。

辩证法把“统一性”也看作是“同一性”。“价值的同一性主要表现在两个方面：一方面是遵守逻辑的同一律，同一价值客体对同一时空条件下的同一价值主体的价值评价是一致的；另一方面，在价值系统中，价值主体与价值客体都是相对而言的，具有对立性，又具有统一性。目的性价值和手段性价值，即‘××的价值’和‘对××的价值’既对立又具有同一性”[①]。这里的“对××的价值”亦可以被理解为“对××的价值实现的价值”。那么，“少数民族双语教育的价值”和“对少数民族双语教育价值实现的价值”也具有同一性。少数民族双语教育的价值主体在将“少数民族双语教育的价值”赋予双语教育的价值客体时，会产生“对少数民族双语教育价值实现的价值”。“××的价值”和“对××的价值实现的价值”或“对××的价值”互为主客体关系，是一一对应的关系。但“少数民族双语教育的价值”一如双语教育的教育性价值，教师的教育之于双语教师教

① 韩晶. 教育价值通论（上）[M]. 沈阳：万卷出版公司，2008：13.

学能力的价值使教育成为它自身的资源，教育的资源可以直接成为“对少数民族双语教育价值实现的价值”。因此，双语教育的本体价值和工具价值、个体价值和社会价值也是相互转化、相互促进、相互影响、相互生成的。双语教育培养出来的少数民族人才为民族地区的经济、政治和文化的发展做出了贡献，所做的这些贡献反过来又为双语教育事业的进一步发展提供了条件和基础。

（二）作用方式的主客体互生性与实践导向性

1. 主客体互生性

少数民族双语教育的价值离不开价值主体，也离不开价值客体，既具有主体性，又具有客体性，价值主体与价值客体既是相互对立、相互制约的，又是相互转化、相互生成的。

少数民族双语教育的价值具有主体性特征，离不开价值主体的需要和认知能力。这种主体性特征有三个方面的意义：一是通过少数民族双语教育的价值主体做出价值判断，没有价值主体，就无法做出价值判断。因此，只能根据少数民族对双语教育的需求来确定双语教育价值的主体。二是少数民族双语教育的价值因主体而异，价值的形成、性质、特点和变化都以价值关系中的主体需要为尺度，取决于主体，因少数民族双语教育主体本身的结构、规定和需要而具有多维性、多重性、多层次性的特点。三是少数民族双语教育价值主体通过价值关系来反观自身，“了解自己本身，使自己成为衡量一切生活关系的尺度，按照自己的本质去估价这些关系，真正依照人的方式，根据自己本性的需要来安排世界。”①

少数民族双语教育的价值具有客体性特征，这种客体性主要表现为双语教育的任何价值都有其产生的客观基础，即少数民族双语教育的客体对于主体的价值首先取决于少数民族双语教育的客体本身是否具有满足主体需要的属性和功能。对双语教育有需求的少数民族及地区自然就成为双语教育价值的主体，而他们的社会生活环境就是双语教育价值的客体。少数民族双语教育的价值表现为价值主体与价值客体的一种客观上的契合。“任何价值都有其产生的客观基础”②。

“价值是主客体关系所体现的，无论是缺少主体，还是缺少客体，都不能形成价值。”③因此，少数民族双语教育的价值是价值主体与价值客体

① 马克思，恩格斯.克思恩格斯选集（第1卷）[M].北京：人民出版社，1965：651.
② 韩晶.教育价值通论（上）[M].沈阳：万卷出版公司，2008：11.
③ 韩晶.教育价值通论（上）[M].沈阳：万卷出版公司，2008：10.

相互作用的结果，无论价值主体如何努力，如果没有价值客体属性或功能的符合，那么少数民族双语教育主体的需要就得不到满足，双语教育活动就成为无效活动，少数民族双语教育政策的价值也不能真正得以实现。另一方面，少数民族双语教育的功能和属性无论多么强大，如果没有少数民族双语教育价值主体的需要，民族双语教育的价值同样也不能实现。

2. 实践导向性

在实践活动过程中已经实现的少数民族双语教育的价值会对少数民族地区，以及教育者、受教育者进一步的实践活动具有指导和导向作用。在部分少数民族地区，双语教育在价值上若一贯受到重视，这种价值就会对这些少数民族地区的双语教育实践活动具有指导和引导作用。如果在一些少数民族地区实践两种双语教育模式，并对比两种模式取得的成效，发现其中某种取得更大成效的模式更具有价值，大家就会在少数民族地区的民族中小学推广这种更有价值的双语教育模式。如果某一民族地区通过实施少数民族双语教育大面积地提高了学校的办学效果和教育质量，培养出更多的高素质人才，带动了这一地区社会的进步、民族文化的繁荣、民族经济的发展速度加快，使少数民族群众的生活水平得到提高，这一民族地区就会更加信心百倍地投入双语教育的实践活动中去；反之，如果效果不好，双语教育的价值得不到实现，少数民族地区群众和教育部门就会失去做好双语教育的积极性，倾向于单语教育。

（三）实现方式的实践条件性与社会历史性

1. 实践条件性

“实践条件性”是指少数民族双语教育价值是通过实践活动来实现的，任何价值的实现都离不开实践活动，也离不开实践活动中人力、物力、财力的投入。少数民族双语教育的价值活动是在一定的目的和计划的指导下，付出一定成本代价的物质性创造活动。

“实践是把主体需要和客体属性相联系、相统一的现实基础。”[①] 少数民族双语教育的价值具有实践性特征。少数民族双语教育主体与客体之间的价值关系是在双语教育实践活动中确立，并随实践的发展而发展的。少数民族双语教育价值的实现离不开双语教育的实践活动，也离不开由双语

① 韩晶. 教育价值通论（上）[M]. 沈阳：万卷出版公司，2008：11.

教育实践活动培养出来的少数民族双语人才的社会实践活动。无论是少数民族双语教育本体价值、目的价值、直接价值的实现，还是少数民族双语教育社会价值、工具价值、间接价值的实现，都离不开少数民族双语教育实践活动及通过这些活动所培养出的人才的社会实践活动。少数民族双语教育价值的主体性和客体性统一于少数民族双语教育实践活动与双语教育活动培养出的人才的社会实践活动。

人们总是根据个人的体验确定自身（价值主体）与外界（价值客体）来确立价值关系的。人们对价值的建构一般是以代价来权衡的，代价是为了达到某种目的所耗费的物力、财力和人力。任何计划和蓝图只有付诸实施、实践，才能实现其价值，而实践活动需要付出代价。对于少数民族双语教育的价值实现与否及实现程度的评估，要考虑少数民族双语教育的实践活动所付出的代价，在实施民族双语教育实践活动的过程中所耗费的人力、物力和财力。没有付出，就没有收获，虽然要实现少数民族双语教育价值需要付出大量的人力、物力和财力，但是“双语教育的代价无论多么昂贵，它都将比不能进行双语教育所付出的社会代价要低。”[①]如吉林延边的朝鲜族是我国各少数民族中进行双语教育较早的少数民族，当地在朝汉双语教育上投入了大量的人力、物力和财力，其投入和产出基本上是成正比的。延边地区的民族教育质量不仅高于其他民族地区，也高于全国教育的平均水平。

2. 社会历史性

少数民族双语教育的价值具有社会历史性，价值的实现离不开一定的客观社会历史条件。只有价值主体和客体，没有实现价值的条件和活动，价值就只能是假设。少数民族双语教育的价值只有在人们的社会生活中才能被找到根源和地位。个人、民族和某个社会的双语需要不是凭空产生的，而是社会历史活动的产物，是在社会发展的一定阶段产生的，离不开具体的社会历史条件。并且价值主体本身的双语需要能否得到满足也受到国家和民族地区各种社会条件的制约，也要随着社会实践的发展而不断变化。在一个各民族之间经济、文化、社会交往频繁与社会流动频繁的社会大环

---

① ［加拿大］M. F. 麦凯，［西班牙］M. 西格恩著；严正，柳秀峰译. 双语教育概论［M］. 北京：光明日报出版社，1989：5.

境中，社会、各民族群体和个人就会产生双语学习的需要和学习双语的社会环境。在这种情况下，双语教育的本体价值和社会价值就会得到体现。另外，双语教育的价值观念也与社会体制关系非常密切。一个社会的各项政策和制度可以促进或抑制双语教育价值的实现。因此，民族双语教育的价值，无论是民族双语教育的本体价值，还是其社会价值或工具价值，都离不开其产生的自然、社会和个体的客观条件以及个体的主观条件。少数民族双语教育的价值实现是受诸多客观条件制约的。当自然、社会和个体各方面的条件都有利于双语教育价值实现的时候，双语教育就会体现出更大的价值。而当自然、社会、个体等各方面条件不利于双语教育价值的实现或只有部分条件对双语教育的价值发挥作用时，双语教育的价值实现就会表现为不平衡性或片面性，如或仅体现经济价值，或仅体现文化价值。如延边州实施双语教育以来，朝鲜族群众在双语教育中受益很多，其双语教育价值的体现也很充分，但其价值的实现离不开我国朝鲜族历史传统的影响和现实社会环境的需求。因而我们评估双语教育的价值不能脱离各少数民族地区具体的社会历史条件和客观环境因素。

（四）评价方式的多维性、可变性和长期性

从评价方式上来看，民族双语教育价值具有多维性、可变性和长期性。不同人、不同民族群体或在不同地区的同一民族对双语教育价值的认识是不同的。而且，在不同时期，同一个民族个体、群体或社会对双语教育价值的认识也是不同的。随着个人和社会的发展，价值认识是不断变化的。而且对双语教育价值的评价也不能仅限于从当时出发，还要超越时代的限制，长远地思考。

1. 多维性

“同一价值客体对不同价值主体存在的价值是不同的，甚至是相反的；对于同一价值主体在不同的时间、空间的价值也是不同的，甚至是相反的。”[①] 在少数民族地区，不同的群体对民汉双语教育的价值认同是不一致的。目前在实施少数民族双语教育的过程中存在夸大少数民族语文教育价值或夸大汉语、汉文教育价值两种倾向。实际上，不仅人们对双语教育有无价值的认识体现了多元性，而且即使认定少数民族双语教育具有价值，其价值

---

① 韩晶. 教育价值通论（上）［M］. 沈阳：万卷出版公司，2008：11.

的认识也不是单一的教育价值。少数民族双语教育的价值不仅体现在教育方面，还体现在政治、经济、文化、社会各个方面；它不仅具有教育价值，而且具有政治价值、经济价值、文化价值和社会价值。因此，少数民族双语教育价值具有多维性、多层次性、多重性、多样性，任何夸大某一种语言教育的价值和某种价值而否认另一种语言教育的价值或另一种价值都不可取，少数民族双语教育的任务就是让少数民族双语教育实现更多价值。

2. 可变性

一种事物好不好、有无价值及价值大小，是相对一定的价值主体的需要而言的；同一事物或现象，不同价值主体，甚至同一价值主体在不同时间、不同场合，其对价值的估量也往往不同。少数民族双语教育价值主体与价值客体的关系并非是一成不变的，它具有可变性。“新陈代谢是宇宙的根本规律，也是价值运动的根本规律。”[①]新价值的形成意味着旧价值的变化。因此，对于民族双语教育价值，不同的价值主体，甚至同一价值主体在不同社会历史时期、不同场合的评价是不同的。如在1958年前后和“文化大革命”时期，受“左”的思想影响，少数民族双语教育曾一度被认为是无价值的，少数民族学校被要求取消使用少数民族语文教学，全部使用汉语教学。十一届三中全会后，政府和少数民族地区群众重新审视双语教育的价值，在民族地区的民族中小学又恢复发展了双语教育。

3. 长期性

对民族双语教育价值进行评价，既要从微观角度，也要从宏观角度进行全面的考量。由于双语教育价值的特殊性，其价值不是立竿见影就能体现出来的，它具有一定的长期性。因此，对少数民族双语教育价值的认识和评价，国家、社会、少数民族群体及少数民族个体不能仅仅重视眼前的利益而忽略长远的利益，不能只重视微观利益而忽略宏观利益。应该把当前需要与长远需要、个人需要与国家需要及少数民族地区的需要结合起来去评价少数民族双语教育的价值。一些人目光短浅，在当前经济全球化和城镇化的冲击下，只重视少数民族地区双语教育中的汉语教育，忽视少数民族语文教育的教育价值和文化价值，夸大汉语教育的作用，只重视汉语和外语的学习，而没有看到少数民族语文对于少数民族学生的智力发展价

① 韩晶. 教育价值通论（上）[M]. 沈阳：万卷出版公司，2008：11.

值和民族文化传承的长远价值。一些民族地区无视语言环境，违背教育、教学规律，老师只将汉语作为教学语言，导致许多少数民族聚居地区的学生因听不懂教师授课，弃学现象严重，成为这些地区办学效率长期低下的重要原因。因此，评价民族双语教育不能急功近利，更不能犯实用主义错误。要从民族发展的大局出发，树立双语教育长远发展目标。

民汉双语教育是促进我国多元文化和谐发展的根基①

马锦卫　马尔体

语言是传承、发展文化的载体，实行民汉双语教育能使各民族的文化得到进一步的传承和发展，不断为中华民族的多元一体文化格局注入生机和活力。我国在发展少数民族文化进程中提倡开展民汉双语教育，要求各民族不仅学习、掌握自己的语言文字，而且学习好汉语言文字，使受教育者成为一个多元文化的传承和发展者。这是当前和今后我国民族团结繁荣、国家长治久安的需要，也是每一个社会成员社会生活的需要。党的十八大以来，以习近平总书记为首的党中央提出了实现中国梦的奋斗目标。“‘中国梦’的核心内涵是指实现中华民族的伟大复兴。基本内涵是指实现国家富强、民族振兴、人民幸福，既为中国人民造福也为世界人民造福。中国梦的主要奋斗目标是实现‘两个一百年目标’，即到中国共产党成立100年时全面建成小康社会，到新中国（中华人民共和国）成立100年时建成富强、民主、文明和谐的社会主义现代化国家。”可见，加强多元文化和谐发展是实现中国梦的重要组成部分。

一、我国各民族多元文化融合、互助历史悠久

中国56个民族使用着80多种语言。各民族的交往在语言上“民汉兼通”已经有几千年历史，自古以来就存在着多语和双语现象。如《左传·宣公四年》中记有“楚人谓乳毂，谓虎于菟”。两汉末年刘向在《说苑·善说》里记录了一首《榜枻越人歌》：“鄂君不知越歌，乃召译使楚说之。”鄂

① 本文为教育部课题“彝汉双语教育理论、政策、实验研究”（MJZXHZ13009）阶段性成果。

马锦卫：1961—，语言文字学博士，西南民族大学教授、硕士生导师，研究方向：语言文化。

马尔体：1988—，法学硕士、西南民族大学教师，研究方向：法学。

君子晳让随行人员将越歌翻译成楚语，他听了非常高兴，隆重地接待了唱歌的越人。有一首北朝时期的《折柳歌》的歌词中唱道：“遥看孟津河，杨柳郁婆娑。我是虏家儿，不解汉儿歌。”这首诗可能是用少数民族语言创作的，然后才经过汉语翻译。“虏家儿”可能出自汉学家之译，少数民族应该不会用此贬词自称。这首诗的翻译和内容都透露出了南北朝时期我国南北民族文化交流的信息。《论衡·变虚》载“四夷入诸夏，因译而通”。夏朝统治者为了让南蛮、北狄、东夷、西戎之四夷臣服，排除语言障碍，设立了专门的翻译官职和机构。从这些诸多现象中可见，当时已经有了双语现象的存在和双语使用情况。

范晔所著《后汉书》中的《白狼歌》，据学者考证，其语言属藏缅语族彝语支语言，其歌词是由汉语语音转写的少数民族语言，其中就有部分古汉语借词，如“圣”“德”“臣”“仆”等。从 11 世纪的《突厥语词典》、18 世纪的《五体清文鉴》等文献中可以了解到当时的维吾尔语中已有了一定数量的早期汉语借词，如“皇历”“大唐”“弟子”“道人”等。在历史上著名的北魏孝文帝改革中，孝文帝为了学习、接受汉族先进文化，进一步加强对黄河流域的统治，把国都从平城（今山西大同市）迁到洛阳，并要求臣民穿汉服、学习汉俗等。孝文帝实施汉化的过程中最重要的政策之一就是改变语言，规定每个人都要学习使用汉语言，《魏书·咸阳王禧传》记载：政府要求 30 岁以下的人都要学习汉语、说汉语。南北朝时期是我国历史上的民族大迁徙、大融合时期，各民族在经济贸易、风俗习惯、语言文化等各方面掀起向汉族学习的浪潮。东魏权臣高欢的部下包括鲜卑人、汉人和其他各族人，他对军士讲话时而用鲜卑语，时而用汉语，说明当时各族人民都懂得这两种语言。当时鲜卑人没有文字，诏令、文书都用汉字，因此各级官吏都必须会使用汉语、汉字，尤其是鲜卑的上层贵族。孝文帝改革时，将自己的姓氏“拓跋”改成“元”，并与汉族的上层人士通婚。这一时期，汉族影响少数民族成为主流，但是各族人民在与汉族民族融合时，也带来了他们优秀的思想文化，如胡乐、胡舞、胡床、胡饼，尊重妇女的意识等，民汉观念淡化了，为汉族文化注入了新鲜血液，也促进了隋唐时期女权意识的觉醒和开明的民族政策。契丹人在历史上有自己的语言，创作了自己的文字契丹文，但皇室贵族中仍然大力提倡学习汉语言文字。史载贞观十四年（640 年），国子学“增筑学舍千二百间，增学生二千二百六十员，……于是四方学者云集京师，乃至高丽、百济、新罗、高昌、吐蕃诸酋长亦遣子弟入国学，升进筵者至八千余人。” 元政府在契丹人聚居的地区设经书国子学，培养具有民汉双语能力的学者。元政府将民族文化与汉文化并举使用，大力提倡推行汉文化，重视汉语文学习。

明代诞生了我国历史上第一所以培养翻译人才为主的双语机构四夷馆，这是我国最早的双语学校，明代双语人才的培养在双语应用历史上占有非常重要的地位。由会同馆和四夷馆编纂的少数民族语言与汉语对照的辞书，总称《华夷译语》，是用汉语语音将民族语言转写，再注解语义的民汉双语书。明代是民汉双语发展最为繁荣的时期，明太祖洪武年间，对少数民族实行“教化为先”“教化以学为本”的政策，在各地吸收一批少数民族人士入学，主要是上层子弟，在客观上促进了民汉双语的发展。《贵州图经新志》中记载了孝宗弘治年间少数民族“男知读书”“通汉人文字”的史实。1982 年，贵州省大方县文物工作者在本县城关小学内发现了“成化钟”，因钟面彝汉文均注明其铸于明成化二十一年（1485 年）而被称为“成化钟”。该钟迄今有 500 多年的历史，钟体全高 135 厘米，口径 110 厘米，厚 1 厘米，重约 300 千克。钟顶部有 36 厘米高的挂耳，形状奇特；钟面四周各有一幅 8 卦，八卦四周的云、雷纹夹有两对“日”“月”图案；有彝汉铭文 8 幅，每幅高 19 厘米，长 54 厘米。据历史记载，元末明初，民汉双语的广泛应用为云贵地区少数民族和汉族和睦相处，推进民族地区经济、社会发展起到了积极作用。

中华人民共和国成立以来，中国共产党高度重视少数民族语言文字的发展，提倡和鼓励各民族使用自己的语言文字。1982 年 12 月全国人民代表大会公布并施行的《中华人民共和国宪法》第 121 条规定：“民族自治地方的自治机关在执行职务的时候，依照本民族自治地方自治条例的规定，使用当地通用的一种或者几种语言文字。”在 1984 年 5 月 31 日的第 6 届全国人民代表大会第 2 次会议上通过，1984 年 10 月 1 日起施行的《民族区域自治法》第 10 条规定：“民族自治地方的自治机关保障本地方各民族都有使用和发展自己的语言文字的自由，都有保持或者改革自己的风俗习惯的自由。”第 21 条规定：“民族自治地方的自治机关在执行职务的时候，依照本民族自治地方自治条例的规定，使用当地通用的一种或者几种文字；同时使用几种通用的语言文字执行职务的，可以以实行区域自治的民族的语言文字为主。”“我国最早涉及少数民族语文政策的文件是1938年党的六届六中（扩大）全会的报告。在这个报告中，毛泽东同志提出了：‘尊重各少数民族的文化、宗教、习惯，不但不应强迫他们学习汉文、汉语，而且应赞助他们发展用各族自己言语文字的文化教育。’”中华人民共和国成立以来，国家通过法律的规定，保障各民族使用、发展本民族语言文字的权利，国家支持各民族相互学习语言文字，实现了各民族使用语言文字上的平等。

二、民汉双语教育是多元文化和谐发展的基础

自秦汉以来，中国就是一个统一的多民族国家，多元文化的存在和发展是历史所然。“中华民族多元一体格局体现的文化关系，诚然是在悠久的中国文明史进程中发展起来的，有着特定的历史限定和地理空间限定。”建设好中华民族共同家园是56个民族共同的任务和责任。在国家全面建设小康社会，实现中国梦的伟大历史进程中，民族地区稳定、和谐发展的重要性更加突出，没有民族地区的稳定、和谐与全面小康，就没有全国的稳定、和谐与全面小康，也就难以实现中国梦。习近平总书记2013年10月在给中央民族大学附属中学全校学生的回信中指出：“我国是统一的多民族国家。我国各族人民同呼吸、共命运、心连心的奋斗历程是中华民族强大凝聚力和非凡创造力的重要源泉。我国各民族多姿多彩的文化是中华文明的重要组成部分。希望学校继承光荣传统，传承各民族优秀文化，承担好立德树人、教书育人的神圣职责，着力培养、造就中国特色社会主义事业合格建设者和接班人。”我国民族地区的和谐、全面发展是一项复杂的系统工程，需要各种力量的合力推进，其中民族教育特别是民汉双语教育应该发挥其重要的社会功能。因为民族地区是我国实施民汉双语教育的重要区域，民汉双语教育作为针对各少数民族本身进行的教育活动，其传播的思想观念、内容等更容易为少数民族所接受，这正是推进民族地区稳定、和谐发展的许多其他方式所不能替代的独特之处。

我国民族地区数十年来开展的民汉双语教育不仅提高了民族文化教育事业的不断向前发展，而且极大地提高了民族地区青少年的入学率和升学率。以四川开展的民汉双语教育、教学为例，四川的双语教育主要是藏汉双语教育和彝汉双语教育，双语教育的体制分为一类模式和二类模式。一类模式是指从小学到高中各门课程用民族语文教学，从小学到高中只开设

一门汉语课程的以民族语言教学为主的双语教学。二类模式是指从小学到高中各门课程用汉语文教学，从小学到高中只开设一门民族语文课程的以汉语文教学为主的双语教学。四川凉山彝族自治州彝汉双语教育自 2005 年与高考接轨以来，到 2012 年，全州共有 2401 名一类模式高中毕业生参加全国高考，各批次共录取 1607 人，录取率为 66.93%。2014 年，全州共有 1033 名一类模式高中毕业生参加高考，其中文科考生 786 名，包括喜德县民族中学 349 名、昭觉县民族中学 305 名、西昌市民族中学 132 名，理科考生 247 名，包括喜德县民族中学 130 名、昭觉县民族中学 74 名、西昌市民族中学 43 名。本科一批（重点）录取 1 名、本科一批（重点）预科录取 1 名、本科二批录取 39 名、本科二批预科录取 281 名，专科一批录取 105 名、专科一批预科录取 111 名、专科二批录取 326 名、专科二批预科录取 6 名。各批次共录取 879 人，其中文科 656 人，理科 223 人，录取率为 85.1%。文科录取率为 83.5%，理科录取率为 90.2%。从文科和理科的录取率来看，理科考生的录取率高于文科考生的录取率。四川彝、藏地区双语教学在认真总结、反复实践的基础上，总结出了“双语教学、两类模式、两次分流、三级规划、二十年分三步走”五个要点。由于四川省委省政府高度重视，开展了“民族教育十年计划”活动，通过民汉双语教育培养出来的青年学生成为四川民族地区发展的顶梁柱。数十年来四川民汉双语教育取得的成绩为四川民族地区的社会、经济发展做出了贡献。

民汉双语教育取得的成绩说明，在少数民族聚居区或少数民族散居区开展民汉双语教育有利于民族教育事业的发展，有利于社会的和谐发展。如果不好好开展双语教育，不因地制宜地开展民汉双语教育，民族教育将受到影响，民族地区和谐社会的建设和发展也将受到影响。1978 年后西藏自治区藏语文的学习和使用重新得到重视，藏语文的工作也得到恢复。到 2000 年，西藏已经建立了符合西藏自治区实际的以藏语文为主的藏汉双语教学体系。全区除少数城镇小学外，95%以上的小学用藏语文授课。初中阶段藏语文授课教学正在稳步推进，目前西藏全区中学有 102 个班使用藏语教学，另有部分中学的部分课程也用藏语授课。改革开放以来，藏汉双语教育在西藏迅速发展，截至 2015 年，全区 99%以上的藏族中小学生接受双语教育，全区高中毕业生参加高考，升学率达到 90%左右。“西藏双语教学的开展使藏汉语兼通的人越来越多。20 世纪 70 年代初能听懂汉语的藏族人为数甚少，目前，接受过初中以上教育的藏族人普遍都懂藏汉双语，拉萨、日喀则、泽当等地 90%左右的藏族人能用一般的汉语进行交流，就连没有读过书的藏族商贩也能说一些简单的汉语。西藏自治区各级党政机关、群众团体、企事业单位都以藏汉双语作为工作语言，文件都用藏汉两种文字行文。”

民汉双语教育的发展不仅是当前发展的需要，也是未来发展的需要。改革开放以来，在党和国家正确的思想路线的指引下，民汉双语教育得到了迅速发展，进入了健康的发展轨道。民汉双语教育为民族地区经济、社会的发展起到了很好的促进作用。在我国社会主义建设事业不断发展，国家教育改革与创新不断深入的新时代，民汉双语教育面临着需要进一步改革与创新的新问题。当前，根据我们的调查研究，我国民族地区开展的民汉双语教育存在着一些共性的问题，也存在着一些个性问题。如四川民族地区开展的民汉双语教育当前存在的主要问题：一是双语教育教学质量不高。民汉双语教学的成功与否关键在于教学质量。四川民汉双语教育通过多年来的努力，双语教学质量有了一定的提高，但还需要进一步努力，特别是要提高民汉双语教学中数学、物理、化学等理科的教学质量。根据有关数据表明，四川民汉双语教学的过程中，学生的理科成绩提高缓慢，考试成绩低。以四川彝汉双语教育 2014 年的一类模式和普通模式高考成绩比较为例，一类模式文科：语文人均分 91.3，数学人均分 26.6，英语人均分 37，文综人均分 122，人均总分 277。普通模式文科：语文人均分 84.31，数学人均分 51.94，英语人均 58.69，文综人均 136.49，人均总分 331.57。一类模式理科：语文人均分 100，数学人均分 35.9，英语人均分 49.9，理综人均分 67.2，人均总分 244。普通模式理科：语文人均分 88.99，数学人均分 69.72，英语人均分 74.92，理综人均分 132.44，人均总分 366.31。二是民汉双语教育师资力量薄弱。当前，双语教学教师量少、质量较差是制约双语教育发展的一个瓶颈。就四川民族地区双语师资队伍而言，尽管经过多年的努力，这一现象逐步改善，但各地区的民汉双语师资仍然缺乏，特别是缺乏大量的理科双语教师。广大民族地区的民汉双语教师有的由于教学任务重，没有时间参加进修培训，知识老化；有的安于现状，不思进取，不能很好地应用现代教育技术手段教学，教学方法差；有的不安心于自己的本职工作，得过且过；有的教师还存在不知道怎样说课、备课等现象。三是民汉双语教育教材使用不规范，教材质量不高。民汉双语教育教材学科不配套、编写内容不够科学、教辅材料缺乏等问题，长期以来没有得到很好的解决，影响了民汉双语教育质量的提升。

我国民族地区各级政府应高度重视并解决好民汉双语教育中存在的这些问题，应高度认识民汉双语教育在民族地区社会发展和经济建设中的重要作用，高度认识“教育强则国家强，国家强各民族才能安定团结，人民才能过上好日子”的道理。在新的历史条件下，要积极开展好民汉双语教育，在“中华民族多元一体格局”中，各民族通过实施民汉双语教育，不仅能够学习使用自己的语言文字，传承、发展好自己的民族文化，而且，各民族还能通过民汉双语教育渠道学好国家通用语言文字，更好地为社会主义建设服务。民汉双语教育的发展与国家长治久安、繁荣发展有着密切联系，民汉双语教育是促进我国社会主义社会和谐发展的重要基础。

三、和谐社会的建设需要培养大批“民汉兼通”的双语人才

“党的十六届四中全会通过的《中共中央关于加强党的执政能力建设的决定》第一次鲜明地提出并阐述了‘构建社会主义和谐社会’这个科学命题，并把它作为加强党的执政能力建设的主要任务之一提到全党面前。”建设和谐社会是实现中国梦的一个重要组成部分，具有中国特色的社会特征。和谐社会的建设需要培养一大批德、智、体全面发展的合格的建设者和接班人。民汉双语教育作为具有特色的民族教育，它的存在和发展是为建设社会主义中国服务的，是为和谐社会的建设服务的，如果没有一个和谐、稳定、繁荣的社会作为基础和保障，民族教育及民汉双语教育就无法开展，多元文化人才就无处培养，因此民汉双语人才的培养与民族地区社会经济的发展有着非常密切的联系性。

我国自古以来就提倡多元文化和谐发展。在教育及社会生活中，无论是儒家思想、道家思想，还是各民族文化，都在一定程度上看重和谐及和谐的社会生活的建立，提倡和谐精神的存在与发展。特别是传统教育中更加倡导和谐精神及多元文化的教育。中国最古老的典籍《五经》之一《尚书·尧典》就提出了“协和万邦”的主张：“克明俊德，以亲九族。九族既睦，平章百姓。百姓昭明，协和万邦。”正是因为有此思想，所以在处理对内与对外关系上，中华民族始终倡导“以德服人”“协和万邦”。中国最早

的诗歌总集《诗经》倡导“既且和平，依我馨声”，虽然是讲言语和谐，但也包括了天地和谐、社会和谐、家庭和谐、群己和谐的思想。“和合”始终是中国传统文化的思想精华与指导人们行为的思想理念。“概而言之，所谓和合的和，指和谐、和平、祥和；合指结合、融合、合作。和合连起来讲，指在承认‘不同’事物之矛盾、差异的前提下，把彼此不同的事物统一于一个相互依存的和合体中，并在不同事物和合的过程中，吸取各个事物的优长而克其短，使之达到最佳组合，由此促进新事物的产生，推动事物的发展。在此和合精神的指导下，中华文化不断创新，同时也推动了中国社会的不断发展。”这种和谐思想和多元文化理念在中华民族人文社会科学及其教育与人的培养方面贯串始终。

在几千年来的历史发展进程中，中国各民族相互交融、相互学习并影响，中国各民族的文化中都贯串了一个共同的认识，这就是“中华民族多元一体格局”。“在新的国家建设当中，我们必须注意到民族与民族之间、文化与文化之间的那种‘和而不同’的关系。‘和而不同’是世界上成功的文明体系的主要特征，这样的文明体系与欧洲式的民族国家体系很不同，也有着它自身的优点。”中国有 56 个民族，各民族在长期的历史发展进程中积淀了一些自己的文化特征，但由于历史、地理环境等因素，中国各民族文化你中有我，我中有你，这是类同，是大同。中华人民共和国成立后，在中国共产党的领导下，各民族翻身得解放，共同团结进步、共同繁荣发展成为我党和我国各族人民的工作重心。在新的历史条件下，民族地区的和谐发展成为一项复杂的系统工程，需要各种力量的合力推进。其中民族教育特别是双语教育具有推进民族地区和谐发展的作用，也是其他许多方式所不能替代的。双语教育的作用不仅体现在传承本民族文化和进行文化交流上，其重要的社会功能还应体现在使受教育者形成民族团结与维护祖国统一的思想，传播科学技术知识，为民族地区的经济发展提供智力支持和人才资源，提高少数民族群众的素质和受教育程度等方面。“新时期双语教育的功能和意义可概括为文化功能，即传承、发展民族文化，政治功能，即促进‘四个认同’，社会功能，即构建和谐的语言关系与社会主义和谐社会，教育功能，即培养大批‘民汉兼通’的各类人才”。

斯大林在《俄罗斯联邦共和国的组织》中说：“无论在诉讼方面或在学校中，都不得强制采用任何‘国’语，每个区域选择一种或者几种适应当地居民民族成分的语言，并且在一切社会机关和政治机关中都要遵守少数民族语言和多数民族语言完全平等的原则。”马克思主义民族理论的核心问题就是民族平等与民族团结，语言平等是民族平等、团结最重要的基础。民汉双语教育的开展是马克思主义民族平等、团结在中国特色社会主义建设中的重要体现，也是推进各民族互相学习、和谐发展的重要渠道之一。双语教育不仅有利于增长、发展民族地区青少年的科学文化知识，提高少数民族学生的素质，也有利于民族地区的社会发展，有利于民族地区社会生产力水平的提高。“藏语文授课型双语教育能将现代科学知识通过母语传播到广大农牧民群众中，从而对改变农牧区旧的生产方式、生活方式和思想观念产生积极的影响。”民汉双语教育是一座多民族科学文化交融、发展的金色桥梁，它的特色在于为传承民族文化培养人才，也为少数民族学生很好地学习汉文化创造了条件。文化传统是一个国家、一个民族世代沿袭下来的具有悠久历史的文化特质或文化模式。民族传统文化和现代文化的结合、民族文化和科学文化的结合是现代社会发展的趋势。广大民族地区需要一大批既懂本民族文化，又能接受现代科学文化的接班人。实施民汉双语教育正是在为培养民族地区所需要的具有双语文化才能的建设者和接班人、建设和谐的社会主义社会做人才的储备工作。

积极开展多元文化的互动、交流、沟通，达到民心相通是“一带一路”建设的社会基础。“传承和弘扬丝绸之路友好合作精神，广泛开展文化交流、学术往来、人才交流合作、媒体合作、青年和妇女交往、志愿者服务等，为深化双、多边合作奠定坚实的民意基础。”我国少数民族主要居住在我国边疆地区，具有民汉双语能力的人才正是“一带一路”建设中所需要的人才，民族地区各级政府应根据国家发展的需要，加强各级、各类民汉双语人才的培养工作，让民汉双语教育在国家建设中发挥特长作用，做出应有贡献。

国家安全视域下的民族语言能力建设问题

曹秀玲 邓凤民

随着社会的进步和开放，国际交流日益频繁，个人语言能力（特别是外语能力）的提升得到了全社会的普遍关注。双语人才甚至多语人才的培养业已成为当代社会的一大必然趋势和重要特征。相对于个人语言能力，国家语言能力问题近年来也得了到相关部门和学界的重视，然而社会公众对此知之甚少，遑论国家语言能力对于国家安的全重要性。特别是对于民族语言，人们多关注宪法赋予少数民族的“使用和发展自己的语言文字的自由”和“保持或者改革自己的风俗习惯的自由”的权利，同时强调学习和掌握国家通用语言文字的重要性。学界则更为关注民族语的保护、传承，以及与此相关的教学和研究等问题，目前尚无从国家安全视角认识民族语言能力建设问题的研究报告。本文聚焦国家语言能力建设对于国家安全的重要意义，探讨国家语言能力建设过程中民族语言所具有的巨大价值和发掘潜力。

一、国家语言能力与国家安全

《国家中长期语言文字事业改革和发展规划纲要（2012—2020年）》提出“国民语言能力”“国家语言实力”等概念，有力地推动了语言能力问题的研究。李宇明（2011）将国家语言能力界定为“国家处理海内外事务所需的语言能力，其中包括国家发展所需要的语言能力”。显然，国家语言能力不同于国民语言能力：国民语言能力主要取决于社会个体的综合素质、兴趣和视野，学习动机关乎就业、发展等功能价值与民族语言文化传承方面的情感价值；国家语言能力则是维护国家战略利益的重要利器，需要政府的战略思维和顶层设计，其行为主体是国家，市场和个人因素对国家语

曹秀玲：汉族，上海师范大学对外汉语学院院长、教授。
邓凤民：汉族，上海师范大学对外汉语学院教授。

言能力的发展所起的作用极其有限。但从另一个侧面来看，一个国家国民语言能力的高低从某种程度上反映该国语言能力的高低（比如，相较于印度、新加坡、马来西亚等国，我国国民外语能力排位相对靠后）。

“国家安全”中包含着国土安全、主权安全、政治安全、军事安全、经济安全、文化安全、科技安全、生态安全、信息安全等众多方面的“大安全”概念。在国家安全保障系统中，国家语言能力的重要性日益凸显，国家语言能力缺失被视为国家安全的潜在威胁。

早在 1958 年，美国国会便通过了一项名为“国防教育法”（National Defence Education Act）的教育法案，要求联邦政府、工商和教育等行业大力培养国家需要的外语人才，发展当时美国各校尚未开设的外语专业，其中最为迫切教授的外国语言为阿拉伯语、汉语、印地语和乌尔都语、日语、葡萄牙语和拉丁美洲西班牙语。“911”后，美国进一步认识到自身外语能力和理解他国文化的能力匮乏，因为这样除了不利于公共外交、商业竞争，还直接威胁到美国的国家安全。因此，美国政府更加积极地推行外语教育立法，以此提高其国家语言能力，进而保障国家安全。2004 年 6 月和 2006 年 1 月，美国国防部和国务院分别召开了由美国政府、企业、学术界和语言协会领导人参加的“全国语言大会”和全美大学校长国际教育峰会，先后发布了《国家外语能力行动倡议书》和《国家安全语言倡议》。前者号召美国公民学习国家需要的“关键语言”，以适应“国家外语和文化能力战略的急迫需求”，后者是 1958 年以来最为重要的外语教育立法，首次从美国自身安全和国家持续繁荣的角度审视外语教学的重要性，并将美国的外语教育上升到联邦政府行政立法干预的层面，同时斥巨资支持以国家安全为目标的一系列语言项目。

同样，我国出于外交和军事需要，也一直高度重视外语人才的培养和储备，但从国家安全和国家语言能力建设的视角开展相关研究起步相对较晚，直到近年才得到有关部门和学界的普遍重视，从而得以迅速发展。在国家有关部门的统筹指导下，学界在围绕国家语言能力的内涵、评价指标等进行理论探讨的同时，积极进行国家语言战略和语言规划的有益探索和实践。

二、我国的语言资源和国家语言潜能

国家语言能力是语言能力的一种，可以被具体划分为多个下位指标。李宇明（2011）将国家语言能力的具体指标概括为五个方面：1.语种能力；2.国家主要语言的国内外地位；3.公民语言能力；4.拥有现代语言技术的能力；5.国家语言生活管理水平。魏晖（2015）从管理资源学的视角，将国家语言能力界定为“国家分配和管理国家语言资源的效率，是一种突出内部要素禀赋的内生性能力，是建设文化强国的基础”，提出了开放力、生命力、开发力和管理力四个一级指标和七个二级指标（包括国家通用语言文字的普及程度及水平，国民掌握语种的数量及水平，各语种人才的数量、水平和结构分布，语言资源库的可开发性及开发效率，语言学习资源的可利用性及利用效率，语言信息处理能力，管理社会语言生活的能力）。文秋芳（2016）将国家语言能力指标系统整合为管理、掌控、创造、开发、拓展等五个分项能力和十二个二级评价指标（组织力、规划力、执行力、应急力、通晓力、支配力、实践力、科学力、信息挖掘力、机器翻译力、影响力、传播力）。

由此可见，尽管学者们对国家语言能力的理解和具体指标的设定有所不同，但是语种资源无可争议地均为国家语言能力的一个重要指标。单就这一指标而言，我国拥有得天独厚的语言资源，语种数目多，语言类型广，因此国家语言能力建设具有坚实的基础。赵世举（2015）认为，我国初步认定使用的语言有 130 种，多数语言内部又有若干种方言。特别值得关注的是，我国不仅语言数目众多，而且分属汉藏、阿尔泰、南亚、马来—波利尼西亚、印欧等多个语系，另有系属不明的京语和朝鲜语。少数民族当中，除畲族、回族和满族通用汉语，其他民族都有自己的语言，有的还有本民族文字。

我国语言资源不但具有多样性，而且分布呈现“大杂居，小聚居”的格局：汉语（含方言）遍及全国，尤以东部、中部最为集中；民族语言主要分布在东北、西北和西南地区，特别是云南、广西、内蒙古、新疆、西藏、宁夏等省、自治区和一些自治州（县），分布在我国50%—60%的辽阔地域上，而且其中许多语言属于我国和接壤国共同使用的语言。这类语言的数目，周庆生（2013）和戴庆厦（2014）提出有30余种，黄行和许峰（2014）按国内语言统计，认为多达50余种。其中人们较为熟悉的就包括以下10余种，这些语言的国内地域分布与接壤国情况如下：

朝鲜语：中国东北三省、朝鲜、韩国

傣语：中国西双版纳、德宏，缅甸掸邦，老挝，泰国

壮语：中国广西、越南

哈萨克语：中国新疆、哈萨克斯坦

柯尔克孜语：中国新疆、吉尔吉斯斯坦

拉祜语：中国云南思茅、临沧，缅甸，泰国

佤语：中国云南思茅、临沧，缅甸

景颇语：中国云南德宏、缅甸

蒙古语：中国内蒙古、蒙古国

乌孜别克语：中国新疆、乌兹别克斯坦

瑶语：中国广西、贵州，越南，老挝

藏语：中国西藏、不丹、锡金

丰富的语言（含方言）资源和古老而多元的文化特质使我国成为语言学习和研究的天然宝库，一直以来吸引着众多国外语言学家来华进行语言调查和专题研究。储量丰富的国家语言资源更是我国国家语言能力建设的坚实基础，使我国国家语言能力的发展潜力巨大。我国和接壤国共同使用的语言作为维系境内外特定族群的特殊纽带，具有更高的战略地位。赵世举指出，它们既是独特的语言资源、丰富的文化资源和珍贵的历史资源，又是重要的政治资源、特殊的安全资源和待采的经济资源，更是国家多功能的综合性资源和战略资源。

三、国家语言资源不等于国家语言能力

我国虽然可以当之无愧地被称为“语言资源大国”，但不是一个“国家语言能力”大国。尽管我们在国家语言能力其他指标方面不断取得进步，但尚有较大差距。即便是语种能力这一单一指标，保护和开发的力度、广度和深度都远远不够。因此，从服务国家安全战略角度来说，我国的国家语言能力建设尚有巨大的提升空间。

首先，虽然语种众多、类型丰富，我国却是语言人才资源贫乏的国家，特别是非通用语人才。文秋芳（2016）指出，“一带一路”沿线国家和地区官方语言中有超过 40 种非通用语，我国 2010—2013 年高校外语专业招生

的语种只覆盖了其中的20种。更令人担忧的是，我国有些汉语方言和少数民族语言正处于萎缩或面临濒危状态（戴庆厦，2004；曹秀玲，2008；李如龙，2017）。

其次，国家语言能力研究起步较晚，现有关注只停留在国家相关部门和学界层面，尚未形成为国民共识。相关研究晚了国外近半个世纪，政界、学界对此较为重视，但公众知之甚少。国民语言能力较以往虽有一定提高，但李世江（2018）提出，英孚教育发布的《英语熟练度指标报告》显示，在亚洲12个国家和地区，我国大陆地区英语熟练度排名倒数第二。

再次，国家语言能力往往被片面地理解为“外语能力”和“汉语国际影响力”，民族语言作为国家语言资源的重要组成部分，一般仅被视为民族四大特征之一，人们只关注民族语言的教育与传承，强调民汉双语教育并行发展，而对民族语言在国家语言能力建设乃至国家安全方面的重要性、潜在价值和独特贡献的认识严重不足。在国家语言能力建设过程中，亟待形成外语、对外汉语和民族语三驾马车齐头并进、优势互补的良好局面。

其四，国家语言资源保护取得了阶段性进展，但开发利用远远不够。国家语言文字工作委员会启动实施的“中国语言资源保护工程”无疑是一项功在当代、利在千秋的宏伟工程。然而，语言资源虽然是国家语言能力的重要指标，但只有得到深度开发和充分利用才能形成国家语言能力，民族语言开发利用助推民族地区语言经济和语言产业发展的潜力尚未得以发掘。

最后，国家语言能力建设不能仅仅停留在战略高度、规划层面和学术研究领域，需要构建从政府、高校/科研机构到民间团体乃至国民个体的自上而下的多层次功能互补的立体网络，从而发挥各自优势，形成合力，使国家语言战略和规划得以真正落地、付诸实践，切实促进语言资源向国家语言能力转化并为国家安全提供有力保障。

我国的语言资源和国家语言能力现状表明，民族语言是我国语言资源和国家语言能力的重要组成部分，对国家语言能力建设乃至国家安全保障而言，民族语言是一支不可或缺的关键力量。在国家语言能力建设过程中，民族语言不仅不能“旁观”，而且大有可为。

四、民族语言能力建设之于国家安全的重要意义

国家语言能力和国民语言不是对立的，国民语言能力的总和是国家语言能力的重要组成部分和基础，国民语言能力若不足，何谈国家语言能力？改革开放40年来，我国的综合国力得到了大幅提升，但国际话语权和国家语言能力并没有得到相应的提升。现有国家语言能力建设主要着眼于外语能力提升，而相对忽视数量大、类型多、分布广、价值高的民族语言在国家语言能力建设和国家安全方面的作用。事实上，民族语言是国家语言能力建设中亟待保护和开发、利用的宝贵资源，价值多元，潜力巨大，贡献卓著。

首先，为数众多的民族语言及其广泛分布对于国家安全影响甚巨，特别是其中多种民族语言属于我国和接壤国共同使用的语言，直接关涉到国民安全、国土安全、信息安全、文化安全等众多传统和非传统安全领域，担负着保护国家边疆安全的天然屏障作用，具有不可替代的独特价值和现实意义。

其次，双语人才能力结构优势明显。中华人民共和国成立以来，我国广大民族地区在实施民汉双语教育的过程中，业已形成从学前到大学的民族语和国家通用语相结合的双语教育体系，培养了数以千万计的民汉兼通的双语人才，这是国家语言能力建设的宝贵财富，若不加以利用，反而费时、费力地从零开始培养某些非通用语人才，无异于舍近求远，得不偿失。

再次，迄今为止，国家语言能力建设以外语类院校（或院系）为主导，而民族院校语言人才储备和培养潜力尚未得到充分发挥。外语类院校和民族院校各有所长，如形成合力优势互补，将极大地加快国家语言能力建设的步伐，提高人才培养的效率和质量，规避大规模非通用语人才培养可能带来的就业风险，以及民族语言资源的闲置和浪费。

最后，语言资源是最可宝贵的文化资源之一，民族语言资源的保护和开发、利用有助于实现民族语言情感价值和功能价值的有机统一，对于“全面贯彻党的民族政策，深化民族团结进步教育，铸牢中华民族共同体意识，加强各民族交往、交流、交融，共同团结奋斗，共同繁荣发展”具有理论意义和实践价值。民族语言资源通过实现市场价值而产生经济价值，将成为某些民族地区精准扶贫的有效途径和重要抓手。

五、结语

国家语言能力对于国家安全至关重要，国家语言能力建设现已成为国际共识，各国都在积极应对，并将国家语言能力建设提升到国家安全的战略高度。文秋芳（2016）强调，行使国家语言能力的主体是政府，行使语言能力的疆域覆盖国内外，行使语言能力的时间跨越现在和未来。因此，我国有关部门和学界已开展了针对性研究，并于2016年出版了以语言政策和语言规划为主要内容的专业学术刊物《语言战略研究》。该刊的办刊宗旨为：服务国家和社会需求，研究现实语言问题，促进学术成果应用，构建和谐的语言生活，提升国家文化软实力。

从国家安全角度看，民族语言能力建设是提升我国国家语言能力的不可多得的天然资源和重要抓手，民汉双语人才更具有不可替代的作用。立足国家安全，民族语言能力建设需要构建宏观、中观和微观三位一体的立体网络：政府作为国家语言能力建设的主体和发动机，具有政策和资源优势，须发挥统筹规划与监督执行的优势；学界和高校须发挥自身的专业优势和人才培养职能，为民族语言能力建设提供智力支持；民众和民间机构须提升对国家语言能力认知，自觉、自愿地贯彻国家战略和学界理念，为国家语言能力的建设夯实民族语能力基础。

双语教育与母语文化传承①

蒙元耀

双语教育是少数民族地区常见的学校基础教育模式。随着国家普九教育规划目标的逐步实现，少数民族地区的青年大多具备双语人的身份。广西是中国少数民族人口最多、最密集的省区之一，语言文字使用情况复杂，双语人的数量特别多，不少人是三语、四语的使用者。根据学者的研究，广西双语、多语人口已占常住人口的约 80%，其中半数是“少数民族语——汉语方言”类型，即在家说民族语，在外说当地汉语方言。双语人口虽多，但掌握两种或多种文字的人很少，能同时通晓民汉文互译的人更少，仍有超过 700 万的人只掌握壮、瑶、苗、侗、彝等少数民族母语口语。

少数民族地区的文化教育事业要长足发展，需要培养大批量的少数民族地区的适用人才，双语教育是不可或缺的教育模式。然而思想认识不到位、存在客观实际困难、民族地区语言文字情况复杂等不利因素，使人们对民汉双语教育的认识还存在种种误区，使少数民族语言文字有意无意地遭到忽视。不少人对少数民族语言文字的重要作用不理解，甚至以为推广民族语言文字无用，会贻误民族地区的儿童学习汉语、汉文，甚至会拖延经济、文化建设的步伐。社会上形成这种误解，与民族语文工作的社会声望规划不够、宣传力度不大、人力及资金投入不足、应用领域狭小等因素相关。其实，民族语言文字在少数民族地区的社会生活中有着举足轻重的重要作用，其社会功能是不可取代的。特别是在人才培养、民族文化传承及少数民族权益保护等领域，民族语言文字发挥的作用是非常显著的。

---

① 本文为广西教育科学“十二五”规划 2015 年度广西民族教育研究专题“广西民族教育双语师资培养机制研究”（2015ZMJ008）系列成果之一。

蒙元耀：壮族，广西民族大学教授、博士生导师，中国少数民族双语教学研究会副会长。

一、双语教育的目的与意义

在当今时代，强调民族语言文字，只是因为其地位过于弱势。其实民族地区最需要的是双语并举、并用的语言文字和谐状态。要让少数民族在日益发展的经济大潮中享受到社会进步带来的好处，要让他们在社会重大变革之中保持多姿多彩的传统文化，没有自己的母语和文字，文化传承的纽带是会断裂的。

国家需要推广普通话，这毫无疑问是正确的。但在少数民族地区，仅有普通话是不够的，任何时候少数民族地区都需要民汉兼通的双语人才。现代化的双语教育模式能为少数民族地区提供优质的、能长期扎根本地工作的人才，这是双语教育最主要的目的。广西少数民族地区的经济、文化发展滞后，根本原因就是基础教育薄弱、高等人才奇缺。

建立一个适宜民族地区的人才培养机制，也是双语教育的另一个重要目的。在少数民族地区工作的干部，假如连本地少数民族语言都不掌握，要好好地开展工作绝对会很困难。要做好民族工作，就要讲团结，讲沟通，讲交往、交流、交融，讲桥梁、纽带，语言对此具有基础性作用。只有源源不断地输入能干、顶用而且又能理解少数民族人民心情的人才，少数民族地区的经济、文化建设才能持续繁荣发展。传承民族文化需要双语人才，这也是双语教育的一个重要目的。少数民族语言和经典作品里蕴藏着丰富的文化知识，假如没有精通民族语言文字的双语人才将它们翻译出来，这些珍贵的知识就会被淹没在历史的长河中。保护语言和文化的多样性，特别是保护濒危语言和弱势语言，实际上是保护人类的文化知识财富。若缺少双语人才，保护濒危语言不容易实现。传承民族语言文化，需要本民族的双语人才。他们肩负着传承自己的民族文化给下一代的责任，一个民族假如丢失了自己的语言和文化，这个民族也就失去了自己的灵魂。

实现民族平等与社会和谐也需要双语教育。语言平等和谐是社会平等和谐的润滑剂。在多语言的区域里，假如人们在日常生活中都做不到语言平等、和谐，处在弱势地位的人群又怎能跟其他强势的群体同心同德一起营造和平的生活环境？显然，这是不可能的。可以说，语言文字平等，在政治领域里绝非一句简单、空洞的口号，这是关系到社会安定的大事。

基于上述目的，许多国家都对主流语言之外的少数民族语言给予了高度重视，下大力气振兴这些珍贵的语言文化，使它们得到赓续。他们在国家层面上从法律、政策、行政、教育、翻译、影视、广播等领域对少数民族语言文化进行了有效的保护和帮助。加拿大、澳大利亚、新加坡等国在这方面的成就特别显著，给全世界提供了可以参照的经验。

当然，我们国家在这方面也做了大量的工作，取得了很大的成就。要充分利用少数民族语言文化资源，培养少数民族的双语人才，为国家的经济、文化发展和社会长治久安的建设服务。在这经济转型时期，其政治、文化方面的现实意义格外明显。

二、双语教育的模式

从非主流社会用语的角度来看，少数民族的双语教育模式大致有三类：第一类是母语文化保持型，第二类是双语并重型，第三类是母语过渡型。这是依据教学目的分的类。每个大类下边还可以细分为许多小类。

第一类的母语文化保持型，即在小学基础阶段，学生以学习自己的母语文字为主要课业，教师用母语来传授传统文化知识。待其年龄增大，承受能力加强，知识增多，再逐步学习主流社会的通用语。这种模式也有许多不同的课程安排。一些地方按“三七开”来安排课程。70%的课时是传统文化知识，使用学生的母语文字授课；一些数学、科学等现代科技知识的课程使用主流社会通用语来授课，课时比例占 30%。一些地方则在小学一二年级全用民族母语授课，三四年级时逐步引进主流通用语授课，以后再逐年增加通用语的课时量。这类学校对学生的母语文字水平要求很高，最终的考核如果不达标，连参加高考的资格都不具备。世界少数民族语文研究院的同行告知，新加坡、马来西亚就如此。非主流社会通用语为母语者，高中毕业时自己的母语能力要达到国家规定的相应水平才能参加全国统考。据我们考察，加拿大的印第安、因纽特等原住民的不少小学也采用这种双语类型的教育模式。那里的小学在低年级即以自己的民族语言文化学习为主要任务，学生到了三年级时才加入英语课程的学习。这类学校培养出来的学生对自己的民族文化往往有精深的理解和浓厚的感情。

第二类的双语并重型，是对学生进行母语和社会主流通用语并行的教育，两者兼顾，并行不悖。母语文化有优势的地方常常采用这种类型，培养出来的学生都是双语兼通的人才。加拿大的多数双语学校就采取这种教育模式。英—法、英—阿、英—俄、英—乌、英—西、英—汉、英—日、英

—韩等，双语教育涉及的语言有38种之多。英语和法语是加拿大的官方语言，但人们普遍具有多元文化保护的理念，其原因在于加拿大是移民国家。加拿大政府要求非英法母语的人除了学习这两种官方语言之一外，不同语言背景的族裔最好还要掌握自己原来的民族语言。国家视各种语言为重要的文化资源，若具有双语能力的人才丰富，则在国际经贸往来上处于有利地位。虽同为双语并重型，但各学校的课时比重安排、第二语言教学的引入时间不完全一致。这一类型学校的学生既精通自己的母语，又能掌握另外一种通行的语言文字，故工作能力和协调能力特别强。

第三类的母语过渡型，即在最初的基础教育阶段适当地采用民族语言文字来进行启蒙，尔后逐步加大学习社会主流通用语的分量，最后向单纯的目的语学习转换，完全放弃母语文字的学习，以掌握目的语为最终目标。我们国家南方的少数民族多属这种类型。采取这类模式的学校，儿童在入学之初大致不会主流的通用语，只能依靠日积月累，通过学校教育慢慢熟悉陌生的知识进而逐步掌握通用语。自身的母语知识在学习过程中起辅助作用，通过母语知识对应去理解全新的知识。因为这类学生有自己的民族母语文化背景，掌握通用语后，他们也是双语人。但只有那些语言能力特别强的人才可以做到两种语文并举、并用，多数人最终都放弃自己的母语文字，只用通用文字。这些人最终都以融入主流社会的文化生活为目标，所以国际上也有一些学者称这一类型为“母语放弃型的双语教育”。

当然，这是大致的划分。在国外，比如在澳大利亚、缅甸等国，侨居异国的华人、华裔为了不让子孙忘记根本，开办华文学校，以夜校或周末班的形式来开展华文教育，教学生学习普通话、学习中国书法或国画技能。在政府公立学校里，他们跟当地居民一样学习官方规定的各种功课。放学或放假之后，他们会到华文学校里学习汉语文和中华文化知识。这也是一种双语教育，从教育目的看属双语并重型，但跟一个学校教两三门语言文字的双语并重类型在教学管理方面不相同。

在广西，有壮、侗、苗、京、彝五种少数民族语言文字。壮文的双语教育工作规模略大一些，其余民族的双语教育规模都比较小。据广西壮族自治区教育厅民族教育处介绍，目前广西施行壮汉双语教学模式的有33个县（含市区），共108所幼儿园（含学前班）、80所小学、25所中学。在校小学生接近3万人，中学生7000余人。这个数目对整个壮族人口而言，比例几乎可说非常微小。即便是这么小的比例，壮汉双语教学仍无可争辩地显示出它的潜在价值。2011年，广西教育厅对全区壮文实验小学毕业生进行了壮语文统一命题考试，参加考试的学校共67所，平均及格率为78.88%，优秀率为57.1%。及格率在70%以上的有21个县，其中18个县的及格率在90%以上。由于开设母语文字课程，开发了学生的智能，这些学校的汉语文教学质量总体上要比当地同类单一讲授汉文课程学校高。武鸣县的庆乐、中桥等双语学校历年来的总成绩都超过全县的平均水平，各年级的成绩都排在全县的前3名。

此外，在广西少数民族地区，小学低年级还有一种比较常见的双语教学模式，即采用全国统编教材，上课时以普通话为教学用语，同时也用民族语做对应解释。因学习内容只涉及汉文知识，故也有人将此类教学活动概括为“一文双语模式”。不过也有人认为这种模式不涉及两种文字的教学，只是以民族语言来充当教学辅助用语而已。真正的双语教育是使用两种语言文字来学习知识，最后使学习者掌握以两种语言文字作为交际工具的本领。

三、双语教育的功能

在主流社会，双语教育的主要功能是培养精通在本国语文的同时又掌握一门外语的人才。条件好的地方，儿童从小就开始学习外语。掌握外语，在进行对外交流或从事涉外活动时不必借助翻译人员，直接就能跟外界沟通。在少数民族地区，一般的学校课程跟全国各地类似，都使用统编教材，外语课程以英语为多。由于缺乏足够的外语老师，不少地方要到初中才开外语课。

开展民汉双语教育，其主要目的之一是培养适宜本地的少数民族人才，传承自己民族文化的精华，并服务于当地的少数民族群众。然而，对于弱势语言环境中的少数民族，人才成长非常不易。民族地区各种专业技术人才很缺乏，就是优秀的一般行政管理干部也不多。广西百色市下辖13个瑶族自治乡，每次换届选举要找本乡的瑶族大学毕业生来担任乡长都非常困难。由此可见民族地区少数民族人才缺乏的严重程度。

究其原因，少数民族儿童的母语跟接受教育的学校的教学用语不一样，他们的思维工具和表达机制需要转换。人类可以学习并使用多种语言，但思维机制的控制中心只有一套。这种思维和表达能力的转换，需要长时间的训练与积累。所以，如果少数民族儿童在适龄时段得不到母语教育而直接使用第二语言来接受知识，无论其怎么努力，学习效果总比不上主流社会以母语来接受知识的同龄同学。这种差距绝对不是三五年的时间就能够弥补的。据我们观察，壮族地区的学生普遍要到初中毕业时才能完成这种思维和表达机制的转换。

语言是思维和交际工具。语言能力分两个层次：口语交际能力和逻辑思维能力。母语交际能力在 10 岁左右时完成，一般正常人满 10 岁后已经能够完全理解他人日常交谈内容，各种句型、一般关联词都能自如运用。

根据加拿大阿尔伯塔大学教育学院专家的研究结果，儿童的母语交际能力一般在 10 岁前后基本形成，但逻辑思维能力要到 16—17 岁时才完全定型。因此，在儿童的母语交际能力尚未完全形成时就中断母语交际训练，而让其转用第二语言来学习各方面知识，难度与效果是可以想象的。不少从事基础教育的教师常常抱怨少数民族儿童基础知识差、汉语语言能力薄弱，其实这是语言使用上的不平等造成。将以第二语言为学习工具的儿童跟以母语为学习工具的儿童比较，他们处在不同的起跑线上，是没有可比性的。

国际学术界重视儿童以母语接受教育的权益，强调启蒙教育阶段用母语来开发儿童智能，训练其使用母语思维、判断的能力，其基本理念即出自语言能力有两个层次的区别。会说另一种语言并不等于能自由驾驭该种语言进行深层次的思维与判断分析，更不等同于能用该种语言顺利地吸收知识和表达复杂的思维结果。在少数民族地区，要充分保障少年儿童的母语受教育权益，就必须拥有适宜当地社会环境的双语教育模式。如果没有特殊的手段和模式来培养少数民族儿童，那么普遍提高劳动者的素质只能是一种美丽的设想。

如前所言，双语教育的另一个重要目的是传承本民族的文化精华。保存各民族的文化，保持世界文化的多样性，实现文化繁荣，这是人类美好的理想。要实现这个目的，前提是必须让少数民族语言能够存在并正常发展。语言不仅是一种文化现象，同时也是一种非常重要的文化载体。缺少书面文献的民族，其历史文化知识大多存留在语言之中。语言能够传承，文化才能赓续。要保持民族文化精华的传承，首先要保持语言的繁荣和发展。学校教育是语言文字传播最有效的途径，故说实施双语教育是少数民族传承自己的语言文字的必由之路。

民族文化的精华还存在于各种技艺之中。比如壮锦和云锦、湘锦、蜀锦并称“四大名锦”，壮锦目前依旧有人在纺织，但技术水平普遍下降，其中最精彩的堆绣手法甚至几近灭绝，只有一些80多岁的老人还具备这种技能；壮拳等壮族武术也濒临灭绝；现代医药科学发达，壮医和壮药也遭遇冷落，许多常见而且管用的医疗保健手段也日渐衰微。伴随高科技手段的娱乐活动进入壮乡，如电影、电视、歌厅、光碟、录音笔、手机等，依歌择偶的歌圩也失去了昔日的盛况和相应的文化功能，那些悠扬的旋律和优美的歌词渐渐被年轻人遗弃；与此同时，古壮字也不再受年轻人的重视。

要调查、挖掘、保护和传扬这些珍贵的文化遗产，离开了民族语言文字是无法实现的。有了民族语言文字，有了自己的文化传承人，民族文化才能世代延续。双语教育的功能就体现在这些特殊的文化领域里。

四、破解困局的关键点

民族地区双语教育面临的困难很大。人力不足、资金缺乏、工作环境艰苦、民族语言情况复杂、居住分散等不利因素堆聚在一起，工作局面很难打开，很难引起社会公众的关注。要想使公众关注民族语言文字，首先需要国家和政府层面对民族语言文字进行规划、立法，以政策、法规来保障具体措施的落实，其次需要舆论宣传和行政力量的强势支持。

仅有学术界和教育界关注双语教育是不够的。社会舆论工具要大力宣传双语教育的功能和意义，宣传民族语言文字在国家文化宝库中的历史地位和作用，宣传民族语言文字在和谐社会中维系民众感情的纽带作用，让公众知道民族语言文字是社会的重要文化资源。民族文化的精华，如各种技艺和文学艺术精品，也可以借助现代化手段被展示给社会大众来了解。当公众明白少数民族语言文化对人类生存环境的特殊意义与价值时，也许双语教育的阻力就不会太大了。当然，教育部门、民委也应该大力宣传双语教育工作成效突出的先进单位和个人，让勤勤恳恳地在一线奋斗的双语工作者得到应有尊敬和荣誉。此外，教育管理部门应着力打造一批好的双语实验学校作为样板，从师资培养、课程安排、教学方法、日常管理等方面形成良好的范例来供同行观摩、学习，并拿出过硬的教学质量来显示双语教育的效果。一旦有成功的双语教育范例成为榜样，人们自然就会相信双语教育的合理性与必要性。

其实，要让少数民族保持他们多姿多彩的民族文化特色，同时让他们从社会进步中得到相应的好处，关键是帮助他们尽快提高自身的综合素质，有能力参与到经济循环竞争的大潮中去创造财富。归根结底，最重要的是必须拥有足够的人才。而要把民族地区的教育事业做好、做强，各地都需要适宜的双语人才培养模式。以长远发展的眼光来看，双语教育必须从儿童抓起。青少年有母语能力，该种语言才有活力。若青少年换用语言交际工具，该民族的语言就会濒临消失。由于少数民族语言普遍处于弱势地位，社会应用环境条件不充分，如果不采取有效的手段加以保护，语言品种的流失将会更加迅猛。

国家各级政府应该从行政角度来考虑提高民族语言文字的社会地位和应用范围问题。比如划拨一定数额的经费来扶植民族电影、电视节目的制作，用民族语言表演文艺节目，在电视、广播等新闻传媒里使用民族语言文字。在职称评聘，就业入职，干部提拔、任用方面把双=语技能当作工作能力来考核，让双语兼通者得到相应的实惠。特别要在高考这个具有特别意义的领域里使用民族语文，让少数民族考生真正享受到学习自己的母语的好处。

在澳大利亚，非英语母语背景的考生参加高中毕业统考，所用的英文试卷是另外命题的，其难度与分量与英语母语背景的考生所用者差异相当大。非英语背景的考生则要加试自己的母语语文试题，然后再把这些分数计算进考试的总成绩里。假如我们不在高考、招干考试里给予民族地区的考生相应的照顾分，而是让他们通过民族语文考试来争分，民族语言文字的社会声望、地位定能迅速提升。也许我们不一定要在全体民族考生里加试民族语文，但我们可以面向民族地区的师范类、民族文化类等相关专业加试民族语文，或用民族语文置换外语，让民族语文学习者自择其一来考试。通过民族语言文字考试获得就业机会，如果能通过政策显示民族语文的社会地位与作用，人们自然就不再纠结“民族语文是否有用”的问题。

归根结底，要打开民族地区双语教育工作的困难局面，就要解决“通、懂、用”三个关键环节。“通”是思想认识要通，入学渠道要通，就业门路也要通；“懂”是行政主管领导要懂民族语文的重要作用，民族语文从业人员要懂业务，公众要懂语言文字平等的社会意义；“用”是要在社会上形成民族语文的使用氛围，拓展民族语文的应用领域。政府及相关部门使用民族语文，社会精英力量使用民族语文，双语教育才能产生良性循环的效果。

在资金有限的现实情况下，可以考虑从师资培养的角度切入，在高考招生时加试民族语文，定岗、定向打造双语师资，给有志于从事民族教育事业的考生相应的学费和生活补助，帮助他们顺利完成学业，然后到民族地区工作若干年后方可流动。如此打造人才，一些相关部门在农村广播、群众文艺、播音主持等领域，也可以从中择用自己需要的特殊人才。

只有重视双语人才的培养，切实解决双语人才的出路和使用问题，双语教育的前景才能明朗。否则，在利益驱动的效应下，有能力的人会努力向外发展，而急需人才的少数民族地区会因人才短缺而发展滞后，永远得不到应有的权益保障。

当务之急是，广西的民族师范高等院校应该重点考虑怎样为少数民族地区培养合格的双语师资和紧缺专业的高端人才。目前国家很重视民族工作，党和国家领导人对民族语言文字问题非常关注。抓住这一机遇，以双语师资培养为契机，打造各行各业兼通民族语言文字的干部队伍，这对民族地区的长期稳定发展都有重要的作用，意义特别重大。要让民族语言文化得到永久传承，民族语言文字应该在学校正规教育里占有一席之地。用民族语文来培养民族地区能用得上且留得住的实用型人才，双语教育的道路才能越走越顺畅。

双语教学模式的多元文化路向

武启云

双语教学是广大民族教育工作者根据我国的具体实际创造性地构建的一种教学模式，体现出我国民族教育的基本特点，也是当前民族教育改革与发展的核心。中华人民共和国成立以后，各民族地区根据各自的实际进行了有效的双语教学探索，积累了宝贵而又丰富的经验。但是，由于多种因素的影响，几乎所有的理论研究和实践无不带有明显的“初级形态”，已不能适应民族教育多元文化变迁和民族地区社会政治、经济发展的需要。因此，重新构建一种全新的现代双语教学模式，无论在理论上还是在实践上，都是民族教育的当务之急，具有重大的意义和价值。

教育模式是科学理论模型的一种，它是以教育实践活动为对象，以探讨受教育者的身心如何在投入最少的条件下获得最佳发展效果的规律为目标的教育科学研究方法系统。重构双语教学模式，就是在多元文化背景下，把双语教学作为一项完整的系统工程加以对待，通过对双语教学的目标体系、课程体系、教学方法体系、管理体系、校园文化等诸要素进行较为深刻的变革，从整体上形成一种在过程和结果上都具有新型民族教育特征的教育环境和教育氛围，并在不断的实践操作中逐渐形成一套具有固定行为特征的教育表达方式，产生鲜明的教育特色。

一、双语教学模式的基本内涵

双语教学是民族教育发展的客观产物。在我国的民族教育实践中，保护、继承和发展民族文化遗产，加强各民族之间的文化交流，促进全民族的共同繁荣和发展是构建双语教学模式的最初目标。双语教学在初创时也

武启云：1967—，青海师范大学教育学院书记、教授、博士，中国少数民族双语教学研究会副会长。

只是一种语言教学模式，所以，在民族教育理论界，人们不约而同地把双语教学定义为“对少数民族实施民族语文和汉语文的教学”。直到目前仍有许多学者坚持这一观点。陈红涛认为：“我国民族教育领域内涉及的‘双语教学’是专指民族语文和汉语文的教学。”车谦认为：“我们所说的‘双语教学’是专指在教一种语文的过程中，利用同学的母语和所教的那种语言，使之相互配合进行教学的一种方法。”秦晓莉则认为：“我国民族地区教育领域内涉及的民族地区‘双语教学’是指我国少数民族地区的民族语言文字和汉语文教学。”这些观点虽然在文字表述形式上存在着一定的差异，其基本内涵却是一致的，都认为双语教学是指民族语文和汉语文的教学，它的最终目的就是使学生掌握两种语言文字。可以说这是一个历史的误会，由于在现代少数民族教育体系构建之初，学校教学模式、教科书等都是对汉族教育的照搬，因此，语言教学自然成为首要解决的问题。随着民族教育的发展，双语教学已由初创时的语言教学渗透到了各科教学之中，并逐渐凸现了其特有的多元文化功能。有关双语教学模式中实施各科教学的理论研究也越来越多，双语教学已成为继承、传播、发展民族文化，提高民族教育、教学质量，实现民族教育目的的重要手段和途径。如果此时仍将双语教学狭隘地理解为“两种语言文字的教学”，显然是不全面的。我们认为，对民族学生实施的民族语文和汉语文教学，只能被称为“双语教育”，不能代表双语教学的全貌。要正确把握双语教学内涵，就必须把双语教学作为一种特殊的人类文化现象予以考察。在人类学视野中，双语教学不再是一种单纯的教育工具，而是一种多元文化教育理念。

什么是决定人类行为的普遍性和多样性的根本原因？这是社会科学共同探讨的一个古老的问题。随着文化学的兴起及对积累起来的大量资料的分析研究，人们发现，要真正理解人类行为，就必须把人类行为放在社会文化的背景中去考察。教育是人类所特有的一种普遍的社会行为，其在人类历史中的漫长发展保证了文化的延续和衔接，社会文化也成为其基本的生存支点，使教育具有了历史文化特征。因此，研究教育这一基本的人类行为也必然以人类文化为背景。我国是一个多民族的社会主义国家，在长期的历史发展过程中，各民族形成了具有各自特色的文化，它反映着一个民族社会的群体意识，在广泛的民族意义上来说是知识、信仰、艺术、道德、习惯等的复合体。每一个民族的文化都有自己的长处和优点，都有自己文化的本质特点，呈现出多层次、多元性的文化特征。不同民族、不同地区、不同的历史背景形成不同特色的文化，它们都有各自不同的民族心理，生产、生活方式，风俗习惯，宗教信仰等方面的鲜明特征。每种民族文化形成后都具有相对的稳定性和很强的延续力，这种文化将会不断影响这个民族人们的人生观和价值观。民族教育作为民族问题的重要组成部分，自然要直接受民族特点影响，反映、体现民族特点而形成不同于普通教育的个性和特殊性，并受本民族文化的制约和影响。由于双语教学具有特殊的文化情结，当其理论研究达到一定层次以后，只有以多元文化为背景，才能使该模式更加科学化、更具有生命力，这是双语教学理论研究的发展的历史必然。

我们认为，在多元文化背景下双语教学有广义和狭义之分。广义的双语教学的基本特征就是在整个教育过程或某些环节中明显地表现出“两种或两种语言文字”这一基本的文化特性，从某种意义上说，它是我国民族教育的基本标志。狭义的双语教学中，“双语”特指教学语言，强调此类教学活动的特点是教学语言为“双语”，“教学”是其实质。也就是说，狭义的双语教学是教师以两种或两种以上的语言文字为媒介，有目的、有计划、有组织、系统地指导学生积极、主动地学习、掌握基础知识和技能，发展他们的智力和体力，培养他们的能力，促进他们科学的世界观和良好的个性心理品质形成的教育活动的整体形式。它和双语教育一起，共同建构了广义的双语教学。我们建构的双语教学模式就是基于广义的双语教学意义上的一种教育体系。在这里，双语教学模式的内涵可以用“四个不是”和“四个是”来表述：双语教学不是一种单纯训练学生的语言运用技巧的教育活动，而是一种以两种或两种以上语言文字为基本载体、以多元文化为核心的教育活动的过程；双语教学不是一种单纯传授知识的教育活动，而是一种以全面提高学生素质为目的的教育管理、教育组织、教育实施和教育评价的过程；双语教学不是一种只注重表面上的“双语”运用形式的教育活动，而是一种注重在教育过程中创造性地运用“双语”媒介进而创造出最佳教育效果的教育活动的过程；双语教学不是一种单纯的学生接受现成知识的教育模式，而是一个继承、发展、弘扬民族文化的系统工程。

二、双语教学模式的价值取向

教育价值选择是双语教学模式构建的基础。人们在教育价值取向上的分歧主要表现在两个维度上：一是在归属上表现为关注社会价值还是关注个人价值；二是在内涵方面表现为知识价值、智力价值、情感价值或整体素质价值的关注倾向。这两个维度的不同价值选择整合为不同的价值取向，体现在教育的全过程中。从双语教学的发展历程来看，其价值取向经历了“知识价值—能力价值—综合素质价值”三个阶段。构建现代双语教学模式，必须树立以综合素质为目标、以文化发展为核心的综合素质价值观，实现以下几个转变：

首先，教育理念由以知识为本转变为以文化为本。教育的基点应建立在什么上？这是任何形式的教育都必须回答的问题。知识是传统双语教学模式的基点，从教学设计到教学实施，再到教学评价和教学管理，无不围绕着知识的传授而进行。我们认为，知识传授只是一种手段，而人性的张扬才是目标。德国古典人文主义者尼采认为：“坏真理的标志：只要真理不要人性。”传统双语教学模式的价值取向恰恰是只要知识不要人性。因此，应将双语教学模式建构应将的基点确定在多元文化的继承、传播和发展上，因为认识是文化的产物，文化是人生命的表达。实施教育成效的评价和检验时也不应单以掌握固定、规范的知识的多少为依据，而应体现多元文化的陶冶、感受、体验和理解。

其次，教学目标由一元化转变为多元化。传统的双语教学模式建构的直接理由和唯一依据就是知识传授，“当学生的知识学习依托于自己的母语和第二语言（通常是汉语）时，学生既能准确地理解知识，又能快速、牢固地掌握知识。”这一观点在双语教学理论界几乎是一个不容颠覆的真理。其实，许多研究都表明，仅仅从知识传授的角度来说，双语教学不一定是一种最佳的模式，其在现实中之所以受到广大师生的欢迎，并产生一种好的效果，很大程度上是支持双语教学模式的其他因素在起作用，如情感、兴趣、态度、动机等。因此，在新的双语教学模式中，教学目标不应该仅仅是知识性的，在获取知识的基础上，其价值取向应更多地指向情感、态度和观念。

第三，教学内容由一元化转变为多元化。学校教育选取的教学内容是人类文化的结晶，由于教育者的文化背景、文化观念、价值取向等不同，所选取的教学内容的文化特色也不同。传统双语教学中的教学内容基本上是照搬了汉族普通教育的内容，所以其文化内涵是一元的。我国各少数民族都有其优秀、灿烂的文化，但在教学内容中反映得不够，有的甚至没有反映。新型双语教学模式首先要给予学生一个平等的、充分的文化氛围，让学生感受、选择、生成、发展。

第四，教育过程由接受性教育转变为建构性教育。教学是一个促进学生全面、和谐、充分发展的过程，同时也是一个教师和学生共同建构的过程。在传统双语教学模式中，从教学内容的确定到教学方法的选择、教学语言的运用，再到教学结果的产生，都是由教师严格规划好了的。在整个教学过程中学生只是在被动地接受。现代教学理论认为，学习是学生的自主建构过程，是教师和学生以平等对话的方式进行的一种精神交往过程，其结果就是建构一种合作文化，并在文化创造中塑造自我人格。因此，新型双语教学模式从教学过程上来看必然是一种师生共同建构的文化交流过程。

第五，教育价值由单一化转变为多维化。传统双语教学中，教育价值几乎是唯一的，那就是知识的传授。新型双语教学模式的建构依托于现代教育理念，其价值取向是多维的。教学要求从整齐划一到注重学生的个性与创新，教学内容和形式由单一的教材和课堂到回归生活，课程设置从强调分科到重视综合，教学评价从选拔性评价到发展性评价，教学结果由培养知识型人才到塑造文化型人才。

三、双语教学模式的要素及结构

新型双语教学模式的构建涉及一系列相关的教育要素，包括教育体系、课程体系、校园文化、评价机制、管理机制、师资队伍建设等。具体说，就是要不断优化双语课程体系，强化学科课程（设置纠错课、发问课、联想课等辅助课型），充实活动课程（增设科技创新课、艺术创新课、创新思维训练课等新型课程）；实施包括知识形成过程、因材择语、教学互动、情感渗透与交融等在内的一系列新型教学策略，创设双语情境，运用问题教学、体验教学、挫折演示教学、发展探究—研讨教学等多种具有创新性的教学形式；重视现代教育技术在提高教和学的创造性水平中的作用；积极开展以双语为基本语言载体的丰富多彩的校园文化活动，充分发挥双语在培养学生创新实践能力中的作用；逐步建立起有利于学生双语运用能力、创新思维能力的发展和独立人格的形成的多维教育评价体系，以及有利于教师运用双语进行教育创新的管理机制。

从不同视角关注双语教学，构成双语教学模式的基本因素是不同的。从教育环境维度来说，双语教学模式的要素主要有学校管理、学校教学和学校服务等因素；从教育实施维度来说，双语教学模式的要素主要有教师、学生、信息手段（教材、教学语言、教具、教学设施、校园文化）等；从教育发展维度来说，双语教学模式的要素主要有学校发展、教师发展、学生发展等。学校环境是双语教学模式构建的空间，教育实施是双语教学模式的构建载体，教育发展是双语教学模式构建的终极目标。这三类因素不是孤立存在的，而是相互依存、相互交错的，共同建构起了双语教学运行模式。

四、课程的多元文化性是重构双语教学模式的关键

课程是对教学的目标、内容、活动方式和方法的规划与设计。双语教学就是按照双语课程所提出的计划，由教师组织、引导、帮助学生从事各种学习活动，实现学生全面、和谐发展的过程。因此，双语课程设计直接制约着双语教学过程，教学方法、手段和组织形式的选择，都要在很大程度上取决于课程内容的性质和特点。从多元文化教育出发，在双语课程设计中除了遵循一般课程设计的原则外，还应注意以下几方面的问题：

（一）多民族的观念应该渗透到所有的学校环境中

应该为双语教学创设这样一个背景，在这个背景中各民族一律平等，每个民族及其文化都会受到充分的鼓励和尊重。要达到这样的教育气氛，必须改革全部的教学环境，而不是仅仅改革一些科目或教学计划，要特别强调非正式的或隐蔽课程的重要性。也就是说，要以大课程的理念设计双语课程。多民族、多元文化的内容仅仅反映在很少的几门课程中是不够的，这些内容必须被纳入所有的课程中去，并且要贯串于整个教育阶段。民族文化的多样性既应包括在语言、文学、艺术、哲学、自然科学、职业指导中，也应该在学校其他的一切活动中反映出来。如图书资料室的建设、教学设备的设计、学校各类代表队的组建、管理制度的制定等各方面都应体现出多元化的特点。

（二）课程的设计应该考虑到少数民族学生的学习风格

在课程设计中，应当认真地考虑学生所具有的独特的民族特征，不能机械地、以完全相同的方式地对待、要求每一个学生。研究表明，民族学生，尤其较为贫困的学生，其价值观、行为模式、认知方式及其他文化特质与学校主流文化背景存在差异，这样常常会导致学生与教师、学校目标的冲突。因此，在实施双语教学的过程中，教育者对不同民族的学生及其文化要有足够的敏感度，在课程设计中不能对民族差异视而不见。双语教学的对象——双语学生之间存在差异是正常的、可以接受的，双语教学目标之一就是使学生在多元文化背景中发挥更有效的作用，帮助他们掌握新的认知方式。成功的双语教学应该帮助学生不仅在本民族的文化中获得成功，也在社会主流文化中获得成功。

（三）课程应有助于发展学生良好的自我意识

自我意识的发展是一个持续的过程，在学校教育阶段，从学生进入学校开始并伴随其整个学习生涯。这种发展至少包括三个领域：第一是帮助学生发展、建立自我同一性，使他们能够客观地认识到“我是谁”“我为什么是这样”，解决他们的自我同一性建立过程中的问题。第二是在建立自我同一性的基础上发展民族文化同一性，学生需要认同自己本民族的文化，包括语言、习俗、宗教等。学校既应该使学生认识到各民族文化特征不同，也应该使学生认识到在本民族文化背景中，每个学生同样可以在学业和其他方面获得成功。第三个领域是，双语形式的多元文化课程应该使学生发展更为广泛的自我理解，坦然地对待自己和自己的民族，理解民族性在日常生活中意味着什么。只有学生具有了一致的关于他们所属民族群体的知识，并在生活中体会到群体成员资格的作用，他们才能充分理解他们为什么这样、为什么在他们的生活中有一些特定的事情发生。对种族群体的认同不应以削弱学生的个别性为代价，要使学生认识到他们在学校和社会上属于许多群体，群体的特征与个体的独特性并不矛盾。双语课程也应该帮助学生理解并欣赏他们的家庭背景与传统文化，建立民族自豪感。学生和家长如能互相分享他们在学校或社会上成功的体验和荣耀，将有助于学生意识到民族群体之于国家的意义。

法治视野中的少数民族双语教育

武启云

2014年10月28日,《中共中央关于全面推进依法治国若干重大问题的决定》(以下简称《决定》)正式发布。《决定》指出:依法治国,是坚持和发展中国特色社会主义的本质要求和重要保障,是实现国家治理体系和治理能力现代化的必然要求,事关我们党执政兴国,事关人民幸福安康,事关党和国家长治久安。全面建成小康社会,实现中华民族伟大复兴的中国梦,全面深化改革、完善和发展中国特色社会主义制度,提高党的执政能力和执政水平,必须全面推进依法治国。全面推进依法治国是建设中国特色社会主义现代化国家的重要内容,是新形势下发展人民民主的根本保障,是实现国家治理现代化的重要内容和主要途径,是深化市场经济体制改革的内在需要,是加快法治中国建设的必然要求、是实现公平、正义的基本途径,更是反腐治权的治本之道。

一、依法治教是少数民族双语教育健康发展的必然结果

随着我国社会发展进入中国特色社会主义新时代,必然建立与之相适应的以法治为基础的教育体制和运行机制;社会主义民主与法治建设的不断深入要求完善教育法律制度,保障公民的受教育权和人民群众参与教育事业管理的权利;依法行政,建设廉洁、勤政、务实、高效的政府的目标要求教育行政部门进一步转变职能,正确行使权力,严格依法办事;全面推进素质教育,提高国民素质,培养、造就21世纪的一代新人,从根本上要靠法治、靠制度保障;教育改革和发展中出现的新情况和新问题要求更多地运用法律手段予以调整、规范和解决。教育领域必须按照依法治国基本方略的要求,进行深刻的观念更新与制度变革,加强法治建设,全面实行依法治教。

我国法律是人民意志的集中反映,它是在遵循事物发展的客观规律的

基础上制定的。教育法律是对教育规律和经验的科学总结，是教育发展客观规律的正确反映。依法治教就是教育法律通过其强制性来规范人们的教育行为，使人们的教育活动严格遵循教育的客观规律来进行，最终促进教育事业的健康发展。当前，我国的教育正面临着一场全面的、深刻的变革。全面改革教育体制、教育结构、教学内容和方法已成为教育工作的紧迫任务。但是任何改革都不是一帆风顺的，都有这样或那样的阻力，由于人们认识的有限性可能也会走一些弯路。因此，要通过立法规范并引导教育改革，推动、保障教育改革决策的实施，同时也可以在法律上对在教育改革中积累的经验和取得的成果加以确认和巩固。从这个意义上来说，教育改革需要与教育法规紧密联系在一起，通过依法治教来深化教育改革。

中华人民共和国成立以来，民族教育取得了空前的发展，为民族地区的社会发展提供了巨大的推动力。少数民族双语教育是我国民族教育中最具有民族特色的一个系统。它是以我国的民族政策为指导，结合民族地区政治、经济、文化背景和教育的实际，以双语教学为主体的民族教育形式，是我国民族教育中不断提高各民族的科学文化水平，培养、造就适应我国民族地区社会全面进步和发展需要的人才的最有效途径。少数民族双语教育在其发展过程中有顺利也有挫折，既有许多成功经验，也有不少深刻教训。纵观我国少数民族双语教育发展的基本历程，不难发现，凡是认真贯彻党的教育方针，坚持执行党的民族政策，从民族地区的实际情况和民族特点出发，因地制宜，按照少数民族双语教育的规律办事的时候，少数民族双语教育就会得到顺利发展，反之，就要受挫折，甚至遭到破坏。实践也证明，对少数民族双语教育在改革与发展过程中许多行之有效的特殊政策、措施加以规范化、条文化，以法律的形式加以确认，以保障少数民族双语教育持续健康发展是非常必要的。

少数民族双语教育立法是少数民族双语教育在改革与发展中自身规律的反映。少数民族双语教育与其他教育相比既有共性，又有个性，既具有共同的普遍规律，又具有自身发展的特殊规律。当前，我国民族地区形成了民族团结、社会稳定、各项事业迅速发展的大好局面。少数民族双语教育在迅速发展的过程中需要被进行进一步的深化改革，以适应经济、社会发展的客观需要。在深化改革的过程中，少数民族双语教育自身所固有的特殊规律往往表现得更加突出。对少数民族双语教育立法，就是要将其在改革发展中表现出来的特殊规律，以及与此相适应所采取的特殊政策和措施加以条文化、法律化，以维护少数民族双语教育制度，把少数民族双语教育改革与发展纳入法律轨道，做到依法治教，这是建立社会主义法制社会的客观要求。

少数民族双语教育立法是巩固、推广少数民族双语教育改革成果的有力措施。几十年来，少数民族双语教育在发展和改革中积累了许多成功经验，实践证明有不少经验已经成熟，需要进一步巩固并推广。实践同样证明，对于这些业已成熟的教改成果和经验，仅靠运用行政手段去推动已显得非常有限。因此，以法律形式来巩固、推广少数民族双语教育改革的成果和经验，以保障少数民族双语教育的顺利发展，既是广大少数民族双语教育工作者的强烈愿望，也是少数民族双语教育自身改革与发展的迫切需要。少数民族双语教育立法本身就是其深化改革的一项重要内容。随着少数民族双语教育改革的深化，建立、健全少数民族双语教育法律制度，减少盲目性、随意性，其本身就是一项重大的改革。少数民族双语教育的健康发展、改革力度的加大，需要相应的法律制度加以规范和引导，使其沿着正确的方向前进。因此，少数民族双语教育立法既是自身改革的重要内容，又是自身改革与发展的动力和保障，依法治教是少数民族双语教育健康、科学发展的必然要求。

二、20世纪我国少数民族双语教育的法制历程

中国共产党历来十分重视发展少数民族文化教育事业，依据马克思主义关于民族问题的基本原理，结合我国少数民族地区的具体实际，制定了符合少数民族地区特点的民族教育发展政策，其中关于少数民族双语教育的相关规定是少数民族教育政策和法律、法规的主要内容，“各民族语言文字一律平等”是中国共产党的一贯主张。早在1932年5月召开的中华苏维埃第一次全国代表大会就提出：“必须为国内少数民族设立完全民族语言文字的学校、编辑馆与印刷局，允许在一切政府的机关使用本民族的语言文字。”毛泽东同志强调指出：“要尊重各少数民族的文化，帮助他们发展用他们自己语言文字的文化教育。”1941年9月18日，中国共产党在延安成立了民族学院，开始了少数民族双语教学。1945年，毛泽东同志在中共七大报告中强调：“他们（少数民族）的语言、文字、风俗、习惯和宗教信

仰，应被尊重。”中华人民共和国成立以后，党和政府又把一贯主张和坚持的这一原则庄严地写进了《宪法》：“各民族都有使用和发展自己的语言文字的自由。”为了增进各民族间的了解与沟通，本着发展平等、团结、互助、和谐的社会主义民族关系，促进各民族共同发展的精神，1951 年的《关于第一次全国民族教育会议的报告》确定了我国民族教育的总方针。从 1954 年颁布的首部《中华人民共和国宪法》开始，历次修订的《宪法》中都规定：“各民族都有使用和发展自己的语言文字的自由。”《中华人民共和国民族区域自治法》中也明确规定：“民族自治地方的自治机关保障本地方各民族都有使用和发展自己的语言文字的自由。”1986 年 4 月 12 日制定并颁布的《中华人民共和国义务教育法》第六条再次规定：“招收少数民族学生为主的学校，可以用少数民族通用的语言文字进行教学。”

1992 年以来，国家在《关于加强民族教育工作若干问题的意见》《全国民族教育发展与改革指导纲要（试行）》《关于加强民族散杂居地区少数民族教育工作的意见》《国务院关于深化改革加快发展民族教育的决定》《中华人民共和国国家通用语言文字法》《中共中央、国务院关于进一步加强民族工作，加快少数民族和民族地区经济、社会发展的决定》《国务院实施〈中华人民共和国民族区域自治法〉若干规定》等一系列政策、措施的基础上，制定了《关于加强民族教育工作若干问题的意见》，并指出：“发展民族教育要在继承、发扬本民族优秀文化传统的同时，积极扩大民族间、地区间的交流，大胆吸收和借鉴人类社会所创造的一切文明成果。在使用民族语言文字教学的地区，要因地制宜地搞好双语文教学，大力推广普通话。”民族学校的语言文字教学政策的具体实施，主要是由各省（区）遵照《中华人民共和国宪法》和《中华人民共和国民族区域自治法》的有关规定，以及有利于民族的长远发展，有利于提高民族教育质量，有利于各民族的科学、文化交流的原则，根据多数群众的意见和当地的语言环境决定的。通过一系列的具体措施，形成了从民族地区的实际出发，符合当地少数民族特点的民族教育体系。

为了加强少数民族教育，改善民族教育条件，提升民族教育质量，国家先后召开了五次民族教育工作会议，其中，四次会议专门就推行少数民族双语教育做出了具体安排。第一次民族教育工作会议指出：有现行通用文字的民族，如蒙古、朝鲜、藏、维吾尔、哈萨克族等，小学、中学必须用本民族语文教学，可按当地需要和自愿设汉文课。第三次民族教育工作会议指出：民族教育的内容应采取适合于各民族人民发展和进步的民族形式。在学校教育中，要加强少数民族语文教学，切实搞好少数民族语文教材的建设。少数民族学生在中小学阶段应先学好本民族语文，在此基础上学习汉语文，有条件的还要学习外语。第四次民族教育工作会议指出：在使用本民族语言文字教学的地区，要因地制宜地搞好双语教学，大力推广普通话。民族学校教学使用的语言和文字，要由各省（区）根据有关法律，按照有利于民族的长远利益、有利于提高民族教育质量、有利于各民族的科学文化交流的精神，考虑当地的语言环境，充分尊重多数群众的意愿来确定。第五次民族教育工作会议指出：正确处理使用少数民族语授课和汉语教学的关系，部署民族中小学“双语”教学工作。在民族中小学逐步形成少数民族语和汉语教学的课程体系。……要把“双语”教学教材建设列入当地教育发展规划，予以重点保障。……要尊重和保障少数民族使用本民族语文接受教育的权利，加强民族文字教材建设；编译具有当地特色的民族文字教材，不断提高教材的编译质量。

目前，我国对少数民族双语教育的基本要求是：依据法律，遵循规律，结合实际，坚定不移推行国家通用语言文字教育，确保少数民族学生基本掌握、使用国家通用语言文字，少数民族高校毕业生能够熟练掌握、使用国家通用语言文字。尊重、保障少数民族使用本民族语言文字接受教育的权利，不断提高少数民族语言文字教学水平。在国家通用语言文字教育基础薄弱地区，以民汉双语兼通为基本目标，建立、健全从学前到中小学各阶段有效衔接，教学模式与学生的学习能力相适应，师资队伍、教学资源满足需要的双语教学体系。国家对双语教师培养、培训，教学研究，教材开发和出版给予支持，为接受双语教育的学生升学、考试提供政策支持。鼓励民族地区的汉族师生学习少数民族语言文字和各少数民族师生之间相互学习语言文字。研究、完善双语教师任职资格评价标准，建立双语教育督导评估和质量监测机制。

三、现代教育制度下少数民族双语教育的法治问题

中华人民共和国成立后，我国的民族教育实现了由传统的农业经济时代的以个体教育和经院教育为基本形态的传统教育向以规模化学校教育为

基本形态的现代教育的变革。在新的历史时代，少数民族双语教育要实现依法治教，必须加强顶层设计，实现少数民族双语教育规划由发展变化中的个别应急形式向科学发展中的整体规范形式的转变。

全面推进依法治国对少数民族双语教育依法治教提出了新目标。要求更新双语教育理念，规范双语教育行为，增强双语教育法制观念，提高双语教育质量，促进民族地区教育公平。全面建成社会主义现代化强国，实现中华民族的伟大复兴是新时代中华民族的伟大战略目标，在这个伟大的征程上，少数民族双语教育法治工作面临着新任务。我国在民族教育和双语教育实践中积累了丰富的经验，产生了许多宝贵的新思想、新理念，这些都有待于上升为国家意志，对于少数民族双语教育的投入责任、建设要求、实施程序及权益维护，都有待以法律的形式进行规范。全面深化教育领域综合改革和广大人民群众对双语教育依法治教产生了新期待，双语教育的改革、发展需要法治思维、法治方法，需要发挥法治的引领、推动和规范功能，人民群众希望通过享受教育获得更多的发展实惠。社会整体治理环境的变化对双语教育依法治教提出了新要求。要求双语教育规划、顶层设计必须在法律框架内进行，双语教育的实施必须维护教育者和受教育者的基本权益，必须实现公平、正义。实现少数民族双语教育依法治教，必须解决好以下问题：

国家通用语言与少数民族母语学习问题一直是少数民族双语教育的主要问题，它要解决的是在不同时期、不同地域、不同层次、不同类型的学校内两种语言的优先学习与协调发展的问题。少数民族双语教育模式问题是少数民族教育的基本问题，它要解决的是具体教育模式的选择与模式创新问题，它是民族教育一切设计的现实承载和依托。教育目的问题是少数民族双语教育的核心问题，它要回答的是教育活动的价值取向问题，是影响少数民族双语教育观的核心要素。目前常见的目标取向有教育取向、文化取向、政治取向、综合取向等。少数民族双语教育的内涵与定位问题是科学实施双语教育的关键问题，少数民族双语教育既包括国家通用语言、民族语言、其他语言的学习，也包括基于“双语现象”的学科教学，少数民族双语教育的所有问题从本质上说都是教育问题，而不是社会问题或其他问题。双语教育的内部机制问题是少数民族双语教育的保障问题，它要解决的是影响双语教育的因素及其相互关系问题。少数民族双语教育还要解决双语教育在不同历史阶段国家战略中的地位问题、双语教育与其他教育的特殊性与一般性问题。

四、双语教育的法治阐释

少数民族双语依法治教包括双语教育立法、双语教育法治内容、双语教育规范和双语教育监督等方面。在双语教育立法方面，要加快《民族教育法》或《双语教育法》的立法工作，提升民族教育法规的层级，实现由地方性法规向国家层面法律的提升，实现由规章制度向法律、法规的提升。传统的教育法规普遍强调受教育权，注重学习机会的保障，但是忽视了双语教育的文化传承功能，以及对教育主体管理者、学校、教师和学生的行为规范。要实现少数民族依法治教，必须更新法治理念，以创新的思维、创新的方法推进少数民族双语教育。双语教育的规范问题涵盖了双语教育的目标、内容、方法、途径、评价、行为等，我国少数民族双语教育仍然缺乏国家层面对双语教育系统立法的规范，立法形式、立法名称、立法语言不规范的现象比较普遍，影响了双语教育法规的立法地位、法律效力，以及立法的操作性和权威性。完善双语教育法治监督机制，构建法律监督、社会监督等系统监督体系是科学实施双语教育必须加以高度关注的问题，这对双语教育实践具有导向、规范和激励作用。要加大双语教育法治宣传的力度，充分发挥舆论的监督作用。

少数民族双语教育依法治教，双语教育立法是根本和关键。借鉴国际教育立法经验，结合我国双语教育的实践需要，我国少数民族双语教育法应包括以下基本内容：

从立法的指导思想方面来说，首先，《少数民族双语教育法》应当以《中华人民共和国宪法》为依据，遵循宪法确定的基本原则。其次，《少数民族双语教育法》应该针对少数民族双语教育的特殊性，其制定应当遵循《中华人民共和国民族区域自治法》《教育法》《义务教育法》《教师法》等教育法律的原则，坚持为社会主义现代化建设服务；坚持进行爱国主义、集体主义、社会主义教育，以及理想、道德、纪律、法制、国防和民族团结的教育；实现教育与宗教相分离。最后，《少数民族双语教育法》必须体现出对民族教育的特殊保护，突出对民族优秀传统的继承和发扬，理论与实践相结合，注重创新，推动民族教育向前发展。

从立法的基本内容方面来说，首先要界定法律的适用对象与适用范围。什么是少数民族双语教育？理论上对“少数民族双语教育”概念的界定，主要有地区说，语言说，学校说，服务说，文化说，泛指说，对象说，民族和地区结合说，民族、地区、文化结合说共 9 种主张。其中对象说直接指出少数民族双语教育是针对 55 个少数民族成员的教育制度，反映出了我国少数民族双语教育的实质，更好地说明了我国少数民族双语教育的目的和方向。

从法律层面上来说，我国《少数民族双语教育法》应明确“少数民族双语教育”是指以少数民族成员为专门或主要培养对象的教育。同时，少数民族双语教育与普通教育相比，制度设计的不同之处主要体现在学校教育制度上。基于此，《少数民族双语教育法》应当规定本法所指的民族教育主要是指学校教育，包括学前教育、初等教育、中等教育、高等教育。第二，要明确相关主体在民族教育中的责任。少数民族双语教育是国家教育体系中的一个组成部分，在教育管理上，民族教育与普通教育有相似性。因此，《少数民族双语教育法》可以《教育法》《义务教育法》的规定为基础，结合国家行政法和少数民族双语教育管理的特殊要求，划分中央与地方政府的责任，尤其是在教育财政管理方面确立国务院和地方各级人民政府分级管理、分工负责的原则。更为重要的是，根据少数民族聚居与散居有一定地域范围的特点，《少数民族双语教育法》可以在《教育法》的基础上具体规定各级政府的管理和提供服务的责任，并明确划分各级政府在教育财政负担上应承担的比例与法律责任。在法律责任规定中，还应当明确区分少数民族自治区、聚居区和散居区的不同责任，切勿一刀切而导致教育资源实质性的分配不公。除此以外，《少数民族双语教育法》应当对学生（家长）、教育机构和相关宗教组织机构的责任做出明确规定，保障我国少数民族学生接受教育的权利，推进民族教育事业向前发展。第三，要制定少数民族双语教育的有关法律条例。《少数民族双语教育法》的制定，需要利用《教育法》的基本框架制定出针对少数民族双语教育的有关条例。

在财政制度方面，要坚持以国家与地方政府的财政投入为主的财政体制，并根据各地经济发展的状况建立动态的教育财政投入增长机制，切实保障少数民族双语教育的开展。要总结实践经验，借鉴国外少数民族双语教育经费立法与管理的经验，通过吸引私人投资办学、资助的形式，增强民族教育的财政实力。

在办学制度方面，《少数民族双语教育法》要充分发挥其专门法的作用，实行强制与引导相结合，引导各地方根据少数民族分布的情况采取灵活的办学形式：在民族聚居的情况下采取单一的民族学校的形式；在杂居区，可以采取民族合校的办学形式；在有散居的少数民族成员的城镇，要为少数民族成员就学提供方便，在合理的时间内为少数民族学生接受教育提供一定的辅导和服务。

在教育、教学与师资建设方面，在教学内容上应当明确规定民族传统文化在民族地区学校，以及其他以少数民族学生为主的教育机构、班级中的地位和价值。在师资建设方面也要明确师资培训、分配制度、培养机制、评价激励等内容，使少数民族双语教育师资队伍既具有教师队伍的共性，也充分体现少数民族双语教育师资队伍的民族特征。

另外，《少数民族双语教育法》还需明确少数民族双语教育的实施对象、实施机构、实施途径、实施方法、实施责任，少数民族双语教育的根本任务、权利和义务，少数民族双语教育的教材建设、违反《少数民族双语教育法》须负的法律责任、执法监督等。

双语教育依法治教既是一个理论问题，又是一个实践问题，涵盖双语教育立法、执法、司法的全过程。我们应当深化现有路径，谋求多种路径，依法确定教育主体的权利和义务，激发、调动每个权利主体的积极性和创造性，将少数民族双语教育管理的政府放权模式转化为政府确权模式，真正实现政府简政放权。另外，还应将各种双语教育的软法规范纳入正式的教育法治的范畴，注重双语教育法在形成过程中的程序意识和规则意识。

双语教育实践研究

全国民族地区双语教育调研报告

葛丰交

一、调研的基本情况

2010 年 4 月至 2012 年 8 月，笔者以少数民族聚居地区为重点，先后 5 次赴全国民族地区就少数民族双语教育问题进行了调研。

2010 年 4 月，国家教育部抽调有关省区和在京的近 60 名专家、学者组成 4 个调研组，对全国民族地区双语教育工作情况进行了全面调研。此次调研的目的是为落实中央领导关于“对少数民族聚居地的双语教师情况做些调研，提出解决办法”的批示精神，进一步了解、摸清我国少数民族双语教育的发展现状、问题和需求，为制定《全国少数民族双语教育工作指导纲要》提供科学的决策依据。笔者被选调到第二组赴四川、西藏调研，于 4 月 20 日至 30 日，先后到西藏拉萨市、山南地区的 9 所中小学、幼儿园调研，与地、市和西藏自治区教育厅的领导、教研人员进行了座谈，召开了座谈会 12 次，约 180 人参加。调研结束时，本人执笔撰写了《西藏自治区双语教育调研报告》。之后，笔者又被选调到北京参与了此次调研总报告的起草工作。其间，笔者与有关省（区）的双语教育专家进行了较深入的交流，收集了大量的此次调研的民族地区双语教育的第一手材料。

葛丰交：锡伯族，副研究员、新疆民委（宗教局）民研所原所长、新疆人民政府特聘文史馆员。主要研究方向为少数民族教育。

本文系国家民委民族问题研究项目（2014-GM-046）阶段性成果，获全国政协俞正声主席的批示。

2010年9月至2012年7月，笔者在承担国家民委课题《新疆牧区双语教育调研》等课题期间，先后3次到新疆克州等8个地州、12个县就双语教育问题进行了深入调研，实地察看了40多所牧区寄宿制中小学，与200多位基层干部、教育工作者进行了座谈，摸清了新疆双语教育现状及存在问题。

2011年9月，笔者赴南宁参加了“中国人类学民族学2011年年会暨学术研讨会”，2012年8月参加了中央统战部举办的“新疆少数民族知识分子民族宗教政策培训班”，2012年9月参加了新疆民族宗教学习考察团，其间对广西、黑龙江、西藏、甘肃等省、自治区的双语教育情况进行了调查、了解。

此外，2010—2012年，笔者先后参加了全国双语教育研讨会，新疆第二届、第三届双语教育研讨会，和与会专家、学者进行了交流和探讨，对双语教育进行了思考，并形成了若干条建议。

二、我国少数民族双语教育概况

（一）我国少数民族语言文字基本情况

据统计，我国少数民族语言数目可能在80种以上。在56个民族中，汉、回、满3个民族通用汉文，蒙古、藏、维吾尔、哈萨克、柯尔克孜、朝鲜、彝、傣、拉祜、景颇、锡伯、俄罗斯12个民族都有自己的文字，这些文字大都有较长的历史。中华人民共和国成立后，又有壮、布依、苗、侗、哈尼、傈僳、佤、黎、纳西、白、土、瑶12个民族和景颇族中说载瓦语的人使用新创制的以拉丁字母为基础的拼音文字，其中苗族因为方言差别大，国家还分别为黔东、湘西和川黔滇3种方言和滇东北次方言创制了文字或文字方案。我国各民族现行文字共有40余种。

（二）各省、区有关少数民族双语教育的政策和措施

中华人民共和国成立60多年来，特别是改革开放以来，各省（区）出台了很多具体规定，促进了双语教育的发展，如《甘肃省人民政府关于加快民族教育的决定》，广西教育厅1993年、2001年的《关于壮文进校实验工作的意见》《关于进一步加强壮文进校实验工作的意见》，西藏自治区1988年的《关于学习、使用和发展藏语文的实施细则》（2002年修订为《西藏自治区学习、使用和发展藏语文的规定》），《黑龙江民族教育条例》，内蒙古

民委《内蒙古自治区学习使用蒙古语文奖励办法》，2003年的《吉林省人民政府关于贯彻国务院深化改革加快民族教育决定的意见》，青海省2003年的《关于加强和改进民族中小学双语教育工作的指导意见》，新疆党委和人民政府2004年的《关于大力推进“双语”教学工作的决定》、2005年的《关于加强少数民族学前“双语”教育的意见》，新疆教育厅《关于制定农村学前“双语”教育实施方案的通知》《新疆中小学少数民族“双语”教师培训工程》《关于进一步加强管理，提高中小学少数民族“双语”教师培训质量的意见》等。20世纪90年代以来，各省（区）因地制宜，积极在本省区民族地区中小学开展各种模式的双语教育实验，并取得了长足的进展。

（三）双语教育的现状

1. 双语教育的主要模式、课程及学制设置

全国各省（区）根据不同的教育基础、语言环境的差异，师资条件，以及少数民族群众的意愿大致采用了以下几种类型的双语教学模式：一是全部课程用民族语言授课，单科加授汉语；二是全部课程用汉语授课，单科加授民族语文；三是部分课程用民族语言授课，部分课程用汉语授课；四是在小学低年级阶段用民族语辅助教学，再过渡到用汉语授课。

（1）东北三省

东北三省有朝鲜族181.8万，占东北三省总人口的3.35%。朝鲜族开展双语教学的历史悠久，经过多年的探索，特别是20世纪90年代以来逐步扩大的“三语教学”已形成特色，建立了较为成熟的双语教学体系。朝鲜族双语教育提出“强化汉语，精化朝鲜语，优化外语”的要求。其双语教学模式如下：中小学基本以朝鲜语授课为主，加授汉语课的模式，少量散居区朝鲜族中小学采用后两种模式。双语教学的课程、学制设置情况如下：黑龙江省朝鲜族学校从小学一年级开始加授汉语文，初中一年级开始增加一门外语。吉林省和辽宁省在双语教学的起始年级和学制设置方面大体相同，都是自小学一年级开始加授汉语或民族语直至高中毕业。所不同的是：吉林省民族小学在学前教育期间适当实施民族语教学。辽宁省则规定了民族小学延长一年学制，将预备班纳入教育事业计划，即实施双语教学的民族小学实行七年制，预备班学生重点学习民族语文；辽宁省双语教学学校从预备班开始，一直到小学、初中、高中、省民族师范学校都采用双语教学模式，双语教学体系比较完善。

东北三省的蒙古族的经济发展情况、教育基础和语言环境决定了其选择双语教学模式的多样化，蒙古族双语教学主要以汉语授课，单科加授民族语为主。这种采用“汉语授课，加授民族语”模式的蒙古族学校，一般初中以后都加授英语、日语等外语。东北三省也有部分蒙古族学校采用以民族语言授课为主，加授汉语的教学模式，在双语教学的起始年级和学制设置方面大体相同，都是自小学一年级始加授汉语直至高中毕业。

（2）内蒙古自治区

经过长期努力，内蒙古自治区明确了双语教育的指导思想和原则，即把大力发展民族语言文字作为重要任务，把学习、掌握母语作为基本要求，把学习、运用汉语作为必备素质，把学习、使用外语作为一项发展能力，坚持因地制宜、分类指导原则。

双语教学模式：内蒙古开展双语教育的对象主要是蒙古族学生。其双语教学模式主要有两种：一是以蒙古语授课为主，小学二年级起开设汉语课程；二是以汉语授课为主，小学二年级起开设蒙古语课程。这两种模式的主要区别在学前教育及小学阶段，其他阶段的共性较多。

从初中一年级起，全区民族学校均开设外语课程。在民族学校中，学生在高中毕业前不存在分段情况，进入高校后实行蒙汉语授课分流。

在高校中，一部分接受蒙古语授课的高中生升入高校后，继续学习以蒙古语授课为主的各类专业课程，同时加强汉语文教学；另一部分接受蒙古语授课的高中生升入区内高校后，通过一年的预科学习，进入汉语授课专业学习，学校同时继续开设大学蒙古语文课程。这两类学生比例约为6:4。

（3）西藏自治区及四川、甘肃、青海藏区

西藏自治区的藏族人口占92%以上。该区双语教学大体分为三种模式：模式一，以藏语授课为主，同时开设国家通用语言文字课。全区农牧区小学 68%的学生采用被此类模式进行教学。模式二，以国家通用语言授课为主，藏语文作为少数民族学生必修课。全区地（市）所在地的小学在校学生 26943 人，初、高中在校生分别为 143 人、187 人；内地西藏班大都采用二类模式进行教学。模式三：部分课程用藏语授课，部分课程以汉语授课。西藏大学部分专业、藏医学院采用此类模式教学。

四川甘孜州、阿坝州的双语教学采取两种教学模式：各学科用藏语授课，同时开设汉语文课，即一类模式。各学科用汉语授课，同时开设藏语文课，即二类模式。一类模式每周的汉语文课时为小学 6 课时，初中 5 课时；二类模式每周的汉语文课时为小学 7 课时，初中 6—7 课时。汉文类教材全部使用人教社教材，藏文类教材全部使用“五协”教材。

甘肃省开展双语教学的少数民族主要有藏族、蒙古族、哈萨克族，集中在甘南州 8 县市，天祝藏族自治县、肃北蒙古族自治县和阿克塞哈萨克族自治县共 11 个县市；青海省开展双语教学的少数民族有藏族、蒙古族、土族、撒拉族，主要分布在 6 个民族自治州和海东地区的循化县、化隆县。经过多年的实践，形成了两类教学模式：在通用民族语言的地区采用以民族语文教学为主，加授汉语文的一类模式；在民汉双语兼通的地区采用以汉语文教学为主、加授民族语文的二类模式。在调研组走访的甘肃 4 所中小学中，两类模式并存，学校根据学生的意愿进行分班。在青海采用何种模式也不做统一规定，由基层教育行政部门或学校根据当地的语言环境和群众意愿、学生的语言习惯和语言基础、师资力量选择并确定，体现了地方教育行政部门积极探索双语教育发展规律的决心和慎重又不失灵活的政策。

（4）广西、贵州、云南三省区

广西壮族自治区双语教育模式分为两种：一种是“两语一文”，即使用壮语和汉语同步教学，而只用汉文，以壮语辅助汉语教学。这种模式主要在边远农村小学低年级阶段（绝大多数在学前班及小学一、二、三年级）被采用，实际上是一种过渡教学。这种教学模式是长期以来形成的教学模式，在西南地区具有代表性。一种是“双语双文”教学模式，即在小学阶段同时使用壮汉双语文教学，这种模式在政府指导下进行，主要分布在壮族聚居的市区部分中小学。

贵州省双语教育主要以“双语单文”为主要模式，即在学前班和小学低年级阶段以民族语言辅助汉语文教学，只有极少数几个点开展“双语双文教学”，如靠近湖南的松桃苗族自治县使用湘西苗文教材实行“双语双文”教学，黔西南州的台江县的个别小学也使用双语双文进行教学。贵州省在没有本民族文字或新创文字尚未普及的情况下，采用民族语言辅助汉语文教学的“双语单文”模式，对于帮助不懂汉语或汉语水平低的民族儿童克服语言学习困难，帮助他们有效地提高汉语交际能力起到了很大作用。

中华人民共和国成立以来，国家先后帮助云南省的佤族、傈僳族、哈尼族、苗族、纳西族、景颇族等民族创制了拼音文字，改进了德宏傣文、景颇文、拉祜文和西双版纳傣文 4 种民族文字，并曾在 20 世纪 50 年代在各地推行。20 世纪 80 年代，云南省委、省政府先后召开过 4 次民族教育工作会议，都对发展民族教育、加强“双语教育”和“民文教材建设”工作提出了具体要求。目前，在义务教育阶段，共有 14 个民族的 21 种文字或拼音方案进入学校用于开展双语教育或用于扫盲，共有 4000 多所学校近 20 万名在校生接受双语教育，并总结出了“先民后汉、民汉并重，以民带汉、民汉兼通”的十六字教学经验，极大地提高了民族地区的教学水平。

从云南全省来看，“双语单文”模式占绝对优势，占双语教育案例总数的 92.7%，“双语双文”模式仅占 7.3%，但在有传统文字的民族区域，如傣族、藏族、彝族等聚居区，采用“双语双文”模式的比例则比较高。

无论是“双语单文”教学还是“双语双文”教学，大多是在学前教育和小学低年级阶段进行，小学高年级或初中阶段大多以选修的形式出现，不具有强制性。

（5）新疆维吾尔自治区

近几年新疆双语教育得到了快速推进。2007 年自治区下达文件，将新疆双语教育分为三种模式：模式一，部分课程（理科各科）用汉语教学，其他学科用民语授课；模式二，民语、音乐等涉及少数民族文化的课程用民语授课，其他课程用汉语授课；模式三，全部课程用汉语授课，开设民语和英语课程，课程设置方案同汉语授课学校。2011 年，全区学前和中小学（含职业高中）阶段少数民族学生接受双语教育和民考汉的学生达 140.84 万人，占 55%。

综上所述，全国民族地区双语教学采用的模式的特点是：根据不同的教育基础、语言环境、师资条件及少数民族群众的意愿，采用不同类型的双语教学模式，因地制宜，从实际出发，不做统一要求。

2. 双语师资情况

东北三省和内蒙古自治区小学双语教师的主要来源是本省（区）师范院校（包括中师）毕业生，中学双语师资则主要由延边大学、内蒙古大学等培养，师资不足则由各省（区）师专或其他各类院校补充。大多数民族学校双语教师的学历是达标的，特别是小学和初中，但高中双语教师的学历达标率略低一些。

甘肃和青海两省民族小学双语师资主要由省内师范院校和其他各类院校培养，中学双语师资则主要由两省的师范院校及西北民族大学、北方民族大学培养，还采取了从本省内县（市）以上的汉语授课学校每年抽调数百名教师支教来缓解师资短缺的困难。

新疆近几年实施“自治区农村‘双语’教师特培计划”，进一步扩大培养规模。如实施了“第二期国家支援新疆汉语教师工作方案”“新疆中小学少数民族双语教师培训工程”和“南北疆七地州学前双语教师中短期培训计划”，启动了“自治区临聘学前双语教师培训计划”，推进 6 个自治区学前双语教师培养、培训基地项目建设等。2011 年底，双语教师达 6.73 万人。

3. 双语教育的教材、教辅和课外读物的编译、出版和发行

东北三省有朝鲜文和蒙古文教材编译协作机构。朝鲜族学校主要使用延边教育出版社出版的《朝鲜语文》和《汉语》教材，部分散居区小学使用人民教育出版社出版的《语文》教材。东北三省的蒙古族学校在选用双语教材方面趋于一致，部分教材由内蒙古教育出版社出版，还选用东北三省协作编写的教材。内蒙古的蒙古族学校则使用内蒙古教育出版社编译出版的教材。甘肃、青海省的藏、蒙古文教材相应地由藏文教材五省、区协作编译机构合作提供。新疆用维、哈、柯、蒙、锡、俄 6 种少数民族语言文字出版中小学教材。

“十一五”期间，中央和云南省对双语教育的教材建设投入了专项经费，编译、审定并出版了民文教材上百种。四川阿坝州、甘孜州，西藏、青海等省区通过“五协”编译出版民族中小学各学科教材，也有地区使用人教社版本的《语文》教材。2006 年以来，西藏等地区开始使用人教社统编的《汉语》新教材。四川凉山彝族州建有专门的彝文教材编译室，所编译的各学科双语教材基本满足了民族中小学双语教育的需要。西藏建立有自治区教材编译中心。

二、双语教育存在的问题与困难

（一） 对双语教育的认识问题

在双语教育具体实施的过程中，人们的认识还有分歧，一部分人存在

着思想认识不到位的现象，影响了双语教育发展：1. 不按双语教育和语言学规律办事，脱离民族地区语言实际，在不具备条件的情况下采取冒进的错误做法，或出现随意选择双语教学模式、取消民族语文授课现象；2. 将民族语和通用语置于对立之中，对少数民族语文的价值功能认识不足，认为学习民族语言就妨碍通用语的学习；3. 双语教育面临的任务艰巨，领导干部畏难情绪大。

（二）双语教育管理体制和配套机制问题

1. 有些省区管理体制尚未理顺

在省级部门，有的地方的双语教育由教育部门主导，有的地方由民委部门主导，两者的规划和思路经常不一致，给下级行政部门和一线教师造成了很大的困惑；在市县一级部门，很多地方没有人专门管理双语教育，有的地方虽设置了岗位，但长期无人在岗。

2. 双语教师培养机制和培训体系不畅通

目前高等师范院校一般不承担双语师资培养任务，高等民族院校大多也没有此项职能，双语教师的补充面临严峻局势；双语教师培训大多是短期，缺乏科学性、持续性、针对性强的培训体制。

3. 缺乏双语教师评价和激励机制

双语教师承担民族语言和通用语言两门课程，劳动量增加，课业负担重，但在很多地方，其工作量没有得到承认。

4. 双语教育缺乏有效的督导机制

很多双语学校运作不规范，如课程设置起始年级比较随意、教材使用随意性大、课程安排随意改变等。

5. 双语教育投入机制没有得到有效保障

双语教育学校多位于边远的民族聚居区，地方财政投入严重不足；很多地方的双语教育没有被纳入民族教育和国民教育体系之中，教育经费投入跟一般汉文学校没有差别，甚至更少，致使正常的双语教学活动无法开展。

（三）师资问题

1. 双语教育教师编制不足，特别是“民汉兼通”的合格双语教师比例偏低。如贵州开展双语教学的学校有 1300 多所，双语教师却只有 1300 名，一所学校只有一名双语教师。甘肃东乡县普及双语教学共需 1600 人，目前既会讲东乡语又会讲普通话的教师仅 580 人；青海全省双语教师结构性缺口为6000多名。

2. 双语教师流失多，补充少。如1991—2000年，朝鲜语双语教师流失4200名，占现有朝鲜族双语教师的53.1%。阿坝州2008年招录乡镇公务员时，236名双语教师参加考试，录取187人。

3. 民族中小学双语教师老龄化现象严重，新教师补充困难，出现青黄不接的局面。据对贵州、东北三省的统计，民族小学双语教师平均年龄在48岁左右。

4. 双语教师的知识结构存在较大问题，有些教师虽学历合格，由于所学专业与所授课程绝大多不一致，影响了教学质量。调研组对甘肃发放的问卷调查显示，认为自己能胜任、基本胜任、不能胜任的双语教师比例分别为15.6%、45.3%和34.4%。

5. 新疆于 2004 年起在全区部分民族中小学实施双语教学二类模式后，原来一直用母语教学的一部分中年教师因不适合汉语教学而被安排在学校当勤杂工等。这批教师数量不少。

（四）双语教材、教辅资料问题

1. 双语教材基本上都是翻译汉文教材，内容重复，离学生的实际生活较远，忽视了少数民族学生学习第二语言的规律。

2. 教材编审不严、讹误现象不少。如课本术语翻译错误和前后不一致，注音错误、注释不准确、教材印刷质量差等。

3. 教师缺乏教辅、教参资料，教师对教材难点和教学重点把握得不准，也影响了学生对知识点的掌握。有些语言的教学虽有一些教辅和教材，但很陈旧，尤其是新课改后这个问题更为严重。

4. 大部分学科没有同步练习、假期作业等；课外读物普遍偏少，尤以自然科学较为严重；民族语教学网络信息资源缺乏，缺乏民族语优秀教学课件、教学案例等。

（五）教学手段问题

有些双语学校缺乏基本的教学设备，教师仍然采用黑板加粉笔的教学方式。辽宁省60%的双语学校没有语音设备；拥有2718名学生的新疆克州三中，仅有一间多媒体教室。一些农村双语学校大半没有电脑室，民语教学软件没法使用；有些学校虽有设备，但缺乏专业人员，设备使用率低。

（六）学前教育问题

不少民族聚居区尚没有学前教育，如西藏学前教育开展率只有 11.7%；有些地区虽有学前教育，但主要位于县城；由于学前教育没有被纳入义务教育体系，地方政府和主管部门对学前双语教育重视得不够，投入少；学前双语教师严重缺乏，使一些民族儿童直接过渡到单语教育阶段。

（七）双语教育研究和指导问题

双语教育研究和指导不能满足双语教育需要，国家层面上没有专门机构来研究双语教育。对于一些重大问题，如双语教育的界定、双语教育的基本规律、双语教学的政策规划、双语教育在民族教育中的地位、双语教育怎样与新课改相结合等问题缺乏研究。

三、科学推进少数民族双语教育的意见和建议

（一）顶层设计，高位推动，健全法规，依法推进双语教育

在双语教育中，由于缺少专门法规，缺少国家层面上的规划和制度上的安排，不规范、混乱现象时有出现。建议国家实行顶层设计、高位推动，尽快出台并实施《全国少数民族地区双语教育指导纲要》，制定《全国民族地区双语教育条例》和《中华人民共和国少数民族语言文字使用法》，建立少数民族双语教育专门管理机构，依法规范、指导民族地区中小学的双语教育工作，并定期进行督导，把双语教育纳入法制化轨道。

（二）要正确理解、全面贯彻执行党的语言平等政策

双语教育不是单纯的语言教学问题，而是与民族平等、维护民族团结密切相关，有很强的政策性。双语教育工作要全面贯彻党的语言平等政策，使双语教学的体制设计符合国家语言方面的基本政策。在进行民汉双语教学时，不能片面强调汉语言的学习，而对民族语文的作用估计不足，不知道少数民族语言文字在少数民族儿童启蒙教育中有汉语文无法替代的特点，但也不能过高地估计民族语言的功能，而忽视汉语文的教学。

（三）要尊重语言文字的学习规律，按教育规律办事

双语教学是科学性很强的工作，有其自身的规律。从一种语言教学转换成另一种语言教学，应具备四个基本的条件：一是学生的语言基础，二是实用的教材，三是合格的双语教师，四是一定的语言环境。此外，要使新系统运转起来并达到较高水平，还需要相当长的一段时间来试运行并不

断调试，这一过程通常需要10—15年的时间。从我们调研的情况看，实现民族地区中小学校所有课程用汉语教学，还不具备上述条件，仍然需要较长的一段时间。因此，要做好民族地区双语教育工作，就要认真贯彻科学发展观，按教育规律办事，确定符合民族地区实际的多样化的双语教育模式，不能搞“一刀切”。建议在不具备条件的农牧区，边远的县城的小学及部分初中、高中仍采用以母语授课为主，同时开设汉语课的模式。这样既使学生学习了国家通用语言文字，又保障了各民族都有学习和运用本民族语言文字的权利，传承了少数民族文化。

（四）加大投入，为双语教育提供经费保障

要加大对双语教育投入的力度，建立与双语教育工作目标、任务进程相适应的财政投入保障机制。双语教育工作的财政投入应在教育部门预算中单列，作为专项资金管理并使用；对双语授课的幼儿教育实行公办体制，办园经费应被纳入当地财政预算全额拨付。增加双语教师培训专项经费额度。

（五）制定相关配套政策，建立激励机制

要制定特殊政策，使重点院校在自主招生时增加或单独下达民族生（双语）计划，保障、拓宽少数民族高层次人才的升学、培养渠道。民族地区各级党政机关和企事业单位在招录人员时，应安排一定的比例和名额招收“民汉兼通”的大中专毕业生。在公务员特别是教师招录考试中要加试民族语言运用能力，作为重要参考依据，同时重视汉语普通话水平的测试。

（六）把双语教师的培养、培训作为双语教育工作的重中之重

1. 重视从源头培养各级、各类双语师资

发挥民族院校和师范院校的作用，采取定向、加分、减免学费、给予生活补贴等措施，培养少数民族双语教师。根据农牧区需求，国家每年有计划地定向招收一定数量的农牧区高中毕业生到区内外高校学习，待其毕业后，按计划分配的办法，将其分到县、乡、村农牧区中小学。建设一支土生土长、民汉兼通、长期扎根于农牧区的“永久牌”的双语教师队伍，实现农牧区教师本土化。

2. 加大双语师资培训力度，建立双语教师培训机制

建议国家设立专项资金用于双语教师的各种培训；依托部属院校，建立国家级双语教师培训基地，省区民族和师范院校也要建立省区级双语教

师培训基地；施行双语授课中小学校长、骨干教师免费培训；要下大力气提高双语教师的普通话水平，建议教育部继续推进少数民族教师普通话培训工程。

3. 切实解决民族学校教师编制及教师短缺问题

根据少数民族双语学校班级多、班额小、教育成本高等实际情况，在农牧区核定少数民族双语学校教师编制时，应按班级数配备教师编制，而不应以师生之比配备。

（七）加强双语教材和教学资源建设

把双语教育教材编译和双语教育资源建设列入教育发展规划，予以重点保障，确保双语教材和其他开发所需编译费；加大民文版教辅，以及学前教育用书的开发和出版力度；加强双语教材编译队伍建设；统筹建设少数民族语言文字的网络资源和平台，积极推进双语教育信息化工程。

（八）加强学前双语教育

扶持地方政府大力兴办双语幼儿园；建立、健全少数民族地区学前教育的体系和机制，使双语学前教育步入民族教育的规范化轨道；参照国家对于中小学生教育的有关惠民政策，在少数民族地区学前教育领域逐步推进“两免一补”政策或学前一年免费教育。

（九）建立双语教育工作督导评估制度，加强双语教学研究和指导

要建立、健全双语教学督导、评价、监测机制，对双语课程定期或不定期地进行教学效果督导和评价，对双语教学进行跟踪，及时发现、解决教学过程中的问题，确保教学质量。进一步加强双语教研队伍建设，有效开展双语教学研究。不断提高双语教研人员的综合素质，增强他们培训、研究、指导的能力。重视发挥各级教科研部门，各级、各类学校，尤其是高等院校在双语教学研究上的引领作用。同时，要学习、借鉴国外双语教育的经验。

（十）因地制宜，采取多样化双语教育模式

民族地区可根据不同的教育基础、语言环境、师资条件、少数民族群众的意愿及就业市场的具体情况，同时开设几类学校，采用不同类型的双语教学模式：1. 传统的以少数民族语文授课的民族学校（加授汉语文课）；2. 传统的以汉语文授课的普通学校（对民考汉的学生加授母语课）；3. 新式民族双语学校（用汉语讲授数学、物理、化学、生物等课程，用母语讲

授历史、政治、地理、自然等课程）；4. 新式汉族普通学校（加授民族语文课）。同时，还要研究确定以上各类学校的具体专业设置、招生规模。在选择双语教学模式时要尊重各民族群众的意愿。

在“一带一路”背景下“俄语+中亚语”人才培养模式的改革与创新

海淑英

一、“一带一路”倡议为“俄语+中亚语”人才培养带来新机遇

2013年9月7日，习近平主席在哈萨克斯坦纳扎尔巴耶夫大学做重要演讲，提出共同建设“丝绸之路经济带”的倡议。2015年3月28日，国家发展改革委、外交部、商务部联合发布“推动共建丝绸之路经济带和21世纪海上丝绸之路的愿景”，这为我国未来十年的经济发展提出了美好愿景。与此同时，我国高等教育外语人才培养也将面临新的任务和挑战。教育部副部长刘利民指出：“在‘丝绸之路经济带’沿线国家中，俄罗斯是最大的合作伙伴，特别是与中亚地区也有广泛的合作基础。上合组织的工作语言之一是俄语。显然，俄语在丝路经济带的发展中的作用是不可替代的。重要的是，我们的俄语教育一定要面向未来，找准方向，培养出适用于丝绸之路经济带的复合型俄语人才”①。2015年10月，教育部和国家民委颁发了进一步服务好国家“一带一路”倡议的意见，明确要求高等院校加快培养兼通双语、多语的各族、各类人才。因此，在新形势下，中央民族大学俄语专业如何利用办学特色和优势，培养出适应国家战略发展需求的高质量“俄语+中亚语”复合型人才，是当今俄语专业教育、教学改革和创新的发展目标。

中央民族大学俄语专业从1989年开始招收本科生。1989年至2003年，我校俄语专业采用的是以培养学生的语言技能为主的外语教学，在人才培养目标、课程设置等方面与其他院校的俄语专业差别不大，在人才培养的规格上存在着

海淑英：1962—，中央民族大学外国语学院教授、博士，主要从事俄语教学研究，以及俄罗斯和中亚民族语言文化研究。

① 刘利民.“一带一路”框架下的中俄人文合作与交流［J］. 中国俄语教学，2015（3）.

同质化的倾向。没有特色就没有发展，当时我校俄语专业面临极大的挑战。面对极大的竞争压力，我校俄语专业从 2003 年开始进行教学改革，以“民族特色”为切入点，培养复合型俄语人才，以满足社会对特色外语人才的需求。

二、“俄语+中亚语”人才培养模式的改革

（一）2014版人才培养方案的修订

中央民族大学外国语学院俄语专业从 2003 年起，开始进行人才培养模式的改革，依托我校办学特色和优势，以培养通晓俄语和中亚某一国家语言的复合型人才为培养目标，学生由学习一门俄语变为学习“俄语+哈萨克语”“俄语+乌兹别克语”“俄语+吉尔吉斯语”或“俄语+土库曼语”两种语言。其中俄语为主修，学制四年，学生通过主修课程学习俄罗斯语言、文学，以及当代俄罗斯社会与文化领域的基本理论和基本知识，接受良好的俄语听、说、读、写、译等方面的技能训练。中亚某一国家语言为辅修，学制二年，学习中亚某一国家的语言知识和相关的国情知识，接受该语言基本技能训练。本文以2010级和2012级“俄语+乌兹别克语”班及2014级“俄语+吉尔吉斯语班”为例，阐述我校俄语专业复合型俄语人才培养的改革和创新。

我校俄语专业从 2003 年开始进行改革，至今已经走过十余年的发展历程，为“俄语+中亚语”复合型俄语人才培养积累了一定经验。近年来，随着国内形势发生的巨大变化，特别是国家主席习近平提出的建设“丝绸之路经济带”的构想，我国对兼通俄语和中亚语言人才的需求不断增加。面对新的形势和任务，从 2013 年起，我们对 2010 版俄语专业人才培养方案进行了修订和完善，制定了 2014 版俄语专业（哈萨克语、吉尔吉斯语、乌兹别克语、土库曼语方向）人才培养方案（以下简称“俄语专业培养方案”），旨在进一步提高复合型俄语人才培养质量，突出“俄语+中亚语”的专业特色，积极探索多样化、个性化的人才培养模式。在教学实践中，以双主观、双智观理论为指导，以加强课程的内涵建设为中心，通过教学内容、教学方法和教学手段的创新，使教学过程不断优化，人才培养质量不断提高。

（二）优化课程设置，突出专业特色

1. 增设中亚语特色课程

在 2010 版俄语专业人才培养方案中，乌兹别克语的课程设置主要包括

综合乌兹别克语语、乌兹别克语语法、乌兹别克语听说等语言技能类课程。为了突出俄语专业的办学特色和优势，在 2014 版俄语专业人才培养方案的修订中，我们重点优化了中亚语课程，增设了乌兹别克斯坦文化概论、乌兹别克斯坦新闻、外贸乌兹别克语等，使学生们通过学习语言更加广泛地了解中亚国家的政治、经济、历史、文化、风俗习惯等国情知识。在师资方面，我们聘请了乌兹别克斯坦外籍专家授课，在教学过程中使用俄语、乌兹别克语等多种语言授课，充分发挥了外籍教师通晓多种语言的优势。这种新型的教学模式受到了师生的好评，收到了很好的教学效果。

2. 增设俄语学科概论课程

根据 2014 版俄语专业人才培养方案，从 2014 年起，俄语专业增设了俄语学科概论课程，旨在提高学生对本专业的认识，使其了解俄语专业的学科特色和就业前景等。在教学中，本专业教师结合各自研究领域的科研成果，向学生们介绍了俄罗斯文学、俄罗斯文化、俄罗斯习俗、吉尔吉斯族语言文化的特点等。此外，笔者讲述了“丝绸之路经济带”的构想给俄语专业带来的新的发展机遇，以及在新形势下我国对复合型外语人才的需求情况等。该课程极大地激发了学生学习俄语和中亚语的积极性，使同学们对未来的学习充满了期待。有一名学生在该课程的学年论文中写道：“为我们专门开设的俄语学科概论课让我们了解了俄罗斯这个进取的民族，让我们领略了俄罗斯的人文风情，让我们慢慢地了解以至于爱上了这个专业。”另一位学生写道：“老师对‘一带一路’和对俄语专业毕业生就业前景的分析，让我们对未来充满了信心，也坚定了我学好俄语和中亚语的决心，尤其是我这个打算回新疆的姑娘感觉前途一片光明。”然而，在没有开设俄语学科概论这门课程之前，同学们对所学专业认识得不清晰，学习目标不明确，学习动力不足，对未来比较迷茫。通过开设俄语学科概论课程，学生提高了对本专业的认识，了解了专业的特色和优势，进一步明确了今后的发展方向，学习逐渐成为学生自己的内在需要。

（三）个性化人才培养的新尝试

随着“俄语+中亚语”人才培养模式的改革，我校俄语专业的生源也发生了一些变化，内地学生有所减少，新疆学生逐渐增加。从 2003 年起，俄语专业来自维吾尔族和哈萨克族的学生占班级人数的三分之一。由于目前我国教育水平的区域差异很大，加之学生的努力程度也存在很大的差异性，该班学生的俄语学习很快出现了严重的两极分化现象。但是，另一方面，维吾尔族和哈萨克族学生具有较好的母语基础，学习中亚语具有一定的优势，特别是在听力和口语方面表现得更加突出。因此，根据十余年的教学经验和学生的实际需求，我们从 2012 级“俄语+乌兹别克语”班的乌兹别克语课程，即中亚语课程开始进行分层次教学，在三年级时为学习成绩优异的学生开设了乌兹别克语提高班。在该班中不仅有学习成绩突出的维吾尔族和哈萨克族学生，也有学习成绩优异的汉族、蒙古族学生，对他们进行个性化人才培养模式的新尝试。不仅如此，我们还为中亚语提高班的学生增设了乌兹别克斯坦新闻和外贸乌兹别克语课程。通过两年的教学实践，中亚语的特色课程得到了师生的肯定和好评。学生在反馈意见中写道：“乌兹别克语分层次教学的尝试是非常成功的。在乌兹别克语课堂教学中，教师使用乌兹别克语和俄语互译的方法非常好，使我们在课堂上两种语言都可以得到提高……”

三、“俄语+中亚语”人才培养模式的创新

（一）以双主观、双智观理论为指导，优化教学过程

北京大学李国辰教授在著作《俄语教学过程优化》中指出，双主观、双智观是俄语（外语）教学过程优化的核心理论。早在 20 世纪 80 年代，我国第一批特级教师霍懋征就否定“你教我学”的教育思想，提出并采纳双主体的教学模式，提倡让学生积极参与教学过程，变“要他学”为“他要学”，变“让他学会”为“让他会学”。

“双主观是现代科学概念，指在教学过程中教师和学生均为主体，称为‘双主’。认定教学过程中有两个主体的有效互动，亦可优化教学过程的观念称为‘双主观’。”① 传统上通常认为教学过程中教师是主体，学生是客体，教师的职责是传授知识，学生是接受知识的客体。况且在大学阶段学生都已是成年人，学好、学不好是学生自己的事情。根据双主观理论，老师不应该只满足于自己作为主体的角色，而其主体性还应体现在“教师是教学过程的领导者、组织者、责任者，在教学效果优化与否的过程中起决定性作用。教师应该努力创造条件使学生成为学习的主体，成为学习的主人是教师主体性的第一标准”②。“教师的主导作用如果不含自己对学生主

①② 李国辰. 俄语教学过程优化［M］. 北京：北京大学出版社，2010：107.

体性实现上的责任，教师如果没有努力帮助学生成为主体的，尽管本人主动、认真、有序地教学，也不会被认可其主导作用的真正体现。”①

“双智观是现代科学概念，指教学过程中师生的智力活动和非智力活动，称为‘双智’。智力活动指感知、记忆、思维、想象等智力因素的活动②。非智力活动指动机、兴趣、情绪、情感、意志力等方面的非智力因素的活动。”这里的“双智”当然是指师生双方的智力和非智力因素，因为只有师生双方的双智才是教育、教学的终极目标。

更为重要的是，双主观和双智观不可分割，是一个统一体。教学过程中没有双主体的参与则无法启动双智力活动，反之亦然。只有双主体的参与，但“没有双智力活动，双主体有名无实”③。

根据李国辰教授提出的“双智观”理论，在教学过程中，教师要想取得最终的成功，就要在教学实践中自我启动教授动机并启动学生的学习动机，满足学生的求知欲，使学生产生愉悦的情绪体验，对所学感兴趣；教师要激励学生，增强学生的学习动力；教师还要帮助学生总结科学的学习方法，使师生进入乐教、乐学、善教、善学的良性循环，最终大面积地提高外语教学质量。

（二）教学内容的创新

俄罗斯的文化、艺术极其辉煌、灿烂。无论是以普希金、托尔斯泰的作品为代表的俄罗斯文学，还是柴可夫斯基的经典音乐、巡回画派的绘画和梁赞诺夫的喜剧电影，都是俄语教学取之不尽、用之不竭的资源，为俄语学习提供了丰富的营养。因此，为了激发学生的学习兴趣和动机，同时也为充分发挥教师在教学过程中的组织者和责任者的作用，我们以俄罗斯文化为切入点，结合所学内容自制课件，图文并茂，生动形象，为学生创造了良好的语言环境和学习氛围，提高了课堂学习效率，使教学过程优化。例如，在讲解课文《莫斯科》时，教师精心自制了60多页的课件，运用大量的图片生动地展示了莫斯科城 800 多年的历史演变。教师将课文中的重点词汇和语法句型渗透于这些图片的说明与讲述之中，积极引导学生，使课堂气氛热烈，学生的口语表达能力逐渐提高。此外，我们自制了俄罗斯历史、风俗、音乐、舞蹈、绘画等 20 多个主题的俄罗斯文化国情知识

---

①②③ 李国辰. 俄语教学过程优化［M］. 北京：北京大学出版社，2010：109-110.

课件，以扩大学生的知识面，极大地激发了学生对俄罗斯文化学习的热情。在学习俄罗斯文化知识的过程中，教师通过自制的精美课件充分发挥了教师作为教授主体的作用。然而，在传统的教学模式中，教师只是使用单一的纸质版的教材按部就班地组织教学，教学形式单一，教学内容单调，教学过程比较缺乏趣味性，学生的积极性没有得到很好的调动，师生之间的互动效率相对较低。因此，我们认为只有通过教师作为教授主体的教学模式的改革，才能激发学生作为学习主体的主观能动性。只有师生成为双主体，教学内容不断创新，才能使学生的求知欲得到满足，使学生对外语的学习成为其内在的需要。这样，教师可以在教学过程中帮助学生克服认知、情感、意志力方面的障碍，使其逐渐进入乐于学、善于学的自主学习过程。

（三）教学方法的创新

1. 研究性学习

研究性学习是培养学生自主学习能力的有效方法之一。在教学过程中，为了提高学生的自主学习能力，我们启发并激励学生进行探究性自主学习，指导他们运用两种语言的优势进行对比学习并撰写论文。在老师的指导下，学生们撰写了题为“俄语和乌兹别克语名词语法范畴”的论文。例如 2010 级一名学生在论文中写道：“俄语、乌兹别克语属不同语系，差异很大。个人认为，名词的性是俄语与乌兹别克语名词中差异最大的地方。原因很简单，在俄语中，名词有性的范畴。俄语名词分为阳性、阴性、中性。而乌兹别克语与英语相同，在名词方面没有性的区分。正因为俄语有性的变化，俄语名词的数与格的变化才丰富多彩。《俄语》是著名语言学大师维诺格拉多夫的一部经典专著。在论述俄语名词性的时候，他引用了果戈理的一段精彩叙述：‘莫斯科是阴性的，彼得堡是阳性的。未婚妻都在莫斯科，而未婚夫都在彼得堡……莫斯科是个不爱出门的老姑娘，而彼得堡是一个善于打扮自己的小伙子……’在这段描写中，莫斯科被比作姑娘，是因为莫斯科是阴性名词，而彼得堡被比作小伙子，是因为彼得堡是阳性名词。由此可见，通过名词的性这一语法概念，俄罗斯民族把成千上万的名词拟人化了，这使得名词显得十分生动而可爱。名词的性更加深刻地体现在俄罗斯文学上，它使得大师们的描写更加鲜明而精彩。可以说，俄语因名词的性而美丽，这句话一点不假……”这是一名大二的学生在教师的指导下，通过学习俄罗斯语言学家维诺格拉多夫的经典专著，把俄语、乌兹别克语的语法特点理解得非常透彻而成功地完成的一篇学术论文。这一点充分说明在教师指导下的研究性学习是卓有成效的，是教师作为教授主体，学生作为学习主体的具体体现。然而，在传统的教学方法中，教师对俄语名词性的概念的讲授只局限于教材内容，学生对名词性概念的理解只停留在死记硬背的基础上，学生的自主学习能力也没有得到有效提高。因此，我们认为，通过教学方法的创新，教师可以充分发挥教学过程的领导者和组织者的作用，努力创造条件使学生成为学习的主体，最终促使学生成为真正的学习的主体，师生双方在有效的互动中提高智力因素和非智力因素，为全面提高教学质量创造了前提条件。

2. 创新项目研究

“大学生创新创业训练计划”是教育主管理部门面向本科生立项的项目，也是“高等学校本科教学质量与教学改革工程”重点建设项目之一。目的是通过开展创新创业教育的改革，促进人才培养观念的转变，提升大学生创新创业的素质和能力。为此，从 2012 年开始，我们指导“俄语+乌兹别克语”班的学生进行了两项创新项目的研究：《浅析乌兹别克语中的俄语外来词》和《中俄乌哈语言学习手册》。《浅析乌兹别克语中的俄语外来词》从文化语言学的角度分析乌兹别克语中的俄语外来词产生的历史背景、传入途径，以及乌兹别克斯坦国内对俄语外来词的态度。在《中俄乌哈语言学习手册》中，学生们通过哈萨克语、乌兹别克语和俄语三种语言的常用词汇进行对比，编写了《中俄乌词汇学习手册》和《中俄哈词汇学习手册》供同学们查阅、使用。该手册方便、实用，受到了学生们的好评。“大学生创新创业训练计划”不仅提高了学生的创新意识和创新能力，还解决了学生们在中亚语学习的过程中遇到的工具书缺乏的实际困难，对于多种语言学习和提高大有裨益。在指导学生进行创新项目研究的过程中，教师主要教会学生掌握正确的研究方法，通过课题研究挖掘学生的创新意识和创新能力。在指导学生进行创新项目研究的过程中，教师作为教授主体，学生作为学习主体的有效互动得以顺利实现。

3. 第二课堂活动

实践教学是培养具有创新意识的高素质人才的重要环节，是理论联系实际、培养学生掌握科学方法、提高其交际能力的重要平台。在教学实践环节，通过开展丰富多彩的第二课堂活动，发现学生内在的潜能，提高学生的智力因素。从2013年至2015年，“俄语—中亚语”系举办了班级、系级和校级学科比赛，包括俄语演讲比赛、配音比赛、朗读比赛、短剧比赛，以及乌兹别克语演讲比赛、话剧比赛和翻译比赛等，为学生创造了良好的学习氛围和语言环境，极大地激发了他们对多语言学习的浓厚兴趣，为课堂教学注入了新的活力。

在俄语演讲比赛中，学生们分享了学习俄语的快乐与烦恼，重温了古代儒家学说的教育思想，展示了中国书法、绘画、刺绣、剪纸等传统文化。学生们在演讲比赛中语言流畅、自然，课件生动、有趣。在北京市高校俄语电影配音比赛中，学生们表演的喜剧《我们的俄罗斯》以准确、纯正的俄语发音，以及幽默、风趣的表演赢得了俄罗斯专家的高度评价，学生们对中国电视连续剧《西游记》片段的精彩配音，使俄罗斯专家生动、形象地了解了中国传统文化，赢得了国内外专家评委的一致好评。此外，俄语新年晚会为学生们搭建了展示自我、发挥特长的平台。在2013年的俄语新年晚会上，由2012级“俄语—乌兹别克语”班四名男生自编、自导和自演的俄罗斯精彩电视节目《КВН》（《快乐机智俱乐部》）表演得非常成功，语言诙谐、幽默，学生们的聪明才智和语言能力得到了充分发挥，得到了外教的高度评价。俄罗斯外教认为：“俄语新年晚会充分体现了学生的创新意识和创新能力，学生的语言实践能力得到了很大提高。”在2014年和2016年俄语新年晚会上，学生们表演了热情、奔放的俄罗斯歌舞，诙谐、幽默的俄语和乌兹别克语话剧，用俄语、哈萨克语、吉尔吉斯语、乌兹别克语四种语言表演的诗朗诵《新年的祝福》，突出了“俄语+中亚语”学科的特色和优势。通过开展丰富多彩的第二课堂活动，极大地激发了学生们对俄语和中亚语学习的热情和兴趣，创新能力和言语交际能力得到了提升。

在丰富多彩的第二课堂活动中，教师作为第二课堂活动的组织者和责任者，努力创造条件使学生成为第二课堂活动的主体，为学生搭建充分展示能力和水平的平台。学生们在俄语演讲比赛、配音比赛、新年晚会等活动中表现出的自信，以及良好的心理素质和外语水平就是教师帮助学生克服认知、情感和意志力方面的障碍的结果，是师生进行有效互动的最好体现。例如有的学生因为俄语基础比较薄弱，平时在课堂表现上缺乏自信，有时还会表现出自卑的情绪。但是，在配音比赛和新年会上他们出色的表现给了老师和外教很大的惊喜。此时老师和外教给予的赞美使这些学生增加了信心和学习的动力。正是师生之间良好的互动使学生逐渐进入了乐于学、善于学的自主学习过程。

在传统的教学模式中，第二课堂的活动开展得比较少，学生的课余生活比较单调，每天只是忙于完成课业任务，内心比较压抑，学习动力不足，特别是学习成绩不是很理想的学生一般比较自卑，难以找到发挥个人优势和潜能的平台，负面情绪偏多，这样的情感障碍影响了他们的意志力。因此，我们认为，开展的第二课堂的活动可以有效地调动所有学生的积极性，特别是学习成绩不是很理想的学生也可以在第二课堂活动的平台上增强自信心，保持对俄语和中亚语学习的热情和兴趣，正是这种积极的心理因素帮助学生克服了学习的障碍，提高了自主学习能力。

（四）教学手段的创新

1. 多媒体教学

众所周知，学习外语，最佳途径就是使学习者置身于外语使用的环境中，自觉地接受所学语言的熏陶。当今的多媒体教学在为学生提供了趋于逼真的语言环境时，帮助学生直接接触所学国家的语言、文化、风俗和习惯，将之学习语言与了解国情知识有机地结合起来，有效地促进了学生迅速、准确地掌握外语。在教学中我们通过制作各种课件，为学生表达思想创造了语言环境和言语交际场景。例如，在学习以“莫斯科大剧院”为题的课文时，我们以《天鹅湖》舞曲作为背景音乐，通过展示一幅幅精美图片把学生领进美丽的童话世界，了解金碧辉煌的俄罗斯大剧院，认识了俄罗斯著名作曲家格林卡、柴可夫斯基及世界顶级的芭蕾舞演员。这种多媒体教学手段无论从视觉还是从听觉方面都足以激发学生的学习欲望，提高学生的感性认识，为他们留下深刻的印象，强化了他们的记忆力，提高了课堂学习效率，优化了教学过程。

2. 网络教学平台

为了使学生更好地理解、掌握教学中的重点和难点，并便于复习，我们利用网络教学平台这种现代化技术手段，将多媒体教学课件发布到网络教学平台，供学生们复习时使用。此外，我们还利用网络教学平台发布作业，受到了学生们的欢迎，弥补了课堂时间紧迫的不足；我们还要求学生利用网络查找、收集俄罗斯和中亚的文化背景知识，自制课件在课堂上展示，提高了学生的自主学习能力。这种网络教学形式不仅可以开阔学生的视野、扩大其知识面，提高其综合素质，而且培养了学生获取知识的能力、独立思考的能力等。此外，我们还通过网络教学平台为学生提供各种音频和视频材料，如2012年俄罗斯总统普京的就职演说、俄罗斯绘画欣赏、莫斯科和圣彼得堡的城市风光，以及俄罗斯的经典民歌和当代俄罗斯最流行的歌曲，深受学生喜爱，极大地激发了他们的学习兴趣和动机。与此同时，我们要求学生积极参加网络课程建设，将他们收集的文化、国情知识制作成精美的课件放在网络教学平台，供学生们学习，实现了资源共享。到目前为止，学生们收集了有关俄罗斯绘画、音乐、建筑、风俗习惯等20多个专题的资料。通过网络建设和学习，不仅拓宽了学生的知识面，开阔了他们的视野，更重要的是提高了学生的自主学习能力和创新思维能力，实现了教学过程的优化。在传统的教学模式中，教师使用的是单一、平面的教学手段，使用单一的纸质版的教材。通过教学手段的创新，教师利用多媒体等现代化教学手段精心设计课程，自制精美课件，然后将教学中的重点和难点通过网络发布到教学平台，通过立体、直观、图文并茂的形式把原来单一、平面的教学模式变为多维度、立体的新型教学模式，将原来单一的课堂教学变为课内与课外、书本与网络、学习与实践相结合的多维度、立体、开放的教学模式。

四、教学改革初见成效

从2003年起至今，中央民族大学俄语专业教学改革经历了十余年的发展历程。在教学过程中我们坚持以教师为教授的主体，通过对教学内容、教学方法和教学手段的改革和创新，学生的自主学习能力、创新思维能力和言语交际能力得到了很大的提高，教学质量也大幅度提高。以基础阶段俄语四级通过率为例，教学改革前，2002级为50%，2004级为76%。教学改革后，2006级为100%，2008级为88.5%，2010级为91.4%，2012级为91.6%，2014级为96%。此外，通过开展丰富多彩的第二课堂活动，学生们的综合素质和能力明显提高。特别是在最近几年，学生们经常在市级和国家级比赛中获奖。例如在2013年至2016年，我校学生连续4年在首都高校俄语电影配音比赛中荣获二等奖和三等奖；2013年，中央民族大学代表队荣获首都高校俄语电影配音比赛集体二等奖；多名学生荣获全国俄语大赛二等奖和三等奖，以及全国俄语大赛单项演讲比赛一等奖、二等奖和三等奖等。

在考研方面，在最近几年，俄语专业考取北京大学、北京外国语大学、俄罗斯圣彼得堡大学等国内外著名高校的人数逐渐增加。在公费留学方面，据中央民族大学国际合作处项目负责人反映，我国教育部留学基金委对我校俄语专业“俄语+中亚语”的复合型外语人才的培养非常重视。以 2012 级“俄语+乌兹别克语”班为例，“2012 级‘俄语+乌兹别克语’班中，一个班 24 人，其中有 8 人获得国家留学基金委的资助，被公派到俄罗斯留学，该班有 4 名同学获得教育部留学基金，公费赴俄罗斯留学，还有 4 名学生获得中俄两国政府项目奖学金的资助，赴俄罗斯留学，这在全国实属罕见。”由此可见，国家留学基金委对我校“俄语+中亚语”人才培养的质量给予了充分的肯定。实践证明，经过十年的教学改革，“俄语+中亚语”系复合型俄语人才培养模式的教学改革已经初见成效。

五、结语

随着国家主席习近平提出的“一带一路”国家发展倡议的推进，特别是习近平主席提出的加强政策沟通、道路联通、贸易畅通、货币流通和民心相通的美好愿景的实施，促使中国和俄罗斯及中亚国家在贸易、交通、金融、媒体等人文领域的合作更加广泛。不言而喻，在“一带一路”的背景下，无论在国内还是在国外都必将需要大量通晓俄语和中亚语的复合型外语人才。因此，中央民族大学俄语专业将利用这一难得的历史发展机遇，进一步加强我校与国外高等学校的合作，充分利用国外高校优质的教育资源，积极探索国内外高校相结合的国际化联合培养的教学模式，进一步发挥我校的办学特色和优势，为国家培养更多的服务于“一带一路”发展倡议的高质量复合型外语人才。

广西壮汉双语教育现状与思考

零兴宁

1981 年广西恢复推行壮文工作开展壮汉双语教育以来，壮汉双语教育得到了快速发展，尤其是“十二五”期间，在各级人民政府的支持下，以及教育部门和实验学校师生的共同努力下，壮汉双语教学工作得到了积极、稳步的发展，取得了阶段性的成就。

一、广西壮汉双语教育现状

（一）基本情况

截至 2016 年秋季学期，广西实施壮汉双语教育的县（市、区）共有 35 个，比 2010 年增加了 10 个。全区共有壮汉双语幼儿园、学前班 124 个，在校生 14900 人，比 2010 年增加了 33 个、10000 人。共有双语小学 172 所、在校生 50000 人，比 2010 年增加了 68 所、30000 人；专任教师 2189 人，比 2010 年增加了 920 人。共有双语初中 27 所、在校生 42980 人，其中壮族学生有 34144 人，占 79.44%，比 2010 年增加了 2 所、2890 人；专任教师 2647 人。共有 3 所高中开设了壮语文选修课，在校生 6460 人，其中壮族学生 5329 人，占 82.49%。

广西全区民族教育工作会议召开后，各地根据相关规划的要求和部署，进一步整合教育资源，合理布局壮汉双语学校。按照《广西壮族自治区壮汉双语教育发展规划（2016—2020 年）》，到 2020 年，广西壮汉双语学校将达到 300 所以上、在校生 15 万人以上。

（二）主要措施和成效

1. 完善政策，保障壮汉双语教育工作顺利开展

“十二五”期间，广西将民族教育特色建设，加强壮汉双语教育列入“双十工程”教育重点建设项目予以实施。2012 年，自治区人民政府办公

零兴宁：瑶族，广西民族教育发展中心研究员。

厅转发自治区教育厅等部门《关于进一步加强壮汉双语教育工作意见》等一系列政策文件，为开展双语教育工作提供了有力的政策保障。

2016 年 4 月，自治区人民政府印发了《关于加快发展民族教育决定的实施意见》，其中提出了“积极、稳妥开展民族双语教育”的任务和要求，将“壮汉双语教学示范基地建设”作为重点实施的六大工程之一。同时，经自治区人民政府同意，自治区教育厅等六部门还联合印发了《广西壮族自治区壮汉双语教育发展规划（2016—2020 年）》，对未来 5 年壮汉双语学校的布局，双语学校标准化和信息化建设壮汉双语教育体系的构建等进行了总体部署。

2. 制定标准，加强壮语文课程建设

2012 年，自治区教育厅印发了《壮语文课程标准（试行）》，明确了壮语文课程的性质、教学要求及教学目标，科学地规范了壮汉双语教学活动，结束了我区壮汉双语教育 30 多年来没有壮语文课程标准的历史，使双语教育工作提高到了一个新水平。目前相关部门正组织研制《壮语文课程标准（初中起点）》《高中壮语文选修课程标准》等。根据相关标准，组织专家共计编写、编译、审查各类壮汉双语教材、学生工具书、教师用书和课外读物 100 余种，初步构建了壮汉双语教育课程教材体系。

3. 创新模式，为壮汉双语教育工作注入新活力

2012 年秋季学期，广西开始实施壮汉双语教育二类模式教学实验。由于二类模式操作简便、效果显著，符合壮族农村地区的实际，得到教育部门、学校的欢迎和支持，部分县和学校纷纷自愿要求参加壮汉双语教学实验，双语教育规模不断扩大。目前，广西已有壮汉双语同步教学模式，二类教学模式，壮族语言文化教育活动，高中阶段壮语文选修课等壮汉双语教学模式实验，还在继续探索建立其他教学模式。

4. 创新机制，加强壮汉双语师资保障工作

一是实施“小学壮汉双语教师定向培养计划”，从 2014 年起每年面向双语教育实验县（区）的乡镇定向招收 100 名壮汉双语专业免费师范生，为双语小学定向培养双语教师，保障双语师资来源；二是实施壮汉双语学校教师全员培训计划，2011—2015 年共培训双语教师 7000 多人次；三是采取“培训+学历”培养模式，从双语学校教师中选派中青年教师参加壮文培训，每年的培训计算为学分，修满学分，发放本科学历文凭；四是实施“百

名双语名师培养工程”，将106名双语学校的教师作为名师培养对象，委托南宁师范大学将他们培养成在当地有名、起引领作用的骨干教师；五是实施“壮汉双语学校校长培训计划”，提升校长的双语教学管理能力。

5. 创新形式，促进壮汉双语教研持续开展

表现为建立双语教研常态化机制。目前，广西已基本形成“以赛促研，以研促教，赛、研、教相结合”的壮汉双语教学、教研新常态，多次召开壮汉双语教学研讨会、座谈会，每年开展双语小学生壮语文学业水平测试，定期举办双语小学生讲标准壮语故事比赛、壮语才艺表演，以及双语教师说课比赛、教研论文比赛，有力地促进了壮汉双语教育、教学工作持续健康发展。同时，加强县级、校本教研工作，自治区财政每年安排双语教研专项经费，下达各县教育行政部门和双语学校，支持县级教育部门组织双语教研活动和校本教研，形成了自治区、县、学校的教研新格局。

6. 加大投入，确保壮汉双语教育健康发展

“十二五”期间，广西不断加大壮汉双语教育经费的投入，有力推动了壮、汉双语教育的健康发展。2012年，自治区财政安排了双语教育专项经费670万元，比2011年增加了256万元，增长了61.86%；2013年，安排了专项经费1000万元，比2012年增加了330万元，增长了49.25%；2014—2016年分别安排专项经费1200万元，比2013年增加了200万元，增长了20%。

7. 以壮促汉，壮汉双语教育质量明显提升

广西坚持“以壮为主，壮汉结合，以壮促汉，壮汉兼通”的办学方针，以提高教学质量为出发点，积极推进壮汉双语教育改革，取得了明显成效。从目前壮汉双语学校的教育质量来看，壮汉双语班的学生成绩比普通班的好，壮汉双语学校的教学质量均高于当地同类普通学校。

（三）存在困难和问题

壮汉双语教育在发展过程中也存在一些困难和问题，主要表现在：

1. 存在认识误区

自治区有关部门虽然发布了一些有关壮汉双语教育的法规文件，但是，这些文件没有普及到人民群众，人们对壮汉双语教育缺乏正确的认识，甚至产生误解。因此，一些地方对开展壮汉双语教育工作信心不足，工作缓慢而滞后，影响了壮汉双语教育的发展。

2.法治观念薄弱

宪法、民族区域自治法等相关法律对民族语言文字的使用做了相关规定，但是，这些法律对民族双语教育没有明确、具体的规定，以致人们在实施壮汉双语教育的过程中遇到的一些问题没有在法律层面上受到保护或不能依法维权。

3.语言环境变化产生了一定的影响

由于经济社会迅猛发展，工业化、城镇化步伐大大加快，加上国家通用语言文字普及面日益增大，壮族聚居地区的语言环境发生了深刻的变化，新生代壮族儿童会说母语的人数逐渐减少，对实施壮汉双语教育产生了一定的影响。

4.壮语方言、土语差别大

壮语有南、北两种方言，12 种土语，方言、土语存在较大的差异，尤其是南、北两种方言差别较大。据专家研究得到的数据，南、北两种方言在语音、词汇方面相同率只有 60%左右。所以，在南部方言区实施壮汉双语教育步履维艰。

5.壮文的社会功能仍然较弱

拼音壮文是中华人民共和国成立后新创的文字，历史还比较短。目前，壮文在社会上的使用面还较窄，报刊、广播、电视上使用的壮语十分有限，广大壮族地区的群众接触标准壮语、壮文的机会少之又少，这对实施壮汉双语教育也产生了一定的影响。

6.规模小且分散，体系不完善

目前，全区基础教育学校和壮汉双语学校的比例是：幼儿园，8029:124；小学，13499:172；初中，1836:27；高中，453:3。壮汉双语学校由于规模过小，很难起到引领、示范作用，因而其影响力微乎其微。现在壮汉双语教学的重点在小学和初中，开展壮汉双语教学的高中和高等学校只有寥寥几所，因而，壮汉双语教育还未形成体系。

7.壮汉双语师资力量薄弱

广西原有的一批壮汉双语师资已逐渐老化，加上近年来广西壮汉双语教育的规模有所扩大，双语教师不能满足需求。虽然近年正在加紧培养和培训，但是由于人力、物力等因素，无法在短时间内满足教学需求。

8. 财力保障仍显不足

加强壮汉双语教育工作，需要加强专业教师的培养和培训，加强壮文教材的编译和编写，加强双语教学和教研，改善、优化教学条件，这都需要较大的财力投入。目前广西对壮汉双语教育的财力保障仍处于较低的水平。

9. 教育科研有待加强

近年来广西十分重视壮汉双语教育科研工作，每年都安排专项经费，设立课题开展专项研究，目前也取得了一定的成果。但总体上还不够深入，理论成果不够突出，有待进一步加强。

二、对壮汉双语教育的思考

广西壮汉双语教育已经走过了几十年的风风雨雨，其间有轰轰烈烈的大跃进发展势头，也有徘徊、低迷、冷寂不前的状态。但是经过壮汉双语学校广大师生的共同努力，壮汉双语教育稳步持续发展，有成功的经验，也有波折和教训。对此，为了使广西壮汉双语教育快速、健康、持续发展，我们需要认真思考以下几个问题：

（一）科学认识壮汉双语教育是前提

广西是一个多民族、多语言的省区，各民族之间有着相互学习语言的传统。现在，壮族学习汉语、汉族学习壮语已成为普遍现象，这为在壮族地区开展壮汉双语教学提供了有利条件。根据我国民族平等和语言平等政策，在我国多元一体化的民族大家庭中，各民族都有使用和发展自己的语言文字的自由。因此，在壮族地区进行壮汉双语教育是壮族行使使用本民族语言文字的权利和受教育权利的具体体现，同时，也为壮族学生充分地学习和使用壮族语言文字和汉语文提供了保障。汉语是我国的通用语言，进行汉语教学是我国国民教育的基本任务。根据语言的特殊性、汉语的强势地位及壮族地区的实际情况，壮族地区要发展民族教育，提高教学质量，进行壮汉双语教学是一条行之有效的途径。

壮族语言文字的使用和汉语相比还存在着功能上的差异，壮族语言文字还有使用层次不高、使用范围有限的局限性。大部分壮族人仍以壮语为主要的交际用语，还有一些人汉语文水平不高或不懂汉语文。就此而言，壮汉双语教学既可以弥补壮语文功能上的某些局限性，做到壮汉双语文的功能互补，又可以使壮族学生通过壮汉双语教学的途径更好地学习并掌握全国通用的汉语文。

（二）加强领导和管理是保证

多年来，进行壮汉双语教育的县（市、区）的教育行政部门在当地党委政府的领导下真抓实干，认真解决在实际工作中出现的各种问题，使该项工作持续健康地向前发展。实践证明，只要教育部门重视，加强领导，壮汉双语教学工作就能搞上去。例如德保、武鸣、武宣、覃塘等县（区）的教育局认真做好领导工作，做到了“四到位”，即领导到位、人员到位、师资到位、经费到位。这几个县（区）的壮汉双语教育一直走在自治区前列，双语学校的教学质量也明显高于同类学校。

壮汉双语教育是一项系统工程，牵涉的问题比较多，要有综合保障措施，才能促进其发展。加强管理是确保壮汉双语教学质量提高的重要一环。壮汉双语学校的师资、学生、教学等方面的管理，都要有完整的管理体和各种规章制度。只有做到有章可循，才能保证壮汉双语教学工作顺利开展。

（三）改革与发展是动力

广西的壮汉双语教育工作至今已经走过了数十年的历程。其间，我们曾经获得了初步成功的喜悦，也尝到了急于求成的苦果，经历了科学探索的艰辛，积累了一些经验，取得的成绩可圈可点，使壮汉双语教育稳步持续发展，成为壮族教育不可分割的一部分。但是社会在变革，经济在发展，观念在改变，教育也要随之发展、变化。所以，要推动壮汉双语教育的改革和发展，就要不断探索、实践壮汉双语教育和教学的多种模式实验，形成模式不同、层次各异，符合壮族地区各地实际情况的、效果良好的多种教学模式的壮汉双语教育新局面。遵照民族双语教育规律及壮汉双语教育特点，积极探索壮汉双语教学的新模式，改进、完善壮汉语文同步教学的模式，积极开展有利于提高壮族地区农村基础教育、教学质量，培养更多民族人才的壮汉双语教育的多种模式的实验，建立符合壮族地区农村基础教育的壮汉双语教学模式。

（四）建立和健全壮汉双语师资队伍是关键

教师是人才培养的实施者，是教育活动的组织者，在教育中起着主导作用。搞好壮汉双语教学，就必须造就一支高素质的合格的教师队伍。从事壮汉双语教学工作的教师在业务方面不但要精通汉语言文字，还要精通壮语文，做到壮汉兼通，才能胜任壮汉双语教学工作。壮汉双语教学不同于单一的汉文教学，其教学方法有自己的特点，因此，建立一支合格的师资队伍是壮汉双语教学工作取得成功的基础。教师的健康持续成长是教育力量的源泉，壮汉双语学校要注重校本培训和校外学习相结合，促进教师主动发展，为高素质的壮汉双语师资队伍建设创设良好的平台。

（五）加大经费投入是保障

自治区设立民族双语教育专项经费，支持全区开展壮汉双语教育工作。专项经费主要用于语音电教设备、师资培养和培训、教研和科研、课程建设、教材开发和出版等方面，并根据全区壮汉双语教育发展情况，逐步加大经费投入，保障全区积极、稳妥地推进壮汉双语教育改革和发展，优先支持壮汉双语学校的基础能力建设，为学校开展壮汉双语教学提供良好的条件。

广西壮汉双语学前教育发展现状及对策

零兴宁

近年来，广西认真贯彻国家关于加快学前教育改革发展的要求，全力推进学前教育三年行动计划，努力扩大教育资源，提升保教质量，学前教育规模持续扩大，学前教育事业迈上了新台阶。

一、壮汉双语学前教育发展迅速

2016 年末，广西壮汉双语学前教育事业的基本情况如下：

（一）幼儿园数

壮汉双语幼儿园共有 123 所，占全区幼儿园总数的 1.11%，其中民办的有 28 所，占全区民办幼儿园总数的 0.29%。

（二）在园幼儿数

壮汉双语幼儿园在园幼儿数为 16121 人，占全区在园幼儿总数的 0.76%，其中民办壮汉双语幼儿园在园幼儿数为 4845 人，占全区民办幼儿园在园幼儿总数的 0.37%。

（三）幼儿教师数

1.园长和专任教师数

壮汉双语幼儿园共有园长 123 人、专任教师 470 人，全部是壮族，其中民办幼儿园有专任教师 169 人。

2.评定职称教师数

壮汉双语幼儿园已评定职称的园长有 34 人，教师有 66 人。

3.教师学历情况

壮汉双语幼儿园共有园长和专任教师 593 人，其中 268 人本科毕业，146 人大专毕业，56 人高中毕业。

4.生师比

壮汉双语幼儿园共有幼儿 16121 人、专任教师 470 人，生师比为 34:1，比全区高2百分点。

（四）学前3年毛入园率

壮汉双语幼儿园毛入园率为63.7%，比全区低15.9百分点。

二、推动壮汉双语学前教育发展的基本做法

（一）强化政策引导，保障学前教育健康发展

1.出台政策，支持、促进学前教育发展

自治区先后出台了《广西壮族自治区人民政府关于当前促进学前教育发展的若干意见》《广西壮族自治区学前教育三年行动计划（2011—2013年）》《广西壮族自治区贫困地区农村学前教育发展工作方案》《关于促进民办教育发展的意见》和《广西壮族自治区人民政府办公厅转发自治区教育厅等部门关于进一步加强壮汉双语教育工作意见的通知》5个政策文件，为学前教育的改革和发展提供了强有力的政策支持。自治区教育厅发布的《关于印发〈壮汉双语教育二类模式实施办法〉的通知》确定了“选择壮族聚居地区的部分农村学校（幼儿园）实施壮汉双语教育二类模式实验”，规定了“预备班（学前教育阶段）开设壮语言类教学活动课”。同时在《壮语文课程标准（试行）》中明确规定了预备班的课程目标和教学重点，为壮汉双语学前教育的健康发展提供了保障。

2.部门联合，聚力推动学前教育发展

自治区有关部门出台了相关政策助推学前教育发展，自治区财政与教育厅也联合出台了《关于加大财政投入促进学前教育发展的通知》《关于建立学前教育资助制度的通知》《关于印发〈支持利用农村闲置校舍改建幼儿园实施方案〉的通知》《关于印发〈支持农村小学增设附属幼儿园实施方案〉的通知》《关于印发〈广西壮族自治区财政扶持民办幼儿园发展奖补资金管理暂行办法〉的通知》《关于印发〈广西壮族自治区财政扶持城市学前教育发展奖补资金管理暂行办法〉的通知》等文件，明确了全区“十二五”期间学前教育改革发展目标和任务，科学规划了幼儿园布局，切实加大投入，以加快发展学前教育的步伐。

（二）注重公平普惠，促进学前教育均衡发展

1.实施普惠性幼儿园奖补政策

从2011年起，自治区财政增加学前教育专项经费，每年拨款不少于

1000 万元，实施“以奖代补”制度。补助资金分两项：一方面是按生均补助。凡是自治区认定的普惠性幼儿园，从 2014 年秋季开始按照在园幼儿数给予生均每学年 200 元的补助，并逐年提高。另一方面是一次性奖励，分 4 级：自治区示范性幼儿园、三星幼儿园、二星幼儿园、一星幼儿园，分别一次性奖励 50 万元、20 万元、5 万元和 3 万元。

2. 实施学前教育布局结构调整

自治区人民政府办公厅转发自治区教育厅等部门《关于广西壮族自治区教育布局结构调整指导意见的通知》，各市、县（市、区）按照自治区要求，将幼儿园布局规划纳入本地中小学布局调整的总体规划之中，充分利用中小学布局调整后富余的校舍和教师，通过改扩建、新建等方式加强乡、村两级幼儿园建设，加快学前普及的步伐。

3. 实施“乡（镇）中心幼儿园建设促进年”活动，推进公益办园

通过开展“促进年”活动，全区上下狠抓学前教育投入和乡（镇）中心幼儿园基础设施建设，做好建设项目前期工作，强化幼儿园建设项目储备，加快幼儿园项目建设。每年建设一批乡（镇）中心幼儿园，加快建设一批乡（镇）中心幼儿园，竣工一批乡（镇）中心幼儿园，储备一批乡（镇）中心幼儿园，进一步促进乡（镇）中心幼儿园基础设施完善、教学设备配套、人员结构合理，使之办学质量不断提升，能够承担辖区内学前教育的责任，发挥主导示范作用，确保农村幼儿得到优质、廉价的学前教育服务，推进全区乡（镇）中心幼儿园建设、管理和农村学前教育普及工作取得突破性进展。目前，县、乡、村三级学前教育网络基本建成，幼儿园办学条件明显改善，“入园难、入园贵”的问题得到了有效缓解，满足了适龄幼儿的入园需求。

（三）狠抓队伍建设，支撑学前教育持续发展

1. 创新学前教师培养机制

积极探索我区学前教育专业免费师范生政策和委托培养、自主定向培养的模式，扩大学前教育专业的招生规模。到 2016 年，我区共有 26 所本、专科院校开设了学前教育专业，年招生人数约为 5000。另有 52 所中职学校招收学前教育专业学生，招生规模逐渐扩大，每年招生人数达 1 万，在一定程度上缓解了农村学前教育师资缺乏的问题。

2. 加强教师培训工作

将幼儿园教师纳入中小学教师名师培训计划，组织中小学富余教师进行相应的专业培训，合格后转岗到学前教师队伍。大部分转岗教师主要通过“国培计划”的远程网络培训实现转岗学习和培训。壮汉双语幼儿园教师还分期、分批到广西壮文学校参加学前教师培训，2014—2017 年，共举办了 14 期学前教师培训班，参加培训的教师有 945 人次。

3. 开展帮扶活动

通过开展本地优质幼儿园与农村幼儿园、民办幼儿园的手拉手结对帮扶、送教下通过开展乡连片教研、网络教研等多种活动，加大对农村和薄弱幼儿园的支持力度，帮助农村学前教师提高课程实施水平。

（四）突出监管并重，推动学前教育规范发展

1. 加强审批准入管理

自治区教育厅出台了《关于印发<广西壮族自治区学前教育机构审批管理办法>（试行）的通知》（桂教基教［2013］53 号）、《广西壮族自治区学前教育集团化办园试点办法》、《广西壮族自治区多元普惠幼儿园认定及管理办法（试行）》（桂教基教［2014］14 号）等文件，严格执行学前教育机构年审制度，对幼儿园的办园条件特别是民办幼儿园的安全设施进行定期监督、检查、指导，坚决取缔无证园，维护办园秩序。

2. 规范办园行为

修改、完善了《广西壮族自治区幼儿园办园基本条件》《广西壮族自治区幼儿园保育、教育常规管理暂行办法》《广西壮族自治区学前班办班基本条件》和《广西壮族自治区学前班管理办法》4 个学前教育管理文件，按照教育部《关于规范幼儿园保育、教育工作防止和纠正“小学化”现象的通知》规范幼儿园保育、教育工作，防止并纠正“小学化”。

3. 加快优质资源建设

以教育现代化创建为契机，新建的公办幼儿园全部按照自治区办园标准规划建设，切实加大创建优质园的力度。政府在办园的基础上采用“名园”托管“新建园”“农村园”“薄弱园”的方式，充分发挥优质园的辐射、带动效用，帮助指导薄弱幼儿园提高办园水平和质量，努力让更多的儿童享受到优质的教育资源。

4.强化安全保障

高度重视幼儿园安全管理，为各幼儿园配齐安保人员、安保设施，实行严格的安全责任制度，并加大监督、检查力度，努力为师生提供安全、健康的环境。同时，注重对幼儿的安全教育，教给幼儿必要的安全、防护、避险的知识和方法，不断增强幼儿的安全意识和自救能力。

三、目前壮汉双语学前教育存在的问题

广西学前教育在取得了快速发展的同时，就全区教育总体发展情况来看，学前教育仍然是各级、各类教育中最薄弱的环节，双语学前教育更为薄弱。学前教育存在一些不容忽视的困难和问题，这些问题制约着我区学前教育的进一步发展。突出表现在以下几个方面：

（一）缺乏统筹规划，优质幼儿园资源不足

近年来，随着各族群众对学前教育需求的增加，公办幼教资源严重不足。目前，我区的城市幼儿园基本满足入园需求，但乡村幼儿园大多是利用20世纪七八十年代所建，现在却闲置的小学来办学，园舍破旧，条件简陋，班额普遍过大。而村级幼儿园由于布局随意，办园规模小、条件差，不能满足社会对优质园的需求。壮汉双语学前教育发展滞后，在开展壮汉双语教育的35个县（市、区）中，只有24个县（区）办有壮汉双语幼儿园或学前班，绝大部分乡镇没有乡镇一级的公办壮汉双语幼儿园。壮汉双语幼儿园或学前班几乎都附设在小学，挤占小学教育资源，没有独立的、必要的基础设施，没有活动场地和图书室，寝室男女不分，影响了幼儿的身心发展。

（二）政府投入不足，办学经费紧张

由于学前教育尚未被纳入义务教育范畴，各级财政在硬性支出压力偏大的情况下，对学前教育领域的投入普遍不足，使之容易成为教育投入“盲区”。各级政府的财政基本上只解决公办幼儿园的在编教师工资，非在编人员的工资，以及医保、社保、教师培训、园舍维修、设备添置、日常办公等都靠幼儿园收取的保教费来维持运转，入不敷出的问题日趋严重。农村壮汉双语幼儿园收费普遍偏低，一个月餐费（包括午餐、晚餐）收120元，一个学期保育费只收400元。而在偏远农村的幼儿园，一个班只有几名幼儿（如来宾市兴宾区五山乡华岭幼儿园只有4个在园幼儿和一名教师），

幼儿园收入更是捉襟见肘。现阶段，广西各地学前教育支出成本主要由适龄幼儿的家庭负担，这种投入体制在很大程度上制约了壮汉双语学前教育的发展。

（三）监管不够规范，办学质量有待提升

部分小学附设幼儿园或民办幼儿园未能很好地贯彻落实《幼儿园工作规程》《幼儿园管理条例》《3—6 岁儿童学习和发展指南》，办园思想不明朗，基本制度欠缺，常规管理落空，没有明确的办园方向和长远规划。由于没有任何利益关系，小学对附设幼儿园的管理基本上是放任自流。一些幼儿园之间为争抢生源相互压价竞争，一味迎合家长“望子成龙”和“不输在起跑线上”的不正常心理，在课程设置、教育内容、教育手段等方面存在着违背幼儿教育规律的现象。尤其是农村的壮汉双语幼儿园大多是民办幼儿园，就是小学附设幼儿园或学前班基本上也是民办的。有的壮汉双语幼儿园的课程设置不到位、不规范，提前教授小学课程，课堂教学活动日趋“小学化”，壮汉双语教学活动不能正常开展，缺乏壮汉双语幼儿园应有的特色，教育行政部门难以有效监管。

（四）师资力量薄弱，师资队伍不稳定

1. 专业教师数量不够，素质不高

近几年，虽然每年都考聘学前教育专业教师，但是，招聘的教师的单位绝大多数是县城以上的公办幼儿园，乡镇、村小学附设幼儿园，民办幼儿园很难招聘到学前教育专业教师，大部分教师是临时聘请的刚刚毕业的大学生。这些聘请的教师大多不是学前教育专业，更没有教学经验。农村壮汉双语幼儿园聘请不到壮汉双语教师，壮汉双语教学活动课形同虚设。

2. 师资结构不齐

具有幼教专业学历水平的园长所占比例不到 20%，农村幼儿园保教人员配备几乎为零。幼儿园编制标准规定，每班须配两名幼师、一名保育员，师生比为 1:6 或 1:7。但有的壮汉双语小学附设幼儿园，特别是民办壮汉双语幼儿园为节约开支，实行包班制，每班只安排一名教师，师生比高达 1:20 以上，最高达 1:36，根本达不到“两教一保”的要求。

3. 专业培训保障不足

由于教师数量不够，加上学前教师的继续教育经费没有被纳入基础教育师资培训总体规划，教师培训经费难以得到保障。学前教师特别是农村和民办幼儿园的壮汉双语幼儿教师参加在职培训的差旅费用多数需幼儿园和教师自行解决，造成专业教师的能力提高学习、非专业教师的转岗学习等无法开展，幼儿园教师的综合素质难以提升。

4. 教师队伍不稳定

多数壮汉双语幼儿园教师和保育员工资待遇低，养老保险、医疗保险、失业保险等保障制度难以到位。大部分幼儿园教师和保育员月工资只有1600元—1800元，而养老保险、医疗保险、失业保险等费用还需个人自己缴纳，影响了幼儿教师的工作积极性和责任感，造成了许多教师干一两年即辞职走人的现象相当普遍。

（五）壮族语言环境变化，影响壮汉双语学前教育发展

1. 认识产生偏差

拼音壮文是中华人民共和国成立后新创的文字，壮文发展历史还比较短。目前，壮文在社会上的使用面还较窄，壮语教育发展还不成为规模，广播、电视开通的壮语频道也十分有限，广大壮族地区的群众接触标准壮语、壮文的机会少之又少。人们对壮汉双语教育缺乏正确的认识，甚至产生误解。一些地方对开展壮汉双语教育工作信心不足，工作缓慢而滞后，影响了壮汉双语学前教育的发展。

2. 语言环境变化

由于经济、社会迅猛发展，工业化、城镇化步伐大大加快，加上国家通用语言文字的普及面日益增大，壮族聚居地区的语言环境发生了深刻的变化，新生代壮族儿童会说母语的人数逐渐减少，对实施壮汉双语学前教育产生了一定的影响。

四、发展壮汉双语学前教育的对策建议

（一）加大投入，形成以公办幼儿园为骨干和示范的办园格局

学前教育有其特殊性，应该受到更多的关注。学前教育经费应被列入财政预算并做到逐年增长。加强学前教育的基础设施建设，扶持薄弱幼儿园（学前班）建设和师资队伍培养。在壮汉双语学校数量比较多的乡镇采取与中小学建设同等对待的政策来推动公办壮汉双语中心幼儿园建设。将幼教经费列入财政预算，加快以乡镇中心幼儿园为重点的学前教育机构的建设步伐，形成以公办幼儿园为骨干和示范的办园格局。充分发挥壮汉双

语中心幼儿园对管理区域内幼儿园的示范、辐射、指导和管理作用。

按照规划，2020年广西壮汉双语学校要达到300所以上，壮汉双语幼儿园（学前班）也要达到相应的规模。初步测算，全区拟新建、扩建壮汉双语幼儿园300所，每所幼儿园投入100万元，共计3亿元。

（二）强化双语教育“预备班”，建立有特色的双语学前教育管理体制

壮族有自己的语言，中华人民共和国成立后创制了现代拼音文字。壮族地区通用国家通用语言，壮族有着汉语教育的传统。根据壮族语言文字发展和语言使用环境的实际，广西应该加强壮汉双语学前教育预备班的双语教育管理体制，在幼儿园或双语小学开设壮汉双语教育预备班。预备班开设民汉双语课程，打好学习民族语或汉语的基础，为幼儿升入小学接受双语教育做准备。应该加强对壮汉双语学前教育的督导，坚持督政与督学相结合，把学前教育事业发展、学前教育经费投入与筹措、学前教师待遇、保教质量等列入教育督导的重要内容，积极开展壮汉双语学前教育热点、难点问题的专项督导与检查。

（三）加强学前教育师资队伍建设，保障双语教育师资

学前教育教师编制少或没有编制，双语学前教育教师编制没有保障。建议国家对民族双语学前教育的教师编制做出明确规定，给予双语幼儿园或预备班一定数量的教师编制，为开展双语学前教育提供师资保障，并采取各种措施，培养并造就一支稳定而合格的学前教师队伍。应该加强学前教育培训机构的建设，全面、系统地培养合格的壮汉双语学前教师，并采取措施鼓励幼儿教育专业的毕业生从事壮汉双语学前教育工作。制订壮汉双语学前教师学历进修和继续教育的培训计划，将壮汉双语学前教师培训纳入当地壮汉双语小学教师继续教育规划。建立激励机制，鼓励壮汉双语学前教师通过自考、函授等途径提高自身素质。制定壮汉双语学前教师最低工资标准，落实民办幼儿园教师养老保险等社会保障，依法保障幼儿教师的合法权益，稳定幼教队伍。

广西壮族自治区壮汉双语教育工作情况报告

韦兰明

在广西，被纳入国民教育体系进行系统管理、较成规模的民族双语教育主要是壮汉双语教育。广西开展壮汉双语教育实验已有 30 多年的历程，走过了不平坦的道路。国家、自治区颁布中长期教育改革和发展规划纲要以后，自治区结合自身情况，创新、改革并发展壮汉双语教育，使壮汉双语教育工作呈现新局面。

一、发展现状

截至 2014 年底，我区有 35 个县（市、区）开展壮汉双语教育实验，共有双语小学 112 所、在校生约 4.1 万人、专任教师 2100 多人，共有双语初中 27 所、在校生约 3.5 万人。共有 3 所高中开设壮语文选修课，3 所高中在校生 8000 多人，壮族学生占 80%以上。

二、历程回顾

从 1957 年起，广西就在十几所小学进行壮文试教，“文化大革命”期间中断，到 1981 年开始进行壮文进校试点，广西有了比较正式的双语、双文的壮汉双语教育，至今已有 30 多年。走过的道路十分坎坷，其间既有成功的喜悦，也尝到了急于求成的苦果。从 1957 年至今，广西的壮汉双语教育大致分为 5 个时期：

（一）壮文试教时期（1957—1965 年）

1957 年，广西共有 14 个县尝试开展壮文扫盲工作，办班 4055 个，学员 35 万多人；有 52 个县建立了壮文工作机构和壮文学校，先后培训了壮文专业教师 8000 多人、群众扫盲教师 4 万多人、农技人员 1.6 万多人；有 4 个县的 7 所小学试用壮文课本（语文、算术）进行试验教学。到了 1964 年，开展壮文试验教学的县已增加到 14 个，累计有 1509 个班、学生 56668

韦兰明：壮族，广西壮族自治区教育厅民教处处长。

人。由于新创壮文刚开始推行使用，此间壮文工作侧重于壮族乡村群众扫盲，少数地方的小学开展壮语文试验教学。

（二）“文化大革命”停滞时期（1966—1979年）

1966年5月，“文化大革命”开始，广西的壮语文工作受到冲击，全区壮语文工作处于瘫痪状态。这一时期，除了个别学过壮文的农民坚持用壮文记日记、民歌、工分外，壮文使用基本上全面停滞，曾经脱盲的广大农民基本上全部复盲。原来有壮文进校的小学也停开了壮文试验课，壮文进校工作停滞。

（三）试点恢复时期（1980—1990年）

1980年，广西壮族自治区党委决定恢复推行使用壮文，提出“积极稳步，有计划、有步骤地在壮族地区的农村、学校、机关推行使用壮文”。1981年开始开展壮文进校工作，开展壮汉双语教学实验。壮文实验小学以壮文教学为主，从三年级起开设汉语文课；壮文实验初中全部课程用壮语授课，并增设一门汉语文课。所实施的壮汉双语教学属于一类模式，这种模式的弊端是汉语文课开设得太晚，教学时间过少，使得汉语文的教学质量低，不能完成教学大纲规定的教学任务。这一时期的教学模式脱离了壮族地区基础教育的实际，加上实验工作经验不足、急于求成等原因，出现了一些矛盾和问题，导致了部分壮文实验校点的停办。

（四）实验调整时期（1991—2009年）

1989年，自治区壮文指导委员会召开全体会议。强调：壮文进校仍处于试点阶段，确定小学壮汉双语教学“以壮为主，壮汉结合，以壮促汉，壮汉兼通”的办学方针，壮文进校“在试验阶段，要确保重点，不宜把试点面铺得过大；要适当压缩现有规模，从人力、物力、财力上保证试点学校的工作。”1990年，壮文进校管理体制改变，由语委移交给教委管理，进入实验调整期。1992年，壮文进校实验由原来的45个县调整为23个县。教育部门接管壮文进校工作以后，在全面总结贵港市蒙公乡古山小学等学校壮汉双语教学经验的基础上，确立壮汉双语同步教学模式。实施壮汉双语同步教学模式后，壮汉双语学校的教学质量均高于当地同类学校，受到了当地干部、群众的欢迎和支持。

（五）试验转型时期（2010年至今）

2010年，为了贯彻落实《国家中长期教育改革和发展规划纲要（2010—

2020 年)》，自治区人民政府印发了《广西教育发展重点工程和体制改革试点总体方案》，实施十个重点工程和十个体制改革试点，简称“双十工程”，其中“民族教育特色建设工程”是十个重点工程之一，将“加强壮汉双语教育”作为全区 48 个教育重点建设项目之一，其主要内容是“支持壮族地区学校学前双语教育试点工作；科学、合理调整壮文学校布局，扩大壮汉双语教学规模；培养、培训壮汉双语教师；开展壮汉双语教学研究，提高壮汉双语教学质量；重点推进壮文教材开发建设。”从此，壮汉双语教育得到了重视和加强，进入了一个新的发展阶段。

三、主要成绩

（一）改革创新遏制了壮汉双语教育滑坡趋势

自 2010 年起，通过深入推进改革创新，为双语教育注入了新活力，实验学校的规模有了起色。截至 2014 年底，全区双语教育实验县（市、区）由 2009 年的 25 个增加到 35 个，双语小学由 65 所增加到 112 所，双语初中由 25 所增加到 27 所，开设壮语文选修课的普通高中从无到 3 所。上林县塘红乡、德保县那甲乡、兴宾区五山乡、武宣县桐岭镇辖区内的小学和教学点全部开展了壮汉双语教学实验。双语教育的滑坡趋势得到了扭转。具体数据如表 1、图 1、图 2 所示。

表 1　2009 年、2014 年有关数据

年度	县数	小学（所）	小学生（人）	初中（所）	初中生（人）	高中（所）
2009	25	65	14283	23	5884	0
2014	35	112	41000	27	35000	3

图 1　2009 年、2014 年度县数、学校数比较

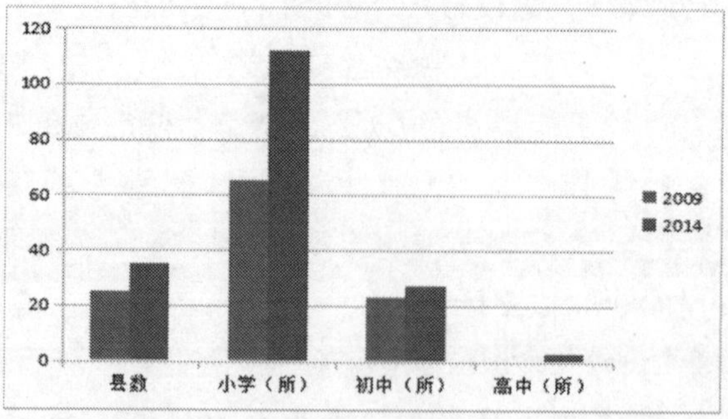

图2 2009年、2014年度在校生人数比较

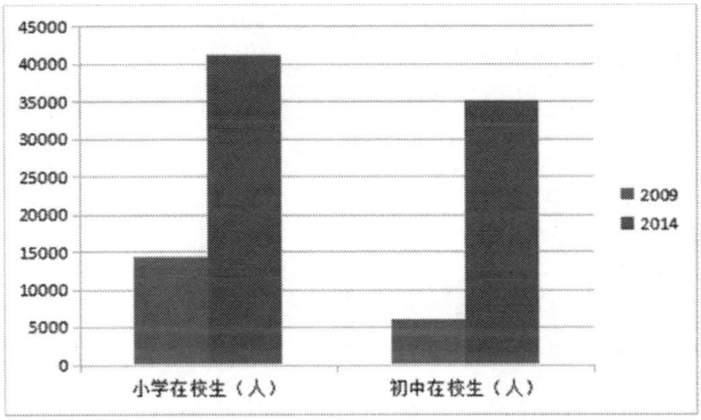

（二）孜孜探索促进了民族地区基础教育教学质量的提高

一是开发了壮族儿童的智力，提高了基础教育的教学质量。在壮族农村地区，大多数壮族儿童的母语是壮语，用壮语对他们进行启蒙教育符合其文化背景和语言思维习惯，可以有效地开发其智力，培养其潜能，为其以后的学习能力打下良好的智力基础。在双语教育实验工作中，双语小学学生的智力开发和语言思维能力训练都取得了非常好的效果，双语小学毕业的学生越到高一级的学校读书，其学习能力就越比同类普通小学毕业的学生强。二是传承并弘扬了壮族优秀的传统文化。我区在实施双语教育中，一方面将壮族优秀的传统文化，如壮族山歌、民间传说、历史人物故事、风俗习惯等编入壮汉双语教材；另一方面在校园文化、课堂文化建设中融入壮族优秀传统文化要素，营造了浓厚的民族文化氛围，通过教材教学和氛围熏陶，实现壮族学生对民族优秀文化在内涵和外延上的传承和弘扬。三是获得了国家级教学成果二等奖。壮汉双语同步教学模式是我区少数民族双语教学模式的独创，推广运用同步教学模式使广西的双语教育进入了一个新的发展时期。2014年，经总结提炼，《壮汉双语同步教学模式》获得了国家级教学成果二等奖。

四、经验措施

（一）更新观念，科学地认识壮汉双语教育工作

长期以来，广西的双语教育是以壮文进校为主要形式，以推行壮文为

主要目的。为追求推行壮文而搞壮文进校，没能充分认识到民族地区基础教育阶段学校的民族学生的文化背景和语言特点，忽视了教育的科学性和规律性，影响了壮汉双语教学实验的效果。为此，我区深刻反省，认为必须从思想观念上将壮文进校转变为壮汉双语教育。壮汉双语教育是一项基础教育改革内容，其目的是遵循教育规律，充分发挥母语优势开发壮族儿童的智力，利用壮语文教学功能提高基础教育的教学质量，通过双语教育的形式有效地传承民族文化。

（二）完善政策，为壮汉双语教育工作提供有力的政策保障

2010 年，我区将加强壮汉双语教育纳入《广西中长期教育改革和发展规划纲要（2010—2020 年）》，把壮汉双语教育列入广西教育重点建设项目予以实施。2012 年，我区印发了《关于进一步加强壮汉双语教育工作的意见》，明确了在新的发展时期开展壮汉双语教育工作的总体要求，提出了新的目标和基本任务。

自治区教育厅先后印发了《关于加强壮汉双语教学工作的通知》《壮语文课程标准（试行）》《壮汉双语教育二类模式实施办法》等政策文件，自治区教育厅、人力资源和社会保障厅、财政厅、编办印发了《关于实施小学壮汉双语教师定向培养计划的通知》，基本形成了双语教育政策体系，而且在不断完善之中，为开展双语教育工作提供了有力的政策保障。

（三）创新模式，为壮汉双语教育注入新活力

2012 年，自治区教育厅印发了《壮汉双语教育二类模式实施办法》。由于二类模式操作简便、效果显著，符合壮族农村的实际，得到了教育部门、学校的欢迎和支持，部分县和学校纷纷要求参加壮汉双语教学实验，双语教育规模不断扩大。目前，广西已有壮汉双语同步教学模式，壮汉双语二类模式教学实验，以及高中阶段壮语文选修课等实验，还在继续探索建立其他模式的教学实验。

（四）制定标准，加强壮语文课程建设

2012 年，自治区教育厅印发了《壮语文课程标准（试行）》，明确了壮语文课程的性质、教学要求及教学目标，科学地规范了壮汉双语教学活动，结束了我区壮汉双语教育 30 多年来没有壮语文课程标准的历史，使双语教育工作提高到了一个新水平。根据课程标准制定了《壮汉双语课程教材建设规划》，组织专家、学者组成双语教育课程教材编写编译队伍，开发编写

突出民族语文与民族文化教育相结合的“壮汉双语教学二类模式”实验教材，修订编译“壮汉双语同步教学模式”系列教材，加强双语教育课程资源建设，编译出版壮语文课外读物和音像教材，初步建成了双语教育课程的教材体系。

（五）创新机制，加强双语师资保障工作

一是实施“小学壮汉双语教师定向培养计划”，联合自治区人社、财政、编办等部门，从2014年起，每年面向双语教育实验县（区）的乡镇定向招收100名壮汉双语专业免费师范生，为双语小学定向培养双语教师，以保障双语师资来源。二是实施壮汉双语学校教师全员培训计划，2011年至2014年共培训双语教师6000多人次。三是采取“培训+学历”培养模式，从双语学校教师中选派中青年教师参加壮文培训，每年的培训计算学分，修满学分，发放本科文凭。四是实施“百名双语名师培养工程”，确定106名双语学校教师作为名师培养对象，委托广西师范大学将他们培养成在当地有名、起引领作用的骨干教师。五是实施“壮汉双语学校校长培训计划”，提升校长的双语教学管理能力。

（六）创新形式，促进双语教研持续开展

组织开展丰富多样的双语教研活动，定期举办全区示范课教研、讲标准壮语故事比赛、壮语才艺表演赛、教研论文（学生作文）比赛、说课比赛、课件比赛等，形成了“以赛促研，以研促教，赛、研、教结合”的双语教学、教研新模式。自治区财政每年安排双语教研专项经费，下达各县教育行政部门和双语学校，支持县级教育部门组织双语教研活动和校本教研，形成了自治区、县、学校教研的新格局，有力地促进了双语教学持续开展。

（七）健全体制，加强双语教育管理和指导

一是成立“广西民族教育发展中心”，属于教育厅直属正处级财政全额拨款事业单位，专门管理壮汉双语教育工作。二是各市、县（区）教育部门明确一名分管领导，指定一个工作部门负责双语教育工作，配备专职或兼职管理人员（教研员）。三是加强“壮、汉双语教学示范基地”建设，确定武鸣、上林、覃塘、德保4个县（区）为示范基地，发挥引领、辐射和带动作用。四是定期检查、指导双语教学实验工作，组织专项督导活动，保持双语教学实验工作的连续性。

（八）改革创新，得到各部门和社会的大力支持

双语教育的改革和创新得到了财政、人社、编办，以及各级政府和有关部门的支持，也得到了社会和群众的理解和拥护。2012 年，自治区财政安排双语教育专项经费 670 万元，比 2011 年以前每年专项经费 414 万元增加了 256 万元，增长了 61.86%。2013 年安排专项经费 1000 万元，比 2012 年增加了 330 万元，增长了 49.25%。2014 年安排专项经费 1200 万元，比 2013 年增加了 200 万元，增长了 20%。

五、困难和问题

30 多年来，我区坚持“以壮为主，壮汉结合，以壮促汉，壮汉兼通”的办学方针，以提高教学质量为出发点，积极推进壮汉双语教育改革，取得了明显成效，但是，仍然面临着许多困难和问题。

（一）双语教育规模过小

2014 年，全区共有双语小学 113 所、初中 28 所、高中 3 所，参与双语教学实验的在校生总数不足 8 万人。相对于全区广大的壮族群众基础及教育、文化的发展需求，我区壮汉双语教育规模还很小。

（二）语言环境巨变

近 30 年来，壮族地区经济迅猛发展，社会历史条件发生了巨大的变化，壮族人口流动性大大增强，地方城镇化进程加快，族际婚姻增多，使用普通话教学的教育事业蓬勃发展，使用普通话播音的广播影视大量普及，等等。壮族地区的语言环境也发生了深刻的变化，壮汉双语儿童，甚至是汉语单语壮族儿童大量增长。这些变化对壮汉双语教育的实施产生了重大的影响。

（三）新创文字的窘境

壮文是中华人民共和国成立后新创的文字，是壮汉双语教育的关键载体之一。这种新创文字的窘境表现在两个方面：一是随着经济、社会的快速发展，语言环境的深刻变化，新创文字的生存和发展受到了较大的限制；二是新创的壮文作为一种拼音文字，难以兼顾南北方言，甚至难以兼顾方言土语内部的差异。

（四）社会观念的滞后

一是有些地方一味强调“学好汉语文才能走出大山”，为了追求升学率

而忽视了教育的基础性环节。二是有的人认为壮族已经和汉族完全同化了，认为壮文无用、学壮语无用。三是人们对壮文和双语教育的认识有误区，如认为标准的壮语就是武鸣壮话、壮文是苏联人创制的、学壮文不如学一门外语有用，等等。

（五）相关研究跟不上

我区双语教育的科学研究工作还比较滞后，专家、学者很少，科研成果更是少之又少，壮汉双语教育缺乏科研成果的支撑。

六、今后的工作安排

根据国务院《关于加快发展民族教育的决定》精神，我们决心下大力气，进一步加强壮汉双语教育。目标是：到2020年，双语教学实验学校规模进一步扩大，全区实施双语教育的中小学校达到300所左右，在校学生达到15万人以上。双语教育体系进一步完善，双语教学质量有更大的提高。

主要任务是：构建从学前教育到高等教育的壮汉双语教育教学体系；完善壮汉双语教育教学机制，采取全校开课部分年级开课、部分班级开课等形式；鼓励各地结合不同的语言环境和师资条件，积极探索实施多种双语教学模式。工作措施是：进一步调整双语学校布局，优化教育资源配置；加强双语教学示范基地建设，创建10个左右的示范基地；通过示范基地辐射带动，重点建设3—5个壮汉双语教育“连片三角区”；切实改善双语学校的办学条件，优先支持双语学校建设；研究制定符合各种壮汉双语教学模式的壮语文课程标准或教学大纲；按照存量培训、增量补充、定向培养的方针，加强双语师资队伍建设。

壮汉双语教育模式与政策建议

蒙元耀

自20世纪80年代壮文进校工作开展以来，经过30多年的实践探索和发展，广西已初步建立了从学前教育、小学、中学各学段及高等教育相关层次的壮汉双语教育体系。中职学校和高等学校成为培养壮语文人才的主阵地，各级、各类学校成为推动壮语文事业发展的主力军，壮汉双语教育呈现出良好的发展势头。截至2017年10月，广西共有36个县（市、区）开展了壮汉双语教育工作，有壮汉双语学校261所，其中，小学224所，初中32所，高中5所，在校生总数12万多人。根据《广西壮族自治区壮汉双语教育发展规划（2016—2020年）》，到2020年，全广西实施壮汉双语教育的中小学要至少达到300所，在校学生达到15万人，建设10个壮、汉双语教学示范基地，打造6个壮汉双语教育连片“三角区”，基本形成壮汉双语教育体系。要保证实现这一目标，最关键的是必须拥有一支数量足够、素质优良的壮汉双语师资队伍。

为了摸清广西壮汉双语教育工作的发展现状、存在问题和现有需求，并为进一步规划、指导壮汉双语教育工作提供科学依据，我们于2015年8月承担了广西教育科学规划课题“广西民汉双语师资培养机制研究”，对广西壮族地区的双语教育学校进行田野调查，重点走访了马山、上林、武鸣、武宣、环江、贵港市覃塘区等县市区，对区内壮汉双语教育工作情况进行了相应的调研，并在会议期间采访了相关老师，同时还借助同行的成果，收集到了很多数据和信息，了解到广西当前双语教育的师资现状，并对此做了相关的初步梳理和探讨。

教师是教育工作最重要的资源之一，壮汉双语教师队伍的质量优良与否，对于提高壮汉双语教育质量、增强壮文推行效果的重要性是显而易见的。然而调研的结果显示，广西中小学壮汉双语教师队伍的现状却不容乐观。因此，探求这种现状的成因，提出相应的政策建议，切实加强中小学壮汉双语教师队伍建设是壮文工作一件很紧迫且很重要的大事。

实施双语教育是民族地区文化教育发展的重要途径。根据《国家中长期教育改革和发展规划纲要（2010—2020年）》和《广西壮族自治区中长期教育改革和发展规划纲要（2010—2020年）》的文件精神，广西壮族自治区人民政府转发了区教育厅、民委、民语委《关于进一步加强壮汉双语教育工作的意见》，这些文件均对广西的壮汉双语教育工作做了相应规定。

在壮族地区实施壮汉双语教育和教学是贯彻落实国家教育政策、民族语文政策的具体体现，是适应社会进步与学生自身发展的需要，培养壮汉双语兼通人才的重要举措。中国政府历来主张、坚持民族平等的政策，《中华人民共和国宪法》第四条规定，“中华人民共和国各民族一律平等。国家保障各少数民族的合法的权利和利益，维护和发展各民族的平等、团结、互助关系……各民族都有使用和发展自己的语言文字的自由”。开展壮汉双语教育工作，不仅使壮族人民享受到了自己所应该享受的民族权利，同时在国家的政治生活中也有着重要的意义，这是国家的民族政策得到贯彻执行的一种具体体现。

通过执行这个项目，到广西相关的壮汉双语实验学校实地考察，我们意识到，广西是一个多民族、多元文化的地方，教育基础与发达国家、发达地区差距很大。立即改善这种教育环境还是有相当大的难度的。但有一些事情近期我们就可以着手进行改革，把国际、国内的先进理念和成功经验付诸实践。为了更好地促进壮族地区双语教育事业的发展，我们根据调研得到的情况，结合长期的工作经验，并根据广西的区情，特提出如下政策建议：

一、推动立法，从法律层面来保护广西少数民族地区的文化多样性，推动民族地区的双语教育工作

加拿大在发展少数民族教育的过程中，非常注重从立法层面对各项权利和措施做确定性的规定。20世纪70年代初，加拿大政府颁布了《由印第安人控制的印第安人教育》（Indian Control of Indian Education），直接使印第安人教育的基本概念发生了变化；1988年，联邦议会通过了世界上第一部《多元文化法》，以保障不同出身和族裔的人民都能平等地参与加拿大社会生活，同时自由地保持、发扬他们自己的文化教育，并制定了一

系列计划措施予以落实，如官方语言教育计划、文化保存计划、多元文化教育、反种族主义教育等。因此，我们建议自治区人大尽快出台一套明晰、具体的保障民族教育发展的法律体系，如颁布《少数民族教育条例》，其中应明确如下内容：1. 少数民族教育的地位、任务、作用；2. 各级政府和国家机关对少数民族教育的职责、权限及工作程序；3. 学校和教育行政部门的义务、权利；4. 少数民族教育经费的来源、中央和地方财政对少数民族教育经费的投入比例；5. 少数民族学生入学、升学，学习，就业等方面的照顾原则、措施；6. 从事少数民族教育的教师的待遇问题；7. 困难家庭少数民族子女的就学问题；8. 对侵犯少数民族受教育权的行政救济、司法救济、责任追究规定；等等。通过国家立法而不是仅仅依靠政策来为少数民族双语教育提供保障。

二、逐步加大对少数民族教育事业的资金投入

目前广西对少数民族教育投入的资金总数虽然也比较大，但相对分布区域广、人口基数较大、资金积累不足、经济底子薄弱的少数民族双语教育而言，按人头平均得到的实际数额就明显偏低。目前，在基础教育投入“以县为主”的情况下，民族地区无力保证对教育的足额投入。因此，除了对现有政策的投入外，建议国家加大对民族地区的教育资金投入，用以改善学校的硬件设施，同时也应提高民族地区特别是边远山区教师的待遇，改善山区学校特别是贫困山区学校教师的生活与住房条件。由于地方财政比较困难，教师工资比较低，地方解决学校教师住房难度大，建议国家设立专项资金，用于解决少数民族地区教师的住房困难问题，以解除民族地区教师的后顾之忧，使他们能够安心工作。

此外，要有目标地加大教学科研经费的投入。科研是事业发展的引擎，有投入才会有产出。建议国家和广西各级政府拿出相应的财力，加大壮汉双语教育的经费投入，尤其要加强教学、科研的经费投入；民族部门和教育部门也应该重视这方面的工作。广西哲学社会科学研究课题指南和广西教育科学研究指南也应当拓展民族语言文字研究和双语教育研究领域，向民族语言文字工作，以及双语教学、教法研究倾斜。加大教学模式研究的力度，把教育学和应用语言学的相关知识与民族师范教育有机结合起来，利用广西各大学的教学平台，鼓励、支持教师和各类师范生积极钻

研教学方法。

三、加强双语师资队伍建设，扩大双语教育范围

在少数民族地区基础教育普遍需要双语教师的情况下，政府部门应注意扩大农村双语教师的编制，给双语实验学校配以足额的老师，改变他们超负荷工作的状况。同时，在少数民族农村逐渐扩大双语教育范围，让更多的少数民族儿童从双语教育之中获得实惠。要扩大双语师资队伍，这需要政府出台政策解决人员编制、事业经费等一系列相关问题。因这一领域涉及教育公平及教育资源分配，单纯依靠教育部门孤军奋战，收效明显不如社会系统协调产生的能量大。如果政府相关决策部门能够拿出一定的编制来定岗培养少数民族地区农村学校急需的双语人才，疏通人才出口的就业渠道，则整个民族双语教育事业全盘皆活。

广西民族大学从2013年秋季起对学习中国少数民族语言文学专业的本科生实施学费全免的优惠政策，利用这个优惠条件积极宣传双语教育的功能，吸引有志于民族教育工作的青年加入教师队伍。此项措施应当常态化，更应该被纳入政府年度财政预算。同时也应当扩大招生规模，以增加到每年 80—100 名本科生为宜。建议在高等师范院校增设壮文师资专业。区教育厅在南宁师范大学开办了壮汉双语师资大专班，专门为壮族地区农村双语学校定向培养壮汉双语师资。这个师资班应长期运作，招生规模可定在每年 150 人，免收学费，并相应补助生活费，以此培养壮族地区所需的小学双语师资。有条件时，百色学院、广西民族师范学院也应开设民族语文双语师资课程，多层次培养兼通民族语文的教师。

最为急切也是最基本的建设工程之一是把广西壮文学校升格为大专院校。现阶段没有大专文凭，根本就不能进入基础教育的教师队伍。把广西壮文学校提升为大专院校，每年招收200—300名学生，不仅在壮汉双语师资培养方面有现实意义，对提高壮族地区基层教师队伍质量、对壮族人口综合素质的提高均有不可取代的作用。

四、加强高校双语师资高端人才的培育

高等院校担负着人才培养、科学研究、服务社会、知识创新等任务。目前中央民族大学、广西民族大学均有壮族的博士生导师和招收壮语文博士生的平台。广西大学、广西师范大学、南宁师范大学都有少数民族语言

文学的硕士授予权。政府需要在这一领域加大投入，从人才队伍建设的关键环节入手，培养一批高端人才输送到各个师范院校和普通高校，再借助他们的力量培养基层学校所需的双语教师、农村急需的医师、实用科技人员、行政管理干部等。只有民族地区用得上、留得住的高学历人员被源源不断地输送到一线队伍，目前少数民族地区人才奇缺的状态才有望从根本上得到解决。

建议相关部门互相沟通，并尽力促成广西自治区教育厅、民委、民语委、编制办和人事部门协调采取特殊措施，给予专用人才培养指标和专项资金来培养高校的高端人才。比如每年给广西民族大学中国少数民族语言文学专业博士研究生 4—5 名、硕士研究生 10—15 名（含专业硕士）招生指标，专用于培养区内的高校青年教师，为双语教育事业准备人才。还应划拨专项经费，重点建设该校的中国少数民族语言文学专业，使之成为广西高校人才培养的小高地，引领广西民族语言文化学术研究的发展。高端人才的培养是民族地区双语教育长久发展的关键。这一环节做好了，民族教育事业就可以持续发展，就能够多层次地培养民族地区需要的各种人才。

五、多样化开展双语教育，借助学校教育传承民族文化精华，保护非物质文化遗产

实施双语教育，本土教材在内容安排方面应当注重民族传统文化。在完善民族地区双语教育体系的同时，要积极开展民族文化进校园的工作。把民族传统文化内容引进课堂，让本民族的后代知道民族历史上的重要文化成就与贡献，这对多元文化保护最为有利，同时对促进社会和谐也有好处，利于各民族和谐相处，共同发展。

民族地区的双语教育要保持民族文化的特点，不能一刀切，把少数民族双语教育也办成“千军万马过独木桥”的升学教育。在办学模式上首先应实现由单一化向多样化转变，即改变过去单一的升学教育模式。在传授传统文化知识的同时，也要把注意力引向生存教育，加大职业技术教育在基础教育中的比例，增加职业技术教育的在校生人数，提高民族地区人们受教育的经济效益，尤其要关注少数民族女童教育。

因此，我们可以将保护与传承民族文化理念引入学校双语教育，开设专门课程，教授民族文化知识。学校教育要把传承民族文化作为教学内容，在民族地区坚持双语教育制度，还应把民族歌舞作为教学内容。针对中小学编写本土教材，开展乡本教育；在高校吸纳、引进民族、民间专长人才走向课堂，以选修课形式传授民族教统工艺和民族民间艺术等。在民族文化进校园的基础上，开设民族文化班或设立培养少数民族文化人才基地，有计划、有重点地为各民族培养民间艺人和民族文化传人，为保护、弘扬少数民族优秀文化提供人才保障。

六、多层次、多角度培养精通民族语言文化的人才，扩大民族语文的社会应用领域

社会上需要民族语文人才的领域其实是多样化的，除了双语师资，农村科技推广、医疗保健、时事政治宣传等领域均需要一定数量的壮汉双语人才。广西民族大学化工学院就有壮药制药专业，目前化工学院正在申报博士学位授予点，壮药即一个特色优势。整理壮药的药方、钻研壮药的名称与用途都离不开壮语。广西中医药大学就曾跟广西民族大学联合编纂壮语中医药教材，用于培养研究壮医、壮药的人才。这就足以说明民族语文有诸多可以发展的空间。建议科技厅、科协、广电厅、文化厅、农业厅等相关部门多方联动，因地制宜地开展多种形式办学，结合科技兴农、科技扶贫为双语教育拓展实用空间。

七、建议加大文艺、影视及新闻出版领域民族语言文字的使用力度

文学、艺术和影视是传播民族文化的便捷途径，尤其是电影、电视节目涉及面广、受众范围大，使用民族语言文字可以提高其社会声望。有意识地提倡在这些领域运用民族语言文字，有利于营造和谐的社会氛围。在学校教育中使用双语，也有少数民族语言的影视节目，会对传承民族文化起到良好的促进作用。

广西的民歌节是一个展示民族多彩文化的良好平台。挖掘民间蕴藏的文化瑰宝，展示给世界，这应该是“文化强桂”的一个思路。在利用民族语言文化拓展旅游事业方面，广西远不如云南活跃。广西的语言文化这一珍贵资源尚未受到足够重视。

假如充分利用文艺和影视的平台，加上广西的民族风情、语言文化及得天独厚的自然风光，振兴广西的旅游经济应该很有前景。在这一领域，只有充分发挥民族语言文化的天然优势，将少数民族语言作为原生载体，

才能打出人无我有的品牌与效应。宣传原生态的民族艺术、民族歌舞和文学形式不仅利于经济发展，也利于文化传承，更利于提升民族语言文字的社会声望，也能在民族团结方面起到良好的示范作用。

八、把相关优惠政策落到实处，提升民族语言文字的社会声望

要想提高民族语言文字的社会地位，就必须让学习者从学习之中得到好处。比如广西举办壮语文水平等级考试，这是民族语言文字工作的一个新举措、新亮点。这项工作可在完善考试形式的同时，也跟相关优惠政策挂钩。20世纪80年代中期，职称评聘工作中曾有通晓一门民族语言文字者可免考一门外语的政策。建议把壮语文等级考试与入职聘用，干部任免、提拔等政策联系起来，让掌握民族语文的人得到相应的实惠，这对于长期在民族地区工作的教师、科技人员将是一种鼓励，同时也是一种肯定。

再如高校少数民族语言文学专业和相关双语师资专业在招生时，也可以像艺术、体育类专业一样单列专业科目，先行测试民族语文，再参加全国高考测试文化分，将民族语文计入高考总分。如此，少数民族双语教育的特殊性即可得到体现。让考生挣分来替代现行的民族照顾分，也利于以少数民族语言为母语的考生与以汉语为母语的考生竞争。

九、筹建民族双语教学研究中心，构建民语教学科研的长效机制

目前广西教育部门尚无专门的机构来负责民族语文的教学研究。自治区教育厅民教处既是管理部门，又是业务指导单位。而双语教学是一项宏大的社会系统工程，从课程标准、教材建设、教学研究、师资队伍建设到办学规模、经费投入与管理，诸多事情，皆需人手。假如没有一支强劲的科研队伍来保证教学质量，壮汉双语教学绝难长期运作。

关于这一点，可以利用高校的壮汉双语师资培训基地及教育研究所等机构，引进国外双语教育的浸入式教学法等先进的教育理念，借鉴双语教学效果好的兄弟民族的经验，探索新的教学授课模式，改革传统的教学方式。对在岗的双语教师进行母语教学的理论指导，引导一线老师积极探讨灵活的教学互动模式。

根据我们在加拿大阿尔伯塔省教育局了解到的情况，该省共有38种语言文字正在被施行双语教育，他们拥有实力强劲的双语师资，还有一支业务精熟的教学科研队伍。正是有了这两支队伍，阿尔伯塔的双语教育才能

走在世界的前列。

实施民族地区的教育改革，双语教学是一条重要的途径。双语教育既涉及民族语言文字的平等，也涉及民族文化的传承与保护，更关涉少数民族人才的培养与使用。少数民族地区假如缺乏足够的民汉兼通的人才，其经济和文化建设要长足发展，只能是一个设想。而要做好双语教学，培养出本地能够用得上、留得住的人才，普遍提高少数民族人才的综合素质，首先就要形成一支强劲的双语师资队伍和教学科研队伍。因此，国家要从政策层面进行顶层设计，为少数民族地区的教育输入新的发展推力，引导民族地区双语教育的健康发展。以上是我们结合本课题而对广西壮汉双语教育工作的思考与建议。若能实现上述建议，则广西的民族教育工作将会迈上一个新台阶。

贵州双语教育发展状况

石锦宏

贵州实施现代意义的双语教育，始于民族文字恢复试验推行的20世纪80年代初，迄今已有30多年的历史。30多年来，贵州省的双语教育工作在各级党委和政府的关心和支持下，在全省民族、教育工作部门和广大民语教育工作者的共同努力下取得了重大的成效，对促进民族地区教育的发展起到了无可替代的作用。

一、贵州民语基本省情

贵州全省辖9个市（州）、88个县（市、区、特区），其中有3个自治州、11个自治县，另有208个民族乡，分布上呈大杂居、小聚居的特点，世居少数民族有苗族、布依族、侗族、土家族、彝族等17个。据第六次全国人口普查，我省常住人口中有少数民族人口1255万，占全省总人口的36.11%。全省少数民族人口中，掌握本民族语言的人口约700万，占55.78%；不完全掌握本民族语言的人口约111万，占8.84%；不掌握本民族语言的人口约440万，占35.38%；有260万人不通晓汉语，占20.72%，其中半通晓汉语的有134万人，不通晓汉语的有126万人（主要是儿童、妇女和老人）。苗族、布依族、侗族、彝族、壮族、水族和瑶族的语言保留完好，使用人数的比例都在60%以上；土家族、回族、蒙古族、满族等民族使用汉语。换言之，母语地区群众的语言使用情况并无显著变化。在少数民族母语地区，当地汉族或其他少数民族群众通晓当地主体少数民族语言的现象很普遍。全省开展民族语文工作的范围包括全部9个市（州）、50多个县（市、区、特区），涉及有语言的10个世居少数民族，其中苗、布依、侗、彝4个民族兼用本民族的文字（其中苗文4种）。水族有水书，也在一定范围内被使用。民语工作点多、面广、任务重是贵州民族语文工作的特点。

二、贵州民语工作发展历程

双语教育是民语工作的重要内容。回顾30多年来贵州民族语文工作走过的历程，取得了不少骄人的成绩，并出现了20世纪50年代和80年代两个“黄金时期”。但贵州民族语文工作也走过不少弯路：“大跃进”和“文化大革命”期间被迫中止；在市场经济大潮的冲击下，人们对民族语文工作一度产生新困惑，工作徘徊不前。进入21世纪后，随着全球对民族文化保护意识的增强，作为民族文化载体的民族语言文字重新得到了各级、各界人士的广泛重视，为民族语文工作注入了新的活力，我省的民族语文工作也开始走上了正轨。经统计，我省双语教育最佳时期有51个县（市、区、特区、管委会）、189个乡（镇、工业区）、314所学校开展双语文教学，学生42763人，教师753人，掀起了继1995年国家民委和中国社科院对我省苗、布依、侗三种文字进行论证、验收之后的双语文教学新高潮。尤为庆幸的是，2005年，省委、省政府在出台的《中共贵州省委、省人民政府关于进一步加强民族工作，加快少数民族和民族地区经济、社会发展的意见》（黔党发［2005］16号）中规定，从2006年起，省级财政设立少数民族教育专项补助资金1000万元，用于解决双语教师培训及教材编写等特殊问题，在很大程度上缓解了我省民族语文工作经费严重不足的矛盾。作为民族语文工作的重要省份，贵州还利用国家民委和联合国教科文组织在松桃苗族自治县实施的“苗汉双语和谐环境建设示范区”所取得的成功经验，于“十二五”期间在全省布局了32个省级“民汉双语和谐环境建设示范点”，涵盖全省10个有语言的民族。到2015年底，完成了所有示范点的布点和挂牌工作，并完成了与之相配套的双语服务基地的选定和挂牌工作，为使用和传承民族语言文字、保护民族文化、发展民族教育创造了更为有利的条件。2008年以来，我省民宗委系统每年培训双语师资及双语骨干2—4期，2000多人接受了培训；省教育厅培训各类双语师资60期，4000多人接受了培训。

三、关于贵州双语教育的几点体会

“双语教育”是一个既古老而又陌生的概念。说它古老，是因为自从少数民族地区有了汉文教育，就有了双语教育，这是跨文化教育必然需要采取的教学手段，否则教学就无法进行；说它陌生，是因为随着时代的发展、时间的推移，民族地区通晓汉语的人的比例在不断提高，人们对双语教育的重要性认识得很不到位，这是不符合民族母语地区教育发展的客观规律的。

体会之一：必须摸清双语省情“家底”。为了全面掌握我省双语教育的需求状况，2011 年，省教育厅和省民委联合组织在全省范围内进行双语教育专项调研行动。结果显示，贵州 88 个县（市、区、特区）中 55 个有少数民族母语学区分布，占一半以上（62.5%）；1543 个乡（镇）中 387 个有少数民族母语学区分布，占四分之一（25.1%）。从全省的情况来看，全省四分之一的乡镇有开展双语教育的需求，母语学区的分布点多面广，大多分布在经济落后、地理环境差、交通不发达的农村学校。另据省教育厅的最新统计，全省需要开展双语教学的学校有 3000 所（点）左右，而目前全省的双语教师仅有 1500 人左右，缺口达 1 万人左右，其中专职双语教师仅约 300 人，高校民语专业师资也很紧缺。从目前来看，我省开展双语文教学的规模小，主要是政策落实不到位造成的。反过来讲，我省的双语文教育还蕴藏着很大的发展空间。

体会之二：正确选择双语教育发展的模式。关于双语教育模式，我国的双语教育一般分为“部分学科民语授课，部分学科汉语授课”“所有学科民语授课加授汉语”“所有学科汉语授课加授民语” 3 种模式。但就贵州、甚至整个南方少数民族来讲，主要适用于第一种模式，同时还存在另一种模式，即“汉语授课加民语辅助教学”。这样的双语教学模式在南方少数民族母语社区学校事实上普遍存在，实际上就是从古至今沿袭下来的、最原始的，也可以称其为传统的一种双语教学模式，理应成为双语教育的第四种模式。尽管它不是严格意义上的双语教育，但它是民族地区还将长期客观存在的、“低端”的双语教育模式，也应引起决策部门的重视。

体会之三：双语教师和双语教材是重要前提。贵州双语师资缺口巨大，直接影响了双语教育的开展。在双语教材建设方面，自 2008 年以来，省民语办组织编译出版了苗、布依、侗、彝 4 个民族 6 种文字的统编双语教材各 4 册，共 24 册，发行 20 万册；并从 2010 年起启动了苗、布依、侗 3 个民族 5 个文种的学前双语教材上、下册的编译工作，到 2012 年全部编完，2014 年全部出版，发行 4 万册；同时开始启动自主编译版小学民汉双语教材，完成了小学彝汉语文（1—4 册），西部方言苗汉语文（通用版上、下册），东部方言苗汉语文（1—3 册），苗语（中部方言、西部方言、东部方言）、布依语、侗语 3 种小学语文初级本上册和水汉双语课本的编译出版，发行 5.3 万册。从目前双语教材的供求情况看，有的语种、文种基本满足需求，有的语种、文种缺口较大，如彝语、布依语和苗语西部方言。

体会之四：领导重视和管理科学是关键。事实反复证明，要做好双语教育，领导重视和管理科学是关键，二者缺一不可。光有领导重视，没有管理科学是不能搞好工作的；同样，光有管理科学，没有领导重视也是难以持久地坚持下去的。从我省的实际情况来看，科学、有序地开展双语教育的地方还不多。

四、存在的主要问题及对策

（一）对双语教育问题尚未形成统一的认识

作为双语教育的核心内容的双语教学虽然取得了令人无可置疑的成效，但囿于传统教育观念的影响，没有得到普遍的认同，也未能够引起决策部门的高度重视，使双语教学仍处于“实验”阶段的尴尬境地：民族语文成绩只作参考，双语教师的业绩不能作为职称评定、考核晋级的内容，双语代课教师不能转正，等等，严重挫伤了学生、双语教师和学校开展双语教学的积极性。

（二）双语师资和双语人才严重匮乏

就全省而言，双语教师的缺口非常大，高校民语专业师资也很紧缺。并且在具备双语教师资格的教师中，使用也极为不合理，有的因学校领导不重视开展双语教学而造成双语教师闲置，有的学校希望开展双语教学却苦于没有双语教师。在人才培养方面，由于经费有限，双语人才培训规模小、培训力度不够，有的受训对象不符合条件，等等，影响了培训的效果。贵州民族大学、贵州工程应用技术学院等是省内少数几所培养高层次民语专业人才的高校，自 20 世纪 90 年代高校招生并轨后不再进行民语口试，约三分之二的学生都不懂民族语言，培养不出真正的双语人才，造成了教育资源投入的浪费。

（三）双语教材、读物较为紧缺

因为经费问题，贵州曾有十多年没有编译双语课本，2007 年得到省政府教育专项资金支持后，课本的编译工作才重新得到启动。但每年也只有 60 万元左右的经费用来编译双语课本，对多达 7 个文种的贵州来说还是很紧张的，加上学前双语教材，就更显不足。读物和工具书只能视条件和急需情况而机动安排，满足不了群众的学习需要。

根据贵州双语教育存在的问题，笔者认为应采取如下对策加以解决：

第一，因地制宜，分类指导。双语教育要因地区、因民族、因工作需要而异，实行分类指导。在不通汉语的地区，重点开展利用民族文字进行扫盲和双语扫盲、双语教学工作，发挥母语优势，努力提高这些地方少数民族群众的文化素质和教学质量。对于汉语水平较高而本民族语言使用环境良好的地方，可在群众中开办民族语文学习班，在学校开设民族语文课，让群众和学生利用民族文字传承、发展民族优秀文化，这也是全面贯彻落实党的民族语文政策的具体体现。随着国内、国际的文化大交流的进行，少数民族群众掌握、使用语言的变化，民族语文推行和双语教育工作不能再像以前一样以不通汉语的人群为重点，而应转移到以继续使用本民族语言的人群为重点，因为民族语文政策绝非仅仅适用于某一特定人群。职能部门要从观念上、工作部署上统筹解决好包括双语教育在内的新时期贵州民族语文工作。条件允许的地方，应开办各种民族语文培训班，培训机关、学校、企事业单位干部、教师和工作人员，满足他们因工作、业务的需要学会民族语言文字，更好地服务于民族地区经济、文化发展的需要。

第二，创新体制机制，走适合贵州双语教育发展路子。在机构上，各级民族工作部门要加强对民族语文工作的管理，设置民族语文专门机构或内设机构，配备相应的管理人员。当前贵州，特别是地县级民族语文管理很不到位，机构残缺，这与贵州是民族语文工作大省是极不相称的。在教育体制上，应把民族语文教学纳入民族地区国民教育管理体制。从贵州的实际情况看，民族语文在学校教育中不宜搞体系发展，而应当作为一门独立的学科进入课程设置。民族语文成绩应按适当分值或适当比例计入学生的总成绩和升学总分，这是解决民族文字不被重视的最有效办法，也是贯彻党和国家民族语文政策法律、法规的本质要求。在社会使用中，民族语文成绩要在职称评定、公务员录用、特殊行业招工中作为考核成绩和工作业绩。双语教师的业绩要和其他科任教师一视同仁，双语代课教师应通过考核转为正式教师，主管部门也可从特岗教师指标中划出一定数额给双语代课教师。

第三，高校民语专业招生要采取特殊政策，使培养的人才学有所用。从 2012 年开始，贵州民族大学在招收民语专业学生时恢复民族语言口语考试，并免收学费，这是个良好的开端，希望其他有关高校民语专业招生也参照贵州民族大学的做法，学生在报考前要通过民语口试才能填报民语专业。同时，加大解决民语专业学生在助学金、生活补助等方面的待遇的力度，以吸引众多优秀人才报考民语专业。

第四，加大民语教材、读物出版的资金投入，保障双语教育顺利开展。应逐年加大省级民族教育专项经费用于民族语文工作的比重，以解决民语教材、读物及双语教育经费之不足，推动全省双语教育不断取得新的发展。

贵州推进双语和谐环境建设的探索和启示

罗世荣

贵州是少数民族人口大省之一。全省常住人口近3500万，其中少数民族1255万，约占36%。少数民族人口规模仅次于广西、云南、新疆，居全国第四位。全省辖6个市、3个自治州和1个经济开发区，88个县级行政区包括11个民族自治县。民族自治地方面积占全省面积17.6万平方公里的55.5%。另有204个民族乡。在贵州17个世居少数民族中，有10个民族有自己的语言，其中苗、布依、侗、彝、壮5个民族使用8种民族文字，水族有水书。语种多，文种多，分布广，双语人口规模大，贵州既是语言资源的富矿区，也是民语工作任务繁重的省份。

一、双语和谐环境建设的背景

（一）2011年召开的党的十七届六中全会，提出要“大力推广和规范使用国家通用语言文字，科学保护各民族语言文字”。准确把握党和国家对文化强国战略部署的政策导向要求我们确立双语和谐的工作总原则；2011年4月《贵州省人民政府办公厅关于进一步繁荣发展少数民族文化事业的实施意见》中明确提出建立双语和谐示范区，《贵州省“十二五”少数民族事业发展专项规划》明确提出按照语种分布情况在我省建立30个双语和谐环境建设示范点。2012年12月3日出台了《贵州省民委关于进一步做好少数民族语言文字管理与服务工作的意见》（黔族发［2012］104号），以此为标志，贵州少数民族语言文字工作迈入新的里程。

（二）调研表明，在少数民族母语地区提升民汉双语人口的比重，是夯实民族团结的有效措施之一。同时，在基层、各民语区实现了民汉双语和谐，就能在全国达成多语和谐的总状态；实现国家民委提出的“构建多语和谐的语言生活”的总目标，也就能够通过构建双语和谐服务民族

罗世荣：彝族，贵州省民语委办主任。

工作全局。

二、双语和谐环境建设的基本寓意

双语和谐的核心寓意是民汉双语兼通、和谐并育。具体包括三层含义：一是引导、鼓励少数民族群众学好国家通用语言文字，更好地融入中华民族大家庭。对于汉语水平不高，特别是存在汉语言障碍的少数民族群众，尤其要采取各种措施，积极创造条件，帮助其学习使用国家通用语言文字。二是传承本民族母语文化。不通汉语是不利于自身发展和民族进步的，但学了汉语就放弃本民族语言，也是短视的，既不利于自身综合素质的发展，也不利于民族文化的繁荣发展和国家的文化安全。必须把尊重群众意愿和切实加强引导相结合，积极创造条件保障少数民族群众学习使用本民族语言文字的权利。三是鼓励、引导在以母语为主要交际工具的少数民族地区工作的国家公职人员学习使用当地的少数民族语言，鼓励各民族相互学习语言文化。

三、双语和谐环境建设的实践探索

我省主要采取了五个方面的措施，大力推进双语和谐环境建设。一是政策推动，二是机制推动，三是服务推动，四是骨干推动，五是示范推动。

（一）政策推动方面：明确政策导向，确立价值定位

2012 年 12 月初，《贵州省民委关于进一步做好少数民族语言文字管理与服务工作的意见》（黔族发［2012］104 号）下发，标志着“双语和谐”从理念正式成为政策措施。从 2012 年起，首先从贵州民族大学少数民族语言文学专业的招生入手，改革、完善其招生办法：先加试少数民族口语，合格者才能报考；被录取者由省民委出资，免其学费。2013 年，推动出台了基层特岗教师招考可以加试民语口语的政策。2014 年 3 月，省委组织部与省人社厅出台特殊政策，扩大到以少数民族语言为主要交际用语的基层相关岗位；更重要的是，2014 年推动出台了预科双语生招生政策，单列 150 个名额，需要先加试少数民族语言口语测试，今年又增加至 250 名。此外，省人社厅出台了民语翻译职称评审特殊政策、省高院招录双语法官的特殊政策等。这些政策措施的出台，体现了少数民族语言的重要性，也通过双语服务，保障、推动了双语和谐。另外，今年出台的《贵州世居少数

民族语言测试管理规定（试行）》从制度层面上让拥有民汉双语能力者获得了价值认可，从而逐步确立双语的价值导向，为双语和谐奠定了制度基础。

（二）机制推动方面：与政策推动并进的是机制创新

一是形成了“民—汉”两个部门工作的协作机制。2012 年颁布的《贵州省贯彻国家中长期语言文字事业改革和发展规划纲要（2012—2020 年）实施意见》确定了省语委、省民委协作推动双语和谐环境建设的工作联动机制。同时，省民委、省教育厅双方签订了《合作备忘录》，工作的协作卓有成效。二是“双语和谐示范”的顶层定位。新一届省民宗委党组从政策导向和方法论的高度，一直把构建双语和谐作为贯彻落实党的十七届六中全会精神的主线。2014 年，省民宗委正式行文，把“双语和谐示范”列为我省民族工作的“八个示范”之一，也列入全省深化民族事务治理体系改革规划。

（三）服务推动方面：双语服务社会化，整合各方面资源共同落实双语服务

特别是基层的立法、司法、行政等相关职能部门在执行公务时，尽可能根据工作环境和服务对象灵活使用民语和汉语，哪种语言方便群众就使用哪种语言，使各族群众特别是不通汉语的群众享受到和谐的实惠。同时，加大投入改善设施环境，不断提高双语视听的覆盖水平。扶持开通双语广播，播放双语歌曲或其他双语节目，自办双语电视频道；支持民语电影，增加译制量和放映量；以语言文化为主题，利用节日、庆典，资助举办形式多样的双语文娱活动；组织编写以民族语言文化、乡土民情为主体内容的读物并免费发放。

（四）骨干推动方面：大力实施培训，充分发挥双语和谐积极分子的作用

近年来，我们通过报刊、座谈、培训等各种方式和渠道，大力宣传双语和谐的意义、作用，既宣传《国家通用语言文字法》，也宣传党和国家的少数民族语言文字政策和法律、法规，帮助各民族干部和群众正确认识双语之间的“并育”关系，大力宣传双语和谐的理念和政策，使之深入人心。重点做好少数民族语言文字工作领域、国家通用语言文字工作领域的各级培训和宣传。双方组织的联合培训，省语委办负责人不仅亲自授课，还选派国家级、省级普通话专家主讲“如何学好普通话”等专题。2013 年 5

月，省民委、省语委在松桃苗族自治县召开全省双语和谐环境建设现场会，学习、推广松桃苗族自治县实施双语和谐环境建设的经验，这也是一次现场培训。今年5月，“贵州省双语骨干人才培训班”在国家民委双语人才培训基地——西北民族大学举办，全省50名双语骨干人才进行了一个星期的理论培训。

（五）抓点示范方面

建立示范点，实施双语和谐环境建设示范工程基本目标有三：

1.提高双语人口比重，夯实民族团结基础

提升示范点的双语人口占比，让少数民族地区干部、群众双语兼通，使各民族接受民汉双重文化的熏陶，必然夯实中华民族多元一体、团结统一、坚如磐石的基础。

2.“活态”保护民语文化

通过双语和谐示范，引导少数民族积极传承本民族的语言文化，将其作为一项探索性的预防措施，使示范点内的语言文化基因得到“活态”保护，就是一个贡献。

3.提高国家通用语言文字水平

示范点的普通话水平也要起到示范作用，以点带面，提高我省少数民族聚居地区国家通用语言文字的普及程度和水平。到2014年6月，按照《贵州省推进双语和谐环境建设示范工程实施意见》，本着“以点带面”的精神，全省创建了100个“双语和谐环境建设示范点”，其中省级示范点30个、市州级示范点18个（每州市各2个）、县级示范点52个。这项工作得到了国家民委的认可和表扬，今年已下达文件在全国使用民族语言的省区搞试点，建立乡（镇）、村双语和谐环境建设示范点。

四、推进双语和谐的几点启示

（一）有利于协调民族关系、增强民族团结、维护社会稳定

语言是民族的主要特征之一。语言作为交际工具，是民族情感的纽带。各族人民对自己的语言文字有着特殊的感情，要坚持互相尊重，保持语言关系的和谐，继续维护社会语言生活的主体化与多样性的和谐统一，从语言关系的层面切实巩固中华民族历史上前所未有的大团结。

（二）有利于语言的“活态”保护与民族文化的传承发展

语言作为文化的载体，保护母语是保护民族文化的基础性工作。在文化大交流、大融合，同时也是大繁荣、大发展的新时期，抓住机遇实施双语和谐环境建设，探索少数民族语言文化的“活态”保护措施，对于少数民族语言文化特别是濒危的少数民族语言文化的传承，一定有所裨益。

（三）有利于发挥双语教育在发展民族教育中不可替代的重要作用

在少数民族母语环境下，尤其在不通汉语的少数民族聚居地区实施双语教学，能够有效提高少数民族学生的学习兴趣，使学生进得来、留得住、学得好，对提高教学质量具有事半功倍的功效。

（四）有利于培育相互尊重与沟通的良好氛围，充分激励各民族间相互学习语言的内在动力

实践证明，多一门语言，就多一种文化。相互学习语言最需要的是环境。在每一个少数民族聚居区都大力推进少数民族母语和汉语普通话的双语和谐环境建设，对个人、对国家，有利无害。

五、基本经验

1. 导向明确，双语统筹是构建双语和谐的鲜明主题。
2. 领导重视，组织有力是构建双语和谐的基本保证。
3. 统筹规划，创新机制是构建双语和谐的重要基础。
4. 尊重意愿，双语服务是构建双语和谐的基本前提。
5. 加强宣传，培训骨干是构建双语和谐的重要措施。

努力开创贵州双语教育新局面

杨亚东

贵州官方主导的双语教育始于20世纪80年代初，到现在已有35个年头。经过长期的实践，我省取得了一些骄人的成绩。为认真贯彻落实《国务院关于加快发展民族教育的决定》（国发［2015］46号）的文件精神，作为少数民族和少数民族语言资源大省，做好新时期的民族语文和民汉双语教育工作具有十分重要的意义和义不容辞的责任。

一、基本情况

贵州堪称少数民族语言的“富矿”省。拥有17个世居少数民族，根据“六普”数据，在全省常住人口中，少数民族为1255万人，占36.11%。在全省17个世居少数民族中，苗、布依、侗、彝、水、仡佬、壮、瑶、畲、毛南10个民族保留了本民族母语作为日常交流语言或部分转用汉语，其余7个民族已全部转用汉语。在全省1255万少数民族中，通晓本民族语言的占70%，民汉双语皆通的占50%，还存在汉语言障碍的占16%。尤其是苗族、布依族、侗族、彝族和水族，使用母语的比例都在60%以上。目前在社会上使用和学校开展双语文教学的有苗、布依、侗、彝4个民族的6种文字，水族有“水书”，也在一定范围内被使用。多语种、多文种的实际，决定了民族语文工作及双语教育工作在我省民族工作和教育工作中的重要地位。

二、认真贯彻落实全国第六次民族教育工作会议精神

为贯彻全国第六次民族教育工作会议精神，落实《国务院关于加快发展民族教育的决定》，2015年12月30日，贵州省人民政府召开了全省民族教育工作电视电话会议。参加主会场会议的单位有省委组织部、省委统战部、省教育厅、省民宗委、省编委办、省财政厅、省人力资源和社会保障厅、省文化厅、省体育局、省属高校、举办民族特色班的职业学校、

举办民族班的省级示范性普通高中等。各市（州）县（区、市）政府组织设立了分会场。

陈鸣明副省长对加快贵州民族教育的发展提出了三点要求：一是统一思想，切实增强加快发展民族教育的责任感和使命感；二是明确任务，切实加快民族教育事业改革发展；三是抓好落实，切实推动民族教育事业跨越发展。

省教育厅厅长王凤友就加快发展贵州民族教育讲了 5 点意见：一是强化对民族教育工作重要性的认识，认真规划、部署民族教育工作；二是建立、健全民族团结教育常态化机制；三是采取特殊政策措施，加快民族教育发展；四是发挥民族、民间文化教育在传承、创新中的重要作用，为多彩贵州培养优秀艺术人才；五是加快民族教育教师队伍建设。

省民宗委主任吴军提出做好民族教育工作的 3 点意见：一要充分认识贵州省民族教育的重要性，二要找准贵州省开展民族教育工作的关键环节，三是民族工作部门要履行好对民族教育的支持职责。

会后，贵州省人民政府办公厅转发了省教育厅、省民宗委起草的《贵州省加快发展民族教育的实施方案》。方案共 22 条，拟定了到 2020 年的总体目标及“十三五”期间的重点工作。

2016 年 8 月 24 日，省民宗委召开了主任办公会，传达学习第六次全国民族教育工作会议精神及《国务院关于加快发展民族教育的决定》，并研究提出贯彻落实意见。要求民宗委相关处室要根据国发 46 号文件精神，梳理全省需要加强的民族教育方面的工作，与省教育厅商量贯彻意见。从民族教育角度指出要加强以下 4 项工作：一是使用民族语言的少数民族聚居地区双语特岗教师的招录及双语代课教师的待遇问题，二是双语预科在预科招生中逐步扩大比例及逐步实现省直高校全覆盖的问题，三是民族团结地方补充教材的编写问题，四是民族文化、民族体育项目进校园的问题。

三、主要创新工作举措

近年来，贵州的双语教育工作在各级党委和政府的关怀下，在全省教育和民族工作部门的直接领导下，通过各级教育和民语工作者的共同努力，取得了一些可喜的成绩，对全省民族教育的发展产生了积极而重要的影响。主要表现在以下 9 个方面：

（一）在全国率先推动双语和谐环境建设

贵州利用国家民委和联合国教科文组织在松桃苗族自治县实施的“苗汉双语和谐环境建设示范区”取得了成功经验，“十二五”期间在全省布局了 32 个省级“民汉双语和谐环境建设示范点”，涵盖全省 10 个有语言的民族。到 2014 年已完成全部 32 个点的布点和挂牌工作，并完成了与之相配套的 10 个省级双语服务基地的挂牌工作，这些为更好地使用、传承民族语言文字，保护民族文化，发展民族教育打下了更加牢靠的基础。其经验已被国家民委于 2014 年 10 月通过在贵州雷山县召开的全国民语工作现场会向全国进行了推广。2016 年 4 月专门举办了一期“贵州省双语和谐环境建设培训班”，对象为各双语示范点和市（州）、县民宗委（局）业务负责人，共 50 人参训。

（二）双语教育引起了高层领导的重视

2014 年，时任贵州省委书记的赵克志和中央政治局常委、全国政协主席俞正声先后对贵州双语教育有关问题做出了重要批示。特别是现任省委书记陈敏尔，省委副书记、省长孙志刚多次在省委常委会议、民族地区调研等公开场合表示，贵州要充分利用好民族文化和生态环境这两个“宝贝”，要特别关注民族语言在精准扶贫中的重要作用。高层领导的这些重要指示，对进一步推动我省民族语文工作和双语教育科学发展提供了重要支持。2011 年省民委组织的贵州双语教育专项调研统计表明，贵州 88 个县（市、区、特区）中 55 个有少数民族母语学区分布，占 62.5%；1543 个乡（镇）中 387 个有少数民族母语学区分布，占 25.1%，即全省四分之一以上的乡镇有开展双语教育的需求。母语学区的分布点多面广，大多分布在落后、地理环境差、交通不发达的农村学校。2010 年省教育厅统计，全省需要开展双语教学的学校有 2460 所，涉及学生 21 万余人。尚有 711 所学校（教学点）、6 万余名学生未开展双语教学。近年来，全省每年开展双语文教学的学校有 100 余所，学生约 2 万人。2016 年 5 月举办了一期以苗文基础知识和教材教法为主要内容的“苗（西部方言）汉双语师资培训班”，共有 48 人参加了培训。全省累计培训双语教师 3000 多人次。

（三）民语翻译职称评定取得重大突破

民语翻译职称评审工作是培养民汉双语人才的重要政策机制，是双语教育的重要人才支撑。贵州民语翻译职称评定工作起步较晚，从 1994 年才开始。到目前，已评出译审 8 人、副译审 9 人、翻译 11 人。由于我省民语翻译人才队伍的快速发展引起了省人社厅的高度重视，民语翻译职称被作为全省职称评审工作深化改革的试点之一，按照推进职称分类评价，进一步简政放权，充分发挥行业主管部门在人才队伍建设中的积极性的要求，于 2014 年 8 月行文授予贵州省民族宗教事务委员会翻译系列民语翻译专业技术职务任职资格评审权。由省人力资源和社会保障厅、省民宗委联合签署的《贵州省翻译系列民语翻译专业技术职务任职资格申报评审条件（试行）》（黔人社厅通［2014］749 号）也于 2015 年 4 月中旬正式颁布实施。2015 年是省民宗委获得独立评审民语翻译专业职称资格的第一年，共有 11 人申报，其中申报助理翻译 2 人，申报翻译 6 人，申报副译审 2 人，申报译审 1 人。通过评审，11 人全票通过。

（四）多举措培养双语人才

从 2012 年起，在省民委的协调下，贵州民族大学民语专业改进了招生办法，即在报考前通过民语口试才能填报民语专业。该专业每年招生 30 人，学费全免（由省民宗委拨付），考生报考踊跃，生源质量得到了极大的提高。同时，贵州还从少数民族母语地区教育差距的实际出发，加大高考“双语预科生”的培养力度，这既是实现教育公平的需要，也是民族地区培养双语人才的现实需要。2014 年贵州开始尝试招收首批“双语预科生”150 名，招收院校包括贵州民族大学、凯里学院、黔南民族师范学院。1200 多名学生报考并参加母语测试，社会反响强烈。由于效果好，2015 年省教育厅将双语预科生扩招到 250 名，招考语种和招生范围也进一步扩大，招生院校增加了兴义民族师范学院。当年有 1600 余名学生报名、1500 多人参加了口语测试。2016 年，双语预科招生规模进一步扩大，招生范围包括全省所有民族地区、国家连片特殊困难地区及重点扶贫县，招生名额增加到 450 名，同时还增加招收双语民族班共 200 名和大专班 60 名，招生院校扩大到包括贵州工程应用技术学院、六盘水师范学院、铜仁学院、贵阳幼儿高等专科学校在内的 8 所高等院校。结果报名人数达到了 7000 余人，参考 4800 余人。针对少数民族母语地区基层缺乏双语人才的实际，2014 年省委组织部、省人社厅联合出台了《关于做好 2014 年专项招聘乡（镇）事业单位工作人员的通知》，要求安排一些岗位和名额招录懂民语的“双语人才”，在双语人才培养上开了先河，取得了初步成效。

（五）世居少数民族语言测试开局良好

为更好地推动双语人才和双语教育的发展，贵州从省情实际出发，制定了世居少数民族语言等级测试办法。于2015年举行了以申报民语翻译职称人员为主的专场测试，有20人参加，全部合格。2016年首次面向全社会开展测试，报名人数多达450人，涉及苗、布依、侗、彝、水、仡佬、瑶7个民族的语言，除因未达到开测人数而取消测试的苗语（东部方言）、仡佬语、瑶语外，6个语种应参加测试443人，实际参加测试396人。省民宗委已对参加测试并达到一定等级的考生发放了等级证书。测试工作的开展将不断提升少数民族语言的活力值，增强少数民族的文化自信，更好地促进少数民族语言与文化的保护和传承，有利于贵州少数民族语言资源的保护和发展，也将更好地助推贵州双语教育向前发展。

（六）启动“民汉英”系列大词典编纂工作

为更加有效地保护、抢救、传承民族文化，推进民汉双语教育的发展，帮助初步掌握民族文字和具有一定汉语、英语水平的读者学习民语、汉语和英语，为有志研究贵州少数民族语言文字和历史文化的学者提供一套全面、实用、权威的工具书，加快我省民族语言文字的标准化、规范化、信息化建设，促进我省少数民族语言文字与国内和国际的交流，贵州于2013年启动了《苗汉英大词典》（按方言分，共4卷）的编纂工作目前已基本完成初稿，进入修订阶段。在总结经验的基础上，我们又于今年3月、4月、9月分别启动了《彝汉英大词典》《侗汉英大词典》《布依汉英大词典》的编纂工作。“民汉英”系列大词典编纂工作是一项功在当代、利在千秋的重大民族文化建设工程，在社会各界引起了强烈反响。

（七）加强民语教材、读物的编译出版

2010年以来，我省启动了苗、布依、侗3个民族5个文种的学前双语教材的编译工作，到2012年全部出齐，发行了4万册；同时开始启动自主编译民汉双语适用教材，完成了小学彝汉语文（1—4册），川黔滇方言苗、汉语文（上、下册）和湘西方言苗、汉语文（1—3册）的编译出版；完成了苗（中部方言）、布依、侗3个语种的小学语文初级本上册的编译出版工作。读物方面，编译出版了《苗族史诗通解》《苗族民间文学选读》《苗族婚姻礼词》《布依谚语格言选》《木门内外的歌声》《侗族谚语格言选》《布依民歌荟萃（三卷）》《贵州民族语言学习简本》等，发行了1.2万册。近年来，省民宗委独立组织编译或和省教育厅联合编译的双语教材和读物共计40余本，发行12万多册。

（八）民语广播电视和远程教育前景看好

我省建有近3万个农村党员干部远程教育基层站点，针对许多村级站点的服务对象是不通汉语的少数民族群众这一实际，2010年8月，省委组织部充分利用远程教育资源，在黔东南、黔南、黔西南、毕节市和荔波县成立了5个少数民族语言远程教育课件制作基地，现已译制双语课件1000多个。2011年7月，省委组织部和省民委联合举办了一期“民汉双语翻译业务骨干培训班”，来自各州、市、地远程办从事民汉双语课件译制工作的业务骨干，以及民族工作部门从事民汉双语翻译专业的技术人员、管理人员50余人参加了这次为期8天的培训。为弘扬民族文化，更好地宣传党和国家的民族宗教政策，法律、法规，以及当地的重要新闻，以便更加贴近生活、贴近实际、彰显民族特色，进一步繁荣民族文化，增强民族团结，促进民族地区经济、社会发展，目前我省有两个州、六个县及部分乡镇开办了民语广播电视节目。2009年5月1日，黔西南广播电视台成立了民语译制部，开办了少数民族语言新闻综合类节目——布依语和苗语广播《民族之声》。2011年8月又开办了《布依语新闻》《苗语新闻》两档民语电视节目。黔东南州广播电视台《苗语新闻广播》于2011年12月26日正式开播。2014年4月，由贵州省黎平县广播电视台牵头，联合贵州玉屏县，湖南通道县、芷江县、新晃县和广西三江县共同创办了《侗语新闻联播》，每月播放两期。民语广播、电视节目的开办，丰富了双语教育内容和载体。

（九）开展民族语言学习示范活动

为贯彻落实党的十七届六中全会关于“大力推广和规范使用国家通用语言文字，科学保护各民族语言文字”的方针，深刻领会习近平总书记关于民族语言的重要论述，深入贯彻中央和全省民族工作会议精神，省民宗委决定在全省民宗系统干部职工中开展学习民语简语活动。2016年6月，省民宗委下发通知，要求各级民宗工作部门开展以《贵州民族语言学习简本》为主要内容的民语简语学习活动。所学习的语种包括苗、布依、侗、彝4个民族的6种语言，每个语种的简语都包括单词100个、词组100个、句子100个，为日常生活中最常用的简单会话。学习活动持续两年，分三个阶段进行学习，在学习的人员范围、时间安排、奖惩和考核、组织领导等方面都提出了要求。学会民语简语对增进同少数民族群众的感情沟通、提高工作效率有着特殊的作用，特别是民族宗教工作部门的干部，学好民语简语，可为全社会尊重、学习少数民族语言起到重要的表率和示范作用，进一步推动民族地区双语教育的发展，培育全社会使用双语的良好氛围。

四、存在的问题与不足

（一）认识不到位

相关部门和人员对民族语文的错误认知仍然阻碍着我省双语教育工作的正常发展。主要包括两个方面：一方面，相关部门对我省少数民族语言文字使用的基本情况和双语教育的需求认识得不够，很多人主观臆断我省已经不存在不通汉语的地区，所以不需要为少数民族提供双语服务，没必要开展双语教育。另一方面，很多人仅把双语教育作为从民语到汉语之间的过渡手段，忽视了双语教育对于传承、保护少数民族文化的重要作用。

（二）保障机制不健全

保障机制的不健全是我省民族语文和双语教育工作发展的不利因素，是开展工作难度大的根本原因，这直接造成了相关资源配备的缺乏，导致了民族语文及双语教育工作进展不畅。例如缺乏稳定的双语教师培养、录入和相匹配的待遇机制，双语教材、读物编译机制仍然比较滞后，资金保障体制的缺位致使双语教育工作缺乏内生动力和可持续发展的动力。

（三）政策落实力度不够

我省根据实际制定了不少关于民族语文和双语教育的政策措施，如2012 年出台了《贵州省民委关于进一步做好少数民族语言文字管理与服务工作的意见》（黔族发［2012］104 号）、《关于做好 2014 年专项招聘乡（镇）事业单位工作人员工作的通知》（黔人社厅通［2014］170 号）等，对民族语文工作、双语人才的培养、双语师资的配备等具有重要的指导和推动作用，但在实际操作中存在重视不够、执行不力的问题。在民语翻译职称评审中，虽然明确规定可以跨系列申报，可是一些学校和单位领导往往以无翻译岗位为由不同意符合条件的职工申报。

五、思路和建议

（一）因地因人制宜，实行分类指导

双语教育要因地区、因民族、因工作需要而异，实行分类指导。在不

通汉语的地区重点开展双语教学，同时利用民族文字在群众中进行扫盲和双语、双文扫盲；发挥母语优势，努力提高这些地方的教学质量，提高少数民族群众的文化素质。在汉语水平较高而本民族语言使用环境良好的地方，相关部门可在群众中开办民族语文学习班，在学校开设民族语文课，让群众和学生利用民族文字传承、发展民族的优秀文化。随着国内、国际文化的大交流，少数民族群众掌握和使用语言的变化，民族语文推行和双语教育工作不能再像以前一样以不通汉语的人群为重点，而应将工作信息点转移到以继续使用本民族语言的人群上来。职能部门要从观念上、工作部署上统筹解决好新时期民族语文和双语教育工作。条件允许的地方，应开办各种民族语文培训班，培训机关、学校、企事业单位干部、教师和工作人员，满足他们因工作、业务的要求学习民族语言文字的需要，更好地服务于民族地区经济、文化的发展。

（二）创新体制机制，走适合贵州双语教育发展的路子

在机构上，各级民族工作部门要加强对民族语文工作的管理，设置民族语文的专门机构或内设机构，配备相应的管理人员。当前贵州，特别是地县对民族语文管理得很不到位，没有专门的机构，这与贵州是民族语文工作大省是极不相称的。在教育体制上，应把民族语文教学纳入民族地区国民教育管理体制。从贵州的实际情况看，民族语文在学校教育中不宜搞体系发展，而应当作为一门独立的学科进入课程设置。民族语文成绩应按适当分值或适当比例计入学生总成绩和升学总分，这是纠正“民族语文不重要”观点的最有效办法，也是贯彻党和国家民族语文政策法律、法规的本质要求。在社会使用中，民族语文成绩要在职称评定、公务员录用、特殊行业招工中作为考核成绩和工作业绩。双语教师的业绩要和其他科任教师一视同仁，双语代课教师应通过特殊考核转为正式教师。

（三）高校民语专业招生要采取特殊政策，使培养的人才学有所用

高校民语专业招生要坚持以民族语言口语测试作为报考的门槛，使学生真正能够进得来、留得住、学得好。同时，加大制定民语专业学生在助学金、生活补助等方面的优惠政策的力度，以吸引优秀人才报考民语专业。进一步加大“双语预科生”和双语民族班的招生力度，使之逐步接近民族母语地区人口的占比。

（四）加大民语教材、读物编译出版的资金投入，保障双语教育顺利开展

国家有关部委应给予民族省区双语教育专项经费支持，同时，省级民族教育专项经费要逐年加大用于民族语文和双语教育工作的比重，以解决民语教材、读物及双语教育经费之不足，推动全省民语和双语教育工作不断取得新的发展。

积极探索，勇于实践
不断开创双语教学工作的新局面
——基于“延吉市朝鲜族中小学双语教学改革状况”调研后的视角

安春子

延边州教育局在《关于进一步深化全州双语教学改革工作的指导意见》中指出:“双语教育是民族教育的标志性特征，是提高民族教育质量和水平的奠基性工程、突破口。朝鲜族基础教育阶段双语教学工作，必须为朝鲜族学生继续深造和步入社会后的生存与发展打下坚实的语言基础。”基于此，为了更好地了解延吉市朝鲜族中小学双语（即朝鲜语、汉语）教学改革的状况，全面而深入地了解延吉市朝鲜族中小学在双语教学中遇到的实际困难和出现的问题，加强对双语教学的理论研讨和实践总结，推进我市的双语教学工作，本人在2014年对“延吉市朝鲜族中小学双语教育改革状况”进行了调研。

本次调研主要通过对学校、教师、学生进行问卷调查，以及现场听课、座谈等方式，获取了大量的第一手资料。而且在这一过程中，我广泛听取了来自基层学校的学生、教师的意见和建议，认真总结、分析、反思了延吉市双语教学改革工作，从中深刻地感悟到，延吉市双语教育改革历时十多年，尽管有过迷茫、困惑，但也取得了一些成绩，而且今天我们依然努力着、前行着。

一、延吉市朝鲜族中小学双语教学改革的启程

2000 年之前，延吉市朝鲜族学校的双语教育教学工作更多是基于考试制度的朝鲜语、汉语两门课程及第三门语言类（英语或日语）课程设置下的双语（或三语）教学，而且在相当长的时期里，朝鲜族教育的核心是怎样保持本民族语言和继承、发扬本民族文化。但是，随着时代的发展，越来越多的延吉市教育界同人都深刻地感受到，由于成长及未来发展的需要，

越来越多的朝鲜族孩子涌入汉族学校进行学习；同时，近些年朝鲜族人口出生率的降低也使得朝鲜族适龄入学儿童的数量呈逐年递减趋势，这些因素导致了朝鲜族学校生源越来越少，办学规模变得愈来愈小，见下表：

2001 年延吉市在朝、汉学校就读的汉族、朝鲜族学生的数据对比

延吉市朝鲜族中小学校		延吉市汉族中小学	
学生总数	汉族学生数	学生总数	朝鲜族学生数
22000 人左右	200 人左右	20000 人左右	1200 人左右

2004 年延吉市在朝、汉学校就读的汉族、朝鲜族学生的数据对比

延吉市朝鲜族中小学		延吉市汉族中小学	
学生总数	汉族学生数	学生总数	朝鲜族学生数
18000 人左右	300 人左右	22000 人左右	近 2000 人左右

由此，不难看出，延吉市的朝鲜族民族教育工作受到了巨大的冲击，也让我们的双语教育工作面临着诸多挑战。

挑战之一：社会发展的挑战。为了使朝鲜族学生在我国社会主义市场经济中与汉族学生拥有同等的语言优势和竞争力，延边曾有部分人士主张直接将朝鲜族学生融入汉族教育体系中。虽然这一主张受到了朝鲜族教育界人士和民族教育专家的强烈批评，但是在激烈的市场竞争中，为了更好地实现学生的自我价值，部分朝鲜族家长和学生认为朝鲜语是可学可不学的语言，片面强调学好汉语的重要性。

挑战之二：“双语教学”概念的界定问题。众所周知，语言是自我表达的基础，也是建立自信的开端。因此，首先必须明确“语言”是建立通识的第一步，而母语是所有学习的根本与基础。所以说，我们所提倡的“双语教学”是指以母语学习为基础，兼顾第二语言的教学过程。

挑战之三：构建有效的“双语教学模式”的探究。作为一名曾经承担过朝鲜族中学双语教学实验研究任务的教师，最初我根据十多年在汉族中学担任教师的经验，并通过两个多月的摸底调查和课堂教学实践活动，我感到朝鲜族学生在汉字识字量、汉语言表达、对汉字（词）的理解、用汉语写作等方面与汉族学校的学生相比都存在着很大的差异。所以说，如何构建有效的双语教学模式来提高朝鲜族学校学生的汉语知识水平是我们所

面临的又一项挑战。

除此以外，双语教学的师资问题、教材体系建设问题、课程设置问题等都是在双语教学改革中所面临和需要解决的问题，有些问题则必须通过教育行政部门的决策推动，通过区域联动才可以完成。

通过直面并解决这一项项的挑战，全市的民族教育工作者也进一步增强了责任感和使命感，树立了科学的双语教学观，不断地深化课堂教学改革，丰富、完善了学生的双语学习渠道，卓有成效地推进了双语教育工作。

二、延吉市朝鲜族中小学双语教学改革取得的主要成绩

（一）以活动为载体，形成了良好的双语教学氛围

延吉市教育局通过制定双语月活动方案（市教育局将每年的 5 月、10 月确定为“双语月”）并组织双语月活动、双语教学研讨会等，促进了全市朝鲜族中小学双语教学改革的进一步深化，形成了良好的双语教学环境。

除此而外，朝鲜族中小学在开展的双语主题班会、运动会、校本文化艺术节等活动中采用朝、汉两种语言，真正为学生听、说等能力的培养提供了一种展示的空间和熏陶的氛围。

（二）双语课程与教材体系建设得到了进一步的完善

按照上级的政策要求并结合延吉市双语教学改革的实际，我们科学地调整了朝、汉语课时比例，开展了部分学科尝试用双语教学（如中学的英语、地理、生物、美术等课程，小学的科学、音乐、美术等课程）的实验，实验覆盖了中小学各学段的所有班；而且对相关学科如朝、汉语教材进行了改版。可以说，通过十多年的双语教学改革，我们的双语课程与教材体系建设得到了进一步的完善。

（三）采用多种方式对双语教师进行培训

为了贯彻州委、州政府《关于朝鲜族教育改革与发展的若干意见》，落实《延边朝鲜族中小学双语教学改革实施方案》，进一步加强我市朝鲜族中小学双语教学改革，全面提高我市双语教师的整体素质，保障我市朝鲜族中小学双语教学改革的顺利进行，延吉市教育行政部门从双语教师的培训内容、培训时间、培训的组织与管理等方面着手，采用多种形式对双语教师进行了培训。如朝鲜族学校的教师到汉族学校挂职锻炼，朝、汉学校建立教学合作关系，开展双语教师演讲比赛、教学展示课等活动，积极参加

上级教育部门组织的双语教师培训活动等，使得延吉市朝鲜族学校教师的双语水平逐步提高，双语教师队伍不断壮大。

（四）基本建立了适合各校实际的双语教学模式

随着双语教学改革的不断深入，延吉市在对州教育局就双语教学工作提出的“一主四辅式”教学模式等进行的改革方面取得了重大突破，基本建立了适合各校实际的双语教学模式。如，延吉市建工小学从学生的实际出发，采取有效的双语教学策略，即教学准备策略、教学实施策略、教学评价策略等，在双语实验学科中构建了“自主学习—合作交流—展示提升—达标测评”四环节有效教学模式，在师生、生生的动态合作中夯实每一个教学环节，把质量的提升落实在常态化的课堂教学中，在特定的时间内基本上实现了基于学生不同层次和水准的双语目标。

（五）构建了富有民族特色的校本课程和走廊文化

为了让学生在强化汉语的同时更好地掌握朝鲜语，了解本民族文化，实现传承民族文化的目的，各校都积极开设有关朝鲜族民族文化教育的校本课程，让学生在自主学习、交流、分享中充分感受民族文化的魅力。如延吉市公园小学构建了适合不同年级教学的《朝鲜族民族文化》校本课程，设置了民族手工小组、民族传统体育小组、伽倻琴小鼓综合管弦乐表演小组等20余个校本课程选修项目，先后普及了民族声乐、手工制作、民族美术作品制作、民族饮食、民族服装、民族礼仪实践、茶道等，强化了朝鲜族民族文化的传承，让学生在了解主流文化的同时，也加深对本民族文化的了解和认同。

再如，延吉市东山小学是一所民族联合性质的学校，为了让朝鲜族孩子传承、发扬本民族文化，也为了让汉族学生受到朝鲜族文化的熏陶，学校投资建设了以“爱祖国、爱家乡，了解朝鲜族民族文化、艺术、风情”为主题的学校走廊文化、校园文化，让师生、家长在耳濡目染中进一步加强对祖国、对民族、对家乡的热爱之情，构建了充满生机的和谐校园。

三、反思与展望，我们将再创双语教学工作的新局面

在延吉市全体民族教育工作者的共同努力下，我们的双语教学改革取得了一些成绩，尤其是朝鲜族学生涌入汉族学校的问题得到了根本的扭转。如从2014年下半年新招生的小学一年级到汉族学校就读的朝鲜族学生比例，

由 4 年前的 20%下降到了 4.2%。而且汉族学生到朝鲜族学校就读的人数在逐年提升，2014 年上半年统计的数据显示，在义务教育阶段的朝鲜族学校就读的汉族学生有 697 人。可以说，通过双语教学改革，我们进一步明确了双语教学的形势不是简单的“学科+汉语”，而是学科与汉语相辅相成，即汉语与学科教学是自然地融合在一起的。汉语的引入应该为学科教学服务，而不是单纯地把母语换成汉语就行了；更要符合学生的实际情况，采用科学的方式和方法。同时，延吉市的双语教学改革也通过建立多元化的双语教育评价体系，即通过双语演讲比赛、朗读比赛、写作比赛、读书知识竞赛、积累检测、校园广播、双语主持人大赛等活动展开课外评价，并通过双语教学展示课、青年教师的双语教学汇报课等课内评价相结合的方式，提高了学生听、说、读、写等方面的能力，使学生的双语水平特别是汉语水平得到了空前的提高，这也使朝鲜族学生涌入汉族学校的问题得到了控制。目前，朝鲜族学校生源已呈现出小幅增加的趋势，见下表：

2010—2014 年延吉市朝鲜族学校学生数和网点调整情况

<table>
<tr><th colspan="3">年份
学校</th><th colspan="2">2010 年</th><th colspan="2">2011 年</th><th colspan="2">2012 年</th><th colspan="2">2013 年</th><th colspan="2">2014 年</th></tr>
<tr><td rowspan="4">小学</td><td rowspan="2">所数</td><td>市区</td><td>8</td><td rowspan="2">11</td><td>8</td><td rowspan="2">11</td><td>8</td><td rowspan="2">11</td><td>8</td><td rowspan="2">11</td><td>8</td><td rowspan="2">11</td></tr>
<tr><td>乡镇</td><td>3</td><td>3</td><td>3</td><td>3</td><td>3</td></tr>
<tr><td rowspan="2">人数</td><td>市区</td><td>7147</td><td rowspan="2">7961</td><td>7297</td><td rowspan="2">8051</td><td>7515</td><td rowspan="2">8230</td><td>7738</td><td rowspan="2">8434</td><td>8164</td><td rowspan="2">8795</td></tr>
<tr><td>乡镇</td><td>814</td><td>754</td><td>715</td><td>696</td><td>631</td></tr>
<tr><td rowspan="4">中学</td><td rowspan="2">所数</td><td>市区</td><td>6</td><td rowspan="2">10</td><td>6</td><td rowspan="2">10</td><td>6</td><td rowspan="2">10</td><td>6</td><td rowspan="2">9</td><td>6</td><td rowspan="2">9</td></tr>
<tr><td>乡镇</td><td>4</td><td>4</td><td>4</td><td>3</td><td>3</td></tr>
<tr><td rowspan="2">人数</td><td>市区</td><td>4410</td><td rowspan="2">4740</td><td>3959</td><td rowspan="2">4225</td><td>3587</td><td rowspan="2">3816</td><td>3564</td><td rowspan="2">3790</td><td>3578</td><td rowspan="2">3790</td></tr>
<tr><td>乡镇</td><td>330</td><td>266</td><td>229</td><td>226</td><td>212</td></tr>
</table>

从 2010—2014 年延吉市朝鲜族学校学生数和网点调整情况表中可以看出：2010—2012 年朝鲜族中小学教学网点为 21 所，2013—2014 年朝鲜族中小学教学网点为 20 所。而朝鲜族中小学在 2012 年总人数为 12046 人，在 2013 年总人数为 12224 人，在 2014 年总人数为 12585 人，全市朝鲜族中小学学生总人数呈逐年小幅度增加的趋势。

尽管朝鲜族中小学的双语教学改革取得了一定的成绩，但我们也应清醒地看到，我们的双语教学工作中还存在着诸多的问题。如针对不同学段的学生建立不同的双语学习目标问题；怎样建立更为科学、规范的双语教学评价机制的问题；在双语教学改革的过程中，尽管朝鲜族学生的汉语水平得到了显著的提高，但随之而来的是朝鲜语教学受到了一些冲击，据了解，有很多朝鲜族学生在朝鲜文的书写、朗读、词尾使用、使用标准语等方面存在着问题，针对双语教师的专项培训较少，朝鲜族学校学生比汉族学校学生课业负担更重等。但是，我们坚信，在上级教育部门和延吉市教育局的正确领导下，我们通过不断的努力，必会成就孩子们的全面发展，在全市范围内也必将逐步形成科学、有效的双语教育运行机制，从而不断开创延吉市双语教育工作的新局面。

新型城镇化背景下的满语文抢救与传承

吕　萍

新型城镇化指的是坚持以人为本，以新型工业化为动力，以统筹兼顾为原则，推动城市现代化、城市集群化、城市生态化、农村城镇化，全面提升城镇化质量和水平，走科学发展、集约高效、功能完善、环境友好、社会和谐、个性鲜明、城乡一体、大中小城市和小城镇协调发展的城镇化建设的路子。满语文是满族文化的载体，承载着满族深厚、丰富的文化内涵。在新型城镇化建设中有无抢救与传承满语文的价值、怎样在新型城镇化背景下抢救与传承满语文可以说是当今满学工作者所面临的新课题，也是一个值得深思的问题。从已有成果看，学者对满语文的抢救与传承多有论述，但对新型城镇化背景下的满语文抢救与传承还未涉猎。

一、新型城镇化背景下的满语文传承之必要性

自2001年的“十五”计划正式提出“城镇化”这一概念以来，我党进一步明确了“走中国特色的城镇化道路”的战略思想。党的十八大更是提升了这一思想，走以生态文明建设为基石的新型城镇化道路。这是关乎中华民族伟大复兴的长远大计，是建设“美丽中国”的核心战略。“经济是城市的命脉，文化是城市的灵魂”，近年来，千篇一律的城镇化建设对我国一些少数民族地区的文化环境造成了严重威胁，主流文化以锐不可当之势渗透到少数民族文化架构中，特色民族文化逐渐消逝①。“让居民望得见山、看得见水、记得住乡愁；要融入现代元素，更要保护和弘扬传统优秀文化，延续城市历史文脉。”②这是习近平总书记在2013年的中央城镇化工作会议上提出的，告诉我们在新型城镇化建设进程中不能丢弃优秀民族文

吕萍：长春师范大学满族文化研究所所长、教授、博士生导师，研究方向：东北民族历史与文化、满学。

① 陆地.新型城镇化背景下的少数民族地区文化传承［J］.小城镇建设，2015（7）：100.

② 新华网.习近平在中央城镇化工作会议上发表重要讲话［EB/OL］.2013.12.16. http:// www.hq.xinhuanet.com/focus/2013-12/16/c_118567236.htm.

化的传承，少数民族地区的城镇化建设尤其要处理好继承与开发民族文化的矛盾，处理好工业文明下的现代化建设与非物质文化资源守护的关系，树立文化城镇化的思想。

优秀文化的传承与城镇化并不对立。正如徐宪平指出：“新型城镇化规划强调文化传承，彰显城市的特色和个性。要根据不同城市的自然历史文化的禀赋体现差异性，倡导多样性，防止千城一面。要注重在旧城改造中保护历史文化遗产，注重在新城新区建设中注入传统文化元素，发展有历史记忆、文化脉络、地域特色、民族特点的美丽城镇，建设历史文化底蕴厚重、时代特色鲜明的人文城市。”[①]也就是说，中国的城镇要有自己的个性，每个地方的城镇、每一个城镇都应该有自己的个性，要突出多样性。只有民族的才是自己的，特别是民族自治地区，只有保持自己鲜明的民族文化特色，才能孕育出与众不同的城镇来。新型城镇化建设不能忽略历史的传承和文化的培育，要留住历史记忆和文化脉络，就要有地域风貌和民族特征，通过民族“遗留物”唤起人民群众对家乡的温暖记忆。满族新型城镇化就是要以满族历史文化为支撑，以发展满族文化创意、旅游等第三产业为导向，是应用中国特色新型城镇化模式加快满族小城镇发展的突破口。从这个意义说，抢救与传承满语文意义重大。

满语文是满族文化的载体，承载着满族深厚、丰富的历史文化内涵。满族语言文化研究与清史、东北历史文化研究是密不可分的，离开了它，清史及东北历史文化研究就失去了根基，甚至无从谈起。同样，满族语言文化研究与历史上的渤海国、金国研究，与长白山文化研究，与赫哲族、鄂伦春族、鄂温克族、锡伯族历史文化研究都是难解难分的。它们是相辅相成、相互促进的关系，离开了满族语言文化研究，在上述领域也就很难有所作为。从另一个角度看，满族及其历史文化的研究对于促进满族旅游产业的开发，对于满族自治地区的经济建设、项目投资也是具有重要现实意义的。同时，满语文又是一种濒临灭绝的少数民族语言文字，传承人甚少且年龄偏大。因此传承满语文、培养懂满语文的新人、开展深入的科研工作、整理翻译满文文献、抢救满语文遗产对推进社会进步和文化的繁荣发展是十分必要的，也是符合联合国教科文组织《保护世界文化和自然遗

① 中国网3月19日讯，国务院新闻办公室于19日上午举行新闻发布会，国家发展改革委副主任徐宪平介绍《国家新型城镇化规划(2014—2020年)》基本情况时的发言。

产公约》要求的。2004年8月，我国正式加入了联合国《保护非物质文化遗产公约》。2005年3月31日，国务院办公室发布了《关于加强我国非物质文化遗产保护工作的意见》(国办发[2005]8号)。同年12月22日，国务院办公厅又发布了《国务院关于加强文化遗产保护的通知》(国办发[2005]42号)，要求各级政府"从维护国家文化安全的高度充分认识保护文化遗产的重要性，进一步增加责任感和紧迫感，切实做好文化遗产的保护工作"，并明确指出要贯彻"保护为主，抢救第一，合理利用，传承发展"的方针。在保护对象中，《通知》把传统的口述文学和语言文字摆在了首位，而满语文是被联合国教科文组织列为濒临灭绝的语言。如果满语彻底消失了，很多清代史实再也没有被解密的机会了，满族及其文化的根也就断了，新型满族城镇也就没有了灵魂。

二、新型城镇化背景下满语文的抢救与面临的困境

自中华人民共和国成立以来，对满语文的抢救、传承和弘扬工作一直受到党和政府的高度重视与关怀。早在20世纪60年代，周恩来总理就曾采纳诸多专家的建议，代表中央政府委托中央民族学院(现中央民族大学)开办了中国首届满文班，招收21名学员进行了长达5年的专业教育与训练，使他们成为中华人民共和国第一代满语文文化工作者，承担起满语文的抢救、传承与推广的重任。

1980年，东北师范大学历史系成立了明清史研究所，决定为研究生开设满语文课。在东北师范大学的影响下，南开大学、内蒙古大学、辽宁大学、中国人民大学等高等院校也相继开设了满语文课，黑龙江省成立了满语研究所，满语文作为一门学科，终于在大学找到了应有的位置。尤其是近十年来，学术界为抢救满语文及培养人才做了大量的工作，成立了相应的学术研究机构，使满语文得以传承并被合理利用。

2002年，东北师范大学又成立了东北民族与疆域研究中心，为在读的硕士和博士生开设了满语文课，该中心所编著的《满语文教材》《简明满汉词典》《汉满词典》《满语口语读本》等教材陆续出版并获好评。2008年10月12日，东北师范大学东北民族民俗博物馆满语言文化研究中心成立；同年12月8日，长春师范大学满族文化研究所成立，并聘刘厚生教授为名誉所长，之后在长春举办了各种类型的满语文学习班，在吉林市、伊通满族自治县、白山市江源区建立了几个满语文非物质文化遗产文化生态保护区，

在区内设立了教学和科研基地，培养了数百名满语文爱好者，在吉林省形成了良好的满语文学习氛围。

黑龙江省有关满语文的抢救与推广工作起步略晚于吉林省。1984年夏，穆晔骏先生筹划在哈尔滨成立一个满语文的科研机构并造访东北师范大学。1986年3月，经黑龙江省政府批准，正式成立了黑龙江省满语研究所，当时由黑龙江省委党校代管，1999年11月转由黑龙江大学领导。该所在穆晔骏和刘景宪的领导下，在哈尔滨市多次举办满语文学习班，为培养、推广满语文人才做出了很大的贡献；他们所办的《满语研究》杂志，在国内外也有很大的影响。

如果说20世纪八九十年代满语文受到了重视，并进入了高等学府，那么，21世纪伊始，满语文则以新的面貌和姿态走进普通百姓家，使满族和其他民族的人们开始了解满语文，自觉保护、传承满语文。目前抢救、传承满语文的行动正在健康、深入、蓬勃地进行。

令人难过的是，尽管国家和众多高校在努力抢救、传承满语文，但随着城镇化特别是新型城镇化发展的进程，满语文的颓败之势越来越凸显，保护能否超越衰亡是越来越多的语言学家和满语爱好者所关心的。

满语文作为濒危的非物质文化遗产受到了普遍的重视，国内的多家媒体纷纷给予了全面的报道。1999年12月29日的《中国青年报》就曾刊文发出“救救满语”的呼声。2007年3月16日的《文摘旬刊》发表了《中国人会说满语的人已经不到百人》；10月27日的《吉林日报》发表了《推动满语言文化的研究和保护》，同日，《新文化报》也发表了《抢救满语我省要动口》；29日，新华每日电讯发《全国会说满语者已经不足100人》，《新文化报》发表了《全省能读懂满文资料的不超过10人》。2008年10月18日的《新世纪周刊》发表了《满语：在存亡间挣扎》。

采访活动也十分活跃：《江城日报》在2007年12月10日发表了《开拓满语活态传承之路》，又在2008年12月3日发表了《我们为什么学满语》的访谈文章；《吉林日报》在2008年10月3日也发表了《整理研究，薪火相传》等采访录。2007年吉林市电视台《文化访谈录》第十二期以“为了失落的文明”为题，专门针对满语文的历史和现状做了全面的阐述和呼吁；2012年8月，吉林市电视台以“抢救满语刻不容缓”为题，再次宣传了抢救满语文的意义和价值。2012年9月，吉林市电视台拍摄了大型纪录片《发现龙潭山》，其中揭示了满语言文化与吉林历史的渊源关系。

上述媒体宣传无疑告诉了人们一个严峻的现实：抢救满语言刻不容缓。而《联合国世界濒危语言图谱》2010 版的数据显示，中国的濒危语种主要包括东北的满语、湖南的土家语、贵州等偏远山区的仡佬语等。事实上，活态满语口语方面更加令人担忧。据调查，黑龙江省齐齐哈尔市富裕县三家子村是我国目前活态满语口语遗存情况最好的地区，2014 年被认定的满语传承人有 16 人，到 2019 年 6 月已不足 10 人了。随着通晓满语口语的老人的过世，满语口语遗存将面临灭绝，而与这门语言相关的一切——族群历史、风俗习惯、文化信仰等也将消亡，这不能不说是个巨大的损失，因此，抢救他们记忆中的满语口语是当务之急。

此外，目前满语文在传承和教学上也良莠不齐，令人担忧：一是缺少合格的满语文专业教师，特别是水平较高的教师；二是没有统一的教材，许多社会办的学习班所用的自编教材没经过严格审定，以讹传讹；三是一些教师没有经过教育部门的审核，没有上岗证；四是不按规范的语法翻译文本、误导语言规范化；等等。

三、新型城镇化背景下的满语文传承实践

怎么样才能够传承满语文，使这种已经濒临死亡的语言文字活起来，体现其应有的价值和应用的条件？长春师范大学和辽宁省本溪满族自治县的传承实践活动可谓是颇有成效，值得借鉴。

2008 年 12 月 26 日，长春师范学院[①] 满族文化研究所宣告成立。该所成立后，马上招收满族文化研究方向的硕士研究生，同时在硕士、博士研究生中开设了满语文课专业必修课，并在历史文化学院的本科生中开设了满语文专业选修课，至今已经有百余人毕业。2014 年，该所依托历史文化学院向教育部申报的新专业“少数民族语言文学——满语文”正式获得批准并于 2015 年秋招收了第一批满语文专业国本生（20 人）。经过两年多的专业学习，学生已全部通过了语音关，初步掌握了满语的词法、词汇，档案翻译等专业技能，这些都为今后的系统学习奠定了良好的基础。该专业的开设能够克服社会上满语文学习分散、浅显的弊端，以正规的学制、系

① 长春师范学院：现长春师范大学的前身，始建于 1958 年，1981 年更名为“长春师范学院”，2013 年更名为“长春师范大学”。

统的教学内容、科学的教学方法，为满语文的抢救和传承培养了高层次人才。

为抢救、传承满语言，该研究所还在本溪、伊通满族自治县、鞍山、吉林、通化的满族聚居区建立起满语言教学科研基地。2015 年在伊通满族自治县举办了满语学习班，培养了学员 70 多人，并帮助该县教育局审改校本教材《满族语言与文化》（共 6 册），很好地支持了民族地区的民族教育事业。2012 年 4 月在吉林市举办了满语文学习班，参加的人员有 70 多人，为吉林市满语言的普及和应用起到了很大的推动作用。2009 年出版了《满语文教程》一书。2013 年 5 月 2 至 3 日，长春电视台《长春人》节目连续播放了新闻片《抢救满语文》，对该所名誉所长刘厚生教授团队的满语文抢救工作进行了报道。2009 年申报的《满语文》项目被列入“吉林省非物质文化遗产名录”。2015 年，该所名誉所长刘厚生教授被授予“吉林省满语文项目传承人”称号。其间所编著的《满语文教程》经过反复修订和专家的审定，由吉林文史出版社于 2009 年 5 月公开出版发行，省委宣传部蒋力华部长为此书作序，该书成为目前国内较好的一部满语文教材，在国内外产生了较大的影响。2011 年 1 月，该所承担了长春市冬博会非物质文化项目展览“探秘乌拉文化圈”中的满族语言文字专题展板的文案、设计、制作工作受到了相关部门和观众的好评，尤其是满文书法作品和口语教材受到了热捧。2013 年春帮助吉林市乌拉街金珠乡满族伊尔根觉罗赵氏家族整理了现已挖掘到的满文家谱和满文墓碑，编写了《乌木普家族及其时代》等；同年 5 月为吉林水师营陈列馆录制了满语解说词，现每天向参观者播放。2014 年 12 月还参加了国家图书馆举办的大型展览“我们的文字”（全国唯一的满语文省级非物质文化遗产项目），刘厚生教授现场书写条幅，全国多家媒体进行采访和宣传。

辽宁省本溪满族自治县是该所满语文教学科研基地中成绩最为突出的。2010 年 9 月，该所在本溪满族自治县开办了满语文学习班，培养了 30 余名满语文教师。他们不但掌握了满语语音和基本的语法知识，还完成了小学校本教材《满族历史文化与语言文字》的编写和出版工作，引起了巨大的连锁反应和社会效应，被辽宁省定为“本溪模式”加以推广，本溪县电视台为此制作了专题片《满语文教学纪实》。2011 年秋，本溪满族自治县教育局与长春师范大学结成教学和科研的伙伴关系，相互作为教学和科研基地。长春师范大学2009级本科生到本溪县中小学进行满语文和历史学科的教育实习，效果很好。大学生们到偏远的少数民族地区从教，带去了许多新的理念、信息和知识，同时也得到了锻炼，提高了教学技能，丰富了社会知识，为他们走上工作岗位打下了良好的基础。

在宣传满语文服务民族文化方面，本溪满族自治县争取条件，加大力度，不放弃任何机会，做了一件非常有意义、有价值的工作。2012年9月6日，沈阳举办了辽宁省第八届少数民族文艺调演——《我们的家园》，满语文学习班的王晓丹和史长军老师演唱了满语歌曲《祝酒歌》，代表本溪县在舞台上展示了他们的风采，引起了轰动。用本民族的语言演唱本民族的歌曲是满族人民所期盼已久的事情，这是对本溪县满语文学习班的一个肯定。不夸张地说，本溪满族自治县在传承满语文方面为全国树立了一面旗帜，产生了一定的影响；桓仁满族自治县、岫岩满族自治县等到本溪县去取经，并紧跟其后在全县小学开设了满语文课。国内的许多领导、专家、学者，以及国外学者也纷纷前往本溪县进行考察、观摩，交流经验。如能坚持下去，满语文领域将有一批精英涌现，满语文的传承终会后继有人。

四、新型城镇化背景下的满语文传承经验与措施

长春师范大学和辽宁省本溪满族自治县满语文传承实践活动给我们提供了在新型城镇化背景下抢救性传承满语文的可行性经验，概括总结如下：

（一）争取政府相关部门的支持

传承满语文、弘扬满族文化一定要有宽松的政策、强有力的资金资助，申请获批一批高层次的科研项目，这样才会持久。政府不重视、不支持就什么事也办不了；没有大的专项保护资金投入，不立专项课题，保护无从谈起。

（二）要有一个长远的、科学的、切实可行的规划，形成“小学—中学—大学”一条龙式的培养模式，才有可能在一代人中培养出精英来

小学培养情趣；中学培养爱好；大学培养专业人才，完善满语文学科建设。长春师范大学就很好地完成了教育部新批专业—少数民族语言文学·满语文（本科）的培养任务，完成了满族文化方向硕士生的培养，完成了东北边疆民族特博项目博士生的培养，最终形成了一个从本科生到硕士生、博士生的满语文人才培养体系，为国家培养、输送了合格的新型满语文专业高级人才。

（三）要加大满语文的应用力度，一种语言之所以濒临灭绝，关键是它失去了使用价值，没人用它，自然要被历史淘汰

满语没用吗？否！清代为我们留下了数以百万计的满文文献档案，记载了其统治了近 300 年的历史与社会生活，这是中华民族的瑰宝，然而懂满语文的人才如凤毛麟角，这些文献不能被领其内涵、充分利用。因此，学习满语文、应用满语文不仅是传承文化的需要，也是现实生活的需要，更是建设新型城镇化的需要。要以满语文专业教学为平台，在假期开设满语文社会人员培训班，培养广大爱好者，进而建立起满语文培训基地，满足社会需求。

（四）加强满语文的科学普及，开设满语文知识讲堂，普及满语文及满族文化常识

撰写、修改满语教材；出版工具书；刻录光碟；进行辅助教学。办好杂志，例如《中国满学》等。召开高层次的学术会议，搭建学术交流平台。加大媒体宣传力度，例如建立满语文非物质文化遗产网站，加大满语文网络宣传力度，使人们正确了解、感知满语文，为申报国家级非物质文化遗产满语文项目做社会舆论工作。在此基础上进一步深入调研，了解、掌握满语文的遗存现状，获得第一手资料。大力加强满语文书法训练，争取国家级非遗项目满语文书法的申报成功。

满语文的濒危情况已经得到了国内外越来越多的关注和研究，国内外成功保护濒危语言的措施也值得借鉴：

1. 立法

通过立法的形式来提高政府的投入，加强公众的保护意识，在满族聚居地区自觉地多使用本族语言，如黑龙江富裕县三家子村老人（传承人）聚在一起时用满语对话。再如法国从政府到学者和民众都努力保护“法语的纯洁性”。1994 年，法国国会通过了《杜蓬法》，规定公共场所的所有标语、公告牌必须用法语书写，原文是其他语种的也要翻译成法语，而且法语字母不能小于原文。

2. 建立保护机构

政府在保护濒危语言的过程中也应起到领导性作用，应设立专项资金来资助相应机构进行濒危语的保护。例如吉林省财政厅 2015 年为省非物质文化遗产《满语文》项目保护单位长春师范大学满族文化研究所拨款 10 万

元，这对满语文的保护和传承提供了很大帮助。

3. 建立学校

双语教育是一种很实用的保护、促进濒危语使用的办法。以满语为例，满族聚居的自治县均建有民族中小学校（或满族中小学），如辽宁省的本溪满族自治县、吉林省的伊通满族自治县，黑龙江省三家子村都建有满族小学，这些学校把满语文作为一门基础课，聘请满语文教师进行授课，开展满语的启蒙教育教学，最后将其中的佼佼者送往高一级学校深造，以补充匮乏的满语文人才。

4. 在大数据背景下使用现代科技手段进行抢救性传承

如建立满语文数据库，包括语音库、口语库、田野调研影像资料库，制成电子书、电子词典等可永久保存的资料等。

总之，语言消亡的过程反映出政治、经济、文化和教育在不同地区发展的不平衡性。满语成为濒危语是社会变迁、文化融合等多种因素共同影响的结果，如果缺乏足够的重视和保护，濒危语会逐渐地退出历史舞台，那么其所代表的文化也就随风而逝了。因为最初的满族文化大都停留在了遥远的历史中，抢救满语文就是为了留住一把打开历史的钥匙[①]，也是为了更好地凸显满族新型城镇化特色。从这个意义上说，新型城镇化需要满语文的传承；另一方面，满语文又服务于新型城镇化建设。搞新型城镇化建设不能丢弃优秀的民族文化的传承，满族地区的新型城镇化建设尤其要处理好本民族文化继承与开发的矛盾，处理好工业文明下的现代化建设与对非物质文化资源的守护的关系，树立民族文化城镇化的思路是关键。通过对以传统满族村等为代表的物质空间的修复和创造性继承来重构满族村镇的生态风貌是实现文化城镇化的基础；传统生活方式和活态满族语言的传承与还原是文化城镇化的灵魂；生态旅游与文化产业综合功能合理发展是激发满语文传承和满族文化自觉、推动文化新型城镇化的动力与保障。

① 翟全伟. 从满语的衰落看濒危语言的保护和文化多样性［J］. 科技导刊（中旬刊），2011（7）：197.

中国朝鲜族双语教育的新思路

太平武

现代社会是知识全球化的时代，同时也是双语、多语、多元文化交融的立体时代。杨自俭先生曾在评论潘文国、谭慧敏的《对比语言学——历史与哲学思考》序言中关于对比语言学和普通语言学的关系时指出，洪堡特说：“从哲学观念上看，人们还几乎只是停留在普遍语法的贫乏境地。甚至对普遍语法，也极少视之为一门纯理性科学，更未把它看作一种普遍的比较语法。”赵元任说：“所谓语言学理论，实际上就是语言比较，就是世界各民族语言综合比较研究得出的科学结论。”这句话也成了 1990 年以后中国对比研究的主旋律，许多有成就的学者、有影响的著作都是本着这个精神来进行对比研究的。那么，我们似乎可以说，民族教育也是比较研究，是母语和汉语之间最基础、最基本的比较研究。笔者于 2016 年 10 月 15 日至 16 日参加了第十九届中国朝鲜语学会，听取了 61 名朝鲜族中小学语文教师的发言，并同他们进行了座谈，同时也参加了东北三省和内蒙古自治区朝鲜族中小学校长论坛和后期的调查工作，了解了一些中国朝鲜族教育的实际情况和焦点问题，这是一次学习、了解我国双语教育的共性和中国朝鲜族双语教育中亟待解决的问题的极好机会。下文笔者将重点探讨对中国朝鲜族双语教育改革的一些想法和基本思路。

一. 中国朝鲜族双语教育的办学特色

（一）中国民族教育的宏观背景

民族教育是双语教育。国务院 2012 年 9 月 5 日发 48 号文件《国务院关于深入推进义务教育均衡发展的意见》，首次发布推进我国义务教育的宏伟计划，提出义务教育均衡发展的重要意义、指导思想、基本目标和具体措施。2015 年 8 月 18 日又发 46 号文件《关于加快发展民族教育的决

太平武：中央民族大学教授、博士生导师，中国少数民族双语教学研究会副会长。

定》，宣告高举中国特色社会主义伟大旗帜，全面贯彻党的十八大，十八届二中、三中、四中全会精神和习近平总书记系列重要讲话精神，准确把握新时期民族教育的指导思想、基本原则和发展目标。并提出力争到2020年，民族地区教育的整体发展水平及主要指标接近或达到全国平均水平，“决不让一个少数民族、一个地区掉队，推进民族教育全面发展”的要求。这是党中央、国务院的庄严承诺，也是我国民族教育发展的基本依据和根本保证。

教育部民族教育司司长毛力提也指出，社会主义核心价值观是促进各民族团结的精神纽带，是不断增强中华民族凝聚力和向心力的重要保证。“积极培育、践行社会主义核心价值观，这是民族教育的一条主线，也是一条红线。”① 在如此大好的民族教育宏观背景下，在上级部门的重视和各有关部门的共同努力下，我国民族教育事业快速发展，教育规模不断扩大：“2014年，全国各级、各类学校中少数民族在校学生总数为2501万人，占在校学生总数的9.9%。其中，普通本专科少数民族在校生199万人，占普通本专科在校学生总数的7.8%；高中阶段少数民族在校生345万人，占8.9 %；初中阶段少数民族在校生477万人，占10.9%；普通小学少数民族在校生1059万人，占11.2%；学前教育阶段少数民族幼儿在园人数为347万人，占8.6%。民族地区各级、各类教育普及率显著增长，在义务教育阶段，毛入学率已达到了 99.5%以上。”（《教育部民族司司长详解第六次全国民族教育工作会议》2015.8.28）。学校的内涵建设也不断加强，双语教育稳步前进，具有学校办学特色和民族特色的校本课程不断完善，民族学校文化建设的力度也显著加大，为民族地区经济发展、维护祖国统一、促进民族团结做出了重要贡献。这是目前我国民族教育事业的宏观背景，形势一片大好。

（二）有一批忠于民族教育事业的园丁辛勤耕耘在民族教育第一线

政治路线确定之后，干部就是决定的因素；教育路线确定之后，广大教师就起关键作用。通过此次调研，尤其令人感到安慰的是，一批忠于民族教育事业，立志改革，坚持正确办学理念的园丁、校长及广大学生家长

① 杨自俭.对比语言学——历史与哲学思考（序）[A].潘文国，谭慧敏.对比语言学——历史与哲学思考[C].上海：上海教育出版社，2006.

关心我们的民族教育，形成了一支发展民族教育事业的坚强队伍。他们在教学第一线“以德治校，质量强校，科研兴校”，为办好有特色的民族学校辛勤努力。长春市朝鲜族中学、哈尔滨市第一朝鲜族中学、通化市朝鲜族中学等相对散居区学校和内蒙古乌兰浩特朝鲜族学校等散居区学校都根据他们自己地区的特点和具体情况，办起有自己特色的学校，取得了可喜的好成绩，为广大散居区和相对散居区朝鲜族教育的发展指明了方向。他们对民族教育的关心和无限热爱、迎着困难勇往直前的坚强决心是我们基层教育事业成功和发展的基本保证，也是我们民族教育事业发展的希望。

长春市朝鲜族中学肩负着长春市和吉林省中西部地区朝鲜族初高中学历教育的使命，为培养民族教育人才、为民族教育事业的发展做出了不少贡献，见证了党的民族政策的优越性，也诠释了民族政策的正确性和有效性。他们高度重视“立德树人”这一目标，坚持“让每位教师施展才华，让所有学生个个成才”的办学理念，顺利完成了教学任务。在强手如林的高考竞争中，该校在去年的高考的中有一名学生考了全省文科第二名考上了清华大学。今年的高考也全面丰收，出现了长春市文科状元和第二名，分别是全省文科的第三名和第四名，一名理科生考了 701 分(含民族分)，创造了该校高考历史记录。108 名考生中文理科重点进线率为 37%和 36%，普本进线率为 94%和 89%。该学校突出办学特色，提高竞争意识，敢于与兄弟学校竞争，敢于与汉族学校竞争，取得了好成绩。在外语教学方面，他们采取分层次教学，初一、初二年级进行走班上课，从 2015 年起，高中英语也采取分层次走班教学，经常组织三语竞赛。他们还成立学生记者团，加强民族礼仪教育、民族艺术教育和体能教育，积极参加东北亚博览会、吉林省少数民族图片展、长春市中小学生运动会开幕式表演等活动。去年学校组织 300 多名师生去韩国、北京等地进行励志游学，今年又组织 140 多名学生去西安、延吉等地进行文化探访，使学生活动有声有色、多彩多样。

（三）实施幼儿园、小学、中学三位一体的办学模式

目前，改革开放的不断深入、农民工的大批流动与城镇化、对外开放的不断深化，使人们的观念产生了空前的变化。就朝鲜族人口来说，大约有三分之一的人口流向大城市和沿海城市去自谋职业，约三分之一的人口流向国外打工，剩下的三分之一——老人和孩子们还留在家乡。因而民族

教育出现了很多新的情况，如学校因生源严重减少而纷纷倒闭，民族教育濒危。下边是黑龙江省民族教育系统提供的统计数字。

1988—2012 年黑龙江省朝鲜族学校数、学生数及教员数变化统计

年度	小学		初中		高中		教员数	
	学校数	学生数	学校数	学生数	学校数	学生数	小学	中学
1988	405	34650	85	15011	21	5737	4051	2610
1998	325	30628	69	15763	19	4752	3878	2395
2012	21	2881	21	2168	17	2570	706	1217

由此可知，大量朝鲜族学校闭门停学，一些教职工失业、改行或出国打工，严重影响了教师的积极性。小学的大量流失也使初中、高中起了连锁反应，全省 1988 年的 405 所小学到 2012 年缩减到 21 所，85 所初中缩减到 21 所，原来“大分散，小集聚”的民族村镇人口大量减少，但旧居住地仍留有一些弱势群体，当地没有民族学校，他们在经济上也无能为力，上不起外地的民族学校，只好上汉族学校。大量的留守儿童也给民族教育带来了新的困难。据统计，很多朝鲜族学校中，60%—80%的学生的双亲或单亲在外打工，学生由爷爷、奶奶或其他亲属照看，这将会带来很大的社会问题。

形势确实非常严峻。处在散居区的内蒙古乌兰浩特朝鲜族学校更是难上加难，他们在逆境中从不低头，艰苦创业，努力克服难以想象的困难，给我们树立了榜样，这种精神难能可贵。该校于 1950 年从乌兰浩特一中（汉族中学）民族初中班中独立出来，1956 年正式成立为朝鲜族完全中学，1957 年成立了朝鲜族小学，已有 60 年的历史了，是所内蒙古自治区唯一实现“幼儿园—小学—初中—高中”15 年一贯制的公立学校，1980 年被批准为自治区第一批重点中学。他们的办学理念是“以培养真才实学人才为基本，打好基础，保障质量，突出民族特色，培养德、智、体全面发展的人才”。他们在办学理念、学校管理、民族教育、教师队伍建设和三语教学方面有其特色与独特的办学风格；他们继承老前辈们的优良传统，师生同心同德，展示出了教师热衷教、学生热衷学、师生互动、勇往直前的好风气。

2000 年以来，该校在 2003 年、2009 年、2010 年均产生了自治区文科状元，2014 年一名毕业生还以 644 分（不含民族分）的自治区第三名的好

成绩考上了北京大学光化学院，已成为“自治区民族教育系列先进学校”，东北三省一区“朝鲜语文教学先进学校”“汉语文教学先进学校”，以及全盟“民族教育环境育人先进学校”、国家级“心理辅导先进集体”、“自治区民族团结进步先进集体”等。2012 年，该校小学部代表自治区在中央电视台《我要上春晚》节目中亮相，为自治区和学校争光。他们的宝贵经验是付出大量努力，走出去跟幼儿家长谈心、沟通，先办好幼儿园，这是他们作为民族学校发展的基本途径。在幼儿园阶段集体办园、集体教民族语，这是支撑小学民族语教育的基础，小学是初中的基础，初中是高中的基础。这样的从幼儿园到小学、中学的连带教育体系保证了民族语教学的连续性和系统性。他们根据自己的特点，因材施教，加强教师队伍建设，讲究教学方法，以民族语文带动其他课的教学，以开展文化教育、情感教育、专业兴趣教育使学校的整体教学水平大幅度提高，使学生的学习积极性与自觉性、对学习的兴趣不断高涨，保证学生学习的最佳状态，这是该学校成功的秘诀。他们还加强校园文明建设，对学生进行道德教育、文明礼貌教育和足球教育，使之为振兴中做好心理准备、体能准备。

（四）因地制宜，小班上课效果好

学校教育无非是教与学的互动过程。传统教育模式是教师教学生学习。“教”与“学”是辩证关系，学生是学习的主体，教师是教学中的主导。但多少年来人们往往认为教师是主体，学生学什么、怎么学都是学校的事，跟学生没有多大关系，学校制定培养目标，教师制定教学目标、教学内容、教学方法、学习效果的测评方法等。所以教师定教案，职能部门检查督促是“天经地义”的事情……我们的教学工作一直如此简单地重复。这等于片面强调外因，不考虑其内因是鸡蛋还是石头，还是臭蛋。随着社会的进步，教育改革不断深入，人们逐步认识到学校的职能是什么，教师的任务是什么，教师如何教，学生如何学，如何发挥学生的主动性、自觉性、创意性。这是在教育改革中取得的成功的经验，小班上课就是其中的一例，哈尔滨市朝鲜族第一中学对该方面的经验总结得好。

“十二五”期间，该校参加了黑龙江省民族教育研培部重点课题“小班额背景下学科教学有效性实践研究”，教师的理念、教学操作大有转变，学生的学习能力也大有提高，教学效果显著。

他们根据《国家中长期教育改革和发展规划纲要（2010—2020 年）》中

"关心每个学生，促进每个学生主动地、生动活泼地发展，尊重教育规律和学生身心发展规律，为每个学生提供适合的教育"的工作方针，通过教学方式的转变促进学习方式的转变，促进学生的有效学习。在小班化有效教学的研究过程中，他们突出一个"导"字：导学案即学生进行自主、合作、探究学习的媒介，课堂中教师的主导作用即引导学生讨论、探究、评价，以提高自我水平。高三培优课的导师制即学科名师辅导学习尖子生机制等，都在"导"的理念下，让更多的学生参与学习，主动学习，用心学习，学会学习，有效地凸显了学生的学习主体性，有效地提高了学生的思维、表达、等各种能力。

（五）紧跟形势，发挥学校优势，大胆开设韩国语实验班

1992 年中韩建交以后，中韩关系迅速发展，急需双语、双文化人才。国内大学先后开设了 200 多个韩国语专业，"韩国语热"立即全方位掀起。哈尔滨朝鲜族中学分析前沿形势，紧跟步伐，于 2008 年开始操办"韩国语实验班"，专招汉族学生，大有成功，既解决了社会上汉族学生学习韩国语的问题，又解决了生源急剧减少的困难，丰富了校园文化，促进了民族团结。同时为汉族学生传授并使其体验朝鲜族文化，如艳丽的韩服、紫菜包饭的手艺、敬老爱幼的孝道文化，这些深深地打动了汉族孩子们。经过 8 年的办学实验，该校的语言和民族特色吸引着汉族孩子们的目光，先进的办学理念、积极向上的校园文化也得到了汉族学生及家长们的肯定，该校学生的高考成绩远高于中考时与他们成绩不相上下的其他学校的学生们，近两年在中考招生中汉族学生争先恐后地报考该校。2016 年，哈尔滨市重点学校中考分数线普遍呈下降的趋势，唯独哈尔滨朝中提高了 4.75 分，说明其作为民族学校，在汉族地区的声誉也上升了。长春市朝鲜族中学硬件建设好，校舍宽畅，师资力量雄厚，适当招收当地的汉族学生学习韩国语，解决了汉族学生学习韩国语的迫切需求，也招收韩国中学生到中国学习汉语，以丰富办学内涵，提高国际感觉。现在有 30 名韩国学生在该校学习汉语，效果很好。

（六）发挥朝鲜族学校的优势，以"双语兼通、多语并进"，加强网络教育

根据散居地区学生"汉语强，朝鲜语弱"的特点扬长补短，加大对汉语文和朝鲜语文教学的投入。哈尔滨朝鲜族中学扬汉语学习之长，选择课本时，让初一和初二使用汉族学校的语文教材，学习古文，课外阅读也加

进经典诵读等，促进学生的汉语水平的提高，缩短与汉族学生的差距。外语特色是该校的另一个亮点。从课程的安排上，该校初一、初二的学生以第二外语的形式同步学习英语和日语，毕业的时候学生可自由选择外语语种，不仅有效地促进了学生外语种类的多样化发展，同时配合语言学习体验各种不同的外国文化，如外语配音比赛中对日本动漫、美国大片进行配音等，激发了孩子们的学习热情，取得了良好的教学效果。

另外，汉族学生还可以选修课的形式学习韩国语，留学生也可以学习汉语等，其经验时任校长崔德海曾在在《黑龙江朝文报》上介绍过。据跟踪调查，该校毕业生在大学乃至之后的社会生活中语言能力显示出明显的优势。而且在近几年的大学报考及招生规划中，选择语言类专业的学生呈增加趋势。在国际化进程加快的今天，尤其是国家的“一带一路”倡议的深入落实，社会需要大量的语言类人才。散居区民族学校实现可持续发展，必须着眼于社会的发展，与时俱进，提高学生的综合素质，培养自强不息的优秀的民族人才。

网络教育也是朝鲜族学校的特点之一。延吉市建工小学硬件设施好，领导重视，从低年级开始加强网络教育，学生写作业、进行讨论都熟练用网络手段，既培养了学生的兴趣，又提高了学生的操作能力和思维能力。

总之，东北三省一区的广大朝鲜族师生在党的积极发展民族教育的宏观背景下，本着“科研强校”的办学理念，忠于党的民族教育事业，克服种种困难，学习先进的经验和管理机制，积极培养高素质的教师队伍，使民族地区民族教育发生了很大的变化，显示出昂扬奋进的新面貌。

二、存在的问题

通过以上考察，笔者初步了解了中国朝鲜族教育的基本情况。其虽然已经取得了不少成就，但还存在如下问题，有的甚至比较严重，必须引起全社会的广泛重视。

（一）生源急剧减少，水平参差不齐

这是目前朝鲜族教育中存在的最大的问题，是关系到民族教育生死存亡的大问题。生源减少的原因很多：一是生育观念的变化。随着人们生活水平的提高、生活习惯的改变，整个朝鲜族的生育观念发生了根本性的变化，现在大多数育龄夫妇都不愿生第二胎。二是改革的浪潮把一部分朝鲜

族育龄青年推向了沿海城市和国外，导致人口大量外流，尤其是涉外婚姻中朝鲜族所占的比例越来越大。三是自20世纪80年代末起，朝鲜族学生转上汉族学校的现象比较严重，特别是大中城市的中年一代不懂民族语，无法辅导子女学习，便送子女去汉族学校就读。结果民族学校规模越来越小，办学经费越来越不足，教师负担越来越重，特别是大中城市和沿海城市的民族语教育一点着落都没有，将来会造成较大的社会问题。

（二）教师的绝对数严重超编，年龄结构严重失衡，而专业特色教师严重缺编

从宏观上看，教师的绝对编制大量超编，但所需专业教师严重不足，教师的年龄结构也逐步走向老龄化。据黑龙江省2012年统计，大部分小学教师年龄超过40岁，有的学校则快突破50岁大关，民族语、外语、美术、音乐、体育教师严重缺编，严重影响学生德、智、体的全面发展。教师数量的严重不足也导致了滥竽充数现象，教学质量无法保证。

（三）教育阵地大量流失，教师待遇跟不上，使教师对基层民族教育感到前途渺茫

（四）集聚区编写的教材严重不适应散居区的教学，无法保证民族语高考分数

中国朝鲜语文教材一直由延边教育出版社统一编写并出版，他们在编写教材的过程中以朝鲜族集聚区的学生为主要对象，适当考虑散居区，所以聚居区的学生如果“吃不饱”，散居区的学生则跟不上，严重影响了教学质量的提高，也影响了高考的积极性。

（五）教师的学历水平有所提高，但缺少正规的专业训练，学科结构不合理

农村学校的教师流失情况比较严重，还存在着学科不全的问题。通化地区地理学科本专业毕业的只有市朝中的一位地理老师，他还要跨初中、高中教学，其他学校的地理老师都是非本专业。有的学校汉语专业毕业生教数学，有的化学老师兼教日语和政治，数学老师兼教物理和生物等，他们负担过重，没有精力去钻研教材、研究教学法。

（六）留守儿童多，影响学生健康成长

改革开放以来，大量的朝鲜族人到韩国等国外和国内沿海城市去打工，致使大量朝鲜族学生成为留守儿童。据统计，很多朝鲜族学校60%—80%

的学生的双亲或单亲在外打工，学生由爷爷、奶奶、姥爷、姥姥或其他亲属照看，这些孩子很难得到父母的亲切关怀和及时教育，多数学生养成了一些不良的行为习惯，如学习不主动、乱花钱、好逸恶劳、迷恋网络、不讲诚信、性格孤僻。失去父母关爱的学生心理容易产生自卑感、孤独感、厌世感等不良情感，给学校教育带来了很大的难题。

三、改革新思路

针对这些实际问题，政府层面首先要继续造好宏观上的大好形势，做好政策倾斜，把这些问题当作团结少数民族，加强边疆建设，保持国家安定、团结的大事来抓。教育部门要抓好行政领导，把好政策落实，积极采取措施，基层单位要自己解决自己的问题。

（一）多管齐下，解决生源危机

要从幼儿园抓起，增强教育工作者的责任感和使命感，用好的设备、好的环境、良好的教学质量来吸引学生，包括其他民族的学生，解决好生源危机。通化市朝鲜族学校自从合并后，加大了对幼儿园的投入、管理和宣传，幼儿数量从合并前的 19 名，一年内猛增到了 120 多名，其他学段的学生数量也随之增加。散居区的朝鲜族学生到汉族学校学习的主要原因，一是学校离家远，二是朝鲜族学校教学质量差，尤其是汉语水平与汉族学校有一定的差距，无法适应将来发展的要求。因此，通化市朝鲜族中学下大力气解决交通问题、寄宿制问题，改善办学环境，进行双语教学改革，尤其注重提高教学质量，以吸引更多的朝鲜族学生到朝鲜族学校读书，也吸引汉族学校的学生报考朝鲜族学校，效果比较明显。这就需要我们民族学校要付出更大的代价和更加艰苦的努力，以质量进行竞争，别无他法。

（二）实施小班化教学，充分利用自然形成的小班额格局，变劣势为优势，办出质量、办出特色

充分利用学生数额少的优势，关注每一个学生，给每一个学生以更多的关爱，促进每个朝鲜族学生全面而富有个性地发展，以弥补汉族学校因学生多而无法照料或问津而导致中差生或内向的学生大量产生的现状，进而吸引更多的朝鲜族学生到本民族学校学习和发展。将因材施教、精英培养和普通学生培养结合起来。黑龙江省密山市朝鲜族中学的经验是这样的：他们实行科学的、人性化的学习方案，培养学生自主学习、合作能力，形

成学生乐意学习的课堂氛围，激起学生的学习欲望和自觉性，使学生在自己学习、自己思考、自己发现、自己解决问题的过程中提高学习的效果。他们在学习过程中将过去老师灌输的“要这么理解”“要这么掌握”“要这么应用”的模式转换成“我会做”“我会应用”“我自己能解决问题”的自觉行动。

（三）将知识教育和能力教育结合起来，培养有思想、有思考能力的新型学生

要教会学生思考，使其养成独立思考的习惯。只有学生不断地体会到思考的乐趣，才能逐渐养成独立思考的习惯。要教会学生听课、阅读，使其养成积极动脑筋，独立学习的习惯。鼓励张扬个性，提高学生的综合素质。

（四）联合办学，适当招收民族班和国际班，增加生源，丰富校内多语种、多元文化的氛围

在双语教学改革的基础上，为适应社会发展的需求，有的学校又进行了一系列以“三语”（朝鲜语、汉语、外语）课为重点的教学改革。“三语”教改实验给朝鲜族学生带来了实惠，掌握“三语”的朝鲜族复合型人才在就业上的优势越来越凸显出来。

朝鲜族高中可适量招收汉族学校初中毕业生。由于散居地区的朝鲜族学校的双语授课模式已基本形成，有业务能力较强的汉语授课师资队伍，所以可以考虑在高中招生时适当招收一些汉族学校中没有考上重点高中的汉族考生，录取分数线可高于本校录取分数线 50 分以上，以保证生源质量。同时，对汉族学校的朝鲜族学生降分录取，以吸引汉族学校中没有考上重点高中的朝鲜族考生到朝中来学习和发展。这些学生在学习共同课的同时，根据本人意愿，学校还为他们创造条件开设朝鲜语文选修课，鼓励这些学生多学一种语言，为出国深造或将来的发展奠定基础。

（五）引进社会化办学机制，积极建设实习基地

广泛组织学生参加社会活动，积极组织国内外夏令营和出国考察，让学生进一步了解社会，提高社会感觉和国际感觉，使之知识素养和社会适应能力双丰收。

（六）充分利用现代信息网络技术，做好模范教案、课件建设和句型教学

提供幼儿园、小学阶段的发音教学、识字教学、口语教学的简明系统，以及作文教案、PPT等参考资料，直至初中、高中阶段的学习。

（七）倾注爱心，关注留守学生

面对朝鲜族学校留守学生占 70%左右的严峻现实，如何营造一个关爱留守学生的良好环境，使留守学生接受正常、健全、完善的教育，让他们和同龄人一样健康、快乐地成长，是新形势下学校教育应该思考的重大课题。通化市朝鲜族中学采取了教师与学生结对子，建立代理家长制度的方式，成立了“爱心之家”，建立了心理活动室、德育长廊、“心灵驿站”、博客网站等，开展了爱心手拉手活动，让留守学生感受到来自家的温暖。这些措施一方面对留守学生的学习、生活、思想及心理健康给予了特殊的关心和监护，一方面用强化学校教育来弥补他们缺失的家庭教育，解决他们平时生理、心理上的一些问题，效果很好。

四、结语

以上简要地考察、分析了东北三省和内蒙古自治区朝鲜族教育的基本情况，既有肯定的一面、可喜的一面，也存在严重的问题，希望在宏观判断我国目前的民族教育现状与今后的决策方面有所帮助。

多元文化背景下延边地区朝汉双语教育研究

孙惠欣

我国是一个以汉族为主体，由56个民族组成的多民族国家。各个民族在长期的发展过程中逐步形成了具有本民族特色的悠久的历史文化。由于历史上的朝代更替、种族迁徙、部落整合等原因，我国少数民族人口分布呈现出多样化的趋势，既有同一民族在同一区域居住的方式，也有多个民族在同一区域混居、杂居的方式，还有同一民族在不同区域散居的方式，由此形成了一个地区包含多种民族文化、使用多种民族语言相互交流的状况，如内蒙古有44个民族，新疆有47个民族。每个民族都有自己特有的文化传统与文化个性，民族的多样性、语言的多样性、信仰的多样性、生产方式的多样性等构成了文化的多样性，逐渐形成了你中有我，我中有你，又各具特色的“中华民族多元一体格局”。“多元文化在当今已成为正规的人类生活经验，所有的人都生活在一个多元文化的世界中。”在世界全球化与一体化的当今社会中，少数民族的双语教育是实施多元文化教育的必要手段。本文以延边地区朝鲜族双语教育为中心，探讨在多元文化背景下如何进行少数民族双语教育。

一、多元文化教育与双语教育

在一个多民族国家，每个民族群体都可以保留本民族的语言和传统文化，与此同时，他们也在不断融入国家的通用语言文化中去。20世纪后半叶，随着西方发达国家民族意识的觉醒，多元文化作为一种社会思潮得到了人们的普遍关注。“多元文化是人类群体之间的价值规范、思想观念乃至行为方式上的差异”。多元文化教育是指“在一个多民族国家或社会中，重视各民族的文化传承和发展，以实现各民族成员平等的教育机会和权利。”多元文化教育在帮助学生获得在国家主流文化中生存所需要的认识、

孙惠欣：延边大学教授、博士、教务处副处长。

技能和态度的同时，也要有助于培养学生在本民族亚文化和其他少数民族亚文化中生存所需要的能力。对于双语教育的概念，学术界有不同的看法。综合教学言之，双语教育是一个包括母语教学和第二语言教学的整体过程，含有两个相互联系的教学体系。双语教育有广义和狭义之分。“广义的双语教育是指使用两种语言进行教学的教育体制；狭义的双语教育是指在一个国家里用本民族语言和国语作为教育系统的两种语言，并以少数民族的学生为教育对象，我国把它叫作‘少数民族双语教育’。”本文探讨的延边地区朝鲜族双语教育属于狭义双语教育范畴，是指以朝鲜语为基础语言学习第二语言——汉语的教育过程，学生在学好朝鲜语的同时学好汉语，达到“双语兼通”的目的的过程。

二、多元文化背景下的延边朝鲜族地区双语教育改革

双语教育是民族教育的标志性特征，是提高民族教育质量和水平的奠基性工程和突破口。民族地区实施双语教学是党和国家民族平等政策的体现。延边朝鲜族教育起步早、基础好、起点高，有“教育之乡”“文化之乡”的美誉，延边是个以汉族和朝鲜族为主、多民族聚居、多元文化融合的地方。经过多年的发展，在多元文化背景下，延边朝鲜族教育已形成从幼儿教育到高等教育的门类功能齐全、层次完备、具有鲜明特色的民族教育体系。特别是近年来的双语教育改革与实践取得了巨大的成就，朝鲜族学生的双语能力有了显著的提高。在2014年教学成果奖的评审中，《延边地区朝鲜族中小学双语教学改革研究与实践》荣获国家基础教育教学成果二等奖和吉林省教学成果一等奖。下面对延边地区在双语教育方面取得的主要成功经验进行总结，以期得到社会的广泛关注，同时也为其他少数民族地区的双语教育提供借鉴和参考。

（一）双语教育改革不断向纵深发展

进入新世纪以后，延边州委、州政府出台相关政策，认真落实朝鲜族教育优先发展战略，为进一步深化双语教学改革、推动朝鲜族教育健康、持续发展提供了有力的组织保证。2002年颁布的《关于朝鲜族教育改革与发展的若干意见》就进一步深化双语教学改革、加快构建新课程教材体系、加强双语教师队伍建设、实现“双语兼通”目标等若干重大问题提出了明确要求，确定了新一轮双语教学改革的总体目标、主要任务。2004年，在

第二次修订的《延边朝鲜族自治州朝鲜族教育条例》中，朝鲜族学校的“双语兼学并用制”及“双语兼通”的人才培养目标得到了进一步的明确，新时期朝鲜族双语教育改革工作被纳入法制化轨道。此后又出台了《延边州朝鲜族双语教学改革实施意见》（2005 年）、《关于确定州级双语教育改革实验校的通知》（2005 年），把全州双语教学改革工作推向了更加规范、科学、合理的发展轨道。2009 年出台的《关于进一步深化全州双语教学改革工作的指导意见》进一步确定了双语改革的指导思想，界定了朝鲜族基础教育阶段双语教育的性质和目标，形成了“双语兼学并举”“先普及后提高”的延边双语教学改革的发展思路和工作理念。至此，延边州新一轮的双语教学改革政策、法规体系和理论奠基工作基本完成，广大朝鲜族学校把双语教学工作当作发展民族教育的首要课题来抓，形成了重视双语、研究双语、推进双语浓厚的改革氛围，延边州双语教学改革的内外环境得到了有效改善，为进一步深化改革、加快发展打下了坚实基础，创造了有利条件。

（二）双语教学模式改革取得明显成效

构建有效双语教学模式是使学生的双语能力得到发展的有效平台，是提高双语教学水平的重要载体。针对延边地区双语教学方法、途径、模式相对单一的问题，2003 年延边州教育局出台了《延边朝鲜族中小学双语教育改革实验方案》，确定了具体的实验对象及内容。同年，延边州在全国率先普及 MHK 考试，整体一次性完成了汉语高考形式的改制和转型，改革了以往的以传统考试模式作为分项等级制评价模式的方法，从更高层次上完成了学科教学模式从“汉语文”到“汉语”的转化。目前，朝鲜语文和汉语学科在中考、高考中各以 50%计入，汉语高考以 MHK 实得成绩的 25%计入总分，形成最后的语文成绩。2005 年出台的《延边州朝鲜族中小学双语教学改革实施意见》提出要构建具有延边特色的双语教学模式。按照 2009 年出台的《州教育局关于进一步深化全州双语教学改革工作的指导意见》，积极构建了具有延边特色的“一主四辅式”双语教学模式。即充分发挥双语课堂教学这一主渠道作用，通过创建良好的语言学习环境、加强朝鲜族民族文化教育、深化部分学科双语授课制实验和开展语言实践活动四个辅助渠道和手段提高双语教学质量与水平。在具体操作中坚持“早起步、大容量、多渠道、创情境、强训练”。“早起步”即从小学三年级开始设置汉语课程，提前到从小学一年级开设。“大容量”即根据新课程的要求确定新的课程标准，重新编写了汉语教材，从原有的要学会2500个汉字和6000个常用词语，提高到要学会3000个汉字，掌握常用词语7000条。同时进行了朝鲜语、汉语课时比例的调整，即减少朝鲜语课时，适当增加汉语课时，使朝鲜语、汉语学科在课程计划中所占比例分别达到15.4%和16.07%，双语学科合计占总课时数的31.48%，在较短时间内完成了双语同步起始、兼学并举的课程安排任务。“多渠道”即在双语教学改革中双管齐下，改革语言学科教学方式：朝鲜语以听说为主线，提高学生的语言实际运用能力；汉语学科创建“课前、课内、课外一体两翼大汉语课堂模式”和“学习—积累—体验—整合—达标”的有效教学模式。在计算机、体育等部分“双非”（非语言类、非考试类）学科尝试渗透汉语，改变单科运行为双语并用，提高学生双语学习的效率和效果，强化其汉语学习。根据不同区域实施不同的实验课题，确定了16所州级双语教学实验学校，准确把握了双语教育改革的科学性和过程性，结合本地、本校的实际确定规范、科学的实验方案，科学安排不同学年段的双语教育改革进程。“创情境”即创设良好的语言环境，创设每周一的汉语口语交际日和外语口语交际日，在墙壁文化中增设双语专栏等有效形式优化双语学习语言环境。“强训练”即大胆改革，从以知识传授为主的教学方式中解脱出来，以语言运用能力为根本目标，以听说促进读写，强化语言运用训练，通过开展丰富多彩的双语活动来提高双语教学水平。通过这种教学模式，进一步整合了学校的双语教学资源，扩大了科际联系，加强了课内外结合，拓宽了学生自主学习的渠道，使学生的汉语水平得到了很大的提高。2009年以来实施的“一主四辅式”教学模式取得了重大突破，实验覆盖中小学各学段所有年班，基本实现了学校教育“双语化”和“双语兼通”的目标。

（三）双语教学教材建设实现新突破

为了加强教材建设，在延边州双语教材改革领导小组和双语教材编撰委员会的指导下，新编东北三省朝鲜族中小学《朝鲜语文》《汉语》教材分别于2003年和2004年投入使用。新教材本着删繁就简、适当提高难度、贯彻新课改理念的编写意图，大幅缩短初级阶段学程，以提高学生能力为主，重点加强学生实际运用语言能力的培养，努力探索“口语领先，读写跟上”的教改路子。同时加强课程的综合性、实践性，进一步增强课程与教材的相互适应性，努力促进课堂教学领域改革和有效教学模式的构建。经过多年的教学实践，新版双语教材较好地贯彻、体现了新的课程理念，学生对新版教材的适应能力正逐年好转，师生对教材的接纳与认可度也比较理想，特别是学生升入小学中高年级以后对选文的篇幅长度和学习难度无明显的不适，学生的文章整体感知能力能够满足教学的基本需要。新版《汉语》教材大幅度提高了难度，识字量比原来增加了 35%—40%，接近汉族学校的标准，选文难度与人教版《语文》的差距缩短至 2 年以内，真正促进了双语的同步发展。

（四）小班化教育和民族文化教育得到全面推广

近几年来，延边州紧紧围绕构建“质量加特色”的朝鲜族教育发展模式，把朝鲜族学校办学的着眼点放在学生的学力水平和综合素质的提高上，深入开展小班化教育和民族文化教育，不断加快质量建校、文化立校、特色兴校的改革步伐，努力提升办学水平和办学品位，取得了较好的成效。2004 年，小班化教育写入《延边朝鲜族自治州朝鲜族教育条例》，并被列为延边教育事业发展十年规划的重要目标。延边州教育局先后下发了《关于在全州朝鲜族中小学实施小班化教育的指导意见》（2007 年），以及全州第一阶段（2008 年）、第二阶段（2011 年）小班化教育实施方案，逐年在全州朝鲜族小学起始年级全面普及小班化教育，确定了延吉市延新小学、珲春市第一实验小学等 11 所州级小班化教育实验样本校。一方面，通过狠抓班级建成率，从小学一年级招生编班开始，确保每班学生数量在 30 名以内的班额标准和小班化教师环境建设；另一方面，注重提高教学达标率，积极推进小班化教学模式改革和实验、科研、培训工作，力求做到从小班化教学到小班化教育质的改变，小班化教育改革基本做到了整体推进，不同类型的小班化教学模式相继成形，延边州内朝鲜族小学小班化教育覆盖率达到 80%。目前，全州朝鲜族小学和部分有条件的初中正积极探索、实践小班化教育，以小班化教学组织形式为重要突破口，有力推动双语教学改革，教学质量和水平有了较大提高。

与此同时，为积极推进学校文化特色建设，2007 年出台《关于在全州朝鲜族中小学开展朝鲜族民族文化教育的指导意见》正式把朝鲜族民族文化教育纳入地方课程，编写并出版了地方教材《朝鲜族民族文化教育》，在全州朝鲜族中小学广泛开展民族文化教育，大力实施小学以民族传统礼仪教育为主线、初中以民族历史教育为主线，涵盖中国朝鲜族特有的民俗风情、人文、艺术、体育、饮食、建筑、乡土地理的民族文化教育，初步构建了以学生的实践活动为教学方式、以增强学生的文化底蕴为教学目的的民族文化教育、教学模式。民族文化教育的实施不仅为广大朝鲜族学生提供了传承民族文化、提高自身文化涵养的平台和渠道，还能使学生接受系统的朝鲜语文情感教育和语言实践训练，积极培育、激发了学生热爱本民族语言文字的思想感情，为提高学生的朝鲜语文素养起到了积极作用。

（五）双语教师专业水平得到明显提升

双语教育改革的成与否关键在于教师队伍。为此，延边州积极开发双语教师资源，优化双语师资结构，把工作重点放在培训“双语型”教师上，出台相关政策，进一步完善“双语型”教师培训制度，拓宽教师培养渠道，建立“双语型”教师档案，促进了“双语型”教师专业化成长。通过全员岗位培训、骨干教师培训、长短期脱产培训、外派交流等方式努力改善教师培训环境，提高教师培训成效。大力推动“双语型”教师培训制度，狠抓教师双语基本功训练，以大面积普及普通话测试、教师双语演讲比赛等方式提高广大教师的语言、文字、交际、写作等方面的双语综合素质。采取到汉族校挂职锻炼、与汉族学校建立教学合作关系、聘用一定数量的汉族教师等措施，合理配置双语教师资源，优化双语教师结构。以双语教材教法培训为重点，以教师参与研究培训为主要形式，重点培养以州、市级学科带头人、教学骨干为主体的一批双语名师，初步建立使中青年优秀教师脱颖而出的机制，大力推进朝鲜族双语骨干教师队伍建设，双语教师的学历层次和专业水平得到了明显的提升。

朝鲜族具有崇尚文化、重视教育的优良传统，因而，“朝鲜族民族教育发达，教育普及水平、人均受教育年限、人均大学生拥有量等都居于中国各民族前列。”近些年来，在延边多元文化交融的大背景下，延边州以双语教学改革为突破口，努力形成朝鲜族学校的优势与特色，学生的双语水平，特别是汉语水平有了显著的提高，朝鲜族教育发展环境也得到了明显改善。朝鲜族跨民族择校生比例从五年前的 37%回落到目前的 18%，少于以前的一半，小学一年级的新生人数出现了上扬趋势，学校生源流失局面得到了初步扭转。全州朝鲜文考生的各类普通高校录取率连续多年比全州平均水平高 10 百分点以上，极大地提高了朝鲜族教育的办学声誉。当前，延边州朝鲜族、汉族学校之间的共同性资源不断增加，全州在朝鲜族学校就读的汉族学生共有 3359 名，占全州朝鲜族学校在校生总数的 7%以上，在朝鲜族学校任教的汉族教师有 376 名，占全州朝鲜族学校专任教师总数的 8.6%，在很大程度上做到了从师资到学生、从语言到文化的你中有我，我中有你，民族学校特有的双语文化教育资源得到了有效利用，为新时期双语教学改革奠定了重要基础。

然而，随着社会经济的快速发展及双语教育改革的不断深入，延边的双语教育也面临着新的挑战，如民族学校学生课时负担过重（目前朝鲜族学校从小学到高中的课时总量比汉族学校多出 1772 节，相当于民族学校学生在相同学制下多上 1.2 个学年的课时），新编汉语教科书的难度加大、朝鲜族学生学习负担增加，双语教师短缺，教师队伍不稳定、老龄化严重，教师驾驭教材的能力有所欠缺，学科发展不均衡，教育教学质量的提高相对缓慢等。尤其是近些年来朝鲜族生源的日渐减少正困扰着朝鲜族民族教育发展。

三、结语

双语教学改革是一项十分重要的工作，同时又是一项复杂的系统工程。针对上述延边地区朝鲜族双语教育中存在问题，今后延边州教育各部门之间要形成合力，协同共进，树立正确的双语教育观，加强双语教学模式改革和过程性指导与管理，努力提高双语教育工作的针对性和实效性，提高学校双语教育工作的质量与水平，力求在学校管理、双语师资培训、课堂教学改革、双语教材改进、双语环境建设等方面实现新的突破，使延边州的双语教育迈上一个新台阶，为推动全国少数民族地区的双语教育做出更大的贡献。

传承满族语言文字，弘扬中华民族文化
——辽宁省本溪满族自治县开设满语文课程工作报告

周普博

我从东北的满族故里来到弘道至善的云南民族大学，参加双语教学的盛会，与各位专家、学者分享满语传承与保护的工作经验，倍感自豪。彩云之南的湖光山色和人文内涵令人赞叹。和云南一样，我的家乡被称为“燕东胜境”，那里有道教祖庭铁刹山，乾坤正气三千年，有温泉寺狗儿汤，努尔哈赤曾在此浴汤疗伤，有鬼斧神工的本溪水洞，暗河藏龙……我们那里还是枫叶之乡，关门山十月流丹，享有“关山归来不看枫”的美誉。

“本”是万物之根，“溪”乃四海之源。本溪是满族重要的发祥地：在40多万年前，东北第一人从庙后山走向了欧洲大陆；马城子文化开启了东北青铜时代的交响。14世纪末，明代置草河千户所，本溪逐渐成为满族的聚居之地；1989年国务院批准成立了本溪满族自治县。全县30万人口，满族人口19.5万，占总人口的65%。世事沧桑，时代变迁，截至4年前，作为满族文化重要组成部分的满语却濒临灭绝，县内无人会说满语，无人认得满文。2009年满语被联合国教科文组织列为濒临灭绝的语言。

历史是民族的根，文化是民族的魂，一个民族的语言如果消亡了，那么这个民族的文化也会随之消亡。作为满族的后代，抢救与传承满族语言成为我们义不容辞的责任。2010年7月，本溪满族自治县县委、县政府经过充分调研，决定抢救、传承满族语言文字，开设满语课程，弘扬满族文化，走文化兴县、文化强县之路。

一、政府决策，教育先行

县政府曾召开专门会议部署抢救满族语言文化工作。县人大对《本溪满族自治县自治条例》进行修订：“自治县有计划地发展民族小学和民族

周普博：辽宁省本溪满族自治县教师进修学校校长。

中学，增加办学经费，开设满族历史和满族语言文化课，让学生了解本民族的历史和文化，学习本民族的语言。在自治县内推广使用常用的满族用语，形成自治县的满族文化氛围。”县政府制定了《本溪满族自治县满族文化传承发展规划》，教育部门率先行动，民宗局、文化局密切配合，拉开了抢救满族语言的序幕。

二、培训师资，开设课程

2010年9月，县教育局从全县各小学抽调22名优秀教师组成满语师资班，责成县教师进修学校具体实施培训满语师资和编写满语教材的工作。

我们聘请东北师范大学的满语专家、博士生导师刘厚生教授为我县培训师资。刘厚生教授1966年毕业于中央民族学院满文班，是中华人民共和国第一代满文工作者，东北师范大学历史文化学院博士生导师、资深教授、东北民族与疆域研究中心主任，吉林省非物质文化遗产满语文传承人。他编撰有《汉满词典》和《满语文教程》等。

2010年9月12日，在县教师进修学校举行了隆重满语师资班开学典礼。

刘厚生教授言传身教，各位学员认真、好学，经过五个月的系统学习、考核，学员们基本掌握了满语文的语音、语法，查阅字典，满文打字，满文美术字书写等知识，已经达到了中级班水平，能承担小学满语文教学工作。

2011年2月25日，我们组织召开了满语师资班毕业典礼，学员们用满族歌舞，满族剪纸，满文书法，满语诵读、合唱、小品等丰富多彩的形式展示了满语班的学习成果。为了使满语教学工作在我县有效实施，教师进修学校组织编写了《满族历史文化与语言文字》教材，聘请刘厚生教授任编写顾问，政府出资出版并印刷，供学生免费使用。

我们将满语确定为“地方特色校本课程”，使满语的传承走向了常态化、规范化。我们确定了满语的教学原则为：初步了解，基本掌握；当堂训练，不留作业；规范教学，期末考核。

2011年3月1日，全县小学春季开学的第一天，7所试点学校的满语教师身着满族服装，为孩子们上了第一节满语课，满文第一次出现在了我们本溪满族自治县的小学课堂上。从孩子们新奇的眼神中，从孩子们稚嫩的童音里，我们看到了满语这一中华民族宝贵的文化财富能够传承下来希望。

2011年9月起，全县所有小学五年级和六年级全面开设满族历史文化与语言文字课程，每周两节。通过学习，使学生们了解满族的历史文化、风俗习惯，会说常用的满语，能识、会写简单、常用的满文。现在全县已经有11000多名小学生学习了满语。

2011年8月，我县成立了满语文教育研究中心，专门负责传承、保护和发展满族语言文化的各项工作。2011年11月，我县成立了满族小学。满族小学在四、五、六年级开设满语课程，积极打造有满族特色的校园文化，建立了满族展室，把满族剪纸、书法、舞蹈、歌曲及满族体育项目引入课堂。现在，满族小学已经成为我县满语教学示范校，成为我县对外展示的一扇窗口。2012年和2014年，满语教研中心两次对教材做出了修订，使全县小学的满语教学提高到一个新的水平。2014年1月16日，本教材被省教育厅评为辽宁省首届中小学优秀校本教材二等奖。

三、选好载体，整体推进

从2011年起，县电台开启了“走遍满乡”空中课堂，每天教市民说一句满语，县报社开辟了满族文化专栏，电视台也制作了《视点》节目，宣传满语教学工作。2011年3月23日《本溪日报》整版报道了我县的做法，标题是“本溪满族自治县重视发展民族教育事业——满族语言文化走进小学课堂”。2012年5月，县委宣传部在美德少年颁奖典礼上设计了经典诗文满语诵读表演，孩子们在政府礼堂用满汉双语诵读《弟子规》《水调歌头·明月几时有》《陋室铭》等篇章，演唱了《摇篮曲》《祖国颂》等满语歌曲，表演了满族舞蹈等节目。在县德育现场会、市少数民族运动会开幕式上，师生的满族歌舞展现了浓郁的满乡风情。近几年的颁金节，我们都开展庆祝活动，满语课评优，表彰优秀的满语教师，满文书法展，满族剪纸、绘画展，满族文化知识竞赛、满族体育项目珍珠球比赛等组成了我县独特的颁金节庆祝画面。

2013年8月，县教育局、民宗局、旅游局联合举办了县内景区导游员的满族文化培训活动。经过认真培训，导游员能用简单的满语问候，能使用简短的满语导游词，会行满族礼仪，能唱满族歌曲。她们身穿着满族服装为游客导游，为原本风光秀丽的本溪满族自治县又增加了一道迷人、靓丽的色彩。满族特色正在逐渐成为我县的旅游品牌，助推经济发展。

2013 年 9 月 7 日是本溪满族自治县成立 24 周年纪念日，我们在县政府广场举办了宣传、庆祝活动。孩子们现场书写满文，老师们讲满族故事、演唱满族歌曲，引来无数市民驻足。

四、交流学习，合作共赢

为了拓宽满语教师的视野，使他们增长知识，提高教学能力，县政府派全体满语教师到吉林市满族博物馆、伊通满族民俗博物馆、黑龙江省三家子村、新宾满族自治县满族小学进行实地考察和学习。2012 年寒暑假，我县满语教师到吉林为长春师范大学实习生培训满语。我们的《满族历史文化与语言文字》课本被作为吉林省本科生学习满语的培训教材。

2012 年 9 月，我县满语教师代表本溪市参加了辽宁省少数民族文艺节目调演，演唱的满语歌曲《酒歌》获银奖。中国台湾、日本、澳大利亚的满语专家来我县考察满语教学工作。长春师范大学将我县确定为满语教学实践基地，已经有三届本科生来我县实习满语教学。中央民族大学为我们的师生举办了满文书法展览。

2013 年 5 月，我县 6 名满语教师受邀赴台湾学习交流。在台北故宫博物院，台北、台中小学等地交流了少数民族文化教育等内容。

五、领导重视，专家扶持

辽宁省民族宗教问题研究中心非常关心、支持我们的满语教学工作，将我县确立为“民族理论、政策研究共建基地”。国家图书馆组织“我们的文字”摄制组来我县录制满语教学工作，计划年底在国家图书馆展出。

国家民委领导带加拿大研究协会代表团来到我县，与我们交流抢救濒临灭绝的语言及双语教学的意义。辽宁省人大副主任佟志武、政协民侨外委主任包玉梅、副省长潘利国、省民委主任王德波等分别专程到本溪县调研满语文的教学情况，并给予了高度评价。各级领导、专家的鼓励、指导和帮助，增强了我们传承和保护满语的信心。

今年，省民委举办了辽宁省首届满语培训班，我县选派 4 名优秀的满语教师接受了为期 3 个月的脱产培训。4 位学员不负众望，取得了优异成绩，被评为学习班总冠军和优秀学员，载誉而归。

辽宁省民委和省教育厅今年 5 月联合下发了［2014］13 号文件——《关

于满族自治县中小学开展满语文教学工作的指导意见》，省民委下发了［2014］17 号文件——《关于学习、借鉴本溪满族自治县经验，切实做好抢救保护满语文工作的通知》。今年教师进修学校被推荐为辽宁省第七届民族团结进步先进单位。

吉林师大满族研究所许淑杰所长到我县考察满语工作时说："现在，研究满语的人和机构很多，你们却实实在在、默默无闻地在大山深处做着传承的工作。我向你们表达深深的敬意。因为，满语如果只有研究而没有传承，这种研究终将失去它的意义。"

2013 年 9 月，在于宁夏召开的全国双语教育学术交流会上，刘厚生教授作了专题报告《我对满语文的抢救、弘扬及应用的回顾与思考——兼谈"本溪模式"的几点启示》，他总结了我县抢救满语的 4 点经验：

一是政府部门的高度重视和有力支持；二是有长远的、科学的、切实可行的规划；三是有一个好的领导集体和核心；四是打造一支乐于奉献、勤于钻研的教师队伍。

我县满语教研中心副主任谢文湘应邀参加了这次会议，介绍了我们的工作，引起了专家的高度重视。

今年 6 月，双语学会荣誉会长丁文楼教授和副会长赵杰教授亲临本溪县考察满语文教学工作。丁教授说："本溪县政府为响应党中央文化大发展、大繁荣的号召，克服了种种困难，在小学开设了满语课程，办起了满族学校，从娃娃抓起，抢救文化遗产，在全国独树一帜，成绩斐然。"

赵杰教授说："从'本溪模式'来看，任何的艰难之事都可以从零开始走向辉煌，任何创举都可以从民间开始，任何一种语言可以从濒危状态中复活。"他还为本溪县的发展建言，指明我县要走"旅游大县，文化强县，满语亮县"的发展之路。

六、满语传承，任重道远

中华文化博大精深、多元共存，满族语言文化的拯救与传承任重道远。2013 年，我县新一届领导班子重视"文化强县"工作，下发了《本溪满族自治县满族文化传承保护发展规划（2013—2017 年）》，明确了坚持"政府主导，各行各业齐头并进，全体市民积极参与，中小学共同教育"的原则，统筹规划，分步实施。今后，我们还将做好如下工作：

1. 加强教研和培训，提高满语教师的业务水平。

2. 扎实推进满语教学和研究工作，申请课题，谋求合作。

3. 规范县内牌匾，体现满、汉两种文字，彰显满族文化特色。

4. 每年开展颁金节活动，为民族团结、共同繁荣贡献力量。

传承满族语言文字，弘扬中华民族文化任务艰巨，使命光荣。我们会勤奋耕耘、默默传承、坚定守护这一中华民族宝贵的文化财富，为弘扬满族智慧、勇敢和包容的精神，为传承满族的语言、文字和文化的根脉，为中华文化的丰富多彩贡献我们的力量。谢谢！

内蒙古民族中小学汉语学科建设与发展

黄妙轩　乌　兰

一、自治区民族中小学的基本情况

（一）少数民族中小学的数量与规模

根据2013年的统计，全区现有独立设置的民族中小学537所，在校生33.38万人，其中实施蒙汉双语教学的学校有484所（小学305所、初中105所、普通高中52所、职业高中22所），在校生20.86万人（小学11.75万人、初中5.37万人、普通高中3.55万人，职业高中0.19万人）。全区中小学共有蒙古族在校学生61.82万人，占全区中小学生总数259.8万人的23.80%（小学为24.26%，初中为23.17%，高中为23.50%），其中接受蒙双语教学的学生有20.85万人，占蒙古族中小学生总数的33.74%（小学为36.97%，初中为36.97%，高中为26.54%）。蒙汉双语教学中小学的校均规模分别是：小学385人，初中511人，普通高中682人。

（二）少数民族基础教育双语教学的推进

内蒙古自治区党委、政府始终高度重视发展民族教育，认真贯彻“优先重点”的发展方针，全面加强双语教学工作，倡导并鼓励少数民族学生学习、使用本民族语言文字和国家通用语言文字，研究制定了一系列推行蒙汉双语教学的文件和政策。率先对蒙汉双语教学的学生实行12年的免费教育；进一步完善了蒙汉双语教学高考学生的考试科目及计分办法；制定了促进蒙汉兼通大学毕业生就业的优惠政策；每年免费培训蒙汉双语教学中小学各学科教师3000多人次；每年编译并出版了220多种蒙汉双语大、中小学生教材；完成了蒙古文版本（包括汉语）教学资源的开发建设任务，总容量为295.73GB，总时长为1064小时，在少数民族地区实现了少数

黄妙轩：内蒙古教育出版社党委书记。
乌兰：内蒙古教育出版社编辑。

民族语言文字多学科、高标准的优质教育资源共享，极大地促进了蒙汉双语教学质量和水平的提高。

二、汉语课程建设和汉语教材编写情况

（一）汉语课程建设历程简述

内蒙古自治区的蒙汉双语教学是指少数民族学校各学科用本民族语言文字授课，单科加授汉语的双语教学模式，迄今一直采用这种模式。

早在 1951 年的第一次全国民族教育工作会议上，教育部就已规定：“凡有现行通用语言文字的少数民族，如蒙古族、朝鲜族、藏族、维吾尔族、哈萨克族等民族小学和中学的各门课程必须用本民族语言授课”“各少数民族的各级学校得按当地少数民族的需要和自愿开开设汉语文课”。1954 年 11 月的全区第一次民族教育工作会议上，哈丰阿在所作的报告《内蒙古民族教育的方向和任务》中指出：“……民族要学生要学好一定程度的汉语文，以便学习先进民族的文化和生产经验，充分发展蒙古族及其他少数民族文化，从而丰富祖国的文化”“蒙古族小学前 4 年只学民族语文，从小学五年级开始不分农牧区，一律增设汉语文”。之后，随着自治区教育厅一系列政策、措施的出台，民族学校普遍开设了汉语文课，并从五年级提前到了三年级开设，少数民族中小学的汉语教学逐步加强，少数民族学生的汉语文成绩有了明显的提高。

1980 年，自治区人民政府转批了内蒙古自治区教育厅《关于恢复和发展民族教育的几点意见的报告》，指出要“加强民族语言文字教学。对懂蒙语的儿童，要用蒙古语授课；对不懂蒙古语的蒙古族儿童，在用汉语文授课的同时，要加授蒙语文……”随着改革开放的不断深入，出于社会主义经济建设的需要，少数民族学生、学习使用汉语的必要性和重要性日益凸显，少数民族学生对学习、使用汉语的认识和要求日渐提高，民族中小学的汉语教学实验、教学改革非常活跃。根据蒙汉双语教育发展的客观实际，2002 年 7 月，自治区教委印发了《关于全区蒙语授课“五·四”学制小学、初中和普通高中课程教学计划的调整意见（试行）》，规定“汉语课程由原来的小学三年级开设调整到二年级开设，初中适当增加课程总量。”2003 年以后，有条件的地区和学校可以开设汉语口语课。并要求根据教育部制定的《全日制民族中小学汉语教学大纲（试行）》，建立符合双语教学实际、

突出民族学生学习第二语言的规律和特点、适应素质教育和时代发展要求的教材体系。同时，积极组织研发蒙古族中小学汉语教学课件，用新的教育观念和先进的信息技术手段，有效地提高蒙古族学生实际运用汉语的能力。随着民族教育汉语教学改革实验的积极推进，自治区蒙汉双语教育有了很大的发展，蒙古族中小学生的汉语能力进一步提高。近十年来，自治区政府、教育厅分别下发了一系列文件，指出有条件的用蒙古语授课的学校和地区也可在一年级开设汉语课程。随着社会的发展、民族的进步、实际交流的增多、学习环境的改善，接受蒙古语授课的学生学习汉语积极性进一步增强，实际运用汉语的能力提高较快，地区之间差距逐渐缩小，汉语课程建设与现代社会的要求相适应，进入了持续健康发展的快车道。

（二）从创制《汉语文教学大纲》到创制《汉语课程标准》

我国是一个统一的多民族组成的社会主义国家。普通话和规范汉字是我们国家的通用语言文字，它是各民族人民相互交往不可少的交际工具，这已成为各族人民的共识，并得到了法律上的确认。所以，“少数民族学生在学习和使用民族语言文字的同时，应该加强对国家通用语言文字的学习和使用，以具备多方面的汉语应用能力”，这是由中国的国情决定的。因此，在少数民族聚居区实施双语教学，加强汉语课程建设，对发展、繁荣民族地区的科学文化，促进民族地区经济发展，加强各民族间的交往，实现共同进步，增强民族凝聚力和创造力都具有非常重要的现实意义。

从中华人民共和国成立到“文化大革命”结束，我们的国家没有制定全国统一的少数民族中小学汉语教学大纲，各民族地区根据各自的实际情况开展符合自己特点的双语教学。1977 年，党中央恢复了高校招生制度，恢复了高考。由于没有统一的教学大纲，加上当时将命题任务委托给了并不熟悉民族地区汉语实际情况的高校教师，造成了从 1977 年到 1980 年这 4 年高考中的汉语试题严重脱离民族学生汉语实际水平的情况，引起了民族地区群众的不满。基于这种客观实际，制定一部全国统一的民族中小学汉语教学大纲成为当时一项迫在眉睫的紧急任务。为此，教育部民族教育司迅速组织开展这项工作，于 1980 年 10 月和 1981 年 9 月两次召开研讨会，并在专门研究、充分讨论的基础上，委托内蒙古教育出版社的有关专家起草了我国第一部统一的《全日制民族中小学汉语文教学大纲（试行草案)》。经过广泛征求意见，教育部于 1982 年 3 月正式颁布了这部汉语教学大纲在少数民族地区试行。从此，我国少数民族中小学的汉语教学和高考汉语命题开始走上了规范发展的轨道。各民族地区根据教学大纲，结合本地学生的实际情况，编写了各具特色的汉语教材，高校统一招生考试的汉语学科也有了命题的依据。

第一部汉语教学大纲的制定，标志着我国汉语课程的建设迈出了非常重要的第一步，是一个创新之举。之后，这项工作被正式纳入教育部民族教育司的工作范畴。根据大纲在使用过程中出现的新情况，经过研讨和修改，1987 年国家教育委员会正式颁布了《全日制民族中小学汉语文教学大纲》。以后，又经过两次修改，大纲逐步趋于完善，一直沿用到 21 世纪初。随着 20 世纪末“全面实施素质教育，培养学生的创新能力”等理念的提出和 2001 年国家基础教育课程改革实验的正式启动，汉语教学的改革也不断推进，作为课程改革重要内容的课程标准的研制成为当务之急。2002 年，教育部对为《全日制民族中小学汉语文教学大纲》进行了一次全面修订，并正式更名为《全日制民族中小学汉语教学大纲》予以颁布。这部大纲一直使用到 2006 年《全日制民族中小学汉语课程标准（试行）》颁布。

多年来，为改革传统的汉语教学，教育部一直在进行不懈的努力。1996 年，教育部在新疆召开了“全国民族中小学汉语教学探讨会”，研讨了民族中小学汉语教学中存在的问题，介绍了中国汉语水平考试（HSK）在能力测试方面的经验，并从 1998 年开始在民族地区设立了为期两年的汉语水平考试工作试点。为进一步推广汉语水平考试的经验，推动汉语教学改革，1999 年 3 月，教育部颁布了《中国少数民族中小学汉语课程标准（试行草案）》，在民族地区与《全日制民族中小学汉语教学大纲》并行。2001 年 4 月，教育部在北京召开了“中国少数民族汉语水平等级考试工作会议”，正式启动了民族汉考项目的研制工作。从 2005 年开始，教育部着手研制新的课程标准，经过教育部门、有关专家和一线教师的努力工作，2006 年 10 月，教育部颁布了《全日制民族中小学汉语课程标准（试行）》。

课程标准采取包括高中在内的整个中小学阶段一贯设计的方法，充分体现了民族中小学汉语课程的整体性和连续性，理念更加科学，内容更加丰富，并实现了 6 个方面的突破。2010 年下半年，教育部着手制定义务教育阶段少数民族学生的汉语课程标准，经过两年多的充分调研和征求意见，在相关教育工作者、教师和专家的共同努力下，2014 年 5 月，教育部正式颁布了《民族中小学汉语课程标准（义务教育）》。

我国民族中小学的汉语教学经过几十年的发展，取得了巨大成就。随着时代的发展、社会的进步，民族中小学的汉语教学在教学观念、教学目标、教学内容、教学方法等方面应尽可能地适应民族地区经济、文化发展的需要，因此，不断改革少数民族汉语教学，建设更加符合少数民族学生实际的汉语课是当今和今后一个时期非常重要的任务。

从汉语教学大纲到汉语课程标准，从制定到修改完善，每一部大纲（课程标准）都实现了对前者的超越并趋于完善，指导着汉语教学、汉语教材编写和汉语考试，在汉语课程建设过程中发挥着非常重要的作用，推动了汉语课改工作不断走向深入。

（三）汉语教科书编写情况

我国第一部《汉语文教学大纲（试行草案）》颁布之前，内蒙古教育出版社从自治区的实际出发，编写出了符合时代要求的汉语文教科书，供本地区的汉语教学使用。

《汉语文教学大纲（试行草案）》出台后，相关部门即依据该大纲着手编写并出版了新版汉语文教科书。之后，根据大纲的修订、完善不断修订并重新编写教科书，供自治区民族学校汉语文教学使用，这些教材可以称为“试用大纲教材”。

由于各民族地区学生的汉语实际情况不同，基础水平参差不齐，大纲对中小学阶段的课程内容进行了统一篇目规定：其中小学为 30%—50%，初中和高中均为 60%。同一篇目均选自普通中小学相应年级的语文教材，高考命题要在统一篇目中考虑。这一阶段汉语教科书的特点是模仿、照搬普通中小学语文教学的模式，适当降低难度和要求，并根据自己的特点和实际情况安排一些乡土篇目。1992 年的《汉语教学大纲》修订版在“教学中应注意的几个问题”的第一条中提出：“要充分认识汉语文学科是民族中小学第二语言课的性质，遵循民族学生学习汉语文的规律，努力培养民族学生理解和运用现代汉语文的能力。”教材编写部门和编写人员开始有意识地积极探索汉语作为少数民族学生第二语言课程的特点和规律。

1999 年 3 月，教育部颁布了《中国少数民族中小学汉语课程标准（试行草案)》，在民族地区与《全日制民族中小学汉语文教学大纲》并行；2002年，教育部对《全日制民族中小学汉语文教学大纲》进行了一次全面修订，并正式更名为《全日制民族中小学汉语教学大纲》，予以颁布。这两部文件的出台，正值国家基础教育课程改革重要时段，作为国家课改实验的一个部分的汉语课程改革，在许多理论问题上取得了重大突破：更加明确了课程的性质和特点，更加明确了培养目标；据此编写的汉语教科书也实现了重大进展，充分体现了第二语言教学的特点和规律；更加重视实际运用现代汉语能力的培养，其也可以称为“大纲、课标并行教材”。这一阶段汉语教材的特点是改变了以往照搬汉族学生母语教学的模式，克服了重知识传授，轻能力培养的弊端，努力体现第二语言教学的特点和规律，重视素质教育，重视实际运用现代汉语能力的培养。

现行的蒙古族中小学汉语教科书是根据内蒙古自治区人民政府的文件精神，受内蒙古教育厅的委托，由内蒙古教育出版社组织编写的突出第二语言教学规律、培养民族学生运用汉语进行交际的能力和文化素养的新版汉语教材。新版汉语教材依据《全日制民族中小学汉语课程标准（试行）》（教育部，2006）组织编写，于2008年秋季开始逐年过渡。为了确保新版汉语教科书的编写工作再上一个新的台阶，编写人员做了大量的准备工作，并采取了一系列有效措施。比如组织不同学段的编写人员陆续实地调研了自治区12个盟市的80多所民族中小学，无论是听课、座谈，还是问卷调查，都达到了预期的目的，了解到了一线的教学情况和教材使用情况，获得了第一手的宝贵材料。比如多次举办研讨会，并将编写的方案和拟选篇目交由一线教师和教研员讨论，对他们的反馈意见迅速做出反应，将他们的智慧和合理化建议纳入编写过程中；比如编写人员不但有组织地研究《汉语课程标准》，撰写研究心得，发表研究文章，同时积极承担培训任务，参加各级培训，与培训人员共同研究问题和重点；比如邀请教学能手、科研带头人承担汉语教学辅助用书的编写，使汉语教学辅助用书更加贴近学生的实际情况，还成立了专门的由教学研究人员组成的质量保证委员会，共同为教材、教辅质量的提升添砖加瓦。这套教材可称为“课标教材”。现行汉语教科书的特点是：充分体现第二语言的特点，突出了汉语的工具性，从三个维度、五个领域渗透了素质教育精神，注重“规范化、民族化、多元化、现代化、生活化”，注重地域特点和乡土气息，“注重人文精神和科学的融合”，“注重学生的发展”和实际运用汉语的能力的培养，强调师生的互动和学生的自主学习，努力体现中华各民族的优秀文化，体现世界多样化文化，体现对不同文化的尊重，体现国家对公民素质的基本要求（具有国家观念、社会时代要求的价值观和社会责任感）。所以，在范文的遴选上，除了传承经典、弘扬中华民族优秀传统文化的篇目之外，体现时代精神、富于现代意识的新选文增多，同时吸纳各民族的、世界的有益文化，并融入了生命意识、环境意识、公民意识、教育平等、创新思维等理念。在单元的编排、习题的设计、训练的安排上，根据学生的实际情况和学习的难点，强化听力、口语交际和书面表达训练，注重语言实践和应用能力的培养，突出自主、合作、交际和探究性学习。由于这套教材在编写过程中有了一定的理论支撑，弄清了几个重要关系和基本概念，所以在操作中思路清晰，有的放矢，具有很强的整体性、集中性、开放性和针对性，因而在具体的教学活动中，广大师生使用起来比较得心应手，受到了充分的肯定与广泛的好评。本套教材基本上摆脱了汉授教材降低程度加地区特色、乡土特色的由母语教材改造而成的传统模式，由于经过探讨，对第二语言学科特点的理论的认识有了一定的提升，对此体现得比较准确、到位。尽管如此，有些地方的衔接仍不很自然，层次梯度、难度分量、体系布局及弹性还存在不少问题。

目前，自治区已经形成了教科书、教师教学用书、阅读、同步训练、金马驹学练大课堂、单元测试卷、寒暑假作业，以及写字，生字、生词卡片完整配套的汉语课程教学用书体系。为了进一步提高教学用书的质量，我们一方面不断提高编写人员的学历层次，加大培训力度，交流研究成果，同时不断深入一线调研，全面了解实际情况，获得有价值的信息，形成良性互动。另一方面，变事后检查为事前控制，尽最大努力实现印前审读；跟踪图书用纸的质量，全程监控整个印制过程，确保学生拿到的是合格产品，形成了立体的质量保障体系。还聘请社会上的专家、学者、一线教师、教研人员组成了内教版教材图书质量保障专家委员会。另外，全国蒙古文教材审查委员会（1986年国家教委批准成立）对所有进入课堂的汉语教材进行了严格的审查，对新版汉语教材提出了更高的要求，审查工作对全面提高汉语教材的质量起到了重要的推动作用。

三、汉语教学、教改和科研情况

（一）汉语教学情况

自治区经济的发展、民族的进步迫切需要大量的蒙汉兼通甚至蒙、汉、外兼通的少数民族人才，蒙古族学生自觉学习汉语的意识越来越强，教授汉语课程的教师肩负的历史责任更加重大，据汉语老师讲：随着学生的学习积极性不断增强，汉语水平不断提高，教育行政部门、教学研究单位、学校领导机构对汉语教学提出了更高的要求，他们希望通过各种途径和方法，使学生以更高的汉语水平走向高一级学校深造和步入工作岗位。绝大多数的汉语教师能够比较好地理解《汉语课程标准》的精神，把握教材的编写意图，能够根据学生的特点进行有针对性的教学活动，创设语言环境，充分调动学生的积极性。有些教师还融入了互动式、参与式的教学探索，他们自制教具、自画挂图、自创情景、自设课件，利用多种教学手段来完成目标要求，收到了良好的效果。还有一部分教师的教学真正做到了创造性地使用教材、提升理论高度、创新教学模式，起到了示范和带头作用。由于各种因素所限，能够利用高科技手段、多媒体课件进行教学的学校虽然已不在少数，但运用得还不够充分，可提升的空间很大。另外，教师可利用的适合自身特点的参考资料还是很少。

（二）教改情况

为了进一步提高蒙古族学生的汉语能力，摸索出一条第二语言教学的有效途径，自治区曾在全区29所蒙古族中学展开了“加强阅读训练，提高学生读写能力”的教改实验，在21所蒙古族小学开展了“加强阅读训练，提高学生口语交际能力”的教改实验，要求各盟市成立由教育行政部门、教学研究部门和实验学校领导参加的教改领导小组，配备责任心强的教师承担实验课题。经过几年实验后，通过盟市间人员对调考察和全区统一命题考试的形式，对全区蒙古族中学的汉语教改进行了验收。通过对比分析，改革实验结果喜人。14所学校的25个实验班、24个非实验班和11个高一班参加了考试。实验班的平均成绩为81.5分，对比班为58.3分，高一班为 63.4 分；实验班的及格率为 78.8%，对比班为 58.3%，高一班为 49%。实验班学生的汉语测试成绩大幅度提高，同时学生的识字量，书写、阅读、口语交际、写作能力均得到明显增强，教改实验取得了成功，经验在全区范围内得到了推广。呼市兴安路民族小学也进行了两年多的教改实验，小学低年级集中识字连词，高年级集中习作练笔，参加实验的学生成绩明显提高，语言运用能力提升明显。各地区也根据自己的实际情况进行了有针对性的教学改革，都不同程度地收到了实效，比如内蒙古兴安盟进行的课型改革就取得了显著的效果，有的学校还自编了汉语乡土读物和会话教材。通过教改实验，学校和老师的改革意识增强，学生的汉语实际应用能力得到了提高，为进一步改革奠定了良好的基础，也受到了学校、学生、社会几方面的认可。该核自 2008 年参加“中国少数民族汉语水平等级考试（MHK）”以来，与其他各少数民族地区对照，总体成绩处于中等偏上水平。

（三）汉语教学理论研究情况

由于蒙古族学生学好汉语的愿望进一步增强，怎样学好、教好汉语的理论研究也蓬勃发展了起来，不仅是民族教育工作者、汉语教研人员、广大一线教师、教材编辑积极进行研究和探索，许多知名教授、学者，如吕必松、王本华等也给予了广泛的关注，研究会、座谈会频频举办，学术论文、研究成果屡见报纸和杂志，北大社、北语社、外研社等出版了多种专著和双语教学论文集，内蒙古教育出版社出版的《蒙古族学校汉语教材与教学研究》收入了自治区民族中小学 75 位作者的 75 篇研究论文，《汉语教材与教学》编入了 19 位作者的 26 篇研究文章，《少数民族学生汉语学习病句修改 200 例》的 7 位作者均为民族学校的汉语教师。刊登在《内蒙古教育》上的论文也有七八十篇之多。凡此，对民族学生汉语能力的进一步提高起到了一定的推动作用。

近几年，内蒙古地区相关专业的研究者以语言学、社会学、心理学、教育学等相关理论和方法为基础，通过综合分析、专题研究和实验探索，重点研究蒙古族学生第二语言习得情况。以研究蒙古族学生汉语习得为出发点的“蒙古族学生汉语语义认知研究”课题从语义研究入手，借助认知语言学、认知心理学的支撑，探索提高蒙古族学生汉语表达能力和理解能力的途径，课题结项成果已得到认可。专门以内蒙古自治区全日制民族中小学汉语教师为研究对象的课题“蒙古族中小学汉语教师教学效能发展研究”通过对内蒙古自治区全日制民族中小学汉语教师教学效能进行评估，发现了汉语教师教学效能发展规律、影响汉语教师教学效能发展的因素，提出了增进教师的教学效能感的建议，致力于为全国范围内全日制民族中小学汉语教师教学效能研究提供理论和实证依据。全国教育科学规划课题“内蒙古民族汉语文教育60年发展史研究”将系统梳理内蒙古自治区成立以来民族汉语文教育发展的历史，通过汉语文教育发生、发展的历史事实揭示汉语文教育发展的客观规律。此项课题将总结民族汉语文教育的特点，探索60年来民族汉语文改革的经验与教训，判别精华与糟粕，发扬优良传统，为内蒙古自治区民族汉语教育的发展提供智力支持，大力推进少数民族文化教育水平的提高。

四、面临的主要困难

经过几代人的不懈努力，自治区民族中小学的汉语教学取得了长足的进步，成绩喜人，但仍然存在着诸多困难和挑战：民族中小学经费仍然比较紧张、双语教学中小学缺编情况比较普遍、双语教师待遇偏低、一线教学教研经验提升不足、汉语教师队伍还不够稳定、创造性地进行教学的能力还不够高、可资借鉴的各种材料还比较少，等等。这些都是今后亟待解决的问题。目前，自治区教育改革部门正在深入贯彻落实自治区党委“8337”发展思路，以及“六大工程”和“深入学习贯彻习近平总书记考察内蒙古重要讲话精神的决定”，进一步调整、完善新形势下的民族教育政策措施，认真研究并不断出台各项解决办法。内蒙古教育出版社在2014年度工作重点任务中提出从传统出版向数字出版转型的工作任务，新版汉语教材的编写将在认真学习和研究《义务教育民族中小学汉语课程标准》的基础上吃透其精神和理念，实现创新驱动，全力推动汉语教材向全媒体出版升级，在构建全新思维的同时突出第二语言教学规律和特色的汉语教科书。

双语实践教学改革的探索研究
——以呼和浩特民族学院为例

杜勍妹

长期以来，民族院校肩负着培养民族地区少数民族语言与汉语兼通的各类专业人才的使命。为此，各民族地区根据国家的有关政策制定并出台了一系列促进民族地区双语教育教学发展的政策和措施。内蒙古地区也根据实际情况出台了相应的双语教育教学政策和措施。

一、内蒙古地区双语教育教学现状，以及相关措施和原则

内蒙古地区由于在地理、语言、教育条件等方面的特殊性，形成了比较复杂的语言使用局面：以蒙古族为主的少数民族聚集地区的绝大多数人使用本民族的语言；以牧区和农区为主，少数民族与汉族杂居地区的少数民族兼用母语和汉语；另外，由于东西部跨度大，东西部蒙古语、汉语方言差异也较大，造成东、西部地区的人们基本上互相听不懂对方地区的方言。这些都是内蒙古地区双语教学中应当考虑的主要因素。根据这种实际状况，自治区制定的民族学生双语教育的指导思想与原则是：把大力发展民族语言文字作为重要任务，把学习掌握母语作为基本要求，把学习运用汉语作为必备素质，把学习使用外语作为一项发展能力；坚持因地制宜、分类指导的原则。内蒙古地区的少数民族双语教学对象主要是蒙古族学生（还包括达斡尔族、鄂温克族、鄂伦春族等少数民族学生，他们一般根据居住地所属就近选择学校入学，多数懂蒙古语，能够用蒙古语交流）。因此，双语教学模式也根据该实际情况，主要制定有两种模式：一是以蒙古语授课为主，开设汉语课程（从小学一、二年级开始）；二是以汉语授课为主，从小学二年级起开设蒙古语文课程。在这两种授课模式下进行学习的民族

杜勍妹：蒙古族，呼和浩特民族学院教授。

学生在小学和中学阶段都不存在被分段、分流授课的情况。而其进入高校后被实行蒙汉语授课的分流：在小学、中学阶段以接受汉语文授课为主的民族学生，进入高校后大多直接与汉授学生一起进行各类专业课的学习；而在小学、中学阶段以接受蒙古语授课为主的学生，进入高校后又分流为两种情况，其中一部分学生继续进行以蒙古语授课为主的各类专业课程学习，同时加强汉语文教学，另外一部分学生则进行一学年的汉语文预科学习，再进行汉语授课的专业学习，同时继续学习蒙古语文。这些在小学、中学阶段以接受蒙古语授课为主的学生（约占少数民族学生的 80%以上）升入高校后，只有其中不足三分之一的学生能够比较熟练地使用汉语进行表达和交流，而近三分之二的学生要解决的是加强汉语学习、提高汉语文能力的问题，以适应当今社会的需求。这也是我们呼和浩特民族学院汉语文教学中要重点解决实际问题。

二、根据生源实际，进行汉语文课程实践教学的探索

呼和浩特民族学院现有学生近 9000 人，生源绝大部分来自内蒙古地区，少部分来自内蒙古周边的新疆、青海、甘肃、宁夏、山西、陕西、河北、辽宁、吉林、黑龙江等省区，是全国唯一一所各专业课程几乎全部用蒙古语授课的院校（汉语言文学系的各专业课程及汉授生专业班除外，我院各系同一专业基本上都分设蒙古语授课班和汉语授课班）。学院少数民族学生占 76%（其中 75%为蒙古族，1% 为其他少数民族），绝大部分少数民族学生在小学、中学阶段接受的都是以蒙古语为主的授课方式，进入高校后，绝大部分依然在以蒙古语授课的各系进行各专业课程的学习，只有其中约 10%的少数民族学生进入以汉语授课的各专业班进行学习。大部分来自纯牧区的少数民族学生存在着汉语交流的困难，说、读、写等汉语文运用能力都亟待提高。

针对该实际情况，我校进一步明确了开设大学汉语文课程，将其作为第二语言课程的教学目的，就是致力于培养、提高少数民族各专业学生的汉语言文字综合运用能力，以及学生适应社会生活和工作需要的汉语言文字综合运用能力，为培养适应当今社会需求的各专业高等技术应用型双语兼通的人才服务。为此，学院成立了大学汉语文教学团队，因材施教，不断地进行针对学生的汉语文的实践、实训教学尝试和探索。

（一）汉语口语和写作训练内容的增加及相应教材内容的改革

内蒙古各高校针对蒙古族学生开设的传统大学汉语文课程大多是以汉语文选课程和现代汉语语法课程为主，相应的代表性教材主要有内蒙古大学等汉语文教研室编写、内蒙古教育出版社出版的《汉文选读（上、下册）》（1984 年），赵文工主编、内蒙古大学出版社出版的《汉文文选》（2000 年），包双喜主编、内蒙古民族大学出版社出版的《大学汉语文》（2005 年），杜勍妹等主编、内蒙古大学出版社出版的《大学汉语文》等。这些教材多为文选型教材，其编写体例基本上都是以现成文本（课文）为主体，以文本体裁划分单元，并围绕文本设计导读、注释、课后思考题等，对一些重难点词汇在课后附加汉、蒙语对译；而汉语语法课程教材以系统的语法知识为纲，教学内容以语法规则的详细分析为主线，词汇的选择完全由选文内容决定，用母语对译的方式体现生词。这种教材内容使得学生的思维、思想过于受制于语法规则。语言本是最活跃的因素，一旦进入规则即变得枯燥、乏味，母语学习尚且如此，更何况第二语言的学习？这很容易使学生学习汉语的兴趣受挫。

针对该现状，我们在 2005 年和 2011 年先后两次进行了课程教学内容和教材编写的改革尝试。针对学生汉语表达能力的不足，修订了原来的大学汉语课程教学大纲，使该课程更突出针对少数民族学生的汉语表达、交流等实践能力的培养，加设了汉语口语训练和写作训练的实训内容，单独设课单独编写教材。该课程就是实践训练课，以汉语教学课堂为阵地，结合自治区普通话水平培训与测试工作的展开，解决发音、词汇、语法错误等问题，加强了学生汉语口语的实践训练和汉语写作训练的实践内容。课上采取精讲多练的方式，让每一个学生都一个一个地进行汉语读、说、写的大量训练。其实践训练内容包括：

1. 声母、韵母和声调的辩证训练内容以汉语常用词汇为主，配合精选的各类体裁的美文朗读

蒙古族学生在学习汉语时，由于常常受到母语语音和所居住地区汉语方言语音的双重干扰，有些蒙古语音中不存在的声母和韵母的发音，对于他们比较困难；由于蒙古语中不存在四声调，他们说汉语时在声调的表达上也比较困难，经常容易出错。所以，在授课中，我们就把这些容易发错的音和调的纠正与辩证作为重难点内容，进行反复纠正训练。例如下表：

汉语辅音声母与蒙古语辅音的对比

汉语	国际音标	蒙古语	国际音标
b	[p]	ᠪ	[b]
P	[p´]	ᠫ	[p]
m	[m]	ᠮ	[m]
f	[f]		
d	[t]	ᠳ	[d]
t	[t´]	ᠲ	[t]
n	[n]	ᠨ	[n]
l	[l]	ᠯ	[l]
g	[k]	ᠭ	[g]
k	[k´]		
h	[x]	ᠬ	[x]
z	[ts]		
c	[ts´]		
s	[s]	ᠰ	[s]
zh	[tʂ]		
ch	[tʂ´]		
sh	[ʂ]		
r	[ʐ]		
j	[tɕ]		
q	[tɕ´]		
x	[ɕ]		
ng	[ŋ]	ᠩ	[ŋ]
		ᠱ	[ʃ]
		ᠴ	[tʃ]
		ᠵ	[dʒ]
		ᠷ	[r]
		ᠸ	[w]
		ᠶ	[j]

由上表可以看出，其中的 f、k、z、c、zh、ch、sh、r、j、q、x 这些声母是蒙古语基本辅音中没有的，遇到以这些辅音为声母的汉语发音时，学生们会感到比较困难，容易出现错误。比如容易把声母 z、c 读成 s ［把“早晨（zao chen）”读为（sao ［ʧɛn］）、把“草原（cao yuan）”读为（sao yuan），等等］；容易把声母 f 读成 b、p 或 h ［把“理发（li fa）”读为（li hua），把“辅导（fu dao）”读为（bu dao），把“开会（kai hui）”读为（kai fei），等等］。这不仅影响他们的汉语口语表达和交际，而且还容易导致他们写错

别字。所以，以归纳常用词汇为主，有针对性地进行大量而持续的纠音、辨音训练，并且配备大量精选美文的朗读，是汉语文课程改革的一大突出内容。

2. 强化词汇和语序、语法错误的纠正、辩证训练内容，配以片段与全篇的写作训练内容，训练语言和思维的转换

蒙古语属于阿尔泰语系，而汉语属于汉藏语系，二者的语法结构存在较大差异。蒙古族学生使用汉语表达时要在这两种不同的语言属性之间进行转换，不能直接用汉语思维，在汉语词汇、语序的运用等方面特别容易出现错误。比如，汉字属于象形字、形声字，其字词都含有自身的意义；而蒙古语的构字与汉字不同。所以，蒙古族学生写汉字时往往不注意同音而不同义的汉字的区别，常常注意不到字义而以同音字替代，非常容易出现错字、别字的现象，在汉语表达中也容易出现语句不完整、不连贯，汉语词汇运用不准确，表述内容浅显，关注领域狭窄，不能充分表达自己的思想等现象。针对这种现状，我们在增加大量的读、说训练内容的基础上，进行大量的从片段写作到整篇写作的训练，让学生在汉语读、说、写三方面不断转换训练内容，循序渐进，使实践、实训逐步强化、深化，把引领学生运用汉语表达思想、交流见解，能够充分表达自己作为以蒙古族为主的少数民族学生学习汉语的最终目的。

（二）课堂教学把握实践、实训为主的原则，以功能教学、交际教学为主，强化实践训练，引导每一个学生都大胆地进行汉语读、说、写的大量练习和并得到提高，做到学以致用

功能法又称“意念—功能法”，是 20 世纪 70 年代英国语言学家威尔金斯提出的一种第二语言教学方法，是以语言功能项目为纲，培养在特定的社会语境中运用语言进行交际的一种教学法。其基本功能是社会交际，认为第二语言的教学目的不仅是让学生掌握语言规则，更要让学生掌握语言的使用规则，能够正确地、得体地使用语言。其特点是：1. 以培养交际功能为宗旨，教学过程交际化；2. 以话语为教学的基本单位，以功能意念为纲，选取自然、真实的语言材料；3. 语言单项技能训练与综合性技能训练相结合，对学习过程中的语言错误有一定的容忍度；4. 强调以学生为中心，采取多种教学手段。

这种以培养语言交际能力为中心，而不以枯燥、乏味的语法知识为教

学内容的训练方式，正是我们针对少数民族学生的汉语教学所提倡并实施的有效的教学法：使学生能够无所顾忌地大胆表达自己，不用担心说错、写错，卸掉了语言学习的心理包袱，可以在相对没有规则约束的语境中放松地交流，更便于培养他们的第二语言思维；而以实践、实训为主的多种教学手段的运用，又是教师课堂教学空间和时间的延展和解放。教师可以宽泛地设计课堂上的话题和内容，采取对话、分组自由交流的方法进行练习，在此基础上再将交流的话题以看法、见解、感想、心得体会等形式写出来。交流中出现的一些小错误，不足以影响他们表达自己的思想。经过反复的训练，学生有了一定的口语表达基础，再让他们把口语表述的内容转换为书面文字，其汉语写作难题也就会逐步得以解决。

这种同一思维指导下的口语到书面语的转换，和蒙、汉两种语言间或者说是两种思维间的转换相比要容易很多，在教学过程中更加便于操作，学生在训练中更加愿意参与。

（三）开发以表达、交际实训内容为主的具有民族特色和地区特色的双语教材

“语言的有效训练是学习、巩固第二语言的基本途径。如何让教师更好地引领学生使用语言、在使用中形成语言，这是教材不可推卸的‘责任’和‘义务’。”根据“功能法”教学特点，应强化交流、交际实践、实训的教学要求。我们过去多以汉语文选和汉语语法教材为主，正在进行结构和内容方面的改革尝试：一是要注重教材的实用性，在内容设计方面要突出体现表达、交际的功能；二是要注重实训内容的可操作性。目前我们正在编写试用的汉语口语实训教材、汉语写作实训教材及汉语文阅读训练教材。这些教材不是单纯强调汉语标准发音，词汇的训练和写作方法技巧方面的训练，而是引领学生运用汉语言进行思维，培养其表达思想、交流见解等方面的能力。例如，汉语口语实训教材，不但包括语音辩证系统训练、词汇和语法运用训练，更突出精读、泛读、灵活速读训练和不同情境下的人际交往表达训练等内容。汉语写作实训教材除了设计了与口语实训内容同步的文字感想、见解、心得的写作内容外，还增加了常用应用文体的写作实践和实训，并且结合学生所学专业增加了专业术语、专业名称、专业文章等写作实训，形成了某专业汉语的实用训练等。汉语文阅读训练教材则突出多元文化理念，内容以国内外各民族有关民俗文化的各类美文为主，

使学生了解民族文化的多样性，养成良好的文化素养。

三、大学汉语文课程的教学效果，以及不足和改进之处

1. 呼和浩特民族学院近些年针对少数民族学生在学习汉语中存在的普遍性问题，提出了一系列的实践、实训改进尝试。我们以呼和浩特民族学院为实践基地，在汉语教学中通过大量的强化功能法交际训练，使学生形成在日常学习、生活中有意识地自觉纠正汉语表达中的错误的习惯，进而养成自觉提高自身的汉语言运用能力的良好习惯。

2. 我们大学汉语文教学的教师队伍在教学中探索实践改革的课题《内蒙古地区双语教学及普通话推广教学改革和实践研究》在2012年获得呼和浩特民族学院教学成果一等奖，在2013年荣获自治区高校教学成果二等奖。

3. 呼和浩特民族学院大学汉语文教学的教师队伍在实践、实训教学中不断探索，也改进不足、积累经验，于2015年荣获内蒙古自治区教学团队荣誉称号。

4. 我们还有很多不足之处，需要在今后的教学中进一步改进。一是在课堂教学中，以功能教学、交际教学为主的教学模式在实施中还不充分、不到位，这有师资队伍不足、教师课堂实施经验不足是其中原因；二是教材的实践、实训内容还有待进一步改进和完善。

藏族中小学双语教育及汉语教学概况

旦巴嘉措

在圣洁、广袤的青藏高原，世代繁衍生息着勤劳而充满智慧的藏族人民。在历史的漫长岁月里，藏族人民以自己无穷的聪明才智，书写了灿烂、辉煌的雪域文化。

藏族主要聚居于青藏高原及其边缘地带，据统计，人口共计 531 余万，其中西藏自治区约 252 万，其余的则分布在青海（约 114 万）、四川（约 114 万）、甘肃（约 38 万）、云南（约 13 万）等省的 10 个藏族自治州和两个藏族自治县。藏族人民是藏族社会、经济生活的主体，是藏族地区大开发的实施主体，也是藏族繁荣发展的主体，因此，在西部大开发实施的过程中，不要仅仅将着眼点放在对自然资源的开发和利用方面，更应该把开发和利用藏族的人力资源和提高全民素质放在根本地位、优先地位。“科教兴藏，教育为本，教育优先”是推动藏族聚居区经济、文化发展的重要原则。

西藏及青海、四川、甘肃、云南四省藏区（以下简称“藏区”）的现代学校教育起步晚，困难多，发展慢，尤其是牧区教育特殊、复杂，而双语教育是藏区教育的重点和难点。藏区教育经过百年的发展，初步形成了一条群众认可、效益明显、符合实际、具有地方特点的双语教育之路。这个过程总体上经历了 4 个重要阶段：

第一阶段：传统的寺院教育阶段。从历史上看，基于藏区传统的寺院教育，以大小五明和五部大论为主要教学内容，以藏语为教学语言，同时教授其他民族语言（主要是梵文，不少高僧也通汉语、蒙古语和满语），历史较为悠久。

第二阶段：学校双语教育起步阶段。以青海为例，1910 年，青海蒙藩学堂建立，青海的藏族、蒙古族现代学校教育正式起步。民国时期学校教

旦巴嘉措：藏族，青海省民族教材编译中心教授，研究方向：藏汉双语教育。

育有所加强，主要集中在西宁市周边地区和玉树结古镇，藏汉双语教育初见成效，但学校和学生数量有限，且要求学生入学须取汉语名字（叫“官名”）。现代学校的建立彻底改变了青海历史上寺院教育一统天下的局面，突破了以五明文化为主导的课程传统。但此阶段寺院教育依然持续发展，其他藏区，情况也基本如此。

第三阶段：双语教育曲折发展阶段。随着藏区各地相继解放，各地陆续建立了马背学校、帐篷学校、村社小学等，牧区教育正式起步，学校教育得到了发展，并从1950年起编译出版了部分汉文、藏文双语对照的初小课本，重点培养民族干部，服务藏区建设。从20世纪60年代起，藏区建立了寄宿制学校，探索建立适合藏区、牧区特色的办学路子。而“文化大革命”期间，藏区则基本禁止了民族语文教学。后重新落实政策，并在高校设立民族部、民族班和预科班，加强双语教育，还以各州、地民族师范学校为基地，为当地培养了大批双语师资及人才。

第四阶段：双语教育探索改进阶段。从20世纪90年代起，我国藏区藏汉双语教育长足发展，探索建立了适合不同区域、不同语言人群的两类双语教学模式，逐步建立了一支具有藏语、汉语两种语言教学能力的规模化师资队伍，基本建立了较为完善的各门课程民族文字教材体系和从小学、中学到高校的双语教育体系。

党的十一届三中全会全面恢复了党的民族语文政策以来，全国藏区的基础教育有了长足的发展，藏族地区恢复了藏文教育，各地纷纷创办了各级藏文中学或藏族中学，与藏区有关的各民族院校也恢复、创办了藏语言文学系，为广大藏族农牧民子女接受现代教育开辟了广阔的道路，开创了藏区教育的新局面，迎来了藏区教育发展的春天。在新时期，藏族地区普遍实施藏汉双语教育，已基本形成了以母语藏语授课为主，单科加授汉语文的一类模式和以汉语授课为主，单科加授藏语文的二类模式两种基本的藏汉双语教学模式。如在小学阶段，西藏、青海、四川、甘肃、云南等地普遍实行了以藏语授课为主的模式（即用母语教学，除汉语外的其他学科都使用藏文教材教学）；初中、高中阶段则两种模式兼有。此外，藏族地区还有很少一部分学校正在采用部分课程用汉语文授课、部分课程用民族语文授课的模式。据2007年的统计，西藏、青海、四川、甘肃等省（区）各级、各类藏族中小学有6100余所，在校各级、各类学生总数为697121

名，其中：

	各类学校	小学	初中	高中
西藏	344800	3900	93300	17851
青海	106861	1040	11735	4160
四川	78990	922	3117	3900
甘肃	28887	（缺）	4399	1993
合计		559538	11255	28032

在藏族地区，一类和二类两种双语教育模式构建起了藏族基础教育的大的格局，基本上适应藏区的实际情况，为切实提高教育质量提供了现实基础。作为发展藏族教育的支撑体系，藏汉双语教学日益为人们所关注。总地来说，藏汉双语教育呈现出如下几个趋势：

第一，投入逐年增加。众所周知，我国藏区基本都属于经济欠发达地区，虽然财政困难，但国家在逐年增加其民族教育经费。以青海为例，2009年被投入的教育经费达1092亿元，比2001年增加7.4亿元。基层双语学校教学硬件设施、教学条件、师生生活条件得到了较大幅度的改善。

第二，质量大幅提高。双语教学体系不断完善，教学质量不断提升，农牧区教育普及率、儿童入学率、升学率不断提高。截至2010年10月，藏区实现了“两基”，人口覆盖率达81.8%，青壮年非文盲率达93%，藏区五省区“民考民”本科平均录取分数线由2001年的200分左右提高到2009年的310分左右，高等教育毛入学率达到25%，并建有若干个硕士点、博士点，开启了藏区高等教育发展的新历程。

第三，寄宿制基本普及。作为适合农牧区的特色办学形式，寄宿制学校从20世纪60年代诞生起，逐步在农村牧区得到了普及。

第四，教材形成体系。自1982年以来，青海、西藏的两家藏文教材编译中心加大各门课程教材的编译、出版力度，编译、出版了基础教育阶段民族学校三套不同版本的双语教科书、教参、教辅材料，推出各类教材及用书近1600个品种，形成了较为完整的基础教育双语教材体系。供全国藏区学校选用的藏文教材涵盖18种课程，达623种，使用学校包括全国藏区的3000多所民族中小学，受益学生达82万之多，社会效益十分显著。目前可供选用的各门课程藏文编译教材包括 509 个中小学品种，基本实现了与课程配套、同步供书的目标（教辅材料、学生练习、课外读物等尚不能满足需要），基本做到了基础教育阶段“配套建设，同步供书，课前到书，人手一册”，正在逐步编译并完善学前教材、高校相关专业教材。尤其是近5年，青海和西藏编译了藏文教材 240 种，共 3274.78 万字，包括课本、教师教学用书、同步练习册、假期作业、实验报告等，品种齐全，质量不断提高。

第五，普遍加强汉语教学。从 20 世纪 80 年代起，广大藏区开始推广汉语教学。2000 年前后开始编写、采用适合藏区学生、符合第二语言教学要求的汉语教材，汉语课由小学三年级开课提前到一年级，课时由原来的每周 4—5 个课时增至 6—8 个课时。将汉语同中考、高考挂钩，推行少数民族汉语水平等级考试（即 MHK）。目前，藏区各地已确定了两年或三年的藏语、学前汉语双语教育计划，正制订方案，落实措施。

第六，招考逐步完善。高考、中考分别从 2003 年、2005 年开始，针对双语学生提供非语言类各课程的藏、汉文对照试卷，允许学生用其中任何一种文字答卷。在 2007 年的高考中使用藏、汉文对照试卷的考生达 2237 人，占藏族考生的 40.9%。当年的本科录取分数线为 312 分，比 2000 年提高了 112 分。建立实施了双语会考制度。

第七，双语学校及学生总量趋于减少。随着“两基”攻坚的展开和教育的普及，由于藏区的城镇化速度加快、学校布局调整、学生自发转移等，不论是实行双语教学的学校还是接受双语教学的学生，总体上都趋于减少。

藏族教育是我国民族教育的重要组成部分。中华人民共和国诞生以后，藏族教育取得了历史性成就，有了巨大的发展。但由于现代学校教育起步较晚，基础十分薄弱，加之自然环境、办学条件及其他主客观方面因素的制约，教育水平一直处于滞后状态。从总体上看，主要矛盾是教育的战略地位与教育现状（包括教育投入、教育设施和办学条件、教育的水平和质量）之间存在着极大的差距，集中表现在以下几个方面：第一，低水平的生产力、有限的社会供给远远不能满足、承担大规模教育的需要，落后的经济支撑不了急需发展的教育；第二，低水平的基础教育培养不出发展各类教育的合格师资，初等教育和各类教育之间存在着低水平、低质量的恶性循环；第三，小生产方式，封闭的环境，传统文化中消极因素的积淀所形成的生产、生活的低水平，文化的低要求和轻视教育、轻视人才的陈旧观念成为发展教育的主要思想障碍；第四，落后的生产方式和边远、高寒的自然条件给办教育带来了一定的艰巨性、复杂性，致使藏族教育的发展在今后相当长的时期内仍然会处在一个相对滞后、缓慢发展的状态。

随着我国藏区藏汉双语教学的基本格局的形成，越来越多的人普遍认识到了学习和学好国家通用语言文字的重要性，因此，如何在藏汉双语教学模式下加强汉语教学成为焦点和热点。

总地来说，西藏、青海、四川、甘肃、云南五省（区）藏族地区的汉语教学虽然进行了很长的时间，也取得了一定的成绩，但是藏族学生的汉语实际运用能力始终在低水平上徘徊、驻足。长时期的低水平发展、汉语教学薄弱、学生汉语基础差的情况严重制约着藏族基础教育的发展。汉语作为我国各民族交往的通用语言已经成为最新、最快、容量最大的信息载体，成为知识和科技情报的最丰富的信息库。任何一种少数民族语文都还不能超越汉语所起的作用，汉语的掌握程度已成为少数民族发展生产力，以及科学、文化的重要因素。

一、汉语语言环境

在我国藏族地区，分别使用卫藏、安多、康巴三种方言。从总的情况来看，目前藏族地区兼通藏汉两种语言文字的人仍是少数，双语的使用和发展很不平衡，情况较为复杂。下面就从汉语的语言环境、社会汉语传媒及社会舆论环境三方面作说明。

（一）汉语语言环境4种类型

1. 只熟悉、使用母语，不懂汉语

这种情况主要存在于边远、落后、交通不便，与外界交往很少，纯藏族居住的牧区、半农半牧区和农业区。这部分地区所占地域和人口比例很大，没有汉语环境，适合一类模式教学。这种环境中的藏族学生一离开汉语课堂教学，就没有使用汉语的机会。一些语言环境差的地区也在想尽一切办法创造汉语环境，例如青海省海南州贵南县民族中学为了创造好的学习汉语的环境，建立学校广播站，单日播藏语广播，双日播汉语广播，与之相对应，学校对课外用语也做出了规定，在老师的带领下，学生单日说藏语，双日说汉语。这样，学生每周至少有三天可以在课堂以外听到汉语。

2. 熟悉、使用母语，又兼通汉语

这种情况主要表现为在与汉族聚居区相邻的农业区，藏、汉两个民族在生产、生活和其他社会活动中有较多的交往，汉语环境相对较好，使这部分藏族人逐步掌握了汉语。但是，这一类所谓“掌握了汉语”的藏族人，也仅仅是懂得一些日常用语，直接用汉语交流还有困难。在这种环境中，藏族学生可以接触到汉语，对汉语能力的培养有好处。

3. 基本使用汉语，在局部范围内使用母语

如居住在城镇的藏族人长期处在汉语言文字环境中，在社交和公共场所使用汉语，但在同本民族交往中和家庭生活中使用母语。西藏、青海、四川、甘肃、云南的各地区（州）级政府所在地大都属于这种情况，汉语环境好。而这些地区的藏族儿童可以直接进入汉族普通学校（完全用汉语授课，使用人教社的统编教材）学习，也有的进入当地城镇设立的二类模式（以汉语授课为主，单科加授藏语文）学校学习。

4. 完全使用汉语，不懂或基本不懂母语

这一部分人长期居住在以汉族人口为主、使用汉语的地区，没有学习、使用母语的环境，随着时间的推移，使用母语的能力逐渐丧失。如青海省东部农业区的部分藏族地区，四川阿坝、甘孜的部分农业区，甘肃省甘南州的临潭县、卓尼县、迭部县的部分农业区和天祝藏族自治县大部，云南迪庆的部分农业区。这些地方采用的是汉语母语普通教育的模式，一些地方还在用藏族教育二类模式教学。

另外，还有汉族或其他少数民族使用藏语的情况。如四川省阿坝州理县的汉族，西藏的门巴族、珞巴族，青海省化隆县、循化撒拉族自治县，甘肃省甘南州的部分回族、撒拉族，青海省黄南州河南蒙古族自治县、海北州海晏县的蒙古族。这些地方的人们由于长期处在藏族人口为主、通行藏语环境中，因而日常生活中能熟练地使用藏语。这些地区的少年儿童大多进入藏族中小学就读。

（二）社会汉语传媒情况

近年来，藏族地区各种汉语媒介的发展十分迅速，尤其是州（地）级、县级政府所在地，汉语广播、电视、报纸等媒体比较发达。在这些地方，汉语广播、电视、报纸的影响较强，基本上和汉族地区一样。但是，

广大农牧区由于经济发展缓慢，人民生活水平低下，加上游牧的生产方式，当地人民都几乎无法接触到这些汉语媒介。近年来，一些偏远地区，只要有电视或收音机，也能够收到广播、电视节目，在一定程度上弥补了汉语环境差的缺憾。

（三）社会舆论环境

这里的“舆论环境”是指藏族群众对汉语学习所持的态度。藏族地区目前对汉语学习的态度主要有以下三种：

1. 认为汉语的交际功能在各民族交往中显得越来越重要，是发展藏族地区社会、经济、科学、文化的重要工具，是提高藏族群众文化素质的一个重要环节。

汉语对孩子来说是非常重要的一门的课程。例如，在青海省教育科学研究所关于双语问题的问卷调查中，在“你是否认为藏语文的学习比汉语的学习更重要”的问题中，回答“同等重要”的占到被调查人数的 73%；在“你认为不学汉语可以吗？”问项中，回答“不可以”的占被调查人数的 93%。这些情况反映出，大多数群众非常重视汉语的学习和应用。人们根据实际生活和社会、经济、文化事业的发展与交流的需要，特别是经济的发展，从实用性的角度来学习并使用一种最通用的语言作为公共性交流的工具，是一个自然的选择。

2. 认为学不学汉语无所谓

这部分人认为孩子上完初中不是文盲，初中毕业后回家能干农活、能放牧就行了。这主要是一部分农牧民家长由于自身的观念的限制而造成的。

3. 认为学汉语不好

持这种态度的人数不多，结构较为复杂，这部分人认为本民族的语言文字优于其他民族的文字，他们特别担心汉语发展的趋势会使本民族被“同化”。

三种不同的认识决定着个人对学习汉语的不同态度。第一种人数越来越多，中华人民共和国成立至今的经历，特别是改革开放的现实，使他们深深体会到了汉语的实际应用价值，因而他们对学习汉语的重要性有较深的认识。第二种人是中间过渡人群，他们人数较多，经常处于摇摆状态，认为汉语可学可不学。当有人说汉语可以帮助掌握先进的科学技术，他们又随声附和。第三部分的人出于朴素的民族感情，担心学汉语会被“同化”，但在现实的条件下，他们依然会支持自己的孩子学习汉语。

综上所述，我认为无论是整个大的汉语环境还是社会舆论环境，对开展汉语教学都是有利的。

二、教材使用和教学现状

（一）从教材的使用情况来看：目前，藏族地区采用的教材比较复杂，主要有以下几种：

1. 人民教育出版社的供汉族学生学习母语的统编教材《语文》（以下简称“统编教材”）。

2. 人民教育出版社联合西藏、青海两家藏文教材编译机构合作编写的《汉语》（供藏族地区使用）教材。

3. 各省区自编的《汉语》辅助教材。

人民教育出版社的供汉族学生学习母语的《语文》教材是为母语为汉语的学生设计的一套高水准教材，不管是文章的选择、练习的设计，还是语文知识的讲解、技能的训练，都高出了藏族学生的实际能力和水平。笔者在一次下乡调查中，一位汉语老师举了一个例子：“让藏族学生学习统编教材，这就有如让一个根本没有跳高基础的人必须跳过 2 米的高度，不但跳不过去，反而会造成心理障碍。用统编教材的结果，只能是适得其反，造成营养过剩、消化不良。”可以说，这违背了第二语言教学的规律，造成了藏族地区汉语教学效率的低情况。

2000 年，在国家教育部民族教育司、五省区藏族教育协作领导小组的协调下，委托人民教育出版社，联合西藏、青海两家藏文教材编译机构合作的供藏族学生学习第二语言的新教材《汉语》（供藏族地区使用，以下简称“新编《汉语》教材）”的编写工作正式启动。目前，这套教材已完成了小学阶段、初中阶段《汉语》课本、教师教学用书、同步练习册的第二次修订。新修订的《汉语》教材以语言教学为中心，以提高学生的言语技能为目的，突出了第二语言教学的特点，符合藏族学生学习第二语言的认知规律，这对大面积提高汉语教学质量无疑会产生积极的作用。有的使用初中新编《汉语》教材的藏族地区已经有了第一批毕业生升入了高中。2005 年 7 月，我们在青海省黄南藏族自治州同仁县民族中学调查时，向教汉语课的陈老师问起了初中新编《汉语》教材的使用情况，她说：“自己接受了

2000 年的新教材培训，因此对该教材还是有所把握的，这套教材内容贴近藏族生活，内容丰富多彩，学生愿意学，我们也愿意教，今年毕业的学生成绩和实际汉语说话能力比往年有很大的提高。”

现在藏族地区虽然有很多地方已经选用了这套新编《汉语》教材，但是其他母语教材也仍然在使用。一校多本、同一地区同类学校使用不同教材的情况也很普遍。据我们了解，主要原因是：

1. 担心没有与新编《汉语》教材的使用相配套的汉语升学考试制度及相关政策。

2. 一些地区的教育行政部门在旧观念的指导下错误地指挥、错误地决策。

3. 造成“一校多本”的原因主要是已经选定了新编《汉语》教材，用它来逐步替换统编教材或其他老教材。造成同一地区同类学校选用不同教材的直接原因是一些地区的教育行政部门不能做出正确的指导，就放任自流，让学校“自主”选教材，造成教材的五花八门。

4. 陈旧的观念和落后的思想：认为藏族学生使用的汉语教材应该深一些、难一些，这样他们才会学好汉语。在这种思想影响下，相关部门往往选用统编教材，继续着“营养过剩、消化不良”的恶性循环。我们在调查时曾听到这样的怪谈：“我们这里汉语环境相当差，孩子们进校时连一句汉语都不会说。为了加强汉语教学，我们选定难度大、内容深的统编教材，加大汉语教学力度。” 究其原因，就是在对汉语这门课程的定位上出现了问题，不懂语言教学规律。

（二）从教学现状来看，《汉语课程标准》在基本训练方面对学生的要求是：“初步具有基本的听、读、写、译的能力，包括能听懂日常用语，能进行一般的汉语会话，会用标点符号，能用本民族语文和汉语对译学过的句子。”但藏族学生高中毕业时都达不到这个水平，特别是在说、写、读方面差得很远。主要原因是：汉语课是一门语言工具课，掌握语言同掌握其他工具一样需要技能，而技能是在反复实践和训练过程中形成的。思维是伴随着语言进行的，不会说汉语，就不会用汉语思维。以往的汉语教学照搬内地汉语教学的经验，忽视了藏族学生学习第二语言的特殊规律。教材编写照搬统编教材的框框，内容安排重教师，轻学生，重知识的传授，轻技能的培训，以“文”代“语”。长期以来，受母语教学和母语教材的影响，藏族地区的汉语教学一直遵循着这样一种程式：“背景简介—朗读或自读课文—字词教学—划分段落—分析课文—概括段落大意—归纳中心—总结写作特点”。这种僵化的程式化教学程序束缚了教师的主观能动性，抑制了学生的个性发展，加上教师素质、语言环境等外部因素的影响，汉语教学一直没有起色，学生的汉语成绩相当差。一组2003年五省区藏族教育协作领导小组调查组对藏族地区的一些地（州）、县进行的汉语测试的数据（一类模式初中二年级），足以说明情况（见下表）：

省（区）	地（州）	县	人数	平均分	及格率
西藏	昌都	察雅	30	38.4	3.3%
	山南	乃东	27	12.1	0
青海	果洛	甘德	30	15.23	0
	海南	同德	24	24.71	0
甘肃	甘南	夏河	30	21.3	0
四川	阿坝	若尔盖	30	17	0

2001年以后，随着新编《汉语》教材在藏族地区的广泛使用，人民教育出版社多次开展新教材的培训，粗略统计，仅参加一级培训的人员已达300余人次，加上各地陆续开展的二级、三级培训，藏族地区的汉语师资已基本接受了一些新观念及一些第二语言教学方法，并积极地将其引入实际教学中。但是我们在调查中也发现了一些问题：

1. 一些地方由于培训力度不够，老师仍然不能准确把握第二语言的教学规律，在教学方法上并没有大的突破，依然存在很明显的母语教学痕迹。

2. 部分教师“文”“语”并重的母语教学思想依然很严重，异常重视对课文的分析、理解和感悟（这一层非常难做到），而忽略了以听说为主导的语言实际运用能力的培养。

3. 一些地区的教师没有经过新编汉语教材培训，拿到新教材有束手无策的感觉，只好用母语教学的那一套程式化的东西教新教材。

4. 使用新教材后，一些老师又有这样的担心：用了这个新教材重视以听说为主导的汉语实际运用能力的培养，是不是就会对学生综合语文素质的提高产生不利的影响？这其中显然有两个误区：其一，其观念还是受母语教学思想的束缚，对《汉语》课程的定位产生了错误；其二，没有认识到语文综合素养是靠本民族的语文教学来培养的。对藏族学生而言，语文综合素养的培养是借藏语文教学完成的。

通过从以上罗列的问题可以看出：母语教学的观念在藏族地区各学校根深蒂固，如果不更新观念，不能给《汉语》课程一个科学的定位，依然会是穿新鞋，走老路，不利于汉语实际运用能力的培养，更不能奢望汉语教学有什么新的起色了。为此，我们必须加大汉语教材培训力度，对各地的汉语骨干教师进行轮训，然后再让他们回到基层学校，起到以点带面的作用。相信随着教材培训更加广泛、深入地进行，藏族地区的汉语教学一定会走出一片新天地。

三、中小学汉语教师的现状

目前，藏族地区各级、各类藏族中小学共有教师 40000 余人，其中，西藏约 18000 名，青海约 9600 名，四川约 10000 名，甘肃约 1760 名，云南约 2935 名（数字疑有误，可能包括云南迪庆州普通中小学教师数字，实际应该为 1200 余名）。其中专任教师 34000 余名，汉语教师约占五分之一，约为 7700 名。汉语教师中，约 90%是藏族老师。

从数字上看，汉语师资力量还是比较强的，但从我们调查的情况看，专任汉语教师数量特别少而且存在着许多问题，主要表现在以下几方面：

（一）大多数老师所学专业并不是汉语，而是藏语文。因为没有汉语专业毕业的老师，就只好让学习藏语文专业的老师带汉语课。

（二）汉语专业毕业的老师奇缺，特别是基层汉语教师。汉语言文学系毕业的汉族老师受多种因素的影响，不愿来藏族基层学校任教；或者来了留不住，马上就调走了。这样的情况在藏族地区十分普遍。汉语教师来源单一，一所学校中 80%以上的汉语教师都是所在地民族师范院校的毕业生，还有一部分学校全部的教师都来源于同一所民族师范院校，其知识结构势必“近亲嫁接”，造成教学方法刻板、雷同，教育观念僵化，不利于多种教学思想的融汇和交流。

（三）严重缺乏既会藏语又会汉语的双语教学师资，藏族汉语教师的汉语专业素质得不到保证。很多教师专业知识有限、对教学观念陈旧，加之汉语水平较低，对教材内容的理解不太深刻，对教学上的一些问题把握得也不准确，这些都会影响教学。汉族教师又大都不懂藏族语言文字，不能在小学低年级用母语辅助教学。

（四）近年来，汉语教师队伍的学历层次有所提高，但整体素质仍然偏低，“高文凭、低水平”现象也广泛存在。

（五）藏族地区封闭、落后的现实也影响人们思维和观念。人们对新的课程理念、先进的教学方法吸收得特别慢，甚至一些人有故步自封，抵制新观念、新教法的思想。

（六）汉语教师的普通话水平普遍不高，严重影响教学。在这方面，西藏稍好，青海、四川、甘肃、云南四省因受当地汉语方言的影响，情况比较严重。以上原因，引发一系列问题，体现在教学中的方方面面，但最主要的还是一些教师总抱着旧观念不放，母语教学的方式和方法直接照搬到汉语教学中，严重影响着汉语教学效果。

四、藏族地区汉语教学改革的对策及建议

（一）进一步提高对藏汉双语教学改革重要性、紧迫性的认识。随着我国改革开放的不断深入，汉语在我国政治、经济、文化发展中的作用显得越来越重要。这就使得少数民族青少年儿童不仅要学好本民族语言，而且还要学好汉语，只有这样，才能更好地掌握现代科学文化知识。因此，加强汉语，尤其是加强初、高中阶段的汉语教学，已成为藏族教育改革与发展的必然要求。当前，在中央西部大开发战略的推动下，民族地区的经济、社会、文化正在面临着深刻的转型与变革。民族教育要适应这一新形势的发展，为民族地区的经济振兴和社会进步培养数量更多、质量更好的少数民族人才，就必须与时俱进，适应时代的发展潮流，以藏汉双语教学改革为突破口和着力点，全面推进藏族教育的整体改革。

（二）加强汉语教学是保证双语教学顺利进行的前提。汉语不仅仅是一门语言工具课，作为基础性用语，必须在小学阶段打好汉语基础，切实加强汉语教学，提高汉语教学质量。

（三）学校是推广、使用普通话的重要阵地，汉语教师是推广、普及普通话的实践者，特别是在缺乏汉语环境的农牧区学校，教师应当提高普通话水平，坚持用普通话教学，帮助学生尽快掌握汉语口语。

（四）合理选用教材，提高教材质量，实现汉语教材的现代化。教材是实施双语教学的基础工程，是提高教学质量的保证。目前部分地区不按照统一的教学计划组织教学，在教材选用上各行其是的问题十分突出，建

议应对全省各级、各类藏族学校各学科教材的使用进行规划指导。

目前，从藏族地区的情况看，藏族中小学电化教学的基础设施建设已经完成，但是可供电化教学的资源异常缺乏，因此，汉语录音教材的制作，集文字、图像、声音于一体的多媒体教材的研制，迫在眉睫。这种新发展给藏族中小学汉语教学及其教材的编写带来了广阔的前景。

（五）切实加大汉语师资队伍培训力度。汉语师资的培养是加强汉语教学的关键性因素，也是影响藏族地区双语教学的一个“瓶颈”问题。培养藏汉双语兼通的师资是实施双语教学乃至整个藏族教育改革与发展中迫在眉睫的重要任务。首先要加大师资培训和教材培训的力度，把汉语教材培训作为一种长效机制，及时、快捷地将最新的汉语教学动态和最新的信息传播给各地的基层汉语教师，使其潜心投入第二语言的教学。除此之外，还要把提高、培养藏族教师掌握、运用汉语的能力，以及普通话会话的能力作为培训重点和难点，予以特别的重视。

（六）建立统一的双语教学考核和评估体系，实施汉语水平考试制度。随着应试教育向素质教育转变，“通考”制度已被取消，但藏族地区将考试和测验作为评价教学效果的手段还是十分必要的。建议有关部门积极组织标准化考试和测验，并针对各地双语教学的实际，建立同类学校统一制卷命题、统一考试的制度，有效地评估各地的教育发展状况和教学水平。

汉语水平考试是专门为测试母语为非汉语者的汉语水平而设计的国家级标准化考试。在部分少数民族地区推行汉语水平考试，能够全面提高学生的汉语实际运用能力。《国家少数民族汉语等级考试大纲》已颁布执行。据了解，汉语水平考试制度已经在西藏、青海、甘肃、四川实现了和高考制度接轨，解决了各地汉语教师的后顾之忧。

（七）加强汉语教学研究和理论研究，科学指导汉语教学。汉语教学涉及教育、民族、语言文化、心理等诸多领域，是理论性、实践性很强的一项有着跨文化和综合性特点的教育活动。汉语教学过程中有许多方面的问题，有待于我们进一步开展教学实验研究和教育理论研究。

综合看来，藏族地区的汉语教学存在的问题不少，一直处于低水平发展的状态。但是，毕竟我们已经走上了一条正确的道路。这条路虽然很漫长，但我相信，付出的努力终究会得到丰厚的回报。我们有理由相信明天会更好，藏族学生走出雪山、走出草原去看外面的世界，也不再是一个不可企及的梦想！

凉山彝汉双语教育情况调查与研究[①]

马锦卫 秦晓莉

开展彝汉双语教育是彝族地区经济、社会发展的需要，“彝族操本民族语单语的人数为3007452人，占总人口的55.15%，双语总人数为2064329人，占总人口的37.85%，转用汉语的有381781人，占7%。”数十年来，党和国家非常重视凉山彝族地区的民汉双语教学。四川省拟定了“双语教学、两类模式、两次分流、四级规划、两次接轨，二十年分三步走”的发展规划，在此基础上形成了凉山特色的彝汉双语教学两类模式并行的格局。彝汉双语教学两类模式指的是：一类模式，从小学到高中，各门课程用彝语言讲授，加学一门汉语文课。二类模式，从小学到高中，各门课程用汉语言讲授，加学一门彝语文课。凉山彝族自治州根据四川省的要求，因地制宜地开展了双语教育，双语教育成效显著。

一、彝汉双语教育的基本情况

截至2015年6月，凉山彝族地区开展两类模式双语教学的中小学有890所（校点），6369个班，在校学生266457人。其中一类模式小学有34所（校点），117个班，在校学生4778人，一类模式初中有6所，24个班，在校学生1152人，一类模式高中有3所，39个班，在校学生2438人；二类模式小学有751所（校点），4958个班，在校学生190068人，二类模式初中有88所，1121个班，在校学生61769人，二类模式有高中8所，110个班，在校学生6252人。全州共有双语教师1514人，其中本科学历的有265人，专科学历的有870人，中专学历的有302人，其他学历的有77人；高级职称的有54人，中级职称的有509人，初级职称的有771人，其他职称的有59人；特岗17人，代课104人。一类模式小学教师213

① 本文为教育部民族教育中心合作课题“彝汉双语教育理论、政策和实验研究”（MJZXHZ13009）阶段性成果。

秦晓莉：西南民族大学副教授，研究方向：语言文化。

人，一类模式初中教师 100 人，一类模式高中教师 133 人；二类模式小学教师 1078 人，二类模式初中教师 222 人，二类模式高中教师 10 人①。

开课及课程设置情况以喜德县民族中学为例：喜德县民族中学截至 2015 年 7 月，有初中一类模式、高中一类模式，职业高中有一类模式和二类模式，现有学生 2200 多人。其中二类模式初中有 800 余人，职业高中有 200 余人，一类模式初中共有 6 个班，500 余人，一类模式高中共 15 个班，1200 余人。开课情况：一类模式初中每周彝语文 3 节、汉语文 6 节、汉数学 6 节、彝数学 6 节、政治 2 节、生物 2 节、化学 2 节、物理 2 节、体育 2 节。一类模式高中每周彝语文 6 节、汉语文 6 节、汉数学 6 节、彝数学 6 节、政治 3 节、生物 3 节、化学 3 节、体育 2 节。二类模式初中每周彝语文 2 节、汉语文 6 节、汉数学 6 节、政治 2 节、生物 2 节、化学 2 节、物理 2 节、体育 2 节。

二、彝汉双语教育取得的成绩

（一）建立了完整的双语教育体系和基础

彝族地区自 1978 年秋季开始实施双语教学；1984 年秋，在 11 个彝族聚居县开始实施一类模式双语教学。1993 年，开办了 3 所一类模式高中。2005 年 6 月，一类模式高考与全国普通高考接轨，毕业生可升入全省、全国的任何高等院校。30 多年来，凉山的两类模式双语教学取得了以下两项突出成就：一是建立了一套具有地方特点和民族特色的从普通中小学教育、中等职业教育到高等教育的较为完整的双语教学体系，二是彝汉双语教育教材编译部门的成立。教材编译部门已编译出版了 1405 种教材、教辅和课外读物，保证了双语教学的顺利开展。编译工作者在对各学科的新词、术语进行翻译、整理、规范的基础上形成了一套相对科学、系统、完整的彝文名词和术语体系。特别是对汉彝理科名词、术语的翻译和定名填补了彝文名词术语在该领域的短板和缺失。

（二）彝汉双语教育一类模式升学率高

彝汉双语教育一类模式与高考接轨以来，凉山州教育行政部门高度负责，积极、主动开展工作。每年都组织一类模式高中毕业班学生参加三诊考试，组织教师参加三诊试卷分析及教学复习培训，以增强教学和复习的

① 数据由凉山彝族自治州教育局教科所 2015 年 8 月提供。

针对性；随时与学校取得联系，及时收集考试、招生方面有关信息，及时为学校传递、发布信息，让学校师生提前了解招生政策，使招生考试工作做到有的放矢。有的一类模式考生参加“民族汉语水平等级考试”，考了300分的满分。自与高考接轨8年（2005—2012年）以来，全州共有2401名一类模式高中毕业生参加了全国高考，各批次共录取了1607人，录取率为66.93%。2014年，全州共有1033名一类模式高中毕业生参加了高考。文科考生786名，其中喜德县民族中学349名、昭觉县民族中学305名、西昌市民族中学132名；理科考生247名，其中喜德县民族中学130名、昭觉县民族中学74名、西昌市民族中学43名。本科一批（重点）录取1名，本科一批（重点）预科录取1名；本科二批录取39名，本科二批预科录取281名。专科一批录取105名，专科一批预科录取111名；专科二批录取326名，专科二批预科录取6名。各批次共录取879人，文科656人，理科223人，录取率为85.1%，文科录取率为83.5%，理科录取率为90.2%。其中喜德民中录取401人，录取率为83.7%，文科录取286人，录取率为81.9%，理科录取115人，录取率为88.5%。昭觉民中录取310人，录取率为81.8%，文科录取243人，录取率为79.7%，理科录取67人，录取率为90.5%。西昌民中录取168人，录取率为96%，文科录取127人，录取率为96.2%；理科录取41人，录取率为95.3%。一类模式的录取率为85.1%，高于普通模式的录取率的81%，与2013年的录取率74.3%相比有所上升。从文理科的录取率来看，理科考生的录取率高于文科考生的录取率。2014年一类模式考生的成绩达到了历史新高，直上二本的有11人，直上三本的有23人。

（三）彝汉双语教育一类模式考试成绩不断提高

与2013年相比较，文科考生比去年增加了11人，数学、英语两科最高分和总分最高分都比去年低，各科人均分都比去年高，尤其是文综人均分和总分人均分提高幅度较大。理科考生比去年增加了50人，数学科的最高分比去年低，各科的人均分除数学略有下降外，其余各科都比去年高，尤其是理综的最高分和总分最高分的提高幅度较大。下表是2013年与2014年的比较分析：

文科

时间\项目	参考人数	语文			数学			英语			文综			总分		
		最高分	最低分	人均分	最高分	最低分	人均分	最高分	最低分	人均分	最高分	最低分	人均分	最高分	最低分	人均分
2013届	775	133	13	84.4	120	0	23	126	12	35.3	231	34	109.5	533	89	252.2
2014届	786	138	24	91.2	88	0	26.6	111	0	37	240	27	122	496	103	277
差距	+11	+5	+11	+6.8	-32	0	+3.6	-15	-12	+1.7	+9	-7	+12.5	-37	+14	+24.8

理科

时间\项目	参考人数	语文			数学			英语			理综			总分		
		最高分	最低分	人均分	最高分	最低分	人均分	最高分	最低分	人均分	最高分	最低分	人均分	最高分	最低分	人均分
2013届	197	127	31	90.4	100	0	37.4	111	13	38.7	138	15	63	401	89	229.6
2014届	247	137	48	100	85	3	35.9	110	0	49.9	175	0	67.2	458	97	244
差距	+50	+10	+17	+9.6	-15	+3	-1.5	-1	-13	+11.2	+37	-15	+4.2	+57	+8	+14.4

（四）凉山彝汉双语教育

“随着社会的进步、民族间交流的扩大、社会教育的发展等，双语人也会不断增多。”[①]凉山是中国的彝族聚居地区，彝汉双语现象已成彝区的社会特色。凉山彝族地区的彝汉双语教育引起了党和国家的高度重视，但走一条什么样的教学模式、怎么样提高教育教学质量是党和国家，以及广大教育工作者最关心的大事。开展彝汉双语教育可以说是凉山教育的一场大革命，是凉山彝族地区民族教育的深刻改革。“母语作为本民族语言来说，具有双重价值：一种是它的实用价值，一种是它的情感价值。”[②]彝汉双语教育的开展不仅弘扬了彝族文化的传承与发展，而且培养了一批多功能双向复合型人才，为民族地区经济、社会和谐跨越发展提供了人才保障。彝汉双语教育开创了凉山民族教育的新时代，培养了许许多多的彝族知识分子和干部，圆了许多彝族孩子的大学梦。长期以来的实践证明，少数民族

① 丁文楼. 中国少数民族双语教学研究与实践［M］. 北京：民族出版社，2002.

② 戴庆厦，关辛秋. 中国少数民族双语教育的现状及发展趋势[J]. 黑龙江民族丛刊 1998（1）：113.

地区的经济发展和社会稳定从来都离不开双语人才，少数民族地区各民族的和谐相处也离不开双语人才。中华人民共和国成立以来到现在，少数民族地区在贯彻落实党的路线、方针、政策时，没有离开过民汉兼通的双语人才。十一届三中全会以来，党的关于改革开放的各项方针、政策的贯彻落实更是没有离开过民汉兼通的双语人才。凉山民族地区教育的发展变化、民族素质的不断提高、各民族的和睦团结始终都没有离开过双语人才的贡献。彝汉双语教育的推进使凉山教育获得了新生。实施彝汉双语教学，让彝族地区的孩子们从小学阶段就能够使用母语来接受教育，使孩子们的心智与思维能力能够正常发展，凉山儿童辍学率高的现象得到了有效遏制。

三、彝汉双语教育中存在的问题

（一）教育结构和布局不合理

1. 部分彝汉双语教育的小学并没有以乡镇、以校为单位进行规划，很多学校是以年级或班招收新生，致使一类模式有点无面。2. 初中规模在萎缩。在凉山双语教学发展的四级规划中，“初中以县规划”。1990 年全州有 10 所初中，2011 年全州的初中还有 6 所，到 2014 年只剩下了 5 所，在校学生仅有 1147 人，可见初中规模的萎缩速度较快。3. 高中规模在扩大。在凉山双语教学发展的四级规划中，“高中以州规划”。1993 年秋，全州只有 2 所高中，到 2014 年，全州有 3 所高中，在校学生 1525 人，高中规模在扩大。

（二）彝汉双语教育两类模式课程计划不规范

2005 年凉山彝族自治州人民政府的《关于进一步加强和改进双语教学工作的决定》中规定，彝汉双语教育二类模式应在自治州彝族学生占 50% 以上的班级运用，从小学一年级起开设彝语文，以充分发挥母语在彝族学生在学习其他学科中的辅助作用。然而实际情况是：1. 各校并非都从小学一年级起开设彝语文，各县、乡、校的起始年级全然不一，有从二年级起开始开设彝语文的，有从三年级起开始开设彝语文的，也有从四年级才开始开设彝语文的，没有统一的规范，给州、县的教学质量检测、评估带来了很大的困难，也给高一级学校的教学衔接工作带来了困难。2. 各校分配给彝语文学科的教学课时不统一，而且各学校安排的课时普遍低于彝语文教学之所需，造成无法正常完成彝语文教学计划，无形中也造成了学校不重视、教师不愿教、学生不想学的现状，致使家长送子女上学的积极性受到了影响。3. 在多数彝汉双语教学二类模式高中的彝语文教学中，有的学校配有专职的彝语文教师，但校方的课时安排或是一个年级一周一节课，或是全校彝族学生一周一节课。4. 部分县以九年义务教育就近入学为借口，取消了小学升初中的彝语文考试，削减了学生、家长对彝语文升学考试成绩的期望值，影响了农村家长送子女上学的积极性和小学彝语文教师的教学积极性。

（三）彝汉双语教育教材使用不规范

对于彝汉双语教学，各校都存在不同形式地存在教材使用不规范、使用混乱的现象：1. 有的学校没有使用统一规定的《四川省义务教育二类模式彝语文》七至九年级教材，难以同全州的五合一考试命题教材接轨。2. 不选用统一规定的《四川省二类模式高中彝语文教材》，而是凭教师的喜好自行选取教学内容，这种随意性在一定程度上影响了教学质量的提高。3. 并没有用四川省彝族地区义务教育汉语文教材，而用的是人教版汉语文教材。因此，实施该模式课程计划时，彝语文和汉语文学科都存在各自的拼音教学问题，给教学带来和麻烦。4. 彝汉双语教育课外读物紧缺。课外读物是提高学生基础、巩固学习知识点、拓展学生知识范畴、开阔学生视野必不可少的教学辅助，现彝汉双语学校大量缺少课外读物。

（四）彝汉双语教育教师量少质弱

彝汉双语教师量少质弱是制约凉山彝汉双语教育质量的一个瓶颈。通过数十年的发展，目前仍然存在一些亟待解决的问题：1. 有的学校让只在中小学期间学过彝语文的彝族教师来担任彝语文学科的教学任务，课程基本上是为应付各种检查而安排的。即使有胜任彝语文学科教学的相应知识，但这部分教师的教学科研意识差，教学工作处于“无教法”的初始状态。2. 部分二类模式彝语文教师长期默默无闻地在一所学校从事只有自己知道的彝语文学科教学，几乎已无任何教学创新的激情，对教学工作毫无主动性，得过且过；而校方也常常因“不懂”而听之任之，教学效果差。3. 新教师的教学研究意识差。从近几年新招教师面试说课等情况可见，有的教师不知道怎样说课，这些教师的教研意识亟待加强。4. 理科教师紧缺。一是理科教师少，课时量大；二是理科教师的知识面、教学方法等有待提高。

5. 全州彝汉双语教育二类模式大部分学校都没有配备足够的彝语文教师，彝语文课程采取年级集中授课形式，导致各个学校教学秩序混乱，教学质量难以保证。

（五）彝汉双语教学质量有待提高

彝汉双语教学的成功与否关键在于教学质量。通过多年的努力，凉山的彝汉双语教学质量有了一定的提高，但还需要进一步努力，特别是彝汉双语教学中的理科教学。据调查，彝汉双语教学过程中，学生的理科成绩提高缓慢，考试成绩低。以 2013 年的一类模式和普通模式高考成绩比较为例：

文科

学科 模式	语文人均分	数学人均分	英语人均分	文综人均分	人均总分
一类模式	91.2	26.6	37	122	277
普通模式	84.31	51.94	58.69	136.49	331.57
差距	-6.89	+25.34	+21.69	+14.49	+54.57

理科

学科 模式	语文人均分	数学人均分	英语人均分	理综人均分	人均总分
一类模式	100	35.9	49.9	67.2	244
普通模式	-88.99	69.72	74.92	132.44	366.31
差距	-11.01	+33.82	+25.02	+65.24	+122.31

与州内普通模式相比，除语文科成绩占有优势而外，其余各科成绩均与普通模式有一定的差距，尤其是理科考生的差距较大。

四、应采取的措施与对策

（一）加大行政力度，消灭彝汉双语教学空白点

要严格按照凉山州人民政府2005年的《决定》、四川省《大小凉山教育振兴行动计划（2014—2018年）》、《大小凉山彝区“9+3”免费教育计划》等有关文件和政策的要求，实施好发展两类模式的教学规模。1. 应严格将开展彝汉双语教学方面的工作业绩纳入各级党政和教育行政部门，各级、各类学校校长和教师的工作业绩考核内容之中，要让当地党政和学校共同

完成一类模式"以乡规划"和消除二类模式教学空白点的任务，把彝汉双语教学工作真正落到实处。2.做好宣传动员工作，通过报纸、电视、网络等各种媒介大量宣传开展双语教育是培养"民汉兼通"的建设者的重要手段。"'民汉兼通'是对党的民族语文政策的高度概括，也是民族教育的指导方针、目标、要求。"①向彝区大力宣传学生学习彝汉双语的前途，让学生、家长、社会都知道，开展彝汉双语教学不仅是体现党的民族语言文字平等政策，传承、弘扬彝民族语言文化的举措，而且是为了让彝族学生能够通过学习彝语文，借助彝语文更好地学习汉语文及其他学科的知识，在今后的升学、就业中更具有优势等。让广大干部、群众转变观念，增强参与意识。

（二）多渠道培养提高彝汉双语师资力量

要开展好彝汉双语教育，就必须要有一个良好的教育体制和与之相适应的师资队伍。"双语教学要求授课教师不仅要具备精深的专业知识，还要具备娴熟的语言运用和表达能力。此外，双语教师还应结合双语教学的规律和特点，采用合适的课堂组织形式和教学方法。"②多年来，省、州、县各级双语教学相关部门虽增加了对凉山彝汉双语教师的轮流培训和培养，但由于受到诸多社会因素的冲击和影响，双语师资队伍仍难以摆脱量少质弱和不稳定状况，彝汉双语师资仍有待加强建设。尤其是要彻底消灭彝汉双语教学的空白点，构建事实上的两类模式并行的格局，就必定需要新增一定数量的教师。因此各级有义务、有能力培训教师的机构，都应针对一线教学工作的实际需求，根据"小学教师县里培训，初中教师州里培训，高中教师省里培训"的原则，抓好双语教师培训工作。1.省级培训。省级应着重培训一类模式高中各学科教师，尤其是理科教师，以及二类模式高中彝语文教师。培训内容侧重于学科教材知识与相应的教学方法，从具体的某种类型的课怎么上等教学实践操作层面入手，真正让参训教师学有所得、学以致用。2.州级培训。在州教育局及其行动计划领导小组的统一安排下，由凉山彝文教材编译室和凉山州教科所承担全州两类模式初中各学

① 丁文楼.再谈中国少数民族双语教育学科的形成与发展——缅怀中国少数民族双语教育学科奠基人马学良先生［J］.民族教育研究，2013（6）：12.

② 尤天贞.高校双语教学的现存问题及解决策略研究［J］.中国成人教育，2009（20）：141.

科的教师培训任务。具体做法应是：首先调查各县在彝汉双语教育发展过程中需要的各科教师数量，需要对这些拟送培训的教师培训些什么；然后分类开班培训。培训内容必须注重所培训学科的教材、相关知识及相应的教学方法，注重培训的实用性。3. 县级培训。各县教育局应由教师培训中心和教研室承担全县两类模式小学各学科教师的培训。具体做法可以是：在摸清各校所需的教师情况下，分科、分类进行培训，对参加培训的教师做好长期培训和短期培训的计划。

（三）科学规范课程设置，统一教材使用

“培养‘双语双文’者的教育，它是促进文化的相互尊重与共生，达到中华民族文化认同的多元文化教育。”[①] 因此，双语教育的课程设置必须科学化，课程设置与教材使用对开展彝汉双语教育起着关键性的作用：1. 彝汉双语教育两类模式的不同班级应按规定选用相应教材。如一类模式小学必须选用《四川省彝族地区九年义务教育汉语文教材》，因为该教材的编写思路是“母语起步，汉语会话过渡，双语并重，逐步靠近全国统一课标的要求”。只要选用该教材，小学一年级的学生就不会出现两种语文课拼音混淆的问题。再如二类模式从九年义务阶段到高中阶段都有相应的彝语文教材，不能乱选用一类模式的教材，要知道两类模式教材的编排体例和教学目标要求截然不同。各级、各类彝汉双语学校和班级应根据实际需要配套教材、参考读物、辅助读物、练习册等。学校和教育行政部门应在教材使用问题上严格把关，认真检查。2. 各校应认真研究教学内容、课程设置等教学内涵，要科学地设置课程体系。现代教育已进入网络化、信息化时代，彝汉双语教育应利用现代信息技术平台，将现行教材、教师用书及相应的课外阅读与练习、科学知识资源、四川省彝语文教学光碟等教学资源纳入网络。并为一线师生提供现代信息技术平台的双语教学辅助资料。

（四）加强彝汉双语教育的科学研究

彝汉双语教育开展数十年来，对于彝汉双语教育的研究还是一个薄弱环节。长期以来，彝汉双语教育教研在提高双语教师的教学科研能力方面重视得不够，双语教师的教学科研意识较差。如近两年被选送到州上参加教师技能大赛的双语各科教师，他们在教材的分析定位、教学目标的确

---

① 孙钰华. 双语教育中教师的文化传承现状与分析［J］. 贵州民族研究，2008（6）：177.

定、教法的选择、教学理念的体现、运用现代技术辅助教学的意识及能力、学生的主体意识、学生活动设计理念、教材内容与现实生活的联系等方面意识淡薄，离理想的课堂教学还甚远。教育行政部门和各级政府应加强对彝汉双语教育的研究工作，特别是对广大教师利用现代技术开展信息化、网络化的教学的研究。州级教研部门应在完成对全州双语教学两类模式并行格局进行常规管理的基础上，对全州双语教学各科的具体教学进行高层次的研究，提出高要求，打造出一些学习价值较高的示范课，供各科双语教师学习与借鉴。

（五）应重视理科教学的深化与发展

彝汉双语教育教学中理科教师少、学生少，高考成绩低已经是常态，各校应动员广大的彝汉双语学生进入高中阶段多考虑学习理科。凉山彝族自治州在社会、经济建设中需要大量的彝汉双语复合型理科人才，因此在开展教学的过程中要改变不重视实验、以讲解代替实验、以讲代替学生的分析和思考等现象，在培养理科学生上加大投入、加强管理。

五、结束语

彝汉双语教育研究是民族教育的一项长期任务，该文是教育部民族教育中心研究课题的研究成果之一，文中的数据、提出的问题都是实事求是的。提出的建议和对策是调查研究的结果，大多来自一线教师的反应和建议。

新疆少数民族“内高班”的办学模式及其特点

杨德明

一、办学模式

目前教育理论界对“办学模式”尚无统一界定。根据《现代汉语词典》的解释，“办学”就是创设、兴办、管理学校，它是一个系统的动态的过程。《辞海》对“模式”的解释是“一般指可以作为范本、样本、变本的式样。作为术语时，在不同的学科有不同的涵义。”一般来说，我们把“模式”理解为样式或范式，是使某一系统中各个要素得以最优化配置的设计思路和基本框架。基于此，我们可以将办学模式分为广义办学模式和狭义办学模式：所谓“广义办学模式”，就是一个国家或地区为了培养人才而建立起来的由教育组织、教育管理、教育结构形式等构成的教育机制或体制；所谓“狭义办学模式”，就是一所学校根据当地的经济发展情况所构建的，能使教育活动中各要素的配置呈出最优化的一种规范的人才培养程式。

办学模式的来源主要有两种方式：一是学校在教育实践的基础上对自己的办学经验进行模式化总结；二是在相关教育理论的指导下，通过科学、合理的规划和设计，首先拿出一种办学模式并对其进行教学实验，然后进行理论性总结。从根本上来说，办学模式具有显著的时代特点，即随着现代教育观念的更新、教育改革的深化，办学模式也将不断向多样化方向发展。

办学模式的结构是由学校这个大系统中各个子系统遵循一定的教育规律所构成的一个系统。构建办学模式的过程，实际上就是学校根据自己的实际情况，在国家教育方针、教育政策的指导下，为实现教育目标而创造性地构建包含教育教学结构、教育教学方法、教育教学过程、教育教学改革等内容的基本框架的过程。正是因为不同的学校有着不同的实际情况，

杨德明：汉族，西北民族大学维吾尔语言文化学院副院长、教授。

也就形成了不同的办学特色，其办学模式也就呈现出不同的特点。

办学模式包括教学模式，教学模式是指在一定的教育思想、教学理论和学习理论指导下，在特定环境和教学资源的支持下，教学活动中各要素（教师、学生、教学内容、教学媒介等）之间稳定的关系和活动进程结构形式。

从广义上说，新疆“内高班”办学模式是国家为了支援西部边疆地区的基础教育而建立起来的新疆和内地的“合作办学”模式。开办新疆内地高中班，就是利用中、东部发达地区的经济优势和教育资源来提高新疆各民族学生受教育质量，是国家支持新疆少数民族地区教育事业发展，提高少数民族地区人口素质，促进新疆经济、社会建设的重要优惠政策。

从狭义上说，新疆“内高班”办学模式则是内地承担办学任务的各个学校为了提高新疆少数民族学生的学业水平，在整合全校教学资源的前提下，为实现最优化配置而为“内高班”量身定制的人才培养结构体系。我们这里所总结出的办学模式属于狭义办学模式范畴，它往往是由办学资源的特殊属性及特殊组织结构形式所决定的。《中国教育改革和发展纲要》在论述建设具有中国特色社会主义教育体系的原则时指出：“必须从我国的国情出发，根据统一性和多样性相结合的原则，实行多种形式的办学，培养多种规格的人才，走符合我国和各地区实际的发展教育路子。”目前我国正在深化办学体制的改革，其表现形式就是办学模式的多样化。

办学模式多样化是相对于单一化而言的。按照最初教育部下发的《关于内地有关城市开办新疆高中班的实施意见》（教民字［1999］12号）文件精神，新疆“内高班”的办学模式是“预科加高中”的模式，学制四年，第一年为预科阶段，学生不分民族，统一编班，使用汉语授课，重点补习初中汉语文、英语、数理化等课程，使用教育部编写的预科教材。预科结束后进行结业、升学考试，成绩合格者从第二年起开始进入普通高中接受教育，按当地普通高中的教学计划进行。但在十多年的教育教学实践中，承办新疆“内高班”的很多学校根据自己的实际情况，探索出了一些符合自身条件、教育成效良好的办学模式。比如“完全插班”模式、“择优插班”模式等。造成新疆“内高班”办学模式多样化的原因主要表现在以下几个方面：

1. 新疆“内高班”的学生来自新疆南北不同的地区，有的来自乌鲁木齐、克拉玛依等大城市，也有的来自偏远的农牧区。这些地区的经济发展不平衡，生活水平也不同，城乡差异和地区差异很大，导致不同地区的教学水平也存在着较大差异。比如很多来自边远农牧区的学生根本没有学习过英语，而克拉玛依市二中在初中阶段就开设了英语和计算机课程。这种经济发展不平衡导致的教育不均衡现象从客观上也促成了办学模式多样化。

2. 新疆“内高班”的学生民族成分较多，除了主体维吾尔族外，还有哈萨克族、汉族、回族、柯尔克孜族、乌孜别克族、塔吉克族、锡伯族、满族、俄罗斯族等14个新疆世居民族。不同民族的学生在学习、生活和社会交往上需求不同，也就导致了不同学校办学方针的差异，从而形成了不同的办学模式。

3. 承担新疆“内高班”任务的办班学校主要位于我国中、东部发达地区的各个省份，从黑龙江省到广东省，南北纬度跨度很大。这些学校中不乏北京市潞河中学、上海市七宝中学、广州市协和中学这样历史悠久的名校，其办学条件和师资力量在当地都是佼佼者。随着新疆“内高班”的不断扩招，办班学校也在逐年增加，这些不同类型的学校在各自培养目标上的差异性也会导致办学模式的不同。

4. 一般来说，一所名校往往与校长的教育观念先进、治学经验丰富、管理科学、教学严谨有着密切的关系。在开办新疆“内高班”的过程中，一些办班学校的校长们以自己的大局意识和宽阔眼界，秉持“对国家负责、对孩子们关爱”的办学态度，付出自己的智慧和精力，积累了很多切实有效的办学经验，探索出了一些卓有成效的办班模式，比如北京潞河中学原校长张世义、深圳松岗中学原校长罗玉平等，虽然现在他们都离开了校长岗位，但他们所探索的出办学模式仍在沿用。可以这样说，办学者不同的教育理念和管理风格也会造成办学模式的不同。办学模式又是教育实践的产物，是对教育实践的理论性概括和总结，具有明显的示范性特点，对于教育教学实践又具有一定的指导意义。在“内高班”十多年的办学过程中，办班学校也在不断增加，这些分布在全国各地的学校有着不同的办学历史和办学背景。正是由于这些学校办学的具体情况不同，造成了目前新疆“内高班”办学模式的不同，从而也就形成了各学校不同的办学特色。

二、新疆少数民族“内高班”的办学模式

（一）“预科加三年高中”模式

“预科加三年高中”模式就是通过一年的预科学习，加强学生的汉语学习能力，以适应内地学校的汉语授课，同时补习各学科内容，以赶上内地学校的学习步伐。这样进入高中阶段后，可以缩小新疆民族学生与内地学生在学业上的差距，达到高中“起跑线”上的基本平衡和同步，再通过高中三年学习，实现民族学生基础教育阶段的高水平产出。

“预科加三年高中”模式也是内地新疆班的独创之处、国家一直推广的办学模式。教民［2000］8号文件第六条就提到，新疆班学制四年，含预科一年。预科阶段统一使用国家教育部组织编写的“内高班”预科教材，重点补习初中的汉语文、英语和数理化课程，以达到汉语学校的初中毕业水平。

由于内地新疆班少数民族学生大多来自较为偏远的农牧区，其学科知识水平和汉语水平都无法和内地中学生相比，如果一进入“内高班”就对他们开设和内地学生一样的课程，势必导致他们因无法理解而跟不上学习节奏。正是为了缩短少数民族学生与内地汉族学生之间学科知识、汉语技能等方面的差距，使少数民族学生有一个逐渐适应内地自然环境和学习环境的过渡期，国家才一直在倡导“预科加三年高中”的办学模式。

在调研中我们发现，“预科加三年高中”的办学模式还是很受内地新疆班学生的普遍欢迎的。我们的内地适应性调查数据也显示，经历过预科学习的少数民族学生认为自己很适应内地高中生活的比例为46%，而没有读过预科的学生只有35%认为自己适应内地高中的生活，这说明学生经过一年的预科学习，在适应内地的自然、社会环境和学习环境方面还是很有成效的。接受访谈的中学生们也表示，学校在预科期间经常组织他们外出学习参观，既让他们看到了祖国的伟大和内地的发展，也增强了他们努力学习，将来报效国家和民族的信心。

“预科加三年高中”模式也同样存在着一些问题，比如部分基础较好的学生认为预科期间取得的进步并不很大；一些老师则反映与新疆少数民族学生相处起来较难；目前使用的预科教材在与高中教学内容衔接方面还

存在着许多不尽如人意之处。尽管这样，该模式作为教育部积极推行的办学方式，在多数办班学校中依然得到了执行。一些探索其他办学模式的学校在进行了若干年的办学实验之后，最终还是选择了该模式。

“预科加三年高中”模式是教育部开设新疆“内高班”时的预设办学模式，然而，在实际的办学过程中，各办班学校遇到了不少实际问题。为了解决这些问题，他们根据各自的具体情况，在国家相关教育方针、政策的指导下，以切实培养少数民族人才为己任，采用灵活多样的方式、方法，合理整合学校的教育、教学资源，在“预科加三年高中”模式的框架内探索出了一些符合自己发展要求的办学模式。

1.“单独编班”模式

所谓的“单独编班”模式就是不对新疆“内高班”学生进行插班教学，而是从预科到高三都在新疆部组成班级单独教学。郑州第十一中学和杭州萧山第三中学采用的就是这种模式。“单独编班”模式一般是在“民考民”生源的学校中实施。由于“民考民”学生存在着汉语交流问题，且学科水平也与本地生差距较大，加之大多数学生缺乏英语基础，虽经过一年的预科学习也难以实现与本地生学科成绩及学业水平的很好衔接，只能对其单独编班进行高中阶段的教学。“单独编班”模式使得新疆“内高班”学生较为集中，教学时可以完全针对新疆学生的学业水平和学习特点来安排教学进度和教学内容，同时在教学管理和生活管理上也不会与学校其他班级发生冲突，给新疆班学生的教学与管理带来了许多便利。但这种办学模式将新疆班学生与本地学生完全隔离开来，减少了“内高班”学生与本地学生交流的机会，剥夺了民族学生感受内地文化的权利，在内地示范性重点中学形成了一个相对孤立的“新疆小岛”，无法与学校其他教育教学活动产生联系和互动，无法参与到学校的其他教育环节中来。

2.“择优插班”模式

所谓的“择优插班”模式就是根据学生的入学成绩、预科成绩等学科成绩，选择成绩优异者插入本地生所在班级学习。武汉市第一中学采用的就是这种模式。这种办学模式有“因材施教”的优点。每年预科后的“内高班”学生中都会有一些汉族、回族学生和部分“民考汉”学生成绩优异，他们不存在语言障碍，学科基础也不错，如果将他们继续留在新疆班中，势必会导致他们“吃不饱”，从而影响到他们的学业的进一步发展。“择优插班”则较好地弥补了这个缺陷。但是这种模式也会影响到新疆班留下来的学生的学习，由于学习好的学生插班走了，新疆班中剩下的学生的竞争性就会减弱，原来课外学习中的“小先生”（“内高班”学生私下把学习好的同学称为“小先生”，意为老师不在时可以辅导其他同学学习）不见了，也会造成整个班级学习氛围的变化。

3.“分级插班”模式

所谓的“分级插班”模式就是经过一年的预科学习后，根据生源或学科成绩，在不同的年级分别采取合班和插班的教学管理模式。广州市第六中学就采用了这种模式。广州市六中预科阶段单独编班，学生进入高中阶段后，在高一就将汉族、回族及“民考汉”学生插入本地班进行学习，对“民考民”学生则单独编班，高二文、理科分科后，再按照文、理科将这部分少数民族学生插入本地班。福建省同安中学则是预科单独编班，高一和高二时将新疆“内高班”学生全部插入本地班进行学习，到了高三准备参加高考时，又将“内高班”学生单独编为行政班级进行教学。

“分级插班”模式体现的也是根据学生的实际情况“因材施教”的教育精神，也就是说，“内高班”办学不能搞“一刀切”，而应该开展不同形式的插班或混班教学实验，探寻最佳的办学模式。

4.“完全插班”模式

所谓的“完全插班”模式，就是在高中阶段根据新疆“内高班”学生的入学或预科成绩，将其全部插入当地学生班级。北京市潞河中学、天津市第五中学等都是沿用这种办学模式。北京市潞河中学从2001年起就确立了“预科单设，高中插班，强化辅导”的新疆“内高班”办学模式。当然，这种办学模式的前提是预科阶段能够很好地解决少数民族学生的汉语听、说、读、写等语言技能问题和学科知识欠缺问题。预科阶段是新疆“内高班”少数民族学生到内地学习的过渡阶段，也是新疆初中教育与内地高中教育的衔接阶段。这个阶段教育任务完成得好，就会给后面的高中教学带来便利，否则就会阻碍高中阶段的学习。北京市潞河中学和天津市第五中还都在预科阶段花大力气提高少数民族学生的汉语言水平和学业水平，为顺利实现高中阶段全面插班奠定了良好的基础。

新疆“内高班”中有90%的民族学生，这些学生是在南北疆不同地州市完成初中学业的，由于基础教育水平不同，加之城乡的差异，学校的差异，

“民考汉”和“民考民”之间的差异，“民考民”、双语实验班和普通班级的差异等，造成进入“内高班”的学生差异较大，生源基础难以准确把握。办班学校开设的预科班，重点就是解决内高班学生由于上述差异造成的学科水平不均衡、汉语言技能高低不同两大问题。一般来说，“内高班”学生的汉语水平表现为四大类：一是汉语言口语沟通和文字表达均不存在大问题；二是汉语口语沟通不存在问题，但在文字表达上有一定困难；三是汉语口语听力尚可，但文字表达不行；四是汉语口语沟通和文字表达都不行。这部分学生主要是边远农牧区的少数民族普通班学生。正是由于民族学生在汉语言技能上存在着差异，所以在入校摸底测试中难以判断学生的学业成绩的差异到底是学科知识欠缺还是汉语技能欠缺造成的。

（二）“高中四年制”模式

所谓的“高中四年制”模式就是不设预科，在高中阶段设四年。深圳松岗中学采用的就是这种模式。深圳松岗中学在2000年开始接受第一批新疆“内高班”学生，至今已有11届毕业生。学生来自维吾尔族、汉族、回族、哈萨克族、蒙古族、柯尔克孜族、锡伯族等十多个民族，高考本科录取率达到了95%。由于松岗中学每年接受的“内高班”学生较多（2000年为“内高班”开办的第一年，松岗中学就迎来了100名新疆学子，后来逐年增加，到2013年达到了近200名学生），学校可以做到按学生的实际学业水平进行分级编班，所以松岗中学不实行插班方式。

2013年1月底，笔者考察了松岗中学。其时，新疆已是冰封雪冻，这里却是一派南国景色，依然山花烂漫。为了承办内地新疆高中班，深圳市和宝安区教育部门不惜重金，在全国范围内聘请优秀教师来充实新疆班的师资力量。学校按照一流教学设备标准，专门为新疆班教室安装了多媒体教学平台，并按照省一级学校标准设置了各科实验室。为了让来自大西北的新疆学子“吃好、住好、学习好、身体好”，学校除了给新疆班学生配备一般的床、桌、椅之外，还专门为孩子们配备了饮水机、太阳能热水器等。此外，学校还特意从新疆聘请了维吾尔族厨师，为孩子们提供精美的清真餐。在与负责新疆班工作的邓克老师交流后得知，松岗中学实行的是“高中四年制”办学模式。也就是“一年高一，两年高二，一年高三”，不设预科，高中阶段共四年的学习时间。由于高二年级要上两年，所以其可以被概括为“两年高二”模式。在随后的听课和观察中我们发现，松岗中学实行“两年高二”办学模式的初衷就是使新疆“内高班”学生在进入高三，面对高考之前，充分学习、消化高中各学科的教学内容，为高考夯实基础。在学校为我们提供的各科考试成绩中，我们发现了“高二A”和“高二B”两个年级，经询问，就是“两年高二”办学模式的A、B两个阶段。

在后来的调查研究过程中，我们又陆续了解到广东省的“高中四年制”模式还有“两年高一”模式和“两年高三”模式。无论是“两年高一”“两年高二”，还是“两年高三”，主要考虑还是通过查漏补缺来提高高考成绩。

“高中四年模式”实质上就是取消了“内高班”学生预科阶段的补习工作，使学生直接进入高中阶段的学习。办班学校的初衷肯定是为了让学生打好高中阶段的基础，拓展知识视野，提高学业水平，提升高考成绩。但是，我们在和学生的访谈中得知，新疆班学生对这种办班模式还是颇有微词的，意见主要集中在两个方面：一是同学们认为一进校就上高一，虽然对新疆学生单独编班，感受不出与内地学生的强烈差异，但由于投入了紧张的高中学习中，没有时间，也没有过多的精力去接触内地文化，这与在新疆上高中大同小异；二是在高中阶段要重复学习高二（或高一，或高三）的内容，容易产生厌倦感，在夯实学业基础的目标达成上并不是很明显。我们觉得，“高中四年模式”虽然在提高学生学业成绩方面卓有成效，但容易使办班学校陷入“应试教育”的泥潭，这对于培养学生的综合素质，促进学生德、智、体、美、劳全面发展是不利的。

最近得到新消息，松岗中学又恢复了预科阶段办学，改为“预科加高中”这样的教育部标准办学模式。2016年松岗中学在高考中再创佳绩，按照广东省分数线，重点本科上线50人，本科上线118人，专科上线215人，高考上线率达到99.08%，创下近三年高考成绩的新高。如果按照“内高班”学生教育部单独划线录取的政策，绝大多数考生可以被国内重点院校录取。

（三）“弹性学制”模式

2012年2月，教育部下发了《关于内地西藏高中班、新疆高中班试行弹性学制的通知》，从2012年起，内地新疆班新生入学后，由办班学校统一组织摸底测试，对测试成绩达到当地学生平均水平且自愿免除一年预科学习的学生，学制可以缩短为三年，摸底成绩达不到要求的学生仍需要上一年预科，学制仍然是四年。

从理论上来说，“弹性学制”更多地考虑到了“因材施教”，是一种较为人性化的模式，因为学生对“三年学制”或者“四年学制”有着不同的需求。取消一年预科，对一些初中阶段成绩十分优异且能够很快适应内地生活的新疆班学生来说，既节省了一年的宝贵时间，可以尽快考入大学，又为国家节省了一定的财力、人力和物力，当然是值得提倡和推广的。但是，“弹性学制”在具体实施过程中也出现了不少新的问题。比如内地部分省市和新疆少数民族地区选用的教材不同，知识覆盖点不同，学习的重点和难点也有所差异。办班学校在学生刚入学时进行的选拔性测试难以测出部分学生的真实水平。事实上，很多办班学校在此后的预科教学过程中也发现，有些学生的学习后劲和学习潜力很大，完全可以跟上高中阶段的学习进度。这就使学校处于一种两难的境地：如果不调整这些学生的学制，就会造成学习时间和学习精力的浪费，不能体现出“弹性学制”的人文关怀；可如果及时调整这些学生的学制，又会使学校的学制管理始终处于一种动态管理的过程之中，从而给学校的统一管理带来许多困难。

综上所述，内地新疆高中班在办学模式上进行了积极而有益的探索，取得了各自满意的办学成效。办学模式多样化突出的就是“个性”，也正是突出了不同学校的“个性”，才有了办学模式的多样化。

三、新疆少数民族“内高班”办学模式的特点及基本评价

近年来，新疆“内高班”在每一届年会上都会围绕不同地区的办学模式进行讨论，但至今也没有达成统一，形成一个行之有效的标准。新疆“内高班”在开办之初就没有集中在某一省市或某几个省市，而是选择了纵跨南北的十多个省市，我想其中一个很重要的目的就是为了能够让身处边疆的少数民族学生感受到祖国不同省市的当地文化，从而培养出具有开阔的眼界和文化包容性、有知识、有创新性、有个性、有潜力的少数民族双语型综合人才。在不同的地区、不同的感受、不同的接受度、不同的包容度、不同的学校环境、不同的教育理念等因素的影响下，无论是“单独编班”还是“完全插班”，可能都无法很好地体现出不同地区、不同学校的实际特点。从这个角度思考，办学模式的多样化应该是顺理成章的事情。教育部对此也没有强制统一，而是要求各地区根据自己的实际办学情况来选择适合自己发展的办学模式。由此，我们认为“不求统一，单求实

效，多样化发展”应该是新疆少数民族“内高班”办学模式的基本特点。其实很多办班学校从办班之初就开始了对办学模式的研究和探讨，如果我们对一些“内高班”办班学校的办学历程进行一个简单的梳理，就可以很明显地看出这一轨迹。

2000年新疆“内高班”开办之初，除了深圳市松岗中学招生人数达到了100多名之外，其他学校仅仅招到了三四十人，加之第一批生源中“民考民”学生比例较多，所以除了个别学生插班学习外，基本上都是单独编班上课。当然也有一些学校，如潞河中学在一开始就进行了插班教学实验。到了2007年，随着“内高班”招生人数增加到5000人，办班学校也涵盖了28个城市的50所学校。这时候，一部分学校开始大胆探索起将“内高班”民族学生插入本地班进行教学的“完全插班”或“部分插班”模式，但随之就遇到了“内高班”学生插班后所产生的对班级环境、学习方法、人际交往、教学管理等的适应问题。这些问题不但影响了部分“内高班”学生的学习效率，个别学校甚至出现了影响到本地学生学习成绩的现象，所以，有些学校就紧急叫停了“插班”，又改作“单独编班”教学。当然，在“单独编班”和“插班”这两大模式的对照实验中，不同地区和学校相继衍生出了“高中四年制”“完全插班”“择优插班”“分级插班”等模式，也由此产生了各自的新问题。即使是一些办学历史较久的老牌学校，至今也在不断地进行着探索和改革。比如深圳市松岗中学原来实行“四年高中制”，现在又改为“预科加高中三年”的标准模式；上海市七宝中学原来单独成立新疆部，负责新疆“内高班”学生的管理和教学，2013年9月起又取消了新疆部，将“内高班”学生纳入整个学校的正常管理范畴。

如前所述，各个办班学校有权利实行符合自己的办学实际的办学模式，但是这种各自为政、各行其是的研究与探索还是费时、费力的，显得既杂乱又无序，由此导致一些新加入“内高班”办学行列的学校难以确定自己的办学目标和办学定位。按照常理，新加入的办班学校完全可以很好地借鉴、吸收老办班学校的办学经验，但实际情况是，新学校面对这么多种办学模式难以选择，很多学校仍然在根据自己的实际情况重复着原来的办班学校走过的探索历程。如果北京市、上海市、江苏省、浙江省、广东省这几个承担新疆“内高班”办学任务较多的省市可以在自己的辖区内统一组织、协调各个办班学校，就目前几种办学模式进行有针对性、有目的性的统一的实验和研究，采用对比办学程度、办学成本、办学成效的方式和方法，科学分析各种办学模式的利与弊，最终得到一个较为适合本地区的办学模式并加以推广，从而切实提高办学效率。这种模式还可以综合考量各个办学学校的生源情况、教学条件、教育环境、办学规模、办学年数、师资状况等，对“内高班”学生的插班条件、插班比例、插班形式、考核形式、考核标准等进行明确的规定，条件可行的话也允许办班学校进行小范围的调整。我们认为，这样的研究应该有一定的实际效果。

至于新疆“内高班”办学模式的发展趋势，我们认为，随着新疆境内“内初班”办学质量的进一步提高和新疆基础教育阶段双语教学的进一步普及，“内高班”少数民族学生的生源质量会不断提高。期望在不久的将来，“内高班”在经过正常的预科教育之后，除了极个别的学生之外，所有的“内高班”学生都会顺利地进入本地班级插班学习，和内地学生一起学习、生活，既可以享受内地先进的教育资源，感受内地丰富的多元文化，又可以加强和内地学生的交流和沟通，体验实实在在的民族团结成果。

新疆少数民族双语教育中民族语文教育问题

张建新

近十几年来，随着中国少数民族汉语水平等级考试（MHK）的引进、试验、推广，少数民族教育事业的蓬勃发展，新疆少数民族双语教育取得了长足的发展，双语教育普及率和教育水平逐年提高，新疆少数民族双语教育呈现出前所未有的欣欣向荣的局面。然而，随着新疆少数民族双语教育的逐步推进，一些问题显现了出来：人们对少数民族语文教育的重视程度相对减弱了，使之在有些学校没有得到应有的重视，少数民族学生的母语水平有所下降，民考汉学生的母语水平大多仅限于口语表达，这引起了一些少数民族同胞特别是知识分子的担忧，这种担忧在一定程度上会影响新疆少数民族双语教育，甚至会影响少数民族对国家语言文字政策的贯彻实施。本文就新疆少数民族双语教育中民族语文教育问题对喀什地区麦盖提县进行了调查。

一、新疆民族语文教育现状调查分析

喀什地区是南疆人口最多的地区，占南疆地区人口的 39.1%，少数民族（主要是维吾尔族）人口占 92%。麦盖提县位于喀什地区东部，距喀什市 180 多公里，教育水平在喀什地区处于中等，在喀什地区和南疆有一定的代表性。我们在麦盖提县就新疆少数民族双语教育中民族语文教育情况对中小学少数民族师生进行了问卷调查和访谈，访谈部分不局限于麦盖提县，对来自和田等南疆其他地区和北疆一些地区的少数民族大学生也进行了访谈。

（一）调查的基本情况

1. 调查对象

新疆喀什地区麦盖提县两所中学和一所小学的部分师生是我们的调查对象（绝大部分是维吾尔族）。其中小学教师 13 人、初中教师 39 人、高中教师29人，共81人；小学生39人、初中生83人、高中生68人，共190人。访谈对象主要是一些中小学少数民族教师和一些少数民族大学生，也有一些少数民族干部、教育工作者、主管教育和教学的领导或负责人，涵盖维吾尔族、哈萨克族、柯尔克孜族、塔吉克族等少数民族。

2. 调查内容

调查围绕与少数民族语文教育有关的几个问题展开，包括学习本民族文化的途径、喜爱和重视的程度，对民族语文课程的喜爱程度，民族语文课程的作用和重要性，民族语文教师的待遇、对教材的满意程度、工具书（参考资料）的有无、教学压力、学习时间等。访谈内容包括当前双语教育和民族语文教育现状，主要是民族语文教学和学习状况等。

（二）调查结果分析

1. 学校教育是学习民族文化的重要途径

76.4%的教师和 93.1%的学生认为学习少数民族文化的最佳途径是学校教育，11.8%的教师和 3.2%的学生认为是家庭教育，11.8%的教师和3.7%的学生认为是社会教育。当问及学生“平时了解、学习民族文化的途径”时，65.7%的学生认为是通过老师讲授获得的，28.9%的学生认为是通过课外阅读获得的，只有 4.3%和 1.1%的学生认为是通过观看影视作品和上网获得的。由此看来，学习本民族文化主要还是通过学校教育来完成的，可见民族语文教育是学生学习民族文化的重要途径，民族语文教育的重要性和民族语文教师的作用显而易见。

2. 学校对民族语文教学比较重视

53.2%的教师和 88.9%的学生认为学校对民族语文教学非常重视，43%的教师和 10.6%的学生认为重视程度一般，仅有 3.8%的教师和 0.5%的学生认为不重视。可见学校对民族语文教学还是比较重视的，但双语教育更受重视。从通过访谈了解到的情况来看，北疆地区对其重视程度相对来说不如南疆，民考汉学生的母语文教学更是如此，这恐怕与他们认为汉语比母语更有用、更重要，对母语学习没有硬性要求有关。这又使惧怕失去母语的深深的忧虑在这一部分知识分子中较为明显。

3. 对本民族语文课非常喜爱

96.3%的教师和90.3%的学生非常喜爱母语语文课，这充分说明广大少数民族师生对本民族的语言及其所承载的文化有很高的认同度。

4. 民族教师比较重视民族语文教学

80.8%的教师平时非常重视在教学中传播民族文化，17.9%的教师一般重视，1.3%的教师不太重视。从民族语文课教学效果看，93.1%的学生认为语文老师教得好，6.9%的学生认为老师讲得一般。

5. 民族语文教学对传承民族文化的作用重大

100%的教师和 87.3%的学生认为语文课能够传承本民族的文化，12.2%的学生（主要是小学生和初中生）不清楚语文课对传承文化的作用。可见随着年龄的增长和文化程度的提高，人们对此问题的认识逐渐提高，这也反映出语言与文化的关系，保存和传承民族文化是民族语文教学的一个重要任务。

6. 母语和汉语都很重要

认为母语和汉语一样重要的有 74.1%的教师和 85.8%的学生，有25.9%的教师和 14.2%的学生认为母语更重要。这反映出学生（其实也包括学生家长）比教师更加清楚地感受到在掌握母语的同时掌握汉语的重要性，认为掌握汉语将来会有较好的出路。正因为如此，相当一部分学生和家长怀着深深的“母语情结”选择了进汉族学校。随着双语教育的普及和民考汉学生的增多，这种“母语情结”恐怕逐渐会谈化。

7. 对现在使用的民族语文教材不甚满意

61.7%的教师和 83.1%的学生对使用的语文教材表示满意或喜欢，28.4%的教师和 14.8%的学生表示一般，9.9%的教师和 2.1%的学生表示不太满意或不太喜欢。可见现在的民族语文教材的受欢迎程度不是很高，尤其是对于民族教师。这恐怕与教材选取的民族文化内容的普遍性、代表性、时代性不强，没有很好地将传统与现代、继承与创新有机结合起来有关。

8. 民族语文教师没有双语教师受重视

24.7%的民族语文教师觉得自已在学校受重视，44.4%的教师认为一般，30.9%的教师认为双语教师更受重视。从调查的数据看，似乎双语教师比民族语文教师更受重视。从访谈的结果看，有些学校为鼓励双语教学，在双语教师紧缺的当下更看重双语教师，双语教师也似乎高人一等，有较强的优越感。

9. 教师的教学压力不大，学生课外学习的时间不多

34.6%的教师认为语文课教学压力很大，48.7%和 16.7%的教师认为“一般”和“不太大”。31.9%的学生用较多的课外时间学习语文，选择“一般”和“不太多”的分别占 58%和 8%。由此可见，民族语文课受师生重视的程度不太大，或者说心里重视，行动上不太重视，这与学校的重视程度不是非常高有一定关系。

10. 拥有的教学参考资料和工具书较少

除语文教材外，51.9%的教师有较多的教学参考资料，“有一些”和“不太多”的教师分别占 39.5%和 8.6%，也就是说近 50%的教师只有较少教学参考资料，而 14.3%的学生连一本民族语文工具书都没有。这与少数民族家庭的经济状况、学习氛围、阅读习惯，民族语文出版物较少等因素有关。

本次调查尽管样本不多，调查地域和民族成分有限，但调查数据具有一定代表性，调查结果与平时了解和通过访谈了解到的情况基本吻合，可以说基本能够反映当前新疆少数民族双语教育模式下民族语文教育的现状。

二、存在的问题

（一）片面理解双语教育，弱化民族语文教育

近几年国家、新疆各级政府大力推进少数民族双语教学，2011 年颁布了《新疆维吾尔自治区少数民族学前和中小学双语教育发展规划（2010—2020 年）》，确定了双语教育工作的总体目标，要求到 2015 年“接受双语教育的少数民族中小学生占少数民族中小学生的 75%左右，其中义务教育阶段达到 80%左右”，“到 2020 年，接受双语教育的少数民族中小学生占少数民族中小学生的 90%以上，其中义务教育阶段达到 95%左右”。对少数民族人口占 90%以上的南疆地区的中小学来说，要达到这两个指标，任务非常艰巨，教育主管部门和学校负责人深感压力巨大，把工作重点放在了双语教育上。有些人片面地把双语教育理解为汉语教育，只强调汉语在教学中的作用，忽视了民族语言的作用，使民族语文教育顾此失彼，弱化了民族语文教育。

（二）民族语文教师工作积极性不高

由于新疆大力推进少数民族双语教育，办学规模迅速扩大，学生人数

急剧增加，双语教师数量严重不足，因而双语教师比较“吃香”，一些民族语文教师转岗成为双语教师，而民族语文教师数量难以得到补充，有的学校由其他非专业的教师承担民族语文课。这些教师和原来的民族语文教师多年来没有接受课程和新课标的培训，无法准确把握教学目标和要求，教学质量难以得到保证。在这种形势下，一些学校的民族语文教师感到被忽视了，在一定程度上影响了民族语文教师的工作积极性。

（三）大量民族学生选择汉族学校或汉语班就读，放弃母语学习

由于汉语的重要性日益显著、掌握汉语有较好的前途，民族学校汉语教学尚不能满足学生及家长的要求，民族学校的教学质量又相对较低，民考汉的学生人数呈急剧上升趋势。据资料显示，20 世纪七八十年代，全新疆民考汉的学生不到中小学少数民族学生的 2%，而现在已经达到 20%，约 40 万人。尽管他们也渴望掌握母语，但还是把主要精力投入其他功课上了。他们中的绝大多数不能读写本族的语言文字，民族语言只停留在口头表达的水平上。民族学生的大量流失和对民族语文的“有心无力”减弱了民族语文教育，近几年虽有一些民考汉学生的家长将子女送到民族学校或班级上学，但这些学校的数量远远比不上民考汉的学生人数的增长，使得少数民族的母语文水平整体上呈下滑趋势。这种现象可以被理解为全球化进程中必然出现的现象，全球化在某种程度上影响着各个国家民族语文教育的发展，即使接受教育人数最多的汉语文教育也不例外。

（四）教材和教辅材料的出版跟不上教育形势的发展

教材品种单一，教辅及课外阅读材料严重不足，不能适应当前民族语文教育的需要，从而影响了民族语文教育的质量。此外，民族语文教材的质量也有问题。目前所使用的教材虽突出了民族性和地方性，也体现了不同民族和不同国家的文化，但视野狭窄、缺乏现代气息，在选材上传统与现代、继承与创新的结合不够。在课文内容的安排上没有做到由浅入深，在编排上缺乏趣味性，同时在反映当代中国社会文化的主流与多元性及其变化方面略显不足，对当代教育中尊重多元文化的理念的理解也不够深入。

（五）不顾实际条件，盲目扩大双语班规模

一些学校一味追求双语普及率，不考虑双语教师和学生的实际情况，在不具备条件的情况下盲目扩大汉语授课规模，结果是老师汉语讲不好，母语又不讲，教师讲得满头大汗，学生听得一头雾水，学生不得不把大量

的时间用于双语课程上，无暇顾及母语学习，民族语文学习被“冷落”，学生和家长甚至将学生母语水平下降归罪于双语教学。

三、对策与建议

（一）充分认识少数民族语文的重要作用，做好民族语文课程建设

语文教育是一切教育的基础，民族语文教育则是民族教育的基础。少数民族接受双语教育往往要借助母语文，所以民族语文在今后相当长的时期内仍具有较强的社会功能和应用价值。民族语文负载着民族文化，还具有情感价值。学习民族语言与文化能够较好地保留优秀的民族传统文化，开展民族语文教育是民族认同和文化认同的需要，加强民族语文教育和民族文化的影响力将推动全球化，促进人类的进步。从这个意义上讲，民族语文不仅仅是属于某个民族和某个国家的，也是属于全人类的。

做好民族语文课程建设，就要研究制定双语教育要求的民族语文课程标准，开发相应的民族语文教材，把民族语文课程作为重要的基础课程，严格执行自治区制定的民族语文课程标准，确保实现课程目标。充分发挥各类考试对提高民族语文教学质量的导向作用，坚持把民族语文作为少数民族学生的必考科目。

（二）加强民族语文师资队伍建设

学校不应把不能胜任双语教学的民族教师随意转岗到民族语文教师队伍中，要重视民族语文师资培训和学科带头人的培养，定期对民族语文教师进行轮训，并举办民族语文教学研讨和交流活动。

（三）弄清语言濒危和消亡的条件和原因，消除不必要的顾虑

一种语言的濒危、消亡是历史发展的必然，是不以人的意志为转移的。但语言的消亡是有条件的，当一种语言担负不起社会的交际功能，不能全方位地为使用这种语言的人们服务，人们不得不放弃它的时候，这种语言才会逐渐消亡。具体来说，使用人口少、民族杂居、族群分化、民族融合、社会转型等因素才会造成语言的消亡。维吾尔语、哈萨克语的语言活力很强，属于强势语言，目前不具备濒危和消亡的条件。国家正确的民族政策、民族语言政策、族内通婚、封闭的居住环境和民族语文教育均能够有效地延缓语言的消亡。语言学家们认为，双语教育是最有效的解决语言消亡的办法，只要不放弃并加强民族语文教育，民族语言就会得以延续。

（四）重视民族语文教育教材建设，开展读书活动

尽快制定民族语文教育教材建设规划，加强教材建设，开发民族语文教育教材和教学资源，充分利用现有的图书资源和网络资源，开展读书活动，并对读书活动加以引导和支持，协调对口支援省市帮助受援地区建设幼儿园双语图书角和中小学双语图书馆（室）。

（五）遵循教育规律，处理好民族语文教育和双语教育的关系

少数民族语文教育和双语教育都是少数民族教育的一部分，要遵循教育规律，不能不顾实际情况，盲目追求双语教育的速度和规模，民族语文教育和双语教育一个都不能被偏废。要处理好民族语文教育和双语教育的关系，尽管新疆双语教育在某种程度上存在民族语文教育弱化的问题，但我们要正视目前存在的问题，不能因开展了双语教育而忽视民族语文教育，更不能只重视民族语文教育而放弃双语教育。要在搞好民族语文教学的基础上搞好双语教学，不能本末倒置，否则有悖于双语教育的指导思想、基本原则和目标任务。

新疆少数民族双语教育是“在少数民族教育教学过程中使用国家通用语言文字和本民族语言文字开展相关课程教学的一种教学形式”不管采用何种模式，都没有放弃少数民族语文的教学，而是要求“相应保留本民族语言文字为主的教学班”“切实加强民族语文课程教学工作”，所以不能将新疆少数民族双语教育片面地理解为汉语教育，以免加重少数民族群众对失去母语的担忧。在推进双语教育的同时，应加强民族语文教育，努力营造多元的语言文化生态环境，贯彻落实国家和自治区的民族语言文字政策，构建具有新疆特色的双语教育体系，使少数民族在掌握国家通用语言文字的同时掌握本民族语言文字，通过双语教育培养德才兼备、民汉兼通的少数民族人才，让少数民族语文为新疆各民族的发展和新疆的和谐服务。

新疆双语教育的发展历程与趋势

陈世明

本文中的“双语教育”特指民汉双语教育体制下对各类学校少数民族学生进行的汉语教学。虽然“双语教育”这个术语进入新疆乃至于进入中国的时间不长，新疆双语教育事业的产生和发展却源远流长。本文试图在对新疆双语教育的发展状况进行纵向和横向比较的基础上，谈一谈对如何使新疆双语教育的发展与时俱进的设想。

一、新疆双语教育的发展历程

清光绪时国子监祭酒王先谦在《汉书补注》中说，秦代始皇帝元年（公元前 221 年），在临洮一带修筑长城的 30 万民夫因不堪其苦，大量逃往漠北（今内蒙古北部地区）和新疆落户，成为《史记》《汉书》和《突厥语大词典》中记载的“秦人”。汉宣帝神爵三年（公元前 59 年）西域都护府建立后，新疆尽归汉朝版图，大批朝廷官员、使者、屯田士兵、移民和商人进入新疆，在新疆定居或落户，于是在新疆这个广袤而特殊的地域环境中形成了民汉交错杂居的格局。各民族人民杂居一处，为了能在和睦、安定的环境中繁衍生息，他们相互交往、密切接触，以求相互了解、相互学习生产和生活技能，共同改造生存环境，创建美好家园。民汉交错杂居格局的形成及各族人民相互之间的频繁接触，必然导致民汉语言相互学习现象的产生，而双语教育便是相互学习语言的一种途径，是民汉语言接触发展到一定阶段的必然产物。尤其是从西域都护府建立开始，中央王朝与西域地方政权之间政治、经济、文化方面的友好关系进一步加强，这使新疆双语教育的发展有了保证，以学校为主的双语教育已成为一种较系统、较普遍、有目的、有计划、有组织的教学活动，而且已初具规模，近代在尼雅河下游和罗布泊地区发掘出的两汉时期当地土著民族儿童使用过的识字

陈世明：新疆大学人文学院教授、博士生导师。

课本《仓颉篇》残卷和“九九口诀”残件，以及在吐鲁番地区发掘出的唐代当地土著民族儿童使用过的启蒙课本《千字文》《太公家教》和习字册《义熙写本<毛诗郑笺>》《<论语>郑氏注》抄本等都是很好的佐证。[①]

公元1759年清朝政府统一新疆后，新疆出现了一个相对稳定的政治局面，“关内汉、回携眷来新就食、承垦、佣工、经商者，络绎不绝”[②]，再加上中央派遣的大批满、汉将军、大臣纷纷来疆，民汉语言接触就显得更加频繁而重要，社会对双语人员的需求把新疆双语教育推向了一个新的高度，招收八旗官兵子弟入学的官学和招收维吾尔族学童入学的义塾（也称“汉语学堂”）便如雨后春笋一般兴起，学童们学习《千字文》《三字经》《百家姓》和儒家经典[③]，后又由替换了“随营书识”的通事（翻译）做教习，双语教育面貌为之一新，到处呈现了“巴郎汉语音琅琅，中庸论语吟篇章”[④]的景象。八旗军队的官学还使用了满、汉文合璧教材和锡、汉文合璧教材，用满、汉语或锡、汉语授课。[⑤]1928年，新疆省政府在民语中学实施“回人读汉文”的方针，规定民语中学必须开设汉语课。[⑥]1946年，中央政府代表团与三区革命临时政府代表团经过协商，又将“中学应以国文（汉文）为必修课”列入《联合政府施政纲领》，而且还规定“民族中学加修国语，每周不少于四小时”。这些措施，一方面将新疆的双语教育纳入了法制轨道，一方面促进了新疆双语教育的发展。

纵观新疆双语教育的发展历程，我们可以看出，新疆的双语教育从产生到初具规模，乃至到中华人民共和国成立前的初步完善，经历了一个漫长的发展过程。在这个发展过程中，民语中学的汉语教育初步形成了一套较为科学的教学理念和较为完善的教学体制，积累了许多好的教学经验和教学方法，为中华人民共和国成立后双语教育的顺利发展奠定了基础。

中华人民共和国成立后，1984年颁布的《中华人民共和国民族区域自治法》第三章第三十七条明确规定，“招收少数民族学生为主的学校（班级），……根据情况从小学低年级或者高年级起开设汉语文课程，推广全

① 陈世明. 新疆民汉双语现象与社会发展之关系［M］. 北京：民族出版社，2010.
② 王树楠. 新疆图志·奏议［M］. 台北：文海出版社，1965.
③ 钦定八旗通志·学校志二·八旗官学［M］. 台北：商务印书馆，1986.
④ 吴蔼宸. 历代西域诗抄［M］. 乌鲁木齐：新疆人民出版社，1982.
⑤ 格俸额. 伊江汇览·学校［M］. 乌鲁木齐：新疆大学图书馆刊印本.
⑥ 曾问吾. 中国经营西域史［M］. 乌鲁木齐：新疆人民出版社，2013.

国通用的普通话和规范汉字”。这一规定不仅强化了汉语教育的法制管理力度，也丰富、规范了汉语教育的内容和方法。1993 年经自治区第八届人大常委会第四次会议通过的《新疆维吾尔自治区语言文字工作条例》对双语教育的体制改革和教学目的做了更高的要求，提出民族中小学要“从小学三年级起开设汉语课程，有条件的可以提前开设，搞好汉语教学，逐步使少数民族学生高中毕业时达到‘民汉兼通’。大中专院校应当加强民汉双语教学，培养双语人才”。正是在中央和自治区关于双语教育的一系列法规和各项语言文字政策的指导下，新疆民族双语教育事业有了突飞猛进的发展，新的更加科学的教育理念、教育体制和教育模式代替了传统的教育理念、教育体制和教育模式，不仅汉语教学规模和汉语教学师资队伍的结构发生了很大的变化，教材建设也发生了很大的变化。譬如，1982 年全疆中小学汉语教师仅有 1516 人，而且多为中等学历。1988 年增加到 5661 人，1995 年又增加到 10043 人。2004 年，全疆中小学汉语教师有 19109 人[①]。到了 2011 年底，全疆中小学教师已达 23000 人，大部分为大学本科或专科学历。

二、新疆双语教育发展应与时俱进

从纵向上看，新疆少数民族双语教育虽然被纳入了法制轨道，教学规模不断扩大，教学理念不断更新，教学条件不断完善，教学方法也不断改进；但从横向上看，也就是从与其他多民族国家或我国的其他多民族地区比较的角度来看，新疆的少数民族双语教育形势还显得比较滞后，双语教育的发展速度远远没有做到“与时俱进”。譬如，在美国西部地区生活着 250 多万印第安人，印第安人有自己的语言，但他们都能熟练地使用国家通用语言——英语。土耳其生活着 1400 多万库尔德人，库尔德人操印欧语系语言，但他们都能用土耳其语进行交流。俄罗斯联邦有 130 多个民族，其中人数超过 100 万的民族就有 7 个，除主体民族俄罗斯族外，鞑靼人约有 550 万，乌克兰人约有 300 万，巴什基尔人约有 160 万，楚瓦人约有 160 万，车臣人约有 140 万，亚美尼亚人约有 110 万。这些民族都有自己的语言，但他们又都精通国家通用语俄语。又譬如，内蒙古自治区民族学校从小学到高中都开设汉语课，几乎所有的蒙古人都可以使用汉语交流。西藏

① 武金峰．新疆高校民族预科教育研究［M］．北京：民族出版社，2004：19.

地区的中小学早就实现了藏语、汉语同步教学，讲汉语的藏族人比比皆是。但在新疆，尤其是南疆地区，至今尚有占相当比例的少数民族同胞不能使用国家通用语言进行交际，乃至于许多在中学和大学受过多年汉语教育的学生也不能用国家通用语言汉语进行交际，无法适应社会劳动和社会生活。

教育是一种社会现象，它不仅是一定历史时期社会政治的反映，也是一定历史时期社会生产力和生产关系的反映，它能对社会和经济的发展起到促进作用，也能起到牵制作用。而新疆的双语教育又是新疆教育至关重要的一个组成部分，它的发展速度决定着新疆教育事业的发展速度，也决定着新疆社会和经济的发展速度。正如世界著名的双语学专家 W.F.麦凯教授所说的那样："就国家范围而言，双语教育是促进各个种族群体和语言和平共处的最佳途径。双语教育的代价无论多么昂贵，它都将比不进行双语教育所付出的社会代价要低。"[①]新疆目前已进入了一个崭新的历史发展时期，即在构建和谐社会基础上的跨越式发展时期，这种尚未与时俱进的双语教育形势必然会对和谐民汉关系、对新疆社会和经济的飞速发展产生一定的负面影响。这就要求我们一定要以一种"一万年太久，只争朝夕"的精神来促进双语教育事业的发展，使新疆教育事业的发展能够与时俱进。

双语教育又是一项政策性、理论性和实践性都很强的学科，要想使新疆的双语教育与新疆的跨越式发展同步进行，首先要认清双语教育的社会价值和经济价值，吃透中央和新疆关于双语学习及双语教育方面的各项方针、政策，掌握国内外学术界对少数民族双语教育的理论和方法，汲取国内外在实施少数民族双语教育过程中出现的经验和教训，结合新疆双语教育的实际，确立具有新疆特色的双语教育理念和体制，以新的教学模式和教学方法促进新疆双语教育的发展。

三、影响新疆双语教育发展的因素

影响双语教育产出质量的因素很多，其中最重要的有两项，一是教师，一是教材。

（一）教师因素

唐代著名学者韩愈曾说，"师者，所以传道、受业、解惑也"。这是

---

① ［加拿大］W.F.麦凯，［西班牙］M.西格恩著；严正，等译.双语教育概论［M］.北京：光明日报出版社，1989：15.

说，作教师的人，不仅要教给学生做人的道理，还要给学生讲授学业，解答疑难问题。“传道”要求教师要身正，即品德高尚；“受业”要求教师要学高，即专业高超；“解惑”要求教师要博学，即学识渊博。汉语教师也应该是这样。教师在教学中发挥着举足轻重的作用，是提高教学产出质量的重要保证。从目前新疆汉语教学的情况来看，各类学校汉语教师的总体情况还是好的。大部分教师凭借自己的专业功底和教学经验，兢兢业业地做着自己的教学工作，而且为做好自己的教学工作勤奋地探索着。但是，我们也应该看到，我们的双语教育事业发展水平与社会跨越式发展的需求相比，差距还是很大的；我们的汉语教师与我们的时代对汉语教师在思想、业务、素质等方面提出的要求相比，差距也是很大的。为了使我们的工作和教学产出符合社会跨越式发展的需要，自治区教育厅已开始对全疆汉语教师分期、分批地进行多种形式、多种渠道的培训，收到了显著的效果。但全疆各类学校的汉语教师有 23000 多人，每个人都要通过培训来提高，确实有很大的困难。这就需要我们每一个汉语教师在工作中潜下心来，立足于本职工作，在参考前人总结出来的教学理论、教学模式和教学方法的基础上，一方面不断更新自己的教学理念，摸索出更好的课堂教学方法，一方面不断地加强自我修养，努力加快自己的专业化发展速度，提高自己的业务能力和教学水平。

作为汉语教师，首先要加强道德修养和专业修养，使自己具备高尚的道德品质、扎实的汉语专业基础及良好的职业素质，仅懂汉语是不能胜任汉语教学工作的。社会上有一种偏见，认为懂汉语就能教汉语，这是对汉语教学工作的误解。汉语是个体系，它包含着语音、词汇、语法、修辞、文字等方面的丰富内容，哪个方面的知识有缺陷，都会影响教学工作。而要系统、全面地掌握汉语语音、词汇、语法、修辞、文字等方面的知识，不下一定的功夫是不行的。另外，在没有语言环境的情况下，汉语教师又是唯一的语言环境资源，汉语教师的发音方法、普通话水平和汉字书写方法，都会成为学生仿效的标准，影响着学生的发音、说话和写字，甚至这种影响会伴随学生的一生。所以汉语教师还要努力提高自己的汉语发音能力和普通话水平，提高自己的书写能力，成为学生书写汉字和学习普通话的楷模。此外，汉语教师还要通过多种渠道和多种方式，如看书、看报、看电视、听广播、参加有益的社会活动等，了解、掌握中华民族多元一体的汉文化。语言是文化的载体，汉语中的大部分词、词组或语言片段，都载负着丰富的文化内涵，如果不了解它们的文化内涵，就不能生动、形象地讲给学生听，学生就会觉得所学内容平淡无奇、枯燥无味，也就不会对学习产生兴趣。

汉语教学是针对少数民族学生进行的一项语言教学实践活动。从语言的结构特点来分，汉语是词根语，不重形态；而新疆的少数民族语言，如维吾尔语、哈萨克语、柯尔克孜语是黏着语，形态丰富。这两种语言各有特点，差别很大，给学生学汉语带来了一定的困难。例如，由于母语干扰的影响，学生往往将母语中的词法规则、语法规则和句法规则迁移到汉语学习中，理解、学习汉语的词、词组或句子，这就会出现词法偏误或句法偏误。我们的汉语教师起码是中学以上的汉语教师，如果精通学生的母语，就会将学生的母语作为一种中介语，引导学生不断地调整自己的汉语习得行为，由错误逐渐向正确方向转变。否则，教师就会在学生面前不知所措，陷于被动局面。譬如，中学汉语课本中有大量用词法构词法（也称“附加法”）构成的汉语合成词，如“拖拉机手”“炮手”“突击手”“歌手”“助手”等，少数民族学生受母语干扰的影响，往往会按“手”（qol）一词的本义去理解“手”在一系列词中的作用和意义。如果教师讲清楚，这里的“手”相当于维吾尔语或哈萨克语中的构词词缀 Ci，学生就容易理解了。再譬如，中学和大学汉语课本中还有大量汉语融合性成语或固定词组，如“深文周纳”“翻云覆雨”“不共戴天”等，这样的成语或词组学生很难理解，教师也很难讲清楚。如果教师把它们的对应词语讲给学生，学生就很容易理解、掌握了，这就是我们所说的“知己知彼，百战不殆”。而汉语教师要做到这些，不具备很高的学生母语水平是不行的。

（二）教材因素

教材决定着教学的基本内容，体现着教学的基本原则和方法，它是教学的基础，也是教育产出质量的保证。要想让新疆的少数民族双语教育与社会同步发展，必须将各类学校的汉语教材建设作为一项基础性工程来抓，万不可掉以轻心。当务之急是，新疆各高校及教育系统的有关部门应该组织具有语言学、心理学、教育学等学科理论和知识，精通汉语、汉语教学特点及汉语教学内容，具备较好的理论修养和丰富的教学经验，深谙汉语习得者的特点和需求的教师或教师团队，根据教材编写的基本原则和基本要求，编写出既具有时代特点，又具有科学性的好教材。新疆的汉语教学扎根于新疆独特的人文社会环境之中，面对的是新疆的少数民族学习者，所以在编写汉语教材时一定要考虑到新疆自身的特点和少数民族学习者的特点和需求，不仅要突出教材的区域性和针对性，还要突出教材的知识性和趣味性，尤其要突出教材的实用性。“学以致用”是汉语学习的目的，“实用”才能“致用”，“致用”才能做到民汉兼通。教材有了区域性和针对性特点，又有了知识性和趣味性特点，才能激发学生对汉语学习的兴趣和积极性。学生对学习汉语有了兴趣和积极性，才能潜下心来学习汉语、使用汉语，达到民汉兼通、服务社会的目的。与新疆的特点和汉语习得者的特点不相吻合的教材缺乏针对性，学生即便是学了，也很难达到“学以致用”的目的。在教材编写方面，我们有些高校和教育系统的有关部门过去曾经做过大量工作，向社会提供过许多好的汉语教材，是有大量经验可借鉴的。譬如，从20世纪50年代开始到90年代中期，自治区人民政府和教育厅便十分重视各类学校汉语教材的编写工作，组织专家、学者为各类学校的少数民族学生编写出各种很有特色的汉语教材，这些教材在汉语教学中发挥了很好的作用。

新疆双语教育现状、问题与对策研究

葛丰交

为深入了解新疆少数民族中小学双语教育现状及存在的问题，为完善少数民族中小学双语教育政策提供参考，“新疆双语教育的现状与问题研究”课题组一行三人，于 2014 年 5 月 28 日至 2016 年 9 月 12 日，先后深入新疆伊犁州、乌鲁木齐市、昌吉州、吐鲁番地区、塔城地区、和田地区 6 个地州的昌吉市、吐鲁番市、塔城市、托里县、裕民县、玉田县、和田县、皮山县、霍城县、察布查尔县 13 的县（市）的 40 所中小学进行调研，共召开座谈会 28 场，听课 43 节，查阅档案资料 318 份、教师教案 56 本、学生作业本 232 本，对 218 名中小学生进行了文化知识随堂测试。课题组在和田地区分别对 86 名教师和家长、181 名中小学生进行了问卷调查，对 21 位专家，部分中小学校长、教师进行了访谈，查阅了相关文献资料、统计数据。通过深入调研，项目组较为全面地了解了新疆少数民族双语教育的现状、突出问题，并在以往研究成果的基础上，结合此次调研，形成了此份调研报告。

一、新疆双语教育的现状

新疆是一个多民族、多语种、多文化的地区，自古以来就是东西方语言与文化的交汇之地。世界六大语系中的三大语系的语言汇集在这里。在维吾尔族、汉族、哈萨克族、回族、柯尔克孜族、蒙古族、锡伯族等 13 个世居民族中，除汉族、回族和满族通用汉语汉文外，维吾尔族、哈萨克族、蒙古族、柯尔克孜族、锡伯族、俄罗斯族等民族不但有语言，还有本民族的文字。长期以来，各民族人民在共同的生产、生活中，逐渐形成了互相学习语言文字的优良传统，已形成了多种双语类型，其中又以“民汉双语型”为主。

从 20 世纪 50 年代起，新疆逐步为少数民族学生开设汉语课程，在 80

年代提出了“民汉兼通”的概念，在90年代开始进行双语教学实验。2010年以来，新疆双语教育迈出了历史性步伐。实践证明，在少数民族学生中加强双语教学，实现“民汉兼通”，对发展我区民族教育，提高少数民族人民群众科学文化水平，促进我区经济、社会的发展，巩固、发展各民族的大团结有着重要的意义。

（一）双语教育规模

自2004年自治区党委、政府下发《关于大力推进双语教学工作的决定》以来，新疆双语教育进入了全面、快速、大规模的推进阶段。截至2015年，全区幼儿园和中小学（含职业高中）少数民族双语班和民考汉学生达224.93万人，占幼儿园和中小学少数民族在校学生的78.85%。其中学前三年少数民族双语班和民考汉幼儿有55.05万人，占学前三年少数民族适龄幼儿数的63.19%；中小学（含职业高中）少数民族双语班和民考汉学生有169.88万人，占中小学少数民族在校学生的72.38%。2014年全区学前和中小学双语教育教师达109226人，其中，学前双语教育教师有20508人，小学58977人，初中21545人，高中8197人。

（二）双语教育模式

根据《新疆维吾尔自治区少数民族学前和中小学双语教育发展规划（2010—2020年）》，新疆在新一轮双语教育推进过程中采用两种模式。模式一是指小学汉语、数学、科学、信息技术，初中汉语、外语、数学、物理、化学、生物、信息技术，高中汉语、外语、数学、物理、化学、生物、信息技术和通用技术课程使用国家通用语言文字授课，其他课程使用本民族语言文字授课。模式二是指全部课程使用国家通用语言文字授课，开设民族语文课程；不具备师资条件的学校，体育、音乐、美术课程可以使用本民族语言文字授课。此外，少数民族中小学普通班则全部课程使用本民族语言文字授课，开设国家通用语言文字课程。据统计，2012年全区中小学双语教育模式一、模式二学生人数及比例为：小学双语班学生有648061人，其中模式一学生人数为396386，占61.16%，模式二学生人数为251676，占38.84%。小学段克拉玛依市、石河子市全部采用模式二教学，乌鲁木齐市、巴州模式二的采用率达到90%以上；吐鲁番地区则以采用模式一教学为主，占93.10%，和田与哈密的模式一也占90%左右。就教学模式的选择而言，全疆差异较大，尤其是同为南疆三地州的克州与和田，分别选择了不同的模式。

（三）少数民族语文教学情况

新疆中小学在使用国家通用语言文字教学的同时，还使用维吾尔族、哈萨克族、蒙古族、柯尔克孜族、锡伯族、俄罗斯族6种少数民族语言文字进行教学。2014年，全区用少数民族语言授课的小学有2569所（不含民汉合校，下同），在校学生有1115293人，占57.40%；普通初中有486所，在校生有474933人，占52.11%；普通高中有116所，在校生有173739人，占37.53%。

二、新疆双语教育存在的主要问题

近几年，新疆少数民族双语教育推进速度之快，前所未有，在世界上也属罕见。实事求是地讲，新疆双语教育有成绩，但也存在不容忽视的突出问题。

（一）新疆对学习贯彻第六次全国民族教育工作会议精神和《国务院关于加快发展民族教育的决定》（以下简称《决定》）中科学、稳妥推进双语教育的方针、政策重视得不够，未全面正确地贯彻落实，至今没有下发组织学习、贯彻落实《决定》的通知，至今未出台贯彻实施《决定》的意见，至今未召开贯彻第六次全国民族教育工作会议精神的会议，有些部门、地区、县市的领导及教育工作者还不知道中央新时期双语教育的指导方针。近一年来，在自治区几个带有双语教育指导性的领导讲话和官方文件中没有提及科学、稳妥推进双语教育的指导方针，至今仍然还在使用与国家双语教育政策不相符的“积极、有效、稳妥”的方针和原则，这些都需要认真反思和及时纠正。

（二）在双语教育的研究、决策和推行过程中没有很好地贯彻落实党的实事求是的思想路线，不够尊重语言文字学习的基本规律，没有充分考虑到不同地区、民族的不同情况，搞一刀切，大干快上，盲目追求脱离实际的高指标和覆盖率，导致目前新疆民族教育事业出现了比较严重的困难。

（三）认识上存在偏差和误区

在双语教育中，相关实施者往往对少数民族语言文字的性质、价值、作用及文化功能认识不足，使少数民族语言文字教学被有意无意地忽视，认为“民族语言文字教学无用，会贻误民族地区的儿童学习汉语文”。另外存在认识上的误区：一是认为“双语教育就是汉语教学”，二是认为新疆少数民族至今不太愿意学习国家通用语言文字，三是认为母语为非汉语的少数民族学生的汉语教学属第一语言教学。对双语教育片面甚至错误的认识直接影响了新疆双语教育科学、稳妥地推进。

（四）中小学合格双语教师缺口仍较大，汉语水平低、教学能力低（即“一缺二低”）的问题尚未得到根本解决

1. 合格的双语教师十分紧缺

近几年，随着自治区双语教学的快速推进，中小学少数民族学生中接受双语教育的班数、学生数迅速增多，所占比例有显著的提高。但双语师资队伍的建设跟不上双语推广的速度和进程，尤其是合格的双语教师十分紧缺，仅南疆四地州就缺双语教师 8 万多名。2013 年阿克苏地区中小学双语教师缺口达 3830 人（其中小学 1448 人，初中 1976 人）。

2. 双语教师的专业知识和汉语水平普遍较低

不能胜任或不能完全胜任双语教学的教师比例偏高，例如喀什地区的双语教师中，双语能力合格的教师不足40%。这些教师原来都是用少数民族语言教学的教师，自治区大面积推行双语教育后，在较短的时间强行让他们改用汉语教学，他们自身对汉语教材的理解、消化能力差，一些老师甚至不能完全看懂教材。据专家调查，南疆中小学双语教师中只有30%的教师能听懂汉语、看懂汉语教材，在教学中难以与学生进行有效交流，并对其进行系统辅导。

3. 一些单语教师只懂汉语，不懂少数民族语言，教学效果较差

从内地招聘来的汉族教师不懂少数民族语言，无法与学生交流。不少教育部门和学校领导反映，“刚从大学毕业的汉族学生到少数民族地区任双语教师，因他们不能听、说少数民族语言，有的内地方言重，教学效果不太好。少数民族学生因汉语基础差等原因，有60%—70%的小学生听不懂纯用汉语讲的课，学校还安排少数民族教师辅导。”因文化差异，汉族教师对少数民族学生的心理特点、学习态度、行为方式等方面不了解，与学生沟

通困难，很难把握学生的情绪，导致学生不尊重教师，课堂秩序乱，学校不得不让民族教师去维持课堂秩序。

（五）双语教育教学质量偏低

教师整体素质偏低和双语教育管理方面存在的问题，最终造成中小学双语教学，特别是理科教学质量偏低。普通班质量堪忧，两种模式的双语班普遍存在质量偏低的问题。2013 年自治区双语教育质量监测结果显示，学前教育大班的幼儿中具备初步汉语听说能力的不足30%，小学汉语成绩合格率为 28.4%，数学合格率为 30.7%，较 2012 年略有下降；城市、县镇、农村学生的成绩呈依次下降趋势，农村学生汉语、数学的平均成绩比城市学生低 20 分左右。

2014 年 12 月，本课题组主持人参加了自治区教育厅中小学管理和教育教学质量工作专项督查组，在和田地区农村中小学查看了学生的考试成绩和作业本、教师的教案本，听课并随堂对学生进行了测试，了解到农村中小学双语教学质量普遍偏低，学生文化考试成绩普遍较差。和田地区教育局提供的《2014—2015 年和田地区初中双语班各学科成绩对照表》显示：皮山县初一数学成绩合格率为城市 5.1%、农村 7.1%；初二数学成绩合格率为城市 4.6%、农村 10.1%，物理合格率为城市 3.0%、农村 1.7%。12 月 2 日下午，督查组在和田县朗如乡中学教务处查看到该校《2013—2014 学年第一学期班级成绩记录表》，全校初一到初三共 12 个班（其中初一 5 个班，初二 3 个班，初三 4 个班）的数学考试平均分为 19.4 分，物理为 31.7 分，化学为 19.6 分，生物为 36.7 分，地理为 34.8 分，历史为 33.9 分。该乡朗如小学 2013—2014 学年第二学期汉语课考试合格率为三年级 36.7%、四年级 33.3%、五年级 32.1%、六年级 35.6%。

督查组成员于 11 月 29 日下午在和田地区于田县奥依托格拉克初级中学九年级一班听了一节汉语课，并进行了随堂测试，从学生们本学期学过的汉语文课文中选了以下难易适中的 10 个词语：辽阔、自力更生、考察、研制、贫寒、辍学、坚硬、担忧、金属、惋惜进行听写并翻译成维文。全班有 40 名学生参加了测试，测试结果：写对 5—10 个词语的有 13 人，约占三分之一；翻译对 5—10 个词语的有 14 人，约占三分之一，其余三分之二的学生只写对、翻译对1—5个词语（详见下表）：

和田地区于田县奥依托格拉克初级中学九年级一班汉语测试情况

写写对一个词语的	写对两个词语的	写对三个词语的	写对四个词语的	写对五个词语的	写对六个词语的	写对七个词语的	写对八个词语的	写对九个词语的	写对十个词语的	翻译对一个词语的	翻译对两个词语的	翻译对三个词语的	翻译对四个词语的	翻译对五个词语的	翻译对六个词语的	翻译对七个词语的	翻译对八的词语的	翻译对九个词语的	翻译对十个词语的
3	7	3	1	1	2	3	1	3	3	5	3	6	1	—	3	2	4	2	3
6.5	17.5	7.5	2.5	2.5	5.0	7.5	2.5	7.5	7.5	12.5	7.5	15.0	2.5	—	7.5	5.0	10.0	5.0	7.5

另据莎车县对2014年新招收的460名高一少数民族学生进行的摸底考试结果：汉语平均分为39.11分、理综为13.39分、数学为29.74分。汉语成绩不及格的占75.05%、理综成绩不及格率为100%、数学成绩不及格率为95.06%。

不仅学生的汉语、数理化成绩差，而且母语文考试合格率也很低。

《于田县小学2014—2015学年度第一学期质量检测考试汇总表》显示：全县小学六年级普通班母语文考试的合格率只有40.2%，也就是说全县小学六年级普通班母语文考试的不合格率达60%。

对于这种情况，许多家长表示担忧和疑惑，担心自己的孩子成为“汉语没学好，母语也学不好”的“双文盲”。

（六）双语教育管理层面存在的突出问题

1.外行领导内行，影响双语教育教学管理水平和教学质量

新疆双语教育出现的上述种种问题与双语教育的管理者有较大关系。这些管理者包括部分自治区、各地州、市县分管教育的党政领导、教育局局长（书记）、双语办干部等，他们当中不少人根本没有教育教学工作的经历和经验，不懂双语教育工作，不知道按教育规律办教育，拍脑袋、瞎指挥。我们在调研中了解到，这样的管理者在自治区、地州、县市比比皆是，具有教育教学工作经历的专业化的领导则寥寥无几。这种外行领导内行的不正常现象，成为制约新疆双语教育管理工作的瓶颈。

2.科学管理、驾驭双语教育的能力欠缺

新疆在大面积推行双语教育之前，对双语教育推进过程中将会出现的

一些问题研究得不充分，估计得不足；问题出现后又没有能力施以相应的对策；基层一些不懂教育的官员普遍政治化地推进双语教育，把双语教育作为政绩工程，没有按统筹兼顾这一科学发展观的根本方法正确处理双语教育与传统民语教育的关系；上级业务部门针对新疆下发的双语教育文件中提出的有些指标、目标等缺少充分论证，制订的相关方案脱离新疆的实际；一些少数民族领导干部在双语教育管理工作中心存畏缩情绪，怕犯错误，不敢大胆管理。

3. 现行中小学管理体制不顺

在现行体制下，学校副县级以上、副科级以上的干部都由州、县组织部门任命。学校教师的编制、招聘、调配、职称名额分配及评审等均由各级人社部门管理，教育系统起不了主导作用，其结果出现了“用人的管不了人，管人的用不了人”的现象，责、权严重脱节。

4. 对双语教育衔接的统筹规划不科学

一些地方由于在小学阶段大面积推行模式二教学，而初、高中阶段因师资、教学条件所限，无法相应开足模式二教学班，导致部分学生无法连续按照同样的教学模式接受双语教育。

（七）目前新疆各方面的相关条件难以支撑双语教育推进的速度与规模

课题组通过深入调研，了解、掌握了中小学双语教育存在的大量实际问题，认为目前新疆各方面的相关条件难以支撑双语教育推进的速度与规模，其理由一是新疆以维吾尔族为主体的少数民族占总人口的 60%，其中南疆四地州总人口中少数民族比例更高（和田 96%、喀什 90%、克州 94%、阿克苏 77%），群众的文化意识、语言习惯、社会交际的工具、学生的言语基础都处在传统的母语大背景之中，中小学学生除了在学校以外，接触汉语的机会极少。教学语言的转换需要循序渐进的漫长过程。

二是新疆的幼儿园和中小学教师中的 62%是当地少数民族，长期使用母语教学，教学模式、教材和教学语言的转换对这批教师在双语能力方面提出了新的、更高的要求，而教师的转岗培训人数多、难度大、周期长，特别是教师双语能力的形成和提高难以在短期内见效。

三是学前双语教育的发展速度与资源配置存在矛盾，缺师资，缺玩具、教具，缺教材的问题突出，直接影响学前双语教育的巩固发展和提高。

（八）少数民族语文课程教学存在的问题

1. 重双语班，轻普通班的现象较为普遍

新疆少数民族教育是由双语班和普通班构成的一个整体，普通班用母语授课，加授一门汉语。受环境和条件的影响，在当前和今后相当长的时间，普通班在农牧区少数民族聚居区、南疆地区仍将是民族教育的主要形式。由于推行双语教育是“政治任务”，与“政绩”有关，有些地区、学校重双语班，轻普通班的现象较为普遍，把较优质的教育资源，以及管理、教学精力主要放在双语班，而对少数民族语文课程教学缺乏重视和支持，使普通班的教师、学生受到冷落。两种模式班级的不同待遇，客观上造成了少数民族基础教育的不均衡、不公正，也背离了教育使人全面发展的宗旨。

2. 少数民族语文课程教师队伍建设明显薄弱

少数民族语文课程专业教师中的相当一部分来自双语教学推进中从民语言其他学科分流出来的、无法胜任汉语言相应学科教学的非少数民族语文课程教师。这部分教师被调整到少数民族语文课程教师队伍中，同样难以胜任该课程的教学。另外，这些教师得不到相应的培训，专业理论和实践水平得不到提升，相当一部分教师不能很好地理解、把握新课程标准。根据对样本学校的202名少数民族语文课程教师的调查，近5年只有8名教师参加过脱产培训，占总人数的3.7%，5年内参加过短期培训的教师共计254人次（其中主要是继续教育培训），远远低于其他学科教师的培训率。

（九）教师工资待遇偏低，生活条件艰苦，承担的社会附加功能过多、过重，致使双语教师队伍不稳，流失较严重

1. 南疆三地州和其他一些偏远、贫困地区，条件艰苦，教师工资待遇不高，中高级职称指标名额少，不仅无法吸引外来的优秀教师，也成为师资队伍不稳定的重要因素。教师流失呈现出“强出弱进，多出少进”，农村骨干教师流向城镇，南疆教师流向北疆和内地的趋势。据了解，仅阿克苏地区自2010年以来就流失教师2185人，吐鲁番市每年有20名左右的骨干教师调离该市。和田地区墨玉县5年前从甘肃等地招收了500名汉族教师，现在只剩100多名，流失了400名。

2. 教师承担的社会附加功能过多、过重，教师压力大，影响了学校的

正常教学秩序。教师除承担正常的教学任务外，还承担着巡逻、值班、翻译材料等大量的社会工作，把有限的时间和精力过多地用于教学以外的事务，几乎没有双休日和寒暑假，分散了精力，淡化了主业，影响了教学质量。比如教师必须在完成继续教育任务之外，完成“周二家访日”“周五返校日”的相关工作。教学语言转换给教师带来巨大的工作和心理压力，中小学教师通常超负荷工作，尤其是能够使用国家通用语言授课的双语教师，通常每周课时在20节以上，部分师资不足的分校和教学点实行教师包班制，每位教师教3—4门课，平均每周课时在22节以上，还要用双语备课、批改作业，负担重。

教师长期超负荷工作造成的心理压力使相当一部分教师产生职业倦怠心理，处于身心疲惫的亚健康状态，部分教师因身体原因，只好提前病退。

（十）双语代课教师问题突出

在调研中，教育部门和教师反映，由于双语教育的快速推进，双语班学生规模迅速扩大，由于合格的双语教师缺乏，不得不向社会招收大量的双语教学代课教师。据自治区教育厅统计，2013年全区中小学双语代课教师占9%。乌鲁木齐市的代课教师问题尤为突出：天山区民语系代课教师有450人左右，占中小学教师总数的51.4%；皮山县2013年仅高中代课教师就有168名，因无编制，没法解决入编问题。

（十一）不适应双语教学的部分教师的出路问题亟待解决

2004年起在全区少数民族中小学实施双语教学一、二类模式后，原来一直用母语教学的一部分年龄在40岁以上的中年少数民族教师因不适合汉语教学而被安排在学校的学生公寓当管理员、清洁员、保安员，教务处的教务员，食堂的炊事员和管理员等。这些少数民族教师数量不少，他们都曾为新疆的教育事业做出过一定的贡献，其中不乏自治区级的教学标兵、教学能手，高、中级教师及编写维文字典的专家。

三、依法、科学、稳妥推进新疆双语教育的思考和若干政策建议

（一）不折不扣地贯彻落实新时期党和国家“科学稳妥推进双语教育”的指导方针和“依据法律、遵循规律、结合实际”的双语教育原则

推进新疆双语教育工作，需要深入贯彻落实中央民族工作会议和第六次全国民族教育工作会议精神。2014年9月、2015年8月，中央、国务院

先后召开了中央民族工作会议和第六次全国民族教育工作会议。会后下发的《中共中央、国务院关于加强和改进新形势下民族工作的意见》和《国务院关于加快发展民族教育的决定》中提出的“依据法律、遵循规律、结合实际，科学稳妥推进双语教育”的双语教育方针和原则，为当前和今后一个时期的双语教育工作工作指明了方向，提供了根本遵循，这也是新疆双语教育的指导方针。任何组织和个人无权擅自制定有别于中央的双语教育指导方针。新疆必须在思想上、行动上与以习近平同志为核心的党中央保持高度一致，确保党中央的政令畅通，树立大局意识、看齐意识，增强对中央双语教育方针、政策的执行力、理解力，不折不扣地用党和国家的双语教育方针指导新疆的双语教育工作，从新疆的实际出发，把贯彻落实中央民族工作会议和第六次全国民族教育工作会议提出的新时期双语教育指导方针作为一项重要任务，在全疆进行再学习、再宣传、再认识、再部署、再落实。对此，有如下建议：1. 在新疆组织开展一次民族教育工作专题大调研，形成若干篇有情况、有数据、有分析、有分量的新疆民族教育调研报告；2. 举办一次全疆性民族教育学术研讨会，为我区民族教育工作服务，出实招，为自治区党委、自治区人民政府的民族教育工作决策提供依据；3. 制定并出台《新疆维吾尔自治区人民政府贯彻落实〈国务院关于加快发展民族教育的决定〉的实施意见》，研究制定《自治区民族教育发展专项规划》；4. 召开一次规格较高的全区民族教育工作会议，总结交流新世纪以来自治区民族教育工作的经验，安排部署今后我区的民族教育工作；5. 表彰、奖励一批民族教育先进集体和先进个人，通过媒体大张旗鼓地宣传他们的先进事迹；6. 加强民族教育决策咨询队伍的建设；7. 加大中央新时期双语教育指导方针的学习和宣传，组织专家编写并出版《新时期党和政府双语教育方针政策解读》简明读本；8. 建议教育部、国家民委对中央民族工作会议和第六次全国民族教育工作会议精神在新疆的贯彻落实情况进行一次全面督查，推动新疆贯彻《决定》工作的力度，对发现的问题要进行问责；9. 新疆要坚决纠正、停止使用有别于中央双语教育指导方针和原则的“积极、有效、稳妥”的提法，与中央保持高度一致，严格贯彻执行“依据法律、遵循规律、结合实际、科学稳妥推进双语教育”指导方针和原则，不要另搞一套。

（二）运用法治思维和方式推动新疆双语教育教学

认真落实中央十八届四中全会“依法治国”和中央第二次新疆工作座谈会“依法治疆”的方针，依照宪法推进新疆双语教育改革，把《宪法》《民族区域自治法》和党的民族语文规定、政策切实落到实处。在双语教育中，由于缺少专门的法规，不规范现象时有出现。建议国家制定并实施《全国民族地区双语教育条例》和《中华人民共和国少数民族语言文字使用法》等，健全这方面的法律，依法规范民族地区中小学双语教育工作。

（三）正确理解并全面贯彻执行党的语言平等政策

党的十八大报告提出“要全面正确贯彻党的民族政策”。双语教育不是单纯的语言教学问题，而是与坚持民族平等、维护民族团结密切相关，带有很强的政策性。在双语教育工作中要全面贯彻党的语言平等政策，使双语教学的体制设计符合国家语言方面的基本政策。在进行民汉双语教学时，不能片面强调汉语言的学习，而对民族语文的作用估计不足，不知道少数民族语言文字在少数民族儿童启蒙教育中有汉语文无法替代的作用的特点，进而忽视少数民族语言的教学，也不能过高地估计民族语言的功能而忽视汉语文的教学。

（四）要尊重语言文字的学习规律

中央提出双语教育要“遵循规律”。双语教育是科学性很强的工作，有其自身的规律。从一种语言转换成另一种语言教学，应具备四个基本的条件：一是学生的语言基础，二是实用的教材体系，三是合格的双语教师，四是一定的语言环境。对少数民族学生由原来的用母语教学转向汉语教学，使新系统运转起来并达到较高水平，还需要相当长的一段时间来试运行和不断调试，专家估算这一过程通常需要10—15年的时间。从我们调研的情况看，如新疆民族地区特别是农牧区中小学的所有课程用汉语教学，还不具备上述条件，仍然需要较长的发展时间。因此，新疆双语教育工作要认真贯彻科学发展观，按教育规律办事，确定适合民族地区实际的多样化的双语教育模式，不能搞“一刀切”。还要特别关注少数民族师生的心理感受和教与学的困难。

（五）适度调整新疆中小学双语教育政策

鉴于新疆少数民族教育的发展历史、现有师资条件、学生的汉语基础和语言环境等因素难以支撑目前双语教育推进的速度与规模，在有些地区特别是少数民族聚居的农村和偏远地区大规模推行双语教育的基本条件不是十分成熟，基础脆弱、发展艰难的事实，要贯彻国家提出的“教学模式与学生学习能力相适应”的要求，建议必须适度调整新疆中小学的双语教育政策。在不具备双语教学的环境，合格的双语教师严重缺乏，条件尚不成熟的农牧区、边远的县城，要适当放慢双语教育发展速度，做到慎重慢行。应该先集中精力培养学生的汉语言能力，待其汉语基础打牢后，再用汉语进行理科课程及其他课程的教学。根据实际，允许学校自主选择双语教学模式，按需保留以本民族语言文字为主的教学班。

在选择双语教育模式上，可根据不同的教育基础、语言环境、师资条件、少数民族群众的意愿及就业市场的具体情况同时开设几类学校，采用不同类型的、适合学生实际能力的双语教学模式：1. 传统的以少数民族语文授课的民族学校（加授汉语文课）；2. 传统的以汉语文授课的普通学校（对民考汉的学生加授母语课）；3. 新式少数民族双语学校（用汉语讲授数学、物理、化学、生物等课程，用母语讲授历史、政治、地理、自然等课程）；4. 新式汉族普通学校（加授民族语文课）。同时，摸索以上各类学校的具体专业设置、招生规模等。在选择双语教育模式时要充分尊重各民族群众的意愿。

（六）调整、优化自治区各级教育管理干部队伍，有效推进新疆教育管理领导干部专业化建设

党的十八届五中全会指出：“注重培养选拔政治强、懂专业、善治理、敢担当、作风正的领导干部，提高专业化水平。”教育管理是一门科学，科学推进新疆双语教育工作，关键是要有一支政治坚定、懂得教育规律的、具有教育教学工作经历的教育管理队伍，来引领这项工作，这是科学推进新疆双语教育的根本和关键。建议自治区党委组织部要按照中央要求，结合全面深化改革，采取有效措施，推进我区教育管理干部专业化建设，彻底改变目前我区有些地州、县市存在的外行领导内行的现象，对各级党委、政府分管教育及教育部门的领导进行调整、优化，把既有较深厚的教育理论功底，又有丰富的教育教学经历和实践经验的干部安排到教育管理岗位，改善其知识结构和专业结构。

（七）实施新疆中小学教师培养基地建设工程

一是建立新疆师范大学、新疆教育学院，把伊犁师范学院升格为

伊犁师范大学。实施双语教育，提高教学质量，关键是要有一支合格的、数量足够的双语教育队伍。新疆应立足现在，着眼未来，把从源头上培养好合格的中小学双语教师队伍作为重中之重。建议实施新疆中小学教师培养基地建设工程，由国家教育部和新疆维吾尔自治区政府共建新疆师范大学、新疆教育学院，充分发挥两所高校在新疆中小学双语教师培养、培训方面的作用。同时，把伊犁师范学院升格为伊犁师范大学。

二是由国家和对口援疆省市共同支持，内地 9 所高水平师范大学一对一对口支援新疆 9 所师范院校的建设。通过实施师资队伍建设、课程资源开发与建设、教育科研能力建设等项目，切实提升新疆师范院校培养中小学师资和双语教师的基础能力。

三是改革师范教育的结构。按照五年制培养模式，前三年按普通高等院校的模式学习，后两年重点培养教师职业素质，边实习边学习教育学、心理学、教学法等课程，到对口援疆的省市中小学实习，以师徒制形式培养学生的教育教学能力和职业道德。

四是从源头抓起，从师范生的生源上设置优惠政策，吸引优秀学生上师范院校。自治区应该提早考虑，顶层设计，让师范院校优先招收优秀生源，保证师范生毕业后有较高待遇等。

（八）实施“农牧区中小学双语教师队伍建设行动计划”

新疆农牧区中小学双语教师占自治区中小学双语教师人数的一半以上。农牧区中小学双语教师队伍建设一直是我区中小学双语教师队伍的薄弱点、难点和重点，为此，要按照国务院《乡村教师支持计划》，采取特殊政策和措施，加强我区乡村中小学双语教师队伍建设，建议国家、自治区制定并实施“农牧区中小学双语教师建设支持计划”。

1. 从源头上培养本土化的农牧区中小学双语教师队伍

几十年的实践证明，农牧区中小学很少能留住从大城市、城镇来的教师，其建设还是要靠本地的教师。因此，要建设一支土生土长的本土化的农牧区中小学教师队伍。要采取定向、加分、减免学费、给予生活补贴等措施，定向培养农牧区中小学教师。根据农牧区需求，国家每年有计划地定向招收一定数量的农牧区高中毕业生到区内外师范院校学习，待其毕业后，将其分到乡、村农牧区中小学。建设一支土生土长、民汉兼通、长期安心于农牧区的中小学双语教师队伍。

2. 高度关注农牧区中小学教师的生活

新疆农牧区自然条件差，教师生活艰苦。建议大幅度提高农牧区教师的生活补助标准。从2015年起，国家、自治区在南疆三地州农牧区为教师提供生活补助。建议在北疆、东疆边境县，国家、自治区贫困县同步实施这一政策，其他县市也相应提高农牧区教师的生活补助标准，至少对每一位教师每月增加1000元生活补助费。

3. 强化农牧区中小学教师培训力度

增加培训数量，提高培训质量。2015—2020年，以农牧区教师为主，继续实施中小学和幼儿园教师“国家级培训计划”，继续扩大少数民族母语学科教师和双语教师培训计划。

（九）继续加强双语教师培训工作，提高少数民族教师的综合素质

一是持续推进国家、自治区、地区三级双语教师培训，完成35岁以下的双语教师的培训任务。2014—2018年，自治区通过中央财政投入和自治区配套的方式实施了第三期《国家支援新疆汉语教师工作方案》和第二期《新疆少数民族双语教师培训工程》。中央协调对口援疆省市承担经费，帮助受援县市培训35岁以下的双语教师，同时由援疆省市与受援地区建设教师培训资源共享平台，开发优质远程培训资源，提升受援县市自主实施教师培训的能力。

二是双语教师培训要以提高教师的教学能力为核心，以专业知识、教学方法和双语知识为主要内容，突出针对性、实用性，促进中小学教师完善知识结构、更新专业知识、增强教学能力、提高业务技能，切实做到培训一个，管用一个。

三是改进中小学教师的培训方式，采取“走出去学习”与“请进来指导”相结合、集中培训与跟踪指导相结合、研究交流与实际考察相结合等多种方式加强对教师队伍的培训力度；对骨干教师、青年教师、新教师按不同层次开展不同内容的培训。

四是建议国家和自治区下移培训经费，增加地县两级骨干教师和全员教师培训的经费支出。成立县（市）教师培训点（小学、初中各一个），这样，参训教师可上午到指定培训学校培训，下午到学校上课，做到两不误。

五是及早研究制定自治区中小学双语教师的标准，并实施双语教师资

格考试制度，严把双语教师的入口关，严格掌握双语教师资格认定条件和标准。

六是在普通班和双语班教师的培养、培训、职称评定、评选先进、发放津贴补助等方面要同等对待，促进教育公正发展。

（十）对教师编制实行动态化管理，按需增加教师编制，解决中小学双语教师结构性短缺问题

建议国家、自治区在中小学教师编制方面制定特殊政策，以超常规方式吸引人才并稳定教师队伍。

1. 根据我区教育事业的发展需要，要充分考虑农牧区中小学点多面广的实际，适度突破编制总额限制，按需补充中小学、幼儿园教师，协调解决我区中小学教师总体超编、局部缺编、结构性缺编等问题。

2. 完善中小学教职工编制动态核定方法，建立向寄宿制学校、双语学校及农民工子女较多的城市学校适度倾斜的编制调节机制；增加农牧区寄宿制学校后勤编制。

3. 根据我区双语教育幼小、小初衔接的整体需求及教师自然减员情况，落实自治区提出的增加 15%的双语教师编制的规定。

4. 建议为 5 年以上教龄的中小学合格的双语代课教师解决编制。确保到 2020 年全区中小学教师结构性短缺的问题基本得到解决。

（十一）加强双语教材建设

一是启动实施新教版双语教材修编工作，由新疆维吾尔自治区财政投入经费修编并足额提供有关科目的双语教材。二是做好义务教育阶段的双语教辅建设。建议实施义务教育阶段少数民族学生免费增配双语教辅材料计划，除目前实行的免费提供教科书外，为义务教育阶段少数民族学生的主要学科再免费配发至少一套教辅材料。三是实施双语教育资源建设项目。发挥计算机教室和“班班通”设备辅助课堂教学的优势，2014 年启动至 2020 年建成围绕双语教育资源库、资源管理服务平台（含教育援疆资源共享平台）、标准化双语交互教学平台、MHK 模拟测试平台及应用监管平台的“一库四平台”标准化中小学双语教育资源及管理体系。

（十二）重视民族语文课程教学

落实好《中共中央、国务院关于加强和改进新形势下民族工作的意见》中提出的“尊重和保障少数民族使用本民族语言文字接受教育的权

利，不断提高少数民族语言文字教育水平”“注重培养民汉双语兼通人才”的要求和教育部国家语言文字工作委员会于 2016 年 8 月 23 日发布的《国家语言文字事业“十三五”发展规划》提出的“重点加强对少数民族语言文字的科学保护，进一步发挥其在传承中华优秀传统文化中的独特作用”。全面、正确地理解双语教育的内涵和发展战略。少数民族语言文字不仅是交流的工具，而且是少数民族文化传承的载体、人类社会的文明成果，也是国家文化软实力的重要组成部分。双语教育既承担着继承和弘扬少数民族文化传统的责任，也担负着吸收人类所有先进的科学文化用以充实、发展自己的责任。因此，各地在提高认识，依据宪法和法律、民族理论和政策，加强以国家通用语言文字进行教学的同时，国家、自治区也重视对少数民族语文课程教学的支持，组织专门力量对少数民族语文课程教学进行全面而长期的部署和规划，切实落实培养“民汉兼通”人才的目标。

建议自治区加强少数民族语文课程教师队伍建设，制定师范院校少数民族语文课程教师培养规划，把现有少数民族语文课程教师培训纳入自治区整体培训计划。重视少数民族语文课程学科带头人队伍的培养，重视民族语文课程教学资源的开发。组织专业人员和优秀的一线教师编写高质量的统一的少数民族语文课程教材和教辅，支持学校和各教育机构开发具有新疆民族特色的课程资源；支持并帮助少数民族语言文字的软件的开发利用和现代信息技术设施的应用；鼓励一线少数民族语文课程教师自主开发民族特色校本课程；积极开展少数民族语文课程教学的研究、交流活动，促进少数民族语文课程教学质量的提高。

新时代新疆少数民族聚居区内的双语教育发展问题探讨

王　莉

维吾尔族大部分分布在昆仑山以北、天山以南的各绿洲，特别是阿克苏、喀什、和田三个地区，部分县市区，如和田、墨玉、洛浦、策勒等地，维吾尔族的人口比例达到 99%以上。在这些聚居区内，维吾尔语居于绝对优势地位，因而这些地区被称为“单语使用区”，其语言呈现出一种“封闭型”形态，明显不同于杂居区的特征和发展变化趋势。本文即以制约聚居区内双语教育发展的因素作为研究对象，探讨新时代新疆地区双语教育的重点、发展趋势及推进对策。

一、在新疆少数民族聚居区实施双语教育意义重大

加强双语教育是新时期国家确定的一项重大举措，对于推进民族教育发展，提高少数民族综合素质，实现各民族文化共存和繁荣发展，促进各民族的交流，增强文化认同、国家认同，维护民族团结、祖国统一具有重大、深远的意义。民族聚居区语言环境、民族构成等因素具有迥异于散居、杂居区的特征，这些特征决定了聚居区必须因地制宜，采用切实、有效的模式，才能保障双语教育健康、科学、可持续发展。

二、新时代对新疆双语教育提出新要求

在十九大报告中，习近平总书记做出了中国特色社会主义进入新时代的重大政治判断，并且进一步指出“经过长期努力，中国特色社会主义进入了新时代，这是我国发展新的历史方位。”新疆的双语教育将面临新时代的挑战。

王莉：新疆医科大学语言文化学院教授、博士，从事汉语与少数民族语言文化研究。
本文为国家社会科学基金项目“新疆维吾尔族聚居区的语言生活及其发展变化趋势研究”（14BYY052）成果之一。

《新疆维吾尔自治区教育事业发展“十三五”规划》提出总体目标，即到2020年，新疆教育发展水平达到全国平均水平，基本普及15年教育，基本实现教育现代化，成为丝绸之路经济带重要的区域教育中心。为推进更高水平的教育普及，学前和义务教育阶段双语教育覆盖面达到100%，少数民族学生基本能掌握、使用国家通用语言文字。《规划》还要求，大力推进国家通用语言文字教学工作，实现全区学前三年国家通用语言文字教学全覆盖。着力抓好“幼小衔接”，同步推进“小初衔接”，并于2017年秋季学期起，在小学和初中起始年级全面推行用国家通用语言文字授课。关注起始年级外的中小学少数民族存量生源的国家通用语言文字教学工作，强化《汉语》和理科课程教学，全面提升少数民族学生的国家通用语言文字能力。

由此可见，新疆双语教育要实现国家新要求，将任务艰巨、挑战严峻，因为目前新疆的国家通用语言基础仍然十分薄弱。正如习近平总书记在第二次中央新疆工作座谈会上指出：要不断增强各族人民的文化认同，培养和树立各族人民的国家意识、公民意识和中华民族意识……在边疆民族地区，影响国家认同、制约各民族发展进步的最大障碍是国家通用语言在少数民族群众（特别是新疆南疆群众）中普及度低的问题。

三、新时代新疆双语教育的重点及双语教育模式

在新疆这样国家通用语言基础十分薄弱地区加强双语教育，重点推广国家通用语言是中国国情的需要和形势的要求，是历史的必然，是少数民族发展、进步的必由之路。因此，大力开展双语教育，普及国家通用语言已成为少数民族双语教育的重中之重。这也是增强文化认同、促进国家统一、维护新疆长治久安的治本之策，也是推动少数民族发展、进步的惠民之举，具有深远的意义。而新疆的双语教育模式是在长期实践的基础上逐步发展、完善起来的。前一阶段新疆所推行的双语教育模式，是2011年《新疆维吾尔自治区少数民族学前和中小学双语教育发展规划（2010—2020年）》所确定下来的，分为两种模式：模式一，简言之就是汉语、数学、化学、物理、科学、生物、通用技术等理科课程使用汉语言文字授课，其他课程使用学生的母语文（维吾尔语或者哈萨克语、蒙古语等）授课。模式二，简言之就是文科、理科所有课程使用汉语言文字授课，同时开设维

吾尔或者哈萨克等民族语文课程，根据师资情况，音乐、体育、美术课程选择使用汉语或者本民族语言文字授课。随着新时代的到来，新疆双语教育的基本模式已发生改变，现已经从以往的民汉两种语言并行、各有侧重的模式改为以国家通用语言教学为主，以民语教学为辅。

落实第二次中央新疆工作座谈会要求“普及国家通用语言文字教学、加授本民族语言文字的双语教育方式”，努力实现到 2020 年少数民族学生基本掌握并使用国家通用语言文字的目标，逐渐让国家通用语言真正成为新疆各民族下一代的共同语言，推动少数民族文化进步，造福各族群众。

四、新疆聚居区内特殊的双语教育环境

维吾尔族居住地区有聚居区、杂居区、散居区三种类型，聚居区民族结构、语言生活等方面有鲜明的特征，明显不同于杂居区、散居区。

（一）聚居区多为交通不便的边远地区，相对较为封闭

根据第六次人口普查统计，新疆的维吾尔族共有 965.06 万人，约占全疆总人口的 44.3%，主要分布在昆仑山脉以北、天山山脉以南、塔克拉玛干沙漠周边大大小小的诸多绿洲中。这些绿洲远离城市，绿洲之间往往隔着沙漠、戈壁，交通不便，因而这些地方偏远、闭塞，经济发展水平比较落后，与外界的交流、沟通和往来很少。地理上的这种特征造成聚居区经济、社会、文化、教育水平相对落后，双语教育基础薄弱，推进、发展双语教育事业存在巨大的障碍和困难。

（二）聚居区内的维吾尔族人口占有绝对优势

在县以下的乡、镇、村中，维吾尔族占比几乎为100%，聚居程度极高；在县及以上的地区，维吾尔族的聚居程度也非常高，据统计，维吾尔族占和田地区总人口的 96.49%，占喀什地区总人口的 92.75%，占阿克苏地区总人口的 79.17%，占克孜勒苏州总人口的 92.34%，并且该四地州相毗邻，连接成片，形成了一个更为广阔的聚居区域，该区域的维吾尔族人口数量占新疆维吾尔族总数的 80%以上。这些地区的汉族、回族等通用汉语民族人口很少，族际交往甚少，居民对汉语言文化相当陌生，文化程度和综合素质整体上相对较低。

（三）聚居区内的语言生活单调

维吾尔语在聚居区内占有绝对优势地位，是典型的强势语言，除了教

学、国家机关公文等使用汉语文外，维吾尔语是主要甚至唯一的通行语言，居民在生产、生活、文化、艺术等各个领域，家庭、学校、集市、宴会等各个场合广泛使用维吾尔语，广播、电视、报纸、图书等媒体也普遍使用维吾尔语。因此，聚居区往往被称为“单语区”，语言生活单调，语言发展缓慢，汉语、汉文的使用极为有限，普通话的推广有特殊的难度和问题。

五、影响、制约聚居区内双语教育发展的因素

根据对双语教育的考察、分析，近年来聚居区双语教学工作存在的问题主要在以下几个方面制约、影响聚居区内双语教育的发展：

（一）聚居区的特殊环境严重制约双语教育的正常发展

1. 保守的语言观念影响双语学习的动机和热情

首先，聚居区内世居的维吾尔族人口结构单一，维吾尔语作为他们的母语不仅有着久远的历史渊源和使用传统，而且，当今在文化传承、满足语用需求等社会生活的各个方面仍然承担着巨大的社会功能，在现实生活中具有难以替代的地位和功效维吾尔语的这种特殊地位和作用使得聚居区内的维吾尔族对母语感情深厚，语言忠诚度极高，这不仅在客观上造成对汉语言文化认知的严重不足，而且严重影响对汉语的认同程度。其次，聚居区内的地理环境较为封闭，交通不便，与外界的联系和沟通少；聚居区内居民主要从事家庭农业、畜牧业和手工业，其经济生活局限于聚居区内的狭小范围，生活、生产主要靠自给自足，与其他地区、其他民族语言接触的机会有限，使用汉语的场合不多，需求较弱，动机不强。第三，聚居区内的居民多信仰伊斯兰教，宗教的文献、典籍大多以维吾尔文写成，人们在平常的宗教活动中使用的也是维吾尔语，对宗教的虔诚往往关系着对宗教语言维吾尔语的崇敬，这也会影响对汉语等其他语言的情感和学习动机。第四，聚居区内的社会习俗、传统观念更为强大，社会文化观念的保守性特征更为明显，语言观念也呈现出一定的保守性特征，对双语学习的动机、热情有着消极的影响。

2. 教师和学生汉语水平不高影响双语教育的推进速度

双语教师熟悉维、汉两种语言，既可以用汉语教学，又可以用维吾尔语教学。双语教师中汉族教师数量极少，一般都不懂维吾尔语。双语教师基本上都是维吾尔族，他们当中能够熟练使用汉语的只是少数，因此“双

语教师不双语”现象很普遍。聚居区特别是农村地区，学生出生、成长在近乎单一的维吾尔语环境中，语言生活几乎都是以维吾尔语为载体进行的，学生习得的第一语言是维吾尔语，关于社会生活的知识和经验也是通过维吾尔语获取的，在生活中接触、使用的基本上都是维吾尔语，甚至学校在进行汉语教学时，教师、学生也是把维吾尔语作为讲授、理解汉语的语言。这使得学生汉语基础很薄弱，不适应教学形式，学习信心下降，学习成绩下滑。师生的双语水平低下给双语教学质量和速度的提高、推进双语教育造成了很大的负面影响。

3.汉语言文化环境的缺失影响双语教育的成效

双语教育是“双语言、双文化”的教育，良好的文化认知和语言接触、使用是双语教育能够顺利开展的重要基础。相反，在单语区相对封闭的社会环境中，双语教育的成效会大大受到削弱。由于受地域、语言、宗教、传统、习俗等历史、现实诸多因素影响，汉语言文化和维吾尔语言文化有明显的差异，加之在聚居区内居民了解、接触汉语、汉文化的机会很少，他们对汉文化的知识多限于零零星星的感性认识水平，对汉语极为陌生，对汉语言文字及其相关知识也知之甚少。聚居区内的这种双语教育环境现实不能提供学习汉语文的环境，不利于激发学生学习汉语的热情。“学生家庭成员几乎不懂汉语，没有辅导学生的条件，学生平时看的、听的、说的都是母语。很多地方双语教育的现状是白天教的，一个晚上基本忘完了，五天学的，休息两天又还给老师。”所以说，单一的民族成分、单语制的语言生活和明显差异于汉文化的社会环境对聚居区双语教育成效有明显制约。

4.民族教育落后制约双语教育的质量

双语教育是民族教育的一部分，不可避免地受民族教育总体质量的制约。聚居区的民族教育质量和水平受经济、社会、文化等影响，和中心城市，散居、杂居地区有着不小的差距，这些差距体现在许多方面，比如教育观念落后、教学设施简陋、师资质量不高、学生综合素质较低、学业水平较差。在民族教育质量低下的情况下，双语教育不可能“一枝独秀”。事实上，聚居区的一些学校脱离当地的教育实际，盲目追求双语教育规模的扩大和速度的提升，简单地增加双语班数量，最终导致了教学质量下滑。

（二）错误观念严重影响新疆双语教育的正常发展

当前在新疆加强双语教育、普及国家通用语言工作中，还存在一些模糊乃至错误的认识，这些错误观念严重影响着新疆双语教育的正常发展。概括起来主要有：

1. 部分人出于民族感情，担心普及国家通用语言会导致民族文化消亡。

2. 一些人在民族语言问题上还存在认识误区，对国家通用语言的地位认识得不足，理解片面，把国家通用语言仅看作汉族人的语言，认为强调“汉语教育”就是违背“各民族语言平等”的法律原则。

六、推进聚居区内双语教育发展的对策和建议

语言文字是人类最重要的交际工具和信息载体，是文化的基础要素，是促进历史发展和社会进步的重要力量。主动适应国家经济、社会发展的新要求，提高公民的国家通用语言能力，构建和谐的语言生活是国家确定的语言发展的任务和目标。聚居区内的语言生活单调、语言发展缓慢的状况不符合国家的语言发展目标，不利于聚居区的经济、社会进步，不利于维护民族团结、社会稳定和长治久安。在新的历史时期，我们要按照语言发展的规律和社会发展的需求，综合采取政治、经济、教育、文化、社会心理等有效措施，推进双语教育的发展。

（一）加强维吾尔族、汉族（回族）杂居，增加民族交往

聚居区由于特殊的地理、自然环境和社会人文环境，汉族（回族）往往不愿意迁入，或者不愿意长期居住，聚居区内的维吾尔族世居当地，迁居意愿不强，更愿意在聚居地生活，如果听任其自然发展，维吾尔族的聚居程度会更高，语言生活会更加单调。由于缺少语言、文化的沟通和交流，维吾尔族和汉族的疏离会加深，对彼此语言文化的认知和认同程度会降低，语言的学习和使用意愿会弱化，语言的发展会更加困难。通过政府的干预，加强民汉杂居，可以改变聚居区地理环境的封闭和人口结构的不合理现象，可以增加民族交往，打破聚居区的单一语言交流模式和单语区状况，可以改善语言环境，增加维吾尔语和汉语的接触机会，可以为聚居区语言生活的丰富、发展提供坚实基础。推进维吾尔族、汉族杂居是一项面向未来的复杂、长期的系统工程。结合聚居区的实际情况，可以考虑采取以下措施：首先，加大政策、资金支持力度，全力促进聚居地区社会和经济发展，引导汉族居民到聚居区生活、工作，长期定居；其次，要将推进杂居作为一

种政策选择，加强保持既有的杂居村落，力戒杂居村向单一村转变；第三，要充分重视过分聚居现象，将改变单一居住格局作为目标，在办理城镇土地规划、社区建设、房屋买卖等工作中考虑居民的民族结构和比例，避免社区、片区、地区居民的单一民族化；第四，建立民汉混住社区，改善用水、用电、用气、采暖条件，缩小城乡差距，改变聚居区内维吾尔族、汉族居民居住较远、联系不密切、交流不充分问题，提升民族关系，促进各民族融合发展，构建和谐的语言生活。

（二）加快经济发展和城市化进程，推进经济生产方式根本性转变

经济发展是语言发展的根本制约因素。传统的自给自足的生活方式不仅是聚居区贫困落后的重要根源，而且也制约着语言生活发展的进程和水平。推进自然经济向市场经济转变，加快作业方式和经营方式转变，必定对语言使用产生深刻的影响。经济活动方式的变化可以通过社会化的工农业生产及城市化两个渠道实现。引进内地省市区和城市的经营理念、经营方式，将聚居区分散经营的个人组织起来，进行社会化、集约化生产，对语言生活的发展来说有着重要意义。首先，社会大生产可以发挥内引外联作用，促进聚居地区和杂居、散居地区一体化发展，逐步改变经济发展和社会生活封闭的局面，打破语言文化生活的孤岛状态；其次，可以丰富经济发展和生活内容，进而丰富语言生活内容；还可以使聚居区居民在学习科学、技术及生产的过程中接触了解、熟悉汉语和汉文化，增进对汉语言文化的认知和认同，更新语言观念，以开放的积极心态学习、使用汉语提高双语能力。

提高聚居区人口的城市化水平，以城市全新的商品、市场经济生活取代传统的自然经济生活。“人口城市化并不是只表示大量农村人口迁往城市，同时它意味着工业的进步、产业的发展、交通的便利”，伴随着城市化进程，聚居区内少数民族的经济生活和语言文化生活的联系自然会密切，扩大交往面，增加信息量，打破传统主导、故步自封、闭塞而落后的生活状态；为了在城市中有更好的发展，他们必然主动学习、掌握包括汉语言文化在内的知识信息和科学文化，提高自己的语言能力和综合素质，以更加务实、开放的观念和姿态融入丰富多彩的语言文化和社会生活中去。

（三）完善并推进双语教育精细化发展

双语教育的意义在于通过民汉两种语言、两种文化的学习，提升少数

民族使用语言的综合能力及跨文化交际能力，培养高素质的少数民族“民汉兼通”人才，协调作为主体的汉语言文化与少数民族语言文化和谐发展。在聚居地区，没有汉语言环境，人们在社交、家庭生活中缺少接触、使用汉语的机会，学校教育既是维吾尔族学习汉语的主要方式，也为使用汉语提供了一个良好的环境，学校的双语教育具有不可替代的重要意义。近年来，聚居区的双语教育取得了快速的发展，取得了明显的成效，但也存在一些需要改进、完善的问题：第一，双语教育的目的在于消除民族间语言、文化、思维上的隔阂，实现民汉语言文化的互学、互动和融合。在实践中，部分人把双语教育片面地理解为汉语教育和汉语言学习，认为对维吾尔族的母语教学重视得不够甚至忽略母语教学，这种错误的思想必须根除。第二，语言是文化的载体，也是文化的一部分。熟练掌握、运用一种语言，必须根据教学需要，有针对性地了解语言所对应的文化知识，在语言教学中，必须有目的地进行文化知识介绍。在聚居区的双语教育中，文化教育特别是关于汉文化知识、历史背景的教育不够。第三，双语教育的最终目的是增强语文能力，促进融合程度和经济、社会发展，而不仅仅是提高学生的学业成绩。当前聚居区许多地方的双语教育过于注重学生的考试成绩，而学生语言交际能力的提高没有得到足够的重视。第四，部分聚居地区双语教育推进的速度过快，在师资水平、学生的汉语基础、教材、语言环境等条件不具备的情况下盲目增加双语班数量，片面追求双语教育规模，使双语教育的质量得不到充分保障。针对以上问题，可以采取以下措施，实现双语教育的精细化发展：首先，发挥母语维吾尔语在汉语学习中的基础和桥梁作用，在此基础上因地制宜，探讨符合聚居区特点的特色双语教学模式；其次，规范汉语教学中文化教育的方法和内容，通过编发汉语言文化知识读本、语言教学文化背景知识资料、开展语言实践活动等方式增加学生对汉语言文化的了解，增强学生对汉语言文化的认同；第三，把学生语言能力和文化素质的提高作为标准，设计科学、合理的语言教学效果评价指标体系；第四，遵循双语教育的自身规律，充分考虑聚居区的实际情况，制定并实施科学、积极、稳妥的双语教育发展政策，推进双语教育的稳定、可持续发展。

（四）大力发展公共文化服务，营造健康、和谐的语言生活氛围

聚居区位置偏远，经济落后，地理环境和经济生产方式具有封闭性，文化有保守倾向，这使得维吾尔族的语言观念不够开放，体现出封闭性、保守性特征。语言观念强烈影响着语言使用和语言生活，推进聚居区内语言的发展，首先必须增进对其他语言的认知和情感。发展公共文化服务、丰富文化生活则是新时期推进聚居区内语言观念转变的重要渠道。广播、电视、互联网、通信等媒介工具在信息传播的速度、数量、形式方面有巨大优势，经过近年的发展，与此相关的设施已经相当普及，相关的服务延伸到聚居区内少数民族群众的生活、工作、学习、娱乐等多个方面。政府要充分重视这些公共文化服务工具的作用，进一步加强相关设施建设，扩大公共文化服务网络的覆盖面，制作形式多样、内容丰富、群众喜闻乐见的各类节目，大力宣传、传播现代文明和先进文化，增加聚居区群众的科学文化知识，开阔聚居区群众的视野，引导他们树立积极、健康的语言观念，以更加开放的心态学习汉语言等文化，促进民族聚居地区语言文化发展和经济社会进步。

（五）要彻底破除思想障碍，提高全社会对汉语作为国家通用语言法律地位的认识，充分认识学习国家通用语言的重要性

新疆部分少数民族群众运用国家通用语言能力弱，严重影响了少数民族的发展和进步。各族人民群众都要提高认识，在中国，学习、掌握国家通用语言是少数民族群众脱贫致富、加快发展、进入主流社会获得更大发展空间的重要途径，是推动少数民族发展、进步的必由之路。

1. 充分认识国家通用语不仅仅是汉族语言，更是中国各族人民交流的工具和共同语言。

2. 充分认识国家通用语是现代知识体系的载体，双语教育的实质是通过国家通用语学习现代化知识。

3. 充分认识双语教育不是消灭少数民族文化。

4. 充分认识双语教育是少数民族文化繁荣发展的重要推动力。

5. 充分认识文化的交融、民族共同性的增加是文化和民族发展的普遍规律。

不积跬步，无以至千里

——全效多语教学在西双版纳傣族基础教育的初步实践

柯海珍

在中国的少数民族地区，生活着很多以民族语言为母语的孩子。为了最大限度地发展他们的思维能力和学习潜能，双语教育势在必行。

双语教育在不同的人心中往往有着不同的含义。举个简单的例子：很多家长都说“我要带孩子去游泳”，但在他们心中“去游泳”的定义是不同的。一个家长可能会带孩子去游泳池，让他自己在浅水区玩水。孩子玩得开心，家长也很高兴，他们说是“去游泳”了。另一个家长也“带孩子去游泳”，但他教孩子漂浮、换气，以及各种不同的泳姿，直到孩子真正学会游泳。两个家长都说“我带孩子去游泳了”，说法完全一样，结果却大不相同。家长的目标和对“游泳”的定义不一样，导致他们的做法也大相径庭。

双语教学也是如此，因此在讨论怎样实施双语教学项目之前，一定要先解释清楚双语教学的含义和预期成果。教育的重心是孩子，明确目标才能使期待更合理、实施的过程更明智。

正如家长带孩子去游泳的时候有不同的目标和做法，开展双语教育工作时也有不同的目标和模式。

双语教育的模式很多，本文介绍的四种模式是世界少数民族语文研究院（简称 SIL）结合与中国政府的双语教学项目合作经验及最新的国际研究成果总结而成的。每种模式成果的大小都直接取决于母语教学的长度和力度，母语发展得越充分，少数民族学生的学习潜能就会得到越大的开发。

模式一：母语学前班模式

模式一是只在学前教育阶段使用学生的母语。该模式整个学前阶段的教学语言是母语，后期让学生开始接触汉语口语。模式一对母语的投入最少，它的预期成果是：学生掌握基本的母语读写能力，用母语掌握基本的数学能力，思维能力得到了一定程度的发展。

模式二："母语学前班+小学母语"授课模式

模式二是学前教育加小学教育模式。该模式包含模式一的全部元素，增加的新元素是小学阶段仍然继续学习母语和汉语口语。在这种模式中，小学阶段用汉语授课，并且开始学习汉语的读写。模式二比模式一增加的成果是学生具有了扎实的母语读写能力。

模式三：从"母语学前班+小学母语"授课模式过渡到汉语授课模式

模式三是另一种学前教育加小学教育模式，它有模式二的所有元素。模式三与模式二的主要区别有两个：第一，模式三在小学阶段还要继续发展、巩固母语读写能力；第二是教学语言，模式三在学前阶段用母语授课，到了小学阶段逐步过渡到用汉语授课。随着学生年级升高，用汉语授课的科目逐渐增多，用母语授课的科目将逐渐减少。这种过渡是一个科目一个科目逐步进行的。这样的投入有哪些预期成果呢？研究表明，比起没有接受母语教育的同龄少数民族学生，参加第三种模式学生的各科成绩都更好，他们在成绩上的优势从小学五年级开始一直能保持到初中。

全效模式：学前班直到中学

全效模式是学前教育加小学教育再加初中教育的模式，是四种模式中最完整、最全面的，因为它能达到所有的预期效果，故称"全效模式"。该模式中，母语是学前阶段和小学前几年唯一的教学语言，汉语口语课贯串小学阶段，从小学开始再学习汉语读写，教学语言也逐步从母语向汉语转化；从学前班开始，经过小学直到初中一直持续发展母语；此外，中学阶段开始学习第三种语言英语，且直接用母语学习。

全效模式能保证学生获得持久的母语读写能力；该模式中，由于学生用母语和汉语学习，他们的思维能力得到了最大程度的发展；最终汉语水平显著提高，英语水平也比以前有所提高；他们不仅对本民族的语言文化抱有积极态度，对汉族文化和汉语也持积极的态度。顺利完成全效模式项目的学生，都具备在高等教育中取得成功的能力。中国最有成效的全效双语教学项目是延边的朝鲜族双语教育。

不同的投入会带来不同的成果。更多的投入，特别是对发展母语的更多投入意味着学生在各个科目中取得好成绩的可能性也更大。

西双版纳傣汉双语教学项目的历史

西双版纳傣汉双语教学项目开始于2004年，是 SIL 和云南省教育科学研究院的合作项目。景洪市教育局和 SIL 的专家用了两年半的时间编写教学大纲、课本，并培训教师，该项目于2007年秋季正式在景洪市的五个小学开始试行。该项目主要包含两年的学前教育：第一年百分之百用傣语教学并使用傣语课本，所有资料都是为此项目专门编写的，包括傣语教科书，以及数学、体育、美术、音乐和汉语口语教材；第二年加入汉语口语和汉语拼音，为学生构建通向第二种语言汉语的桥梁。项目组也专门为一、二年级学生的傣语课编写了课本。

多策略教学法

教学语言和教科书语言是区分四种双语教学模式的最关键因素。此外，还有一个重要因素是使用哪种教学方法。傣汉双语教学项目的教学大纲是依据“多策略教学法”编纂而成的。教师在教傣语课堂上使用“多策略教学法”，该教学法既重视准确性，也注重对内容的理解。

该教学法由“结构方法”和“故事方法”两个部分组成。结构方法的目标是培养准确性，训练的是初级思维能力，即记忆力。学生有识字练习本练习写傣文，他们要学会准确地区分不同字母、音节、单词和简单句子。故事方法则以理解为目标，训练的是更高层次的思维能力，即理解能力。通过经历故事、听故事、复述故事和创造故事，学生能够从真实的生活场景中学习，提高写作技能，培养创造力。故事方法的重点是对内容的理解，不是单纯地强调记住字母、单词和句子。对很多老师来说，该教学法有一点挑战性，但是因为学生在用母语学习，所以可以适应该教法并取得最佳成果。

除了课堂上用的课本，项目组也编写了很多傣语课外读物，为学生提供了课外继续发展母语读写能力的机会。每当新书被送到学校时，学生们总是很高兴，很多学生已经对阅读产生了极大的热情，这说明学生已经具备了用傣语阅读的能力和理解能力，“多策略教学法”的两个目标都实现了。

教师培训

教师培训和教师发展一直是傣汉双语教学项目的重要组成部分。项目正式开始于2007年，在此之前两年多的时间里，SIL 专家与当地人员合作，对项目老师进行了双语教育理论和教学方法的系统培训。培训中，项目老师有大量的亲身演练的机会，帮助参与该项目的教师理解教学大纲各个组成部分背后的意义及其联系，训练他们提高母语的阅读和写作水平，为他们走上课堂做了充分的准备。项目开始以后，项目组专家频繁地听课以确保教学质量。充分的培训使得从早期开始参加项目的教师，如今已经成为能够指导新教师的培训员。

西双版纳傣汉双语教学项目的初步效果

项目的第一阶段结束于 2011 年，现有的成果是：项目结束时，学生们已经能够阅读从没见过的傣文文章，不需要太多帮助就可以自己编写故事。通过非正式地采访学生和老师得知：这些学生升到小学一年级时更容易教；遇到不明白的问题时，他们能更有创意地寻找解决方法。初步测试显示，参与该项目的学生在一、二年级时成绩高于母语为傣语的非项目成员的傣族学生。参加项目的玉喃开老师介绍经验说："2007 年我们的双语教学项目刚开始时，我们学校小学部的所有老师都觉得双语班的学生用傣语上课而不用汉语，升入小学时肯定不如别的学生，所以一年级的老师都不愿意接双语班。但是现在十年过去了，老师们都抢着要接双语班，因为他们觉得双语班的孩子能最快适应，思维能力也发展得最好。这个项目很有价值，先让孩子用母语学习效果很好！"可惜这些孩子升入小学后没有足够多的机会继续用母语发展思维，预计他们在一、二年级拥有的优势以后也会逐渐消失。

西双版纳傣汉双语教学项目的第二阶段在 2012 年启动。合作方是云南省教育学会少数民族教育专业委员会和云南省少数民族语文指导工作委员会办公室。项目在当地的具体开展是由 SIL 和西双版纳州教育局共同负责的。规模扩大后的项目仍处于初期阶段，展示成果还为时尚早。再回到刚才提到的四个模式，最初的傣汉双语教学项目属于模式二，因为它的投入包括：两年用母语进行的学前教育，第二种语言汉语的口语入门，并且在小学一、二年级继续开设母语课。现阶段的傣汉双语教学项目属于模式一，因为它只在学前教育阶段使用学生的母语。

侗汉多语教学项目

该项目是 SIL 在贵州省开展的为期九年的侗汉双语教学项目，属于第三种模式的项目。该项目培养出的学生有着扎实的母语水平，汉语和数学水平很高，思维能力有极大的发展。不仅如此，该项目培养出的学生是该地区历年来考上高中人数最多的，有些学生后来还考上了大学。

双语教育的四种模式，因为在母语上投入的有质量的时间不同，相应地取得的成果也不同。当然，很多其他因素也会影响双语教学项目的成果，比如教师培训、社区参与度等。不过，导致双语教学项目成果迥异的最关键因素还是母语的投入程度。

投入和成果是成正比的

如前文所述，提起“双语教育”，人们会有很多不同的定义和期待。正如“带孩子去游泳”的家长们，一开始就有自己明确的目标，所以虽然得到的结果不同，他们却都很满意。不管家长希望孩子玩得开心，还是希望孩子真正学会游泳，投入都决定着最后的成果。

双语教学也是如此，投入和成果是成正比的。投入少意味着得到的成果也会很有限；投入越大、越丰富，就越有可能收获丰硕的成果。

就现阶段傣汉双语教学项目而言，可以预见在两年学前班结束时，学生们上小学时将具备基本的母语读写能力和基本的数学能力。但是，从长远来看还是模式三或全效模式能够带来最丰硕成果，包括思维能力发展得更完善、获得持久的母语读写能力、汉语和英语水平显著提高等。所以从长远角度来看，傣汉双语教学项目仍处于千里之行的起步阶段。能否真正使少数民族学生发挥最大的学习潜能，仍有赖于社会各界的大力支持和投入。

民汉双语人才培养模式改革的探索与实践
——以云南民族大学为例

刘劲荣

一、双语人才培养情况

长期以来，云南民族大学民族文化学院中国少数民族语言文学专业紧紧围绕学校“立足云南，服务边疆，辐射东南亚，为促进边疆民族地区的经济、社会发展，培养各民族高素质人才”的办学定位，充分发挥中国少数民族语言文学的学科专业优势，为边疆民族地区培养、输送了一大批高素质的各类人才。

（一）有近60年培养双语人才的办学历史

云南民族大学民族文化学院于 1956 年开办，时至今日已走过 58 年的办学历史。回顾58年的办学历程，民族文化学院依托“中国少数民族语言文学”专业及学科培养了大批民汉兼通的双语人才。成为我国培养双语人才的重要基地。

（二）开办少数民族语种最多

58 年的双语教学和学科建设凝聚着几代人的心血和汗水，现已发展为建立早、专业语种多、语言覆盖面大的教学科研基地。目前共开办了景颇语、傈僳语、西双版纳傣语、德宏傣语、彝语、佤语、拉祜语、纳西语、藏语、壮语、苗语、哈尼语 11 个民族 12 种语言文字的“中国少数民族语言文学”本科专业，是全国开办少数民族语种最多的高等院校之一。

（三）双语人才培养成效显著

学校目前在校本科生有 1100 余人、硕士研究生有 130 余人。58 年来共培养了少数民族双语专门人才 5000 余人，为民族团结做出了突出贡

刘劲荣：拉祜族，云南民族大学民族文化学院院长、教授、博士生导师，中国少数民族双语教学研究会副会长。

献。2009 年被国家人力资源和社会保障部、国家教育部授予“全国教育系统先进集体”称号。“少数民族语言文学本科教材”系列荣获国家级优秀教学成果奖。

二、“中国少数民族语言文学”专业学科建设

（一）特色鲜明，优势明显

“中国少数民族语言文学”为“八五”省级重点学科，1984 年获得硕士授予权，是云南省最早获得的硕士点和省级重点学科之一。该专业于 1996 年被立项为“省级重点专业”，2008 年被国家教育部批准为“高等学校第一类特色专业”，先后被评为“省级教学团队”“省级精品课程”“省级人才培养模式创新实验区”。

（二）科研成果丰硕

近 5 年来共获得国家社科基金项目 14 项、省部级社科基金项目 30 余项、横向课题 50 余项，出版专著、教材 50 余部，发表论文 300 余篇，部分成果获国家级、省部级奖励；同时，利用我国和接壤国共同使用的语言的优势进行了多种语言的研究，取得了一批成果。

（三）先后举办高级别会议多次

该专业先后举办了国际国内学术会议多次，如第三十四届国际汉藏语言及语言学会议、“语言及语言类型学国际研讨会”、“教育部第六届现代语言学高级研讨班”、“2013 国际语言学高级研讨班”，2010 年主办了“第二届全国民族语文教学研讨会”等，使教师的教学和科研水平得到了较大提高。

（四）“民族语言重点实验室”和“民族语言与文化资源库”建设

通过“民族语言重点实验室”和“民族语言与文化资源库”建设对云南少数民族语言、方言、文献资料、口头传承文学资料进行收集、发掘、整理和数字化加工，以提高用现代化手段进行语言研究的能力。同时，为有效抢救、保护少数民族语言文字资料和濒危语言，以此带动、推进各少数民族传统文化的抢救和保护，保存少数民族传统文化做出了重要的贡献。

2012 年，该项目获中央财政专项经费 300 万元；2014 年，相关部门计划再投入 500 万元，使学院的硬件设备得到根本性的改善，计划将“民族

语言重点实验室”“民族语言与文化资源库”建成国内一流的语言实验室和资源库。

（五）师资队伍

目前共有专任教师 38 人。专任教师中具有博士学位的有 20 人，占 52.6%，在读博士 4 人，占 10%，教授 14 人，占 36.8%；副教授 14 人，占 36.8%；有 15 名博士和硕士研究生导师。

三、“学校+政府”订单式双语人才培养模式探索

20 世纪 90 年代中后期，我校中国少数民族语言文学专业一度陷入生源数量严重不足、招生人数逐年下降的困境，专业学科的建设和发展受到了极大的制约。1996 年 12 月，云南省提出了“建设民族文化大省”的决策；2000 年 12 月正式颁布实施了《云南民族文化大省建设纲要》；2001 年 12 月，“建设民族文化大省”被列为全省经济、社会发展的三大目标之一。

如何在新的形势下抓住机遇，并根据学校自身的特色优势和少数民族地区的实际需求培养、输送一批地方急需的高素质应用型人才，成为一项摆在云南民族大学面前的紧迫任务。因此，创新人才培养模式、拓宽办学形式无疑成为中国少数民族语言文学专业走出困境的必然选择。

（一）“学校+政府”订单式双语人才培养模式的启动

云南民族大学于 2001 年提出了在中国少数民族语言文学专业下开设“纳西语言文学与东巴文化”方向本科班的设想，并得到了云南省教育厅招生考试院的批准。经过近一年的努力，云南民族大学与丽江市人民政府于 2002 年 3 月签订了合作培养纳西族专门人才的协议，合作期为 5 年。

根据协议，双方在云南民族大学中国少数民族语言文学专业下新开办纳西族语言文学及东巴文化方向本科班。云南民族大学每年招收一定数量的丽江籍纳西族高考学生，为弘扬纳西族东巴文化、推动丽江的民族文化建设、促进丽江旅游业的发展培养高级专门人才；丽江市人民政府一次性划拨 100 万元人民币给云南民族大学，主要用于教材编写、教师聘用、教学设备购置、学术交流、专业学科建设等方面，走上了“学校+地方政府”联合培养少数民族专门人才的改革之路。

（二）“学校+政府”订单式双语人才培养模式的示范作用

云南民族大学与丽江地方政府及东巴研究院的合作办学，构建的新型人才培养模式在省内造成了较大的影响，许多民族自治地区的地方政府都主动提出与学院建立合作培养关系。2009年该培养模式被评为“省级优秀教学成果一等奖”。

学校先后与迪庆藏族自治州、西双版纳傣族自治州、德宏傣族景颇族自治州、怒江傈僳族自治州、文山壮语苗族自治州、红河哈尼族彝族自治州、澜沧拉祜族自治县、景东彝族自治县、耿马傣语佤族自治县、西盟佤族自治县、维西傈僳族自治县、双江拉祜族佤族布朗族傣族自治县、石林彝族自治县等14个州、市、县签订了合作培养人才的协议（其中与双江县、石林县的协议于2014年签订）。地方政府先后共投入800多万元用于共建专业。

此外，该成果得到了同类民族院校的赞同和认可，一些兄弟院校先后派出专人到我校进行考察和交流学习，还多次邀请相关教师到这些高校进行人才培养模式改革和创新经验交流，受到了兄弟院校的高度评价。

（三）“学校+政府”订单式双语人才培养模式的主要内容

“学校+政府”订单式培养模式，其内容为办学双方在人才培养定位、经费投入、教学管理、教学组织、教材建设、质量评价、师资队伍建设、毕业生就业等方面都做了合同式的规定。

这种模式按双方签订的人才培养协议书、人才培养的目标规格，由地方政府按照实际需要的标准来设置，改变了过去单纯由学校设计的做法。

每个地州根据人才培养规模，一次性投入50万元—100万元的人才培养共建经费，地方政府同时提供必要的一线专业教师和教学实践基地，凡进入该培养模式的学生，毕业后由地方政府根据相关需要安排到相关的部门和岗位就业，不仅满足了当地对紧缺人才的需求，在一定程度上也改变了毕业生就业难的问题。

如丽江市已毕业的70余名毕业生在掌握了纳西语言文学和东巴文化专业知识后，均已由丽江市人事部门安排就业。通过这一培养模式的实践，学校和地方政府找到了人才培养和人才需求的对接点，学校找到了为边疆民族地区提供对口的、高质量的教育服务的方式，民族地方也得到了经济建设所急需的人才。中国少数民族语言文学专业已经逐渐步入了科学、规范、高质量、高水准的发展阶段。2014 年全省共有 2757 名学生参加了“中国少数民族语言文学”专业招生的口语测试，2693 人测试成绩为合格，合格率为 97.68%。2014 年完成招收本科生超过 250 名。

四、“学校+政府”订单式双语人才培养模式的成功实践

学校充分发挥民族类学科在教学和科研上的优势，认真总结“学校+政府”订单式培养模式所取得的经验，通过多年的实践，该模式已成为双语人才培养模式改革的成功典范。

（一）成立专家小组制定改革方案

在校领导和教务部门的支持下，“学校+政府”订单式培养模式专家小组成立。由相关领导和教研室主任组成，负责制定改革整体规划、培养方案、教学计划、配套措施等文件、专项资金的使用方案及阶段性工作计划；定期组织专题研讨与评估，出台整改措施并组织落实，及时向领导小组汇报实施进展情况。

（二）适时增加新语种，培养更多合格双语人才

在“学校+政府”订单式培养模式改革的推动下，10 年来学校在专业设置上由原来的 7 个语种增加到目前的 12 个语种。学校今后还将根据社会对少数民族语言文学及文化人才需求的状况，在以中国少数民族语言文学为主干的基础上不断增设社会所需要的语种方向，对人才需求暂时处于饱和状态的语种方向将采取隔年招生或暂时停招的方式来及时调整，以适应边疆民族地区应用型人才培养的需求。学校还确立了研究型、复合型和应用型并存的多元化培养目标，形成了本科教育和硕士研究生教育并重的办学格局。

（三）实行加试民族语口语并单独划线的招生政策

为保证生源质量和招生人数，我们提出了加试民语口语并单独划线招生的建议，得到了上级部门的批准，即每年 5 月由学校和地方政府有关部门共同组织 12 个语种的考生进行母语口语测试，学校从当年民语口语测试合格且高考成绩达到云南省招生考试院划定的分数线的学生中择优录取。

（四）教学内容与课程体系建设

在保留原有专业教学内容与教学体系的基础上，根据专业方向和民族地区的社会需求进行有针对性的教学内容改革与课程体系建构。以迪庆藏

语言文学方向为例，在学生学习中国少数民族语言文学基础课程的前提下，根据迪庆州对应用型人才的要求，专门开设香格里拉藏语方言、藏文古文献研究、藏语民间文学等课程。根据教学内容的需要为学生开设与专业方向相关的特色课程，形成了该培养方向的一个课程群，为培养藏文化发掘、整理和研究人才，有针对性地增加教学内容，进行课程设置。

（五）改革教学方法与教学手段

实行“一干多枝”的“专业+方向”人才培养模式，即学院以中国少数民族语言文学为主干，形成了“1+3”学程分段、方向分流的人才培养基本模式。该专业的学生入学后先完成通识课、基础课阶段的学习，再按不同民族和双向选择的原则进行不同语种的分流学习。

（六）重视教学实训基地建设

学校加大了对学生实践能力的培养，初步形成了按不同语种设置实习基地，专业实习与择业、就业相结合的实习模式。根据实习任务的要求，对每个语种设置3—4个实习基地，以满足学生集中实习的需要。以德宏州为例，学校分别与德宏州民宗委、德宏州团结报社、德宏州民族出版社、德宏州文联、德宏州人民广播电台五家单位签订了实习基地协议书，为该方向学生的实习提供了平台。

（七）建立学生、学校、社会三方参与的监控与评价机制

建立学生、学校、社会三方参与的监控与评价机制。在长期坚持学生评课的基础上，强化学校教学质量的监控与保障，充分发挥学校、学院督导团的监督评价作用，较好地规范了教学秩序。注重以用人单位、报刊媒体为主的社会评价方式，通过对毕业生就业后的表现进行跟踪调查，不断提高办学水平和质量。

（八）教学团队建设

以建设省级教学团队为契机，充分利用现有学科优势，通过引进、培养等方式优化师资结构，强化教学团队人员的培养，着力打造一支学历层次高、教学科研能力强、职称结构合理、在民族语文学科具有一定影响力的教学科研队伍，促进高水平成果、高层次立项、高档次奖项的产生。目前38个团队成员中有28人为少数民族，基本包括了藏族、彝族、拉祜族、傈僳族、佤族、景颇族、德宏傣族、西双版纳傣族、苗族、壮族、白族、纳西族、哈尼族等主要少数民族。

五、结语

随着云南民族文化强省、旅游文化大省建设步伐的推进，云南边疆民族地区对各少数民族语言、文化人才的需求会越来越大，对中国少数民族语言文学专业人才培养的要求也会越来越高。这就要求我们必须在教学目标、教学内容、教学方法等方面不断调整，不断提高人才培养质量，源源不断地为边疆民族地区培养、输送大批“下得去，留得住，用得上，干得好”的高素质人才。作为一所民族高等院校，云南民族大学不仅承担着人才培养、科学研究、服务社会的职能，更肩负着培养、造就一大批具有民族文化保护自觉意识、致力于民族文化传承、维护并促进世界文化多样性、积极推动人类文明进步的各民族人才的神圣使命。因此，在新的历史发展时期，我们要结合云南边疆民族地区经济、社会、文化的发展需要，进一步推进人才培养模式的改革和创新，积极拓展校地、校企等多渠道、多形式的合作培养人才的模式，提升学校人才培养和服务经济、社会、文化发展的水平。

值得高度关注的是，《云南省少数民族语言文字工作条例》已于 2013 年 3 月 28 日在云南省第十二届人民代表大会常务委员会第二次会议上通过，并于 2013 年 5 月 1 日起施行，该条例规范了云南少数民族语言文字工作机构和职能，明确将少数民族语言文字工作纳入经济、社会发展规划，首次设置使用少数民族语言文字的行政许可条款，对民族语地名规范、少数民族文字出版、民族语影视译制等诸多方面做了明确规定。特别是第十二条规定“民族高等院校和其他有条件的高等院校应当设置少数民族语言文学专业。报考少数民族语言文学专业的考生，应当按照语种进行少数民族语言文字水平和能力的考试；成绩合格的，按照语种与高考招生同步单列录取。”“报考师范类专业的考生，熟练掌握一种少数民族语言并经少数民族语言测试合格的，应当优先录取。”《云南省少数民族语言文字工作条例》的颁布与施行必将对云南民族大学民族类学科，特别是少数民族语言文学专业和学科产生重大而积极的影响，关键是我们如何将之贯彻执行好。

浅谈西双版纳傣族自治州傣汉双语教学现状及对策

岩香伦

一、傣汉双语教学现状

西双版纳傣族自治州的傣汉双语教学是实行“以汉语教学为主，以傣语教学为辅的二类双语教育模式”，课堂教学模式分为“学前傣语模式”“中小学傣语传承模式”。据2013年的统计，全州开展傣汉双语（以下简称“双语”）教学的学校有42所，包括144个班级、5640名学生，占全州傣族学生总数的12%，有109名傣汉双语兼职教师。

开展双语教学有利于传承、弘扬优秀的傣族文化。在傣文教学中，教师向学生介绍傣族的谚语、成语、诗词、天文历法、民风民俗、道德礼仪、手工艺等，使学生对本民族的文化有进一步的了解和认识。开展双语教学迎合了傣族学生家长的认同和需要。作为一个民族连自身的文字都不知晓，这对于融入这个民族的社会本身就是一种缺憾。因此，在以傣族学生为主体的学校，通过开设双语教学，开发了学生的智力，激发了学生的学习积极性，提高了教学质量，受到了学生的欢迎、家长的支持和社会的好评。

（一）主要措施

1. 加强双语教学管理

为全面加强双语教学工作，州教育局出台了《西双版纳州教育局关于进一步加强少数民族聚居区中小学双语教育工作的意见》（西教字［2009］89号），确立了我州开展双语教学工作的目标。明确了双语教学的三大目标：一是开发民族儿童智力，提高学习兴趣；二是提高汉语教学质量；三是传承民族传统文化，培养傣汉双文兼通的人才。要求在以傣族为主体的乡村学校开设傣文教学，免费发放傣文教材。

岩香伦：傣族，西双版纳州教育局双语办主任。

为稳步推进双语教学工作，州教育局成立了傣语教材编译领导小组，设立了双语办公室，安排了3名专兼职工作人员。各县（市）教育局也配备了专职双语教研员，有分管领导专门负责，做到任务明确、责任落实，使双语教学工作层层有人管、事事有人抓。

2.加强双语教材的建设

目前我州已编写了7本傣文化传统双语教材，即《西双版纳学前傣文教材》（上、下册）、《西双版纳小学傣文教材》（第一、第二、第三、第四册）、《跟我学傣文》傣语基础电子教材。传统文化双语教材的编辑和出版为民族文化的传承和双语教学课程的开设创造了良好的条件。特别是《跟我学傣文》傣语基础电子教材的编制、发布是我州双语教材建设的又一个里程碑，标志着我州的民族语课堂教学真正进入了电脑教学的行列。

3.加强民族文化中高级专业人才的培养

为进一步贯彻落实省委、省政府的民族文化强省战略，加快培养高素质民族语言文化专业人才的步伐，适应西双版纳州建设民族文化强州和旅游大州的需要，州人民政府和云南民族大学协商达成了协议，即云南民族大学民族文化学院从2008年起每年录取20名左右经高考上线的傣族高中毕业生进入云南民族大学西双版纳傣语专业本科班学习，较好地解决了西双版纳州傣文化专业人才紧缺问题。

4.加强双语教师培训

为推进双语教学，促进双语教学健康发展，培养一批双语骨干教师，州教育局从2009年至2014年举办了8期傣汉双语骨干教师培训班，参培人数达320人次。通过培训使双语教师掌握了先进的双语教学理念，能编制傣汉双语电子课件，教学能力得到了提高。

5.承办云南省“零障碍双语教育”第一届国际学术研讨会

我州的双语教学在教学模式方面有特色，在教学目标的定位上突出了重点，为此，云南省教育厅的“零障碍双语教育”第一届国际学术研讨会在我州召开。到会专家、学者有100多位，包括国内著名的双语教育专家，来自美国、尼泊尔等国的外国双语教育专家。专家到双语教育试点学校进行了现场教学观摩，对我州的双语教学给予了较好的评价。2010年，我州的双语教学获得了云南省教育厅教育目标综合考核“创新工作一等奖”。

（二）存在的主要问题

1. 对双语教学认识不高

有一部分教学管理者对双语教学的认识不到位，重视力度不够。首先认为双语教学课程的开设会加大学校的工作任务、增加学生的学习负担、影响汉语教学质量；其次是“收缩校点，集中办学”之后，学生的民族结构比较复杂，开展傣语教学难度大；再次是傣语课时量不足、课时不稳定，教学任务难以完成，教学质量不高，导致一部分教学管理者对开设傣语课程持有不支持的态度。

2. 缺乏双语教师编制

目前我州没有设立专职双语教师岗位，现任双语教师都是兼职教师，加之傣文不参与各阶段学业水平测试，校领导和老师们更多的是把时间和精力花在考试科目上，将傣文科目视为可有可无。

3. 双语教学评价机制不完善

表现为对双语教学的评价仍使用传统的评价方式，只注重最终的汉语教学测试成绩而忽视了对傣语的测试。缺乏对傣语教学的激励机制，在一定程度上影响着双语教师工作的热情和工作态度。

4. 双语教学资源缺乏

双语教材不配套、教材单一，缺乏教学参考书，完全靠教师自己翻译、查找辅助材料，影响双语教学质量。教学设备落后，缺乏网络信息资源导致课堂教学枯燥乏味；课外读物紧缺，教师靠一本教材、一张嘴进行教学，导致学生学习积极性不高。

5. 没有双语教学专项经费

双语教学经费目前尚未被纳入地方财政预算，每年所需经费只能从各级教育行政部门有限的机动金中列支一部分，远远不能满足教学第一线的需要。

二、建议及对策

（一）加大双语教学的宣传力度

西双版纳傣族自治州民族众多，民族文化底蕴深厚、灿烂多彩。我州少数民族与东南亚、南亚各国人民世代友好往来、和睦相处，既有着与邻为善的历史传统，更有着血脉相通的人文渊源。“桥头堡”战略的顺利推进不仅要依托各项基础设施建设等“硬”的一面，也要依托我州与东南亚民族文化之间密切交流、相互包容，形成和谐相处、共促繁荣氛围的“软”的一面。实施好双语教学有利于筑牢民族文化发展根基、创新民族文化拓展模式、培养民族文化建设人才、创建民族文化名州。双语教学是“桥头堡”建设必然要求。

（二）树立正确的双语教育观

首先是通过积极、稳妥地开展双语教学，帮助少数民族学生过汉语关，使民族聚居区中小学的教学质量普遍得到提高。其次是营造民族文化进课堂的良好氛围，积极培养傣汉双语兼通人才，为建设西双版纳州民族文化名州和振兴社会、经济建设做出应有贡献。

（三）加大双语教师的培训力度

一方面要进一步完善教育行政部门、教师进修机构的双语教师培训制度，改进培训方式，注重策略的针对性和操作性，实行理论培训与教学实践相结合，增强培训的实效性；另一方面要加强学校教研活动和校本培训，开展校际的交流研讨、教学观摩等活动，进行多渠道的双语教师培训。

（四）建立双语教学评价体系

研究制定适合西双版纳州双语教学的课程标准和课堂教学质量评价体系，以之加强课堂教学的指导和评估工作，提高少数民族学生的学习兴趣，促进少数民族学生全面发展。

（五）建立傣语文使用运行机制

1.应该实行傣语文特殊政策

为贯彻落实好《中华人民共和国民族区域自治法》，州内招考国家公务员、教师及事业单位工作人员时，要划出一定的民族岗位实行傣文考试，优先录用双语人才。

2.应该建立傣语文学科认证制度

对在大专、中专学习傣文学科的毕业生，经考试合格发放“傣文合格证书”；建立傣文学科自学成才考试制度，对自学者经考试合格后发放“傣文合格证书”。“傣文合格证书”与相关的就业岗位、待遇挂钩。

3.应该实行傣语文学科加分政策

对州内的中考（初中学业水平测试），高考的傣汉双语方向的相关专业加试傣语文学科，按 50%的比例计入总分，以调动少数民族聚居区开展双语教学的学校及学生的积极性。

4. 应该实施双语人才培养机制

为加大民汉双语兼通人才的培养力度，西双版纳职业技术学院计划设置傣汉双语方向的相关专业，制定招生优惠政策降低录取分数线，采取定向招生、定向就业的方式进行办班；还对傣汉双语方向相关专业的本地学生实行减免学费、杂费并给予生活补助费，设置双语专业奖学金，提高学生的学习积极性。

5. 应该实行双语教学岗位工资补贴政策

对从事双语教学工作的教师实行民汉双语文教学特殊岗位补贴。

6. 应该设立双语教师岗位

专门设置双语教师的中级、高级职称岗位，做到单列计划使用。在评职、晋级、评优、评先等方面对双语教师给予优先照顾。

在少数民族地区用民语辅助汉语教学，已经成为少数民族试图继承和保留本民族优秀传统文化的一项迫切任务，是民族团结、社会和谐的重要因素之一，也是实现民族文化立州的宏伟蓝图的主要途径。

试论营盘小学新一轮载汉双语文教学实验模式

祁德川

云南特色的民汉双语文教学实验坚持中国多民族、多语言、多文字的国情与云南本土民族文化有机结合。通过实验，尽快建立起适合云南各少数民族的双语教学体系是当前的工作重点。为此，云南省教育厅一直在探索着一种高效的新型民汉双语文教学方式，于2011年开始重新设立云南14个民族18个语种的32所民汉双语文教学实验学校。德宏傣族景颇族自治州芒市（原称“潞西市”）西山乡营盘小学是其中之一，其目的是发挥少数民族儿童母语特长，让不通汉语的少数民族儿童在学前班或者小学一年级之前学习、掌握本民族语文，通过母语文过渡到汉语文教学。新一轮载汉双语文教学实验意义重大：一是贯彻落实党的民族政策，二是提高少数民族地区的教学质量，三是满足不通汉语的少数民族儿童今后学习、工作和生活中对民汉双语文的基本需求，四是传承本民族优秀的语言文化。本文仅就新一轮营盘小学载汉双语文教学实验做一次探讨。

一、新一轮载汉双语文教学实验

（一）营盘小学所在营盘村民委员会

营盘村民委员会隶属于云南省德宏州芒市西山乡，地形半山半坝。全村辖8个村民小组，有农户625户、有乡村人口2585人，其中农业人口2496人，劳动力1986人，其中从事第一产业的人数为1612人，主要居民是景颇族，语言主要是景颇语。2012年全村经济总收入为2375.32万元，农民人均纯收入为3453元，农民收入主要以种粮为主。

（二）载汉双语文教学实验学校

1. 营盘小学实验点的环境

营盘小学创办于1958年，最初学校办在营盘山（现为上营盘村民小

祁德川：景颇族，云南省少数民族语文指导工作委员会办公室研究员。

组）。当时学生来源于西山乡崩强村村民委员会的8个自然村和营盘村村民委员会的8个自然村。1966年，随着崩强村村民委员会与营盘村村民委员会分离为两个行政村，又因原上营盘村村民委员会区内的大量景颇族居民搬迁到现为下营盘村村民委员会区居住，营盘小学也随之从上营盘搬迁到下营盘，校名仍用“营盘小学”。自从学校搬到现校址以后，历届校领导抓住机会，进行规划，合理布局，投入资金加大建设。现学校占地面积15667平方米，建筑面积4405平方米，配有图书室、实验室、微机室、多媒体教室、电影院各一间，为学生的全面发展和实施素质教育提供了良好的环境。学校现有教学班7个、学生293人、在编教职工17名。其中小学高级教师6人、一级教师4人、二级教师4人、高级工1人、无职称人员2人。

2. 营盘小学曾经是载汉双语文教学实验点

长期以来，营盘小学在不通汉语的景颇族学生中用汉语文进行单语教学，教师勤教，景颇族学生也确实发扬了本民族吃苦耐劳的光荣传统。然而，由于语言的严重障碍，学生仅仅是死记硬背汉字的音、形、义，最终只能读出其音而不知其义。教师苦恼，家长意见大，上级领导不满意，学生也畏惧学习，由此产生自卑心理，学习情绪低落。1982年以来，云南省民语委、德宏州教育局、潞西市教育局等有关单位的教研人员曾多次到营盘小学调查了解民族教育情况，认为造成营盘小学长期以来教学质量差、小学入学率低、巩固率低的主要原因是升学率低、语言隔阂、忽视母语文教育，认为解决的办法是帮助景颇族学生较快地掌握本民族的语言文字，借助本民族的语言文字提高认识汉字的能力。省民语委、德宏州教育局、潞西市教育局等部门经共同研究，决定协调配合在潞西市西山乡营盘小学开展载汉双语文教学实验工作。潞西市教育局经过多年的精心筹备，于1986年9月招收22名景颇族载瓦人学生进行了载汉双语文教学实验。实验班是在潞西市教育局的直接领导和管理下，在省民语委、德宏州教育局的业务工作指导下进行的，各单位都指定了管理和业务指导人员，如在实验班出现新情况、新问题时共同协商解决，当时实验经费由省民语委支付。

营盘小学实施载汉双语文教学实验以来，达到了先以民语文为主，民汉两种语文相结合，以民文促汉文，使学生民汉兼通的双语文教学目的。自1987年9月，实验班学生开始学习全国统编五年制教材，到1990年7

月已学完了一至六册汉语文和数学课程。实验班学生学习一至三年级课程内容的情况表明：在第一册的学习中，普通班学生汉语拼音需要用六至七周才学完，而实验班学生只用了一周左右就能全部掌握。当初有人担心景颇族载瓦文会与汉语拼音发生混淆，给学生的学习带来困难，但实验结果表明，这种担心完全是多余的。在学习汉语文各册时，实验班使用了与汉语文各册相对应的《汉载词语对译手册》，因此学生在学习汉语文的同时也学会了景颇族载瓦文的词汇，加深了对汉语文的理解。从州市两级教育局出题统考的语文分数看，实验班学生的考试成绩在本市名列前茅。1988年1月，潞西市教育局教研室命题对营盘小学载汉双语文教学实验班和西山乡中心小学一年级汉语文教学班统考汉语文一册内容的结果是：营盘小学实验班实有人数23人，实考人数23人，及格17人，人均70.5分，及格率73.9%，最高分90分，最低分20.5分。西山乡中心小学汉语文普通班实有人数27人，实考人数22人，人均29分，及格率为0，最高分50分，最低分1分。双语文实验班人均比单语文班高出41.5分。1992年7月，德宏州全州小学升学统考，营盘小学实验班22人中除1人是缅甸籍回缅甸、1人生病外，其余20人参加了升学考试，有3人考入潞西市民族中学，有17人考入遮放中学，升学率达95.2%，合格率为100%。可以说是营盘小学自开办以来巩固率、合格率、升学率最高的一次，因此受到了社会各界和广大家长的称赞。普通班41人参加了升学考试，考取8人，升学率为20%，合格率为2.4%。营盘小学载汉双语文教学实验取得了成功后，营盘小学一直坚持开展载汉双语文教学工作。

3.再次选择营盘小学为实验点的依据

依据主要有以下几个方面：一是区位优势，得天独厚。学校位于山区和坝区交汇处，学校所在营盘村村民委员会共有8个村民小组，95%是景颇族，都讲景颇族载瓦语。8个村民小组居住地比较集中，学校恰好又建在8个村民小组中间，交通便利，食宿方便。二是办学条件，日趋完善。学校校园环境优雅，种植了菠萝蜜树、小叶榕、楠华衫、野枇杷果树、桂花树、栀子树，还有常青树等。另外学校有一棵天然大伞一样的大榕树，让每一个进入校园的人都能感受到浓浓的绿意，享受美好的环境；一幢幢现代化建筑更是彰显学校活力；一流的餐厅为师生提供生活保障；宽敞的操场，标准的篮球场、乒乓球场让学生尽情释放青春的无穷活力。三是民族文化底蕴深厚。学校所在营盘村村民委员会是景颇族人口最集中、民间传统文化保存得最完整、民族特色最突出、有着深厚的民族文化底蕴的行政村，具有景颇族的代表性和文化性、艺术性、审美性等综合条件。四是师资队伍，坚实雄厚。学校现有 17 名教职工，教师平均年龄为 38 岁，专任教师都是专科以上学历，能胜任小学教学。五是办学实绩，硕果累累。营盘小学开展载汉双语文教学实验以来，教学成绩一直稳居同类小学的前列。六是办学具有特色，展现风采。学校坚持“尊重学生，关爱学生，不放弃一个学生”的办学理念，确立了“打造精品学校，办人民满意的教育”的办学方针。所以，在营盘小学开办新一轮载汉双语文教学实验点是民心所向、众望所归。

二、实验指导思想和工作目标

（一）载汉双语文教学实验的指导思想

载汉双语文教学实验学校以党的民族教育方针为指导，认真贯彻党的教育方针，实施素质教育，加强民汉双语文教学，提高教育教学质量。积极推进并努力探索民汉双语文教学的模式，以培养民汉兼通的双文化人才为目的，为少数民族地区输送合格的人才。从学前教学抓起，以学前和义务教育阶段为重点，最终使景颇族学生在各学段全面接受载汉双语文教学，熟练掌握、使用载汉双语文，逐步实现载汉双语文兼通，进而缩小景颇族地区与内地的教育差距，提高景颇族文化素质，增进景颇族与各民族之间的交流，进一步巩固平等、团结、互助、和谐的社会主义新型民族关系，推动景颇族地区经济、社会发展，促进各民族共同繁荣进步。

（二）载汉双语文教学实验工作目标

1. 以培养民汉兼通的专门人才，提高景颇族学生参与社会沟通、交流与竞争的能力为实验总目标。

2. 2011 年至 2016 年作为一个实验周期。

3. 民语文教学重点在学前班，小学一、二、三年级。

4. 采取先学民语文，通过学习民语文提高汉语文水平，实现“民汉兼通”，小学毕业生达到一定的载汉双语文听、说、读、写水平的目标。

5. 强化教学管理，载汉双语文授课成绩接近或超过当地汉语文单语、单文授课学校的平均成绩。

6. 为今后的学习和工作奠定坚实的基础。

（三）载汉双语文教学实验要点

1. 将载汉双语文教学列入营盘小学重要议事日程，充分做好载汉双语文教学规划，加强学前载汉双语文教学管理。执行学前民汉双语文教学管理标准，实施载汉双语文教学应从学前班开始，学前班以民语文教学为主，以汉语文教学为辅，为小学阶段载汉双语文教学工作的顺利开展打下良好的语言和文字基础。

2. 从小学一年级开始采用以汉语文为主，民语文为辅的教学模式，使载汉双语文教学逐步辐射到小学阶段的各个学科。

3. 把营盘小学确定为载汉双语文教学的示范性学校，上级教育行政主管部门予以重点扶持，从而带动载汉双语文教学的全面发展。

4. 营造语言环境，推动双语教育。一方面，学校通过载汉双语文教学为景颇族儿童提供更多的学习景颇族语言的环境；另一方面，在更大范围内营造载汉双语文学习的氛围，给景颇族学生创造一种在学中用、在用中学的良好的载汉双语文学习氛围，让景颇族学生一进校就能感受到换了一个语言环境，时刻看到载汉双语文，听到载汉双语，使用载汉双语，逐步让载汉双语成为校内师生之间、学生之间交际的手段。

5. 加大载汉双语文师资的培养力度，通过培训、进修等方式不断提高任课教师的载汉双语文水平。

6. 进一步提升载汉双语文教研工作，加强教研队伍建设，以教研促进载汉双语文教学质量的提升。充分利用远程教育资源，全方位培训载汉双语文教师；实施光盘教学，发挥优质教育资源的作用，促进载汉双语文教学质量提升。上级教育行政部门应加强对载汉双语文教学质量的检查和教学指导，逐步缩小景颇族地区与内地教学质量的差距。

7. 实验学校要加强载汉双语文教学整体改革实验，通过调整课程设置、优化实验教材、改进教学方法等研究和实验探寻提高载汉双语文教学质量的有效途径，解决载汉双语文教学中存在的问题，从而为载汉双语文教学注入新的活力，推进载汉双语文教学稳步、健康地发展。

（四）载汉双语文教材的使用

教材主要使用自编《学前教材（载瓦文）》（上、下册）和《义务教育课程标准实验教科书（语文）》。

1.《学前教材（载瓦文）》（上、下册）是根据《深化教育改革，加快发展民族教育的决定》，按照新课改的教学目的、要求及新的教育理念，并结合景颇族儿童实际情况编写的教材，供景颇族地区学前教育阶段使用。该教材具有较高的思想性、知识性、科学性、适用性及地方民族特色，因而通过了云南省中小学教材审定委员会的审定。

2.《义务教育课程标准实验教科书（语文）》（1—6 册）是以第三次全教会《关于深化教育改革，全面推进素质教育的决定》的精神为指导，以《全日制义务教育语文课程标准（实验稿)》(又称“课改教材”）为依据编写的，供小学一至六年级使用。结合云南多民族、多语言、多文字的实际，云南省教育厅从 1998 年以来组织少数民族语文专家翻译了 14 个民族 18 个语种的《义务教育课程标准实验教科书（语文）》（1—6 册），帮助不通汉语的少数民族学生学习汉语文。该教材的编写指导思想、学习目标明确，教学内容丰富，富有时代和民族特色，教材编排科学，形成灵活多样，有助于教与学方式的转变，有助于形成自主、合作、探究的学习方式。

（五）载汉双语文教学实验教学模式

1.学前班采用以景颇族载瓦语文教学为主，以汉语文教学为辅的双语文教学模式

学校每年的 9 月份招收年满 6 周岁的学前儿童入学，开办学前班，由具有载汉双语双文教学能力的教师担任教学。第一学期教师以景颇族载瓦语文为主进行教学，教师在教学过程中主要使用云南省中小学教材审定委员会审定的《学前教材（载瓦文）》(上、下册），第一学期主要使用上册。教师用语一般是景颇族日常生活的常用语，从而让学生适应常规学习语言，教会学生载瓦文的字母、字母歌、声母、韵母等，让学生会拼读、会背诵、会默写载瓦文的字母、字母歌、声母、韵母等。用一个学期的时间使学生掌握景颇族载瓦文的字母、声母、韵母和拼读、拼写方法。第二学期开始采用以景颇族载瓦语文为主，以汉语文为辅的载汉双语文教学模式。主要使用《学前教材（载瓦文）》(下册）。教师的教学重点放在景颇族载瓦文的熟练拼读、拼写等方面，同时让学生背诵重点课文，掌握一些常用字、词、短句等，使学生在学前班毕业时能够阅读简单的短文。汉语文教学主要以汉语拼音为主，适当增加简单的汉语会话课，以使不通汉语

的景颇族学生初步听懂简单的汉语普通话，并能用普通话简单地对话，重点解决景颇族学生不通汉语的问题，为升入小学一年级做好准备。

2. 一年级采用汉语文与景颇族载瓦语文教学并行的载汉双语文教学模式

教师在教学过程中主要使用云南省中小学教材审定委员会审定的课改教材《载汉双语文对译教材〈语文〉》（上、下册）。教师在教学过程中同时使用载汉双语，在教授汉语文的同时教授景颇族载瓦语文。具体做法是教师读一遍汉语文，同样读一遍景颇族载瓦语文，学生通过载汉两种语文同时接受知识。

3. 二年级采用适当偏重于汉语文教学，以景颇族载瓦文教学为辅的双语文教学模式

教师重点教授汉语文，在个别地方有意识地用景颇族载瓦语文讲解汉语文的内容，帮助景颇族学生更好地掌握汉语文知识。

4. 三年级采用以汉语文教学为主，以景颇族载瓦语文教学为辅的双语文教学模式

三年级以汉语文教学为主，视教学重点、难点情况，用景颇族载瓦语文辅助教学，以分解学生学习的重点和难点。

（六）载汉双语文教学实验保障措施

1. 成立以校长为首的载汉双语文教学实验工作领导小组，成员由副校长、任课教师等组成

2. 统一认识，加强理论学习

组织任课教师学习关于开展民汉双语教学的有关文件，提高教师对双语教学工作意义的认识。同时组织任课教师学习双语教学的基本目的和基本任务、双语教学的实施模式、双语教学面临的主要问题和对策等，让任课教师对双语教学的基本知识有所了解，并将载汉双语文教学工作作为学校推进素质教育的重要举措。

3. 落实经费投入，保证载汉双语文教学实验的顺利开展

上级教育行政主管部门每年筹措一定的经费，用于载汉双语文师资的培训、环境的创造、活动的开展、课程的开发、对外的学习与交流等方面，保证载汉双语文教学实验顺利开展。

三、载汉双语文教学实验存在的问题

（一）上级主管部门缺乏对载汉双语文教学实验的科学规划、分类指导

当前，虽然民汉双语教学的重要性越来越受到各级党委和政府的高度重视。但是，在实际的教学工作中，有些地方只强调对民汉双语教学的推进，盲目追求实效性，而忽视了民汉双语教学的发展规律和过程。教学工作是一门科学，必然有其内在的、本质的规律性。根据语言学认知的规律，学生年龄、心理、生理发展，教育发展规律等方面的特征，双语教学应从学前教育到高中阶段科学规划，以科学的理论为指导，稳步推进。

（二）法律、政策支持的力度不够

目前，对载汉双语文的教学管理和规范主要依靠 20 世纪 50 年代以来党的民族语文政策，而随着社会的发展变化，民汉双语文教学也快速地发展变化，在载汉双语文教学工作中已产生了一系列新问题、新情况，亟需从政策和立法层面加以引导和扶持。一线教师都认为，没有一份让民汉双语教学实验学校执行的政策文件，同样，也没有一部法律、法规对双语教学进行规范，这使得开展民汉双语文教学的学校左右为难。

（三）上级主管部门对载汉双语文教学的跟踪调研不够

一是深入载汉双语文教学一线的调研不够，深入了解具体问题、帮助解决载汉双语文教学中的实际困难的力度不够。二是现场指导工作做得不够好。有时任课教师在载汉双语文教学中遇到了许多问题，向上级主管部门反映了存在问题。因跟踪解决问题不及时、协调力度不够，造成有的问题不能得到及时解决，任课教师很有意见。三是工作思路不清。对如何推进载、汉双语文教学工作，如何创新工作思路，如何做好跟踪服务工作没有全盘思考，缺乏系统、深入的思考和分析，对于载汉双语文教学中出现的新情况、新问题还缺乏科学、有效的方法和措施，影响了载汉双语文教学整体推进。

（四）缺乏合格的载汉双语文教师

载汉双语文教学工作要从实际出发，教师是关键。由于目前教师的招考，新进的教师中没有熟练掌握景颇族载瓦语文的合格老师，如果现有的老师退休，那么载汉双语、双文的教学工作将面临师资空缺的困境。另外，目前，大部分教师偏重读、写能力的提高，而轻视听、说能力的培养，没有发挥学生的主体地位，学生得不到听、说的训练机会，从而忽略了对学

生的语言交际能力的培养。教师还要注意双语教育与各学科的衔接，特别是要科学处理好民族语文和汉语文的衔接问题。

（五）任课教师对载瓦语文教材和汉语文教材的内涵理解得不够深，课堂教学方法单一

表现为教师的教学方式不灵活，教学方式与学生的身心发展规律不一致。在调研中发现，教师对载汉双语文教材不够熟悉、不理解教材的内涵，特别是教材中的个别内容。另外，教师不太注重学生的集体参与性和互动性，教学形式枯燥、乏味。教师在教学过程中对重点、难点把握得不够准，学生也就无法把握住重点、难点。有的教师上课时随意性较强，组织课堂教学不到位。由于教师缺乏对学生兴趣的研究，课堂教学不能真正让学生受益，实效性较差。

（六）民汉双语文教材供应不足

云南省教育厅先后编译、审定了 14 个民族、18 个文种、不同年级的民族文字教材 300 余种，免费发行到各民族地区的“双语教学校点”供学生使用。但是由于出版、发行等种种原因，民汉双语文教材不能准时发放到学校，影响了学校开展民汉双语文教学工作。

四、对策建议

从营盘小学载汉双语文教学的实验情况看，当务之急是切实加强建立、健全对民汉双语教学工作的管理机制和各项政策、法规的保障措施，努力营造推进民汉双语教学工作的浓厚氛围。

（一）采取特殊的政策和措施

要进一步加强党委、政府对民汉双语教学工作的领导，为民汉双语教学的推进工作提供政策、法律、法规和组织保证，同时把民汉双语教学工作纳入各地政府和教育主管部门的重要工作日程，统筹规划民汉双语教学工作，采取一系列措施发展、推进民汉双语教学工作，研究、制定发展民汉双语教学工作的总体规划和方案，为民汉双语教学工作的健康、快速发展提供政治上的保障。

（二）理顺关系，创建科学化的民汉双语教学管理体制

各级人民政府应协调教育、人事、财政等部门，统一制定并出台民汉双语教学的实施意见，理顺相关行政部门间的协作关系，形成合力，将民

汉双语教学与实施九年义务教育结合起来，把民汉双语教学作为教师资格认定、晋升、晋级、评聘职称、评优、享受各种待遇的必要条件，积极探索民汉双语文教师培养、培训、管理一体化的有效机制。

（三）大力提高民汉双语教师的整体素质，拓宽民汉双语教师岗位的补充渠道

一是在大专院校培养兼通双语、双文的特殊人才，培养出来的学生应兼通民汉两种语言和文字，同时掌握民族理论政策，还要掌握一定的教学技能或者技巧；二是优化现有双语、双文教师队伍，尽量把兼通民族语文和汉语文的教师调配到开展民汉双语教学的学校，尽量发挥其特长；三是在招录教师时优先考虑兼通双语、双文的特殊人才，以此缓解双语、双文教师匮乏的问题；四是做好在职教师的培训工作，以集中培训、自主学习等方式提高双语教师的专业知识和教学技能，使他们必须具备以民汉双语、双文授课的能力。

（四）稳步推进民汉双语教学改革，规范民汉双语教学模式

据调查，景颇族学生家长对孩子学习民汉两种语文十分重视，他们不仅要求学校教授好本民族语文，而且要求教授好汉语文。家长不仅要求孩子对民汉两种语文能够听得懂、说得出、读得准、写得出，还要求他们将来还能用得上，这对教学提出了相当高的要求。对于在以母语为主的语言环境中的民族儿童，教师怎样才能做到与时俱进地既教好民族语文，又教好汉语文？这就要求不仅有称职的教师，而且要有灵活多样、丰富多彩的教学方法，并摸索出一套实用、有效的教学方式。载汉双语文是一门综合性很强的课程，要求教师具有较高的景颇族载瓦语文水平，熟练掌握汉语文基本技能，并能认真钻研儿童教育学、儿童心理学等。教师还要根据学生的学习情况，儿童的生理、心理、语言学习规律及景颇族儿童所处的语言环境，探索出适合景颇族学生学习民汉双语文的教学模式。

（五）确立民汉双语教学实验经费稳定来源机制

载汉双语文教学实验是政府行为，各级政府应采取有效措施确保经费投入。实验经费、教师培训的经费投入要以政府投入为主渠道，从地方教育附加费中提取一定比例用于学校实验费和教师培训费的支出。由地方财政和教育行政部门共同制定经费标准，并随着经济的增长和物价指数的增长而适时地调整。

（六）建立、健全民汉双语教学评价体系

当前，要尽快形成良好的民汉双语教学课程评价机制和导向机制。在实际操作过程中，要实现评价主体多元化、内容全面、方式多样的评价体系，重视民族文化、语言、知识等方面的培养。特别要关注民族学生的个体进步和多方面的发展，注重培养、激发学生学习的积极性和信心。

（七）建立、健全民汉双语教学督导制度

一是建立以教育主管部门为主的省州县（市）三级民汉双语教学督导机制；二是对教学工作进行监督、检查、评估、指导，提出意见和建议；三是通过查课、听课等日常教学检查，参加教师座谈会和学生座谈会，专项督导，问卷调查，通报与反馈信息等方式开展工作；四是被督导单位应按照督导要求进行自查、自评，并且根据省州县（市）三级督导反馈意见进行整改。

云南省双语教学情况的报告

徐忠祥

一、基本情况

截至2013年秋季学期，我省共有16个州（市）、68个县（市、区）开展双语教学，开展双语教学的校点共计1034所，共有4082个教学班，共有双语教师4049名，在读学前幼儿及学生共计118404人，占普通学生的6.03%。其中学前班有405个，学前幼儿有9052人。小学一类模式有222个教学班、5679名在读学生，二类模式有2949个教学班、84095名在读学生，三类模式有438个教学班、13443名在读学生。初中有60个教学班、4824名在读学生。高中有8个教学班、1311名在读学生。

截至2013年，我省先后编译、审定了14个民族（彝族、傣族、景颇族、苗族、哈尼族、傈僳族、佤族、拉祜族、纳西族、白族、独龙族、壮族、藏族、瑶族）、18个语种（彝文、德宏傣文、西双版纳傣文、景颇文、景颇族载瓦文、川黔滇苗文、滇东北苗文、哈尼文、傈僳文、佤文、拉祜文、纳西文、白文、独龙文、壮文、藏文、勉方瑶文、门方瑶文）学前班、小学一至六年级语文和一年级数学民文教材288本；审定了5个民族（哈尼族、傣族、彝族、藏族、景颇族）、6种文字（哈尼文、西双版纳傣文、德宏傣文、彝文、藏文、景颇文）的“三生教育”民文教材12本；修审了学前班和小学一至四年级民语文教材180本，对修审的教材进行了再版工作；审定了西双版纳州、德宏州（西傣文、景颇文、德宏傣文）、怒江州（傈僳文）传承教材13本；审定了“零障碍”民文教材14本。共计507本民汉教材。

2013年，收到少数民族文字教材出版发行亏损补贴专项资金共计1889万元，其中包括中央专项资金750万元、省级配套资金1139万元。

徐忠祥：彝族，云南省教育厅民教处处长。

二、主要工作经验和做法

（一）出台法规保障民族地区双语教学顺利开展

经过多年的论证调研，云南省人大常委会于2013年10月正式颁布、实施了《云南省少数民族教育促进条例》。《条例》对从事民族地区教育的教师从编制、培养、培训、待遇等方面给予了立法保障，各地按条例要求不断加强双语教师的培养、培训工作。同时明确规定“各级人民政府应当加快发展少数民族和民族地区的学前教育，逐步普及学前教育。县（市、区）人民政府应当在不通或者基本不通汉语的少数民族聚居乡（镇）开办双语幼儿园，省、州（市）人民政府应当给予补助”，“开展双语教学的小学国家课程和地方课程教科书经费应当全部纳入义务教育经费保障范围”。

（二）加强双语教师培训，促进教师队伍建设

师资问题是保证双语教学正常开展的关键问题，不断加强双语教师队伍的建设是开展民族教育工作的一个重点。2011—2013 年我省双语教师培训工作按照报送教育部民族司的双语教师培训规划，并结合我省每年年初的教师培训计划认真执行，为不断扩大培训面和培训规模，仍采取省教育厅主办，同时委托西双版纳州、楚雄州、红河州、德宏州、怒江州、迪庆州、文山州、大理州、丽江市、昭通市等相关州市县承办的方式进行。各层次培训机构分别在寒、暑期举办了西双版纳傣文、德宏傣文、景颇文、景颇族载瓦文、彝文、哈尼文、拉祜文、佤文、傈僳文、独龙文、壮文、苗文、藏瓦文等语种的民汉双语教师培训班，2011—2013 年共培训了教师4108 人（其中 2011 年州市级培训了 730 人，县市校级培训了 320 人，共1050 人；2012 年省级培训了 320 人，州市级培训了 730 人，县市校级培训418 人，共 1468 人；2013 年省级培训了 400 人，州市级培训 880 人，县市校级培训 310 人，共 1590 人）。通过各层面培训，参培教师不仅获得了本民族语言文字的知识和能力，提高了汉语教学水平，还学到了新的教育教学理念，巩固、提高了自身的综合素质。

（三）加强民族教材编译，完善民族语言教材体系

1997 年以来，在国家教育部的关心、支持下，省教育厅与省民委密切配合，加强了对民文教材编译的组织领导、计划实施，于每年初召开各民族语种专家会议，省教育厅民族教育处通报了民文教材工作情况后听取各位专家的意见或建议，并研究部署本年度的教材编译工作，规定文种、年

级、学科、编译、交稿时间等具体工作，确保了民文教材编译工作的顺利进行。在编译民族文字教材的过程中，省教育厅特别强调注意教材的编译质量，所编译的教材都要经过严格、认真的审定。每本教材从编译到出版，先后要经过初审、终审、校审等程序。初审主要由编译人员交换进行；终审则由省教育厅召开教材审查会议，邀请有关民族专家审查整个教材编译质量，严格把关，并提出是否通过的明确意见；校审由编辑根据终审的情况进行，根据专家提出的教材修改意见进行修改后，认真校对并审核。审查通过的教材由省教育厅民族教育处报请云南省中小学教材审定委员会进行审批备查。为提高编译的民文教材的质量，省教育厅与省民语委办公室于2004年联合对编译人员实施了培训，来自10个州市、11个民族的30多名编译人员参加了培训。培训中，对编译原则、总体要求做了详细解说，统一了大家的思想，通过培训，有效提高了编译人员的编译水平，使编译的教材基本满足了民族地区开展民汉双语教学的需要。

为进一步贯彻实施《云南省教育发展规划纲要》和“桥头堡”建设战略，推进、完善民文教材建设，我们组织召开了“云南省2013年民文教材审定会”，修审了小学四年级14个民族（傣族、傈僳族、景颇族、白族、苗族、瑶族、佤族、壮族、拉祜族、独龙族、哈尼族、藏族、彝族、纳西族）、18个文种（西双版纳傣文、德宏傣文、傈僳文、景颇文、景颇族载瓦文、白文、佤文、川黔滇苗文、滇东北苗文、拉祜文、哈尼文、勉方瑶文、门方瑶文、壮文、独龙文、纳西文、藏文、彝文）36本民文教材；审定了小学六年级两个民族（瑶族、独龙族）、三个语种（勉方瑶文、门方瑶文、独龙文）民文教材6本；审定了景颇族载瓦语文1册、2册、3册，汉傣会话上册，汉景会话下册，傈僳文识字读本共6本；审定了傈汉对译读本《学汉语（四）》；审定了西双版纳傣语文学前小班、大班，西双版纳傣数学小班、大班，西双版纳傣语言故事（上、下册）共6本。共完成了54本民文教材的审查。同时邀请省教科院、西双版纳州民语室、德宏州教科所的专家及在昆部分学校校长初步研讨了《云南省少数民族义务教育（含学前）双语课程标准（草稿）》，明确涉及义务教育阶段及学前双语教学方面的理念、目标、内容、实施建议，待进一步论证、完善后，将正式颁布、实施。

（四）建立双语教学试点学校，探索双语教学的有效途径

为积极探索双语教学的有效途径，切实提高民族教育质量，2010 年，省教育厅设立了 14 个民族、18 个文种的双语教学试点学校 33 所，加强指导和支持，除在改善办学条件上给予资金支持外，每年在进行省级双语教师培训时专门分配名额组织试点学校教师参加培训。2013 年，为更好地促进试点学校双语教学的开展，省教育厅联合省民语委派出专家到校指导调研，并形成了调研报告，为下一步开展好相关工作打下了基础。

三、存在的问题

（一）师资队伍方面存在的问题

一是双语教师不足。目前开展双语教学的学校整体师资力量配备都不足，与教学需求不匹配；配置了专任教师的并不多，其他教师兼任的情况较多。二是教师队伍素质参差不齐。民汉兼通的双语教师数量较少，在教学当中，不少教师的教学方法及理念较为落后。三是评价体制不健全。双语教育未被纳入履职考核内容和绩效评价中，挫伤了双语教师教学的积极性。

（二）投入仍然不够

一是学校硬件设施有待改善。开展双语教学的学校多在我省边疆地区，受制于经济条件，大部分学校基础较为薄弱，办学条件相对较差，不利于教学的开展。二是双语教学经费有限，难以开展相关教学活动，购买有关教学书籍和设施。

（三）教材体系建设仍待提高

由于我省进行双语教学的地区涉及 14 个民族、18 个语种，语种较多，情况复杂，因此进行相关教辅书籍的研发难度较大、投入较高。除课堂教材外，民族文字出版物品种少，教学辅助资料匮乏，给教学造成了一定的困难。

（四）对双语教学重视得不够

目前，不少开展双语教学的地区基层教育主管部门、学校、家长、学生等多方都存在对其重视不够、意识不到位的问题，对与开展双语教学相机关的教师培训、经费投入、教师待遇等重视程度不够。

四、进一步完善双语教学的建议

双语教学是我国少数民族教育的重要内容，是党的民族语文政策的重要体现。对于提高民族地区基础教育水平，传承、保护民族文化都具有重要的意义。对于进一步完善双语教学，建议从如下几个方面予以考虑：

（一）加大双语教学投入力度

一是建议中央适当加大双语教学资金投放总量，并随财政的增长而逐年增长，用于改善民族地区双语学校办学条件，让边疆民族地区更多的学校、学生和教师享受实惠，进一步增强中华民族的凝聚力。二是建议中央继续加大民文教材建设力度。针对我省多民族、多语言的实际情况，加大教材编审投入力度，逐步建立更为完善的教材、教辅、教学课件、音像教材等相互匹配的体系。

（二）加强对双语教师队伍建设的支持

一是教师培养力度。恳请中央给予资源上的支持，推动我省省级和州市级双语教师培训基地建设。目前我省的双语教师培训工作主要依托教育厅主办、各地县市教育局承办的模式，每年培训的教师数量在 1000 人左右，辐射面不够，且培训的时间都很难做到足够，培训内容的系统性也不够。为建立双语教师培训长效机制，在省属高校和州市师范类院校建立双语教师培训基地势在必行，然而这项工作需要较大的资源和资金支持。希望教育部能立足我省情况，给予一定支持，出台一些倾斜性政策。二是对少数民族聚居地方学生报考师范院校给予特殊优惠政策，有针对性地促进双语骨干教师的培养，壮大双语教师队伍。

双语教育测量与评估

民族汉考（MHK）在考试科学化方面的新探索

彭恒利

2013年12月，教育部正式颁布了《民族中小学汉语课程标准（义务教育）》，该标准既是对近年来民族中小学教育改革成果的总结，也是今后汉语教育改革和发展的基石（李东成，2014）。2014年，教育部民族教育司又启动了《民族中小学汉语课程标准（普通高中）》（以下统称“新课标”）的修订。目前修订工作已基本完成，待审核后颁布。可以预想的是，这些纲领性文件的推出将在民族汉语教育领域产生重大的影响，课程设计、教材编写、教学方法、评价与考试方式等都将随之调整和变革。特别以汉语课程标准为主要参考依据的中国少数民族汉语水平等级考试（缩写为MHK，以下简称“民族汉考”），必须与时俱进，相关部门应深刻领会新课标提出的新思想、新理念，积极吸收双语教学、第二语言教学、心理与教育测量学理论及计算机科学技术的最新成果，为实现考试的科学化不断探索、创新。

一、民族中小学汉语课程标准的修订给民族汉考提出了挑战

民族汉考是教育部民族教育司于2001年立项开发的专门用于测试国内母语为非汉语的少数民族汉语学习者汉语水平的国家级标准化考试。自2003年起，民族汉考开始在吉林、青海、四川、内蒙古、新疆等有关省区推广，广泛用于高考、中考、学业水平质量监测、社会化考试等领域。截

彭恒利：北京语言大学语言科学院教授。

至2017年6月底，累计考生超过175万人次，取得了良好的社会效益。

课程标准是国家课程的基本纲领性文件，是国家对基础教育课程的基本规范和质量要求。因此，无论是在考试研发伊始还是在之后十多年的试行中，民族汉考的研发者始终将汉语课程标准作为制定考试和施测的重要参考依据，并以此来引导、促进少数民族地区汉语教学的改革。

考试大纲是民族汉考重要的标志性文件，编写工作始于2001年5月，历时3年，于2004年3月完成了一至四级4本大纲的出版工作。其间主要参考的是1999年3月教育部颁布的《中国少数民族中小学汉语课程标准（试行草案）》和2002年教育部修订的《全日制民族中小学汉语教学大纲（试行）》。在此之后，教育部又于2006年10月颁布了《全日制民族中小学汉语课程标准（试行）》。也就是说，在民族汉考试行的十多年间，汉语课程标准本身已被进行了两次大的修订，而民族汉考大纲沿用至今一直未做修订。显然，民族汉考大纲在某些理念和内容上已经陈旧，修订势在必行。

虽然教育部民族教育司于2012年年底正式启动了民族汉考大纲的修订工作，但新课标坚持继承和创新并重，吸收了多个学科的最新研究成果，在诸多方面均有较大的发展和突破。

由此给民族汉考大纲的修订带来了契机，也提出了挑战。新课标为民族汉考大纲的修订提供了新的依据，有利于考试研发者从全新的视角对大纲做系统而全面的回溯与梳理；同时，它在课程性质、功能、目标、评价方式等诸多方面提出的新理念、新观点也给民族汉考大纲的修订工作带来了诸多挑战。这些新理念、新观点如何在测试中体现？如高中课标提出了“学科核心素养”的新理念，包括语言能力、思维品质、文化意识、审美情趣、学习能力5个方面，这些内容如何在民族汉考中贯彻体现？由此涉及题型设计、试卷结构、考试方式、分数解释等诸多问题，牵一发而动全身，必须系统思考，顶层设计，统筹规划。

二、考试大纲的修订是民族汉考实现考试科学化的基础

新课标在继承2006年颁布的《全日制民族中小学汉语课程标准（试行）》（以下简称“原课标”）科学体系的基础上，巩固、深化了课程改革的理念，在诸多方面有了较大的发展和突破，主要体现在：突出了国家通用

语言文字的学习，强调了汉语课程的双重性质，提出了培养学生学科核心素养和立德树人的新理念，明确了学段目标和学业质量标准，建立了科学的评价体系等。对民族汉考来说，要想有效应对新课标提出的挑战，适应新时代的需求，实现考试的科学化，首先要厘清以下四方面的问题：

（一）课程的性质

新课标对汉语课程的性质既有继承，又有创新，提出了“汉语课程是一门学习和使用国家通用语言文字的基础性、实践性和综合性课程，致力于培养学生的学科核心素养，具有工具性和人文性。”对民族汉考来说，这不仅是表述上的变化，其内涵也有了较大的延伸。

关于汉语课程的性质，新、旧课标有不同的表述，学界对此也有不同的见解。对于这一问题，民族汉考大纲修订无法回避，必须直面。需要重点探讨的是，工具性与人文性的双重性质在考试中如何体现？从目前的认识来看，对人文性的考查不能简单地体现在词汇的选择和语料的选取上，同时还需要从命题的角度精心设计。

（二）课程的功能

新课标强调汉语是实践性课程，“应着重通过汉语实践活动帮助学生获得汉语知识和汉语技能，培养学生的汉语应用能力。”

如何突破传统教学模式的窠臼，使汉语课程真正走向体现“实践性”的轨道？这是值得关教学、教研部门深思的问题。近年来，专家、学者一直在呼吁尊重教学自身的规律，处理好考试与教学的关系，民族汉考也一直秉承着“考教分离”理念，但在目前的汉语教学实践中，“考什么，教什么”的现象依然普遍。这种现状一方面令人担忧，另一方面也凸显了民族汉考导向的重要性。

民族汉考主要测试考生实际运用汉语的能力，与新课标强调着重培养学生的汉语应用能力的理念一脉相承。因此，在民族汉考大纲修订中应始终贯彻能力培养的理念，尽可能地与考生的现实生活贴近，删除一些“为考而考”的题型，增加应用性的题型，强化口语交流，使民族汉考真正起到促进汉语教学改革的作用。

（三）课程目标

新课标指出，汉语课程的目标是“培养、发展学生应具备的语言能力、思维品质、文化意识、审美情趣、学习能力等学科核心素养”，其中，语言能力是基础，五个要素相互渗透，融合互动，协调发展。

以上对汉语课程的总体目标和五个要素的辩证关系已阐述得非常清晰。摆在民族汉考大纲修订面前最大的问题是需要弄清言能力、思维品质、文化意识、审美情趣和学习能力哪些能测、哪些不能测，能测的怎样测。民族汉考主要测的是语言能力，文化意识、思维品质可以在语料选取中体现，而审美情趣和学习能力现有的试卷结构无法直接测查。如何在考试中将其体现？这确实是个难题，需要深思熟虑。

（四）评价方式

新课标在谈到评价建议时提出，评价是课程实施的重要组成部分，目的是改善教学质量，促进学生的学习，发展学生学科的核心素养。评价要紧紧围绕学科核心素养，严格按照课程内容和学业质量标准的要求，充分体现汉语作为第二语言课程的特点。根据不同民族地区学生的实际情况确定具体目标和内容，运用合理、多样的评价方式，科学管理，使之有序进行。

以上的表述与民族汉考大纲修订方案的设想完全吻合。由此，考试大纲的修订依然要坚持“考教分离”理念，强调教学要遵循自身规律，应试不能替代正常教学，同时也要发挥考试的导向作用，通过新的评价理念、评价方式等的介入积极推动教学改革。

三、民族汉考在考试科学化方面的新探索

综上，新课程的修订给民族汉考提出了挑战，考试大纲的修订是民族汉考实现考试科学化的基础。同时，我们也应该看到，考试本身也有更新发展的需要，需要将心理与教育测量学、计算机科学和考试技术发展的最新成果融入其中。在本次民族汉考大纲修订中，我们在考试科学化方面积极探索，主要体现在以下几个方面：

（一）引入认知诊断理论，为考生、教学机构、教师提供更多的反馈信息

要达到新课标的目标和要求，必须对少数民族地区传统的汉语教学方法必须进行改革。各地的教学现状、环境及师资水平有明显差异，改革可以因地制宜，有多种思路和做法，但重点要实现三个转向，即从“知识传授”转向“能力培养”、从“教师主导”转向“学生自主”、从“班级教学”

转向“个性化教学”（谢小庆，2010）。由此，要对民族汉考分数报告的方式进行根本性的变革。以往，教师和学生主要关注的是得了多少分、获没获证、获证率是多少；现在，要赋予分数真正的意义，考生所得的分数要说明他哪些掌握了、哪些掌握得还不牢靠、哪些还没有掌握，他的优势是什么、弱项又是哪些，今后努力的方向是什么，有哪些具体的学习建议，等等。这就是说，民族汉考作为专为少数民族汉语学习开发的语言测试，需要增加基于标准的分数解释，将关注的问题由“考生名次”转向“考生能做什么（can do）、能完成哪些任务”（谢小庆，2010）。

要实现由“考生名次”向“考生能做什么”的转变，则需要了解考生答题的认知加工和思维过程，这实际上谈论的就是心理与教育测量中的认知诊断。认知诊断是认知心理学与现代测量学相结合的产物，现已成为心理和教育测量学研究的一个热点和趋势，具有较大的应用价值，它可以对个体知识结构、加工技能或认知过程进行细致评估（Leighton and Gierl，2007）。认知诊断测量不只是停留在某一测量概念上对被试者进行的笼统而宏观的刻画，而是对此进行了拓展，深入考生作答的认知加工和思维过程，能够很好地揭示考生的认知加工特点，能在某一测量概念上对考生进行具体而微观的认知水平层次上的刻画，同时，认知诊断还可以为整个学校或地区的教育教学提供更丰富的诊断信息，可以为教学活动提供更具针对性的建议，可以为教育教学评价工作提供更加科学、合理的信息依据。目前，认知诊断已成为国内外考试研究机构和心理测量领域研究的热点。

实现基于标准的分数解释，给出诊断性评价的基础性工作就是要建立基于交际理论和任务的语言标准，对语言技能进行分级，对语言能力进行详细的描述，进行“能做什么”的说明（谢小庆，2010）。民族汉考原有的等级标准相对粗糙，距此还有较大的距离。目前，关于语言能力的标准有多个，其中影响力最大的是欧洲理事会的《欧洲语言共同参考框架（Common European Framework of Reference for Languages，CEFR）》，国家汉办在2007年也颁布了《国际汉语能力标准》。这些标准对于民族汉考建立新的《中国少数民族汉语水平等级标准》无疑有重要的参考价值。但是，对民族汉考来说，参照以上标准，建立新的等级标准并非易事，不仅要对少数民族地区目前的教学现状进行调研分析，结合新课标对学习目标、教学目标、学习方法、教学方法等进行讨论，考虑两者的衔接问题，而且要对语言技能进行细致的分析，了解听、说、读、写各自的能力结构和层级，分析哪些能测、哪些不能测，能测的技能彼此之间的关系是什么、怎样描述出来，对学习和教学怎样提出更具建设性和可操作性的建议，等等。此外，还要对认知诊断理论的模型进行比较研究，选择出与民族汉考相匹配的模型。由此可以看出，这是一项耗费较大的工程，其中所要进行的研究和工作还有很多。

（二）探讨测试方式的改革，为实现计算机化考试奠定基础

谢小庆（2010）认为，为适应突出个性化的“学生自主”的新的教学方式，“需要开发计算机辅助的个性化语言测试。现代测验理论的发展，尤其是项目反应理论（Item Response Theory，IRT）的发展为实现个性化的语言测试提供了数学工具。”张华华（2013）在谈到中国的教育进展评估（National Assessment of Educational Progress，NAEP）应该怎样做时，也提出了可以使用计算机化自适应性考试（Computerized Adaptive Test，CAT）的建议。

诚然，随着计算机技术的不断发展，计算机化已成为标准化考试发展的一个显著趋势，越来越多的测试开始由纸笔考试（Paper-based Test，PBT）向计算机化考试（Computer-based Test，CBT）转变，并推出了自适应性考试。但对民族汉考来说，目前直接跨入自适应性考试的条件还不成熟，主要制约因素是民族汉考现在还没有基于 IRT 的题库，而题库是实现自适应性考试的基础，并且少数民族地区大多数的硬件条件也不具备。因此，比较现实的做法是先实现考试的计算机化，把实现计算机自适应性作为民族汉考远期努力的目标。

在确定民族汉考大纲修订方案时，考试的主管部门已就实现民族汉考的计算机化提出了明确的要求。因此，在本次修订中，既要充分学习、借鉴托福考试、英语四六级考试及新 HSK 成功的经验，同时在试卷结构调整和题型修改中也要积极探索，充分考虑计算机化考试的特点，争取达到如下目标：使考试更具针对性、更加个性化，从而可以达到更高的信度；使考试的情境与考生的现实生活更加接近，从而达到更高的效度。

（三）积极引进智能评测技术，切实提高主观性试题评阅的科学性

为使考试具有更高的信度和效度，在最初设计民族汉考试卷结构时，书面表达分测验和口试中均包含了多项主观性题型。新课标强调汉语是门

实践性课程，并强调了口语交流的重要性。因此，在民族汉考大纲修订中，主观性试题是不能削弱的，这就意味着在今后的施测中需要重点保障主观性试题评阅的科学性。

众所周知，主观性试题具有阅卷投入多、评分误差大、效率不高的弱点，如何有效控制评分误差是主观性试题评阅的难点。在此方面，民族汉考已做了许多积极的探索，如采用了作文和口试的网上阅卷，实现了作文和口试的评分误差实时监控，引入了计算机自动评阅技术，已实现了三级朗读题的计算机自动评分、封闭式简答题替代人工进行一评等。今后我们这方面的探索还会加强。目前我们已和有关研究单位合作，利用机器翻译原理和分布式语义表达（Word Embedding）开始了三级口语开放性试题和四级口语复述题计算机自动评阅的研究，已取得了初步的成果，四级口语选择性回答的自动评阅也已被列入研究计划。这些研究在测量界都属于前沿性研究，其研究的价值不言而喻。

从教师资格认定条件看 PSC 与 MHK 的异同

张迎治　潘　虎

2018 年 9 月，新疆维吾尔自治区教育厅公布了《新疆维吾尔自治区实施<教师资格条例>细则（2018 年修订）》，其中关于申请教师资格人员的国家通用语言文字能力的认定标准引发了讨论。笔者将其与《中华人民共和国教师法》、《中华人民共和国<教师资格条例>实施办法（2000 年）》、《新疆维吾尔自治区实施<教师资格条例>细则》（新教师［2002］3 号）进行了对比，发现变化聚焦在两个国家通用语言文字能力评测考试上，即普通话水平测试和汉语水平测试。那么，这两种考试是一回事儿吗？本文将以两者的测试大纲（考试大纲）为依据，从测试性质、方式、内容和范围、试卷构成、等级标准（结果应用）等方面分析两者的异同，以加深读者对这两种考试的了解。

一、申请教师资格人员的国家通用语言文字能力认定标准

《中华人民共和国教师法（1994 年）》中第十条阐明，国家实行教师资格制度。而在《中华人民共和国<教师资格条例>实施办法（2000 年）》第八条第二款中则进一步说明了申请认定教师应符合的国家通用语言文字能力要求："普通话水平应当达到国家语言文字工作委员会颁布的《普通话水平测试等级标准》二级乙等以上标准。少数方言复杂地区的普通话水平应当达到三级甲等以上标准；使用汉语和当地民族语言教学的少数民族自治地区的普通话水平，由省级人民政府教育行政部门规定标准。"

新疆维吾尔自治区结合自治区的实际，于 2002 年颁布了《新疆维吾尔自治区实施<教师资格条例>细则》（新教师［2002］3 号）。细则就各类人员申请认定教师做了明确的要求："母语为汉语的人员申请认定教师资格，普

张迎治：中央民族大学在读博士。
潘虎：北京语言大学出版社编辑。

通话水平应当达到国家语言文字工作委员会颁布的《普通话水平测试等级标准》二级乙等标准。母语为非汉语的人员申请认定教师资格，汉语水平应当达到的中国汉语水平考试（HSK）等级标准为：申请幼儿园、小学教师资格的人员达到三级，申请初级中学、中等职业学校实习指导教师资格的人员达到四级，申请高级中学、中等职业学校教师资格的人员达到五级，申请高等学校教师资格的人员达到六级。”需要说明的是，2011 年，新疆维吾尔自治区出台了相关政策，经 2011—2012 两年的过渡，中国汉语水平考试（HSK）被中国少数民族汉语水平等级考试（MHK）代替，在教师资格认定中，HSK 的等级要求转化为 MHK 的相应等级。

2018 年，为了全面推广国家通用语言文字，新疆维吾尔自治区对《新疆维吾尔自治区实施〈教师资格条例〉细则》进行了修订，颁布了《新疆维吾尔自治区实施〈教师资格条例〉细则（2018 年修订）》。在该细则中，取消了各类人员的不同要求，统一要求为：“申请认定教师资格的人员，应当具有良好的应用国家通用语言文字授课的能力，普通话水平应达到国家语言文字工作委员会颁布的《普通话水平测试等级标准》二级乙等及以上标准。”

可见，新疆等省区在以往少数民族地区教师资格认定中兼顾了少数民族国家通用语言的实际水平，采用了一些特定的过渡政策。由此，对申请认定教师资格的少数民族人员，其国家通用语言文字运用能力认定实际上是按两个标准执行的，即“普通话水平测试等级标准”和“中国汉语水平考试等级标准”。而这两个标准分别由不同的考试实施，下面就分别介绍这两种考试。

二、普通话水平测试

“普通话水平测试”（Putonghua Shuiping Ceshi，缩写为 PSC，以下简称 PSC）是国家语言文字工作委员会、教育部、广播电视部三部委 1994 年 10 月联合发布，正式开始实施的。《普通话水平测试大纲》依据《普通话水平测试管理规定》（教育部令第 16 号）和《普通话水平测试等级标准》（国语［1997］64 号）制定，自 2004 年 10 月 1 日起试行。

（一）测试性质和方式

PSC 主要测查应试人的普通话规范程度、熟练程度，认定其普通话水平等级，属于标准参照性考试，以口试的方式进行。

（二）测试内容和范围

PSC 的测试内容包括普通话语音、词汇和语法。测试范围是国家测试机构编制的《普通话水平测试用普通话词语表》《普通话水平测试用普通话与方言词语对照表》《普通话水平测试用普通话与方言常见语法差异对照表》《普通话水平测试用朗读作品》《普通话水平测试用话题》。其中，《普通话水平测试用普通话词语表》分为表一和表二，表一有 6595 个词语，表二有 10460 个词语，共计 17055 个词语。《普通话水平测试用普通话与方言常见语法差异对照表》共列了 39 个语法项目。《普通话水平测试用朗读作品》列了 60 篇作品。《普通话水平测试用话题》列了 30 项话题。

（三）试卷构成

PSC 试卷包括 5 个组成部分，满分为 100 分。具体如下：

1. 读单音节字词（100 个音节，不含轻声、儿化音节），限时 3.5 分钟，共 10 分。

2. 读多音节词语（100 个音节），限时 2.5 分钟，共 20 分。

3. 选择判断（词语判断 10 组、量词和名词搭配 10 组、语序或表达形式判断 5 组），限时 3 分钟，共 10 分。

4. 朗读短文（1 篇，400 个音节），限时 4 分钟，共 30 分。

5. 命题说话，限时 3 分钟，共 30 分。

（四）等级标准（应用结果）

PSC 测试结果被划分为三个级别，每个级别内分两个等次。一级可称为“标准的普通话”，二级可称为“比较标准的普通话”，三级可称为“一般水平的普通话”。划分等级主要依据语音是否标准，词汇、语法是否正确，语调是否自然，表达是否流畅等。

三、中国少数民族汉语水平等级考试

中国少数民族汉语水平等级考试（以下简称 MHK），是教育部民族教育司组织研发的专门用于测试国内母语为非汉语的少数民族汉语学习者汉语水平的国家级标准化考试，于 2001 年 4 月开始立项研制。从 2002 年至 2004 年先后颁布了《中国少数民族汉语水平等级考试大纲》一至四级。2015 年，依据教育部颁布的《全日制民族中小学汉语课程标准》对 MHK 考试大纲进行了修订。

（一）测试性质和方式

MHK 主要考查应考者实际运用汉语进行交际的能力，考查应考者运用汉语工具完成生活、学习、工作和社会交往任务的能力，属于标准化考试。MHK 以笔试和口试两种方式进行。

（二）测试内容和范围

MHK 的测试内容包括语音、词汇、语法，考试等级从低到高分为一、二、三、四共四个级别，考试项目包括听力理解、阅读理解、书面表达、口语表达四个部分。考试依据《中国少数民族汉语水平等级标准》（一至四级）、《中国少数民族汉语水平词汇与汉字等级大纲》（一至四级）、《民族中小学汉语课程标准》、《汉语水平等级标准与语法等级大纲》制定，其中，新修订的 MHK 大纲中包括一级汉字 1500 个、二级汉字 1000 个，MHK 一级词汇 3067 个、二级词汇 2182 个，共 5249 个。目前，新 MHK 三级和四级大纲正在修订中，按照旧版考试大纲，MHK 四个级别共需掌握 2905 个汉字、8822 个词汇、1168 个语法项。

（三）试卷构成

MHK 考试包括笔试和口试两部分。笔试部分包括听力理解、阅读理解和书面表达三个分测验，听力理解与阅读理解采用客观性试题，书面表达包含客观性试题和主观性试题。口试为主观性考试，在笔试考试之外单独进行。四个级别的试卷结构如下：

考试项目	满分	试题数（考试时间：分钟）			
		一级	二级	三级	四级
听力理解	100	30（20）	35（35）	40（30）	30（35）
阅读理解	100	30（30）	40（40）	40（40）	40（40）
书面表达	100	10+1（25）	10+1（40）	15+1（45）	1（40）
口试	100	7（10）	6（10）	3（10）	2（10）
合计	400	78（85）	92（125）	99（125）	73（125）

（四）等级标准（应用结果）

MHK 从低到高分为一、二、三、四共四个级别。一级要求接受 400—

800 学时正规学习，能适应初级民族中学用汉语授课；二级要求接受 800—1200 学时正规学习，能适应高级民族中学用汉语授课；三级要求接受 1200—1600 学时正规学习，能适应普通高等学校用汉语授课；四级要求接受 1600—2000 学时正规学习，基本上与母语为汉语者没有明显差距。

四、PSC 与 MHK 的异同

（一）相同点

1. PSC 与 MHK 均为国家级考试，是面向全国的社会化考试，主管机构均为政府行政部门。

2. 从考试性质来说，PSC 和 MHK 均属于标准参照的等级考试，重在考查考生是否达标，而不是侧重考生之间的排名。

3. 从考试的类型来说，PSC 和 MHK 均属于能力考试，重在考查考生的能力水平，而不仅是考查考生是否掌握了某些知识。

4. 从考试内容和试卷结构来说，PSC 和 MHK 均涉及对语言知识（语音、词汇、语法等）的考查，都包括口语测试。

（二）不同点

1. 就测试对象来说，PSC 面向全国各类人员，主要针对母语为汉语者；MHK 则面向国内少数民族汉语学习者，且以在校生为主体。后者是国家通用语言文字推广普及工作的重要受众，关乎国家全面提升语言文字事业服务国家需求的能力与综合国力相适应的实现。

2. 就测试考查性质来说，PSC 侧重对国家通用语言文字在口语层面的掌握和熟练程度的考查，MHK 侧重对国家通用语言文字运用能力的考查，既有对书面、口头输出能力的考查，也有对书面、口头输入能力的考查。从语言测试角度看，MHK 是较为全面的语言能力水平测试，教育测量评价的重要功能是改进学习和教学，如果测试不全面，则影响后续学习和教学指挥棒作用的发挥。

在语言运用中，口语与书面语是两种不同的语言形式。口语在语音/音素层面上进行，而书面语在字符/字素层面上进行；口语较短暂，书面语较持久；口语有较多的重复和羡余，书面语则较少；口语一般较为随意，书面语则较为连贯、完整、简练、条理性强。若忽视对书面语的考查，则可能使学习者，包括教学，不重视书面语的输出，这不仅仅表现为考试形式的缺少，还会影响学习者思维方式、逻辑表达的养成与培养。

3.就测试的内容和范围来看，PSC 是一个度量刻度比较大的测量工具，比较适应母语者；而 MHK 因包含四个级别，每个级别之间有梯度，相对而言是度量刻度比较精细的测量工具，能适应各个层级水平的受测者，区分度较好。

4.从试卷结构来看，PSC 受测试形式及时长限制，卷面输入信息有限，的 1000—1200 字，MHK 的文字量则数倍于 PSC。从对语音、词语、语法的考查来看，MHK 的样本覆盖率远远高于 PSC，故信度和效度也高。正因如此，内蒙古、吉林、四川、青海等省区都将 MHK 成绩作为高考成绩之一，足以证明其权威性。

5.就等级标准来说，PSC 是对国家通用语言文字的语音标准化程度的评价，研发 MHK 的初衷就是为各层级教学服务，因此其等级标准也是跟中小学、高等学校教育相匹配和适应的，对有效评价教育质量有积极作用。

五、以 PSC 作为教师资格认定标准的意义

教育部 2019 年工作要点指出，“提升民族教育质量的目标任务是铸牢中华民族共同体意识，缩小民族地区与全国教育水平之间的差距，不断提升为民族地区经济、社会发展服务能力”，加强国家通用语言文字推广、普及和语言资源科学保护的目标任务是“树立国家通用语言文字认同感，培育中华民族共同体意识，加大语言资源科学保护力度”。

新疆 2018 年修订的教师资格认定条件为新疆教师群体向国家目标靠近提出了新的更高的标准和要求，也为今后新疆教师教育发展和培训、培养指明了努力方向。同时，也为正在推进的《教师法》修订工作提供了参考依据，意义重大。

新疆双语教育质量监测工作和主要结果

吴瑞林

一、监测的基本情况

自2011年起，教育部考试中心和新疆教育厅组织有关单位，连续五年对新疆双语教育质量情况开展了监测。目前，该监测包括小学和幼儿园两个阶段，其中小学段既有六年级的固定横断调查，又有从四年级到六年级的追踪研究，测试的科目已包含汉语和数学两门，监测总体设计如下图所示：

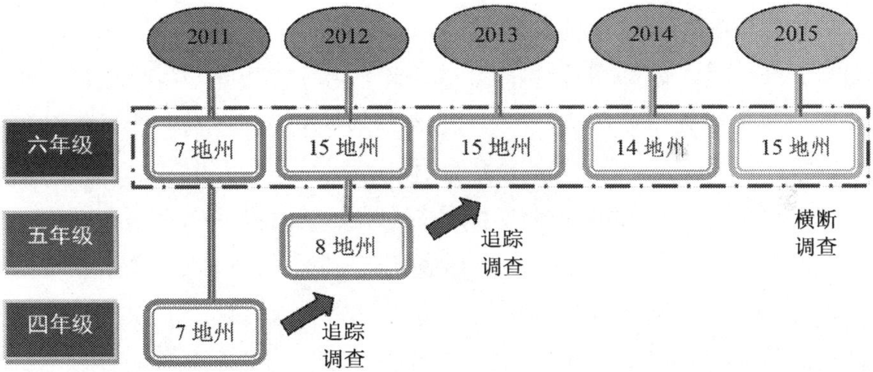

五年监测的总体设计框图

按照《新疆维吾尔自治区双语教育质量监测工作实施方案（2012—2015年）》的设计，监测的学科应逐步囊括民族语文、科学等学科。但由于工作经费和人员有限、监测工具开发延迟等原因，民族语文和科学等科目的监测工作尚未能开展。为了达到全面、准确把握新疆双语教育质量的现状这一目标，我们将联合有关单位，加紧推进民族语文等科目监测工具的开发，

吴瑞林：北京航空航天大学副教授、博士。

同时考虑将初中学生纳入监测对象范围，提高双语教育质量监测的科学化水平。

目前，小学阶段监测范围已经覆盖全疆 15 个地州的 92 个县市（市辖区），五年来有超过 12.5 万人次的小学生参加过测试。幼儿园阶段的监测则使用基于表现性评价的方法着重测试孩子的汉语听说能力，共在 7 个地州的 113 所双语幼儿园中测试了 7775 名大班幼儿。

2015 年小学阶段的监测在 5 月 23 日集中进行，阅卷和数据整理工作在 6 月底完成。这里结合 2015 年监测数据的初步分析结果，做以下汇报。

二、新疆双语教育取得的成绩

（一）各地州双语教育规模均不断扩大

仅从监测抽样数据来看，全疆少数民族学校中，小学六年级学生接受双语模式一和模式二教育的比例已经达到了 66%。15 个地州中，乌鲁木齐、克拉玛依和石河子三个市的六年级学生已完全采用了模式二教学；其他地州均保留有不同比例的普通班，巴州和克州选择模式二的比例较高，而和田、吐鲁番、阿勒泰选择模式一的比例较高。其中，喀什地区、和田地区受少数民族人口比例高、双语教育基数小等条件限制，普通班教学所占比例较高。[①]

五年来，全疆少数民族学校中六年级学生平均接受模式一和模式二教育的比例由 21.4%上升到 66.0%，增长了约 45%。南疆六年级学生接受模式一和模式二教育比例由 17.9%上升到 48.5%，增长超过了 30%。具体到南疆四地州，克州的该比例由 2011 年的 7.6%增长到 2015 年的 84.6%，并且从 2012 年起这一比例超过了全疆平均水平。其他三个地州的六年级模式一和模式二的规模也有相当幅度的扩大：和田地区由 2012 年的 10.8%上升到 2015 年的 49.1%。喀什地区 2011 年该比例尚不足 10%，到 2015 年监测时已超过了 38%。

---

① 本报告中提到的三种教学模式定义如下：

普通班：全部课程使用民族语言文字授课，开设国家通用语方文字课程的教学模式。

模式一：理科课程使用国家通用语言文字授课，其他课程使用本民族语言文字授课的教学模式。

模式二：全部课程使用国家通用语言文字授课，开设民族语文课程的教学模式。

（二）全疆和南疆六年级学生的汉语和数学成绩均稳中有升，双语教育效果开始显现

全疆学生 2011—2014 年的得分率为 55%—59%，南疆学生的得分率则为 50%—56%，变化趋势均不明显。在刚刚完成的 2015 年监测中，双语教育的效果开始显现，学生汉语平均成绩、汉语合格率和数学平均成绩三项指标均有一定幅度的提升，其中全疆六年级学生的汉语平均分提高了 7 百分点。另外，南疆学生汉语平均分的变化趋势与全疆基本相同，2015 年南疆学生汉语平均分也提高了 3 百分点以上，也取得了令人欣喜的进步。在监测的阅卷过程中，我们也明显感觉到六年级参测学生撰写的作文字数和质量较往年有明显的提高。

参照民族汉考一级的合格标准，2011—2014 年，全疆的汉语合格率先上升后下降，并保持平稳，2015 年则出现了较大幅度的提升。南疆地区学生的汉语合格率在 2014 年和 2015 年有小幅回升。

数学的双语教育质量监测始于 2012 年，至 2014 年，全疆学生的数学得分率相对平稳，一直在 50%左右，南疆四地州的数学成绩得分率稳定在 48. 6%—48. 9%。而在 2015 年的监测中，全疆学生和南疆学生的数学平均分则分别提高了 4 百分点和 3 百分点。

（三）接受模式一和模式二教育的学生成绩明显好于普通班

我们计算了不同教学模式的汉语平均分在五年监测中的变化情况，模式一学生的平均分始终高于普通班，而模式二学生又一直高于模式一学生。在 2015 的年监测中，三种教学模式学生的汉语平均成绩均出现不同程度的提高，普通班学生增幅接近 2 百分点，模式一学生汉语成绩增幅为 3. 5 百分点，模式二学生增幅则达到了 6 百分点以上。

此外，不同模式学生汉语平均分的变化趋势不同，模式二学生的成绩在前四年出现了持续下滑的趋势，这一现象非常值得关注，其背后的原因可能是随着双语教育快速推进，一些地区在师资等条件还不充分的情况下过早地开办模式二教学。

四年来不同教学模式的数学平均分变化不是很大。普通班学生的成绩在 2012—2014 年下降了 0. 7%，2015 年时有小幅回升。模式一与模式二的数学成绩在 2012—2014 年的监测中出现了小幅上升后又小幅下降的趋势，到 2015 年时又有 2. 0—3. 5 百分点的不同幅度提高。数学平均分同样呈现

出模式一学生平均成绩高于普通班，而模式二学生平均成绩又高于模式一的情况。

（四）双语师资持续补充，学历有所提高

随着近年来不断补充双语教师，在有效填写教师调查问卷的双语教师中，每所学校双语教师平均数量从 2012 年的 17.1 名提高到 2014 年的 18.6 名。2014 年，双语教师的平均年龄为 32.4 岁，整体上较为年轻；近三年的调查均呈现该特点，且教师平均年龄有缓慢增加。

2014 年的监测数据与 2013 年相比，高中专学历的双语教师比例下降了 0.3%，大专学历双语教师的比例增加了0.9%，研究生学历的双语教师比例提高了0.7%。2013 年与 2012 年相比，本科学历的教师增加了3.5%，高中专学历的教师减少了1.6%。表明双语教师队伍的学历层次正不断提高。

（五）学前双语教育取得历史性突破，学前经历与小学成绩关系紧密

随着双语幼儿园项目的实施，新疆学前教育发生了根本性的变化。2012 年和 2013 年对学前大班幼儿的监测显示，有三成以上的大班幼儿具备了初步的汉语听说能力，学生家长对学前双语教育衷心拥护，送孩子入园的热情高涨。

学前教育同时被视为双语教育质量的重要影响因素。从 2014 年监测的六年级学生看，全疆约有三分之一的六年级学生没有上过幼儿园，另外有约三分之一的学生曾经有 1 年以上的幼儿园就读经历。南疆地区没上过幼儿园的学生比例高于全疆，有半年以上就读经历的学生的比例明显低于全疆。从总体上看，在幼儿园学习的时间越长，学生的汉语成绩越高。无论对于南疆地区还是对于全疆来说，有没有进入过幼儿园和进入幼儿园时间的长短都和其六年级汉语成绩之间存在着密切的关系。但是，在园 2 年以上和在园 1—2 年的学生成绩没有显著差异；南疆学生中，在园 1—6 个月与没有上过幼儿园的学生差异不显著。学生的数学成绩整体上也随上幼儿园时长的增加而提高。特别是当在园时长从 1 个月提高至 2 年，学生成绩的增长趋势明显。南疆学生在该因素上的表现与全疆学生完全一致。

少数民族中小学生双语教育效果：测度与障碍找寻
——基于2635份新疆少数民族中小学生调研数据

李　玲　蔡文伯

一、引言

第二次中央新疆工作座谈会指出教育发展是实现新疆经济发展、社会进步和长治久安的治本之策，也是扩大就业、改善民生的基础。要积极推进双语教育，帮助新疆各族群众学好、用好国家通用语言文字，为他们带来更多发展机遇。同时，实施双语教育的目的不仅是培养双语人才或追求共同的语言，而且有利于民族团结、文化认同、社会稳定等社会发展。该研究对我国少数民族边疆地区双语教育政策有效执行有一定的借鉴意义，更关系到新疆的长治久安。

国内外对双语教育研究较多，成果比较丰富。双语教育主要是在多民族、多语言的国家进行。1929年，国际教育局在卢森堡召开了双语教育会议，对双语教育、双语教学等问题的研究从此开始。国外学者胡森与波斯（1994）、柯林·贝克（1998）和梅格尔·西古恩（1987）对双语教育的本质、理论、价值和功能进行了分析、阐述；诺埃尔·艾普斯坦（1978）通过对双语教育成果的考查与分析对双语教育法的有效性进行了评估。国内学者李儒忠（2009）、方晓华（2011）对双语教育发展历程进行了回顾和分析；龚洪（2016）从认知、情感和评价三个维度对双语教育政策实效性进行了水平测算；马戎（2008）通过对喀什地区双语教育进行调查，发现少数民族家长积极鼓励子女上双语班，但存在双语教材不统一、缺乏合格的双语教师等问题；沙拉买提·依明艾山（2015）研究发现和田地区玉龙喀什镇在大力宣传、保证教学质量，加强双语教育师资队伍建设等方面取得

李玲：石河子大学新疆少数民族教育发展与教育政策研究中心在读博士。
蔡文伯：石河子大学新疆少数民族教育发展与教育政策研究中心教授。

了一定的成绩，但仍然存在优秀双语教师缺乏、学校双语教育管理模式缺乏经验、双语教材内容没有结合实际、缺乏双语参考资料等问题。从上述已有研究来看，学者们对双语教育的研究主要集中在双语教育现状和存在的问题上，对新疆双语教育实施效果的研究较少，在双语教育的研究方法方面通常采用描述性统计分析，研究方法较为单一。本研究以新疆维吾尔族和哈萨克族聚集地伊犁、阿勒泰、喀什和阿克苏地区为例，着重考查以农村为主的中小学双语教育效果及影响因素，并提出有针对性的意见和建议。研究方法采用 AHP 模糊综合评价法，构建 Probit 模型，有效提高了研究的科学性和有效性。

二、研究设计

（一）调研设计

本文通过对喀什地区、阿勒泰地区、伊犁哈萨克自治州和阿克苏地区农村中小学进行问卷调查，其中以南疆为主，以期探究新疆双语教育的实施状况。调研以方便抽样为原则，采用分层抽样与随机抽样相结合的方法，根据四个地区少数民族中小学生人数确定样本框，在样本框中进行随机调研。2017 年 4 月—5 月，课题组一行四人实地走访了新疆喀什地区（疏勒县、岳普湖县、伽师县和麦盖提县）、伊犁哈萨克自治州（伊宁县）、阿勒泰地区（吉木乃县）和阿克苏地区（库车县）的县、乡和村中小学。本次调查主要以问卷与访谈为主，问卷采用李克特量表（Likert Scale）。通过问卷预调研结果发现，四年级以下的小学生不能有效回答问卷内容。因此，为保证问卷的真实性和有效性，以四年级至九年级中小学生为调查样本进行调查。共发放学生问卷 2700 份，回收有效问卷 2635 份，有效问卷率为 97.6%。其中喀什地区四县有效问卷 1696 份，伊犁哈萨克自治州伊宁县有效问卷 318 份，阿勒泰地区吉木乃县有效问卷 188 份，阿克苏地区库车县有效问卷 433 份。访谈了县教育局领导、双语办主任、中小学校校长、学校双语负责人、一线双语教师和学生家长共 87 人。调查问卷主要内容包括个人基本信息、家庭信息、双语教育认知与情感、行为和满意度。

（二）样本基本信息

根据表 1 的统计结果，调查样本中 91.2%是维吾尔族学生，7.6%是哈萨克族学生，从性别来看男女比例相当。从样本所在年级和年龄状况看：

七年级样本数最多，其次为八年级，最少的为六年级，但样本年龄以 15 岁学生人数居多，其次为 14 岁，最少的为 10 岁及以下，通过对少数民族学生年龄和年级人数进行比较，可以看出少数民族学生入学年龄偏大；从样本家庭属性来看，城市户口的少数民族学生占 25%，农村户口占 75%，调研样本以农村户口的中小学生为主，主要是因为农村中小学双语教育比较薄弱，存在的问题比较多；从双语教育模式来看，新疆双语教育多采用模式一，其中模式一（理科课程使用汉语授课，其他课程使用民语授课）占 70.6%，模式二（所有课程使用汉语授课，开设一门母语课）占 29.4%，新疆各个地区教育局会根据学校实际情况采用适合少数民族学生的教学模式。

表 1　被调查对象的个体特征分布情况

项目	类别	样本频数	比例	项目	类别	样本频数	比例
性别	男	1199	45.5%	双语模式	模式一	1860	70.6%
	女	1436	54.5%		模式二	775	29.4%
民族	维吾尔族	2402	91.2%	家庭属性	城市	659	25%
	哈萨克族	201	7.6%		农村	1976	75%
	其他	32	1.2%				
年龄	10 岁及以内	302	11.4%	所在年级	四年级	443	16.8%
	11 岁	372	14.1%		五年级	463	17.5%
	12 岁	346	13.1%		六年级	324	12.3%
	13 岁	459	17.4%		七年级	563	21.4%
	14 岁	473	18.0%		八年级	482	18.3%
	15 岁及以上	683	26%		九年级	360	13.7%

三、新疆双语教育实施效果水平测度

（一）指标体系构建与指标权重设置

1. 指标体系构建

结合新疆实际情况构建民族双语教育效果评价体系。如表 2 所示，新疆民族双语教育效果评价体系一级指标为认知与情感（T1）、行为（T2）和满意度（T3）三个方面。首先，双语学习的认知与情感是民族学生学习双语的基础；其次，学习行为是直接决定双语教学效果的主要因素。因此，本文对少数民族中小学生双语教育效果评价主要从认知与情感、行为和满意度三个方面进行评价。其中认知与情感从（a1）（a2）（a3）（a4）和（a5）

五个指标衡量；行为从（a6）（a7）和（a8）（a9）（a10）和（a11）六个方面进行衡量；对于新疆少数民族学生双语教育满意度，本文将借助教材（a12）、课堂效果（a13）和教师（a14）三个方面直接体现。

表2　新疆双语教育政策效果评价体系

系统层	一级指标	二级指标	指标说明	属性	权重
双语教育效果评价体系	认知和情感（T1）0.3	双语教育政策了解程度（a1）	完全不了解 1-2-3-4-5 完全了解	+	0.171
		自愿在双语班上课（a2）	很不愿意 1-2-3-4-5 很愿意	+	0.198
		希望老师上课多使用汉语（a3）	完全不符 1-2-3-4-5 完全符合	+	0.216
		希望本民族教师担任双语老师（a4）	完全不符 1-2-3-4-5 完全符合	-	0.188
		学习汉语和维吾尔语同样重要（a5）	完全不符 1-2-3-4-5 完全符合	+	0.227
	双语学习行为（T2）0.5	与教师在课堂上使用汉语交流（a6）	完全不符 1-2-3-4-5 完全符合	+	0.217
		与教师在下课时使用汉语交流（a7）	完全不符 1-2-3-4-5 完全符合	+	0.148
		在家里使用汉语与父母交流（a8）	完全不符 1-2-3-4-5 完全符合	+	0.235
		与朋友、同学使用汉语说话（a9）	完全不符 1-2-3-4-5 完全符合	+	0.154
		平时经常看汉语书籍（a10）	完全不符 1-2-3-4-5 完全符合	+	0.141
		平时经常看母语频道电视（a11）	完全不符 1-2-3-4-5 完全符合	-	0.105
	满意度（T3）0.2	使用教材容易理解和学习（a12）	完全不符 1-2-3-4-5 完全符合	+	0.298
		能够完全听懂用汉语上的课（a13）	完全不符 1-2-3-4-5 完全符合	+	0.385
		本校双语教师教学水平很高（a14）	完全不符 1-2-3-4-5 完全符合	+	0.317

2. 权重设置

当前，关于评价指标体系权重分配方法有层次分析法和德尔菲法。层次分析法将主观判断和实践经验导入模型，进行量化处理，提高决策过程系统性和科学性（赵保卿、李娜，2013）。本文采用层次分析法（AHP）设置新疆双语教育效果评价指标权重，具体步骤如下：首先，邀请10位双语教育专家对评价指标体系中各层次评价指标的相对重要程度进行评价；然后，就评价结果与上述10位专家进行多次的反馈与沟通，最终确定10位专家均认可的评价结果；最后，根据评价结果构建判断矩阵，计算评价指标体系中各指标的权重，并对各指标权重的一致性进行检验。

根据层次分析法设置新疆少数民族双语教育效果各指标权重如表2所示，对于双语教育效果评价体系一级指标，10位专家均认为少数民族中小学生的学习行为最为重要，其次是认知情感和满意度，三个指标权重分别为0.5、0.3和0.2。上述10位专家的评价结果通过一致性检验，一级指标权重设置得较为科学。其次，对于二级指标权重，双语学习认知和情感五个指标权重依次为0.171、0.198、0.216、0.188和0.227，双语学习行为六个指标权重依次为0.217、0.148、0.235、0.154、0.141和0.105，满意度三个指标权重依次为0.298、0.385和0.317，且双语教育认知和情感、双语学习行为和双语教育满意度的CR检验值均小于对应的0.1的临界值。三级指标权重设置得也相对科学，进一步分析新疆少数民族双语教育效果评价指标权重，双语学习情感中的学习汉语和维吾尔语同样重要，双语学习行为中的在家中经常使用汉语与父母交流和在课堂中使用汉语与教师交流、双语教育满意度中课堂双语学习和教师教学水平的权重较大，是新疆少数民族中小学生双语教育效果的关键评价指标。

（二）新疆双语教育效果评价过程及结果分析

模糊综合评价法可将定性评价转化为定量评价，提高评价结果的系统性和清晰度。本文采用模糊综合评价法对新疆少数民族双语教育实施效果进行测度。具体步骤如下：

首先，根据新疆少数民族双语教育效果评价指标确定评价因素。其中一级指标因素集为T={T1、T2、T3}={认知和情感、汉语学习行为、满意度}，二级指标因素集分别为T1={a1、a2、a3、a4、a5}={政策了解、双语学习意愿、授课语言、双语教师民族情况、汉语与母语的重要性}、T2={a6、a7、a8、a9、a10、a11}={课堂语言使用情况、课下语言使用情况、家庭语言使用情况、朋友语言使用情况、阅读书籍与看电视时的语言选择}、T3={a12、a13、a14}={教材、课堂、教师}。

其次，根据上文层次分析结果确定因素集中各因素权重。一级指标权重集为 W={W1、W2、W3}={0.3、0.5、0.2}，二级指标权重集则分别为 W1={0.171、0.198、0.216、0.188、0.227}、W2={0.217、0.148、0.235、0.154、0.141、0.105}、W3={0.298、0.385、0.317}。

第三，建立模糊评价集和分数标度集。本文建立新疆双语教育实施效果评价等级集合 V={V1、V2、V3、V4、V5}，其中评价标度依次为非常低、比较低、一般、比较高、非常高，对应评价分数分别为P={1、2、3、4、5}。

第四，建立模糊评价矩阵。本文的评价指标均为主观性指标，以新疆少数民族双语教育实施效果评价指标各维度选择人数与参与评价总人数的比值构建新疆少数民族双语教育实施效果评价矩阵，具体如下：

$$R1\text{（认知与情感）}=\left\{\begin{matrix} 0.035 & 0.057 & 0.124 & 0.319 \\ 0.053 & 0.056 & 0.078 & 0.214 \\ 0.055 & 0.069 & 0.083 & 0.288 \\ 0.087 & 0.098 & 0.139 & 0.314 \\ 0.036 & 0.046 & 0.065 & 0.187 \end{matrix}\right\} \begin{matrix} 0.466 \\ 0.599 \\ 0.505 \\ 0.361 \\ 0.667 \end{matrix}$$

$$R2\text{（汉语学习行为）}=\left\{\begin{matrix} 0.109 & 0.096 & 0.112 & 0.328 \\ 0.244 & 0.283 & 0.127 & 0.158 \\ 0.581 & 0.265 & 0.060 & 0.054 \\ 0.474 & 0.277 & 0.089 & 0.102 \\ 0.074 & 0.113 & 0.132 & 0.338 \\ 0.065 & 0.133 & 0.128 & 0.374 \end{matrix}\right\} \begin{matrix} 0.355 \\ 0.188 \\ 0.039 \\ 0.057 \\ 0.342 \\ 0.300 \end{matrix}$$

$$R3\text{（满意度）}=\left\{\begin{matrix} 0.041 & 0.053 & 0.059 & 0.212 \\ 0.042 & 0.067 & 0.075 & 0.327 \\ 0.282 & 0.221 & 0.116 & 0.110 \end{matrix}\right\} \begin{matrix} 0.635 \\ 0.490 \\ 0.292 \end{matrix}$$

第五，模糊综合评价与双语教育效果评价。本文根据权重集 W 和模糊评价矩阵 R 构建新疆双语教育效果模糊综合评价结果向量 B。同时，采用加权平均原则计算新疆双语教育效果评价结果。具体计算结果如表 3 所示：

表3 新疆少数民族双语教育效果水平测度

一级指标	二级指标	wi	V1	V2	V3	V4	V5	得分
认知和情感（T1）0.3	双语教育政策了解程度（a1）	0.171	0.035	0.057	0.124	0.319	0.466	4.127
	自愿在双语班上课(a2)	0.198	0.053	0.056	0.078	0.214	0.599	4.250
	希望老师上课多使用汉语（a3）	0.216	0.055	0.069	0.083	0.288	0.505	4.119
	希望本民族教师担任双语老师（a4）	0.188	0.087	0.098	0.139	0.314	0.361	3.761
	学习汉语和维吾尔语同样重要（a5）	0.227	0.036	0.046	0.065	0.187	0.667	4.406
	B1		0.053	0.065	0.095	0.261	0.527	4.144
双语学习行为（T2）0.5	与教师在课堂上使用汉语交流（a6）	0.217	0.109	0.096	0.112	0.328	0.355	3.724
	与教师在下课时使用汉语交流（a7）	0.148	0.244	0.283	0.127	0.158	0.188	2.763
	在家里使用汉语与父母交流（a8）	0.235	0.581	0.265	0.060	0.054	0.039	1.702
	与朋友、同学使用汉语说话（a9）	0.154	0.474	0.277	0.089	0.102	0.057	1.988
	平时经常看汉语书籍（a10）	0.141	0.074	0.113	0.132	0.338	0.342	3.758
	平时经常看汉语频道电视（a11）	0.105	0.065	0.133	0.128	0.374	0.300	3.711
	B2		0.287	0.198	0.103	0.210	0.203	2.843
满意度（T2）0.2	现在使用的教材容易理解和学习（a12）	0.298	0.041	0.053	0.059	0.212	0.635	4.347
	能够完全听懂用汉语上的课（a13）	0.385	0.042	0.067	0.075	0.327	0.490	4.159
	本校双语教师教学水平很高（a14）	0.317	0.282	0.221	0.116	0.110	0.292	2.972
	B3		0.118	0.112	0.083	0.224	0.470	3.839
	B		0.179	0.138	0.097	0.230	0.356	3.448

综合以上分析结果来看，双语教育效果综合评价指数为3.448，高于平均水平值（2.5），说明新疆双语教育效果较好，少数民族对双语教育认可程度和接受程度普遍较高，期望通过双语教育来提升汉语水平。自2010年

新疆颁布了《少数民族学前和中小学双语教育发展规划（2010—2020）》以来，双语教育效果较以往有了显著进步，但与人们的预期依然存在较大距离。其中少数民族学生受制于家庭氛围和学校教师水平等因素，实践汉语的机会较少，汉语的学习效果也相对较差。

在双语教育认知与情感方面：新疆少数民族中小学生双语学习认知和情感综合评价指数为4.144，处于“比较高”和“非常高”之间，靠近“比较高”水平，即目前新疆少数民族中小学生对双语学习在接受和认同总体上处于较高水平。

从五个细分指标看，五个指标的评价值依次是4.127、4.250、4.119、3.761和4.406。其中“学习汉语和维吾尔语同样重要”的评价指数最高，其次为“自愿在双语班上课”，说明中小学生对双语学习的认可度比较高，从而反映对双语教育的认同度比较高，而对“希望本民族教师担任双语老师”的评价指数最低。实际调研中发现少数民族教师在上课时会习惯性地使用母语，尤其是当学生遇到不理解的专业词语，教师会经常使用母语进行解释。这虽然有助于学生专业知识的理解，但会造成学生的依赖心理，遇到不会的词语习惯性地等待教师使用母语翻译，这不利于学生汉语水平的提高。调研中发现南疆农村比较偏远的小学，民族双语教师和学生汉语水平很低，教师上课时大部分的时间都在使用母语教学。

在双语教育学习行为方面：双语学习行为综合评价指数为2.843，指标评价值介于“一般”与“比较高”之间，仅仅比一般水平（2.5）高出0.34。双语学习行为是学习双语的重要指标，值得重视和重点解决。

从六个学习行为的细分指标看，六个指标的评价值依次是3.724、2.763、1.702、1.988、3.758和3.711。其中，“与教师在课堂上使用汉语交流”“平时经常看汉语书籍”和“平时经常看汉语频道电视”三项指标水平较高，指标评价值处于较高水平以上。说明双语教师认真执行双语教育，大部分教师在教学中能够采用汉语进行教学，同时，少数民族中小学生认真学习；“与教师在下课时使用汉语交流”这一指标评价值处于中间偏上。实地调研中发现北疆学校中少数民族学生与授课教师在平时多使用汉语交流，但南疆学生与教师交流主要使用母语；“在家里使用汉语与父母交流”和“与朋友、同学使用汉语说话”两个指标的评价值均低于一般水平，这与实地调研结果相一致。少数民族学生的汉语学习积极性比较高，但是在生活中由于周围都是本民族的老师、学生和朋友，习惯性地使用母语交流，从而出现少数民族中小学生汉语的阅读和写作水平较高，但汉语口语水平较低的现象。南疆学校大部分少数民族学生为农村生源，父母大部分完全不懂汉语，因为缺乏汉语学习环境，学生在学校学会的汉语回家后不仅没有得到巩固和加强，反而会完全忘记，尤其在南疆少数民族聚集的农村地区。

在双语教育满意度方面：从学生对双语教育满意度评价结果看，综合评价指数为3.839，介于“比较高”和“非常高”之间，评价指标值均高于平均值，但“本校双语教师教学水平很高”指标性价仅略高于平均值，说明少数民族学生对教师授课水平不是很满意，教师教学水平有待提高。

四、新疆少数民族双语教育效果制约因素分析

科学测度新疆少数民族双语教育效果水平后，需进一步挖掘双语教育效果的关键制约因素，从而有针对性地提出对策建议。本节采用Eviews软件中的有序Probit模型从新疆少数民族中小学生认知与情感、学习行为两个维度探究新疆少数民族双语教育效果的影响因素，Krashen（1985）综合其他学者的研究结果，提出了一个重要观点，认为学习者的学习情感和行为与学习成效存在一定的关系，即学习者的学习情感和行为会影响学习成效。个人和家庭情况是影响个人学习汉语的主要因素。因此，个人特征和家庭特征也作为解释变量放到模型中进行分析。

（一）变量选择

1.因变量选择

本研究重点为探究新疆少数民族双语教育效果制约因素，因变量为反映双语教育效果水平的相关指标。实施双语教育的最终目标是少数民族学生能够使用汉语熟练地进行听、说、读和写。因此，选取问卷中能够读懂汉语书（Y1）、能够熟练地用汉语进行写作（Y2）、能够完全听懂汉语（Y3）和能够很好地使用汉语与人交流（Y4）四个变量作为因变量衡量少数民族中小学生汉语水平。

2.影响因素选择

新疆少数民族双语教育效果的影响因素从中学生个人特征、家庭特征、认知与情感、行为四个维度构建。其中个人特征选取五个变量：性别（x1）、年龄（x2）、民族（x3）、双语教学模式（x4）和何时学学习汉语（x5）；家庭特征选取六个变量：家庭属性（x6）、父亲汉语水平（x7）、母亲汉语水平（x8）、家中兄弟姐妹个数（x9）、家庭结构（x10）、家庭收入（x11）；认知和情感选取五个变量：双语教育了解程度（x12）、自愿在双语班上课（x13）、希望老师上课多使用汉语（x14）、希望本民族教师担任双语老师（x15）、学习汉语和维语同样重要（x16）；行为选取七个变量：与教师在

课堂上使用汉语交流（x17），与教师在下课时使用汉语交流（x18），在家里使用汉语与父母交流（x19），与朋友、同学使用汉语说话（x20），平时看汉语书籍和节目（x21），每天学习汉语时间（x22），每天使用汉语交流的时间（x23）。

本文的变量名称、解释说明、均值、方差及预期影响如表 4 所示。调查样本主要是农村户口少数民族学生，调查样本中 90%的少数民族父母学历为初中以下，职业为农民，父母的学历与职业对于双语教育不具有显著性；样本中94%的学生是从小学以前开始接受双语教育的，学校的双语教师99%都为少数民族。因此，“何时学习汉语”（x5）和“希望本民族教师担任双语老师”（x15）对于双语教育不具有显著性；父母汉语水平和与人交流使用汉语（或者母语）主要考察的是少数民族学生汉语“听”和“说”的水平，变量父亲汉语水平（x7），母亲汉语水平（x8），与教师在课堂上使用汉语交流（x17），与教师在下课时使用汉语交流（x18），在家里使用汉语与父母交流（x19）和用汉语与朋友、同学使说话（x20）仅作为“听”和“说”两个模型的变量。

表 4　变量说明

	变量	变量解释	均值	标准差	预期
	因变量				
	读（Y1）	完全不符 1-2-3-4-5 完全符合	4.06	1.219	+
	写（Y2）	完全不符 1-2-3-4-5 完全符合	3.97	1.141	+
	听（Y3）	完全不符 1-2-3-4-5 完全符合	4.02	1.044	+
	说（Y4）	完全不符 1-2-3-4-5 完全符合	3.89	1.140	+
	自变量				
	性别（x1）	男=1，女=2	1.54	0.498	
个人特征	年龄（x2）	10 岁以内=1，11 岁=2，12 岁=3，13 岁=4，14 岁=5，15 岁以上=6，16 岁以上=7	13.04	1.854	
	民族（x3）	维吾尔族=1，哈萨克族=2，其他=3	2.07	0.305	
	双语数学模式（x4）	模式一=1，模式二=2	1.29	0.456	
	家庭属性（x6）	农村=1，城市=2	1.75	0.433	
家庭特征	父亲汉语水平（x7）	完全不懂=1，能听懂一点但不会说=2，能听懂一点，会说一点=3，能够听懂但不会说=4，既能听懂也会说=5	2.90	1.203	+
	母亲汉语水平（x8）	完全不懂=1，能听懂一点但不会说=2，能听懂一点，会说一点=3，能够听懂但不会说=4，既能听懂也会说=5	2.53	1.252	+

续表

	变量	变量解释	均值	标准差	预期
	家中兄弟姐妹个数（x9）	无=1，1个=2，2个=3，3个=4，4个=5，5个及以上=6	2.85	1.096	
	家庭结构（x10）	大家庭=1，核心家庭=2，重组家庭=3，单亲家庭=4，老人抚养=5，其他=6	2.17	0.916	
	家庭收入（x11）	3万元以内=1，3—5万元=2，5.1—7万元=3，7.1—10万元=4，10.1—20万元=5，20万元以上=6	2.11	1.221	
认知和情感	双语教育政策了解程度（x12）	完全不了解 1-2-3-4-5 十分了解	4.12	1.058	+
	自愿在双语班上课（x13）	很不愿意 1-2-3-4-5 非常愿意	4.25	1.147	+
	希望老师上课多使用汉语（x14）	完全不符 1-2-3-4-5 完全符合	4.12	1.158	+
	学习汉语和维吾尔语同样重要（x16）	完全不符 1-2-3-4-5 完全符合	4.40	1.038	+
双语学习行为	与教师在课堂上使用汉语交流（x17）	完全不符 1-2-3-4-5 完全符合	3.72	1.325	+
	与教师在下课时使用汉语交流（x18）	完全不符 1-2-3-4-5 完全符合	2.77	1.455	+
	在家里使用汉语与父母交流（x19）	完全不符 1-2-3-4-5 完全符合	4.3	1.062	+
	与朋友、同学使用汉语说话（x20）	完全不符 1-2-3-4-5 完全符合	1.99	1.219	+
	平时经常看汉语书籍和节目（x21）	完全不符 1-2-3-4-5 完全符合	3.76	1.240	+
	每天学习汉语时间（x22）	半小时以内=1，0.5—1小时=2，1—2小时=3，2小时以上=4	2.54	1.019	
	每天使用汉语交流的时间（x23）	半小时以内=1，0.5—1小时=2，1—2小时=3，2小时以上=4	2.06	0.989	

（二）实证过程与结果分析

本文四个因变量均为有序变量，且都符合正态分布。因此，选用有序Probit模型进行分析比较合理。本文运用Eviews软件中有序Probit模型探究新疆少数民族双语教育效果制约因素。模型1探究个人特征、家庭特征、认知和情感、双语学习行为四个维度对少数民族学生汉语阅读水平的影响。在模型1基础上筛选出效果显著变量，分别对“写”“听”和“说”三个变量进行回归分析，得到模型2。其中，变量x7和x8只是对“听”和

“说”水平的考查。因此，不把变量 x7 和 x8 不放入模型 1 和模型 2 中进行回归分析。本文实证结果如表 5 所示：

表 5　新疆少数民族双语教育效果影响因素回归结果

	变量	读	写	听	说
个人特征	性别（x1）	0.1967*** (0.0000)	0.1840*** (0.0000)	0.2003*** (0.0000)	0.01490*** (0.0002)
	年龄（x2）	0.0017 (0.8964)	0.0567*** (0.0000)	0.0638*** (0.000)	0.0338*** (0.0033)
	民族（x3）	0.1026 (0.1725)	0.3133*** (0.0000)	0.2603*** (0.0007)	0.1884*** (0.0051)
	双语数学模式（x4）	0.2576*** (0.0000)	0.1740*** (0.0018)	0.2198*** (0.0001)	0.2368*** (0.0000)
家庭特征	家庭属性（x6）	−0.2363*** (0.0002)	−0.1490** (0.0152)	−0.2287*** (0.0002)	−0.0911* (0.0895)
	父亲汉语水平（x7）			0.0823*** (0.0001)	0.0698*** (0.0011)
	母亲汉语水平（x8）			0.0548*** (0.0083)	0.0632*** (0.0029)
	家中兄弟姐妹个数（x9）	−0.0856*** (0.0000)	−0.0297 (0.1549)	−0.0861*** (0.0000)	−0.585*** (0.0020)
	家庭结构（x10）	−0.0190 (0.4305)	−0.0144 (0.5454)	−0.0152 (0.5232)	−0.0092 (0.6672)
	家庭收入（x11）	0.0066*** (0.0009)	0.0703*** (0.0003)	0.0551*** (0.0047)	0.0163 (0.3437)
认知与情感	双语教育政策了解程度（x12）	0.1344*** (0.0000)	0.2016*** (0.0000)	0.1946*** (0.0001)	0.2137*** (0.0000)
	自愿在双语班上课（x13）	0.0953*** (0.0000)	0.0620*** (0.0019)	0.0439*** (0.0000)	0.0771*** (0.0000)
	希望老师上课多使用汉语（x14）	0.0143 (0.4992)	0.0134 (0.5167)	0.0153** (0.0287)	0.0740*** (0.0001)
	学习汉语和维吾尔语同样重要（x16）	0.1339*** (0.0000)	0.0287* (0.0811)	0.0496** (0.0328)	0.0377* (0.0703)
双语学习行为	与教师在课堂上使用汉语交流（x17）			0.0500*** (0.0073)	0.0778*** (0.0000)
	与教师在下课时使用汉语交流（x18）			0.0447*** (0.0048)	0.0430*** (0.0062)
	在家里使用汉语与父母交流（x19）			0.0116 (0.6069)	−0.0046 (0.8174)
	与朋友、同学使用汉语说话（x20）			−0.0068 (0.7133)	0.0017 (0.9429)
	平时经常看汉语书籍（x21）	0.1927*** (0.0000)	0.1740*** (0.0000)	0.1576*** (0.0000)	0.1978*** (0.0000)
	每天学习汉语时间（x22）	0.0820*** (0.0004)	0.1341*** (0.000)	0.1163*** (0.0000)	0.0360** (0.0769)
	每天使用汉语交流的时间（x23）	0.0881*** (0.0007)	0.0794*** (0.0000)	0.0602* (0.0182)	0.0903*** (0.0001)
	Log likelihood	−3398.255	−3537.329	−3386.611	−3717.755
	Pseudo R-squared	0.088582	0.083054	0.098126	0.242898

（注：* 、**、***分别表示在 0.1、0.05 和 0.01 的水平上效果显著；

回归系数的正负表示自变量与因变量的方向关系。）

根据表5，模型均通过异方差、方程显著性等计量经济学原理得到了较好的检验，进一步分析表5得到以下结论：

1. 个人特征

性别（x1）在模型2中均通过了显著性检验，且影响系数均为正，说明少数民族女生汉语总体水平要好于男生。一方面是女生学习的积极性要高于男生；另一方面，随着社会的发展和进步，少数民族父母和女性观念的转变，认识到不仅男孩通过读书能够生活得更好，女孩更需要通过读书改变自己的命运，而不是像过去的女性不上学，十几岁就早早嫁人。

年龄（x2）和民族（x3）两个变量在“写”“听”和“说”三个模型中通过了显著性检验，且影响系数均为正。随着年龄的增长，少数民族学生汉语水平逐渐提高，体现了新疆双语教育取得的显著性成效。而样本中维吾尔族中小学生汉语水平与其他少数民族学生相比总体偏低，主要是样本中维吾尔族学生大多数为南疆农村学生。实地调研发现南疆大部分农村少数民族中小学生只能进行基本的交流，有些偏远农村的学生连基本的交流都无法进行，只是会说简单的“你好”“你叫什么名字”等语句。

双语教学模式（x4）均通过了显著性检验，且影响系数均为正，新疆目前实施两种双语教学模式，其中以模式一为主，主要由于农村中小学合格的双语教师严重不足，少数民族学生汉语水平较低。实地调研发现双语教学模式一也存在一定问题，文科使用母语授课，造成学生汉语水平不高，对理科的专业词汇不能很好地理解，出现接受双语教学模式一的学生文科成绩较好，但理科成绩较差。以喀什地区某县2015年初中学业水平测试成绩为例，全县初中语文和历史平均分为60.29分和51.56分，汉语、理化和数学平均分为11.42分、32.92分和31.25分，可以看出语文和历史使用母语授课成绩较好，但汉语、理化和数学使用汉语授课成绩很差。

2. 家庭特征

在家庭特征六个变量中，家庭属性（x6）在四个模型中均通过了显著性检验，且正向影响少数民族学生汉语水平。对新疆少数民族群体来说，生活在城市中对学习汉语有着重要的作用。城市中汉语水平好的少数民族人士比较多；同时，城市中的汉语教学资源比较多。因此，少数民族学生在城市中不仅能够接受好的教育，而且使用汉语与周围的人交流的机会也更多，有利于汉语学习。

父亲和母亲的汉语水平（x7）（x8）通过了显著性检验，且方向均为正。主要是少数民族学生的父母能够使用汉语进行交流，为子女提供了学习汉语的环境。但是调查样本中仅有17%的父亲“既能听懂也会说”，17.9%的父亲完全不懂汉语。少数民族学生的母亲懂汉语的比例较低：12.4%的母亲“既能听懂也会说”，29.9%的母亲完全不懂汉语。这就形成少数民族学生家长与子女仅使用母语进行交流，使得家中缺少学习汉语的环境。

家中兄弟姐妹个数（x9）在模型“读”“听”和“说”中效果显著且方向为负。主要是家中孩子越多，负担越重，父母对子女的学习的关注程度越低。

家庭结构（x10）在四个模型中效果都不显著，但方向都为负，说明正常的家庭模式对子女的学习有好的影响。而样本中近20%的学生家庭结构模式为重组、单亲和与老人生活在一起，访谈中发现生活在这一类家庭环境中的少数民族学生不仅学习成绩不好，性格也较为孤僻。

家庭收入（x11）在“读”“写”和“听”三个模型中效果显著且方向均为正，在模型“说”中效果虽然不显著，但方向为正，说明家庭收入的增长有利于少数民族学生汉语水平的提高。主要是少数民族父母不需要再为生计而发愁，从而能够重视子女的学习，这与学者李志峰（2013）和董晔（2014）的研究结果一致。

3. 双语教育认知与情感

双语教育了解程度（x12）、自愿在双语班上课（x13）、学习汉语和维吾尔语同样重要（x16）在四个模型中均具有正向显著影响。一方面主要是近些年国家对少数民族地区双语教育很重视，尤其是对新疆维吾尔自治区双语教育工作的重视程度达到了前所未有的高度；另一方面，随着社会的进步与发展，少数民族家长认识到了双语学习的重要性，积极鼓励子女学习汉语。

希望老师上课多使用汉语（x14）在“听”和“说”两个模型中具有正向显著影响。实地调研发现双语教师在授课时都能够使用汉语进行书写，但在上课时会经常使用母语进行讲课，其中南疆农村中小学比较严重，而且部分双语老师发音不标准，使得少数民族学生汉语水平较低。

4.汉语学习行为

与教师在课堂上和课堂下使用汉语进行交流（x17）（x18）在模型中具有正向显著影响，说明教师多使用汉语教学对民族学生汉语水平提高有帮助，这与调查中的发现一致，调查中大部分双语教师能够使用汉语进行教学，但在下课后习惯性地使用母语与学生们交流。因此，加强教师与学生的汉语交流有助于民族学生汉语说能力的提高。

在家里使用汉语与父母交流（x19）和与朋友、同学使用汉语说话（x20）在模型中效果均不显著。调研中发现民族学生在与父母、同学交流时很少使用汉语，都是习惯性地使用母语，但在调研喀什地区伽师县双语小学时，发现校园中少数民族学生使用汉语交流，该学校在编教师中88.9%为汉族。因此，加大汉族双语师资有利于少数民族学生汉语水平提高。

平时经常看汉语书籍（x21）、每天学习汉语时间（x22）与每天使用汉语交流的时间（x23）均通过了显著性检验，且正向影响少数民族学生汉语水平。多阅读汉语书籍、加强汉语学习与交流有利于汉语水平提高，这是语言学习的关键因素之一。

五、结论与建议

新疆少数民族双语教育实施既是新疆农村人口素质提高的基础，又是农村经济快速发展，城镇稳定、和谐的保障。本文借助2635份民族中小学生调查问卷数据，分别运用层次分析法和有序Probit模型对新疆少数民族双语教育实施效果水平及关键制约因素进行研究，得到以下结论：1.新疆少数民族地区双语教育实施得较好，并取得了一定效果，其中少数民族对双语教育的认知情感和满意度综合评价指数较高，但汉语学习行为综合评价指数较低，其中与父母、同学使用汉语进行交流评价指数低于中间值。2.新疆少数民族双语教育实施效果受个人特征、家庭特征、认知和情感、双语学习行为等方面因素的影响。少数民族学生对双语教育的认可是基础；双语学习行为中大量阅读汉语书籍和使用汉语交流对汉语水平提高有作用，是影响少数民族汉语学习的关键因素；同时，少数民族家庭在农村对其汉语学习产生不利因素。

基于以上分析，提出有效推动新疆少数民族双语教育建议，具体如下：第一，在提高少数民族对双语教育认同的同时，协调民汉文化价值观，真正实现“民汉兼通”；第二，做好双语教育实施发展规划，应当立足新疆南北疆地区差异、城市和农村地域差异，根据中小学实际情况继续深化民族教育体制改革，努力探索适合本地区民族教育的办学模式和体制；第三，优化汉语学习环境，实行“民汉合校”，提高少数民族学生汉语水平；第四，通过加强双语师资队伍建设、合理配置教师资源、加强对教师队伍的培训、提高双语教师待遇、改进教育教学模式、优化课程设置、完善教材等形式，全面提升少数民族双语教学质量；第五，充分发挥社会职能，鼓励少数民族居民外出务工，组织少数民族居民进行汉语学习与交流，提升其汉语水平。

教材　教师　教法

“教材+”：少数民族地区国家通用语言文字教材的出版探索

王　静

国家一直以来对西部教育、对少数民族地区的教育都十分重视，在解决少数民族就业、促进民族团结上投入巨大。习近平总书记在党的十九大报告中强调“注重扶贫同扶志、扶智相结合”。为深入落实这一重要指示精神，教育部、国务院扶贫办、国家语委联合印发了《推普脱贫攻坚行动计划（2018—2020年）》，明确了要“充分发挥普通话在提高劳动力基本素质、促进职业技能提升、增强就业能力等方面的重要作用……为打赢脱贫攻坚战、全面建成小康社会奠定良好基础”。

掌握国家通用语言文字是助力少数民族脱困、助力少数民族学生就业的重要途径，是“语言教育扶贫”的具体体现。那么，如何通过语言课堂实现这一目的，如何让语言教材也承担起语言学习、德育培养的功能，如何让国家通用语言文字学习教材在少数民族地区的课堂上起到一定的引领作用，是少数民族汉语教材的编写者和出版者需要思考的问题。笔者认为，给教材“赋能”，达到“教材+”的效果，或许可以实现以上目的。

北京语言大学出版社（以下简称“北语社”）作为国内最大的汉语作为第二语言的教学专业出版社，积极探索适用于少数民族的国家通用语言文字教材的创新模式。2019年，北语社出版了已入选“‘十三五’国家重点出

王静：北京语言大学出版社编辑。

版物规划项目”的《直通语文》，专门面向少数民族地区应用型院校的少数民族学习者。笔者拟将“教材+”理念在《直通语文》中的实践进行分析，以供教材编写者和出版社借鉴。

一、教材+家国意识的培养

《中华人民共和国国家通用语言文字法》规定：“国家通用语言文字的使用应当有利于维护国家主权和民族的尊严，有利于国家统一和民族团结，有利于社会主义物质文明建设和精神文明建设。”

面向少数民族地区的国家通用语言文字教材除了教授语言本体知识外，最重要的一个功能就是对学习者家国意识和爱国情怀的培养。教材的语料不应是说教式的，而应“有温度”“有深度”。《直通语文·综合1》的第三课有三段课文，课文一是《你家有几口人》，课文二是《你们学校有多少学生》，课文三便放大到全国，为《我们是一个大家庭》，而“这个家的名字叫中国”。这一课的语言本体学习重点是疑问代词“几”和“多少”，教材语料从爱“小家”到爱“国家”这样的设计既承载了语法学习，又进行了爱国教育，让学生明晰个人和国家的关系。

教材语料不单单要准确承载本课授课重点，使用更有正能量的语料也是教材应该担负的责任。语料应该反映时代，反映中国社会的进步和风貌。十八大以来中国社会的新变化更是引导年轻的少数民族学习者关注科学、关注当下、展望未来，让学习者在不知不觉中融入时代。《直通语文·听力4》中“共享单车”“移动支付”引发学生对新事物的关注和思考。《直通语文·听力6》将国家栋梁邓稼先、屠呦呦为科学而奉献的故事也收录进来，从而给学生树立了正面的榜样。

二、教材+健康人格的塑造

教材在学生日常的学习中起到的作用是不可估量的，教材如果能在教授本体知识的同时塑造学习者的人格、培养学习者良好的公民意识、传递科学精神，可以说是一举多得了。少数民族地区的课堂尤其需要这样的教材。《直通语文》整套教材的语料选择、练习编制都注意引导学生遵守法律、遵守规则、乐观向上、勇于进取，例如《直通语文·口语3》第六课课后“完成任务”一题是这样的：

懂得感恩是一种美德。想想你有没有要感谢的人，为什么要感谢他

（她）？你打算怎么感谢他/她？要对他/她说些什么？完成下表，并实施这个感谢的过程，用手机拍摄下这一过程并在班里展示。

你最想感谢的人	感谢他/她的原因	打算怎么感谢	打算说什么

这道题引导学生从一个被帮助者的角度看待别人对自己施以援手，要“懂得感恩”。学生在做这道题的过程中自然而然会想哪些人帮助过自己，而自己还没来得及去向对方表示感谢。在表示感谢的实践过程中，学生会用到在本课学习的语言点——各种表达感谢的句式。学生在练习语言的同时也培养了感恩意识。

之后设计“话题讨论”题将“感谢”引向深入：

你帮助过别人吗？别人因为你的帮助而感谢你了吗？如果你帮助了别人，别人并没有感谢你，你会因此失望或生气吗？此时的我们该是什么心情呢？

这道题是从一个帮助者的角度引导学生如何对待被帮助者。在现实生活中，我们常常遇到被帮助者“不领情”的情况。如何让学生理性地看待这个问题，拥有健康、良好的帮助人的心态，也是教材可以解决的问题。此时的教材已经自然而然地加载了德育的内容。

《直通语文》这套教材中有很多类似的语料或练习，例如《直通语文·口语 3》中对“中国式过马路”的讨论、《直通语文·口语 5》中对“幸福”的各种各样的理解、《直通语文·综合 5》中对志愿行为的解读等。这些语料或练习不是说教，而是从学生的实际生活出发，引导学生关注生活的美好，形成健康的心理，塑造积极的品格，从而促进社会的和谐。可见语言教材在教授语言之外，更像一本德育教科书，却不生硬，容易让学生接受。

除此之外，这套教材在阅读和听力的语料中还有一些对梦境的医学解释、对进化论的介绍等，引导学生关注科学。而这样的科学精神会影响并指导学生的行为，作用于他们的实际生活。

三、教材+职业理念的养成

应用型院校少数民族学生在预科阶段学习国家通用语言的很重要的目

的就是以后的就业。常规的语言教材是教会学生掌握语言，而“教材+”要做到的是让学生在学会语言的同时学习职业精神、创业思想、敬业态度，助力少数民族学生日后成为文明、高尚的职业人。

《直通语文·阅读3》的第5课为《职场不易》，其中一篇泛读文章为《老板出差》，反映职场中常见的“老板在与不在一样不一样”的问题，引导学生拥有自律、成熟的职业心态。第13课《经营之道》中的文章分别为《名称好不如名声好》《商场促销活动给谁上套》《“快乐消费”与“消费快乐”》，语料和课后练习都引导学生关注身边的经济现象，关注创业和经营理念。

再如，《直通语文·口语3》的第9课《你的心意我领了》课后的“情景会话”题是这样的：

你作为一个公司的职员，在出差时，有个客户要送给你一份贵重的礼品，此时你该怎么办？请设计一段你和这个客户之间的对话。

这一课的语言学习重点是同意和拒绝的表达，课后题用职场腐败问题来练习这个语言点，可以说别具匠心，可以使学习者对各种职业问题预先思考，帮助学习者树立正确的职业观。润物细无声的教育对学生以后的职业规划、职场表现都会起到积极作用。

四、教材+学术思维的培养

语言教材固然是为了教授语言，但教材语料中表现出来的学术思维、审辨式思想，教材练习中设置的探究式学习方式、报告式学习方式，都可以为学生提供更多的学习方式和思路。而这样的学习方式和思路正是学术思维的体现，这为学生以后的深造提供了可能，为学生以多角度看待问题、以多种方法解决问题提供了可能。

《直通语文·口语》课后练习中有专门的“完成任务”题，让学生走出课堂，灵活应用所学。教材还引导学生通过图表方式整理自己的观点，引导学生将视野延展至社会的各个方面，积极探索、研究，这甚至可为他们学位论文的撰写提供灵感。例如《直通语文·口语5》第5课的“完成任务”题是这样的：

请同学们四人一组，从衣、食、住、行、娱乐、教育、医疗、收入等方面调查一下某农村十年来的变化。调查后小组成员交流一下，完成下面的表格，在表中横线上填入所调查的农村的名字，最后每组选出一位代表向全班同学汇报填写的内容。

这道题通过小组成员协作的方式将调查、统计、总结、报告等融入其中，学生通过了解这样的变化，自然会思考这些变化的原因。如果在这一过程中，老师再引导学生考虑是否还存在问题，并寻求解决问题的方法，这就很容易形成一篇论文了。

五、教材+教学理念的引领

图表解析、翻转课堂、任务型教学……一批新的第二语言教学理念在教材中充分体现。教材引领施教者看到语言教学的另一片天地。

《直通语文·综合》中的基础语法都试图用表格的形式归纳、呈现，学生一目了然。课后练习中大量的“替换”练习正是抓住了汉语语序的关键特点，这样的练习形式可以说事半功倍。

《直通语文·口语》课后练习中每一课都有任务型练习，学生在完成任务的过程中学习新知识，教师在学生汇报任务完成情况的过程中发现问题，进行指导、讲解。

《直通语文·写作》体现了新的写作教学理念。即先给学生例文去主观感受，再教学生进行文章的架构搭建，最后提出该文体写作的注意事项。教师讲解完后可以马上让学生做课后练习。从教师的角度来说，这样的体例让教师很容易控制教学流程；从学生的角度来说，学习一种文体，先从宏观上把握，进行文章整体构思，更容易把握文章的主旨。

教材每课配套的教案和课件也为老师们提供了极大的方便，课件显示的上课流程对新教师来说也起到了示范、引领的作用。教材还应用了扫描二维码听录音的技术，学生可随时随地练习，给学生提供了极大方便。

六、教材+课程设置

单本的教材无法对一个院校的课程进行整体设计，但套系教材在这方面却能起到很大作用。一套教材背后附带的是一整套教学方案，这正是“教材+”的理念。

《直通语文》按照语言技能分为综合、口语、听力、阅读、写作五门，每一门按照汉语水平从低到高分为六个级别。

这样的整体设计可让老师们根据学生水平任意选择。各门可搭配使用，也可单独使用，比较灵活。对于少数民族地区的院校的国家通用语言课，通常是一年预科学习，各院校普遍是每周 20 课时左右。参照周课时表格，老师们可以很容易地做出一个学期的课程安排，这正是“教材+”想要达到的效果。

除此以外，每一册都按照少数民族地区当地的课时量设置内容，一般一学期学完一册，避免资源浪费。教材的装帧设计也为教学院校提供了方便，封面用不同的颜色来区别不同的科目，而同一级别的封面图片是相同的。

新形势下，国家通用语言文字的推广、普及工作已经不仅仅是语言教育问题，它已经成为我国“语言教育扶贫”工作的一部分。在“语言教育扶贫”的过程中，教材不仅应该提供语言本体知识，更应该借此机会承载更多的功能，让语言本体知识有一个更好的语料载体，让学习者可以在学习语言本身的同时培养文明、和谐、科学的精神，让教师在教授语言的同时能运用更前沿、更高效的教学方法，让院校在语言课程设置方面更简易、更合理。《直通语文》秉承着以上理念，以一种“有温度”“有深度”“更智慧”的方式在语言本体教学的同时，传递着更多爱国教育、思想教育、职业教育、学术思维教育等内容，从而助力“语言教育扶贫”工作，助力少数民族学生的就业，助力少数民族地区的和谐。《直通语文》已经入选“十三五”国家重点出版物出版规划项目，希望这套教材能给广大少数民族地区语言类教材的编写者、出版者带去些许启发，我们共同为民族地区教育的提升、为民族团结发力。

加强教材建设与双语教师培训是构建凉山双语和谐社会的重要保证

李忠英

构建凉山和谐社会的重点在彝区，彝区的和谐社会包括个人自身的和谐，人与人之间的和谐，社会各系统、各阶层之间的和谐，个人、社会与自然之间的和谐等层面，双语和谐社会的构建是凉山最具特色、最直接着眼于基层主体民族发展的社会事业要务。彝区双语和谐社会的构建需要兼通彝汉双语的构建者，要培养兼通彝汉双语的构建者就必须开展双语教学，要开展好双语教学，就必须抓好教材建设与双语教师培训。因此，加强教材建设与双语教师培训是构建凉山双语和谐社会的重要保证。

改革开放以来，党对民族地区的各项优惠政策已使凉山民族教育的办学硬件得到了很大改善；被称为我国“南方模式”的彝汉双语教学“两类模式并行格局”已经形成并长足发展，为凉山的经济发展、社会进步、各民族的和谐相处输送了一批又一批兼通彝汉双语的建设人才；但是，客观分析当前我州的双语教学实际，要尽快构建凉山双语和谐社会；“坚持以人为本”“坚持科学发展”构建凉山双语和谐社会，还必须加强教材建设与双语教师培训工作。

一、凉山民族教育基本情况

凉山彝族自治州是我国最大的彝族聚居区，面积有 6 万多平方公里，有 512 万人口，其中彝族人口有 265 万，占总人口数的 51.7%。截至 2014 年 12 月，全州现有中小学校和幼儿园 3110 所。各级、各类学校在校学生达 92.25 万人。其中少数民族在校学生有 44.52 万人，接受彝汉双语教学的中小学生有 26 万多人。全州现有双语教学专任教师 3008 人。其中，一

李忠英：彝族，编审、四川省凉山州民族教材编辑中心主任。

类模式小学双语专任教师有193人，初中双语专任教师有78人，高中双语专任教师有118人；二类模式小学双语专任教师有1961人，初中双语专任教师755人，高中双语专任教师有120人。2009年底，全州就已完成了“两基”任务，“两基”人口覆盖率已达到100%。30多年来，凉山彝族自治州的民族教育事业发展迅速。

（一）双语教育已形成比较完整的体系

经过30多年的艰苦探索和实践，当地已经形成了多门类、多层次并具有凉山特色的民族教育体系。彝汉双语教育已经走出了一条适合本州实际的“母语起步，汉语会话过渡，双语并重”和“双语教学，两类模式，多次分流，两次接轨，四级规划”办学路子。

1978年我州恢复二类模式双语教学，1984年开始举办一类模式双语教学，2005年全省一类模式双语教学与高考接轨。现已完全实现了从小学到大学的直通车。与高考“接轨”以来，参加考试人数和录取人数逐年增加，越来越多的边远山区的孩子借助双语教学平台实现了上大学的梦。这种良好的发展趋势促进了一类模式双语教学特别是一类模式的高中教学。进入新世纪以来，这里的“两免一补”得到了落实，“两基”任务全面完成，双语教育在稳步推进。双语教育在凉山民族教育的发展中始终发挥着不可替代的重要作用。

（二）寄宿制教育成效显著

寄宿制教育是我州民族教育的基础，实施“十年行动计划”以来（2015年开始实施第二个“十年行动计划”），我州寄宿制学生规模一年上一个台阶。为了抓好管理，州政府和省教育厅专门出台了相关的《管理办法》及《实施意见》。这些法规性文件有效促进了全州寄宿制学校的规范化、科学化、制度化办学。目前，全州有寄宿制学校1034所，其中民族寄宿制学校有666所。实践证明，发展寄宿制教育是振兴凉山民族教育的关键。

（三）学校处处是新楼，新楼高处红旗飘

实施第一个“十年行动计划”以来，我州民族教育事业发展迅猛，办学条件得到了改善，办学规模在扩大，办学效益在不断提高。2001年起，中央和省里大量资金的投入，给凉山教育特别是民族教育带来了无限的生机和活力。来到凉山，不论你走进山村还是小镇，不论是在农村还是在城市，映入眼帘的都是新楼耸立、红旗飘扬的学校。校园内的师生们充满着喜悦。党对少数民族地区的优惠政策进一步得到了贯彻落实。最近，凉山州委、州政府为了贯彻落实中央和省委、省政府关于教育扶贫专项规划的指示精神，决定举债24亿在凉山州贫困地区开办学前教育暨在民族地区开展“一村一幼”的创建工作，目前正在以“5+2”“白+黑”（五个工作日加两个休息日、白天加晚上）的忘我速度来贯彻落实民族地区“一村一幼”的相关工作。这些重大变化是国家教育优先发展战略得到进一步落实的结果，是中央和省委、省政府高度重视民族地区教育的结果。

二、在民族地区开展双语教学意义深远

凉山彝族自治州是我国最大的彝族聚居区，彝族人口及彝族学生所占比例很大，特别是在信息技术网络化、科学知识化、社会经济快速发展的今天，凉山民族地区的老百姓都有着获取知识的强烈愿望。而要实现这些美好愿望，只有通过开展双语教学。30多年来的实践告诉我们，全域凉山需要双语教育，构建和谐凉山需要双语教育，凉山的三个文明建设离不开双语教育。

（一）开展双语教育是民族地区学生实现梦想的平台

凉山彝族自治州面积有6万多平方公里，由于地域的差异，孩子们不能像城里孩子那样，享受优质的教育资源。绝大部分孩子远离城市，他们不懂汉语，只有在山区学校接受双语教育，才能使他们感受到和城市孩子一样获取知识的幸福，他们渴望快速掌握现代科技知识，融入建设和发展家乡的队伍中。对大山里的孩子来说，双语学校是他们憧憬未来的摇篮，双语教育是他们实现梦想和改变家乡、改变命运的平台。

（二）开展双语教学是缩小教育差距，构建和谐教育的关键

双语教学是我州民族教育的主要特色。要打好这张特色牌，必须找出并分析双语教学中存在的问题。《凉山州中长期教育改革和发展规划纲要》指出：“我州教育改革发展存在的突出问题是教育发展不平衡，安宁河谷地区和民族聚居区之间、县域之间、城乡之间、校际之间教育发展不平衡，优质教育资源分配不均衡。”为了加快发展民族教育，缩小全州教育差距，州政府出台了《凉山州“十二五”教育事业发展规划》。《规划》中明确提出：“到2020年，基本普及学前教育、高中阶段教育。实现区域内义务教育均衡发展，基本实现教育现代化，基本建成覆盖城乡的基本公共就

业服务体系，逐步实现公共教育服务均等化，推进城乡教育一体化，使安宁河流域地区和民族聚居地区之间、城乡之间、校际之间公共教育资源差距明显缩小，使全民受教育的机会更加均等。”这样的好政策是凉山512万各族人民所盼、民族地区老百姓所盼。

长期以来，凉山民族地区中小学与安宁河流域两岸的中小学相比，不论是学校、教师还是学生之间的差距都很大。因此，在凉山，凡是有条件的家庭，都竭尽所能把孩子送往条件较好的学校，如村小的往乡中心校转，乡中心校的往县里转，县里的往州上转，州上的又往省里转，使得城里教学资源相对好的学校学生爆满，资源较差的学校学生相应减少。于是，教育资源不平衡所引发的问题和差距更加明显，如果没有好的政策和措施作保障，这些差距将永远存在且越来越大。目前，全州都在为教育均衡发展而努力。要缩小教育差距，就必须加强双语教育，只有加强双语教育，才能培养出大批优秀的双语人才。在凉山，民族教育的发展关键要看双语教育的发展，双语教育的发展不仅推动着民族教育的发展，而且还推动着凉山各项事业的发展，它是构建和谐教育的关键。

（三）开展双语教学是构建凉山和谐文化的摇篮

党的十六届六中全会明确提出了构建社会主义和谐社会的指导思想。“民主法治”是构建社会主义和谐社会的总要求之一，“建设和谐文化”是构建社会主义和谐社会的着力点，“必须坚持以人为本”是构建社会主义和谐社会的根本出发点和落脚点。国家的法律、法规已为发展凉山主体民族的文化提供了广阔的天地。在凉山彝族地区，“建设和谐文化”就是要使彝汉两种文化的和谐发展。只有通过双语教学，才能培养出一批又一批“建设和谐文化”的生力军。

三、凉山民族教育存在的问题

（一）双语师资力量严重缺乏

2001年到2010年，我州实施第一个《四川省民族地区教育发展十年行动计划》期间，中央和省里向我州投入了大量资金，使双语教学得到了快速发展，双语学校的硬件设施得到了改善、办学规模得到扩大，接受双语教学的学生数量已达到了26万人。但是，从事双语教学的教师只有3008人，虽然与过去相比有了一些增加，但依然满足不了现行教学事业发展的需求。特别是一类模式的教师更少，一人兼几门课是常有的事。有的学校因缺教师，课程表上安排的课早成了墙上的摆设。课表上安排的是彝文物理或彝文化学课，老师上的却是彝语文或彝文数学课，让人难以想象。

有些地方打着“缺双语教师”招牌招进的教师，却一个也不是双语教师。许多学彝汉双语的彝族本科生，大学毕业后总是考不过双语以外的其他专业的民族大学生，这不是因为他们的水平差，而是在招考时没有考测双语教师应具备的彝语文知识与技能。很久以来民族地区的双语学校始终严重缺少的就是双语教师。

（二）教学水平差距太大

自从我省民族地区实施了教育行动计划以来，我州民族地区的教育发生了很大变化。特别是通过实施“一类模式高考接轨”和引进 MHK 考试拓宽了一类模式学生的升学渠道和就业渠道，同时也拓宽了双语教学的发展空间，为一类模式学生升入全国重点大学和名牌大学创造了极其有利的条件。但是，与内地的教学水平相比差距仍然很大。要想缩小城乡教师之间教学水平的差距，只有不断对教师进行多种形式的培训，这样才能提高他们的素质，才能够为缩小差距做贡献。

（三）双语教师素质亟待提高

长期以来，我州民族地区双语教师队伍中明显存在着量少质弱的现象，他们的教育理念、教学方式都比较陈旧。要让他们与时俱进，转变观念，改变陈旧的教育、教学方法，就必须要求他们树立终生教育的理念，树立科学的教育质量观，把是否适应教学需要和社会需要作为衡量教师素质的标准，要求他们常常对照检查自己，只有严格要求自己，才能提高自己。

对彝汉双语教师的水平要求，往往比普通教师高得多。内地教师享有非常先进的教育资源，而边远的民族地区教育资源相对落后，教师接受继续教育的机会少之又少，双语教师的整体素质与内地教师差距较大。面对现实，只有在力争缩小差距的同时不断地参加培训和学习，才能提高教师的自身素养。

四、加强教材建设，为构建凉山双语和谐社会提供教学资源

教材是办好教育不可或缺的基本要素之一。教材建设是学科建设和课

程建设的重要组成部分。教材建设不仅关系到满足教学需要、保证教学的正常开展、稳定教学的秩序，而且教材质量的高低还直接影响着教学效果。因此，为构建凉山双语和谐社会而编译什么样的教材、怎样编译好这些教材，成了教材编译部门永恒的课题。

（一）编译高质量的普通教育系列教材、教师用书及相关辅助资料

四川省凉山彝文教材编译室成立 30 多年来，先后为我州两类模式中小学编译出版了 1000 多种教材、教师用书及相关辅助资料。无疑这些书籍为我州顺利开展双语教学提供了很多宝贵资源。但要进一步优化这些教学资源，使其更具科学性、时代性、民族性，还有待于编译人员的不懈努力。

（二）按要求及时编译彝区社会发展急需的教材

为贯彻落实党对少数民族地区的优惠政策，响应凉山州委、州政府落实省委、省政府在凉山州贫困地区开展“一村一幼”的创建工作的号召，组织教材编译人员，完成民族地区幼儿园急需的教材的编译工作。

（三）尽力为彝区社会提供更多的社会读物

彝区双语和谐社会的构建是一项系统工程。除普通教育需要高质量的教学资源外，社会各部门、各界人士也急需一些双语文读物。作为教材编译部门，在力所能及的前提下，应多为社会编译出受民众欢迎的社会读物。近年来，四川省凉山彝文教材编译室先后为凉山社会编译、出版了《西昌办事指南》《轻轻松松学彝语》《彝语会话速成图册》《彝音汉译规范研究》《数学学科词典》《地理学科词典》等。这些书深受凉山各界人士喜爱，无疑有利于彝区双语和谐社会的构建。

（四）努力抓好政府门户网站（彝文版）的建设工作

凉山州人民政府信息资源管理科决定将政府门户网以彝文、中文、英文三种版面展现给客户。凉山彝文教材编译室受政府委托，着手建设政府门户网站（彝文版）。通过努力，它必将为凉山彝区的彝族客户了解凉山各行各业的相关信息提供资源，有力推进凉山彝区双语和谐社会的构建。

（五）狠抓教材编译队伍建设

36 年来我室教材编译队伍不断壮大，由成立之初的 4 人发展到 39 人。单位一直在努力提升职工素质上下功夫，要求每一位职工都要树立新时期编译人员的新形象。在抓编译队伍建设方面我们主要做了以下工作：

针对业务人员的实际工作，经常组织职工开展业务活动，如组织业务

人员学习新课标知识。通过开展业务活动，让教材编译人员不断熟悉所从事学科的专业知识及新动态。另外，我们还不定期地在全体业务人员中有针对性地开展业务技能竞赛，对在竞赛中取得优异成绩的职工给予奖励。

（六）狠抓教材编译质量

高质量地完成各科教材的编译工作是我室一直追求的目标。长期以来，我们一直把提高教材质量作为教材建设的核心来抓，把提高教材质量的重点放在狠抓教材编译环节的质量方面。比如对编、统、审三个环节的质量进行检查，及时发现问题及时解决，确保提交给四川省中小学教材审查委员会审查的书稿质量一流。

五、加强双语教师培训，为构建凉山双语和谐社会提供教学能手

百年大计，教育为本；教育大计，教师为本。教师肩负着传承人类文明、开发人类智慧、塑造人类灵魂的神圣使命。有好的教师，才有好的教育。教师培训是加强教师队伍建设的重要环节，是推进素质教育、促进教育公平、提高教育质量的重要保证。近年来，我州各县各校积极采取措施加强教师培训，教师队伍建设取得了明显成效。但从总体上看，教师队伍整体素质还不能完全适应新时期教育改革发展的需要，教师培训工作还亟待加强。教育规划纲要对中小学教师队伍建设提出了新的更高要求。教育部《关于大力加强中小学教师培训工作的意见》为教师培训工作制定了教育规章，加强教师培训是新时期教育事业科学发展的重要任务和紧迫要求。对于教师培训，近年来，我州也举办过多次省级、州级培训，但从学员的反映得知，由于来自各校的教师个体自身急需的培训不一，培训效果大打折扣。对此，培训教师应从教师的从业道德素养、专业知识技能、教学科研能力等不同角度确定具体目标，分期、分批举办，做到每期学员都有同样的提高需求，每期培训都有一个重点目标。

1. 通过培训，让双语教师牢固树立“终生学习、终生教育”的观念，不断加强师德修养，提高自身素养和职业道德水平，牢固树立崇高的教育理想，树立爱岗敬业、甘为人梯的精神，真正做到德才兼备、为人师表，以热情和真诚开启学生智慧、陶冶学生情操、挖掘学生潜质，真正成为学生的良师益友，当好学生健康成长的引路人，成为人民满意的双语教师。

2. 通过培训，使双语教师牢固树立质量意识，增强提高教育质量的责

任感和使命感。教育质量是学校的生命线，我们常说：不抓教学的校长就不是好校长，不抓教育质量的教师就不是合格的教师。要牢固树立质量立校、质量立身的观念。

3. 通过培训，使双语教师转变观念、转变教学方式，打造高效课堂。在新课程标准要求下，双语教师要树立正确的学生观、教学观，把课堂还给学生，突出学生的主体地位。让学生在自主、合作、探究中学习知识，在活动中增强自身的情感体验。

新的时代充满着新的机遇，同时也孕育着新的希望。有了优质的教材，有了优秀的教师，民族地区的双语人才将不断涌现，他们必将为构建凉山双语和谐社会的美好未来做出积极贡献。所以，教材建设与教师培训是构建凉山双语和谐社会的重要保证。

加强少数民族双语教师队伍建设，提高少数民族双语教育质量

俞永虎

双语教育是我国少数民族教育的重要内容。双语教育质量的高低取决于是否有足够的合格的高素质双语教师队伍。科学、稳妥推进少数民族双语教育①，需要加强少数民族双语教师和双语教研员队伍建设，重视少数民族双语教师和双语教研员专业素养的提升，建立少数民族双语教师的灵活教学机制，加强培训和制度建设，提高少数民族学校双语教育质量。

一、高质量的双语教师是保证高质量的双语教育的关键

少数民族学校的双语教师是以少数民族为主体，运用本民族语和汉语开展教育、教学活动的专职人员，是学校双语教育的主要实施者。少数民族学校的双语教育具有以下几个特点：一是在教育对象上，少数民族双语教师教育活动的主要对象是少数民族学生。少数民族双语教师必须充分认识本民族独特的文化特点，在开展教育活动时尊重教育对象的民族特点。二是在教育方式上，少数民族双语教师要熟练地运用本民族语和汉语开展教育活动。这就要求少数民族双语教师不仅要掌握两种语言，更要了解语言所代表的两种文化及其思维方式。三是在学科背景上，少数民族双语教师不仅仅指语言教师，更包括学校课程体系中各科目的教师。四是在专业性上，少数民族双语教师是学校里的专职人员。②

高质量的双语教师是保证高质量的双语教育的关键。

首先，少数民族双语教师应是双语双文化人。双语教师要了解、掌握

俞永虎：朝鲜族，东北朝鲜民族教育科学研究所延边州教育科学研究所办公室主任。

① 国务院.国务院关于加快发展民族教育的决定（国发[2015]46 号）[Z].2015.8.

② 俞永虎.朝鲜族义务教育学校双语有效教学研究[M].延吉：延边教育出版社，2015：22-23.

学生母语及与学生母语相关的文化背景。语言受文化的影响，反映文化。语言反映一个民族的特征，它不仅包含着该民族的历史和文化背景，而且蕴含着该民族对人生的看法、生活方式和思维方式。语言与文化互相影响、互相作用，理解语言必须了解文化，理解文化必须了解语言。作为双语教师首先也应是双语双文化人。

其次，双语教师是和谐师生关系的创建者。教师热爱民族教育事业，热爱学生是建立良好的、和谐的师生关系的关键。实现双语教学中师生关系的和谐发展，要注重角色定位的和谐。在课堂教学中，教师应调整自己的角色，形成以学生为中心的课堂，组织学生开展学习活动。

再次，双语教师是教学活动的策划者和引导者。双语教师是教学活动策划者。在教学活动中，教师给予学生的应是一种可理解性输入，这是教学活动成功与否的关键。双语教师又是教学活动的引导者。教师应对所有课堂交际活动有驾驭能力，以保障各项活动按照预先设计的程序在规定时间内完成。为此，教师应对各种交际活动加以引导，对学生给予提示和鼓励。

最后，双语教师是双语教学的研究者。双语教师应该是双语教学科研型人才。双语教师教学科研水平高低，决定着双语教师的教学观念、教学视野、教学策略、教学方法、教学手段和教学效果的优劣。教师需要在教学工作中善于发现问题，针对存在的问题进行课题研究，从而建立并形成自己的研究体系，并以此来不断提升自己的教学水平，最终形成自己的教育理念。

二、重视少数民族双语教师的专业素养提升是当务之急

少数民族双语教师的专业素养是决定少数民族双语教育质量高低与成败的关键。少数民族双语教师的专业素养特指少数民族双语教师所特有的、区别于其他普通教师（指单语授课的教师）的双语教育职业素养，是双语教师的教育理念、心理素质、学术水平、从事双语教育工作的条件等各方面素养的综合。少数民族双语教师的专业素养主要包括崇高的双语教育职业理想、独特的双语教育知识结构、较高的双语教育学术水平、正确的双语教育价值观与积极的态度。[①]

---

① 王莉颖. 双语教育比较研究［D］. 上海：华东师范大学，2004.

首先，少数民族双语教师要具有崇高的双语教育职业理想。主要包括对双语教育事业的忠诚与热爱，以及从事双语教育事业强烈而持久的动机与信心，也是双语教师从事双语教育的心理准备。崇高的职业理想被认为是驱使双语教师投身双语教育事业的根本动力，也是双语教师较高质量地完成双语教育工作重任的前提。

其次，少数民族双语教师要具有独特的双语教育知识结构。双语教育与普通常规性教育的最大区别在于：它要求以两种语言进行非语言学科的教学。双语教育的目的不仅是提高学生的语言水平，使所有学生享有平等的教育权利，维护国家的统一与团结，更为重要的是培养双语或多语、双元或多元文化的专业人才。这就要求双语教师在实施双语教育的过程中既提高学生的双语、双文化水平，又使学生更好地掌握学科内容，全面提高学生的学业成绩。双语教育工作的复杂性与特殊性要求双语教师必须具有特殊的知识结构，即宽厚的双语、双文化基础知识，扎实的双语专业知识与丰富的双语教育科学知识。

再次，少数民族双语教师要具有较高的双语教育学术水平。为了保证高质量的双语教育的实施，双语教师必须具备较高的学术水平，不仅要具有较高的学历，还必须在特殊的双语教师技能培训班修习过双语教育课程，接受特殊的双语教师技能训练，并经过严格的考试与遴选。

最后，少数民族双语教师要有正确的双语教育价值观与积极的态度。双语教育的价值观指双语教师对双语教育的内涵、意义及功能的总体看法，准确的双语教育价值观与对待双语教育的积极态度是双语教师的行动指南。双语教师只要认为自己从事的双语教育工作十分有价值，必然对双语教育持积极的态度，这必然激发他们从事双语教育工作的热情与积极性，增强他们的责任感与事业心，自觉提高双语教师所必需的专业素养，自觉克服工作中的各种困难，尽最大努力进行高质量的双语教育。

三、建立少数民族双语教师的灵活教学机制是质量提升的核心

少数民族双语教师作为课堂教学任务的主要承担者与实施者，其教学机制对双语教育的质量具有决定作用。双语教师的教学机制既是双语教师的专业素养在双语教育课堂教学中的具体体现，也是双语教育资源一个不可或缺的重要组成部分。双语教师的教学机制主要体现在整合课程教学内容、激发学生学习兴趣、营造双语教育环境、具有科学的教学策略、建构

多重人际关系、合理分配课堂上两种教学语言六个方面。[①]

首先，少数民族双语教师要能够整合课程教学内容。学生对教学内容的掌握是学生主动建构的过程。双语教材为双语教学提供了一些最基本的素材，这些素材的主要内容是否能够真正被学生领悟并掌握，关键取决于双语教师能否在学生与双语教学内容之间找到一个切合点，使双语教学内容能够适合学生的需要及其学生的认知水平，使学生能够在掌握双语教学内容的过程中得到多方面的发展。而要做到这一点，双语教师必须对双语教学内容重新加以遴选与整合，自行开发双语教学内容、自编教材、整合课堂教学内容，使双语教学内容能够从呈现形式上的“静态”变为“动态”，从“抽象”的概念、结论变为可以操作的“具体”内容。

其次，少数民族双语教师要善于激发学生学习兴趣。对处于基础教育阶段的学生而言，因其年龄及心理发展特点，语言的“工具性价值”在他们身上体现得并非那么明显，而双语教育课堂教学是否有趣却是双语教育课堂教学达到预期目的的主要因素之一。双语教师在双语教育课堂教学过程中要尽可能采取灵活多样的教学方式，积极开展多种活动，充分调动学生的学习积极性，尽力激发学生的学习兴趣，注意学生身心发展的特点与个别差异，因材施教。

再次，少数民族双语教师要重视营造双语教育环境。学生的两种语言能力是在一定的双语环境下自然而然地习得的，而不是双语教师教会的，也并非学生在有限的双语教育课堂教学中学会的。一般而言，附加性的双语环境有助于学生双语水平的提高，而削减性的双语环境会影响或损伤学生的双语能力。双语教育语言环境在实施双语教育的过程中至关重要。少数民族学校和双语教师应积极营造良好的双语教育教学语言环境，为学生双语水平与学术水平的提高创造条件。

第四，少数民族双语教师要具有科学的教学策略。学生熟练地掌握第一语言势必有助于熟练地掌握第二语言，这是语言“正向迁移”功能的体现。双语教育课堂教学的过程中，双语教师要重视通过提高学生本族语言水平促进第二语言的学习。

第五，少数民族双语教师要建构多重人际关系。双语教育对象的语言、文化背景等的差别要求双语教师要具备较强的双语人际交往能力，与

① 王莉颖. 双语教育比较研究［D］. 上海：华东师范大学，2004.

学生建立良好的师生关系，为双语教育课堂教学目标的实现奠定基础。此外，双语教师还要与自己的同事、学生家长密切合作。

最后，少数民族双语教师要合理分配两种教学语言。双语教师在双语教育课堂教学过程中，要对两种课堂教学语言的使用时间进行合理的分配。区分两种语言之间的差异，划清两种语言之间界限是很有必要的。一是双语教师要依据双语教育教学科目与主题合理分配两种教学语言。在各学校的小学中高年级段与中学的双语教育课堂教学中，一般不同的科目使用不同的语言教学，双语教师课堂教学语言的选择依据自己所教的科目来确定。二是双语教师要依据接受双语教育学生个体的语言背景合理分配两种教学语言。三是双语教师要依据双语教育课堂教学时间合理分配两种教学语言。在实施双语教育的学校中，最常用的一种语言策略是在不同的时间内使用不同的语言进行教学。

在实施双语教育的过程中，少数民族双语教师要注意在语言学科和非语言学科使用双语教学的关系，搞好语言学科教学的改革，提高语言学科教学质量，合理确定使用双语教学的非语言学科科目，注意双语的合理使用，同时加强双语环境建设，营造浓郁的双语学习氛围，使学生随时随处能感受到双语的熏陶，这将大大提高学生双语或多语学习的能力，有利于提高少数民族双语教育的质量。

四、加强双语教研员队伍建设，提高教研员教研水平

双语教研员是双语教育教学理论与实践的研究者、双语教师教学实践与研究的指导者和双语教师专业发展的促进者，也是双语教育的推动者。双语教研员队伍的整体素质和专业化水平直接关系到少数民族地区基础教育课程改革的成败、专业化教师队伍建设效率、教学质量提升效度及教育改革发展情况。双语教研员要具有比普通双语教师更高的专业素养和教育公共服务能力。

首先，要实施双语教研员任职资格认证制度。要加强双语教研员队伍建设，保障双语教研员的正常工作，不断发展壮大双语教研员队伍。双语教研员任职资格制度的实施采取分步推进的办法：新进人员要持证上岗；现有教研员达不到资格认证标准的，要分期、分批参加培训。面向社会开展双语教研员任职资格考试，充实双语教研员后备力量。

其次，要完善双语教研员选聘制度。通过公开招聘或遴选的方式优先

配齐少数民族学科双语教研人员。从教学一线遴选经验丰富、素质优良的少数民族教师担任学科双语教研员，克服学科教研的弱点和盲点。充分发挥本地名师、学科带头人、骨干教师等优质教师资源的示范、带动作用，将其纳入兼职教研员队伍。学科双语教研员实行三年一聘。

再次，建立双语教研员继续教育制度。建立双语教研员五年一周期的继续教育制度，规定双语教研员应该接受的继续教育课程、课时与学分，进行有效管理。将双语教研员继续教育经费纳入各级政府财政预算，加大培训经费投入力度，保障双语教研员培训的需要。采取科学、有效的培训形式，集中培训与日常培训相结合，专家讲座与现场案例分析相结合，课题研究和研修观摩相结合，专题交流与实践考察相结合。选派优秀双语教研员到高等师范院校在职研修、攻读学位，不断提高双语教研员的理论素养。启动教研员培训工程，轮训每一位双语教研员。

最后，建立双语教研员考核评价机制。要把一线教师的满意度作为考核双语教研员的重要标准。既要看双语教研员的教研成果，更要看其所在区域内的学科教学影响力；既要看双语教研员的创新意识，更要看其合作意识和服务意识，真正调动教研员工作的积极性，促进教研员队伍自身素质的不断提升。还要试行双语教研员职级制。

总之，实施双语教育，关键是要有足够数量的合格的双语教师。没有高素质的双语教师，就无法推进高质量的双语教育。双语教师作为双语教育的主要资源，是双语教育最直接的实施者。双语教育目标的最终实现主要依靠双语教师，高质量的双语教师是保证高质量双语教学之关键。因此，加强双语教师的在职培养，稳定双语教师队伍，形成高质量的双语教师队伍，才能有效地保证双语教育的较高质量与长足发展。

论少数民族地区双语教师的专业素质培养

——以京疆学院双语教师岗前培训为例

惠天罡

我国历来就十分重视少数民族地区的双语教育，少数民族双语教育是我国民族教育中具有民族特色的一个系统，它是以国际上的语言政策、民族政策为指导，结合少数民族地区政治、经济、文化背景和教育实际，以目前存在的双语现象为条件，使国家通用语言文字和民族语文有机结合，以双文化传统和现代社会必备的知识、技能、态度、价值观等为教育内容，并以双语教育为主体的民族教育形式。它是民族教育中不断提高各民族科学文化水平，培养、造就适应现代化建设和民族地区社会、经济发展的双语、双文化人才的有效的途径。

2014年4月27日，中共中央总书记习近平同志到新疆考察，其间提出了“少数民族孩子双语教育要抓好，学好汉语不仅将来找工作方便，更重要的是能为促进民族团结多做贡献”。5月28日，习近平总书记在第二次中央新疆工作座谈会上发表重要讲话，明确提出“推进双语教育，推动建立各民族相互嵌入式的社会结构和社区环境，有序扩大新疆少数民族群众到内地接受教育、就业、居住的规模，促进各族群众在共同生产、生活和工作、学习中加深了解，增进感情。”中共中央政治局常委、国务院总理李克强在讲话中提出“积极推进双语教育和职业教育，帮助新疆各族群众特别是年轻人学好、用好国家通用语言文字，为他们带来更多发展机遇。”在短短一个月当中，中央反复提出重点加强双语教育特别是南疆地区双语教育的要求，可见，少数民族地区的双语教育需要更高层次的发展，也需要更科学的发展。双语教师在推动民族地区双语教育事业的发展中地位举足轻重，本文结合首都师范大学京疆学院对746名和田地区的双语教师进

惠天罡：首都师范大学京疆学院院长。

行的为期两年的岗前培训情况，以及他们上岗后的情况对如何有效地培养少数民族地区的双语教师的专业素质进行讨论。

一、培养的学员基本情况及未就业主要原因分析

（一）民族成分较为单一，背景复杂

京疆学院培养的700余名双语教师学员有以下几点特殊性：一是学员都来自新疆和田，区域特点明显，主要表现在思维方式、思想观念、风俗习惯等方面都与北京人存在明显差异；二是学员基本都是维吾尔族，在语言、文化等方面与汉族学员存在很大差异，直接影响了其衣、食、住、行等方方面面，进而影响了其思维和认知方式、组织纪律意识、学习意识、生活习惯等；三是学员年龄跨度大，最年轻的不到20岁，年纪最大的40岁左右，认知水平极不平衡，这给教学管理的标准的同一化带来了难度，同时也给教学管理的执行力带来了挑战；四是学员知识背景和社会背景复杂，虽然都是大专及以上学历，但是大学所学专业涉及文科、理科、工科等各个领域，大学毕业后从事的工作涉及领域也很广泛，基本都没有师范专业的教育背景，而培养目标是所有学员在接受了两年的培训后，在和田的中小学、幼儿园上岗，如何把非专业的非正规队伍培养成能够胜任教师岗位的正规军，是教学管理的重点，也是难点。

（二）未就业的主要原因

我们经过与学员的交流和调查，得知学员们大学毕业后一直没有就业的原因主要有如下几点：

1.“恋乡情结”较深

因为家族观念、宗教信仰、风俗习惯等影响，大部分学员的乡土观念十分浓厚，一部分在疆外读过大学的学员也都因为家庭原因，如家人希望他们回疆就业，很多学员因为婚姻选择的条件限制，更加深了返乡就业的倾向，放弃了在疆外就业的机会。

2.求稳心态较重

大多数学员及家人的择业观不够开放，因为缺乏必要的竞争意识和主动就业意识，他们大多选择报考当地的公务员和事业单位编制，导致考试竞争非常激烈，很多学员考了很多次都没有考上。

3. 汉语运用能力较弱

很多学员之所以没有就业机会，普通话的应用能力弱是一个主要方面。虽然很多学员在读书期间通过了 HSK（汉语水平考试）六级、八级，但是应试能力和汉语实际交际能力并不一致，再加上大部分学员离开校园后没有很多机会使用汉语，自己也没有创设汉语环境、积极使用汉语的意识，回和田后汉语水平下降很快，最后汉语表达的信心和需求也随之降低，直接阻碍了他们顺利就业。

4. 专业能力不能满足岗位需求

有些学员所学专业因为在和田当地需求量极少，所以“英雄无用武之地”，一直没有找到合适的工作岗位；还有部分学员所学专业虽然在当地有市场需求，但是专业能力不能满足岗位对其提出的要求，只好另谋其他工作。

以上学员情况的特殊性使培养工作既不同于高等教育的本科生教学，也不同于常规意义上的继续教育，更不同于国内的外国留学生的培养，这就决定了双语教师培训在教学管理上既要借鉴传统的语言培训和教师专业教育的成熟经验，还必须充分立足现实，突破常规，调整教学管理思路，探索有效的双语教师教学培养模式，制定既科学，又符合实际的可行性教学方案。

二、双语教师的培养目标

培养双语教师应该以具备教师普适性为目标，还应该考虑双语教师本身的专业特点。培养的核心应该是教师的专业素养。优秀的双语教师应该具备的专业素养虽不可以穷尽，但我们可以找到一些重要的方面。科林·贝克（2008）在其《双语与双语教育概论》一书中提到以下教师方面的因素对提高双语教育的效度有重要影响：

1. 对学生抱有较高期望的教师，对使学生成才的教育工作尽忠职守和充当学生支持者的教师。

2. 表现出有能力与语言少数民族学生一道成功的自信心的教师。

3. 善于清楚地表达学习方向、正确地掌握课程节奏、使学生参与讨论、监督学生的进步并及时提供反馈的教师。

4. 为了教学效果而使用学生的母语，间隔性地交替使用两种语言，确保其清晰地理解而不做任何翻译的教师。

5. 将学生的家庭文化与价值观融入课堂活动中，营造信任感，培养自尊心，提倡文化上的多样性的教师；使家长参与其子女的学习和课堂活动的教师。

6. 提倡课程具有一致性、平衡性、广泛性、相关性、渐进性和持续性的教师。

7. 教师在组织教学时，要利用协作式的教学方法；学生间开展的课堂活动，应做到要求明确、重点突出、具有意义。

8. 教师不可以要求学生从母语的读写能力发展至第二语言的读写能力。

王莉颖（2007）提出国外双语教师的专业素养主要包括：崇高的双语教师职业理想、独特的双语教育知识结构、较高的双语教育学术水平、正确的双语教育价值观、灵活的双语教育教学机制。

方晓华（2012）提出的少数民族双语教师的培养目标如下：第一，基本掌握汉语和少数民族语；第二，掌握学科内容知识、探究方法，与其他学科的联系和应用于日常生活的经验，并形成相应的科学的态度；第三，实现学科内容知识与教学知识的有机的融合，并形成学科教学法知识，能够利用内容和教育学知识协助学生掌握与学科相关的知识，能够创造学习经验；第四，能用两种语言准确地以多种解释呈现知识；第五，要理解终生学习的意义，形成终生学习的观念和习惯，成为学习共同体的一员。

习近平总书记 9 月 9 日在北京师范大学考察时强调，好教师应该具备的素质包括：扎实的知识功底，过硬的教学能力，勤勉的教学态度，科学的教学方法，要有学习、处世、生活、育人的智慧，要有仁爱之心。

把以上有同有异的三种观点综合起来，基本可以概括出双语教师应该具备的专业素养：坚定的理想、信念与崇高的职业道德，正确的双语教育价值观与多元文化观，完善、合理的双语教育知识结构，“以学生为本”的科学、实用的教育方法，熟练的双语转换能力，终生学习的观念和习惯。我们结合对 746 名双语教师的岗前培训的教育实践工作经验，认为从以下几个方面培养双语教师的专业素养十分必要。

三、双语教师的专业素质培养

我国的民族高等教育尚未建立双语教育专业，所以仅仅依靠传统的师范教育模式培养双语教师的专业素养显然缺乏针对性，我们在具体的培养实践工作中，尽力帮助我们的学员既具备普通教师应该具备的专业素养，又具备符合其自身专业特点的一些素养。具体表现如下：

（一）牢固树立社会主义核心价值观，充分理解“四个认同”的内涵

党的十八大提出，倡导富强、民主、文明、和谐，倡导自由、平等、公正、法治，倡导爱国、敬业、诚信、友善，积极培育和践行社会主义核心价值观。富强、民主、文明、和谐是国家层面的价值目标，自由、平等、公正、法治是社会层面的价值取向，爱国、敬业、诚信、友善是公民个人层面的价值准则，这 24 个字是社会主义核心价值观的基本内容。这 24 个字包含的精神准则应该在双语教师的德育培养中得以充分的反映。“学高为师，身正为范”，双语教师在培训中接受了社会主义核心价值观的精髓，那么他们在教学活动中呈现社会主义核心价值观的榜样示范作用就会得到很好的发挥。这就要求我们在双语教师的培训工作中，一方面课程设置要保证社会主义核心价值观的融入，一方面要重视教师团队在教学管理过程中的示范作用。具体表现在在教学管理工作中用严格的制度约束学生、用坚强的意志影响学生，奖惩分明，有始有终，让学生充分体会制度的执行力，树立规范的意识，这是在渗透公正、法治的意识。同时，用精神感化学生，用知识充实学生。不管是课堂教学，还是教育、社会实践活动，我们一直把制度教育、励志教育和情感教育结合起来，力求实现教学管理上的情理交融与刚柔并济。如我们的任课教师充满爱心和信任地开展教学工作，用爱培育爱、激发爱、传播爱，通过真情、真心、真诚拉近同新疆学员的距离，使自己成为学员的好朋友和贴心人。在强调融入社会主义核心价值观的同时，我们在培养工作中重点加强国家观、民族观、宗教观、历史观、文化观教育，开设了中华文化专题、中国人文地理、北京历史与文化、形势政策教育等课程，先后举办一系列文化、历史讲座，组织学员参与一系列文化体验的社会实践活动，全方位增强学员对“四个认同”“三个离不开”的思想认同、情感认同、理论认同。学校党委专门成立了京疆学院党总支，建立了新疆学员培养随队工作人员临时党支部，设立了三个新疆学员党支部，充分发挥了基层党支部的战斗堡垒作用。同时开展了新疆学员入党知识启蒙教育，80 余名学员写了入党申请书，组织了 64 名入党积极分子参加党校培训，发展了新疆学员党员 39 名、辅导员党员 1

名。在党员发展大会上，他们纷纷表示要更加严格地要求自己，热爱祖国、热爱中国共产党，努力学习，建设家乡。

（二）德、文双备的中华文化根基教育及相应的价值观塑造

在双语教师的专业素质培养中，要帮助他们树德，主要集中在发展学员的道德认识、陶冶学员的道德情感、培养学员的道德行为等方面。在帮助学员树德的同时，使他们受到良好的文化根基教育，包括必要的历史教育和多元文化教育。历史教育主要围绕本地区的民族发展史、地区发展史进行有针对性的教育，这会对其今后的教学工作产生更大的实际作用。历史教育和传统文化教育相结合可能更有益处，在双语教师的培养工作中，我们要树立两种重要的价值观：

1. 双语教师的中华民族文化价值观

中华文化是各民族文化融合而成的文化，“中华文化”不等于“汉文化”，所以少数民族学习中华文化不只是学习汉文化，学习中华文化的目的更不是被汉族“同化”。我们学校教育中的学科知识虽然主要用汉语讲授，但内容都是清末废除科举制度后引进的欧洲知识。少数民族学习这个知识体系不是学习汉族的知识体系，而是全球化的现代知识体系。我们在培养学员的过程中，应注重引导学员把本民族文化精髓、地区文化精神和汉语文化精髓融合起来，对此，我们组织了“北京精神”学习实践活动，引导学员把“爱国、创新、包容、厚德”的北京精神与“爱国、感恩、勤劳、互助、开放、进取”的新疆精神，“特别能吃苦，特别能奉献”的和田精神有机结合起来，帮助他们自觉树立正确的中华民族文化价值观。这些文化活动和社会实践活动不仅激发了学员们爱党、爱国、爱家的情怀，更使大家深切地体会到作为祖国儿女的光荣与自豪，切身感受到改革开放的成果和祖国的伟大、祖国大家庭的温暖，增强了建设美丽、富饶、和谐的新疆的责任感和使命感。

2. 双语教师的双语价值观

在培养双语教师的“双语价值观”方面，应该强调两个方面：

（1）民族融合与语言融合相谐相生的语言观

一是汉语自古以来就是在与其他民族的语言融合中发展的。其他民族的语言为汉语提供了很多营养，汉语中的很多借词就能说明这一问题，如“狮子”来自古伊兰语或波斯语等、“胭脂”来自匈奴语、“车站”的“站”

来自蒙古语，汉语中也有很多维吾尔语借词，如“巴依”（地主）、“巴达木”“洋冈子”（已婚妇女）、“坎儿井”“莫合烟”等。所以，双语教师对汉语的理解不能仅仅停留在字面意义上，不能把汉语理解为“汉族的语言”。马戎（2007）的看法很有见地：“我国55个少数民族中有6个民族全部或大部分转用了汉语，近40个民族有大部分人兼通汉语。在中国几千年的文化发展史和现代社会发展过程中，汉语文已经在客观上成为中华民族大家庭的‘通用语言’‘公共语言’或‘族际共同语’，所以不能根据名称和历史上的情况简单地把今天的‘汉语’看作‘汉族的语言’。”

（2）语言功能两重性的语言观

语言作为重要的交际工具，它的交流的工具功能毋庸置疑。语言还是文化的载体，寄托着使用该语言的民族的情感，所以双语教师对待语言应该更为理性而全面。双语教学应该客观、理性地处理好情感语言与交际语言的异同，找到结合点。在情感上认同本民族的母语无可厚非，但是应该从社会学、文化学的视角来看待两种语言的关系。马戎（2007）认为语言的工具性也许可以通过三个指标进行测量：第一，使用某种语言的人口规模；第二，某种语言所能够提供的科技、财贸、学术等领域的信息的先进程度；第三，可通过某种语言进行各方面交流的其他群体的人口规模。如若客观地认识了语言工具性的这三个指标，就能更深刻地理解在双语教育中提高汉语学习水平对学生个体发展的深远影响。我们应帮助双语教师树立这样的“语言观”，这有助于避免或消除民族语言偏见及文化偏见。我们对我们培养的学员做了调查，学生、教师、家长都对汉语学习持认可态度。

（三）理论与实践相结合的教师专业学科知识的培养

在专业培养方面，应该注重教师的专业教育中共性与个性的结合，在给双语教师学员开设教育学、心理学、德育教育、教师职业道德、课程与班级管理、教学法等方面的课程的同时，还需要为学员开始教师专业技能课程。由于学员所在岗位分属不同的学科，在专业课程培养模式中，就需要处理好学科的共性和差异，既要保证分科教学的区分度，又要找到学科内部的共性，实现教学上的“融会贯通”和“一通百通”。如先按岗位需要分中小学语文、数学、政治、物理、化学、地理、历史等学科进行教学，同时，在中小学文科、理科内部实现课程共性与个性的结合，开设中小学的文科综合教法课和理科综合教法课。这样既考虑了每个学科的课程的特殊性，又整合了具有共性的教学资源；既避免了教学内容的重复性，又进一步加强了不同科目的教学针对性。

同时还需要教授学员教学法方面的知识，培养其课前预测、课堂教学、课后评价、课后反馈诊断、解读教材、开发教材等与理论相结合的教学技能，这将会避免双语教师今后在工作岗位上照本宣科，使其有能力在精心分析教材的基础上结合学生特点选择合适的教法，科学地设计、组织教学。我们在调研中发现，和田地区认为今后最需要提高的是教学理论知识的教师比例为 34.6%，认为最需要提高学科专业知识的教师比例为 33.7%，30.6%的教师把课堂教学技能与技巧排在了第三，29.8%的教师认为在教学中遇到的第一大问题是对专业知识理解得不够深入，15.3%的教师认为在教学中遇到的第二大问题分别是教学方法、技能运用还不熟练。可见，理论、实践相结合的专业素质培养十分关键。

（四）双语及双语教学能力的培养

加拿大著名双语教育专家W.F.麦凯和西班牙的M.西格恩在《双语教育概论》中指出：“‘双语教育’这个术语指的是以两种语言作为教学媒介的教育系统，其中一种语言常常是但不一定是学生的第一语言。”可以看出，双语教育所指的“用两种语言”，不仅包括开设两种语言的语文课，还包括其他科目教材使用何种语言作为教学的媒介语言。在培养双语教师双语能力及双语教学能力方面，包含三个层面的内容：第一个层面是汉语知识，包括汉语的语音、词汇、语法、汉字等汉语要素的知识，语用知识和语言中渗透的文化知识；第二个层面是汉语技能，包括汉语听、说、读、写的运用能力和汉语的交际能力；第三个层面是汉语教学能力，即用汉语进行教学的技能，比如能用两种语言准确地以多种解释呈现知识，并能运用两种语言互补式地对知识进行深度的理解，并把这种体验向学生准确地输出，帮助学生用多种方式认识、理解所学内容。所以，双语既是交际媒介，也是教学媒介，它还是一门所学课程，如何科学、合理、合情地进行语码转换是对双语教师的考验。我们培养的双语教师在同时使用汉语和维吾尔语给学生讲解时，72.6%的教师能够很好或较好地对双语进行转换，保证学生能听懂。详见下表：

和田地区教师双语转换情况

教师双语转换情况	人数	百分比
维吾尔语、汉语转换得很好，学生都能听懂	144	32.6
维吾尔语、汉语转换得较好，学生基本能听懂	177	40.0
维吾尔语、汉语转换得不太好，学生听不太懂	91	20.6
维吾尔语、汉语转换困难，满足不了讲解需要	30	6.80
总计	442	100

我们通过262名中小学生对已成为他们的老师的20名学员的汉语教学水平做了随机调查，99.2%的学生认为我们的学员能运用汉语帮助他们掌握所学课程，其中87.4%的学生认为我们培养的学员的汉语水平非常好，使他们完全掌握了这门课的知识。如下表所示：

	你认为，该教师的汉语水平对于所教的课程		
	非常好，使你完全掌握这门课的知识	比较好，使你基本掌握这门课的知识	比较差，影响你掌握这门课的知识
人数	229	31	2
百分比	87.4%	11.8%	0.8%

（五）在提高计算机基本应用能力的同时，提升多媒体教学能力和信息化意识

多媒体教学是指在教学过程中根据教学目标和教学对象的特点，在教学设计中合理地选择、运用现代教育技术，以多种媒体信息作用于学生，形成合理的教学过程结构，以补充传统的教学手段，达到最优化的教学效果。如利用计算机把文字、声音、图形、图像、影像等要素按照教学要求进行有机组合，并通过屏幕或投影机显示出来，同时根据需要加以声音的配合，通过与计算机之间的人机交互操作来完成教学过程。在计算机课程教学中，教学工作需要注重计算机日常实用性和工作岗位实用性的结合，既要为学生开设常用的计算机基础应用课程，帮助其熟练使用操作系统和常用软件，也要充分考虑教师的岗位背景，把提升学员多媒体教学的设计

和利用理念与计算机应用能力相结合，进一步提高学员的多媒体教学技能和把信息技术融入教学的能力。这将为双语教师上岗后成为现代化教学人才创造良好条件。我们调查的 262 名中小学生普遍反映，我们培养的教师在教学过程中能够运用多种教学资源来辅助教学。其中 66%的学生反映，我们培训的老师在课堂上经常使用多媒体教学课件，34%的学生反映，老师们经常利用网上下载的视频辅助教学。经过对我们培养过的学员的同事进行问卷调查和访谈，很多学员的同事认为这些学员在北京学习到的教学理念比较先进，他们善于借助信息化的手段，有很强的网络资源共享意识特别是多媒体教学能力。

（六）提升思想、理念、知识、技能融为一体的就业素质

双语教师的教师教育实践能力也可以被理解为一种教育理念、知识及技能的自我外化实现能力。双语教师获得知识后到真正进行教育实践的过程应该是一个科学化的过程，在课程设置方面加强教育实践的案例分析教学十分必要，授课教师参与培养过程应该分为两个层次；教育理念、学科知识的传授要更多地依靠大学教师参与；学科教学论和教材教法案例分析是双语教师获得、内化学科理论知识的课程，是直接为中小学教学服务的，在培养过程中加大课时量尤为必要。中小学学科教学法涉及中小学教学理念、课程标准、教材分析、教学设计、课堂教学、教学评价等，大学的教师团队对这些方面的了解远没有中小学的一线教师及相关教管人员充分而全面，所以请中小学一线优秀教师参与教学，将使教学针对性更强。

思想文化根基教育、教师专业技能教育、汉语技能教育、计算机多媒体教学技能教育融为一体构成学员的就业素质。就业素质的展示需要教学实践平台，然而，新疆双语教师学员上岗后的教学对象、教学环境、使用的教材与北京的中小学、幼儿园存在很大差异，学员们无法走上北京中小学、幼儿园的课堂进行实战，这就需要给学员提供充分的在中小学的见习、观摩机会，在教学法教师的指导下观看精品教学示范课程，这将有助于学员对教学要素和教学方法进一步思考，同时领略北京先进的办校、办园理念，感受任课教师严谨的教学风格、崇高的敬业精神、博大的爱生胸怀、精湛的教学艺术、科学、灵活的教学方法。在此基础上，再借助微格教学的教学实践模式提高学员在课堂教学实践中的实操能力。

以京疆学院进行的微格教学为例，教师指导学员们按学科分成不同的

小组，集体备课，然后推出一人走上讲台，进行 20 分钟的“模拟课堂教学”，由京疆学院教育教学能力审核委员会的中学教育教学能力测评小组、小学教育教学能力测评小组、学前教育教学能力测评小组对讲课的学员的仪表和举止、面相和身势、语言表达、思维方式、教学内容、教学方法、板书设计，以及处理问题的能力、魄力、方式等进行测评。邀请校内外的资深教育专家，中小学校长，幼儿园园长，中小学、幼儿园特级教师担任评委、顾问，以评委打分、专家点评的方式，让参赛的学员了解并改进自身的不足。整个比赛过程以增长教学经验、发展教学能力为主要目标，坚持创新的原则，提倡探究式、协作式教学，使学员在教学理念、教学手段、教学内容等方面进行互相探讨、互相学习，增强了凝聚力，加深了合作意识。通过比赛，学员对教师职业的认识明显加深，教学热情显著提高，对教学过程的体验也更为充分。

开展这种模拟课堂教学还有如下好处：一是找合适的机会面向校内外邀请相关学者、专家共同观看这些经过编辑、制作的模拟课堂教学片，针对发现的问题进行教学研讨，完善新疆双语教师的培养模式；二是在今后的双语教师培养工作中，可以组织学员观摩这些模拟课堂教学片，使其内化所学知识，发现教学规律，并鼓励他们积极发挥主动性，在模仿的基础上勇于探索教学理念，敢于创新教学方法，真正做到学以致用。

以上双语教师专业素质的培养工作让 746 名双语教师学员受益良多，为他们走上教师岗位奠定了良好基础。在结业前，这些学员的教案习作中的 390 篇教案获得了任课教师的认可，并被编成《双语教师学员优秀教案集》。据和田地区反映，目前学员基本都已符合双语教师的上岗资质，正在为新疆和田地区的教育事业做出自己的贡献。我们调查的 262 名中小学生对我们培养的教师的课堂教学效果普遍较为认可，有 94.7%的学生认为我们的学员讲课清楚、易懂。如下表所示：

你认为该老师的课堂教学效果如何				
	非常好 讲课清楚易懂	比较好 基本能听懂	不太好 基本听不懂	非常差 完全听不懂
人数	248	11	2	1
百分比	94.7%	4.1%	0.8%	0.4%

四、结语

本文立足于首师大京疆学院对和田 746 名双语教师的岗前培训实践，结合对已经走上教师工作岗位的 460 名学员，以及他们的领导、同事及学生对他们的评价，对少数民族双语教师的专业素质培养进行了初步探索，以期得到双语教育、职业教育方面的专家、学者的指导，为支援西部建设、培养新疆人才、帮助更多少数民族人才就业做出积极贡献。

新疆少数民族双语教师培训工作的发展

买买提吐尔逊·阿布都拉

一、新疆双语教育推行简况

新疆自古以来就是一个多民族地区。其中，世居的有维吾尔族、汉族、哈萨克族、回族等13个民族，各民族之间呈现大杂居、小聚居的分布特点。由于杂居民族相互交往，逐渐形成了比较普遍的双语或多语现象，双语人或多语人广泛地存在于各民族人口之中。可以说新疆已成为不同民族语言保留、传承、发展的肥沃土壤（如塔吉克语唯独在新疆被保留、传承了下来），各民族学习语言的需求必然存在。汉语是联合国六种工作语言之一，也是我们国家各民族共同的交流工具，在不同民族之间的交往中一直发挥着十分重要的作用。新疆解放后，自治区党委和人民政府高度重视少数民族学习汉语，采取了一系列重要措施来提高新疆各民族人口的汉语普通话水平。为了进一步加强汉语教学，在20世纪80年代中期，新疆各少数民族语言授课学校从小学三年级到大学预科教育普遍开设了汉语课，已经形成了比较完整的汉语教学体系。20世纪80年代末至90年代初，各少数民族中小学在深化汉语课堂教学改革的基础上，选出个别中学又开始进行部分课程用汉语授课的改革实验。2004年3月，自治区党委、自治区人民政府做出了《关于大力推进双语教学工作的决定》，旨在提高自治区少数民族教师汉语水平、全面实施素质教育的能力和水平，进而提高自治区少数民族教育质量。《决定》中提出了新疆双语教学的总体目标，以少数民族语言授课的中小学，其双语教学模式，由当时的以理科为主的部分课程用汉语授课，最终过渡到全部课程用汉语授课，同时加授母语文的模式，使少数民族学生高中毕业即达到“民汉兼通”的目标。经过十年的发展，

买买提吐尔逊•阿布都拉：维吾尔族，新疆教育学院双语学院院长、教授，中国少数民族双语教学研究会副秘书长。

目前新疆基本形成了三种模式为主的双语教学格局：

普通班：用母语授课，加授汉语课（汉语课一周6—7课时）。

模式一：理科用汉语授课，文科用母语授课。

模式二：用汉语授课，开设一门母语课（母语课约5个课时）。

目前在模式的选择上，对于接受过学前双语教育的少数民族学生，小学起始年级，城市和县城学校一般采用模式二，农村学校可以根据双语教师及学生的实际情况，采用模式一或模式二。

自治区双语教育发展目标：自治区制订了《新疆维吾尔自治区少数民族学前和中小学双语教育发展规划（2010—2020年）》，对双语教育的发展提出了具体目标：到2012年，基本普及少数民族学前两年双语教育，使接受学前双语教育的少数民族幼儿的比例达到85%以上；到2015年，少数民族中小学基本普及双语教育，使接受双语教育的少数民族中小学生的比例达到75%左右，其中义务教育阶段达到80%左右；到2020年，使接受双语教育的少数民族中小学生的比例达到90%以上，其中义务教育阶段达到95%左右（所指双语教育不包括普通班模式）。《规划》以自治区人民政府名义印发各地执行。

二、自治区双语培训工作的发展

新疆自从有了中小学双语实验班（1992 年），就开始了双语教师的培训工作，双语教育培训工作的发展历程可分为以下三个阶段：

（一）起步阶段（2004年以前）

在2004年以前，中小学双语教师的培训主要以地（州）、县（市）为主，自治区未统一组织过大规模的培训活动。在地（州）、县（市）开展的双语教师培训活动大体有下列五种形式：一是进行定期的脱产培训，以民考民理科教师的汉语培训和短期进修居多；二是进行短期轮训，利用寒暑假或其他时间进行短时间的专业知识培训；三是针对对口支援教师的业务培训，包括针对汉族教师的民语言培训，比如和田地区就采取“抽硬人、硬抽人”的办法，从机关和事业单位选拔汉族和民考汉干部进行集中培训后安排他们到民语学校或双语班任教；四是在岗“一帮一”结对子培训，这种形式在“民汉手拉手”的学校和民汉合校学校非常普遍，先听汉语老师的课，然后再给自己班的学生上课；五是在岗业余自学，这种培训以教师业余自学为主，辅以学校组织的教研活动、集体备课、教学观摩等形式。从总体上看，各地方采取的这些培训形式投入少、针对性强、方式比较灵活，但规模小、培训内容不系统。

（二）快速发展阶段（2004—2012年）

为了切实解决新疆中小学少数民族教师短缺问题，推进双语教育快速发展，通过集中培训从思想政治教育、教育基本理论素养、汉语授课能力、学科专业知识、课堂教学实践和信息技术，尤其是双语教学能力等方面提升双语教师综合素质，2004年起自治区大规模开展双语教师培训工作，其中最主要的工作是开始实施“新疆少数民族双语教师培训工程”，工程的主要内容有：

1. 自治区计划于2004年至2011年完成全区40岁以下4.5万名双语教师一年期脱产培训任务。2005年自治区第一期1000名双语教师培训任务完成以后，根据双语师资队伍建设的需要，为确保培训质量，对“新疆少数民族双语培训工程”进行综合评估，将培训时间延长为两年，于2006年至2011年6年间开展了全区35岁以下13500名双语骨干教师两年制培训工作。

2. 同时配套启动了中青年骨干教师培训、班主任培训、教师教育技术能力培训等专项师资培训项目，共培训教师65832人。

3. 2008年至2012年间，为进一步满足贫困地区发展双语教育的迫切需求，自治区依托区属中等师范学校及地州培训基地共培训9264人，培养学前、幼儿园教师2000名。

（三）稳步提升阶段（2013 年至今）

为进一步落实自治区党委、人民政府《关于大力推进双语教学工作的决定》和《教育部等十部门关于推进新疆双语教育工作的实施意见》精神，结合自治区双语教师培训实际，自治区组织实施了《第二期新疆中小学少数民族双语教师培训工程》。第二期工程培训目标为：以科学发展观为指导，贯彻落实中央新疆工作座谈会精神，全面推进新疆双语教育事业又好、又快地发展，以建设一支政治过硬、素质优良、业务精湛的中小学少数民族教师队伍为目标，坚持“培训一个管用一个”的原则，牢固树立“增强质量意识、提升管理水平”的培训理念，坚持“强化政治素质是前提，提高汉语水平是基础，夯实专业基础知识是核心，提升汉语授课能力是目标”的“四维培训”宗旨，努力使参训教师经过两年的科学、系统的强化培训，国家通用语言授课能力得到明显提高，能够胜任学前及中小学双语教学工作。第二期工程在第一期的基础上做了一定的调整：

1. 委托高校培训的教师人数相对缩减，部分培训任务被下放到当地的培训机构或学校。

2. 培训经费大幅度增加（由原来的人均 5000 元调整到 8000 元，提高率为 30%）。

3. 培训目标更加具体、直接，提出坚持“培训一个管用一个”的原则。

4. 要求小班教学，将一个班学生人数控制在 20—25 人。

5. 注重教学技能的培训，提高用汉语授课能力。

三、自治区双语培训工作的模式与方法

在新疆接受双语教师培训工作的教学单位，在培训工作中一般都采取以下三种模式进行：

第一种培训模式是按汉语水平分级教学、整班教学。

这种培训模式根据受训学员的汉语水平分为快、慢等班级进行汉语言教学；专业课根据不同专业和学段合班教学，一位教师辅导一个班。

第二种培训模式是按专业分班教学、整班教学。

由于受训学员汉语水平差异较大，真正的分级教学难以实施，从而影响培训的质量。若将不同的专业混合编班，又难以保证专业教学的正常实施，所以，有些培训学校基本是按学科进行编班学习。各培训点依据教育厅制订的教学计划制定培训制度，选班主任，聘任代课教师，按专业分班教学。

第三种培训模式是按专业分班教学，一对一辅导汉语。

这种培训也是按专业分班教学，但与第二种培训模式不同的是通过1+1结对子模式辅导强化汉语训练。有些学校为提高受训学员汉语水平和教学技能，用各种措施结对子强化汉语训练活动。例如任课教师让新疆和汉族班学员结成对子，要求新疆学员每周写2—5篇日记，业余时间让结对子的教师批改，同时要求学员用汉语与教师进行学习、生活的交流，每周不少于2小时；教师指导后认真填写《强化训练结对子活动教师指导情况记录表》，师训部不定期进行检查。在活动中，学员介绍自己的基本情况及学

习感受，师生进行自由交谈等。考前心理调适和咨询，受到了学员的好评。

这种培训模式对于受训学员学习汉语有一定的优势，但这种培训模式适合人数少的培训班，还要有一定数量的志愿者。

四、自治区双语培训工作取得的成绩

自治区双语教师培训工作实施以来，在党和政府的重视、支持下，教育行政部门及培训院校的真抓实干、努力配合下，取得了较突出的成绩，主要体现在以下几个方面：

（一）构建起较科学的双语教师培训体系

从 2004 年起，自治区对双语教师培训进行了科学的规划，不断完善培训制度、内容和方式，逐步建立起较完整的双语教师培训体系。这一体系包括教师培训目标系统、课程和教材系统、课堂教学及其监控系统、实践教学系统和学生学业考核系统。

（二）切实缓解了双语教师短缺问题

经过 10 年的培训，一大批合格的双语教师到了基层教学的岗位上，为双语教学储备了师资，缓解了双语教师短缺的问题。

（三）双语教师队伍整体素质得到了进一步提高

经过培训，双语教师思想政治素质普遍提高，增强了“四个认同”认识，强化了维护民族团结的大局观念，教学技能得到了全方位提高，掌握了双语教学方法，提高了学科教学设计、教材分析和处理教学的能力、汉语交际能力和汉语授课能力，普遍达到了教学目标所规定的 HSK、MHK 等级。他们通过两年制培训学习及参加双语教育专业高等教育自学考试，提高了学历层次。

五、自治区双语培训工作存在的几个问题

（一）培训的考核标准在实施过程中的缺失，激励机制不够完善

根据教育厅新疆中小学少数民族双语教师培训考核办法的规定，少数民族双语教师的考核主要包括七项内容：政治理论与职业道德，教育理论与实践和基础教育新课程，汉语基础知识，计算机基础知识，课堂教学实践，少数民族汉语水平考试（MHK），政治思想表现和校纪、校规。在这些考核内容中，汉语水平必须达到规定的级别要求，其余各项均由自治区教育厅及培训院校一起组织进行。汉语水平考试不仅是统一组织的，而且与

学员的结业密切相关，《考核办法》规定：非汉语学科小学、初中教师达不到三级乙等，汉语学科小学教师达不三级甲等，属于培训不合格，暂不发放结业证书。受以上因素影响，在实际操作过程中，汉语水平考试成绩往往成为各承训院校结业考核的硬性标准，其他方面的考核指标可根据实际情况做适当的调整。这导致有些承训院校和参训学员把MSK作为唯一标准和目标，甚至围绕MSK安排教学，这严重影响了培训效果。

为深入推进双语教学，自治区建立并完善了培训与学历提升相结合等多项双语教师培训激励和考核机制，从政策层面鼓励、支持广大少数民族教师转型。然而，我们通过调查发现，部分双语教师参加培训主要是迫于外在压力，如为晋升而学、为得到结业证书而学。参训教师的思想观念并未转变，未自觉融入培训生活中。

（二）忽视培训对象的需求差异性

教师是培训的主体，他们希望通过学习解决实际问题，提高实际能力，但南北疆不同地区人们不同的知识水平、能力、经历，使得我区双语教师参加培训的需求各不相同。而在实际培训过程中，培训往往以学科为班级，不同背景、不同经历的参训教师难以得到因材施教的培训。可以说，在双语教师的培训中，培训对象需求的差异性被忽视，这对不同背景、不同水平的教师的学习积极性产生了不良影响。

（三）培训观念呈现滞后性，培训目标发生偏离

双语教师培训旨在通过培训，提高参训教师的汉语水平及汉语授课能力，拓展参训教师的知识面，升华参训教师的职业道德，提升他们的综合素质，从而为我区培养出合格的双语教育教师。然而，在培训的实施过程中，许多培训院校往往顾此失彼，培训观念滞后，目标定位不准确，偏离了自治区的培训目标，把双语教师培训班办成了汉语培训班，只注重教师汉语水平的提高，忽视了教师专业能力的培养，或者只重视对教师进行知识的传授，而忽视了教师思想道德水平的提高，或者只重视对汉语水平较低的教师进行培训，而忽视了对汉语水平较高者的培训，或者只重视培训硬指标的完成，而忽视了教师入职后全面素质的提高等，这些现象都严重影响了双语教师培训质量。

（四）培训方式呈现单一性，没能体现新的教学理念，培训内容脱离教学实际

中小学少数民族双语教师培训是一项系统、复杂的工程。自治区在组

织培训上虽有统一的计划和安排，但在培训过程中，培训院校多采用满堂灌、整体推进的教学方法，追求整齐划一，忽视了双语教师学习的特点。目前，从双语教师培训的方式和内容来看，虽然按自治区的要求实现了小班教学，但传统的课堂授课方式仍然占主导地位，教学内容“本科化”现象明显。培训内容主要是学历教育模式的改造版，如课程还是包括汉语精读、汉语阅读、汉语听力、一些专业基础知识等内容，进行灌输式教学，忽视了基础教育和双语教学实际，忽视了参训教师实际需求，从而导致内容基本上还是在重复学历教育阶段的知识，区别仅仅在于教材选择不同。过多强调教师的共性，忽视教师的个性，以上大课、听讲授为主，考核多以笔试为主，培训方式比较单一，新的教育、教学理念在培训工作中没有体现。许多能够真正提高参训教师水平而又适应目前汉语教学的培训方式，如案例教育、角色扮演、教学示范、教学诊断、说课和评课、专题研究、实验学习、读书讲演、现场参观、社会调查等很少被运用或几乎没有被运用，使本应丰富的双语教师的培训变得僵化、呆板。许多参训教师无法真正主动参与到教学活动中去，常常是被动地接受知识。双语教师的能力培养及素质提升失去了必要的发展环境与空间。

（五）对教学能力的培养不足

双语授课能力的培养应该是少数民族双语教师培训工作的最终目标，整个培训工作都应围绕这个目标来安排。但在培训过程中，有的承训院校只顾双语教师汉语水平的提高，忽视了对其双语授课能力的培养，致使部分受训学员双语授课能力较差。

六、几点建议

（一）加强对双语教师培训工作的研究

在党和政府的大力推动下，新疆双语教育工作也取得了显著成果，但这项工作还是缺乏科学研究的支撑，在如何促进双语教育工作科学发展方面，没有突破性的研究成果。现有的研究成果只是对具体的管理、教学层面的问题的研究，缺乏从教师培训框架内进行的理论层面的研究，而且当前学界对双语教育的研究热情有下降趋势。经搜索资料发现，搜不到2011年以后发表的有关双语教师培训方面的论文。双语教师培训工作有不少的问题还没有解决，应在理论上深入研究。

（二）要加大经费投入

一方面，对于双语教师培训工作，大部分培训学校作为形象工程来开展，但政府的经费投入比普通学生低，使组织培训的积极性受到影响。另一方面，受训教师的生活得不到保障，如受训教师大部分年龄为35岁左右，五六人住一间宿舍，过两年集体生活，身体状况会受到影响，导致学习积极性不高。其生活补助要求生源地承担，因当地财政困难等因素得不到保障。

（三）实施民考汉或母语为汉语的教师的培训工作

近几年来，为了快速解决双语师资紧缺问题，一批民考汉或母语为汉语教师进入双语教师队伍中，这些教师母语水平低或不懂学生母语，专业水平也需要提升。目前的培训模式不适合这类教师的培训的需要。为了更好地发挥他们的汉语言优势，使他们在双语教育工作中发挥更重要的作用，需要实施对这一类教师的培训。

（四）提高现代教育技术在教师培训工作中的使用水平

大力推进现代教育技术在教学过程中的普遍应用，充分发挥现代教育技术的优势，应为受训教师的学习和发展提供丰富多彩的教育环境和有力的学习工具，注重少数民族汉语学习方面的软件的开发。

（五）建立政府主导下的双语教师培训协同创新机制

目前全国各少数民族地区均开展了双语教育、双语教师培训工作，但是我国少数民族地区双语师资培养、培训体制的弊端是“条块分割”“各自为政”。缺乏这种体制的地区之间、地方政府与大学之间、大学与大学之间、大学与中小学之间的联系，使双语师资培养、培训的管理部门和培养、培训机构之间壁垒森严，互不联系。这种体制不仅不能很好地发挥管理部门和培训机构之间的协同创新优势，而且造成了教育资源的浪费。因此应在当地政府部门的主导下充分发挥各地区之间、地方与师范院校之间的合作，打破不同地区、不同职能部门之间缺失协作的现状，冲破现有师资培训与培养上的枷锁，提高双语师资之间的有效性。

信息化环境下新疆民族中小学理科双语教育现状及提升途径

施　歌

加快民族教育事业发展，对推动少数民族和民族地区经济和社会发展、促进各民族团结奋斗和繁荣发展具有重大而深远的意义。新疆维吾尔自治区经过多年的发展，双语教育规模逐步扩大，双语教育条件明显改善，双语教师队伍素质不断提高，双语教育体系初步建立，但中小学双语教师队伍中仍普遍存在“一缺二低”的现象：双语教师紧缺，现有双语教师汉语水平普遍偏低、教学能力偏低。同时，理科教学较为薄弱，优质的教学资源较为匮乏。师资和资源的不足严重制约了双语教育的发展。这些难点、热点问题借助传统方式或常规手段很难解决。

在教育信息化大背景下，如何利用信息化手段促进新疆民族地区教育公平、提高双语教育质量，是本文重点探讨的问题。我们旨在从资源建设的角度出发，摸索出一套提升民族地区理科双语教学效益的有效模式，以提高当地师生的信息技术应用能力，推进信息技术在民族地区双语教学中普遍、深入、常态化应用，培养“民汉兼通”、适应信息社会发展需求的人才。

一、教育信息化背景下新疆民族中小学理科双语教育现状分析

新疆维吾尔自治区是一个多民族、多语种地区。除维吾尔族以外，还有汉、哈萨克、蒙古、柯尔克孜、回、锡伯、塔吉克、塔塔尔、乌孜别克、满、达斡尔、俄罗斯等十几个民族。在这些少数民族中，除塔塔尔和乌孜别克两个民族绝大多数人转用维吾尔语或哈萨克语，回、满两个民族转用汉语外，其他民族都以本民族语言为主要交际工具。如今，新疆少数民族

施歌：1976年生，人民教育出版社副编审，研究方向为民族双语教学与基础教育数字出版。

双语教育已成为新疆民族教育体系中一个重要组成部分，但仍存在许多亟待解决的问题。在国家教育信息化大的战略背景下，这些问题解决与否直接关系到新疆地区教育信息化、现代化进程和双语教育教学质量。

（一）逐年加大中小学远程教育基础设施建设投入，基本实现“班班通”

近年来，新疆教育部门根据中央《新疆双语现代远程教育建设规划》要求，切实加大远程教育配套资金投入力度，大力推进信息化基础建设，积极改善中小学双语现代远程教育条件。根据新疆电教馆的统计，截至2012年，新疆中小学基本具了备计算机教室，生机比城镇中小学分别达到12:1和15:1，农村中小学分别达到20:1和25:1，中小学教学光盘播放点普及率达到75%，基本实现了“班班通”的目标，办学条件有了较大改善。新疆教育部门还组织开发了“新疆基础教育教师专业发展网络研修平台”“新疆双语教育资源公共服务平台”“新疆基础教育资源公共服务平台”等，力争为新疆地区中小学教师提供种类更多、质量更高的信息化教学资源和相应的服务。

（二）优质双语教学资源严重匮乏，影响学生学业成绩的提高

优质数字资源建设是教育信息化的基础，少数民族双语课程资源是少数民族双语教育资源不可或缺的组成部分，是课程实施得以高效开展的依托，也是少数民族双语教学和双语学习取得成绩的保证。在教学中，学生可获取的教学资源的数量与质量对他们的学习效率和成绩有较大影响。

由于各种历史原因，新疆地区优质双语教学资源非常匮乏。我们在调研中发现，“校校通”“班班通”为很多学校开通了信息高速公路，但路上奔跑的车辆——优质双语资源依然匮乏，尤其是和义务教育阶段新课标教材配套的、科学而系统的、符合信息化教学需求和双语教育要求的优质数字资源，这直接影响教育信息化的推进和学生学业成绩的提高。

（三）中小学师生汉语水平普遍偏低，理科教学尤为薄弱

语言是文化的载体，是学习的工具。汉语水平不高严重影响着新疆少数民族中小学生理科教学的效果。据方晓华的调查数据，对于“用汉语学习数理化有利于解决民族教育中理科教学的薄弱”这一问题，新疆地区教师中选择同意者达84.45%。但实际情况并不理想。我国自2009年开始在新疆地区开展每年一度的少数民族双语教育质量监测，其中以小学汉语、

数学学科为主。根据 2009—2013 年监测结果，新疆地区小学生汉语听、说、读、写能力普遍薄弱，得分率仅为 50%—60%。考试过程中，老师通常需要用民族语言向学生解释考试要求。就义教阶段数学学科而言，同一班级里，汉语水平低的学生数学成绩更差。

2014年，笔者在喀什、阿克苏等地的一些中学听课并调研，数学课堂上多数学生不能理解老师的汉语意思，更谈不上理解数学概念与定理，课堂练习中也仅有少数学生能答对题目，多数学生甚至无法理解数学题目，最终老师只能再用民族语言重新讲解一遍知识点。这样不仅不利于学生的双语学习，而且大大降低了课堂教学效率。另外，通过观察内地混插班（班级被设置在浙江省某一普通高中内，每个班级既有部分汉族学生，也有来自新疆的优秀少数民族学生）课堂教学情况，课堂上回答问题的多为汉族学生，而且汉族学生的数学成绩平均分高出少数民族学生20—30分，满分120分的卷子，少数民族学生的得分范围在20—70分，50分左右的居多，而汉族学生最低分为76分，平均分为90分左右。

由此可见，汉语基础薄弱严重影响新疆地区少数民族学生的理科学习，提高汉语水平是提高少数民族学生理科学习成绩的必要条件。

（四）中小学双语教师的专业水平、数字素养普遍较低

2014 年 10 月，笔者委托新疆数学教研员张惠丽走访阿勒泰地区库车县玉奇吾斯塘乡中心小学和库木吐尔小学等，采用课堂听课、与教师和学生交谈、抽看教师教案、问卷调查等方式了解当地双语教师的教学水平，其结果在整个新疆地区具有典型性和普遍性。

1. 中小学数学双语教师专业知识薄弱、教学水平不高

通过调研发现，大多数数学教师是非师范类、非师范专业毕业生，数学专业基础薄弱，而且教学水平有限，几乎没有参加过教材、教法的相关培训，研读教材的能力较差，对教学内容的把握不到位。课堂上几乎都是用维、汉两种语言交叉授课，课标及教材规定的教学内容完成不了，规定课时不够用。日常的教学设计也大多是抄袭，仅仅是为检查做准备，上课时完全不按照教学设计进行教学，备课制度流于形式。新疆地区数学双语教师的专业水平不高直接导致当地数学学科教学质量低下。

2. 民族中小学教师数字素养普遍较低且缺乏培养途径

相对经济发达、教学条件较好的地区来说，新疆地区信息技术发展落

后，教师的信息素养缺乏。调研发现，少数民族教师课堂使用多媒体教学的频率很低，只会使用比较初级的教育信息技术，比如运用 WORD、PPT 等软件制作课件，对高级的信息技术很少使用，甚至根本不懂得使用。这在一定程度上制约着教师教育信息技术素养的发展。

另外，少数民族教师对运用信息技术提高教学质量的重要性认识得不足，自觉运用信息技术的意识比较薄弱。尽管他们都承认信息技术的优势，但同时也认为传统的教学方式和手段也能够解决教学中遇到的难点，因此对学习和运用信息技术的需求并不强烈，使电教设备闲置严重。大部分教师虽具备基本的计算机操作技能，但因为高级技能差，获取、加工信息的能力较低，不能把教育信息技术与课程教学有机地整合起来，影响了教学水平和能力的提高。

（五）中小学双语教师培训效果欠佳，缺少对信息化能力的系统培训

教师培训是促进教师专业化成长的有效途径之一。近年来，虽然针对新疆民族双语教师的培训较之前有所增加，但在针对性、有效性等方面还存在很多问题。

1. 培训理念相对落后

调查结果显示，现阶段新疆地区教师培训主要集中于“你讲我听”的传统课堂讲授方式，这种单项传输的培训方式直接导致了两种后果：第一种是培训的结果完全取决于授课教师的经验和能力，培训内容缺乏实践环节，受训教师无法验证自己是否真正理解了这些知识，无法在培训现场发现自己的问题；第二种是培训过程中教师缺少与专家直接沟通的机会，即使在培训过程中遇到无法理解的知识，得到解决的可能性也较低，这些问题会在以后的教学过程中遗留下来，不能很好地帮助教师提升知识素养。因此，这种传统的培训方式效果不佳。

2. 培训形式不能满足教师的个性化需求

新疆南部、北部地区教师教学能力具有明显差异，北部地区教师的教学水平明显高于南部，两地区教师遇到的教学问题不同，教学需求也不同。而且新疆是一个多民族地区，不同民族的教师在学历、学科、思想观念认识、汉语水平、技术应用能力等诸多方面存在差距。而在现有培训中，培

训对象的定位比较模糊，对教师的实际需求了解得并不多，往往只是简单地按照学科划分然后统一培训，忽略了教师的个性差异，因此并不能真正解决教师在一线教学中遇到的实际问题。

3.培训内容缺乏信息技术方面的系统提升

在新疆地区，很多教师表达了接受信息技术培训的需求，而多数学校并没有实施教育信息技术培训，或者没有长期的连续性的培训计划，培训内容没有建立正规的教学体系，教师学到的信息技术知识过于碎片化。此外，相关信息技术的培训应有相关的信息化的环境和教育技术理论的支持，使受训者能综合运用多媒体计算技术、网络技术等，而实际的培训并不能保证所有的培训环境都符合信息化和网络化的要求，因此被培训教师只能简单地获取一些理论知识和技能，缺乏将所学知识应用于实践的技能训练，无法实现学以致用的目标，使培训效果大打折扣。

（六）中小学生运用信息技术进行自主、合作、探究学习的能力薄弱

《中小学教师信息技术应用能力标准（试行）》中明确提出，应让每个学生平等地接触技术资源，激发学生的学习兴趣，保持学生的学习注意力，让学生在集体、小组和个别学习中获得技术资源和参与学习活动的机会。但新疆地区中小学生运用信息技术进行自主、合作、探究学习的能力普遍较弱，这一方面与当地家庭的经济情况有关，另一方面与缺乏学校环境的支持和数字素养的系统培养有关。

根据新疆双语教育质量监测结果，新疆当地家庭的电脑普及率不高，仅为四分之一左右，网络普及率更低。学生在家利用电脑搜集学习资料、利用网络进行自主学习的机会较少，通过网络学习的比例不足20%，大部分学生学习的最主要渠道仍为图书资料。电子硬件设备及网络的缺乏为学生利用信息技术进行自主、合作、探究学习带来了很大的障碍。此外，虽然新疆的“校校通工程”“班班通工程”和“西部农村远教工程”使学校的信息化水平得到了一定程度的提升，然而多数电教设备处于闲置状态，并未得到充分的利用，教师仍主要使用黑板板书、挂图等传统教学方式，使用多媒体教学的频率较低，而且学生的信息技术课程也未得到充分的重视。因此，学生学习信息技术、运用信息技术的机会少，通过电子

设备搜索学习资料、探究学习、合作交流能力欠佳，整体数字素养不高且缺乏培养途径。

二、优质双语数字资源建设是提升新疆民族中小学理科双语教育质量的基础工程和有效途径

针对新疆民族中小学双语理科教育的现状，如何利用教育信息化的手段培养中小学师生的数字素养、提升理科双语教学的效益呢？方法和渠道有很多，我们要循序渐进、逐步推进，但无论怎样，优质双语数字资源建设都是提升新疆民族中小学理科双语教育质量的基础工程和有效途径。

（一）双语资源可以同时提高理科学习成绩和汉语水平

双语教育质量监测结果显示，新疆大部分少数民族中小学生汉语水平比较薄弱，属于初级双语者，在双语学习过程中明显需要依赖母语的翻译。对此，心理语言学家和认知心理学家提出了“共同存储说”语言存储模型，认为虽然两种语言的获得途径、获得时期各不相同，两种语言信息分别被进行信息编码，从而形成两个不同的词汇和语法分析系统，但两个通道的语言信息共同存储于一个单独的语义记忆系统中。Glanzer 和 Duarte 所做的自由回忆实验表明，当字表中的字词被用第一语言外的另一种语言的对应词加以重复，所产生的促进效果与用同一种语言加以重复的效果是一样的，甚至更好。这表明了两个语言通道的字词激活了语义记忆中的同一个单一的语义表征，也说明两种语言的对应词有着共同的语义表征和储存形式。如图 1 所示：

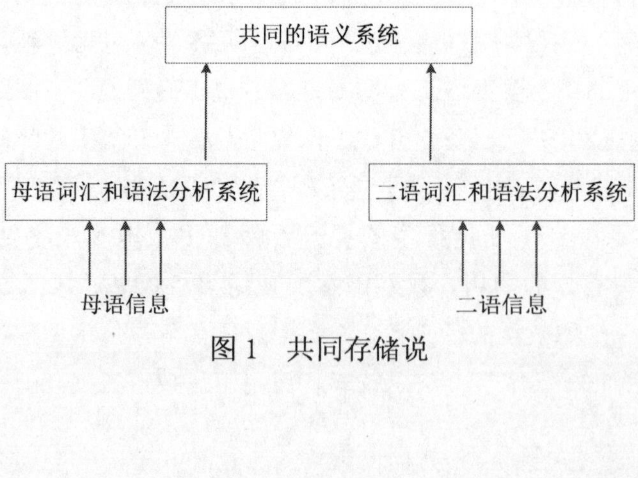

图 1 共同存储说

关于第二语言词汇的提取过程，KroL1 和 Stewart 提出了“修正的等级模型”，此模型认为，对于初级双语者，L2 的初期习得对 L1 具有较强的词汇依赖，也就是说，L1 最初是 L2 和概念/意义之间的一个词汇中介。因而，从 L2 到 L1 的词汇联系强于从 L1 到 L2 的词汇联系，概念与 L1 之间的联系强于概念与 L2 之间的联系。随着 L2 词汇量的增加，双语者逐渐形成了由 L2 直接提取概念的能力。随着双语者的 L2 越来越熟练，由 L2 激活的概念最终会与由 L1 激活的等同。这时的双语者就成了一个概念调节者，他能用 L2 直接通达意义，即初级双语学习者的 L2 对 L1 具有较强的词汇依赖性，而对熟练的双语学习者而言，这种依赖性几乎不存在。如图 2 所示：

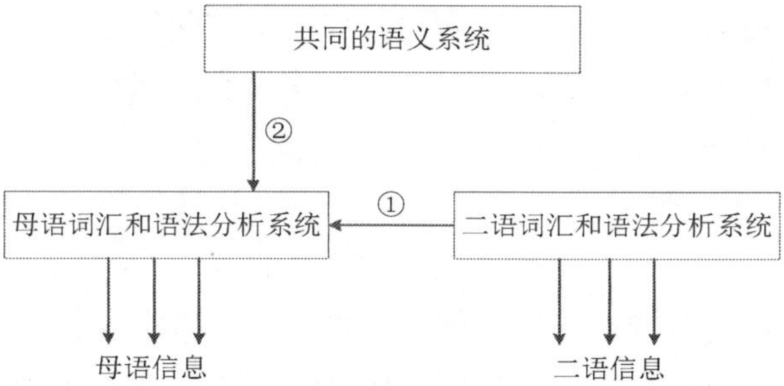

图 2　修正的等级模型（初级双语者）

对此，CUMMINS 的“相互依存假说”也认为，双语学习资源的使用可以同时提高汉语水平和学业成绩，真正实现双语教育的目的。因此，开发双语学习资源是提高少数民族学生学习成绩的有效措施。另外，资源的制作应充分考虑少数民族学生的特殊性。首先，应对核心概念、重要定理进行民语翻译，讲解语言应尽量简单易懂；其次，所举例子应符合少数民族实际生活，以便降低学生理解知识、解决问题的难度。

（二）数字资源有利于激发学生的学习兴趣，提高理科双语教学效益

1. 数字资源有利于激发学生学习兴趣，培养学生自主、探究、合作学习能力

相对于传统学习资源，数字资源具有容易获取、呈现形式多样、内容丰富等优点，有利于激发学生的学习兴趣。以物理学科为例，课程中有很多抽象概念，学生容易产生畏难情绪。可以采用动画、视频等数字化方式

把难以理解的概念用动态形式展现出来，使抽象知识具体化、结论性知识过程化，可以降低理解知识难度，让学生获得成就感，进而增强学习兴趣。另外，丰富的数字资源也培养了学生自主、探究、合作学习的能力。数字资源的丰富性可以拓宽学生的知识面，为合作学习提供了必要的基础，可以增强学生的课程意识，这不仅能促进其主动参与课程实施，理解、建构课程文本促进其学习，而且还可以改善、提高课程文本转换的成效。

2. “微课”等数字资源形式更利于少数民族学生理解、消化和吸收知识

以“微课”形式呈现数字资源更方便中小学生学习。首先，微课的设计和制作是针对某个具体知识点、教学主题展开的，具有教学目标相对单一、教学内容更加精简、教学主题更加突出、教学指向更加明确等特点。当学生在学习中遇到困难时，可以直接定位所需微课视频，省去了在众多资源中搜寻资料的时间，提高了解决问题的效率。其次，微课视频的时间较短，一般不超过10分钟，更符合视觉驻留规律和中小学生的认知特点，而且视频容量较小，学生可以选择在线观看，也可以下载到各种终端设备上实现个性化学习。再次，微课以课堂教学视频为核心，并整合了课堂教学设计（包括教案或学案）、教学素材和课件、教师的教学反思、学生的反馈评价、学科教师互动点评等多种资源，具有一定的结构性，营造了一个与具体教学活动紧密结合、情境真实的“微教学资源环境”，有利于巩固学生的知识点，形成知识体系。其同时具有动态性、生成性、开放性特点，其中的资源要素都可以被修改、扩充，可以生成，并随着教学需求和资源应用环境的变化而不断地生长和充实，进行动态更新。

（三）基于课程论、教学法构建民族中小学理科双语数字资源生态体系

按教育部要求，2012年9月起新疆开始逐年使用新课标教材，双语教师急需与之相配套的、成系统的优质基础性数字资源及应用服务。新疆双语教育情况复杂，不同地区、不同水平的教师应用数字资源水平差异较大，但教师普遍需要能在课前、课中、课后使用的包含教材解读、知识点讲解、典型例题讲解等内容的数字资源包。

2014年6月，我们在乌鲁木齐、喀什的多个学校调研，教师们反映：在资源呈现形式上，普遍认可“微课”这一新型资源呈现形式；在双语翻

译问题上，建议对首次出现的重点词汇或知识点提供民语注释或配音，不需全文翻译；在载体形式上，不同的地区信息化环境不同，对网络和硬盘存储两种形式均有不同需求；在合作方式上，希望教材编写专家联合全国优秀的地方教研团队，与新疆当地的教研员、教师共同设计，使项目真正符合民族地区的实际，进而探索适合民族地区的资源共建与多方协作的工作模式。

我们认为，从课程论、教学法和信息技术特点出发，适合新疆地区理科双语教育的数字资源包应以新疆地区主流版本的新课标教材为蓝本，以知识点为单位，以“微课”资源为亮点，按照教学要素形成一个完整的学科教学资源体系，以满足新疆当地教师的学科教学能力提升培训及日常双语教学对双语资源的基本需求。对此，建议民族中小学理科双语数字资源生态体系至少包括如下内容：

1.“课标及教材解读”系列微课

以册或章节为单位，组织课标专家和教材主编、编者对国家课程标准、新课标教材修订情况等进行说明和指导，录制成系列微课，以帮助教师尽快熟悉新教材，正确把握教学重点、难点，保证民族地区没有学科背景的双语数学教师不偏离教学目标，理解教材，用对教材。使用对象是教师，应用场景为教师课前备课或自主培训。

2.“知识点讲解”系列微课

以国家课程标准中要求的学科知识点为基础，对每册教材涵盖的知识点进行剖析，每一节微课针对单一知识点，并配有对应的优质数字资源。形式可以多种多样（真人讲解、PPT、录屏软件、三分屏等）。考虑到双语教学的要求，建议不要全部采用双语字幕或民语配音。对于首次出现的关键词汇和知识点，尽量有针对性地提供双语注释或配音。随着学生年级增高、汉语水平逐渐提升，可适当逐渐减少民语注释及配音的数量。使用对象是教师和学生。教师的应用场景主要包括课前备课、自主培训、课堂直接播放辅助教学，学生的应用场景主要包括课前预习、课堂上在教师指导下辅助学习、课后反复播放复习巩固。

3.“典型例题与错题分析”系列

以知识点为核心、经典习题为范例对知识点进行深入剖析，从实际应用出发，了解知识点的内涵和应用方法。此外，围绕知识点总结易错题目，找出理解知识点时的漏洞，实现对知识点的全面理解。使用对象是教师和学生，应用场景同“知识点讲解”系列。

4.“教学设计”系列

以知识点为核心，对课堂教学方法和设计进行探讨，以学情分析为依据，配置更加有利于学生高效学习的教学方法。使用对象是教师，应用场景为教师课前或自主培训。

5.“教学素材”系列

围绕知识点为教师提供优质的教学素材，如 PPT、音频、视频、动画等。使用对象是教师、学生。教师的应用场景主要包括课前、自主培训、课堂播放辅助教学，学生的应用场景为课前、课后。

6.“同步测试”及“单元测评”系列

结合新疆的教学情况，为教师和学生提供针对知识点的同步练习题和针对章节的单元测试题。使用对象为教师和学生。教师的应用场景为课中，学生的应用场景为课中及课后。

7.“精品课例”及“课例点评”系列

以部分章节的课堂实际教学为对象，精选优秀的实际课堂教学视频供老师们学习、借鉴。该系列同时包括教材编者或一线教研员对“精品课例”进行的教学分析和点评，帮助学习的老师更透彻地领悟优秀课例的精髓之处，知其然，更知其所以然。使用对象为教师，应用场景为课前。

8.“学科术语及重点内容（民汉对照版）”系列

目前我国还没有权威的理科教育学科术语的维汉双语对照工具书，也缺乏新疆少数民族文字出版资源管理系统及辅助工具，我们在新疆的教室里可以随处看到维吾尔族教师自己翻译的双语（拼音、汉字、少数民族文字）对照的理科术语表。因此，对于教材中的重要定理、核心概念应有专业机构提供权威、科学、规范的双语注释，帮助教师提高理科双语教学的质量。使用对象为教师和学生，应用场景为课前、课中及课后。

（四）提供基于资源的应用服务，探索形成多方协作、可复制的模式

美国教育学家古德莱德认为，教师在从理想课程到经验课程的转变过程中起着关键作用，没有教师对课程的理解、发展和转换就没有课程的实施，静态的课程资源便不能进入教学环节，也不能转化为经验的课程，同样不能对学生产生影响、起到教育的作用。优质双语资源的建设很重要，但更重要的是如何不让这些资源闲置，如何让教师产生内驱力，有效推动应用。资源建设单位可以和新疆教育厅双语教学工作领导小组办公室、新

疆电教馆等协作，合力推进资源应用。

1. 保证应用课时

提高双语教育“班班通”设备的使用率，发挥双语教育资源对提高课堂教学效益的作用根据新疆维吾尔自治区《义务教育阶段双语教育课程设置方案》规定的学科课时，各年级开设双语教育模式一或模式二的班级，可以要求教师在课堂上应用双语数字教育资源的课时不少于5课时/周。

2. 规范使用和管理

指导各地、各学校建立、健全相关规章制度，切实加强资源应用管理。完善设备和资源登记、使用制度，数字资源接收、使用、存贮和共享制度。明确专人负责“班班通”、计算机教室等设备的保管、维护，合理安排设备和资源使用的时间表，做好使用记录，发现问题及时采取措施，保证设备正常运转。

3. 面授和网络培训相结合，加强教师培训

除传统的面授培训外，教师网络培训平台的搭建对长期提高双语教师的教学能力有重要意义。首先，平台可以承载大规模的网络培训，帮助教师解决在一线教学中遇到的实际问题和困难，在短时间内提高更多教师的教学能力、备课能力。其次，平台可以创建学习者交流社区，教师可以在社区内相互提问、相互学习。对于提问频率较多的问题，可以有针对性地开展专题培训。再次，可以借助平台举办各种专业比赛，调动教师的教学积极性，推动教师教学能力的提升，并征集一线优秀教学资源，促进原有数字资源的更新。如图3所示：

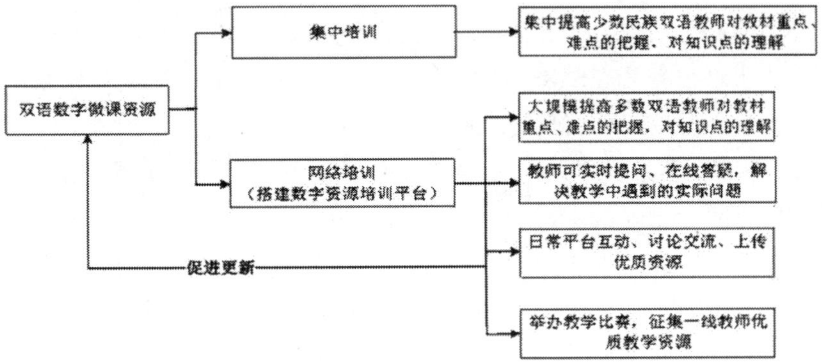

图 3　网络培训平台的应用环境

新疆教育部门可组织制定培训方案和计划，加大双语教师资源应用培训力度。通过培训，使双语教师掌握“班班通”设备的使用方法，并能熟练应用双语数字教育资源开展多种形式的教育、教学活动，将“微课”等双语数字资源播放与课堂讲授有机结合，组织课堂教学活动，改进教与学的过程，学习先进的教学方法与理念，扩展双语教育的教学思路。此外，还要督促学校加强双语教师设备操作技术培训和资源应用能力校本培训，开展经常性的听课、评课教研活动和检查活动，调动教师的应用积极性，提升双语教师的资源应用能力。

4. 建立应用评价激励机制

督促各学校将资源应用纳入日常教育、教学工作考核范畴，并形成激励机制。学期结束学校要对双语教师的资源应用能力实施综合性评价，评价考核采用随堂听课、查阅使用记录、检查教案、访谈学生等方式，坚持客观、公正的评价，评价结果在校级范围内公示。同时，将双语教师远程教育设备和资源的应用能力评价与考核结果纳入教师教育、教学能力考核内容，将教师应用资源总体情况的考评成绩，按教师年度教育、教学工作的10%的比例记入年度考核总分。评价结果与双语教师聘任、年度考核、评优、评先、晋升职称挂钩。

5. 加强督查

通过竞赛、评比、交流等形式，提高双语教师资源应用水平，全面推进资源的普及应用，及时总结并推广先进经验，还要经常组织资源应用的教研活动。新疆教育厅联合资源制作单位组成工作督查组，定期组织检查，发现问题，及时纠正，激励广大双语教师努力学习现代教育理念，掌握应用优质双语教育资源实施教学的理论与方法，形成自觉、主动地将优质双语教学资源应用于教学的氛围。

教育部2014年颁布的《中小学教师信息技术应用能力标准（试行）》对中小学教师应用信息技术提出了基本要求和发展性要求：应用信息技术优化课堂教学的能力为基本要求，主要包括教师利用信息技术从事讲解、启发、示范、指导、评价等教学活动应具备的能力；应用信息技术转变学习方式的能力为发展性要求，主要指教师在学生拥有网络学习环境或相应设备的条件下，利用信息技术支持学生开展自主、合作、探究等学习活动所应具有的能力。

在教育信息化的大背景下，我们认为，建设优质的双语数字资源并提供有效的资源应用服务，可以为提升民族中小学双语教师的信息技术应用能力提供最现实的帮助。希望可以借在新疆的教学实践，摸索出一套提升民族地区理科双语教学效益的有效模式，推进信息技术在民族地区双语教学中“天天用”“堂堂用”“人人用”，真正提高师生的信息技术应用能力和双语教学水平。

少数民族地区综合性大学多元文化课程体系构建与实施

孙惠欣　南红花

20 世纪后半期，随着西方发达国家各少数民族意识的觉醒，多元文化作为一种社会思潮得到了人们的普遍关注。“多元文化是人类群体之间的价值规范、思想观念乃至行为方式上的差异。”多元文化教育是指“在一个多民族国家或社会中，重视各民族的文化传承和发展，以实现各民族成员平等的教育机会和权利。”在一个多民族的国家，每个民族群体都可以保留本民族的语言和传统文化，与此同时，他们也融入国家的共享语言文化中去。多元文化教育在帮助学生获得在国家主流文化中生存所需要的认识、技能和态度的同时，也要有助于培养学生在本民族亚文化和其他少数民族亚文化中生存所需要的能力。

我国是一个以汉族为主体由 56 个民族组成的多民族国家，是一个典型的文化多元的国家。“少数民族教育是一个复杂的大系统，其内部各个子系统相互依存，既具共性，又有个性。”各个民族在长期的发展过程中逐步形成了具有本民族特色的悠久的历史文化，由于历史上的朝代更替、种族迁徙、部落整合等原因，我国少数民族人口分布呈现出多样化的趋势，既有同一民族在同一区域居住，又有多个民族在同一区域混居、杂居，还有同一民族在不同区域散居等多样的居住方式，由此形成了一个地区包含多种民族文化、使用多种民族语言相互交流的状况。如内蒙古有 44 个民族，新疆有 47 个民族。每个民族都有自己特有的文化传统与文化个性，民族的多样性、语言的多样性、信仰的多样性、生产方式的多样性等构成了文化的多样性，逐渐形成了一个你中有我、我中有你，又各具特色的“中华民族多元一体格局”，“多元文化在当今已成为正规的人类生活经验，所有的

南红花：朝鲜族，延边大学教师。

人都生活在一个多元文化的世界中。”

延边地处吉林省东部，中国、朝鲜、俄罗斯三国交界处，面临日本海，东与俄罗斯滨海区接壤，南隔图们江与朝鲜咸镜北道、两江道相望，是东北亚区域经济、人口、地理三个重心的交汇点，是联络亚、欧海陆空运输的枢纽。延边地区是中国最大的朝鲜族聚集地，素有“礼仪之乡”“歌舞之乡”“教育之乡”“足球之乡”的美誉。延边有朝、汉、满、回等20多个民族。其中朝鲜族人口占38%，汉族人口占59%，其他少数民族如满族、回族等占3%。自2009年以来，旅游探亲的外籍人员来自50多个国家，达40多万人次，常住人口有4000多人。在这种背景下，多种文化聚集、交流，需要人们具备多元文化素质，具有多元文化背景下分析、处理问题的能力。学校是进行多元文化教育的最主要阵地，延边大学是该地区唯一一所具有鲜明的民族特色的综合性大学，担负着为该地区培养人才的重要任务。学校里朝鲜族学生达40%左右，学校既受区域——东北亚区域影响，又受地域——延边朝鲜族聚居区影响，多元文化融合与创新是延边大学的历史传统，加强多元文化教育，培养具有跨文化素质的民族人才是学校的办学特色。多元文化教育的前提是文化背景的多样化与多变性，目标是培养受教育者在多元文化背景下对周围文化的尊重、认可、适应，进而对之进行评价。多元文化教育由多元文化课支撑，多元文化课程是实施多元文化教育的重要途径，是实现多元文化之间对话、沟通和整合的一种课程形态，是以文化多样性为前提，整合多元化的文化资源，将各民族的文化精华有机地融于学校的整体课程，以适应所有学生的学习需求，揭示文化多元性，实现多元价值选择的一种课程形态。本文以延边大学多元文化课程构建为中心，探讨在多元文化背景下少数民族地区综合性大学如何发挥多元文化优势，培养学生的跨文化素质。

一、多元文化课程构建目标与基本原则

多元文化课程构建的目标是通过提供多元且真实的观点，教导学生欣赏自己与他人的文化，促使学生审视自己对不同民族和不同文化团体的看法，以形成对待文化多样性的正确态度，进而培养学生的多元文化意识及多元文化的思维方式。根据泰勒的课程原理目标，延边大学多元文化课程的知识目标，是让学生以完整、适当而多元的观点了解中国朝鲜族的发展

历程及其对历史发展的贡献，理解朝鲜族的思维特点与文化价值，引导学生欣赏、尊重朝鲜族的文化传统及其他民族的文化。多元文化课程的实践与技能目标是培养学生分析朝鲜族文化对人们的思维与行为方式的影响，反省自己是否具有刻板印象，提高学生明辨社会成见的能力；发展不同民族与不同文化背景学生的基本技能；鼓励各民族学生在实践中正确分析、处理文化差异所导致的各种问题，培养学生与不同文化背景的人们合作的能力；促使学生形成自我尊重与尊重他人的态度，欣赏、尊重并接纳文化的多样性；使学生形成对学校、学习和生活的积极态度，形成主动消除刻板印象，以公正、平等、多元的视野去思考问题的能力。

依据上述目标，延边大学以学生发展为中心，以学生个性化培养为建设理念，以培养学生的跨文化素质、拓宽其国际视野为建设目标，充分吸收学校的民族特色、区域特色和多元文化特色教育资源，以及多元文化领域科研成果和实践成果，充分利用综合性大学多学科教育资源优势开发、建设了数量充足、质量过硬的多元文化课程，彰显了具有民族特色的地方综合性大学人才培养的多元文化特色，为培养个性化人才提供了保障。在多元文化课程建设中，学校始终坚持“三结合”基本原则。

1. 坚持协调发展与综合提高相结合的原则。在重视多元文化知识传授的基础上，着重提高学生获取多元文化知识的能力，提高学生的跨文化素质，拓展学生的国际视野并培养其创新能力。在理论教学与实践教学、课内与课外教学中均注重加强培养学生的跨文化素质，增加培养其创新实践能力的内容和环节。

2. 坚持整体优化与重点建设相结合的原则。加强多元文化课程之间的整合和优化，根据培养目标构建融会贯通、紧密配合、有机联系的多元文化课程体系，避免分割过细、简单拼凑、知识脱节和内容重复；处理好理论教学与实践教学的关系，整合教学内容，丰富教学形式，以多种方法和途径加强学生通过多元文化课程学习学会理论联系实际的能力；利用现代化教学手段等措施加强课外指导，使课内与课外、校内与校外的多元文化教育教学活动形成一个有机的整体。与此同时，通过“朝鲜、韩国当代文学”“基础朝鲜语”“朝鲜民族舞蹈”等多元文化标志性课程建设，进一步推进学校多元文化课程的教学大纲、教材建设和教学研究的发展，扩大其辐射面和影响力。

3. 坚持统一性与多样性相结合的原则。根据各学科专业的师资水平、特色资源和专业面向，科学确定多元文化课程设置，体现各专业、各学科的特色，发挥各自的优势。充分发挥全面学分制下学生选择性学习的优越性，实施分类和分层教学，积极为学生跨专业、跨学科选修多元文化课程创造条件，鼓励学生参加课外多元文化教育实践，注重培养学生多元文化的发展观，重视学生个性的发展。

二、多元文化课程体系

根据多元文化课程的构建目标与原则，延边大学充分挖掘学校现有的多元文化教育资源，构建了“三大内容、四个平台、若干个系列”的多元文化课程体系。围绕民族特色、区域特色、多元文化特色三大教育内容搭建了通识教育平台、专业教育平台、实践教学平台、课外培养平台四个平台，形成了特色系列、研讨系列、实践系列、选修系列、知识讲座系列、辅修系列、在线课程系列等若干个系列的多元文化课程体系，贯串于大学本科学习全过程。

第一，立足民族文化、朝鲜族文化资源及语言优势与特色，建设具有中国特色的朝鲜族文化课程群，如朝鲜语、朝鲜族文学、朝鲜民族舞蹈、朝鲜民俗学、朝医药学等。此类课程的开设使学生学习、掌握了朝鲜族文化的基本知识与技能，认识朝鲜族文化，实现了朝鲜族文化与主流文化的融合与创新。

第二，立足区域经济、社会发展的需要，建设民族区域特色课程群，如“延边旅游资源开发”“延边经济概论”“区域经济学”“民族区域自治法”等。这些课程的开设，使学生更加深入地了解民族区域经济社会的发展。

第三，立足对外交流与合作，开设服务于东北亚研究的课程群。如“中、朝、韩、日文化比较”“东北亚国际经济合作”“中、朝、韩、日文学比较与语言对比”等，为民族学生的成长注入了多国文化元素。

第四，邀请国内外专家开设知名学者讲座，丰富多元文化教育内容。

第五，利用暑期开设区域特色、民族特色实践类项目，丰富学生的多元文化体验。

延边大学多文化课程体系具体构建如下表所示：

延边大学多元文化课程体系结构

内容	平台	系列	代表性课程（课程群）
	通识教育	通识教育必修系列	民族理论与政策、大学语文（汉文、朝鲜文）、零起点大学外语课程群
		通识教育选修系列	朝鲜族文化、东北亚文化、民族文学艺术、多元文化讲座系列、朝鲜语、民族体育
		在线学习与自主学习系列	韩国语入门、韩国语会话等朝鲜语、朝鲜族文化课程群
	专业教育	学科基础教育必修系列	民族历史与文化课程群、东北亚区域交流与合作课程群、长白山天然资源保护与开发课程群
		专业教育必修系列	多元文化教育专业必修课程群
民族特色		专业教育选修系列	多元文化专业选修课程群、跨学科与交叉学科多元文化选修课程群
		跨学科、跨专业选修系列	
区域特色		辅修系列	多元文化特色专业的辅修课程
		新生研讨系列	走进朝鲜半岛文化、东西方舞蹈文化鉴赏、走东方看西方等
多元文化特色	实践教学	课内实践必修系列	民族地区中小学教育实习、朝鲜语农村会话见习
		课内实践选修系列	多元文化体验实践、外语夏令营
		课外实践环节系列	社会实践、多元文化教育实践
		暑期学校夏令营系列	朝、英、日、俄夏令营，国内外高校短期学习与交流
	课外培养	讲座、知名学者讲坛等	讲座、知名学者讲坛
		通识教育课外创新系列	韩国语文化活动、民族文化体验、韩国语能力考试等
		学科竞赛、课外活动系列	学科竞赛、课外活动

经过多年的改革与实践，延边大学多元文化课程体系建设已形成了以下特点：

1. 优化内容结构，避免内容重复，注意多元文化课程的相互衔接，为培养具有跨文化素质和能力的民族人才奠定了基础。

2. 在保证完成人才培养目标的前提下，针对工学、理学、医学、艺术、农学、师范教育等特点，有区别地选择、设置多元文化课程，满足了不同学科、不同专业学生的多元文化教育需要。

3. 加强了多元文化通识教育和学科基础教育，为学生掌握和了解多元文化知识搭建平台，以提高学生的跨文化素质和创新能力。

4. 强化了实践教学，在各类教育内容和课外培养计划、暑期学校中相应地设置了多元文化教育实践教学环节，有利于学生从实践中亲身体验、感受多元文化教育。

5. 通过举办多元文化教育讲座、长短期国内外交流等，为学生的个性化发展提供了较大的空间。

三、多元文化课程实施

为了实现具有跨文化素质的民族人才的培养目标，更好地突出多元文化教育内容，实施符合延边大学实际情况、具有一定示范性的多元文化特色课程建设，2010 年，学校出台了《延边大学关于多元文化特色课程建设的实施办法》，投入专项资金开展了多元文化特色课程立项建设工作。多元文化课程体系在延边大学 2011 年版本科培养方案中试运行，在 2013 年版本科培养方案中全面实施。该课程体系立足民族特色、区域特色和多元文化特色，开发了基于特色资源的多元类型的多元文化系列课程近 400 门，覆盖学校 68 个本科专业，使多元文化课程体系贯串于本科教育整个过程。从 2014 年起，学校扩大了多元文化课程体系的实施范围，在通识教育必修课中设置了“朝鲜语”“日语”等外语课程，在通识教育选修课程的多元文化模块中重点建设置了“延边历史与地理”等核心课程 34 门，增设了新生研讨课 33 门、暑期学校特色实践项目、外语夏令营等。全校学生通过多渠道、多途径选修多元文化课程，提高了自身的跨文化素质。

为了拓宽多元文化课程的辐射面，学校还开设了网络课程，借助网络辅助教学平台在校园网上设置多元文化优质精品课程网站，使多元文化优质课程的课堂教学打破时间、空间和地点的限制，让学生自由地选择学习时间，充分调动学生学习的积极性和主动性。同时，利用“延边大学课程中心”“爱课程”“东西部高校联盟共享课程平台”“吉林省高校课程共享联盟”等共享课程平台，建设、共享延边大学多元文化课程。目前，学校推出的“朝鲜、韩国当代文学”“社区护理学”等国家精品资源共享课在“爱课程”网站上共享。2014 年起，“韩国语入门”在“东西部高校联盟共享课程平台”上开放，供全国高校学生学习，有两万多名学生选修此课。

此外，学校为学生开设各类多元文化教育讲座，仅近三年就举行了300多场，拓宽了学生的多元文化视野。学校利用暑期开展富有多元文化特色的社会实践、外语夏令营、特色课程、创新实践、国内外短期交流等，每年参与的学生达2000多名，使学生能够接触、亲身体会朝鲜族风俗，参与教师开展的多元文化类课题研究活动效果显著，大大促进了学生综合素质和创新能力的提高。

为了保障多元文化课程的有效实施，延边大学采取了“五个结合”的课程实施模式，即必修与选修相结合、课内与课外相结合、第一课堂与第二课堂相结合、主修与辅修相结合、线上学习与线下自学相结合，形成了多元文化课程开设多样化、课程实施多层次、课程覆盖全方位、课程效果综合化的良好局面，有效解决了学生学习途径单一、课程实施方式单一等问题。学生可在大学期间通过“四个平台”，围绕“三大内容”学习“若干个系列”多元文化课程，能够不间断地全方位接受多元文化教育和多元文化熏陶，提高自身的跨文化素质。

延边大学先后制（修）订并实施了《多元文化特色课程建设实施办法》《通识教育选修课程管理暂行办法》《通识教育核心课程实施办法》《新生研讨课程实施办法》《在线课程建设实施办法》《优秀课程评审及管理办法（修订）》《新开课程实施办法》《课程建设基本标准》等规章制度，使多元文化课程的开发、建设、实施等有章可依、有章可循，形成了已有课程向深层建设、特色课程优化发展、新开课程普及化发展、在线课程向全国发展的良好局面。

多元文化课程的全方位实施强化了学生的多元文化体验，为提高学生跨文化素质、拓宽学生的国际视野奠定了坚实基础。而学生跨文化素质的提高、国际视野的拓宽又进一步提升了学生的社会适应力和竞争力。延边大学每年有近千名学生凭借“一专多语”优势和“专业+第二外语”特色进入涉外企事业单位，毕业生就业情况良好，就业范围明显扩大，深受用人单位青睐。近三年，朝鲜族毕业生就业率稳定在 85%以上，毕业生出国率保持在 20%左右，学校跻身 2017 年全国应届生就业竞争力高校榜第 73 位。教育部门户网在《传承文化，突出特色，构建跨文化素质的人才培养模式》文章中评价道："延边大学培养的人才既有适应本民族文化发展的能力，又有适应主流文化发展的能力，具有跨文化的素质和融入国际社会的适应能力。尤其是学校民族生三语兼通的语言优势，形成了良好的毕业就业竞争优势。"

丁文楼先生将新时期双语教育的功能和意义概括为四种功能："文化功能，即传承、发展民族文化；政治功能，即促进'四个认同'；社会功能，即构建和谐语言关系与社会主义和谐社会；教育功能，即培养大批'民汉兼通'的各类人才。"延边大学开发、实施多元文化课程体现了学校的多元文化办学理念，推进了本科人才培养目标的实现。此类课程的学习有利于培养学生的民族认同感和文化平等感，加强民族间的了解与沟通，这对培养学生跨文化能力，提高其全球意识，增强其对当前世界状况和发展的了解具有积极意义。同时，将更好地促进民族地区的繁荣与和谐。

少数民族中小学汉语课程和汉语课程标准

郑旺全

教育部于 1982 年 8 月颁布的《汉语文大纲》是我国针对少数民族汉语教学制定的第一部法定文件。《汉语文大纲》主要是参照当时普通中小学的《语文教学大纲》，适当降低难度和要求草创而成的。大纲的名称也是从《语文教学大纲》那里套用过来的。

1992 年 10 月，该大纲被修订为《全日制民族中小学汉语文教学大纲》。《全日制民族中小学汉语文教学大纲》提出："要充分认识汉语文学科是民族中小学第二语言课的性质，遵循民族学生学习汉语文的规律，努力培养民族学生理解和运用现代汉语文的能力。"

1999 年，教育部参照《中国汉语水平等级标准和等级大纲》的要求，在总结少数民族汉语教学实践经验的基础上研制了《中国少数民族中小学汉语课程标准（试行草案）》。《中国少数民族中小学汉语课程标准（试行草案）》明确规定："少数民族中小学汉语课教学是第二语言教学。汉语课的教学目的是提高民族学生的汉语水平，培养民族学生实际运用现代汉语的能力。"2002 年，教育部对原来的《全日制民族中小学汉语文教学大纲》进行了全面修订，并将大纲正式更名为《全日制民族中小学汉语教学大纲》，做出了更为明确的规定——民族中小学的汉语教学属于第二语言教学。

"汉语文"是摹仿"语文"而来的，从概念上来说，就代表了某种局限。"汉语文"从理念、教学实施到教科书的开发，主要承袭了普通中小学语文教学的理念、教学方法和教科书编写模式，很少顾及第二语言教学的特点，没有真正从第二语言教学出发，体现汉语作为第二语言教学的基本特点。

"汉语文"这一概念意味着汉语课程是非独立的课程体系，其概念和

郑旺全：人民教育出版社副总编辑、编审，中国少数民族双语教学研究会副会长。

内涵至今还在影响着汉语课程。

随着国家课程改革的发展和深入，我们对少数民族汉语课程有了更加深入的了解与研究，对它的性质有了更多的正确的认识，其标志就是从“汉语文”到“汉语”的变化。开始从“语”“文”并重，甚至是“文”重于“语”的普通中小学语文模式向强调“语”的第二语言教学模式改进。前者重视的是分析、理解和感悟，后者强调的则是以听说为主导的语言实际运用能力。于是，汉语课程独立了。

第一部分　汉语课程

一、汉语课程的性质

汉语课程的性质是什么？《全日制民族中小学汉语课程标准（试行）》（2006）指出：汉语课程，是母语非汉语的少数民族学生的第二语言课程，是一门基础课程。作为第二语言教学，汉语课程的首要性质是工具性，同时兼顾人文性，这是汉语课程的基本特点。《义务教育语文课程标准（2011年版）》指出：语文课程是一门学习语言文字运用的综合性、实践性课程。义务教育阶段的语文课程，应使学生初步学会运用祖国语言文字进行交流沟通，吸收古今中外优秀文化，提高思想文化修养，促进自身精神成长。工具性与人文性的统一，是语文课程的基本特点。

（一）汉语课程是不是第二语言课程

定义：汉语课程是为以民族语言为母语的少数民族学生学习国家通用语言文字设立的，是第二语言教学课程，但又和外语课程有显著的区别。

少数民族学生的母语是民族语言，汉语是他们的第二语言。虽然汉语是国家通用语言，但是对少数民族学生来说，是他们要学习、掌握的第二语言。哪怕以后他们掌握了汉语，用汉语思维，甚至汉语好过母语，当他们从零开始学习汉语时，就是学习第二语言，这和汉语是国家通用语言并不矛盾。

（二）汉语课程和语文课程的关系

1. 汉语课程和语文课程显著区别

汉语不是少数民族学生的母语，学生必然有一个从零开始学习第二语言的过程，无论这个起点是幼儿园还是小学或者中学，他们学习的主要都是语言技能，形成语言的应用能力。只有打好了这个语言应用能力的基础，才能转向语文的学习；没有这个基础，强调语文学习，就是拔苗助长。

2. 按照语言学习规律，我们的学习模式安排，应该是由学习语言技能到学习语文

小学打好语言基础，初中、高中可以由学习语言向学习语文过渡。现在有些地方存在的现象是：低年级就开始学习语文（课程设置、教科书内容、评价等），到了高一些的年级（小学五六年级），学生在语言上遇到的障碍越来越大，又掉过头去学习语言。有些地区二类模式的学生学到五六年级，又转到一类模式去学习。因此，要学好汉语，必须遵循语言习得的规律。

3. 学习语言不能急于求成

现在有些地区教育行政部门领导希望学生的汉语水平迅速得到提高，急于将汉语教科书更换为语文教科书。在这个问题上，我们也要实事求是：汉语语言环境好、学生汉语水平高的地方或学校可以尝试使用语文教科书，但也要注重学生语言应用能力的培养；而那些汉语语言环境差、学生汉语水平不高的地方或学校要避免浮躁情绪，应遵循语言习得规律，正确选择、使用教科书，逐步提高学生的汉语应用能力。操之过急，不按规律办事，只能适得其反，挫伤学生学习汉语和教师教授汉语的积极性和信心，使汉语教学陷于困境。

二、汉语课程的构成

一门课程的完整构成，应该包括课程标准、教科书、教师教学、评价。

1. 按照教科书和教学内容来讲，二类模式的语言学习不是第二语言学习应该是语文模式，属于母语教学的范畴。少数民族学生学习汉语，是第二语言学习，还是母语学习？随着时间的推移、少数民族学生学习汉语形势的发展，这个问题（甚至可以说是矛盾）越来越不能回避，即使将学习汉语的起点移到幼儿园，问题的实质也是一样的。

谈这个问题时，应主要关注少数民族学生学习汉语的问题——语言学习有其自身的规律。

2. 教学究竟是按照语言教学法还是语文教学法进行，也是突出的问题。《青海、四川中小学汉语教学调查表》对教师课堂教学运用的教学方法进

行了调查：

	传统语文教学	语言教学为主	第二语言教学为主
小学	12.5%	43.8%	50%
初中	14.3%	35.7%	64.3%
高中	28.6%	42.9%	35.7%

3.评价方式，主要是终结性评价方式也存在很多问题。一般性的终结性评价（单元测试、期中测试、期末测试等）基本上以语文性测试为主，反映不出学生语言应用能力的水平，而且这类测试反而阻碍了学生语言应用能力的提高，起了误导作用。

三、汉语课程的目标

义务教育阶段的汉语课程必须面向全体学生，使学生获得基本的汉语素养。义务教育阶段汉语课程的总体目标是培养学生的汉语应用能力，为学生的终生学习和全面发展奠定基础。目标的设计应着眼于学生汉语素养的整体提高。

四、汉语教师

（一）汉语教师面临的困难

汉语教师的情况表明：

1.未掌握第二语言教学方法

目前的汉语教学大多还在沿袭语文（母语）教学的模式，虽然大多数汉语教师认为口语交际能力的培养是最重要的，教学的重点却被放在了阅读上。受考试指挥棒的影响，口语交际和应用学习的教学任务无法完成。

2.汉语水平欠缺较大

3.利用资源实现教学内容的有效传达，水平较低

4.未学会如何使用教科书，基本是照本宣科

（二）对汉语教师的要求

1.知识

（1）基础知识：教育学

（2）专业知识：语言学、现代汉语、应用语言学、社会语言学、心理语言学、第二语言习得理论、文化学、历史、第二语言教学法（以后应该

有民族汉语教学法）

2. 能力

（1）语言能力

（2）教学能力

（3）文化融合能力

（4）科研能力

（5）综合能力

（6）发展能力

（三）对汉语教师的培训

对汉语教师要加强培训是各地区的共识，国家和各地区也在这方面加大投入，但是效果如何呢？参加过培训的汉语教师是否把握了汉语课程的理念，是否学会了运用第二语言教学法进行汉语教学？教师培训应多进行第二语言教学理论和教学课的学习，可以组织参训教师去大学或国际学校观摩对外汉语教学课。对外汉语教学课堂上常用的任务型学习和各类活动内涵很丰富，对汉语教学有很大的借鉴意义。现在的培训，很多是去内地的重点中学接受语文名师的培训，有些南辕北辙的味道。

五、汉语教学

（一）教学效率

和十几年前相比，现在的汉语教学无论是师资培养、硬件建设还是资源扩展，都取得了显著的进步，汉语课时增加到7—9节。投入和产出是否成正比呢？我们的汉语教学效率是提高了还是降低了？大家可以算算账。

（二）教学要求

课程标准要求："努力体现汉语课程的交际性、实践性和综合性"，和语文课程相比，交际性取代了探究性。汉语教学是否体现了课程标准的要求？我们是在交际性上下功夫还是在探究性上下功夫？我们的练习和活动，到底靠近哪方面呢？

（三）教学方法

教师在课堂上到底用什么样的教学方法开展教学，只要听听课就心中了然了，关键是怎样改变陈旧的教学方法。

（四）学习方式

汉语课程：自主、合作、交际的学习方式。

语文课程：自主、合作、探究的学习方式。

“交际”和“探究”的区别：汉语学习是工具性的，以应用为主。语文学习更多是人文性的，以领悟、欣赏为主。

六、评价

（一）学生评价

1. 形成性评价

2. 终结性评价

目前比较混乱：学习汉语课程的用语文测试方法，学习语文课程的用语言测试方法。

一类模式用语言测试是合适的，但是现在大部分地区、大部分测试采用的都是语文型的测试方法。

二类模式用语文测试来选拔学生，对少数民族学生不公平，而用语言测试来选拔学生，学生又学非所考。

（二）对教师评价

1. 以学校评价为主

2. 学生评价、家长评价

3. 评价的不科学，会挫伤教师的积极性

4. 汉语教师标准怎样建立

第二部分　汉语课程标准

一、一个“突出”

突出国家通用语言文字的学习。少数民族学生在学习和使用民族语言文字的同时，应加强国家通用语言文字的学习和使用。

二、重要意义

有利于促进各民族学生之间的沟通和交流，有利于促进各民族学生的全面发展和终生发展，有利于增强各民族学生的祖国意识，有利于增强中华民族的凝聚力。

个体意义：学以致用，终生发展。

三、两个“发展”

（一）汉语课程的双重性质

汉语课程是一门学习运用国家通用语言文字的基础性、实践性课程，具有工具性和人文性双重性质，工具性和人文性统一的汉语课程有利于为学生的终生发展奠定基础。《全日制民族中小学汉语课程标准（试行）》（2006）指出：汉语是母语非汉语的少数民族学生的第二语言课程，是一门基础课程。作为第二语言教学，汉语课程的首要性质是工具性，同时兼顾人文性，这是汉语课程的基本特点。

1. 教育是人的教育，学习是人的学习，素质教育的核心理念是以人为本。汉语课程作为素质教育的一部分，自然要遵循素质教育的理念。汉语课程要形成学生的汉语素养，既要培养学生的汉语应用能力，也要为学生形成正确的世界观、人生观、价值观，形成良好个性和健全人格打下基础。所以，汉语课程必然具有工具性和人文性的双重性质，两个《课程标准》在这一点上的认识是明确的、相同的。

2. 原《课程标准》强调“第二语言学习”，强调“汉语课程的首要性质是工具性”，针对当时汉语教育现状，对汉语课程的独立、改革和发展起了强有力的推进作用。随着汉语课程建设的发展、广大汉语教师对课程标准理念的理解、国家对汉语教学投入的增大，汉语教学也取得了巨大进步，学生的汉语水平也得到了较大的提高。《课程标准》适应新形势，强调汉语课程“具有工具性和人文性双重性质……工具性和人文性统一的汉语课程有利于为学生的终生发展奠定基础”也就顺理成章，水到渠成了。

3. 《课程标准》对汉语课程性质的表述并没有否认汉语课程是第二语言课程的意思。“工具性和人文性的统一”“为学生终生发展奠定基础”，并不是和语文课程的性质等同，而是认为汉语课程作为第二语言课程，人文性是汉语课程本身就具有的特性，学生的汉语素养，就包括了人文素养的内容。汉语作为第二语言课程，主要体现在课程的主要任务上。

（二）汉语课程的主要任务

汉语课程主要任务是培养学生的汉语应用能力，使学生基本学会运用普通话和规范汉字进行交流、沟通。

1. 汉语课程要加强少数民族学生“对国家通用语言文字的学习和使用”“使学生获得基本的汉语素养”，首先要让学生掌握汉语这个工具，因此，汉语课程的主要任务是“培养学生的汉语应用能力”。

2.“具有工具性和人文性双重性质”“工具性和人文性统一”的汉语课程，其第二语言课程的性质也是由“培养学生的汉语应用能力”这个主要任务体现的。由此更可以明白《课程标准》对汉语课程双重性质的表述并没有否定汉语课程的第二语言课程特性，反而将之明确化、具体化。

3. 明确汉语课程的主要任务，有助于澄清作为第二语言课程的汉语课程和作为汉族学生母语课程的语文课程在教科书编写、教学、学业评估和命题等方面的不同。

4. 有助于汉语课程在实施过程中准确体现少数民族学生学习第二语言的特点和规律。

5. 有助于教师在教学中重点培养学生的交际能力，让他们学以致用。

“主要任务”的提出，强化了汉语作为第二语言课程的地位，强化了汉语教学作为第二语言教学的性质，这是重大的发展。

培养学生的汉语应用能力，重在学以致用，指出了汉语课程、汉语教学的目标和方向。

由此，带来汉语课程标准在下列方面的创新：

民族团结意识	祖国意识和	合作精神	自信与意志	兴趣与动机
语言技能	语法	词汇	汉字	语音
语言知识	听说读写	学习策略		
资源策略	交际策略	调控策略	认知策略	
文化意识	文化知识	文化理解	情感态度	

四、三个创新

文化意识、学习策略和情感态度、学段标准。

（一）总体目标框架

汉语素养、汉语应用能力

1. 汉语应用能力是外化的、直观的

（1）课程标准将汉语课程界定为第二语言教学

汉语教学要遵循第二语言教学的规律，体现第二语言教学的特点。有专家指出：“第二语言习得的认知研究认为，最适当的语言模型是功能主义的、以用法为基础的模型。”“第二教学的目的是培养学习者运用目的语进行交际，而不只是让学习者掌握目的语的语言知识和一定的听、说、读、写技能。”汉语课程作为第二语言教学，应该以培养学生的汉语应用能力为基本目标。

（2）就汉语课程的基础而言，应用能力是首要的

语言教学的目的是为了培养学生运用所学语言进行交际的能力，所以在确定培养目标和教学要求，选择教学内容、教学途径，以及规定教学法原则时，都要以有利于学生在最短的时间内最大限度地形成必需的语言交际能力为出发点。

少数民族学生学习汉语是为了在民族大家庭中进行交际。让学习者体会到的效用，他们学起来才有积极性；如果教学与他们自身的生活脱节，学了以后用不上，就会使他们失去学习的兴趣。课程标准强调汉语的“应用”，就是强调“交际”，要让学生学应用汉语交际，应用能力的培养是汉语课程的基础。

（3）就汉语课程的内容看，各门课程（口语交际、阅读、写作和应用学习）的基础应该是应用性的

口语交际包括听和说两个方面。口语交际，顾名思义，“交际”是主要目的，是应用性的。汉语课程以培养学生的应用能力为首要目的，口语交际就是汉语课程的基础。无论是小学还是中学，听和说的能力培养要贯串始终，不能松懈。许多地方因为没有汉语环境，尽管已经具有一定汉语能力的少数民族学生和教师，但缺少汉语交际机会，最终学生的汉语能力退化，这从反方面证明了应用能力的必要性。

阅读是有目的地获取书面信息的交际行为，属于语言应用的范畴。人们不仅进行口头交际，也进行书面交际。《课程标准》认为：“阅读是学生、教师、教科书编者和文本之间以汉语言文字为介质进行对话的过程。”

写作是通过文字表达思想，与他人交流。《课程标准》认为：“写作是运用语言文字进行表达和交流的重要方式。”阅读和写作在汉语课程中，呈现出强烈的交际性。阅读重点在读得懂，写作重点在说得清。这两门课的教学重点仍然要落实在交际、交流所体现的语言的工具性上。

2.汉语素养是内在的、隐藏的

汉语素养是建立在汉语应用能力之上的，是汉语应用能力积累、发展的成果。因为应用能力具有显性特征，汉语课程目标对应用能力的培养规

定得比较详尽。对于汉语素养，目标并没有直观呈现，但并不代表在这方面没有要求。

3. 汉语课程对其他课程的支撑作用作为目标

对其他学科的支撑作用，主要体现在汉语应用能力的培养上。有了相应的汉语应用能力，自然会对民族学生学好理科或文科提供帮助。

4. 汉语应用能力的培养重在让学生学以致用

（1）提高学生学习汉语的兴趣。学了能用，有成就感。

（2）实用。有了汉语应用能力，能提高考试成绩，能为进入社会提供好的生活保障。学以致用是非常重要的。学了不能用，很快就会忘了；学了没有生活价值，这个工具就无用。

（二）文化意识、学习策略和情感态度

原《课程标准》中有关文化意识、学习策略和情感态度这三个方面内容，一般包含在语言知识和语言技能的目标要求之中。《课程标准》依据汉语课程改革的经验和最新科学研究成果，增加了这三个方面的要求，体现了汉语课程双重性质的内涵。

1. 文化意识

（1）语言是文化的载体，语言本身就是文化的重要组成部分。学生只有在充分理解文化内涵和文化异同的基础上，才能够感受到语言所表达的意义，体验语言和思维方式的异同，逐步形成文化沟通、融合意识与能力。

（2）学习文化知识是为语言应用服务的。

（3）《课程标准》将“文化意识”“语言知识”“语言技能”并列为“形成汉语应用能力的基础”，它不仅是工具性的，更具有人文性的内涵，很好地体现了汉语课程的双重性质。

2. 学习策略

（1）汉语学习要提高效率，使用合适的学习策略是重要的保障，不仅改进语言学习的方式、提高学习的效果，还可以减轻学生负担。

（2）良好的学习策略也是实现自主、合作、交际的学习方式的重要保证。

（3）学习策略和教学策略互相促进，古人说“教学相长”，教师研究学生学习策略，可以根据实际调整自己教学策略和教学方法，提高教学水平。

3.情感态度

（1）学习汉语对培养学生的民族团结意识具有重要的作用。

（2）积极向上、自信努力有助于学生积极参加各种语言学习和实践活动，获得更多的学习机会。

（3）强烈的学习动机和兴趣，有利于学生主动学习语言，增强学习效果。

（4）坚强的意志有利于学生克服语言学习中的困难和障碍。

（三）学段标准

《课程标准》围绕课程总体目标，分四个学段从语言知识、语言技能、文化意识、学习策略、情感和态度五个方面确定了具体的学段目标，对少数民族学生汉语应用能力和基本的汉语素养综合地提出要求。原《课程标准》主要围绕语言知识和语言技能提出了一个大致的“阶段目标”。《课程标准》拓展了“阶段目标”，增加了新的内容：

1.突出了汉语课程的主要任务

强调语言知识和语言技能的目标。语言知识和语言技能的目标所占比例达近70%。

2.体现了第二语言习得和教学的规律

各个学段目标遵循了该学段学生的年龄特点、语言基础和认知规律，也体现出循序渐进、螺旋上升、循环往复的教学规律。例如：第一到第三学段“听”的技能要求为：“听—懂（学习、生活）—辨别”。第四学段“听”的要求可以归纳为三个要点：听懂指令—完成学习任务—日常会话无障碍—具备一定的口语交际能力。

3.具有较强的可操作性

学段目标对教科书编写、教师教学、学业评价等都有明确而实在的标准，便于实施、掌握。例如：第一到第三学段对“说”的技能的要求：能说日常用语，表达基本正确。能就学校生活和日常生活中熟悉的话题做多回合的问答。这两条要求突出学生能够运用“说”的语言技能，在他的生活范围内进行基本的交流和表达，明确而实在。在满足交流和表达的基本需要基础上，“说”的能力有所提高和拓展：

能借助非语言提示简单描述自己熟悉的事，语音、语调基本正确。“描述”要求的，就不是简单的“说”了，而是要经过一定的语言组织，有一定的逻辑性，进而做出表达。"描述"的对象也不仅仅是简单的学习、生活中的事物，更多地涉及有主题、有内容的语言材料。"语音、语调基本正确"，包含了《课程标准》前言中"普通话和规范汉字是国家通用语言文字"的要求，要求尽可能消除方言和母语对学生语音、语调的影响。这样的要求使学段目标具有极强的操作性。

4. 具有一定的灵活性

学段标准内容比较明确，但并没有规定得过死，留有一定余地，便于各地根据实际进行教科书编写和评价标准制定，也便于教师根据学生的汉语水平组织教学和语言实践活动，进行评价。

《课程标准》还根据各民族地区社会、经济发展，教师教学水平和学生汉语能力的不同，制定出一个均衡的标准，提出了"四个倡导"：科研、创设语言环境、科学的评价体系、课程资源的开发。

（1）科研

科研是汉语课程和汉语教学改革发展的保证。教师应重视汉语教学研究，在掌握语言学、教育学、心理学等理论知识的基础上加强语言习得的研究，探索学生如何学会并掌握汉语的规律，提高教学效率，更好、更快地培养学生的汉语应用能力。原《课程标准》颁布后，汉语教师都自觉意识到要运用第二语言教学法进行汉语教学，迫切需要加强第二语言习得和教学规律的研究，切实将汉语教学转变为第二语言教学。《课程标准》倡导汉语教师重视科研，是有极强的针对性的。

（2）创设语言环境

据《青海、四川中小学汉语教学调查表》（2009）中学生"汉语水平差的原因"一项：汉语环境差是学生提高汉语水平最大的障碍。因此《课程标准》在"教学实施"中增设了"积极、主动创设汉语学习环境"一条。语言环境是决定第二语言学习质量和效率的重要因素。实践表明，良好的语言环境对第二语言学习者具有很大的帮助作用。因此，积极、主动创设良好的汉语学习环境是每一位汉语教师的重要职责。

怎样积极、主动创设汉语学习环境？

①营造良好的汉语课堂环境。双向互动：师生互动；生生互动。

②围绕教科书提供语言材料，创设接近自然的教学情境，使学生明白应该在怎样情况下使用相应语言材料。

③根据学生汉语水平和教学实际，开展丰富多彩语言实践活动。

④增加与社会生活的联系。学以致用，服务于学生生活实际，服务于社会。

（3）科学的评价体系

评价是汉语课程重要环节，也是最终检验的环节。科学的评价体系是实现课程目标的重要保障。

①《课程标准》确定了总体目标框架和学段标准，这给我们的评价体系建立提供了明确依据。

②学生是学习的主体，评价必然包括学生的参与，因此，科学的评价体系中主体必然是多元的。

③现实中汉语教学的评价方式比较单一，多偏重终结性评价。第二语言教学倡导运用多种评价方式，学生汉语应用能力的高低更多在于应用，而不在于一张试卷。单一的评价方式既考查不出学生的汉语应用能力，也会造成错误的导向。

④素质教育以人为本，必然考虑学生的个体差异。设置多层次、多维度的评价目标，每个学生都能建立学好汉语的自信心，都能发挥自己学习的优势，学好汉语。

（4）课程资源的开发

①倡导教育部门和学校重视开发、利用课程资源。教师要根据课程的总体目标和学段标准，积极、主动、科学地利用各种课程资源，鼓励、支持学生参与课程资源的开发和利用。

②倡导大家来开发、利用课程资源，是基于汉语教学的现实的。少数民族汉语课程和其他学科相比、少数民族地区与内地相比，课程资源是非常匮乏的。有的学校除了教科书外，没有其他的汉语课程资源。因此，开发汉语课程资源是非常紧迫和急需的事情。

五、教学建议

（一）充分发挥师生双方的主动性和积极性

1. 学生是学习的主体，“牛不喝水强按头”“对牛弹琴”等做法都不行。

2. 教师是教学的主体，作用是组织、引导、激励。

3. 语言学习应在师生有效的互动中进行，强调互动，教师不能搞一言堂。

4. 发挥师生双方的主体性和积极性，并不是宣扬“双主体论”。学生是学习主体，汉语学习首先强调自主的方式，但是语言学习不能没有教师的组织和引导。

（二）努力体现汉语课程的交际性、实践性和综合性

1. 汉语应用能力，实际能力最重要

（1）口语实际能力是基础——避免“哑巴汉语”，学以致用

（2）听说领先，读写跟进是汉语教学的原则

（3）运用读写等多种资源促进口语交际教学

（4）鼓励学生主动、积极进行口语交际，只要开口说就鼓励

（5）贴近学生生活，创设语言情境让学生进行口语交际

2. 语言学习靠实践

（1）重视语言积累是语言实践的重要基础，积累也是实践，没有积累就支撑不了实践

（2）学以致用，兴趣、乐趣、动力等都是通过用激发出来的

（3）语言实践要贴近学生生活，符合学生语言能力

（4）创造各种语言机会，设计各种语言实践活动，如班会

3. 语言学习是综合性的

（1）听说领先，读写跟进——听、说、读、写是一体的

（2）注重有机联系，在提高学生的听说能力基础上，提高学生的读写能力

（3）加强课堂教学整合、语言实践活动整合

（三）重视汉语教学研究，依据学生的实际情况选择教学法

1. 研究的目的

（1）汉语教学不同于语文教学，有自己的体系

（2）避免照搬语文教学模式

（3）提高汉语教学的效率

2. 选择教学方法培养学生的汉语应用力，尤其是口语交际能力

（四）积极、主动创设汉语学习环境

（五）重视情感、态度和价值观的正确导向，语言学习与人文素养是紧密相关的

元认知与第二语言听力教学

关辛秋

在我为语言学及应用语言学专业硕士研究生开设的“双语与双语教育”选修课上，我和同学们共同学习了第二语言听力教学专家拉里·范德格里夫特（Larry Vandergrift，加拿大渥太华大学官方语言与双语制研究所教授）和克莉斯汀·吴（Christine C. M. Goh，新加坡南洋理工大学英语语言文学系教授）合著的《第二语言听力的教与学——元认知在行动》（<Teaching and Learning: Metacognition in Action>_Routledge，2012），该书是一部将心理学的元认知理论应用于听力教学的专著。

元认知又称“反省认知”“监控认知”“超认知”“反审认知”等，是指人对自己的认知过程的认知。学习者可以通过元认知来了解、检验、评估、调整自己的认知活动。

对于第二语言听力教学所遇到的瓶颈，作者认为：“听是一种十分重要的技巧，它有助于语言学习者对输入语言进行接收，然后完成交流，并有助于学习者掌握其他的语言技巧。然而与读和写甚至是与说相比，教师和教材都对听关注得极少。语言学习者常常被指导如何起草和完成一篇作文或者完成一项口语展示，却很少在提高自己听力能力的问题上得到指导。尽管在今天的课堂里，学习者们有了更多的听力课程，但是由于从老师那里得到的听力指导极为有限，所以学习者想要依靠自己的能力去提高听力水平的想法也收效甚微。这种现象产生的原因之一有可能是许多老师自己都不确定究竟该用哪一种系统的方法去教授听力课程。”作者强调，对听力过程的认识及运用什么样的策略去提高学生对听力材料的理解，是每一位语言教师都需要清楚地认识到的问题。

综观国内的第二语言听力教学研究，特别是第二语言（汉语）听力教学研究，我们认为目前该项研究主要面临五大困境：

关辛秋：满族，中央民族大学教授、博士生导师，中国少数民族双语教学研究会副会长。

1. 听、说、读、写四项能力中，由于听到的内容转瞬即逝，对听力的研究难度较大。

2. 专攻听力研究的人员数量少。

3. 将心理学等学科的优秀成果应用到第二语言听力教学的情况少。

4. 现有的教材中讲听力答题技巧的多。

5. 与其他语种同行间的沟通、协作欠缺。[①]

相较于说、读、写三项技能，听应该有其独特的认知特点，我们应真正摸索到人类听的认知特点，并将得到的真知反过来用于听力教学实践，这或许是提高听力教学水平的一条有效的途径。当前最需要的是遵循人类的认知规律，了解听力认知过程，从根本上提高听的能力，而不是一味追求听力答题策略的研究成果。路途虽然艰难，但世界各国的外语教师从来没有停止过对更有效地进行听力教学的探索。

《第二语言听力的教与学——元认知在行动》一全书分为三大部分。第一部分：关于听的学习，介绍了听力教学中所面临的机遇和挑战，分析了人的听力理解能力，给出了一个听力理解模型，指出了影响听力成功的因素。第二部分：用元认知的方法学习听，详细、具体地介绍了如何运用元认知的方法来进行听力的教与学。第三部分：与听相关的内容，介绍了与听力教与学相关的多媒体环境及对听力学习效果的评估。

该书的正文前后著有开场白和收场白，这不同于通常意义上的书的“前言”和“后记”。开场白是读者的必读部分，它提出了 10 个问题，需要读者在阅读该书前回答，答案分六级：1. 完全反对；2. 反对；3. 有点反对；4. 部分赞同；5. 赞同；6. 非常赞同。作者对这 10 个问题的回答在收场白里。这 10 个问题全部与元认知、听力的教与学有关。阅读正文之后，读者进入收场白部分。透过作者对开场白所设问题的回答，读者对人类听力元认知的知识得到了梳理，也厘清了一些过去的不正确的观念。

---

① 2011 年 8 月 24 日，第十六届国际应用语言学大会首次在中国召开，来自 63 个国家的 1500 余位代表参加了会议。此次年会由国际应用语言学会、中国英语教学研究会、北京外国语大学、中国外语教育研究会、外语教学与研究出版社共同主办，在第二语言听力教学专场，拉里·范德格里夫特教授（他在加拿大教法语）发言时，北京外国语大学 200 人的阶梯教室座无虚席，听者涉及多个语种，但中国代表几乎都是英语老师。

这 10 个问题及回答如下。

问题一：相对于其他语言技能，听是一种被动的行为

与大众观点相反的是，虽然听力是一项艰苦的工作，但是当听者试图理解一个信息时，他们是主动的、非常积极的。对第二语言的听者来说，由于其目标语言的知识不完整，在听的过程中需要不断弥补知识，因而听者在行为上就更加积极。学习者认识到他们积极地用自己的方法来聆听文本是很重要的。基于他们所积累的语言学的、先验性（指已经具有的关于某一话题的背景知识）的和元认知的知识，当他们试图预测他们将听到什么时，可以更好地调节自己的理解。如果他们能正确预测，他们所理解的内容将会强化他们的预测。如果他们预测错了，他们也会寻求解决问题的方法，以找出造成差异的原因。

问题二：听力教学中，最重要的事情是教会学生找到正确答案

尽管专注于聆听的结果使得教师能够验证学生是否理解，但是答案（正确或不正确）既不能帮助学习者了解理解过程，也不能帮助他们学习如何更好地聆听。此外，对正确答案的专有兴趣常常造成高度的焦虑，这会对记忆的效率产生负面影响。学习者需要机会来学习听的过程，就像他们学习写作一样。他们需要获得与成功理解有关的元认知技能，以便更好地调节这些过程，从而成为更成功的听者。教师指导是对于揭示成功的倾听过程应该是有价值的，并有助于初学者清楚地了解熟练的听者在理解时的内动过程。

问题三：在第二语言的听力学习中，学习者的主要学习障碍是焦虑

把重点放在听的过程上，可以促进 L2 听力技能的习得，逐步帮助学习者控制自己的听力发展，从而减少焦虑。尽管高度焦虑会使人衰弱，但一定程度的焦虑可以使学习者集中精力，更加接近成功。

问题四：听就是要听懂词汇，所以教师需要帮助学生搞懂所听到的语流中所有的词汇

词汇在成功的听力中起着十分重要的作用。最近的研究表明，多达 50%的成功完成的听力可以通过词汇知识来解释。这意味着 L2 听者的词汇知识和词语识别技能值得重视，在教学中要加强。预听讨论可以帮助学习者识别他们熟悉的但在连续的语音中不能轻易识别的词语。听后感知活动可以增加学习者用于识别单词的声音和语音规则方面的知识。反复接触不

熟悉的声音，了解一些语音在连续语流中的变化，有助于初学者和中级学习者发展更可靠的词语切分技巧。

问题五：通过视频材料教听力好于音频

由音像文本提供的视觉成分会对学习产生积极的情感反应。但是，增加的视觉成分对听力理解的影响是不确定的。许多音像文本中的视觉内容往往与音频不太一致。当两者不一致时，听者会变得心烦意乱，无法在音频上充分集中注意力，从而使理解过程变得令人沮丧。因此，为听力教学选择音像文本的一个关键因素是确保图像内容与音频输入紧密一致，特别是对语言熟练程度较低的学习者而言。当视觉支持音频时，对初学者来说，进行听力理解是非常容易的。更高水平的听者更有能力处理音频和视频之间的不匹配。

问题六：第一语言听力水平高的学习者也将成为第二语言听力强的人

研究表明，熟练的 L2 听者能够将他们的 L1 听力技能移用到另一种语言上，确定 L1 听力对 L2 听力的潜在贡献很重要。

问题七：若教师给学生提供了与听力相关的语境材料，他们就向学生透露了过多的信息

教师应为听者提供 L2 听力的语境信息，帮助他们激活各种知识源来解释他们听到的内容；学习者使用关于该主题的信息激活他们的先验知识的存储，并预测他们可能听到的言语类型。

学习者利用这些信息来激活潜在的情景和相关词汇，做出合理的预测，以弥补语言知识的不足。这些信息也可以用来监测他们在听的过程中所进行的解读，并且在听后评估他们的理解。

上下文信息可通过讨论、阅读或视觉图像来获得。帮助学习者“立即进入”听的状态，有助于减轻听者的认知负担和焦虑。

问题八：交互式的听力活动（比如对话）比单向的听（比如听广播、看电视）难度更大

事实上，交互式听力的一些特点可以使听更容易。首先，听者可以阐明意思，或者让对话者放慢语速，或者重复刚才说过的话。其次，互动情境中的听者通常有某种共同的经验或交际目的，如共同的生活经历，从而促进解释和理解。有些互动式听力活动可能要求更高。例如，当要求听者做出回答的时候，他们必须准备并在他们处理对话者的讲话时给出恰当的

回答。这大大增加了认知负担，因为他们必须注意说话者的信息，在理解得不确定的时候进行理解并形成回答。听者必须将他们有限的注意力资源分配到迅速理解和得出结果两方面。有些互动式听力任务对社会和情感需求也非常高（如身份、肢体语言）。

问题九：提高听力技能的最好方式是让学生根据自己的兴趣选择自己喜欢的东西来听

课堂外的听力练习对学习者来说是有益的，但是，如果这种听力学习是偶然的，那么这样的练习可能不会有什么用。作者提倡在课堂上以元认知作为工具积累技能，为课堂外听力练习做准备。可单独进行一些基于任务的练习，从这些经验中提高听的能力。听力练习作为课堂教学中独立的一部分，可以帮助学生进一步发展其听力技能。对于那些试图通过自身努力提高听力的学习者，在课堂教学中掌握的技能会帮助他们在课外的练习中提高听力水平。

问题十：字幕等说明文字是有用的

第二语言的字幕和有效的标题有助于学习者更好地识别词汇，并最终有助于他们的词汇学习。它可以帮助听者提高词的分割技能，并使他们更深入地了解他们的理解错误。但是书面支持通常无法用于真实的、实时的聆听，因此，学习者需要学习声学信号和相关的语境因素所构成的听力材料，并通过元认知的知识将所听到的语义构建起来。

情感教育理论对少数民族双语教育的启示

石玉娟

从 20 世纪 70 年代开始，西方教育学界就兴起了情感研究的热潮，国外众多学者积极在理论上探索，在教学中践行，丰富、完善了情感教育理论，产生了诸如诺丁斯（N. Noddings）的情感关怀理论、博勒（Boler）的情感力量说、扎莫拉斯（M. Zembylas）的师生情感规则与情感劳动理论、佩里（R. Perry）的学业成就情感理论、罗西克（J. Rosiek）的支架型情感教育理论等。这些学说使情感教育的内涵从“有情感的教育”向“以情感为本体的教育”发展。我国教育理论界于 20 世纪末开始对情感教育进行研究、探索，明确提出了“情感教育”理念，并在实践中引起了强烈共鸣，但现实中的“情感教育”还停留在“以情育人”的工具化阶段，尚未成为“实体性”的存在，其目的主要为沟通各育、深化德育。尽管如此，国内教育学者一致肯定情感教育在教育活动中的积极作用，普遍认同情感教育不仅是在操作层面上激发情趣的教育艺术，也不仅是个体情绪与感觉技巧的操作训练，而是着眼于人的潜能开发和整体素质全面提高的一种教育理念和新的教育体系。

我国少数民族地区的双语教育在办学模式、教学方法、学校管理等方面都积累了较为丰富的经验，但是部分地区双语教育的实施效果和教学现状还不尽如人意。许多教育专家和学者认为其症结在于师资的缺乏、资金投入不足、生态环境的恶劣等，似乎只要投入大量软、硬件设施、教育资源，对双语教师进行专业化培训就会使双语教育工作取得本质的改善。在这种理性化、功利化的教育思想指导下，双语教育活动趋于机械化的重复、标准化的生产，忽视了教育的主体、客体都是有着丰富情感的人，他们之间有着错综复杂的情感交流。双语教育很少关注师生的各种交往关系，学校教育中缺少真正的游戏、团队活动等。本文从情感教育视角出发分析双语教育中存在的部分问题，并根据情感教育理论提出几点启示性建议。

一、从情感教育视角审视双语教育

（一）情感教育是双语教育的重要目标

W.F.麦凯、M.西格恩在《双语教育概论》中提出了双语教育的目标体系，包括语言目标、专业目标和社会目标三类。少数民族双语教育体系的复杂性决定了其语言目标的多样性。其中，双语教育的语言目标使学生的本民族语和汉语语言技能提高到一定的熟练程度。国家颁布的基础教育课程改革纲要实施后，双语授课课程的专业目标是“要求学生在知识和技能、过程和方法、情感、态度和价值观三个维度上达到课程标准所规定的专业目标，获得学习经验和方法”。双语教育的文化目标主要是通过国家通用语——汉语文使学习者继承、发扬中华民族优秀的传统文化，学习、掌握其他知识和课程，扩大视野，形成开放的文化心态，并通过本民族语（文）来传承民族文化，实现民族认同。综观这三类目标，每一层目标的实现都不能脱离对情感因素的观测和引导，特别是双语课程将情感、态度价值观列为专业目标之一，凸显了情感教育在双语教育中的重要地位。此外，情感教育作为开发人的全部潜能和全面提高人的整体素质的重要途径，既贯串在这三类目标中，又独立于它们，成为双语教育实施过程中的又一个重要目标。

（二）双语教育课程中的情感教育

在钟启泉教授对中小学课程体系分类的基础上，我们把少数民族双语课程大致分为双语学科课程、双语活动课程、双语隐性课程和双语地方课程与校本课程四类。在这几类课程中，都有情感教育的用武之地，因为只有在双语课程编排中处处照顾到学生对学习内容的情感倾向和情感接受度，才能使其更好地发挥实效。结合新课改中对“学生在情感态度和价值观”的达标要求，情感教育要充分把握这一契机，尽快建立起双语教育课程中的多元化网络体系。其中，双语活动课程和双语隐性课程是实施情感教育的重要渠道。双语活动课程是打破学科逻辑组织的界限，以学生的兴趣、动机、需要和能力培养为基础，以学生的生活经验为中心，以汉语和学生的母语为媒介语的课外活动。活动课程的学习过程是学习者全人格参与的过程，是智力过程与情绪过程的统一、思维与行动的统一；同时，活动课程尊重学习者在能力倾向、情绪等方面的差异，重视学习者的各种特殊障碍和特殊的社会境遇。朱小蔓教授认为，情感教育就是关注人的情感层面如何在教育的影响下不断产生新质，走向新的高度，也是关注作为人的生命机制之一的情绪机制如何与生理机制、思维机制一道协调发挥作用，以达到最佳的功能状态。情感教育和双语活动课程之间有着天然的契合点，双语活动课程开展的过程就是情感教育实施的过程。

双语隐性课程是学校双语教育中以间接的、内隐的方式呈现的课程，在课程表里看不到但同样起作用的课程。双语隐性课程通常体现在学校和班级双语教育的情境之中，主要包括物质情境（学校建设与设施装备等）、文化情境（校园和教师的双语布置，学校的双语广播、板报、网络、展览，各种双语仪式等）、人际情境（如师生、生生间的双语关系等）。双语隐性课程在教育影响上具有明显的弥散性和持久性，无时无刻不在对学生产生潜移默化的影响。情感在此间发挥着“润物细无声”的作用，通过改善办学条件和加强校园文化建设，开发家庭和社区的双语教育资源，可以使学习者在自觉与不自觉中获得良好的双语人际关系，在全面的双语环境中培养高尚的情感品质。

（三）双语教育中师生间的情感教育

罗杰斯（C. Rogers）通过“非指导性教学”的大量临床试验得出，教育活动实际上是建立起师生之间“诚实、理解和接受”的人际关系的过程，教育成败的关键在于人际关系和情感态度。教师和学生是双语教育开展的最基本因素，在教与学的过程中，师生之间显性和隐性的情感互动决定着双语教育实效性，构建师生和谐关系的过程也是情感教育的过程。一方面，教育学中常常把师生描述为主体和客体的关系。教育主体是教育活动的组织者、决策者和实施者，教育客体则是接受教育的对象。少数民族双语教育中的主客体的关系是随着情感在教育、教学活动中的开展而发生变化的。当师生通过情感交流在双语教育过程中各自发挥主观能动性时，就会产生教育“双主体”现象，即教师和学生都是教育活动的主体；而当教师和学生在教育过程中进行情感调适时，其主客体的绝对关系也随即发生转化。另一方面，情感教育不是单纯的教育现象，而是社会、文化和政治生活的重要组成部分。学校情感教育并非师生的私人事务，而是师生在文化意义上互动的政治空间。此处的“政治”概念是指“决定何人的情感不合理必须被控制、何人的情感有价值必须突出、何种感受和意愿应该出现在特定的情境和关系中的过程”。师生之间隐性的情感互动搭建的政治空间，决定着双语教育的实际内容和场域，教学过程中的情感渗透会导致教育目标的重塑。

（四）语言态度与情感教育的价值契合

少数民族群众对自己的母语有着深厚的感情，保持、发展母语的愿望非常强烈，他们通过对母语的认同表达了对本民族文化的认同。同时，少数民族群众肯定汉语在他们的社会生活中，以及在学生的学业水平和发展前途方面的重要作用。开展双语教育希望通过语言学习使少数民族学生熟练掌握本民族语言和汉语，使他们更好地适应现代社会的经济、文化生活，而学生对两种语言背后的文化的理解程度和情感投入是决定其最终双语水平的重要因素。我们认为，除了熟练掌握两种语言的表层目标，双语教育的深层价值在于培养学生美好的情感品质，树立其深厚的中华民族情感，实现国家认同。

二、情感教育在双语教育中的缺失

（一）双语教育目标的情理二元对立

西方理性主义认为人是理性的存在，理性是人的本质，是人之为人、人高于其他动物的内在规定性。而情感被认为只是影响认知的一个因素，是与理性对立的，只能被掩映在理性的光环之下，为理性服务。正如我们说“语言是交流工具”的时候，我们是在使用隐喻，把语言默认为类似于刀、斧之类的工具，相当于身体器官的辅助或延长。少数民族双语教育基础薄弱，发展相对缓慢，更倾向于依赖理性的科学技术，用现代化的教学设施、高科技的读写产品来弥补教学中的师资缺陷、教学质量问题。双语教育的课程开发、教学模式和教学管理等都不免囿于“科学化”“理性化”的框架之下。同时，一些双语教育者还持有“情感教育无用论”“情感教育玄虚论”和“情感教育简单论”，重智轻情的现象较为普遍。在教师专业发展上往往一味强调教师在学科知识和教学技能上的“专业性”，重视教师职业生涯的专业性发展，而忽视了教师自身情感、修养的培养和整体素质的提高。

在此情况下，少数民族双语教育的三类目标中，语言目标强调背诵记忆、考级达标，忽视了学生对语言的理解和对语言背后的文化的情感认同；

在专业目标的三个维度上，主要突出学生对知识和技能的掌握，虽然加强了对学习过程和方法的要求，但并没有深刻理解把情感、态度和价值观纳入教育目标的真正含义；而在社会目标上，集中力量强化学生的汉语语言学习，对少数民族学生本民族语言的学习和传承重视得不够，对民族认同、国家认同教育没有进行深入理解。

（二）双语教育课程中情感教育的尴尬境地

随着我国基础教育课程改革纲要的颁布，情感教育日渐受到双语教育者和学校的重视，但是，由于少数民族地区的双语学校中活动课程和隐性课程严重缺失，地方课程和校本课程发展滞后，实施情感教育的空间和条件十分有限，即使在少部分学校和教师的努力下所开展的情感教育，也仅仅局限在学科课程中。情感教育被看作是传授其他学科知识的辅助手段，而不是教育目的本身。教师往往把情感教育在教学活动中的开展理解为让学生感到身心愉悦，一味地以“寓教于乐”为教学目标，以教师自身感受衡量学生感受，这种简单化的移情往往造成师生情感上的错位。而囿于双语教育课堂环境的情感教育忽略了学生所要经历的真实情景，回避甚至压制了学生的消极情感。双语教学过程中，学生由于各种原因会产生焦虑、沮丧、忧郁、厌烦甚至绝望、恐惧等消极情感，如果教师一味着力于培养学生积极的情感，疏于对其消极情感的调适，必定会使情感教育失去意义。最终的结果是打着情感教育的旗帜最终又倒向了理智教育，脱离了本体的情感教育忽视了人心灵的完善与精神生活的完整构建。

（三）师生间情感的僵化

在少数民族双语教学过程中，双语教师往往以教育的主体自居，以权威和居高临下的姿态面对学生，不能转换思维方式和角色，以适应教学过程中时常出现的“双主体”的情况，即教师在向学生传递知识时是以教育主体的身份来开展教学的，而当教师和学生在教学过程中进行情感交流、互动时，学生也成为教育的主体，他们能给予教师情感上的应答、支持，主动参与教学过程。双语教师也很难做到与学生进行主客体身份的转换，即教师在某方面向学生学习，由教育“主体”的身份转变为教育“客体”。师生间情感的僵化导致学生之间忙于竞争而缺乏合作，师生之间缺少情感交流，降低了学校教育质量，学生人格发展不健全，缺乏情感支持的学习无法有效继续，等等。

教师和学生之间的情感互动已经成为一种特殊的情感博弈和政治场域，但双语教师还没有认识到情感教育在此间的重要作用，在教学过程中没有明确的情感导向，不能通过把控学生的情绪发展而选择有效的教育内容，对哪些情感因素需要突出、需要控制，哪些因素应该出现在特定的环境中没有进行规划和设计，不能在师生之间建立起良性的教育场景。相反，教师总是采用高强度的量化学习方法，即高强度的知识重复和高密度的时间投入，不仅耗费了学生的大量精力，更易使他们对学习产生厌倦和抵触情绪。苏霍姆林斯基曾说："在学校里，知识是不可能被冷冰冰地毫无感情地从一个脑袋装进另一个脑袋的。"缺少情感的参与，不仅使教育外在化、工具化，而且使人成为功利性追求的牺牲品，导致许多师生体会不到教育的快乐和幸福，对学习和生活失去信心。

三、情感教育理论对少数民族双语教育的启示

（一）实施"以情感为本体"的双语教育

首先，在少数民族双语教育中，要立足于情感和智力、情感与交往等多维度进行全面设计，以培养学生各个层次的情感为目标，使他们既要有健康的情感品质，又要有强烈的中华民族和国家认同意识。强调情感在双语教育中的重要性，并不是完全忽视学生按照科学的、合理的教学计划学习文化知识，而是指二者要通过适当的策略进行相互融合和促进。具体来说，在实现双语教育的语言目标上，除了熟练掌握两种语言，还应把语言和认同、权利、审美、道德及认识论联系在一起，关注语言背后的深层次价值。通过有效的情感激励手段，既使学生达到预期的语言目标，又实现多层次的培养。其次，在专业目标方面，以新课改对情感教育的关注和重视反思传统的语言教育方式，把单一的教材文本背诵、机械重复转变为培养学生丰富的情感认知能力。要深入领会新课标中各门学科在培养学生的情感、态度、价值观方面的目标，分三个层次把握：第一层次是使学生产生对学科的兴趣、爱好，把学习看成是智力劳动的愉快过程的情绪、情感体验；第二层次是将不同学科中所蕴含的生命意识、生态关怀、爱国情怀等高尚的人性美和公允、求实等积极的情绪、情感列为目标；第三层次是通过特定学科的内容和方法培养独立思考、批判、质疑、合作、分享、乐于助人及克服困难的良好习惯。最后，在实现双语教育社会目标中，要集

中家庭、社会、学校的联合力量，加强少数民族本民族语言、文化的传播，使学生对自己的语言、文化怀有崇高的民族自豪感，只有本民族的语言、文化得到良好传承，才能使少数民族学生对中华民族文化有更好的理解和认同。

（二）在双语教育课程中构建有效的情感教育体系

弗朗西斯•威尔克斯说："情感是伟大的老师，但它的教育方式不是通过传统的课堂类型，而主要是通过生活中的苦难和快乐的经历来教育我们。"少数民族双语教育要通过挖掘多样化的情感载体，使情感教育贯串在各个课程类型中，形成全面、完善的情感教育体系。在学科课程中，教师的课堂教学要把握民族教育的特色和生命力，把学科内容、教材内容本土化，补充开发具有民族特色的情感教育内容，使学科课程的教学更加生动，更有利于学生的理解、掌握和运用。在双语活动课程中，要兼顾学生情感品质发展的需要和国家认同的需要，可以采用必修活动和选修活动相统一的原则。其中必修活动是体现国家和社会对学生身心发展具有共同要求的双语活动，如班级少先队双语活动、学校双语节庆活动、社会双语教育活动等；选修活动是为满足学生的各种需要或培养其个人爱好和特长的活动，如艺术类、科技类双语活动，试听、口语、交际类双语活动。在双语隐性活动的开展方面，要重视营造学校、社会中和谐的双语物质环境和文化环境，加强师生之间、生生之间的情感互动和人际交往，通过积极的双语交际提高学生的双语能力。同时，还要结合各民族优秀的传统文化开发地方和校本课程，构建多维度、多元化的情感教育网络。此外，双语课程中实施的情感教育要从以"以情育人"为重心转变为对"育人之情"的强调，正确对待双语课程学习过程中出现的冷漠、倦怠、无助、焦虑、恐惧等负面情感。实际上，师生积极的情感中存在适度的消极情感更有助于教育。这就要求教师既有技巧性的教学方法，又有较高的情感观察、理解和表达能力，通过引导学习者正确地处理情绪，保持稳定的智力和情感的执行能力，培养其健全的人格、高尚的情感。

（三）加强师生间的情感培养

支架型情感教育理论强调，将学习由师生共同的责任转化为学生自身的责任，从而达到教师的情感支持和学生的自主学习之间的平衡。在推进现代学校制度建设、实施新课改的过程中，要注重学生自学、先学，以学定教，鼓励师生更多地采用对话、讨论的方式。教师要善于倾听学生的意见，加强自己的情感修养，具备情感交往能力与技巧，善于把握、引导学生的情绪、情感。师生间的主客体关系不是一成不变的，课程不再是静态的，知识也不是既定的，教学过程是师生相互学习的过程，教师个人情感的开放性，以及坦诚、谦逊、真实的态度将受到学生的欢迎。教师要主动适应并积极调整角色，和学生共同成为教育“双主体”，充分调动学生的情绪，在实现“教学相长”的同时，使学生产生对学习对象“重要感”的体验、对自己的“有力感”的体验，从而激发身心投入的情感状态。

另一方面，教师应该善于挖掘、主动建构学科知识中广泛蕴含的具有情感教育价值的内容。对教师而言，这些富有价值的内容已不仅仅是学科知识或一般的教学法，而是“学科教学知识”或“教师个人化的教育知识”。教师应实践如何把日常的教学活动变成生动、活泼的师生共同探索的过程，如何在教学过程中发现开启学生智慧、体验愉悦的学习方法。师生情感修养理论认为，情感修养的基本含义是教师与学生对自身和他人的情感进行认识、理解、管理与表达的能力。师生情感修养既体现为调节已有的情感，又体现为培育新的情感，核心是保持情感与教育情境的协调性和适应性，即必须遵循师生在课堂教学中适当显露情感的原则。这就要求教师从情感政治空间和教育场域的高度看待少数民族双语教育中的师生情感互动，正确把控教学中的各类情感因素，使学生在学习过程中获得真实的情感体验。只有主体体验、参与教育过程，才能真正激发人的情感，实现教育的价值和目标。

朝鲜族汉语学习者并列语义连接语习得难度研究

黄慧英

"学习难度"是心理学研究的内容，也是第二语言习得中的重要问题。一种语言可以分解成大大小小的语言项目。对学习者来说，有些项目容易学，有些难学。研究语言项目的学习难度及产生的原因能直接促进第二语言的教与学，推动第二语言习得理论的研究。近年来，第二语言教学研究已经从句子层面发展到篇章层面，但国内少数民族汉语教学界对此研究得甚少。篇章逻辑连接是一种较为典型的汉语篇章衔接手段，它的正确使用与否是决定整个语段或篇章是否连贯，意义是否完整、明确的关键之一。

本文以第二语言偏误研究的视角，拟对朝鲜族学生并列语义衔接语习得难度进行研究，总结其错误规律，并在此基础上确定朝鲜族学生篇章学习的难点所在，找出解决的办法，以期能够为朝鲜族学生提高汉语的书面表达能力提供重要参考，并为其他民族解决汉语书面问题提供启示。

一、研究背景介绍

（一）样本来源

本研究样本来源于往年 MHK（三级）实测作文。中国少数民族汉语水平等级考试（MHK）是专门测试第一语言为非汉语的少数民族汉语学习者的汉语水平而进行的国家级标准化考试。MHK（三级）作文均为考生现场所作，能够反映被试者汉语篇章能力的真实水平。MHK（三级）对作文的考查制定了相对统一的评分标准，来控制评分的准确性、一致性和公平性。根据考生汉语篇章能力由低到高，考生的分数分布为 1—6 分。MHK（三级）作文均为材料性作文，要求考生对所给材料或图画进行描写和议论。考生所作

黄慧英：朝鲜族，教育部民族教育发展中心干部。

的均为叙事性作文。本研究的样本主要为获得 3 分和 4 分的朝鲜族被试者的作文。由于这些作文分数趋向于正态分布，所以约 70%的考生得分为 3、4 分。这一部分考生出现的偏误类型最多、最具代表性，所以将对这一典型群体采取抽样调查的方式进行研究。

（二）研究范围

赵元任先生指出，“我们确定话题链是用小句构建并列结构的手段，但在汉语中还有其他方式可用来构建这样的单位。复合方式有三种：音韵成分、副词或连词，以及平行结构”（屈承熹，2006）。杨德峰（1999）指出，汉语的并列复句常常是无标记的，即多采用意合法，但是很多时候也使用副词，例如也、还、又……所以，具有衔接功能的副词也进入了我们的考察范围。

根据张谊生（2002）对副词篇章功能的考察，他把副词在篇章连接过程中的功能归结为六种情况：表顺序、表追加、表推论、表解说、表转折、表条件。其中，表追加义是以事物、事件之间的关系为基础的，它反映了相关事物、事件之间的联系方式及主次关系。根据相关事物、事件之间的关系，追加可以分为并存型追加、主次型追加、极端型追加、例外型追加四类。其中，并存型追加副词表示的是并列语义，表示的是后面追加的事物与前面的事物不分主次、并存同现、互相对称、大致相当。可以表示并存型追加的副词主要有：也、再 、又、还、同时、更、甚至等。主次型追加，从语义上上看，也就是我们通常所说的前后两个小句或句子语义上是追加、承接或递进的关系。综上所述，结合篇章并列语义和形式，本文的研究包括传统意义上的连词，以及此类功能的副词和短语。对于连词的判断，我们能很容易看出其功能，然而一些隐性的连接词，如起到衔接作用的一些副词，还有一些隐性偏误，只有被放在篇章语境中，人们才能发现错误。对这些词的偏误做出判别，实属不易。

我们将利用汉语语篇衔接理论和中介语理论，对朝鲜族被试并列语义关系的汉语篇章偏误尽可能地进行详细的描写。在目前已做的分析中，我们把在朝鲜族被试者的 MHK（三级）作文中发现的并列语义衔接语偏误按照郑贵友的划分标准分为平列、递进、换言、补充四种。根据我们的判断，属于并列语义但不属于郑贵友划分的范围内的，我们将按其他类处理。本文的研究范围还将包括一些具有连接功能并且表示并列语义的副词。

（三）本文偏误标准的确定与语料整理

1.本文针对的被试者在作文中多次出现的系统性错误，即具有代表性的错误。

2.本文以篇章衔接中显性成分之并列连接语为研究对象，由于连接语所体现的是前后两个命题间的逻辑语义关系，所以，我们对连接语的判断必会依赖于上下文。即，考察连接语时以前后两个命题的语义为基础，来判别连接语是否使用正确。所以，最简单的方法就是把连接词去掉，看原句是否成立，再看两个小句间是否能够衔接得上，表达是否自然，是否最大程度反映了作者所要传达的信息。还有，有标记的衔接方式，我们比较容易判断出偏误，而一些依靠意合衔接的句子，我们不太容易判断，这时就要依靠语域和语义来判断此处的衔接方式是否正确。

3.违反汉语使用原则与习惯，以及表达不自然的部分应一律归为偏误。

4.为了便于对篇章偏误进行考察，在不影响考生表达信息的前提下，我们对语料中部分偏误进行了修正。

二、朝鲜族学习者并列语义衔接语偏误研究

（一）朝鲜族学习者并列语义衔接语偏误统计

如前所述，这里的并列关系是广义的，它指的是处于同一主题之下的几个句子所表示的事件存在某种并举、罗列的关系，通常所说的平列、递进、换言、补充等关系都属于并列语义范畴。此外，表示并列语义关系的副词也包括在研究范围内，如（另）一方面、而且、并且、又、还（有）、也、更……

我们分别对被试者三年的MHK（三级）作文偏误进行了考察，并对汉语学习者并列语义偏误进行了统计，如表1。根据统计，在560篇作文中，共有连接语偏误193个，其中并列语义偏误为61个，平均偏误率为31.6%。

表1 朝鲜族并列语义连接语偏误统计

	时间	题目	篇数	字数	连接语偏误数	并列语义偏误数	偏误率
1	2006	黑天鹅	200	84000	75	24	32%
2	2007	窗户	180	72000	50	17	34%
3	2008	叶子	180	81000	68	20	29.41%
总数	—	—	560	237000	193	61	31.6%

在使用这些连接语时，被试者分别出现了遗漏、添加、误用、错序等偏误。据统计，偏误率由高到低依次为误用 45.9%、遗漏 27.87%、添加 21.31%、错序 6.56%，如图 1：

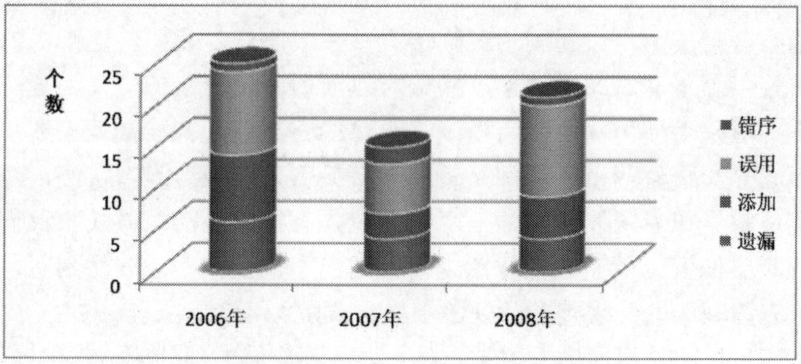

图 1　朝鲜族被试者并列语义偏误类型统计

（二）朝鲜族学习者并列语义衔接语偏误之语际因素分析

语际因素也称作"第一语言的负迁移"，它是在第二语言习得过程中，学习者的第一语言知识对目的语知识产生了干扰。为了探讨学习者的第一语言对汉语并列语义偏误是否产生干扰，我们首先需要进行朝、汉两种语言的对比研究。

1. 语言类型不同

语言的线性特征决定了语序是一种非常重要的语法手段，尤其是在形态标记不发达的语言中，而对形式标记发达的语言来说，语序显得不那么重要。汉语就属于形式标记不发达的那一类语言，朝鲜语则属于形式标记发达的语言。朝鲜语和汉语属于不同的语言类型，朝鲜语在语言类型学上属于 SOV 型，而汉语则属于 SVO 型。另外，朝鲜语的语序相对自由，并且承担的语法功能比较少，但在汉语中，虚词和语序都承担着比较重要的语法功能。在汉语中，有一部分虚词具有语篇功能，可以衔接上下文；而朝鲜语的词尾更多地承担连接上下文的功能。一些具有连接功能的副词在句中如果出现的位置不同，其语义指向也就不同，这就为朝鲜族学习者习得汉语连接词带来了困难。所以，一些朝鲜族被试者出现的语序偏误就是由朝鲜语语序与汉语不同造成的，如：

1）我见到的树叶很多，{也}没有一片是完美的，{也}没有一片是我最满意的。

2. 句子衔接方式不同

朝鲜语与汉语在对客观世界的反映方面比较相似，因此朝鲜语在对事物之间的逻辑进行表达等方面与汉语也有很多类似之处，但是二者在语言结构方面存在着较大的差距。这种相似与差异就对朝鲜族学习者习得汉语产生了负迁移效应。

朝鲜语在句子衔接方面同汉语一样，有两种方式，一种是使用连接语，一种是使用意合的方式。在朝鲜语中，起到连接功能的词有接续助词、接续副词及连接词尾。接续副词是对上下句从逻辑上进行衔接的一类词语。接续副词的作用是连接两个句子，从而构成一个更长的句子，也可以连接句子和段落。朝鲜语中有大量的连接词尾，它们通过各自的意义关系把句子连接在一起。尽管朝鲜语中也有很多接续副词，但同汉语相比，朝语的接续副词要少很多，所以就出现了朝鲜语中的一个接续副词对应多个汉语连接词的情况。在朝鲜语中，词尾常常根据不同的句法需要而变化，所以，朝鲜语的词尾承担着重要的语法功能。起到连接作用是词尾非常重要的功能之一。朝鲜语中的众多小句都是由连接词尾来连接的，进而构成朝鲜语的复句。在句法形式上，由于朝鲜语的词尾可以变化，连接小句，因此汉语中的很多复句在转换成朝鲜语时，用一句话就可以表示。

朝鲜语复句的结构可以划分为接续复句和包孕复句两种，接续复句是指句子和句子之间的关系是对等的，包孕复句是指一个句子是另一个句子的成分。所以，朝鲜语的复句通常和汉语是不对称的，朝鲜语的复句对应的汉语通常由两个小句组成。这时，学习者往往遗漏表示逻辑语义关系的连接词。朝鲜语并列语义复句的连接也是由接续助词、接续副词和连接词尾来承担的。并列连接词尾的意义是可以连接两个或两个以上的成分，也可以连接句子的等同成分。在并列式复句中，朝鲜语必须使用连接词或者通过连接词尾的变化来衔接。而汉语在并列语义的句子中有两种连接方式，一种是使用连接语，一种是使用意合的方式，不带有任何形式的标记。这时，朝鲜族学习者在连接语方面的偏误表现为添加，在有些不需要使用连接语的地方，朝鲜族学习者往往会画蛇添足。

三、朝鲜语汉语学习者并列语义衔接语偏误归类与难度鉴定

根据周小兵对篇章偏误的分类标准，本文通过对朝鲜族学习者在并列语义连接词方面的偏误分析，从语际因素入手探讨朝鲜族学习者汉语并列语义衔接词习得的难度。

（一）空项影响

2）为了防止这些现象，{更 w}还为了我们的后代①，我们要从今天开始节约用水，{还-}不要把垃圾扔到水里②，{还有-}要用我们的行动宣传③，让每个工厂都不要把废弃物随便放进水里，即便一定要放进大河里，也要把废弃物消毒完以后，对人们没有影响才行。

在此句话中，小句③添加了“还有”，使得表达有些繁冗。表达冗余极大可能是受到了第一语言的影响。在朝鲜语中，表达这样的语义多用“그리고”。在朝鲜语中，②③之间常常使用表示话题转换或提示话题的“그리고”。

这类偏误主要是由于朝鲜语小句必须使用连接词尾来连接，而一般连接词尾都可以清楚地表明句子之间的逻辑关系。有时在连接词尾后还可以使用接续词尾来连接小句。但是汉语之间的句义关系常使用意合方式，不带有形式标记。所以，由于第一语言的迁移作用，朝鲜族被试者往往添加了不必要的连接词。根据周小兵研制的韩国人学习汉语的难度量表，我们把此类汉语中没有的语言项目定为对比等级三级，困难级别二级。对朝鲜族学习者来说，空项影响是一个难点。

（二）对称影响

3）看了这幅图之后，我心里好像一根刺正在刺我的心脏一样难过，{同时+}又很自责。

在朝鲜族语中，“그리고”也可以表示在时间上的同时性。这句话中，“그리고”在功能、分布上都和“同时”一样。由于第一语言和目的语之间是对应的关系，所以习得的难度不大，难度等级为0，对比等级为1。此类二语学习者的偏误较少。

（三）非对称影响

4）老师叫同学们写一篇作文，而其中有一位同学没做，而且这位同学每次都是如此。因此，老师也不管这位同学了。{所以+}高考他得的分很少①，{也 x}很可能考不上大学②，{也 x}很可能会毁了一生的幸福③。

小句②③是“高考得分低”导致的两个结果，并且被试者使用了“也”带有主观判断，他认为前后两个命题的内容是等值的。也就是说，“考不上大学”和“毁了一生的幸福”这两个结果具有平列关系。第一个“也”应该去掉，第二个“也”放在小句句首更好一些。朝鲜族学习者使用“也”时常常出现错位的现象，这是由于汉语、朝语语序不同。

5）开错“窗”会使本来美好的事物变得暗淡无光；会使朋友的友谊荡然无存，{也有时+}让我们彻底失败。那一步有时会对我们整个人生有着重大的影响。

朝鲜族学习者使用“也”时偏误率较高，朝鲜语在表达“也”的语义时，“또”和“또한”常出现在小句句首。在朝鲜族学习者学习汉语的高级阶段，由于学习者第一语言和目的语分属于不同的语言类型，因此学习者会产生负迁移现象。朝鲜族学习者习得此类语言项目时，困难等级为三级，项目对比等级为四级。

（四）准对称影响

6）而老和尚的第二个徒弟很晚才回来①，{还 w}而空手而归②，这说明老和尚的第二个徒弟做事情很认真③。

通过小句③，我们可以判断出学习者对第二个徒弟“很晚才回来，还空手而归”是一种赞赏的态度。学习者用“而”表示语义的承接，这里考生的逻辑不仅是混乱的，还受了第一语言的影响。朝鲜语中①②小句间的连接可以使用连接词尾“고”。这类偏误由汉语、朝鲜语某个语言项目在语义上分布不等值造成。我们把这类偏误定为困难等级四级、对比等级三级。从朝鲜族学习者在并列语义连接词的使用、偏误方面的具体情况来看，学习者在习得第二语言时，易出现此类偏误。

综上所述，我们根据朝鲜族学习者并列语义的偏误情况使用对比的方法，不完全归纳了朝鲜族学习者习得汉语的困难度。由于汉语和朝鲜语在语序上的差异，导致朝鲜族学习者出现了此类偏误，此类语法困难度为 5。朝鲜语的并列语义与汉语的并列语义连接词在语义分布上不对应，通常是朝语中的一个词对应汉语的多个词，这就为学习者在选择使用连接词方面带来了困难，此类语法困难度也为 5。汉语小句的衔接方式有两种，而朝鲜语小句一般都有连接词。所以，判断连接词使用与否，是朝鲜族学习者习得汉语连接方式的又一难点，困难度为 4。朝鲜语中连接词尾“고”和

“而”功能基本相当，但两词在使用方面略有不同，此类汉、朝对译词由于部分功能不同而产生偏误，学习的困难度为 3。朝鲜语中的语法手段，有些汉语里没有，学习此类语法点困难度为 2。汉、朝语中使用的语法手段完全没有差异，此类语法点对于学习者则没有困难。通过表 2，我们发现对朝鲜族学习者来说，习得汉语并列语义连接词的困难等级都较高。

表 2　朝鲜族语际偏误困难等级

语际偏误类型	对比等级	困难等级	
空项影响	5	4	意合
	3	2	补助词“도”
对称影响	1	0	—
非对称影响	6	5	语序“그리고……”
准对称影响	2	1	—
	4	3	“而”

四、结论

在国内少数民族在学校里，学生从中学阶段，有的甚至是在小学就要学习三门语言，对他们来说，课业负担比较重。尤其是朝鲜族历来重视教育，在少数民族中，朝鲜族获得 MHK 证书的比例是比较高的，整体的汉语水平也不低。但是，通过对朝鲜族学习者汉语并列语义偏误方面的考察，我们发现朝鲜族学习者在汉语篇章习得方面依然存在大量的问题。所以，我们应针对朝鲜族学习者进行有针对性的教学。对二语学习者来说，汉语虚词学习是难点之一。特别是对朝鲜族学习者来说，由于其受第一语言负迁移的影响，在使用“也”时偏误率较高。在课堂上，教师最好能将“也”的用法和朝鲜语中对应的几个词语做对比讲解，这样会有助于学习者加深对“也”的理解。由于在朝鲜语中，表示并列语义的连接词语在转换成汉语时可以有多种对译词语，这也为被试者习得汉语并列语义类连接词增加了难度。在这方面的教学中，我们应把汉语中的“还”“也”“又”和“并且”“而且”等词的用法清楚地讲给学习者。由于 MHK（三级）的被试者都是高级阶段的学习者，大部分人都已经习得了多年的汉语。因此，在教学方面，仅此这样是不够的，还应大量地进行语段或篇章教学，可以多引进一些汉语篇章进行分析和赏析，让学习者体会在不同的语言环境中具体的语言项目是如何的应用的。

通过对朝鲜族并列语义偏误的考察，我们确定了部分朝鲜族学习者习得汉语并列语义的难度，这可以为编写教材提供有益的参考。因此，编写少数民族学习汉语的教材，要同时结合汉语的语言特点及学习者第一语言的特点，有针对性地进行编排。如：汉语连词“而”可以表达多种语义关系，我们在编排教材时要遵循由易到难的规则。

语言与文化研究

论语言与民族和文化认同

瞿霭堂　劲　松

多民族和多语言国家都存在语言和认同问题，世界上不存在只有一个族群和一种语言的国家，语言与认同问题就成为一个世界性问题。无论语言或认同都与民族（族群）发生直接关系。

一、语言与民族认同

民族是一个族群概念，在中国有特定的含义。中国的民族命名和概念不可否认与苏联的民族学说和民族政策有关，因为按照马克思主义各民族平等的思想，中国的这种族群与苏联有相似之处。从历史上说，中国作为一个统一的国家，大多数时期是汉族作为中央政权的组织者，造成少数民族在政治、经济和文化上落后的状态，加上各个时期由于统治者制定的不同的民族政策，各民族与中央政权的亲疏关系各不相同。当然，也有相反的情况，比如少数民族作为中央政权的组织者，执行对汉族的不平等政策，但毕竟时间不长。由于汉族人口众多，文化底蕴深厚，生产方式先进，受到的伤害远远小于少数民族。中华人民共和国成立后解放全国人民，当然包括少数民族，鉴于上述历史原因和现实情况，这部分族群理应得到优先考虑，国家应制订特殊政策加以照顾，特别是在这些族群还处于不同的社会发展状态，实行不同的制度，比如奴隶制度、农奴制度、土司制度、

瞿霭堂：中国人民大学教授。
劲松：中国人民大学教授。

封建地主制度等，甚至还存在母系社会的现象的情况下。刚建立的中华人民共和国这个大社会只有包容这些处于不同社会发展状态、有着不同制度的小社会，促进它们迅速发展，整合先进的社会主义制度和中华民族大家庭，才能制定有针对性的政策，促进发展，共同前进。由于中国族群关系特别复杂，于是就有了民族识别问题。民族识别不同于民族认同，认同具有主观性，是对客观事物同一性的主观态度，识别是根据不同的原则对客观事物同一性的客观评价和判断。由于认同具有复杂的心理、政治、宗教等因素，中国民族确认采用的是认同和识别相结合的原则。我们之所以要讨论中国民族的概念、性质及其确立的原则和过程，是因为有人在学术上提出“去民族化”“淡化民族概念”，否定“民族区域自治政策”。这些观念和思想之所以会产生，都是由民族识别中语言、历史与民族身份的确认，民族和语言的认同与识别不一致引起的。有的学者因为中国语言认同与民族认同之间的错综复杂的关系，还提倡要在语言学和民族学上“采用真实而自然的族群（enthnic group）和语言社区（languistic community），而不是民族（nationality）和语言（language）来作为相应的民族群体和语言群体认同单位”，把学术和政治完全分离开来，从根本上说，这些观点和提法的出现是由于这些学者不了解中国民族的概念和性质，中国民族识别的原因、原则和过程，中国民族政策的贯彻和执行，当时中国的国际环境、政治制度、国家法律、社会生态和民族关系，就像以今天的物权法去反观过去农村的土地改革和城市的公私合营。

笔者有幸从 20 世纪 50 年代初就参加了民族工作，学习了民族政策，参与了有关的民族识别，长期深入少数民族地区的农村和牧区，以同吃、同住、同劳动的方式进行语言和社会调查，目睹了中国少数民族在民族平等政策下的发展和变化，或许更多一些感性的知识，多少能更深刻一点认识上述套用背离中国国情的理论和经验的不可靠性和不可行性。正如上文所述，中国民族的确立体现着认同与识别相结合的原则。从表面上看，中国定民族的确是根据苏联提出的所谓“四原则”，即共同语言、共同地域、共同经济生活及表现于共同的文化上的共同的心理素质进行的。这是所谓“资本主义民族”的标准，中国的民族大多达不到这个标准，主要是考虑政治、历史、文化、宗教、语言这些因素。从程序上说，首先是族群的诉求，民族志式的专家经过深入调查和研究，提出初步意见和方案，经与诉求族群协商，意见达成一致后上报国务院，经研究再提交全国人民代表大会通过并确认。除了基诺族稍后一点外，基本上是一次通过。我们今天觉得说羌语的人是藏族，说藏语的人是蒙古族，在这个地方的称瑶族，在那个地方的称苗族，说两种语言的人是一个民族，说十多种语言的人还是一个民族等不好理解，似乎民族识别问题很多，甚至存在识别错误。如果这样理解，就是不了解中国民族的认同和识别关系，不了解这样做的根本原因，也不了解当时的政治形势和民族关系。中华人民共和国建立不久，在民族隔阂没有消除，少数民族广大群众对新政权还没有正确认识的情况下，就按照今天与国际接轨的所谓“科学标准”来识别民族，必然出现严重的社会问题。可见，中国的民族识别本质上是一个在一定历史条件下和相对科学的基础上政治和利益博弈的结果。以藏族来说，其曾经是一个强大的民族，在历史进程中融合了众多使用不同语言、具有不同文化的部落和部族，它们在政治上由藏族统治，在文化、宗教、生活习俗等方面逐渐与藏族靠拢并进行整合。在吐蕃王朝覆灭后，不同地区的藏族各自为政，由于居住分散，联系疏松，各地政治制度不完全相同，但这些族群的统治者依然是藏族，尽管有些地方作为统治者的藏族无论语言还是生活习俗在一定程度上都被原来族群同化，原来族群保留了固有的语言和一些文化特征。藏族作家阿来的小说《尘埃落定》中描写的就是四川阿坝藏族羌族自治州说嘉戎语的藏族。藏族使用十多种语言，大多是这样形成的。当年民族识别时，少数民族首领自然起着重要的作用，这是不言而喻的。知道这种情况，就能理解为什么阿坝州黑水说羌语的藏族被识别为藏族而不是羌族的原因了。其他民族识别中所谓民族与地域或语言错位的问题，大体与上述藏族识别中是一样的。

当然，我们不否认当时在民族识别中有可能存在一些偏差，那么是不是可以像有些人说的，今天重新再进行识别一次呢？回答是否定的。如果按今天所谓的学术标准提出重新识别既缺乏历史和政策依据，更不利于民族团结。

事实上，在中国确立了56个民族以后，要求重新进行民族识别的诉求从来没有停止过，但经过调查研究，几乎没有符合条件的，因此半个世纪以来，中国就没有再识别、确立一个新的民族。笔者就参与过藏族夏尔巴的识别。经调查研究，夏尔巴不仅语言是藏语，而且在历史上就是从西康地区外迁到尼泊尔一带，后来部分又迁回西藏自治区日喀则专区聂拉木县樟木区立新乡、定日县的绒辖区和定结县的。再如台湾的高山族，常常有学者认为台湾只有山地民，没有高山族，将山地民确定为高山族似乎是不正确的。事实是台湾是中华人民共和国的一个省，当时限于历史条件，经过一定的研究，并与在大陆定居的原台湾山地民协商，把台湾不属于汉族的原住民统一作为一个少数民族对待，由人民代表大会赋予法律和政治地位，这并不违背中国民族识别和确立民族的原则，对彰显祖国统一和民族平等是有利的。就我们理解，中国不存在没有民族成分的民族，当年确立55 个少数民族的时候，没有公布过还没有归属的群体。今天提出识别诉求的群体，按理不应该被称作“未定民族成分群体”。当年民族归属当然不能是“公投”的，也不可能一地一群地确认。当时确定 55 个少数民族的时候，只能根据这个民族原来政治和地域的统辖关系进行。上文已经说过，中国民族的确定是认同和识别综合考量的结果，不是根据与国际接轨、学术理论和民族政策认定的，中国民族的确定是符合中国国情的，中国的民族是公民诉求、科学研究、政治协商、法律确定的民族共同体，中国境内的所有族群都归属于所确立的这 56 个民族的共同体，即中华民族之内，不存在没有识别的民族，更不存在重新识别和确定民族的问题，至多存在对提出诉求的族群进行审查或甄别的问题。任何一个群体对自己群体的属性和归属都有诉求的自由，但并不是每一个诉求经过审查或甄别都是正当或必须认定的。在民族识别和确立之后，通过语言和社会调查，在民族内部倒是识别出一些族群，这是一个民族内部的事情，是语言、文化、宗教等一些差异的反映，与政治没有关系，与民族识别和确立也没有关系。这种情况在很多民族中都出现过，比如藏族使用十多种语言的族群就是在多年调查和研究后逐渐被发现、认识的。今后，随着调查、研究的深入，各民族中在语言、文化和宗教上有一些差别的族群还会被发现，但这些族群体现的是民族内部的群体差异，不是民族之间的差异，这种差异更不能构成重新识别、确立民族的依据。半个多世纪以来，中国在民族平等政策的指导下，审查、甄别了大量这种民族确认或归属的诉求，没有再确认一个新的民族，极少调整民族的归属，正是体现了这个国策的延续性和正确性。

联合国把语言的认同与身份、人权联系起来，身份的认同就是族群的认同，本意是为弱小群体争取平等生存的权利，但由于不同国家和地区政治制度不同，族群之间的关系不同，语言之间的关系也不同，简单地把语言认同与身份和人权之类的概念联系起来，并不具备普遍的指导意义。中国是社会主义国家，民族团结，社会和谐，语言关系复杂，一个民族使用多种语言、多个民族使用一种语言，通用语言与民族语言没有绝对的界限，一些少数民族整体或局部地区的本民族语言就是通用语言。中国民族的确立与语言没有必然的关系，使用同一种语言的群体可以归属两个民族，使用不同语言的群体可以归属一个民族，实例在各种文章中多有列举，原因在上文中已经说明，不再赘述。在中国，把语言与群体关联起来，可以分为三个层级：第一个层级是中华民族，即习近平主席提出的全国各族人民必须认同的中国民族共同体。这是维护国家统一、民族团结和社会和谐的根本前提和保证，也是大家共识的“多元一体”中的“一体”，与这“一体”关联的语言，就是作为中国官方语言和全国通用语言的汉语。“一体”的民族整体没有一个共同的语言是不可设想的，中华民族的认同与通用语言的认同是不可分割的统一体。第二个层级是民族，指全国 56 个民族，是中华民族的组成部分，也是“多元一体”中的“多元”。“多元”是民族平等、互利互助、共同发展、既分又合，“你中有我，我中有你”，“你离不开我，我离不开你”的基础，也同样是国家统一、民族团结、社会和谐的基石。“多元”的民族语言不仅是不同民族的一个标志性因素，更是中华民族共同的精神财富、丰富的语言资源宝藏。第三个层级是民族之下的族群。民族由不同的族群组成。族群同样是“多元一体”中“多元”的体现，只是层级不同，中国与族群相关联的一百多种语言同样是族群认同的标志性因素、中华民族共同的精神财富、丰富的语言资源宝藏和非物质文化遗产的重要内容。中国的民族平等政策不仅关注民族，同样也关注民族之中的族群，如阿坝藏族羌族自治州中的藏族主要是使用嘉戎语和羌语的藏族。

中国语言的认同只是民族认同的一个因素，其重要性在不同的民族认同中不同，简单地或无原则地强调语言认同等同于民族认同，无助于正确理解中国语言认同与民族认同的关系，不利于民族团结、社会和谐。正确认识语言认同和民族认同的关系，是消除这种负面影响、科学实施民族平等政策、宣传正能量的必要措施。

二、语言与文化认同

语言与文化有复杂的关系。语言到底在文化认同中起什么作用？语言认同与文化认同是什么关系？这是值得我们关心和讨论的问题。

现在流行的说法是方言的消亡会“造成方言所承载的传统文化、民间文化、地域文化和族群文化的信息严重流失，结果造成文化断裂、文化雷同和文化苍白，对我国多样性的语言文化造成严重的、不可挽回的破坏”，“语言背后所隐藏的文化习性、生活方式、价值观念及意识形态的根本差距，造成相互间在公共事务的认知与处理方式上的差距”，“学习一种语言就是学习一种文化”，等等。这种直接把语言与文化等同起来的观点，可以称为“语言与文化等同论”。进一步推论，一种文化必定要由一种语言来表达，语言的消亡必定导致文化信息严重流失，甚至文化断裂，更为严重的是文化习性、生活方式、价值观念、意识形态乃至行为方式都会受到严重影响。

人类进化产生发达的抽象思维，具有了智慧或心智，即认识、抽象、概括和改造客观世界的能力，从动物自发形成的“社会”进入为改造自然、改造自身、改善生存环境、改变生存方式而自觉组织的社会，从而创造有声语言辅助思维和表达思想，使用语言记录、表述一切物质和精神文化的状态和发展进程。我们要把文化与文明区别开来。摩尔根把人类社会分为蒙昧时代、野蛮时代和文明时代[①]，泰勒认为不同的时代有不同的文化，不同的文化是逐步进化而成的。他在《原始文化》一书中明确指出：“文化发展的不同阶段，可以认为是发展或进化的不同阶段，而其中的每一阶段都是前一阶段的产物，并对将来的历史进程起着相当大的作用。”[②]可见，文化贯串于人类社会发展的整个过程，文明只是文化发展的一个阶段，文化与人类社会的发生和发展共存，因此语言从被创造之日起就与文化结下了不解之缘。语言是文化的产物，因为人类只有在具有了发达的抽象思维并存在于有组织的社会中时，也就是当人类的精神文化发展到一定阶段时，才可能创造有声语言。语言的创造既是文化发展的需要，也是社会发展的需要。当人类社会的精神文化从物质分配、生产分工、婚姻禁忌、行为规

---

① [美] 摩尔根. 古代社会 [M]. 北京：商务印书馆，1981.

② [英] 泰勒. 原始文化 [M]. 上海：上海文艺出版社，1992.

范、知识传承、信仰确立等低级的精神文化，发展到国家、法律、道德、教育、宗教等更高等级的精神文化，语言也随着从低级的形式发展为高级的形式。语言发生于社会，使用于社会，发展于社会，适应社会发展的需要，记录、表达与社会相适应的文化。我们说语言是文化的载体，是记录和表述文化的工具，就是指语言与社会和文化发展的这种同步性和相关性。这种同步性和相关性，使人们产生了语言和文化同一性认识的偏差。

语言是文化的载体，指语言与文化的关联，或者语言承载和记录文化的功能，体现在以下三个方面：第一，语言是文化的产物，人类在创造语言时，各自根据的是自身的智力、社会环境和人类的客观认识水平，所以今天的语言五花八门，如果这些方面是一样的，语言就不可能有差异。法语名词有“性”的区别，英语名词有“数”的区别，汉语没有这种在词上表达这些概念的要求，这是语言编码和语言习惯不同造成的。尽管随着社会的发展，人类的客观认识水平不断提高，法国人现在未必还会认为现实生活中的事物会有“性”的差别，也未必能对每种事物的“定性”做出合理的解释，但在语言中遗存了这种历史的积淀，反映了语言在结构上承载了一定的编码文化和历史遗存。第二，为了辅助思维、交际和交流思想，人类不得不把自身的物质和精神活动的一切以概念的方式，也就是把作为思维成果的思想以声音的物质形式固化在语言中，而这些思想都是人类文化的反映，通过语言中固化的这些思想，我们可以观照相应的文化及其发展。第三，语言记录、表述了文化。以概念形式存在于语言中的思想只是最简单，也是最小的一部分。使人类文化得以传承、传播和发展的，是语言记录下来的更完整、更全面、更深入的思想，它们反映的也是完整、全面、深入的文化。前两方面是语言的能指（signifiant）部分，后一方面是语言的所指部分（signifie）；前者是形式，后者是内容。从能指来说，无论编码方式如何精致，作为编码单位的语词多么丰富，都是零散、碎片化的，只有把这些零散、碎片化的思想组织起来，才能表达系统的、完整的思想。语言作为文化载体，它的能指部分承载的文化是有限的，它的所指承载的文化才是无限的。

人类通过语码转换，可以使用不同的语言交流思想，是因为人类具有共同的逻辑、对客观世界的共识，千万年来在共同进化和社会发展中形成了共同的生活方式和行为准则。无论不同语言的编码差异多大，由于这些编码都要辅助、组织人类共同的抽象思维和思想表达，任何不同编码的语言都必须遵守人类共同的逻辑、生活方式和行为准则，这是语码所以能转换的基础。美国著名翻译家尤金·奈达（Eugene A. Nida）通过使用很多种语言，提出“功能对等”或“动态对等”理论，认为语言之间无论编码和文化差异有多大，“译文不仅在信息内容上要与原文对等，而且在形式上也要尽量与原文对等”，进一步要求原文受众和译文受众在感觉和效果上对等或一致，即表达他所谓的“译文接受者和语言信息的关系应该基本上同原文接受者和原文信息的关系一样”。他认为人类经验和表达方式中存在一种“共同的核心”（common core），所以“一种语言能表达的事情，必然能用另一种语言来表达”。这种理论是有其哲学基础的，比如洪堡特认为语言是人类的共性，是民族精神的外在表现，没有任何事物是语言无法表达的。当代又有乔姆斯基的语言深层结构理论，认为人类语言具有共同的语言深层结构，不同的语言只是由深层结构通过不同的规则转化为表层结构。他把这种深层结构表述为语言能力，确认这种语言能力是人类的共性。[①]我们虽然不完全同意这种理论，但人类的思想可以通过语码转换来沟通，人类的文化可以通过语码转换来传播，在语码转换中虽然达不到完全对称，特别是能指部分，比如一些表达的方式、韵律、特殊词语等会受到一定的损失，但这种损失对所指表达的整体思想和文化来说是有限的，对思想和文化的表述、交流和传播的影响是不大的，语言所指承载的文化完全可以通过语码转换来交流和传播。换句话说，一种语言的文化不一定由一种语言来承载。今天中国少数民族著名作家和诗人不少是使用汉文来创作的，比如阿来的《尘埃落定》就是使用汉文创作的，能说它不是真实而且艺术地反映了藏族的文化吗？著名彝族诗人吉狄马加的诗作《彝人谈火》也是使用汉语和汉文创作的，能说它不反映彝族的思想、文化和心声吗？脍炙人口的《仓央嘉措情歌》是用藏文创作的，但其通过语码转换被译成汉语文后无论在形式上还是在内容上都有很大的升华，这些通过语码转换的译作能说不反映藏族的感情、思想、文化和艺术吗？正是这个原因，中国的一些少数民族从来都使用汉语文，或者虽然不再使用自己固有语言和文字，换用了汉语文，但他们的文化依然通过汉语文被保存了下来，不断发扬光大，

① 瞿霭堂．翻译的不对称原理［J］．民族翻译，2011（4）．

怎么能说一种语言或方言的消亡，会引起“文化的信息严重流失，结果造成文化断裂、文化雷同和文化苍白，对我国语言、文化的多样性造成严重的、不可挽回的破坏”呢？中国有一百多种语言、数以千计的方言，绝大多数处于濒危状态，需要保护和保存，这是对语言多样化的认同、对非物质文化遗产的抢救、对丰富语言资料的保护和典藏，但不能因此不顾事实，危言耸听，毫无原则地评价中国语言和方言不可避免的消亡所产生的负面影响，而且事实已经证明，语言和方言的消亡，虽然在语言能指上会产生一些损失，但对民族和地域文化的影响是有限的，民族和地域文化完全可以由作为通用语言的汉语文或其他地域通用民族语文来承载和传播，并发扬光大，不会从根本上影响民族文化和地域文化的认同，更何况民族和地域文化的认同与历史、政治、宗教等其他各种因素有着千丝万缕的关系。保护、保存语言和方言的多样性与正确评价语言或方言消亡后在文化上造成的负面影响是两回事，我们必须实事求是，正确对待，合理解释，不把语言认同与文化认同对等起来，才能对语言与文化认同的关系有一个科学的认识。

新疆伊犁锡伯族国家通用语言文字普及度抽查研究

葛丰交　王耀芳　付　刚

国家社科基金重大项目“新疆国家通用语言文字抽样调查研究”分课题“新疆伊犁锡伯族国家通用语言文字普及度抽样调查研究”课题组一行5人，于2015年8月、2016年1月，先后对新疆伊犁哈萨克自治州察布查尔锡伯族自治县、伊宁市的部分锡伯族干部、群众的国家通用语言文字普及状况进行了抽样调查。调研组采用问卷调查、访谈等方法，在察布查尔锡伯族自治县、伊宁市选择了锡伯族相对集中的5个村，4个街道、社区，1个单位，共368户，每户抽取1人作为主调对象，还采访了其中的238位其他成员，收回有效问卷606份，其中主调查问卷368份，其他成员问卷238份。此外，还选择了13位访谈对象做了深度访谈。详见表1：

表1　调查点选择及有效样本量（606）

调查点	调查地点	样本量（个）	总计（个）
伊宁市	伊宁市散调	20	180
	伊犁州友谊医院	30	
	伊宁市沙依布依街道	57	
	伊宁市艾兰木巴格街道	41	
	伊宁市汉宾乡发展村	32	

本文系2014年度国家社科基金重大科研项目“新疆国家通用语言文字抽样调查研究”（课题批准号：14ZDAB100）分课题“新疆伊犁锡伯族国家通用语言文字普及度抽样调查研究”的阶段性研究成果。

葛丰交：锡伯族，新疆民委（宗教局）民研所原所长、新疆人民政府参事室（文史馆）文史馆员、新疆维吾尔自治区政协文史专员，研究方向：少数民族教育。

王耀芳、付刚：新疆教育厅教育科学研究院中学高级教师，研究方向：少数民族教育。

续表

调查点	调查地点	样本量（个）	总计（个）
察布查尔县	察县孙扎齐镇阿帕尔村	89	426
	察县爱新舍里乌珠牛录	77	
	察县爱新舍里依拉齐牛录	76	
	察县孙扎齐镇孙齐村	78	
	察县克鲁盖西街区	37	
	察县果儿敏西街社区	69	
一市一县	11	606	606

抽查的主要内容有交际语言能力，普通话能力，普通话学习途径、动因，中小学教学语言选择，普通话在交往中的作用，汉字识读能力、使用能力等，包括26道单选或多选题、1道普通话口语现场表达题。

通过抽样调研，试图了解、掌握锡伯族民众的国家通用语言文字学习、使用和普及状况，所持的认可度，态度倾向及语言行为等，查找存在的问题，贯彻落实《中华人民共和国国家通用语言文字法》和《国家语言文字事业“十三五”发展规划》，在锡伯族民众中进一步普及国家通用语言文字工作提出建议，为提升锡伯族民众国家通用语言文字普及程度及学习、使用能力服务。同时，为完善国家有关语言文字政策提供现实依据，为政府从事少数民族国家通用语言文字普及工作提供决策依据和参考。

一、新疆锡伯族双语教育

锡伯族是我国人口较少的民族，是新疆13个世居民族之一。我国锡伯族主要分布在辽宁、新疆、黑龙江、吉林、北京等省、市、自治区。据2016年《新疆年鉴》：2015年新疆锡伯族人口为43467人，其中伊犁哈萨克自治州有34457人（察布查尔锡伯自治县20426人、伊宁市5318人、霍城县3252人、巩留县1550人），乌鲁木齐市5685人，塔城地区1990人，克拉玛依市 986 人，其他地区均有少量分布。新疆锡伯族锡汉双语教育由来已久，历史上锡伯族学校一直重视汉语教学，于清朝末年起步，民国时期有所发展，中华人民共和国成立后得到较快发展。早在清朝末年，西迁新疆的锡伯人就开始在学校施行锡汉双语教学。从光绪十六年（1890 年）起，锡伯营各义学开始教满、汉文《百家姓》、《三字经》、四书五经等，而且很早就开始注意双语师资的培养，为汉语在锡伯民众中的普及和“锡汉兼通”的民族发展大计奠定了基础。

中华人民共和国成立初期到 20 世纪 50 年代末，锡伯族各中小学一直使用锡汉双语教学。小学以锡伯语为主，兼学汉语言文字；中学则以汉语言文字教学为主，辅助以锡伯语进行教学。

改革开放以来，锡伯族聚居区学校采用小学低年级以锡伯语文教学为主，中年级锡、汉语文并重，高年级以汉语文为主的形式，初、高中实行全部课程用汉语教学。进入 21 世纪以来，锡伯族幼儿园、中小学实行全部课程均用汉语教学，小学开设一门锡伯语文课程，初、高中把锡伯语文作为校本课程和选修课。学生升入中专、高等学校后与汉族学生同班学习，不仅很快适应了汉语教学环境，而且较好地完成了学业，成为“民汉兼通”的专门人才。20 世纪八九十年代开展扫盲教育，对锡伯族成人普遍开展了锡、汉语扫盲教育，基本扫除了文盲。

二、研究结果

（一）初步结论

根据问卷调查，可以得出以下结论：锡伯族对学习使用普通话持十分积极的态度，对国家通用语言认同度高；锡伯族聚居区普通话普及度较高，文盲率很低，锡伯族普通话掌握能力呈上升趋势，具有多语言交往能力；锡伯族培养了一批“民汉兼通”人才，人口素质得以提升，在经济、社会发展中发挥了明显作用。与此同时，锡伯语言生态环境在逐渐恶化，锡伯语言文字出现了一定程度衰退，锡伯族锡伯语的掌握能力呈下降趋势，双语使用场合逐步缩小。

1. 锡伯族对学习使用国家通用语言持有十分积极的态度，认同度较高

（1）从本地中小学教学语言选择使用看，小学选择民汉双语教学的比率最高，占 51.9%，选择普通话的占 45.8%，选择少数民族语言（锡伯语）的占 1.8%；中学选择普通话教学的比率最高为 56.6%，选择民汉双语教学的占 41.3%。中小学 90%以上选择了普通话教学和双语教学。详见表 2：

表2 本地中小学教学语言选择使用的基本数据（368）

指标		普通话	少数民族语言	民汉双语	外语	无所谓	无法回答	总计
小学	人数	168	7	191	0	0	2	368
	比率	45.8	1.8	51.9	0	0	0.5	100%
中学	人数	208	7	152	1	0	0	368
	比率	56.6	1.8	41.3	0.3	0	0	100%

（2）从对普通话的期望看，熟练、准确地使用的占62.5%，比较熟练地使用的占23.1%，两项合计大于85%，还有部分普通话应用水平较好的，对自己的要求更高，如希望文言文阅读能力和写作能力再上一个台阶。说明被调查者认识到了普通话的重要性，对国家通用语言产生了认同感，期望能熟练、准确地使用或比较熟练地使用。详见表3：

表3 对使用普通话的期望（368）

指标	熟练、准确地使用	比较熟练地使用	进行一般交流	没什么要求
人数	230	85	37	16
百分比（%）	62.5	23.1	10.1	4.3

（3）对于今后在全国交往中哪种语言最重要，有87.5%的被调查者认为普通话在交往中的作用非常大，有 11.7%认为一般，认为没有作用的仅占 0.5%。这说明被调查的锡伯族对普通话在交往中的作用的认识非常到位。详见表4：

表4 普通话在交往中的作用（368）

	非常大	一般	没有作用	无法回答
人数	322	43	2	1
百分比（%）	87.5	11.7	0.5	0.3

主要原因分析：

一是随着改革开放的不断深入，锡伯族民众对学校开设汉语文课的认识有了很大改变，已经充分认识到学习汉语文对锡伯族学生的积极作用。

二是由于万里西迁，屯垦戍边，新疆遂成为锡伯族的第二故乡，出于对祖国的热爱，数代锡伯族都一如既往地坚守自己的承诺，曾经镇守祖国最西部版图近 250 年。近代沙俄侵占伊犁时期，他们威武不屈，拒绝臣属他国，坚守在自己的领域内，成为祖国西部边疆的守护神，显示了这个民族群体长久以来形成的根深蒂固的对国家的忠诚和中华文化认同感。

三是锡伯族在历史上一直受儒家思想影响较深，忠君爱国。其教育内容以儒家的政治教育思想为主，大到宣教天下一统，小到提倡扶弱济贫。这一系列的儒家教育内容强化了锡伯族群体以忠、义、教、礼为核心的儒家思想观念，影响着锡伯族民众的行为取向和价值观念，促使锡伯族倾心中原，保证了锡伯族虽远离中原而矢志中华一统的政治信念和屯垦戍边的决心。

2. 普通话普及率高，文盲率很低，汉语掌握能力呈上升趋势

问卷结果显示，在被抽样调查的人中，能流利、准确地使用普通话的占 37.8%，能熟练使用但有些音发不准的占 34.4%，能熟练使用但口音较重的占 14.6%，能进行基本交谈但不太熟练的占 11.9%，能听懂一些但不太会说的占 1.5%，而能听懂一些但不会说的只占 0.2%。详见表 5：

表 5　锡伯族普通话能力评价对比数据（368）

指标		自我评价		调查员评价	
		样本数量	百分比	样本数量	百分比
普通话水平	能流利、准确地使用	166	45.1	138	37.8
	能熟练使用但有些音发不准	113	30.7	125	34.4
	能熟练使用但口音较重	41	11.1	54	14.6
	能进行基本交谈但不太熟练	37	10.1	44	11.9
	能听懂一些但不太会说	7	1.9	6	1.5
	能听懂一些但不会说	4	1.1	1	0.2
	听不懂也不会说	0	0	0	0
合计		368	100	368	100

从汉字识读能力看，通过被调查者的自评和现场朗读语料，综合调查

员的评价进行评价。汉字识读水平，我们界定在能读懂大众读物，如一般刊物、报纸、家信等。抽查数据表明，完全没有问题的占 62.8%，基本没有问题的占 21.4%，这两项合计为 84.2%，说明被调查的锡伯族的汉字识读能力是较强的。在朗读短文方面，95%的被调查者读得较为准确、流畅。在汉字识读上有一定困难、很困难和完全无法识读三个指标占 13.1%，其中很困难、完全无法识读的各占 2.0%和 1.6%。表明锡伯族民众的普通话水平、能力都有了明显的提高，汉语掌握能力呈上升趋势。这次被抽测者中普通话的普及率达到 97%以上，详见表 6。另据 2010 年第六次全国人口普查数据，新疆锡伯族 6 岁以上的有 32380 人，其中未上学的有 394 人，占 1.22%。未上学者的比例与调研组这次抽测得出的数据 1.2%、2.4%基本一致。表明新疆锡伯族普通话的普及率为 98.78%，远远高于全国的平均水平（我国的普通话平均普及率 2015 年已超过 70%；大城市的普及率超过 90%，而很多农村地区只有 40%左右）。

表 6　锡伯族汉字识读能力（368）

指标	完全没有问题	基本没有问题	有一定困难	很困难	完全无法识读	合计
人数	231	89	35	7	6	368
百分比（%）	62.8	24.1	9.5	2.0	1.6	100

锡伯族较早实施了双语教育，尤其重视汉语教学。历史上锡伯族形成了重视教育、崇尚文化的优良传统。中华人民共和国成立后党的民族政策不断完善与落实，锡伯族教育取得了长足进步，基本普及了高中教育，建立了较完善的基础教育体系，培养了一大批“民汉兼通”人才，锡伯族人口的文化素质有了很大提高，其整体文化素质普遍较高，文盲、半文盲率最低，文化素质的各项指标在新疆乃至与全国各民族比较均处于领先的地位。

第六次全国人口普查数据显示，2010 年全区锡伯族 6 岁及以上每万人口受教育情况为：具有研究生文化程度的 43.35 人、大学文化程度的 2376.78 人，具有高中文化程度的 2358.85 人、初中文化程度的 3183.76 人，具有小学程度文化的 1915.07 人，未上过学的 121.63 人。这些成就的取得，很大程度上得益于锡伯族较早实施了双语教育，尤其是重视汉语的学习。

3. 新疆锡伯族具有多语言交往的能力

新疆锡伯族的语言生态环境主要是双语或多语环境。清朝时锡伯族迁入的伊犁地区自古以来就是一个多民族聚居的地域，锡伯族进入该地后，虚心接受、广泛吸取当地其他民族的经济、文化成果，创建了独具特色的屯垦戍边的农业文化。新疆锡伯族人大都会使用两种以上的语言文字，有很多老一辈人还精通三四门语言甚至五六种语言文字，这一特点是居住在新疆的其他民族所不具备的，锡伯族人堪称"天生的翻译"。这充分显示了该民族因地而居、与时俱进的时代品格。他们利用自己操持多种语言的优势，用心汲取其他民族的文化，在日益丰富、完善本民族文化传统的同时，也不断地为境内各民族的交流搭建桥梁，以维护中华民族大家庭的和谐发展。从语言交际能力看，锡伯族人口中多语人现象比较普遍，很多人具有多语交流能力。如在 606 位被调查者中，会用普通话的占 43.4%，会用锡伯语的占 42.8%，会用维吾尔语的占 8.6%，会用哈萨克语的占 4.5%，会用俄罗斯语的占 0.3%，会用塔吉克语的占 0.2%，会用蒙古语、乌兹别克语的分别占 0.1%。访谈中也发现，部分 45 岁以上的被调查者是会三种以上语言的多语人。详见表 7：

表 7　交际语言能力样本数据

语言	样本数	百分比（%）
普通话	574	43.4
维吾尔语	114	8.6
哈萨克语	59	4.5
蒙古语	1	0.1
锡伯语	566	42.8
塔吉克语	2	0.2
乌兹别克语	1	0.1
俄罗斯语	4	0.3
其他	1	0.1

从在不同场合使用普通话的情况看，使用普通话的比例为集贸市场53.6%、医院64.8%、政府部门62.5%、劳动场合44.6%。选择对方使用的语言的比例为集贸市场37.2%、医院29.5%、政府部门31.0%、劳动场合30.1%。使用锡伯语的，集贸市场9.3%、医院4.2%、政府部门6.2%、劳动场合25.3%。详见表8：

问卷结果表明，锡伯族会使用多种语言，见什么民族说什么民族的话。这样便于交流、沟通，加深不同民族的相互了解，促进民族团结，有利于社会的和谐。同时，通过交流与交往，学习、借鉴兄弟民族的文化。

表8　不同场合使用普通话的百分比（368）

交际场合	普通话%	选择对方使用的语言%	锡伯语%	无此情况%	样本数
集贸市场	53.6	37.2	9.3	0	368
医院	64.8	29.5	4.2	0.5	368
政府部门	62.5	31.0	6.2	0.3	368
劳动场合	44.6	30.1	25.3	0	368

4.锡伯语的掌握能力呈下降趋势

锡伯族民众对锡伯族语言文字面临失传表示忧虑，并表达了保留、学习、使用好母语，传承锡伯族传统文化的强烈愿望。课题组人员了解到，锡伯族在对国家通用语言学习、使用持有积极的态度，在普通话能力普遍增强的同时，对锡伯族语言文字生态环境的一步步恶化，锡伯文教学被忽略，学习、使用范围日益缩小，锡伯族语言文字出现一定程度的衰退，锡伯族语言文字面临失传等表示了深深的忧虑，并对保留、传承锡伯族语言文化，学好、使用好锡伯语言文字极为关切。锡伯族人都有一个共同心愿：希望这门语言传承下去。问卷调查结果表明，小学选择民汉双语教学的比例最高，占51.9%，选择普通话的占45.8%，选择民族语言（锡伯语）的占1.8%；中学选择普通话教学的比例为56.6%，选择民汉双语教学的占41.3%，选择民族语言（锡伯语）的占1.8%。这表达了锡伯族民众在学习国家通用语言文字的同时重视母语教学，保护、传承少数民族文化的意愿。这种愿望符合宪法，法律、法规关于双语教育的条文和党的民族语文政策，有利于建设多元共存的和谐的语言文化生活。同时也证明，党和政府关于语言平等，科学、稳妥推进双语教育的政策是十分正确而科学的，是符合少数民族人民意愿和民族教育发展实际的、深受人民群众拥护和支持的。

总之，新疆锡伯族通过双语教育，特别是汉语言学习，学到了先进民族的思想、文化，提高了教育、教学质量和民族文化素质，培养了一大批双语或多语人才，他们在新疆不同的社会发展时期为发展文化、教育、外交、军事、民族团结等事业做了特殊的贡献，同时传承、保存了锡伯族的语言文化。可以说，双语教育、教学不仅是锡伯族教育的重要特点，而且是锡伯族教育成功的主要因素之一和提高民族文化素质的主要途径、必由之路。

（二）主要问题

1. 当地相关部门对学习国家、自治区有关国家通用语言文字的法律、法规宣传力度不够，部分干部、群众对与语言文字相关的法规、政策知晓度不高，对党和国家普及国家通用语言文字重要性的认识不足，语言文字法律意识较淡薄。

2. 锡伯族聚居区少部分边远农牧区的锡伯族青壮年、老年农牧民的普通话能力还较低，缺乏专业的普通话教师。

3. 普及国家通用语言文字的工作机制还需进一步完善。

4. 在锡伯族聚居区普及国家通用语言文字的研究比较滞后、研究力量薄弱。

5. 锡伯族民众掌握母语的能力呈下降趋势，锡伯语出现日益式微局面。

（三）政策建议

在锡伯族聚居区普及国家通用语言文字工作，要认真贯彻国家、自治区制定并颁布的《中华人民共和国国家通用语言文字法》《国家语言文字事业“十三五”发展规划》《新疆维吾尔自治区语言文字工作条例》和国家的语言文字政策，以提升锡伯族聚居区教师、基层干部和青壮年农牧民国家通用语言文字字应用能力为重点，在现有基础上加快提高锡伯族聚居区国家通用语言文字普及率和质量，在2020年确保较高质量地普及国家通用语言文字。

1. 加大国家通用语言文字法规、政策的学习、宣传的力度，进一步提高锡伯族干部、群众对普及国家通用语言文字的重要意义的认识

思想认识是行动的先导，是实践的基础，是做好普及国家通用语言文

字工作的前提。锡伯族聚居区各级政府及相关职能部门要加强政策宣传和引导，充分利用广播、电视、报纸和网络，开展国家通用语言文字法律、法规、方针、政策、规范、标准和基础知识普及性宣传，扩大学习、宣传、教育的覆盖面，创新宣传手段和方式，继续开展好全国推广普通话宣传周活动，将语言文字法律、法规纳入法治宣传教育内容，使锡伯族干部、群众，特别是基层干部和农牧民了解党和国家普及国家通用语言文字的法规政策和工作目标，充分认识到普及国家通用语言文字的重要意义，进一步增强锡伯族民众的国家认同、中华文化认同和国家通用语言文字认同意识，并鼓励锡伯族民众为国家通用语言文字的普及贡献力量。

2. 完善国家通用语言文字普及工作机制

机制建设具有管长远、管根本的作用，完善创新机制可为做好国家通用语言文字普及工作提供制度保障。

一是进一步健全工作领导体制，贯彻“政府主导，语委统筹，部门支持，社会参与”的管理体制，将普及国家通用语言文字工作纳入政府议事日程和政府绩效管理目标，加强对此项工作的领导和支持，提高服务水平。

二是完善咨询委员会制度，充分发挥专家作用，依法开展普及国家通用语言文字工作督导评估。加强地方政府普及国家通用语言文字工作履职督查，建立问责机制。

三是建立经费保障机制。建议国家、自治区财政逐步加大对普及国家通用语言文字工作的经费投入力度，对锡伯族较集中的地区和边远、贫困地区推行普及国家通用语言文字给予经费倾斜，确保锡伯族聚居区普及国家通用语言文字工作的开展。

四是建立激励机制。及时表彰、奖励普及国家通用语言文字工作的先进集体和个人，典型引路，激发锡伯族干部和职工学习、使用国家通用语言文字工作的热情和积极性。

五是建立工作交流机制。不定期召开锡伯族聚居区普及国家通用语言文字工作经验交流会，总结、交流普及国家通用语言文字工作的做法，推广先进经验。同时与新疆、内地兄弟省市国家通用语言文字普及程度较高的少数民族，如朝鲜族等民族开展交流活动，学习、借鉴他们成功的经验，推动此项工作的开展。

3. 加强队伍建设，为普及国家通用语言文字提供人才支撑和智力支持

我们认为，培养、培训一批满足需求的本土化的“汉锡兼通”的专业化的语言文字管理队伍、教师队伍和研究队伍，是在锡伯族聚居区科学、稳妥地做好普及国家通用语言文字的工作的关键，为此提出三点建议：

一是对锡伯族聚居区民语委、教育部门语言文字工作管理干部、学校领导、普通话水平测试员、语言文字专兼职管理人员进行上岗培训和定期轮训，提高相关人员的语言文字法治思维水平、依法行政能力和业务素质。

二是对中小学教师，特别是锡伯语口音较重、汉语发音不准的锡伯族中小学教师要进行普通话专业知识的培训，提高他们运用标准普通话进行学科教学的水平和传统文化素养，以及他们的语言文字应用综合能力。

三是加强锡、汉兼通的语言文字专家队伍建设，建立专家智库，重视中青年学者的培训研修，承担相关课题，开展普及国家通用语言文字对策性研究，推出研究成果，以指导普及国家通用语言文字工作科学推进。

4. 把握重点，分类指导，科学推进，进一步提升普及程度和水平

锡伯族聚居区国家通用语言普及工作应以提升锡伯族聚居区农牧区青壮年农牧民、基层干部和教师的国家通用语言文字应用能力为重点，把锡伯族中小学作为国家通用语言文字推行、普及的主渠道。

对于占大多数的城市、县镇的锡伯族公务员、专业技术人员、大中专学生、企业职工及居民中“能流利、准确地使用普通话”“能熟练使用，但有些口音不准”“能熟练使用，但口音较重”的那部分人主要是进一步巩固、提高其国家通用语言文字应用综合能力（听、说、读、写）和普通话标准化水平。

对于农牧区锡伯族青壮年农牧民中对汉语“能听懂一些但不太会说的”“能听懂一些但不会说的”的那部分采用集中举办国家通用语言文字培训班、夜校、远程教育等形式，开展扫盲教育，使其脱盲，基本达到听、说一般汉语和读简短汉文文章的能力。对于锡伯族中小学学生，要加强普通话口语，规范汉字书写，阅读、写作及语言文字规范标准等方面的教育教学，提高他们国家通用语言文字听、说、读、写能力。

对于锡伯族学校中小学教师，要进行普通话专业化培训和训练，使其在教育、教学过程中坚持使用普通话，正确使用规范汉字，努力提高传统

文化素养和语言文字应用的综合能力。对于基层干部则要提升他们的国家通用语言文字口语和书面表达能力，全面提高其汉语文素养和语言文字应用能力。

5. 科学保护锡伯族语言文字

锡伯族语言文字不仅是交流的工具、民族情感的纽带，而且是人类文明的成果、国家文化软实力的组成部分。西迁新疆的锡伯族在进行了250多年戍边屯垦的同时，较完整地传承、保存了锡伯族语言文字，为我国文化的繁荣和文化的多样性做出了特殊的贡献。但是大量事实表明，目前锡伯族语言文字岌岌可危，成为濒危语言，全国精通锡伯族语言文字的不到50个人。专家指出，某些语言的衰退、消亡不但会造成语言生态系统的失衡，而且会严重影响到文化生态系统的发展，最终导致人类社会的可持续发展被破坏。拯救锡伯族语言文字迫在眉睫，刻不容缓。为此，建议依据宪法、法律和民族语文政策，加强对锡伯族语言文字的保护力度。建立锡伯族语言文字保护区，制定保护工作标准，颁布实施锡伯族语言文字保护工作单行条例，对保护工作进行全面的部署和规划，重视锡伯语文课程教学，做好锡伯文教材的编辑、出版工作和多媒体教学课件研发，加强锡伯语文教师队伍的建设，培养一批精通锡伯族语言文字的高层次研究人员、翻译、编辑、播音员、节目主持人和管理人员。保障经费投入。重视锡伯文教育、教学研究，科学保护锡伯族语言文字，传承锡伯族优秀的传统文化。

汉语对维吾尔语语法系统的影响

蒲　泉

世界上没有一成不变的事物，万事万物都处在不断的发展、变化之中，作为人类交际工具的语言也不例外。它无时无刻不在变化，只不过这种变化非常缓慢，我们不易察觉。但是，如果我们将一种语言放在历史的长河中去考察，就会发现其巨大的变化。比如我们阅读古代汉语作品，有些似懂非懂，有些看不懂，还有些会理解错误，可见汉语也发生了巨大的变化。这种变化的原因无非有两个，一是语言随着社会的发展而发展，另一个就是语言在相互接触中受其他语言的影响。维吾尔语作为我国一种重要的少数民族语言，有一千多年的历史，它处在中华民族大家庭中，不可避免地要受到汉语的影响。因为汉语作为我国的通用语言，其在政治、经济、文化、科技中的作用是其他少数民族语言所不可比拟的。特别是在民国时期和新疆解放以后，随着在新疆兴办教育，开办广播、报刊、电视，新疆迎来了语言的大融合，而且这种冲击可以用“铺天盖地”来形容。新的名词、术语大量出现，原先在维吾尔语中不存在的一些词汇、一些语音要素、语法格式大量地被维吾尔语吸收、借鉴，从而使维吾尔语在语音、词汇、语法等方面的面貌都发生了较大的变化。

本文以语言接触理论为基础，探讨、分析维吾尔语语法受汉语影响而发生了哪些变化、发生变化的原因、我们应该如何看待这些变化和影响等。

一、对构词法的影响

1. 构词方式出现了明显的变化，由传统的以派生词为主向派生词、合成词混用的方向发展

维吾尔语：词根+词缀

蒲泉：汉族，陆军边防学院教授、翻译室主任。

汉语：词根+词根

yahxi kor（喜欢）、Gezit-zornal（报刊）、tomuryol（铁路）、bdt（联合国）、jkp（中国共产党）

2. 出现了词性增加、词义扩大现象

一是维吾尔语中原先只有一个词性的词发生了改变，出现了两个词性的现象。

词性增加：yumur（幽默）、illik（温暖）

igizda turup，yirakni korux。（站得高看得远。）

二是词义出现了扩大的现象。

词义扩大：tor（渔网、网络）、kizil（红、红色，象征革命）、sarsy（宫殿、从事活动的场所）、ur（打、击打、打针、打字、打电话、打钱）。

3. 仿译词大量出现

英语：football（足球）、soft-ware（软件）、quick lunch（快餐）、honeymoon（蜜月）。

维吾尔语：yumxak dital（软件）、kezik nuhta（焦点）、xerin ay（蜜月）、uq olqamlik karton（三维动画）、ak tahtay（白板）、ak bulqinix（白色污染）、kiqik zerak（小灵通）

4. 形态变化出现了汉化现象

通过对汉语语法格式的移植，维吾尔语产生了原本没有而又不违背自身的语法规律的格式。这些格式虽不是维吾尔语所固有的，但维吾尔语的结构规律并不排斥这些新格式的出现。换言之，按照维吾尔语的句法规律，即使没有语言接触所带来的外来影响，这些格式也是有可能出现的，只是由于某种原因而没有实际出现。正因为如此，当这些新格式于民国后至中华人民共和国成立前后产生后，很快便被人们接受。

例如在翻译汉语言作品的过程中，维吾尔语产生了动词过去时和现在时，以及动词过去时和将来时并列使用的语法格式：

解放区民主政府领导全体人民，有组织地克服了和正在克服着各种困难。

azatlik rayon okvmiti putun halikka rahbarlik kilip，taxkiliy halda harhil kiyinqiliklarni yandi wa yaniwatidu。

5. x 动名词和 p 副动词在篇章中的连续使用现象普遍化

维吾尔语的 x 动名词和 p 副动词在传统的维吾尔语篇章中连续使用的情况较少，这种现象延续了上千年，从汉唐时期一直到清代几乎未发生过变化。但在民国时期乃至中华人民共和国成立以后短短的几十年里，受汉语政论文体、各类文件等书面语格式的影响，几乎完全消解。

进一步解放思想，实事求是，大胆探索，勇于实践，认真落实邓小平同志南方谈话，集中力量，抓紧当前的大好时机，深化改革，扩大开放，加快社会主义文化事业的发展和繁荣，努力使文化事业达到新的水平是各级文化部门面临的战略任务。

Idiyini yanimu azad kilip，hakikatni amaliyattin izdap，dadil izdinip，baturluk bilan amaliyattin otkuzup yoldax deng xiyawpingning janubini kozdin kaqurganda kilqan muhim sozni samimilik bilan izqillaxturup kuqini markazlaxturup，hazirki paydilik pursatni，qanimat kilip，islahatni yanimu qungkurlaxturup，ixikni yanimu kang eqiwetip，sotsiyalistik madaniyat ixlirining gullinixi wa rawajilinixini tezlitip，madaniyat hizmitini tirxip yengi sawiyiga yatkuzux — har darjilik madaniyat tarmakliri duq keliwatkan istrategiylik wazipa。

二、对句法的影响

（一）罕见地出现了“主—动—宾”语序，维吾尔语核心结构发生了改变

任何一种语言最不易改变、最核心的内容是什么？就是语言句法规则的核心，也就是动词和宾语的语序。但是由于汉语影响的深入和扩大，维吾尔语句法的“主—宾—谓”语序在一定的语言环境下也开始出现了汉语的“主—谓—宾”语序。

汉语有6个句子成分——主、谓、宾、定、状、补。

维吾尔语有5个句子成分——主、宾、谓、定、状。

例如：

man qiktim maxiniha。

Biz tvnvgvn alaklaxtuk ular bilan。

Man kordvm tvnvgvn bazarda uni。

虽然维吾尔语中这种动宾句式较少，而且出现的语境也有限，但不可低估它的影响。这种语法格式的出现至少说明了两个问题:

一是说明汉语的影响已经波及到维吾尔语句法的核心结构，波及到了它的精髓，影响了维吾尔语固有的句法结构，使维吾尔语出现了具有汉语特点的述补结构，即“主—动—宾”语序。

二是说明维吾尔族部分地接受了汉族的思维方式。因为人类大脑的机能——思维能力没有民族性，是相同的，只是而思维方式不同，一种语言的结构规则是该语言思维模式的体现。那么，维吾尔语在交际中直接借用汉语的句法结构现象的出现，就说明维吾尔语的语言思维方式受汉语思维模式影响已开始发生变化。

我们认为基于两方面的原因：首先，这种动宾结构并不妨碍交际，既然不影响交际，语言使用者也就没有必要对其进行规范。其次，这种表达形式并不违背人们的思维方式，我们需要强调某一事物时，往往要先说出干什么，然后再说出这一事物，这种思维方式表现在语言结构上，就构成了宾语后置的句式。

（二）量词和复合量词被逐步接受

1. 量词被逐步接受

在维吾尔语发展的悠久历史中，数词和普通名词是直接结合的，这一语法传统至少从公元11世纪的《突厥语大辞典》开始就已存在，并一直延续到新疆解放之前。但在新疆解放以来短短的二三十年内，受汉语大量使用量词的影响，“napar，dana，tal，”等量词便在维吾尔语书面语中流行开来。

2. 复合量词被大量吸收进了维吾尔语

新疆解放以后，维吾尔语从汉语中成批引入了表示复合性计量单位的词语，同时也将这类词语的构词方式吸收进来，使维吾尔语增添了复合量词这样一种新的构词方式，而这种将两个或两个以上的量词性语素复合为一个单位的结构方式，在维吾尔语传统中是没有的。例如人次（adam ketim)、场次（maydan ketim)、架次、件次、台次、站次、船次、车次、轮次、门次、辆次、艘次、列次、户次、班次、连次、部次、卷次、批次、人起亩次、顷次、台日、箱班、人亩、人公里、担亩、吨公里、吨海里、千米小时、公里小时、公升小时、加仑小时、焦耳秒、千瓦小时、秒立方米、千克立方米、卡每克、千卡每千克、牛顿米、欧姆米等。

（三）“被”字句的使用范围扩大，尤其是使用“……taraptin”引出施动者结构的“被”字句被引入了维吾尔语

由于语言的接触，维吾尔语受汉语中大量使用“被字”结构的影响，造成“被字”结构的使用大量增加。尤其是使用“……taraptin”引出施动者结构的被字句大量增加，如：

“三座大山”被中国人民推翻了。

vq qong tak zongguo halki tarapidin ahduruldi。

红旗被战士们插上了山顶。

Kizil bayrak jangqilar taripidin tak qokkisiqa kadaldi。

（四）汉语对维吾尔语定语的影响

受汉语的影响，维吾尔语语句中的定语发生了明显变化。一是维吾尔语中的定语的长度和复杂度明显提高，二是定语后置现象出现。

少数民族精美的歌舞、独特的风俗习惯、特色鲜明的美食、甜蜜的瓜果无不吸引着各方宾客前来观光旅游和品尝，同时也吸引着投资者前来参与开发和利用。

Az sanlik millatlarning napis nahxa-usulliri wa ularning orup-adatliri，ozgiqa taamliri，xerin miwa-qewilar mehmanlarni tamaxa kilixka wa tetip bekixka jalip kilidu hamda mablah salquqilarning ozini eqixka katnixixni wa ozliridin uniwersal paydilinixni kvtvp turmakt。

（五）出现了状语后置现象

维吾尔语中没有补语，汉语中的补语在维吾尔语中是通过状语的形式来表现的。近年来受汉语的影响，维吾尔语中状语后置的现象逐渐增多，类似于汉语的补语。这是因为，通过对汉语词语或语句的仿译，将维吾尔语中原本没有的结构形式引入维吾尔语。这些结构形式与维吾尔语原有的语法习惯有较大的距离，但这类引入可以满足人们填补表义空白的需求，能够实现独特的表达效果；尽管这类形式与维吾尔语的语法习惯相去较远，尽管在其传播过程中人们可能会在心理上产生抗拒，但其最终还是部分地得到了使用维吾尔语的人们的认可。

宝玉开了房门来到了黛玉的身后，不声不响，蹑手蹑脚地。

Baoyu ixikni eqip daiyuning arkisiqa kandi，un qikarmay，asta asta。

三、维吾尔语受汉语影响的原因

（一）经济发展的原因

一是在古代，随着丝绸之路的建立，人们进行经济贸易，为了生计必然要接触汉语、学习汉语，汉语不可避免地要影响少数民族语言。二是到了近现代，汉语作为我国的通用语言，已经渗透到了方方面面。不掌握汉语就很难在社会立足，很难就业，很难有所作为，恐怕连生活都成问题。

（二）政治强势的原因

汉语是联合国 5 种工作语言之一，是我国的国家通用语。政府行文，党的路线、方针、政策都是以汉语下达，汉语处于绝对强势地位。这种政治上的强势必然将其语言上的特点迁移到维吾尔语中。

（三）文化失衡的原因

汉语传播文化的功能是其他少数民族语言无法比拟的。用汉语出版刊物，制作的广播、电视节目和网络有数万种，而用维吾尔语出版的刊物只有一百多种。所以，汉语传播文化信息的功能也是其他语言无法比拟的。

（四）普及汉语的原因

我国推广普通话，在少数民族地区实行双语教育，少数民族学生从小学开始接受汉语教育，大学使用汉语授课等做法对维吾尔语产生的影响可以用“铺天盖地”来形容。

（五）科技发达的原因

我国大量的科技信息首先是通过汉语传播的。要想掌握现代科学文化知识，了解世界、拓宽视野，不掌握汉语也是不可能做到的。

四、如何看待汉语对维吾尔语带来的影响

（一）积极的方面

1. 丰富了维吾尔语词汇和语言

通过大量吸收汉语词汇和汉语表达方式，提高了维吾尔语的表达方式，丰富了维吾尔语，使其焕发了活力。

2. 加快了维吾尔文化与汉文化接轨的速度

维吾尔族人学习、使用汉语，大量地接触汉文化、认同汉文化、吸收汉文化，使汉文化元素大量进入维吾尔语，改变了传统的维吾尔语思维方式，加快了其与汉文化接轨的速度。

3. 使维吾尔语更加简洁、活泼，富于时代气息

一是接受汉语的组词方式，使得缩略词大量出现；二是大量新词、新语进入维吾尔语使维吾尔语跟上了时代进步的步伐，具有了时代气息。

4. 加快了信息传播速度，加快了知识更新

少数民族通过接受汉语教育、汉语刊物、广播、电视、网络等加快了知识更新速度。

（二）消极的方面

1. 影响了语言交流甚至出现了语言沟通障碍

新词、新语、新的表达方式的大量出现，使不同的语言群体出现了交流障碍，年轻人与老年人、城市人与偏远地区的农牧民产生了语言沟通障碍。

2. 影响了语言的纯净性，部分传统文化会逐步丧失

维吾尔语的纯净性受到了挑战，由于语言承载的文化传统慢慢发生了改变，文化传统逐步丧失。

3. 影响了社会心理、价值取向等文化的深层结构

一是使人们产生抵触的心理。二是轻视本民族传统的语言及文化，认为本民族语言和文化无足轻重。

关于维吾尔文字拉丁化的思考与建议

张建新

维吾尔族主要聚居在新疆，人口 1144.9 万[①]，使用的维吾尔语属阿尔泰语系突厥语族，曾使用过突厥鲁尼文、粟特文、回鹘文、摩尼文、婆罗米文、叙利亚文、汉文、吐蕃文、八思巴文、阿拉伯文、拉丁文等多种文字，采用过多种字母拼写，时间跨度约 1400 年。[②]随着时代的发展，维吾尔老文字愈来愈不适应社会的发展，尤其适应不了科技的进步、互联网的应用和发展，相当一批曾经学过新文字的民族同志还不习惯使用老文字，广大青年学生和一些维吾尔族知识分子关于恢复使用新文字的呼声日渐高涨。

一、维吾尔文字的发展历程

维吾尔族使用文字的历史悠久，在使用突厥语的民族中是最早使用文字的民族。其在公元 7—9 世纪使用古代突厥文（亦称“突厥鲁尼文”或“鄂尔浑—叶尼塞文”），用突厥字母拼写。在公元 8—9 世纪使用古代回鹘文，该文字来源于粟特文，是一种音素文字。公元 10 世纪，随着伊斯兰教的传入，逐渐借用阿拉伯字母，13 世纪末至 14 世纪初普遍使用察合台文，一直使用到 20 世纪 30 年代。1937 年和 1954 年曾进行过两次文字改革，逐渐取代了旧的察合台文。现代维吾尔文就是在晚期察合台文的基础上形成的以阿拉伯字母为基础的拼音文字（简称“老文字”或“老维文”），共有 30 个阿拉伯字母，1983 年又增加到 32 个字母，并确定了字母表顺序。1956 年国家为维吾尔族制定了基于西里尔字母的文字，但随着中苏关系的破裂于 1959 年废止。

张建新：新疆财经大学中国语言学院副教授，主要研究方向为语言学与应用语言学。

① 数据来自《新疆统计年鉴·2017》。

② 吐逊古丽·卡热. 2000—2010 年有关维吾尔文字研究概述［J］. 边疆经济与文化，2012（3）.

1949年10月，国家指导文字改革的最高权威机构——中国文字改革协会成立。1959年底，国家创制了以汉语拼音为基础的拉丁字母维吾尔文字（简称“新文字”或“新维文”）。新疆根据中央的方针做出决定，成立了以汉语拼音方案为基础的维吾尔、哈萨克拉丁文字改革委员会，决定立即在部分维吾尔、哈萨克学校进行新文字改革的试点工作。

因为新文字改革方案达到了科学完善的程度，实行起来基本没有什么技术性问题，推行起来却遭到了旧的习惯势力的反对。后来经过新疆有关领导的说服和教育，一些认识模糊的人提高了认识，新文字的改革工作得以顺利进行。1962年，根据新文字推行试点工作的成功经验，自治区党委及时做出决定：在全疆维吾尔、哈萨克等各级、各类学校，全疆机关干部，以及广大群众中普遍推行维吾尔、哈萨克新文字。从此，全疆很快形成了一股学习新文字的热潮，各种新文字的教材和出版物也大量出现。1964年，新疆维吾尔自治区向国家民委呈报了关于改革维吾尔、哈萨克文字的决议和维吾尔、哈萨克两种新文字方案（修订稿），由国家民委转报国务院批准。于是，维吾尔、哈萨克两种新文字方案由新疆维吾尔自治区人民委员会公布推行，于1976年宣布报纸、书刊和各类文件全部使用新文字，老文字停止使用。20世纪七八十年代新疆大部分地区已经普及了新文字，并广泛用于广播、影视、出版、教育、医疗卫生、社会交际、公务活动等各个领域，但新、老文字并用的现象一直存在。1979年11月，新疆维吾尔自治区人民政府做出决定，继续推行维吾尔新文字并同时使用维吾尔老文字，要求自治区各级领导机关在自治区内行文时，应根据具体情况，同时使用新、老两种文字，并对老文字做了进一步完善。1982年，在新疆维吾尔自治区第四届人大常委会上，有人突然提议废除维吾尔、哈萨克拉丁新文字，并以举手表决的方式通过恢复维吾尔、哈萨克老文字。1982年9月，新疆维吾尔自治区突然决定恢复使用老维文，但新文字仍可作为一种拼音符号予以保留，并在必要场合使用，同时对新文字继续进行研究，使其不断完善。自此，新文字逐渐淡出。2000年，新疆大学和维吾尔计算机信息协会发起，并由新疆维吾尔自治区政府推广实施了一种新的拉丁维吾尔文（简称UKY），以规范维吾尔文的拉丁转写和计算机操作；后来为了避免人们把计算机文字理解成一种机器语言，遂改名为“拉丁维文”（ULY），并确定为新疆维吾尔自治区的官方文字，这在国际上被广泛接受，特别是海外的维吾尔人。

透过维吾尔文字被不断改用的历程，我们可以发现，维吾尔文字在很多时期存在多种文字并用的现象，而且文字使用在地域分布上往往不平衡，一种文字的使用往往需要一段时间逐渐适应语言的发展。维吾尔文字的每次改换都与维吾尔族的社会发展、政治经济状况息息相关。

二、维吾尔文字拉丁化的必要性和可行性

老文字的突然恢复使用给人们的生活、工作和学习带来了相当大的困难和不便。尽管新文字仍作为一种拼音符号予以保留，并在必要的场合使用，但广大青年学生在使用电子产品输入信息时，用拉丁字母代替阿拉伯字母的现象十分普遍。有人曾对维吾尔族大学生进行过调查，“拉丁维吾尔文字使用最为普遍，而传统的阿拉伯维吾尔文字微信所占份额不足5%”[①]，这个调查虽然是在大学生中进行的，但拉丁维吾尔文字的使用可见一斑。这些青年学生和一些维吾尔族知识分子、干部关于恢复使用以汉语拼音字母为基础的新文字的呼声日渐高涨。在日益信息化、现代化、国际化的今天，维吾尔文字拉丁化就显得更加必要而迫切。

（一）必要性

1. 世界文字拉丁化是发展趋势，是现代化的需要

因为拉丁字母形体简明，易于认读和书写，广为流传，成为世界上最通行的字母。因此世界上没有文字的语言纷纷采用拉丁字母创制文字，非拉丁文字的语言转换文字也往往采用拉丁字母。当今世界语言拉丁化的发展趋势十分明显，“目前全世界已经拉丁化或采用拉丁字母的语言已由 19 世纪的 42 种增加到 20 世纪的 122 种，使用人口达 196982 万，占世界人口总数的 30%。使用拉丁文字的国家已由 19 世纪的 61 个增加到 20 世纪的 88 个，占全世界国家总数的 45%。”[②] 文字拉丁化有利于语言及其承载的文化更加国际化，促使其逐步适应全球科技和教育的发展步伐。中国的现代化需要科技和教育的现代化，各民族语言文字也需要现代化。正因为如此，2017 年，哈萨克斯坦总统就明确表示要加快哈萨克语拉丁化的进程。

---

① 张黎. 维吾尔族大学生微信文本用字特点研究——以新疆师范大学为例［J］. 知识经济，2015（22）.

② 李学金. 世界文字的拉丁化趋势［J］. 广西广播电视大学学报, 2006（1）.

2. 与老文字相比，新文字简单易学，书写方便

维吾尔新文字采用拉丁字母，以汉语拼音方案为基础，自左向右书写，书写时不被手和笔挡住视线。它只有 26 个字母，且只有大、小写两种形式，笔画简单、构形明确、线条清晰，易于学习，在书写应用方面更科学。而维吾尔老文字自右向左横写，书写时视线还容易被右手和笔遮挡。每个字母按出现在词中的位置有不同的书写形式，32 个字母实际有 110 多种写法，而且字母又多靠点的位置和数目来区别，极易混淆。与新文字相比，老文字学习难度大，不易掌握，对学龄儿童而言更是如此。

3. 拉丁维文更适应计算机操作、互联网等现代科技的发展

进入数字化时代，计算机、手机等电子产品的文字操作是现代人日常生活离不开的，广大群众需要通过一种通用、便捷的文字来进行信息交流，在发短信、QQ、微信时，拉丁字母的使用率大大提高。使用新文字，不需要在电脑上安装任何附加软件，仅靠原有的系统就能完全实现维吾尔文的顺畅输入，新文字占有明显优势；而用老文字输入、打印时非常不便，不能很好地适应计算机操作、互联网等现代科技的发展，以及人们日益加快的生活节奏。

4. 拉丁维文与其他文字混排极为方便

世界上的文字绝大多数是从左向右横写的，由于老文字书写方向相反，在文字编辑和图书出版方面和汉文混排容易造成极大的不便，使编辑、排版的难度成倍增加，版面不美观，也影响读者的顺畅阅读，而新文字就不存在这种问题。此外，老维文同科技方面使用的公式、阿拉伯数字和乐谱的书写方向相反，也造成了极大的不便。相比之下，新文字在书写、印刷等方面更为方便、快捷。

5. 使用拉丁维文更有利于学习、工作和生活

由于拉丁维文与汉语拼音、英语等外语都是以拉丁字母拼写的，学习起来只有一套字母，彼此互通，互相促进，学习内容、难度明显减少并降低。此外，拉丁字母经常作为符号和标记出现在人们的视线中，即使在学习非语言的课程、一般阅读、工作和日常生活中，也经常会用到拉丁字母。使用新文字，学会拉丁字母，无疑会给人们的学习、工作和生活带来更多便利。

（二）可行性

1. 拉丁化呼声越来越高

随着计算机、手机的广泛使用和普及，人们对拉丁字母和阿拉伯字母有了较深的理解和认识，越来越多的人感受到了拉丁字母带来的便利和阿拉伯字母带来的不便，恢复使用新文字的呼声越来越高。因而维吾尔文拉丁化必将受到维吾尔族的拥护和欢迎。

2. 已有现成的方案

1959 年国家创制的拉丁字母维吾尔文字是一套比较成熟的文字，已被使用了 20 年，不需要重新创制一套文字方案，现在只需对原有的新文字方案进行一些改进和完善。拉丁维文（ULY）就是经过改进的最新的维吾尔文字，是新疆维吾尔自治区的官方文字，已被国际社会和海外维吾尔团体接受，更方便人们在当今社会使用。

3. 随着人们的文化程度大幅提高，拉丁字母更易于掌握

现在大多数中青年一般都接受过九年义务教育，多少都接触、学习过汉语拼音，新文字学习起来很方便，易于掌握。与新文字相比，老文字字母多、写法多，因此使用拉丁字母拼写要比将新文字改为老文字容易得多。况且当今人们的文化程度明显高于新文字初创时期，拉丁字母在一些维吾尔族知识分子和广大青年学生中使用得非常普遍，现今的科技和教育成果已今非昔比，这些都有利于拉丁文字的推行与普及。

4. 国内外都有文字拉丁化成功的先例

在国内，景颇语、苗语、壮语、黎语、彝语、布依语、哈尼语、佤语等很多少数民族文字陆续采用了拉丁字母文字。在国外，越南语从 19 世纪 80 年代起推行拉丁文字，20 世纪初实现了拉丁化，1945 年印度尼西亚语由阿拉伯字母改用拉丁字母，土耳其语从 1923 年开始改革文字，用罗马字母取代阿拉伯字母，实现了拉丁化。[①] 这些成功的先例都值得我们学习和借鉴，维吾尔语和哈萨克语新文字的兴衰史和经验、教训更值得我们反思和借鉴。

① 李学金. 世界文字的拉丁化趋势［J］. 广西广播电视大学学报，2006（1）.

5. 我国的社会制度和教育、科技的进步能够助推拉丁文字的推行和普及

我国有中国共产党的领导，有强大的行政执行力，新文字在创制之初尚且能很快地被推行与普及，在文化、教育和科技发达的今天，推行起来应该更加顺利而迅速。

三、思考与建议

1. 政府和语委要脚踏实地地进行调研，广泛听取人民群众的心声，做好顶层设计和全面规划，要尊重科学，慎重决策，稳步推行。

2. 认真吸取维吾尔新文字改革中的经验并教训，对新文字进行必要的改进，使之更趋完善和成熟，更适应时代的发展并方便人们的使用。

3. 加大拉丁字母的宣传，宣传使用拉丁字母的好处，使更多的人了解拉丁字母的优越性。语言是人们交际的工具，只有被普遍地使用，适应时代的发展，才能更好地服务人们。

4. 提高人们对使用拉丁字母的意义的认识，取得广大维吾尔族群众的理解和拥护，使人们自觉、自愿地使用维吾尔拉丁文字。

5. 作为过渡，可考虑采用“双文”制，即阿拉伯字母和拉丁字母同时使用，以后逐步过渡到完全使用拉丁字母。

6. 哈萨克文也可参照拉丁维吾尔文字推行拉丁哈萨克文字。

四、结语

语言文字是信息的主要载体，文字的使用和改换与社会的发展，政治、经济状况密切相关，语言文字应该随着科技、教育、文化的发展、进步而不断改革、创新。民族文字的改革、创新与民族的经济发展、文化进步和广大群众的根本利益有密切关系，我们应该从民族长远发展的角度看待文字改革，充分认识到文字改革的重要意义。使用拉丁维吾尔文字，并使之更加完善、成熟，是新时期新疆民族文字改革的重要内容，新疆的民族文字改革是新疆少数民族走向国际化、现代化、信息化的必由之路。

双语教育四十年成就展示

中华人民共和国成立70年来少数民族双语教育事业的发展与成就

丁文楼

在改革开放的新时代，迎来了中华人民共和国70岁生日，各族人民将隆重庆祝中华人民共和国成立70年来在政治、经济、文化、教育等方面取得的辉煌成就。民族双语教育是我国民族教育事业的重要组成部分，值此国庆70周年之际，回顾、总结我国民族双语教育的辉煌成就和历史经验，展望民族教育事业的未来发展，具有重要的现实意义。

一、党的民族双语教育政策的形成与完善

我国是个多民族、多语言的国家，50多个少数民族使用80多种语言。双语教育是我国民族教育的重要组成部分，实施双语教育是党解决民族问题的重大决策。中华人民共和国成立以来，党根据我国国情、族情制定了相关的民族语文政策。伴随改革开放，其不断发展、完善，是我国实施民族双语教育的法理依据和根本保证，这些政策概括起来有以下几方面。

（一）民族平等和语言平等政策

坚持民族平等和语言平等是马克思主义关于民族问题的基本原则。中华人民共和国成立伊始，1949年颁布的《中国人民政治协商会议共同纲领》规定“各少数民族均有使用和发展自己的语言文字的自由”。1952

年颁布的中华人民共和国第一部《宪法》及以后历次修改的《宪法》都有“各民族均有使用和发展自己的语言文字的自由”的条文。1984 年实施的《民族区域自治法》第十条规定：“民族自治地方的自治机关保障本地方各民族都有使用和发展自己的语言文字的自由。”2001 年通过的《中华人民共和国国家通用语言文字法》在其“说明”中指出：“我国语言文字的基本政策：各民族语言文字平等共存。禁止任何形式的语言文字歧视，各民族都有学习、使用和发展本民族语言文字的自由；国家鼓励各民族互相学习语言文字；国家推广普通话，推广规范汉字。”①

（二）帮助少数民族创制、改进文字

1951 年 2 月 5 日，中央政府政务院会议作出《中央人民政府政务院关于民族事务的几项决定》。《决定》第五项为“在政务院文化教育委员会内设民族语言文字研究指导委员会，指导和组织少数民族语言文字研究工作，帮助尚无文字的民族创立文字，帮助文字不完备的民族逐渐充实其文字”。1954 年 5 月，经政务院批准的《关于帮助尚无文字的民族创立文字问题的报告》指出：“对于没有文字或没有通用文字的民族，根据他们的自愿自择，应在经过一定时期的调查研究之后，帮助他们逐步制定一种拼音文字。”根据这些政策，20 世纪 50 年代初，国家投入了大量人力和物力，对少数民族语言进行了大规范的普查工作，帮助壮、布依、彝、苗、哈尼、傈僳、纳西、侗、佤、黎共 10 个民族创制了 14 种拉丁字母形式的文字，帮助 2 个民族改革了文字，帮助 3 个民族改进了文字，新创和改进的民族文字的试行和推行工作取得了很好的成效，这些政策、法规的颁布和实施不仅保障了各少数民族自由使用、发展本民族语言文字的平等权利，也为我国少数民族社会、文化发展和民汉双语教育奠定了基础。

（三）积极倡导并鼓励各民族干部、群众互相学习语言文字

早在 1950 年，毛泽东就提出：“在少数民族地区工作的汉族干部必须学会当地民族的语言，少数民族干部也应当学习汉语。”《民族区域自治法》第 49 条指出：“鼓励各民族的干部互相学习语言文字。”“汉族干部要学习当地少数民族的语言文字。”“少数民族干部在学习、使用本民族语言文字的同时，也要学习全国通用的普通话和汉文。”2014 年，在中央民族工

① 国家民委文化宣传司. 民族语文政策法规汇编［M］. 北京：民族出版社，2006.

作会上，习近平总书记指出："在一些有关民族地区推行双语教育，既要求少数民族学习国家通用语言，也要鼓励在民族地区生活的汉族群众学习少数民族语言。"实践证明，这种对各民族干部、群众双向双语化的要求不仅体现了党和政府一贯主张的语言平等政策的精神，也是促进我国民族语言文化发展、进步，加强各民族团结合作和共同维护祖国的统一，搞好社会主义两个文明建设所必需的。

（四）"科学稳妥推行双语教育"方针的形成与完善

1950年政务院批准的《培养少数民族干部试行草案》规定："少数民族学生除学好本民族语文外，亦应学好汉语文。"《民族区域自治法》第37条规定：招收少数民族学生为主的学校，有条件的应当采用少数民族文字的课本，并用少数民族语言讲课；小学高年级或者中学设汉文课程，推广全国通用的普通话。1986年颁布的《中华人民共和国义务教育法》第6条规定：学校应当推广使用全国通用的普通话。招收少数民族学生为主的学校，可用少数民族通用的语言文字教学。

1991年6月19日，国务院批转的《国家民委关于进一步做好少数民族语言文字工作的报告》规定："招收少数民族学生为主的学校，有条件的应当采用少数民族文字的课本，并用少数民族语言讲课，在适当年级增设汉语文课程，实行双语文教学，推广全国通用的普通话。"1992年11月6日批转的《国家语委关于当前语言文字工作的请示》指出："少数民族地区也要重视推广普通话，在学校中应推行当地民族语言和汉语普通话的双语教学。"①2010年国家颁布的《国家中长期教育改革和发展规划纲要（2010—2020年）》指出："大力推广双语教学。全面开设汉语文课程，全面推广国家通用语言文字。尊重和保障少数民族使用本民族语言文字接受教育的权利。全面加强学前双语教育。国家对双语教学的师资培养、培训，教学研究，教材开发和出版给予支持。"②2015年8月召开的第六次全国民族教育工作会议颁布了《国务院关于加快发展民族教育的决定》，提出了"科学稳妥推行双语教育"的方针。这就是"依据法律，遵循规律，结合实际，坚

① 周庆生. 双语教育政策纵横谈［A］. 王远新. 双语教学与研究（第三辑）［C］. 北京：中央民族大学出版社，2001.

② 《教育规划纲要》工作小组办公室. 教育规划纲要辅导读本［M］. 北京：教育科学出版社，2010.

定不移推行国家通用语言文字教育，确保少数民族学生基本掌握和使用国家通用语言文字，少数民族高校毕业生能够熟练掌握和使用国家通用语言文字。尊重和保障少数民族使用本民族语言文字接受教育的权利，不断提高少数民族语言文字教学水平。在国家通用语言文字教育基础薄弱地区，以民汉双语兼通为基本目标，建立、健全从学前到中小学各阶段有效衔接，教学模式与学生学习能力相适应，师资队伍、教学资源满足需要的双语教学体系。”①这是迄今我国实施民族双语教育政策、方针的最全面、最深刻的表述，内涵丰富，不仅有对“双语教育”概念的权威阐释，也对贯彻实施双语教育的方针、原则、目标、条件、保障机制等提出了具体要求，是对几十年来党和政府对制定的一系列发展双语教育的方针、政策的科学总结和完善。

二、中国特色民族双语教育的辉煌成就

（一）建立了从学前教育到大学完整的双语教育体系

中华人民共和国成立后，由于全面贯彻党的民族语文政策，国家高度重视民族教育事业，民汉双语教育从无到有，发展迅速，各民族地区根据民族分布、语言使用、教育基础等情况，因地制宜地开展了不同模式的双语教学。经过了近 70 年的发展，目前民族地区已经形成了从学前幼儿教育到大学完整的双语教育体系，中央民族大学和一些地区的高校还开设了双语教育专业的硕士、博士研究生学历教育。中国民族双语教育可谓实现了大发展、大繁荣。据统计，目前全国共有 1.2 万所学校实施双语教育，有 22 个民族使用 29 种文字开展教学，双语教师有 23.5 万人，在校生达 410 多万人，出版中小学教材 3500 多种，印数达 1 亿多册。②以民族平等和语言平等为指导方针而形成的我国民族双语教育体制和最大规模的双语教育体系，是世界上独一无二的，几十年来培养了数以百万计的各类“民汉兼通”的双语人才，为民族地区革命和建设的发展提供了强大的人才支撑和智力支持。

---

① 国务院关于加快发展民族教育的决定［J］. 中国民族报，2015. 8. 18.

② 赵小雅. 为了民族地区同步进入小康社会——党的十八大以来民族教育发展述评［J］. 中国民族教育，2017（10）.

（二）中国民族双语教育理论体系的建立与发展

在我国，对双语教育理论的研究始于20世纪50年代，60—70年代双语教育受到了严重挫折。70年代后期，特别是80年代改革开放以后，随着民族地区双语教育的发展，人们对双语教育的认识不断提高。一是对教学中不断提出的新问题需要做出了科学的解释和理论探讨。二是国外有关双语教育研究的新理论、新方法、新发展的信息不断出现，理论研究不断深入，这也越来越受到政府和教育界重视。我国一些著名语言学家如严学宭、马学良、王均等纷纷著书立说，迅速引起了民族语文及双语教育界的共鸣，双语教育研究一浪高过一浪，研究队伍不断扩大。为了推动中国民族双语教育事业的发展，加强学科理论研究与建设，进行学术与经验交流，中国少数民族双语教学研究会作为全国性学术团体应运而生，这是我国民族双语教育研究的里程碑。与此同时，一些省、自治区，如东北三省、内蒙古、新疆、青海、西藏、四川、广西、云南、贵州等地相继成立了一些相关的学术团体。全国各地区乃至国际各种类型的双语教育学术研讨会接连不断，在国内外学术刊物上发表的论文数以千计，一部部专著、文集陆续问世，个人或集体的学术著作、工具书、教学参考书大量涌现，数不胜数。研究范围涉及双语的概念、双语教育的基础理论、教学法、教材编写及师资建设等，内容丰富，可以说形成了中国本土特色的双语教育学科理论体系。

（三）各地经验异彩纷呈

20世纪80年代后期，随着我国民族双语教育事业的发展，“民汉兼通”这一术语被广泛使用。“民汉兼通”这一科学提法是我国双语教育事业发展的产物，具有深刻而丰富的内涵。“民汉兼通”是对党的民族语文政策的高度概括，是民族双语教育的指导方针，是要求，也是目标和方向。在“民汉兼通”方针的指导下，各民族地区根据本地的具体情况，通过各类教学实验，探索出了自己的路子、做法和经验，使我国双语教育的园地呈现出百花齐放、异彩纷呈的繁荣景象。例如：广西壮族自治区经广泛的教学实践总结出“以壮为主，壮汉结合，以壮促汉，壮汉兼通”的方针，明确要求学生在学好壮语文的同时，要积极学好普通话，学好汉语文，切实做到“壮汉兼通”。云南白族小学总结出“先白后汉，白汉并重，以白带汉，白汉俱通”的双语教学重要经验。西藏自治区提出了“以藏语文为主，藏、汉语文并用”，“在基础教育阶段应以藏语文教学为主，同时学好汉语文，逐步做到学生在高中毕业时能够藏汉兼通，有条件的还要学好一门外语”。湖南湘西苗族小学总结出了“双语双文，四步转换”的经验。四川彝族、藏族地区制订了“双语教学二十年分三步走”的体制规划。东北地区朝鲜族双语教育经多年改革总结出“精化朝语，强化汉语，优化外语”的经验。另外，新疆、青海、甘肃、内蒙古、贵州等地区都结合本地实际开展各具特色的双语教学，取得了丰富经验。

（四）加快了民族地区双语化进程，为推广、普及普通话做出了贡献

中华人民共和国成立之初，民族地区的少数民族群众懂汉语的寥寥无几，多数是只会说母语的单语人。首先，几十年来，由于政府坚持不懈地实施民汉双语教育，以民汉双语为教学语的教育制度，保证了对少数民族群众民汉双语能力的培养。其次是有声传媒和网络信息的发达，以及社会语言培训的全面开展，保证了民汉双语的继续教育。随着民族地区改革开放的发展，少数民族纷纷走出大山，走向城市创业谋生，迫切要求学习汉语，使普通话越来越普及，操民汉双语的人比比皆是。最后，在民族地区工作的汉族干部，根据工作要求，学习少数民族语言的人越来越多，这也是加快民族地区社会双语化进程的重要力量。总之，民族地区双语化进程加快，对传承多元文化，促进各民族交往、交流、交融，推动民族地区社会、经济、文化发展具有重大意义，也是社会的进步。

（五）新时期民族双语教育的社会功能与时代意义更加凸显

2011 年新疆维吾尔自治区人民政府颁布的《新疆维吾尔自治区少数民族学前和中小学双语教育规划（2010—2020 年）》指出：“在我区推行双语教育是提高少数民族教育质量、培养民汉兼通少数民族人才的战略举措，是深化西部大开发战略、建设社会主义和谐社会、实现新疆跨越式发展的必然要求，是维护祖国统一和民族团结，促进各民族共同发展、繁荣和进步，实现新疆长治久安的迫切需要。”① 几十年来，我国的民族双语教育成为传承中华多元文化、增强民族团结、维护祖国统一、提高民族素质、促

① 丁文楼. 再谈中国少数民族双语教育学科的形成与发展——缅怀中国少数民族双语教育学科奠基人马学良先生［J］. 民族教育研究，2013（6）.

进四个认同、铸牢中华民族共同体意识的重要渠道，取得了辉煌成就。

三、加快民族双语教育发展的几点建议

（一）以改革为动力，促进双语教育快速发展

1. 加强教师队伍建设，提高教师队伍素质

教育大计，教师为本，“有好的教师才有好的教育”。习近平总书记在2011年教师节讲话中指出：“教育发展，需要我们大力培养、造就出一支师德高尚、业务精湛、结构合理、充满活力的高素质专业化教师队伍。”长期以来，我国双语教育存在教师数量不足、素质偏低的问题。以新疆为例，对双语师资队伍建设采取了各种措施，投入巨资进行职前培养和职后培训。但目前双语教师数量缺口较大，合格的双语教师缺乏，自治区教育部门对基础教育教师队伍的建设采取“增量补充，存量培训”的方针，对缓解教师缺乏和提高教师素质起了很大作用。①

2. 创新教学方法

为适应国家和社会发展需要，遵循教育规律和人才成长规律，要因材施教，创新人才培养模式，注重学思结合、知行统一，创新教育、教学方法，倡导启发式、探究式、讨论式、参与式教学，激发学生的好奇心，发挥学生的主动精神，鼓励学生进行创造性思维，改变单纯灌输式的教学法。新课改倡导自主学习、合作学习，探究学习的方法。目前国际上流行的语言教学法是“任务型教学法”，其核心理念是语言学习要“做中学，学中做”，即用所学语言去完成一个交流任务，通过完成任务获得语言知识，提高交流能力。总之，不断改革、创新教育模式和教学方法是推动双语教育发展的重要途径。

3. 编写新型教材

全面推进素质教育，培养全面发展的优秀人才和杰出人才，关键要深化课程和教学改革，创新教育观念、教学内容，使之具有时代特点，适应经济、社会发展需要，有利于提高学生素质。以汉语教材为例，多年来，受结构主义教学法影响，多以“结构—功能—文化”为纲编写教材。随着教育学、心理学研究的深入，揭示人们的语言学习规律的新理论不断涌

① 马文华. 新疆双语教学工作的回顾与展望[A]. 丁文楼. 双语教学与研究（第七辑）[C]. 北京：中央民族大学出版社，2010.

现，与此同时出现了不少新的教学法，如任务型教学法，并越来越受到重视。进入21世纪，双语教育的教材编写应吸收、体现新的教学法理论和理念，以提高教学质量，加快双语教育的发展。

4.推进信息化，加快双语教育现代化发展

人类已进入信息化时代，信息技术的兴起与发展必将对教育改革和教育现代化产生变革性影响。《国家中长期教育改革和发展规划纲要（2010—2020）》要求“把教育信息化纳入国家信息化发展整体战略，超前部署教育信息网络”。要加快双语教育发展，必须利用、依托计算机、校园网络、因特网等现代化媒体和手段，开展网络课堂；加快推进“班班通”和“远程直播课堂进教室”的建设；建立开放、灵活的教育资源公共服务平台，促进优质教育资源普及和共享。创新网络教育模式，推进农牧区中小学远程教育，使边远地区师生享受优质教育资源；强化信息技术应用，提高教师应用信息技术水平，使其更新教育观念，改革教学方法，增强教学效果，鼓励学生利用信息手段主动学习、自主学习，增强运用信息技术解决问题的能力，加快民族教育信息技术的普及和应用，推动双语教育快速发展。

（二）理论创新，引领双语教育全面发展

理论是学科的灵魂，“没有理论的行动是盲目的行动”，中国少数民族双语教育是一门新兴学科，不断加强学科理论研究与创新是增强学科地位，保证双语教育可持续健康发展的根本，双语教育研究应坚持以下几点原则：

1.学科理论研究要与时俱进

中华人民共和国成立70多年以来，少数民族双语教育事业从无到有，经过了曲折的发展历程。广大双语教育工作者进行了广泛理论研究，形成了具有中国特色的少数民族双语教育学科理论体系，对民族教育事业的发展起了重要的引领作用。随着我国改革开放的发展、“科教兴国”战略和西部大开发战略的实施，特别是进入21世纪以来，我国民族地区社会、政治、经济、文化、教育等发生了历史巨变。党中央、国务院颁布了《国家中长期教育改革和发展规划纲要（2010—2020）》，提出了“教育事业科学发展”的新理念。实现中国少数民族双语教育事业的科学发展，需要广大双语教育工作者面对新世纪、新形势、新任务、新要求，与时俱进，深入贯彻落实科学发展观，对双语教学进行全方位的理论研究，以新的学科理论成果服务于党的民族教育事业，促进双语教育事业的科学发展、快速发展。

2. 学科理论研究贵在创新

创新是一个民族进步的灵魂，是事业兴旺发达的不竭动力。中国少数民族双语教育学科的形成和发展，正是以双语教育实践和广泛、丰厚的理论研究成果为基础的。当前，第一，要以学校为龙头，充分发挥各民族高校在教育创新体系中的重要作用，增强创新能力，提高科研水平。第二，要制定新时期我国双语教育科研规划，推陈出新，对前人的研究成果进行梳理，对已有的研究成果赋予新的意义和价值，即审视地批判继承。第三，要促进科研与教学互动、科研与创新人才培养相结合。要解放思想、实事求是，发现新问题、新情况，总结新经验，这样才能使学科理论不断发展，充满活力，进而引领中国少数民族双语教育事业的科学发展。

3. 学科理论研究必须为教育、教学发展服务

马学良先生指出："教学与科研是不可脱节的。在学校里汉语的研究是为汉语教学服务的，对教学中遇到的问题必须加以研究，研究中得出的成果必须用于教学。认真地教学可以提出研究的课题，深入地研究可以提高教学质量。"[①] 中国民族双语教育学科理论植根于我国民族教育的沃土，以语言学、心理学和教育学、民族学等相关学科的理论为指导，多方位、多元化、多层次、多维度研究、探讨中国民族双语教育理论问题，不断调查、总结、升华，以形成具有中国特色的双语教学基础理论、教学理论和教学法理论，进而指导教学、服务于教学，为教育、教学科学发展提供决策依据，也使学科和学科理论不断得到发展。

四、结语

（一）民族双语教育是我国民族工作的重要组成部分

中华人民共和国成立 70 年来，双语教育发展迅速，成就辉煌。其重要标志是：第一，党的民族语文政策得到了全面贯彻，根据民族地区社会、经济、教育等的发展，形成、完善了双语教育政策；第二，建立了从学前教育到大学完整的双语教育体系；第三，建立了具有中国特色的双语教育学科的理论体系，推出了一大批高水平的科研成果，提出了中国经验，"民

① 中央民族大学中国少数民族语言文学学院. 马学良文集（上）[M]. 北京：中央民族大学出版社，2009.

汉兼通”的提出是中国民族双语教育理论的一大创造和双语教育理论的一大贡献；第四，为民族地区社会、经济、文化发展培养了数以百万计的各类双语人才，加快了民族地区双语化进程。

（二）中国特色的民族双语教育

突出表现在其时代意义与社会功能上传承多元民族文化，构建和谐的语言关系与社会主义和谐社会，铸牢中华民族共同体意识，培养大批“民汉兼通”的各类人才。

（三）民族双语教育要与时俱进，为国家发展战略服务

首先，随着民族地区社会、经济的发展，双语教育必须与时俱进，要改革创新，充分运用现代化信息技术，加快发展，多出人才、快出人才，以适应民族地区社会发展的需要。其次，要服务于国家发展战略，为“一带一路”建设和汉语国际推广做出应有的贡献。

改革开放40年朝鲜族双语教育成就

俞永虎

一、朝鲜族简介

朝鲜族是中国55个少数民族之一，现有人口1830929人①，主要分布在我国东北吉林、黑龙江、辽宁三省。其中，吉林省朝鲜族人口为114.5万人，黑龙江省为38.8万人，辽宁省为24.1万人，此外，还有14.8多万人散杂居于北京、山东、内蒙古、河北、天津等地。改革开放后，随着中国经济的迅速发展，越来越多的朝鲜族人口由传统居住地东北三省迁往京津地区、黄河下游、长江下游、珠江下游地区等沿海经济开放区。

在朝鲜语或韩语语境下，朝鲜族的称呼特指中国少数民族朝鲜族、拥有中华人民共和国国籍的中国人，在非中国地区生活的朝鲜民族不自称“朝鲜族”。韩国人自称“大韩民族”或“韩民族”，朝鲜人自称“朝鲜民族”，中亚高丽人自称“高丽人”。应当避免出现以“朝鲜族”一词称呼韩国人、朝鲜人及其他非中国地区的韩裔或朝裔造成的误会。

朝鲜族最大的聚居区是吉林省延边朝鲜族自治州，2010年全州人口为219.1万人，其中朝鲜族有80.1万人，占我国朝鲜族总人口的43.7%。延边朝鲜族自治州位于吉林省东部，地处中国、俄罗斯、朝鲜三国交界处，东与俄罗斯滨海边疆区接壤，南隔图们江与朝鲜咸镜北道、两江道毗邻，濒临日本海与韩国、日本相望。自治州下辖延吉、图们、龙井、和龙、珲春、敦化六市及安图、汪清二县，全州面积4.27万平方公里，约占吉林省总面积的四分之一。位于吉林省东南部的长白朝鲜族自治县是朝鲜族另一个民

本文系吉林省教育科学“十三五”规划2018年度重点课题“小班化教育环境下的朝鲜族学校双语课程与教学领导力提升的行动研究”成果之一。课题批准号：ZD18185；课题负责人：俞永虎。

① 数据出自2011年第六次全国人口普查资料。

族自治地方，处于长白山的环抱之中，2000年全县朝鲜族有1.36万人。[①]

朝鲜族有本民族的语言和文字。朝鲜语一般被认为属阿尔泰语系。我国朝鲜族现在使用的语言文字称为“朝鲜语”和“朝鲜文”。这种拼音文字是在朝鲜王朝世宗主持下于1444年1月创制的，最初称为“训民正音”，简称“正音文”，俗称“谚文”，后改称“朝鲜文”。朝鲜文现有40个字母，是音素字母，拼写时把同一音节的音素构成方块形文字。以前朝鲜文字中曾夹用汉字，现在都用民族文字。

朝鲜族是19世纪末开始迁入中国境内的朝鲜人。到1945年，中国东北的朝鲜人已经达到了2163115名[②]。朝鲜人自迁移到中国东北扎根落户，从清朝政府到奉系军阀统治时期，一直被认为是朝鲜“垦民”“移民”“侨民”，没能得到合法、平等的社会地位。1945年8月收复东北以后，约有100万朝鲜人陆续返回朝鲜半岛。对于收复后继续留在东北的朝鲜人的所属问题，中共中央东北局主张，除参加华北抗战的朝鲜义勇军以外，在东北的朝鲜人一般应被视为中国境内的少数民族。

1949年9月，中国人民政治协商会议第一次会议在北京召开，通过了《中国人民政治协商会议共同纲领》，朱德海[③]代表全国110余万朝鲜人参加了会议并作了大会发言。大会庄严宣布：“中华人民共和国境内各民族一律平等，实行团结互助”，成为“相互友爱、合作的大家庭”，“反对大汉族主义和狭隘的民族主义，禁止民族间歧视、压迫和分裂各民族团结的行为”，“各少数民族聚居地区，应实行民族区域自治”。随着中华人民共和国的成立，全体朝鲜人最终正式成为中华人民共和国政府承认的合法公民——朝鲜族，成为中华民族大家庭的一员，其法律地位得到了正式确认。

1950年12月6日的《人民日报》指出：“1949年9月中国人民政治协商会议开幕，东北境内的朝鲜人民，以中国境内少数民族的资格，和各兄弟民族见了面，从此中华人民共和国各族人民间这个新的组成部分，才在

① 延边朝鲜族自治州人民政府.延边州2010年国民经济和社会发展统计公报.2012.5.

② 孙春日.“满洲国”时期朝鲜开拓民研究［M］.延吉：延边大学出版社，2003.

③ 朱德海（1911—1972）：朝鲜族，吉林延吉人，革命家、政治家、教育家，吉林省延边朝鲜族自治州第一任州长。1949年4月创办了延边大学，1966年1月任吉林省委常委。中共第八届中央候补委员、第一届至第三届全国人大代表、第一届全国政协委员。

各兄弟民族人民的观念里，以侨居中国的朝鲜人民被区划出来。”中国共产党对朝鲜族中国少数民族身份、地位在政策、法律和事实上的确立，也是对朝鲜族中国公民身份的定位。朝鲜族历史上一度复杂、敏感的国籍问题已随着朝鲜族民族身份的确立而得到了根本的解决。在现实生活中朝鲜族享受到的事实上的平等和优惠政策进一步强化了朝鲜族对中华人民共和国和自身少数民族身份的认同。1952 年 9 月 3 日延边朝鲜族自治区（后改为自治州）的成立①，标志着中国朝鲜族在党和政府的统一领导下自己管理自己，发展、繁荣本民族的新的历史时期的开始。

二、朝鲜族教育历史概况

朝鲜族是历史悠久的勤劳、勇敢、富有光荣的革命传统的民族，具有优秀的文化传统，崇尚文化，重视教育，在我国反帝、反封建革命中，以及社会主义革命和建设中做出了重要的贡献。

朝鲜族教育在中国特定的社会文化背景下，以自己民族的文化教育传统为基础，不断吸收、借鉴中华民族的主流文化——汉文化，逐渐发展成为中国民族教育的重要组成部分。也就是说，朝鲜族教育采取的是有利于民族进步和发展的形式的教育，既有中国民族教育的共性，也有其民族特点、民族地区特点。

（一）“九一八事变”之前的艰辛起步时期

朝鲜族历来重视子女教育问题。只要是朝鲜族聚居的地方，哪怕是在深山僻地，也要开设书堂。从 19 世纪中叶以后，大量涌入延边及东北各地的朝鲜贫苦边民在生活极端困苦的情况下，也没忘记办书堂。开设的课程除朝鲜语之外，主要教《千字文》《童蒙先习》《大学》《中庸》《论语》《孟子》等经典。朝鲜族人民开设的这种旧式学堂是民众自筹资金创办的，没有官府的允诺，但很普及。

1906 年，朝鲜族反日爱国志士李相卨在吉林延边龙井村创办了以近代科学教育及反日民族主义教育为宗旨的“瑞甸书塾”。建立初期，该校有 4 名教师和 22 名学生，教学科目有数学、历史、地理、汉文、政治学、法学等，以新文化为主要教学内容，同时也进行反日民族教育。一般认为“瑞

① 1955 年 12 月，延边朝鲜族自治区改为自治州，朱德海任州委第一书记、自治州州长、延边军分区第一政委、州政协主席等职，同时任吉林省副省长。

甸书塾”的建立标志着朝鲜族教育从封建性质的旧式书堂教育转入近代学校教育，是朝鲜族近代教育的起点。

在龙井创办瑞甸书塾之后，朝鲜族私立学校雨后春笋般地在各地建起。1928 年，东北朝鲜族反日志士和民众经办的学校已有 388 所，占东北朝鲜族学校总数的 62.5%。其中，延边朝鲜族人民经办的反日私立学校有 208 所，占东北朝鲜族人民办的反日私立学校总数的 53.6%。在近代文化教育影响下，朝鲜族还兴办了女子学校，为女子提供就学的机会。朝鲜族女子学校的创办和发展是实施男女教育平等的历史性开端。1910 年，朝鲜族师范教育、职业技术教育开始起步，职业技术教育开设实业、农业、农商、农林学、手工、矿物学、簿记、珠算等课程。1920 年，马列主义传播到朝鲜族学校，朝鲜族师生开始接受科学的革命理论。

（二）东北沦陷时期的朝鲜族教育

1931 年 9 月 18 日，日本发动了侵华战争，占领中国东北。1932 年 3 月 1 日，建立了“伪满洲国”，把教育视为其巩固统治、扩大侵略战争的重要工具，朝鲜族教育遭到全面破坏。

朝鲜族人民在中国共产党的领导下，继承“九一八事变”前反日教育的精神，向青少年学生进行抗日爱国的革命教育，公开或隐蔽地同殖民地奴化教育进行了顽强的斗争。许多朝鲜族学校一刻也不忘强化反日民族意识和社会主义革命思想教育，反对以日语和日本历史为国语和国史，进行朝鲜语、朝鲜历史、朝鲜地理教育。如龙井大成中学的师生反抗“日语常用”，除日语课堂外，上其他课时和在学校的一切活动中都坚持使用朝鲜语。

抗日游击根据地的朝鲜族人民在中国共产党的领导下，克服艰难险阻，创办新民族教育。他们根据抗日战争的形势和斗争的需要自编教材，采用灵活、通俗的教学方法，把教育的重点放在抗日游击战争所需要的知识和技能方面。学生通过学习民族语言继承民族文化遗产，增强民族意识；通过接受精细革命斗争常识和抗日战争形势教育，不断提高阶级觉悟。

（三）解放战争时期朝鲜族教育的恢复与发展

朝鲜族人民在中国共产党的领导下，一方面继续利用旧校舍办学，另一方面发扬自己动手办教育的优良传统，通过“家长会”“董事会”“后援会”等群众办学组织自筹资金，自备材料修建校舍，办起了许多中小学校。实行了新民主主义教育，民族教育发展迅猛，办学越来越规范化，培养了一大批朝鲜族自己的干部和人才，提高了人民大众的政治觉悟和文化水平，为解放战争和经济建设做了重要贡献。

据统计，截至1949年3月，东北共有朝鲜族中学70所、学生16700名、教师550名，朝鲜族小学1500所、学生180000多名、教师5500多名[①]。朝鲜族高等教育也迈出了可喜的一步。1949年3月20日，成立了中国第一所民族大学——延边大学，中共延边地委书记朱德海兼任校长。至此，朝鲜族教育初步确立了从初等教育到高等教育的比较正规的教育体系，使得中国朝鲜族教育在中华人民共和国成立之初就具有较好的基础和较高的起点。

（四）中华人民共和国成立后17年（1949—1966）朝鲜族教育的继续发展

1949年10月1日，中华人民共和国成立，揭开了朝鲜族教育发展的新篇章。

1949年12月，教育部召开了第一次全国教育工会，确定了教育工作必须为国家建设服务，学校必须为工农开门的总方针。1951年11月，第一次全国民族教育工作会提出少数民族教育的总方针，即少数民族教育必须是新民主主义的内容，应采取适合于各民族人民发展和进步的形式。

这一时期，东北地区的朝鲜族教育有了很大的发展，朝鲜族社会形成了从初等教育到高等教育的社会主义民族教育体系，幼儿教育和成人教育同时进行，使教育结构从纵、横两个方向趋于合理，这是朝鲜族教育发展史上第一个“黄金时期”。1952年，东北地区的朝鲜族入学儿童已达学龄儿童的92%左右，小学教育已接近普及程度；中等学校已有57所，学生25870名；延边地区平均每两个区就有1所中学，每3个人当中就有一名中学生。延边地区1952年基本上普及了小学教育（朝鲜族适龄儿童入学率超过了90%），1958年又普及了初中教育（朝鲜族初中入学率超过90%）。东北三省(除延边地区外)的朝鲜族地区也于1954年前后普及了小学教育，到1958年基本普及了初中教育。中华人民共和国成立初期朝鲜族地区的高中很少，到1965年，延边地区的高中由1950年的1所增加到11所，高中

① 朴奎灿. 中国朝鲜族教育史［M］. 延边教育出版社，1999：230.

生也由1951年的531名增加到4327名[①]。在课程计划方面，中华人民共和国成立初期先后在初中、高中和小学增设汉语课，在小学五年级、六年级和初中加设朝鲜历史和朝鲜地理课。

朝鲜族中小学教育的发展如此迅速的主要原因有两方面：一是解放战争时期已奠定了坚实的基础，中华人民共和国成立前已建成了从小学到大学的民族学校教育网；二是中华人民共和国的建立开创了中国各民族平等、团结、友好、合作、共同繁荣、共同发展的新纪元。党和国家保证了朝鲜族人民按照自己的意愿，建立自己的学校，用本民族的语言文字办教育，朝鲜族重教尊师的优良传统得以充分发扬，在较高的起点上继续保持着高昂的办学热情，掀起全民办学的热潮。1965年与1949年相比，黑龙江朝鲜族小学生的数量增长了1.4倍，中学生的数量增长了4倍；吉林省朝鲜族小学生的数量增长了1.7倍，中学生的数量增长了3.6倍；延边朝鲜族自治州朝鲜族中学生的数量增长了2.8倍；辽宁省朝鲜族中学生的数量增长了2.3倍。除普通中小学教育迅速发展外，1958年又创建了我国第一所农民大学——黎明农业大学。朝鲜族教育基本形成包括幼儿教育、基础教育、职业技术教育、成人教育、高等教育、特殊教育在内的比较适合民族特点的、较为完整的民族教育体系。

（五）“文化大革命”时期（1966—1976）朝鲜族教育的大倒退

这个时期是民族教育发展受到全面破坏的时期。从1966年5月开始至1976年10月结束的“文化大革命”使民族教育受到严重挫折，民族学校被撤并或解散。吉林省被撤销的民族中小学有29所，被拆散的有26所，合并的有61所，共计116所，大约占当时民族中小学的10%。黑龙江省26所民族中学中，曾被拆散的有11所，搬迁到农村的有8所，撤销的有1所，与汉族学校合并的有2所。辽宁省共有127所民族学校被撤掉，有65所民族学校并入汉族学校。

这时期，民族语文工作和民族语文教育被排斥或取消，迫使民族学校改用汉语授课，使不少朝鲜族学生变成了不懂本民族语言的“语盲”；广大教师和干部也惨遭迫害，破坏了学校的教师和干部队伍，民族教育质量全面下降。延边地区与其他地区相比，其下降的幅度尤为突出，许多朝鲜族

① 孙春日.中国朝鲜族社会文化发展史［M］.延吉：延边教育出版社，2002：186.

群众把自己的孩子转入到汉族学校。据 1980 年 7 月对延吉市 3 所汉族中学 6 个班 350 名学生的调查，朝鲜族学生占 50%，其中不会用本民族语文读写或民族语文水平不及初小程度的占 81%，民族学校学生的本民族语文水平也较差。

（六）改革开放以后朝鲜族教育的繁荣发展

党的十一届三中全会以后，中国进入了改革开放的新时代。朝鲜族教育迎来了空前的大发展，朝鲜族成为中国文化水平最高的民族之一。根据 1982 年人口普查统计，朝鲜族人口中，初中以上文化程度的占总数的 64.2%，而全国平均水平为 41.4%，少数民族平均水平为 36.1%，朝鲜族每千人中，大学、高中、初中文化程度拥有者分别为全国平均水平的 3.3 倍、2.8 倍和 1.7 倍。根据 1990 年人口普查统计，朝鲜族总人口中接受小学以上教育的占 82.75%，高于全国平均水平和汉族水平 10 百分点以上，高于全国少数民族平均水平 20 百分点以上，朝鲜族接受教育的年限平均为 8.52 年，而全国平均水平为 6.25 年，少数民族平均水平为 5.29 年。[①]

1. 调整和发展时期（1978—2000）的朝鲜族教育

1980 年 10 月，教育部、国家民委发布了《关于加强民族教育工作的意见》，明确提出了民族教育工作的指导思想、方针、政策，强调发展民族教育，必须认真贯彻执行党的民族政策，切实尊重并充分保障少数民族在政治上、经济上、文化教育上的民族平等权利和民族自治权利，必须从各民族的实际出发，不能照搬汉族地区的做法，也不能在各个少数民族之间搞一刀切。同时，国家应采取特殊措施，重点扶持民族教育，逐步建立适合少数民族地区特点的民族教育体系。《意见》指出："发展民族中小学教育，一定要在教育体制、教学内容和教学方法等方面，适合少数民族的特点。最重要的是，凡有本民族语言文字的民族，应使用本民族的语文教学，学好本民族语文，同时兼学汉语语文。为此，必须加强民族文字教材的编译、出版工作。"根据《意见》精神，朝鲜族中小学恢复并加强了双语教学。1980 年 11 月，延边州政府召开了第二次朝鲜语文工作会议，明确提出朝鲜语是延边地区的第一通用语言。

1981 年 2 月，教育部召开了第三次全国民族教育工作会议，总结民族

① 数据出自 1982 年全国第三次人口普查统计资料。

教育工作的主要经验和教训，提出了调整、发展民族教育的方针和任务。指出发展民族教育，必须从少数民族地区的实际出发，充分注意并尊重民族特点、地区特点，注意把社会主义内容同民族形式正确地结合起来。朝鲜族学校教育根据《全国教育工作会议》精神和中央《关于加强民族教育工作的意见》，得到了迅速的恢复和发展。一是重新恢复了延边中等专业学校。如延边汉语师范学校、延边财贸学校、延边卫生学校、延边艺术学校等都得到了恢复。1982 年 4 月，当地调整师范教育，重新规划师范学校布局，成立了延边第一师范学校和延边第二师范学校。其中延边第一师范学校成为吉林省重点示范学校，承担着培养省内朝鲜族小学及幼儿园师资的任务。确认了单一的民族学校是适合朝鲜民族学校的主要办学形式，并使之持续得到恢复。如辽宁省本溪、丹东地区被撤销或合并的 32 所朝鲜族中小学得到了恢复，成为单一的民族学校；延边地区恢复单一的民族中小学有 512 所。二是恢复、整顿了重点中小学和大学。延边第一中学于 1978 年被教育部确定为全国 20 所重点中学之一，延边各县（市）各有两所小学被定为省首批办好的学校。黑龙江省朝鲜族首批省重点中学有 1 所，辽宁省确定重点民族中学 5 所、小学 2 所，延边大学被确定为省属重点大学。这些措施在提高教学质量方面起到了积极的作用。三是恢复并加强了双语教学。1984 年，朝鲜族中小学实行了双语教育改革实验。延边朝鲜族自治州为了加强民族教育改革的领导成立了民族教育改革领导小组，制定了《民族教育改革方案》，选择不同类型的 15 所学校、70 多个班开展实验，探索提高双语教学质量的最佳模式，包括两种语文课程的学习顺序、起始年级、课时比例、终止年级、学习年限的调整，教材、教法的改革等，并试行了朝鲜语文、汉语文夹用制。黑龙江省朝鲜族学校进行了朝鲜语文“文型教学”、汉语文“注音识字、提前读写”的实验。吉林省永吉县朝鲜族实验小学朝鲜语文和汉语文“相辅相成、提前读写”的实验等都收到了良好效果。

1999 年 6 月，中共中央、国务院颁布了《关于深化教育改革全面推进素质教育的决定》，全面部署了跨世纪中国教育改革和发展。朝鲜族教育在上述一系列纲领性的重要文件精神的指引下深化教育改革，加快发展民族教育，开创了民族教育的新局面。一是深化教育体制改革。加大民族学校布局调整的力度。据 1994 年的统计，吉林省撤销了 8 所中学、200 多所小学。延边地区针对生源剧减，小学在校生减少、规模过小、班额严重不足、师生比例严重过高的实际，从 1994 年到 1999 年，一共撤销了 247 所村校和教学点，其中大部分是朝鲜族学校。对学校布局进行了调整，农村学校适度集中，提高了办学效率。二是深化教育管理体制改革。1996 年 6 月，根据国家教育委员会的指示，延边地区 5 所院校合并，合并后的校名为“延边大学”。1999 年，延边大学立项成为国家“211 工程”重点建设大学。“211 工程”建设为延边大学的发展提供了前所未有的契机，有力地促进了学校各项改革与发展。三是深化教育教学改革。1987 年，延边州委、州人民政府决定成立延边民族教育改革办公室，开展以双语教育为重点的民族教育整体改革实验。“朝鲜族学校双语教育改革实验与研究”在“八五”期间被确立为吉林省教育科学规划重点课题。课题实验与研究从 1988 年秋季开始到 1994 年完成了第一阶段实验任务，这是延边双语教育研究走上科学发展之路的开始。教育行政部门以实验研究成果为主要依据，于 1995 年将汉语文教学起始年级从小学二年级改为小学一年级，将入门阶段的教学由“先文后语”改为“先语后文”，朝鲜语文教学识字阶段从每周 12 课时缩短为每周 8 课时。

在全面总结、推广“八五”期间取得的成果的基础上，“九五”期间开展了第二轮实验研究，着重进行了“高中推行中国汉语水平考试（简称 HSK）试点”实验研究。1997 年 7 月，原国家教委发出了《关于在少数民族学校推行中国汉语水平考试试点的通知》（教民 [1997] 9 号）。经吉林省教委、延边州教委研究决定，从 1997 年 9 月开始设延边一中、龙井高中为推行汉语水平考试试点。1999 年 12 月 9 日，两校四个实验班的 228 名学生参加了国家汉语水平考试，全部达到了国家教育部规定的中等汉语水平 C 级（6 级）。教育行政部门根据 HSK 试点情况做出决定，实验班学生以汉语水平考试成绩代替 2000 年高考汉语文成绩。2000 年 4 月，延边朝鲜族自治州人民政府发布了《关于加快发展朝鲜族教育的决定》，明确提出了朝鲜族教育发展的总体目标，以及提高教育、教学整体水平的一系列政策和措施。2003 年 12 月，吉林省朝鲜族普通高中率先采用中国少数民族汉语水平考试（简称 MHK），6200 多名朝鲜族考生成为首批参加这一考试的少数民族学生。黑龙江、辽宁两省的朝鲜族普通高中仍参加汉语普通高考。

2. 全面深化改革与发展时期（2000 年至今）的朝鲜族教育

2002 年 7 月，国务院颁布了《关于深化改革加快发展民族教育的决定》。《决定》进一步明确提出了新时期民族教育工作的指导思想和民族教育工作的基本方针和原则，提出了加快发展民族教育的政策和措施。进入 21 世纪以来，延边州朝鲜族中小学进一步加大了朝鲜族基础教育的改革力度。2002 年 10 月，中共延边州委、州人民政府颁布了《关于朝鲜族教育改革与发展的若干意见》（以下简称《意见》），指出“深化改革，努力提高朝鲜族教育、教学整体水平”，“尤其要在以‘双语’教育为重点的整体改革上实现新的突破”，“积极进行‘双语’教育改革，逐步实现朝鲜族学校教材、教学用语‘双语’化”，提出了“精化朝语，强化汉语，优化外语”的总要求。“精化朝语”就是要改变、克服原朝鲜语文课程内容“繁、难、偏、旧”及与汉语教材重复的现象，改进教学过程和方法，使学生学得精，学得实用。汉语是朝鲜族学生在终生学习、生存和发展中必须熟练掌握的语言学科。“强化汉语”就是应致力于汉语教材改革和教学改革，改变学习方式，实施部分学科用汉语授课，积极创设校内外良好的语言环境，注意学生实际运用汉语的能力。外语是学生学习的必修学科，学习外语是面向世界、面向未来的需要。“优化外语”就要优化外语语种结构，优化学习外语的语言环境，拓展学生接触外语读物的渠道，规范教学行为，提高教学质量。

2003 年延边朝鲜族学校进行了第四次课程改革。小学阶段汉语教学比过去增加了 258 课时，朝鲜语课时比过去减少 41 课时，英语的开设也相应提前。2003 年 6 月，延边朝鲜族自治州朝鲜族教育改革工作领导小组办公室制定了《延边朝鲜族中小学双语教学改革实验方案》，以科学研究的方法探索符合延边州实际且行之有效的双语教育模式，指导全州双语教育改革实验。

延边朝鲜族中小学还进行了双语（三语）教材改革：新编汉语教材已于 2003 年 8 月出版并投入使用；新编朝鲜语教材于 2004 年 7 月出版并投入使用；朝鲜族英语课程使用的则是全国英语教学改革新编英语实验教材，是由延边朝鲜族自治州教育委员会、延边教育学院和延边出版社共同为延边地区中小学生编写的一套应用实验教材。2008 年起，开始使用经全国中小学教材审定委员会于 2002 年初审通过的义务教育课程标准实验教科书。新编教科书以国家教育部制定的《基础教育课程改革纲要（试行）》精神为指导，以《全日制民族中小学汉语教学大纲（试行）》（2002 年版本）和《义务教育朝鲜族学校汉语课程标准（暂名）》为编写依据，并在第二语言教学理论的指导下，结合朝鲜族学习汉语的特点，以提高实际运用汉语的能力为重点，以适应其生活、学习、工作和社会交往的需要，在不同阶段进行MHK 实验。新编朝鲜语文义务教育教科书是根据国家教育部的《基础教育课程改革纲要》中所提出的六个教育改革目标、汉语文《义务教育课程标准》以及《义务教育阶段朝鲜族学校朝鲜语文课程标准》编辑成的。

2004 年 6 月，延边州人大修改、通过了《延边朝鲜族自治州朝鲜族教育条例》，规定“在基础教育阶段，要加强朝鲜语文教学和汉语教学及外国语教学，使学生兼通朝、汉语，为学习、使用多种语言文字奠定基础。”《条例》的出台，保障了延边州朝鲜族双语教育的稳步发展。

2005 年 4 月 25 日，延边朝鲜族自治州教育局印发了《关于延边州朝鲜族中小学双语教学改革实施意见》（延州教发［2005］37 号），旨在进一步加强朝鲜族中小学双语教育、教学改革，提高教学质量，努力构建富有延边特色的双语教育模式。《意见》对双语教育改革衔接、双语教育研究、双语教材、双语教育评价体系等相关问题提出了宝贵的建设性意见，从而保证了双语教育实验工作的顺利开展。

2006 年开始，延边朝鲜族自治州教育局开展了“教学质量年”活动，提出“质量+特色”的朝鲜族教育发展模式，把双语教育作为朝鲜族教育发展的突破口，探索小班化教育、朝鲜族民族文化教育。

2007 年 10 月，延边朝鲜族自治州教育局印发了《关于在全州朝鲜族中小学开展朝鲜族民族文化教育的指导意见》（延州教发［2007］23 号），提出了民族文化教育的功能与目标，规定了民族文化教育课程为地方课程，要求贯彻党的教育方针、政策，坚持民族文化教育与宗教相分离，课程研究、实施，评价一体化，以学生为主体和重在实践的原则，加强组织、教材、教师、课程实施与设施管理，出版、发行了《朝鲜族民族文化教育》。

2007 年 12 月，延边朝鲜族自治州教育局印发了《关于在全州朝鲜族中小学实施小班化教育的指导意见》（延州教发［2007］30 号），在小班化教育实施原则、小班化教育实施步骤、小班化教学策略、小班化教学评价体系、小班化教育师资培训工作、小班化教育资源配置等方面提出了具体要求。州教育局在延吉市延新小学召开了全州小班化教育现场会，确定延新小学为“延边州小班化教育培训基地”，推广延新小学小班化教育改革经验。

2008年3月，延边朝鲜族自治州教育局印发了《全州朝鲜族小学校小班化教育实施方案》（延州教发［2008］8号），制订了目标任务、实施步骤及要求、保障措施等，并成立了延边州小班化教育改革工作领导小组，确定了延边州朝鲜族小学小班化教育改革样本校11所，制定了《延边州县市小班化教育改革工作评估暂行标准》《延边州县市朝鲜族小学校小班化教育改革工作评估暂行标准》等。翌年9月，东北朝鲜民族教育科学研究所在延新小学召开了有东北三省及内蒙古自治区朝鲜族教研部门、中小学参加的小班化教育研究成果推介会。延新小学的小班化教育研究成果推广辐射到了黑龙江省、辽宁省、内蒙古自治区、吉林省散居地区朝鲜族中小学，学校培训了东北三省一区朝鲜族教师达十万人次。

2009年11月，延边朝鲜族自治州教育局印发了《关于进一步深化全州双语教学改革工作的指导意见》（延州教发［2009］21号），要求树立正确的双语教学观，进一步深化全州双语教学改革。加强双语教学模式改革，提高学校双语教学工作的质量与水平，构建具有延边特色的双语教学改革模式。突出双语课堂教学的主渠道作用，实现语言学科的有效教学。创建良好的语言学习环境，加强朝鲜族民族文化教育，深化部分学科双语授课制实验，开展有效的语言实践活动。加强过程性指导与管理，提高双语教学工作的实效性。健全保障体系，保证双语教学工作持续健康发展。

2014年1月，延边朝鲜族自治州教育局与《中国教师报》签约三年，制定了《中国区域教育样本延边（基地）建设实施方案》，以推进高效课堂建设，并以高效课堂建设助推延边州朝鲜族中小学教育改革的进程，聚焦课堂教学，创新教学模式，促进教师教学方式和学生学习方式的转变，实现由以教师讲授为主向以学生学习为中心转化，促进朝鲜族中小学双语教育质量的进一步提升。

此外，黑龙江、吉林、辽宁三省和内蒙古自治区的民族教育研究部门联合成立了东北三省及内蒙古地区朝鲜族中小学朝鲜语文、汉语文研究会，每三年举行一次东北三省及内蒙古地区朝鲜语文、汉语文教学研讨会，广泛交流论文、经验，推广科研成果。

改革开放后朝鲜族教育的全面恢复和繁荣发展表现在以下几方面：

第一，恢复、整顿了在“文化大革命”时期被撤销、合并、拆散的朝鲜族学校。如延边地区恢复的民族中小学达 512 所。第二，恢复并加强了民族语言教育，确定了朝鲜族中小学的学制、教学计划和有关学科的教学大纲，编译、出版了朝鲜文教材、参考资料和少儿课外读物，翻译录制了朝鲜语文语音教材。为加强民族教材建设，还成立了全国中小学教材审定委员会朝文教材审查委员会和延边教育出版社。第三，以“双语”教学改革为重点，深化民族教育整体改革。为探索双语教学的理想模式，各地朝鲜族学校纷纷进行了朝鲜语文教育改革实验，汉语教学改革实验，朝汉双语教育整体改革实验，朝鲜语文、汉语文字夹用教学实验等双语教学改革实验，推动了民族教育的整体改革。第四，制定并完善了民族教育相关法规。延边地区制定并颁布了《延边朝鲜族自治条例》《延边朝鲜族自治州朝鲜语文工作条例》《延边朝鲜族自治州教育条例》等；黑龙江省、辽宁省、吉林省从 20 世纪 90 年代后期也开始制定适合本地区的民族条例与民族教育条例，使朝鲜族教育的发展有了法律依据。

中华人民共和国成立以来，朝鲜族教育作为我国民族教育重要组成部分，在党的民族政策的指引下，发扬重视教育的优良传统，取得了长足发展，培养了大批民族人才，为民族地区的经济建设和社会发展、为维护民族团结做出了重要贡献。

三、改革开放 40 年来朝鲜族教育成就

以延边为中心的中国朝鲜族教育起步早，基础雄厚，教育水平一直保持全国民族地区领先位次。1994 年，《延边朝鲜族自治州朝鲜族教育条例》的颁布实施，把朝鲜族教育纳入了法制化的轨道。2004 年修订后的《条例》进一步明确了优先发展朝鲜族教育的重要地位和作用。“十一五”期间提出的“质量加特色”的朝鲜族教育发展模式逐步完善，双语教学、“小班化”教学、民族文化教育、单亲和留守学生教育等综合性教育改革取得了实质性进展，教师培养、培训工作得到了加强。改革开放 40 年来，朝鲜族教育所取得的成就主要表现在以下几个方面：

（一）确立并完善了民族教育领导体系及政策、法规体系

延边朝鲜族自治州自 2002 年开始建立相对独立的朝鲜族教育改革与发展目标责任制、督导评估制，成立了朝鲜族教育改革工作领导小组办公室，县市也相应成立办事机构，进一步完善了领导体系和决策机制。根据《中

共延边州委、州人民政府关于朝鲜族教育改革与发展的若干意见》（州发［2002］15 号）精神，朝鲜族教育优先发展战略地位被进一步确立。2004 年新修订的《延边朝鲜族自治州朝鲜族教育条例》在全州第十二届人大审议通过，新时期朝鲜族教育工作被正式纳入法制化轨道。以《若干意见》为起点、以《条例》为标志，延边朝鲜族自治州朝鲜族教育改革的政策、法规建设基本成型，朝鲜族教育改革内外环境得到了完善，为进一步深化改革、加快发展奠定了基础。

（二）在少数民族中率先完成“两基”，将高中教育的普及率推到各民族的前列

1952 年延边朝鲜族自治州朝鲜族适龄儿童入学率超过 90%，1958 年朝鲜族初中入学率超过 95%，普及了小学教育和初中教育。1954 年，黑龙江省朝鲜族普及了小学教育，朝鲜族适龄儿童入学率达 95.4%，一些地区和县达到了 100%。吉林省（延边除外）、辽宁省的朝鲜族小学教育也于 1954 年前后得到普及，小学生入初中的比例达到了 70%左右。到 1958 年朝鲜族地区基本普及了初中教育。① 以扫盲为中心的朝鲜族的成人教育也取得了显著的成就。延边朝鲜族自治州的“两基”工作于 2012 年 8 月得到了国务院的表彰，延边朝鲜族自治州是吉林省获此殊荣的唯一地区。朝鲜族不仅在少数民族中率先完成了“两基”，而且将高中教育的普及率也推到各民族的前列。据 2000 年我国全国人口普查结果和统计数字，高中文化程度人口占比最高的是朝鲜族（23.94%）②；2010 年第六次全国人口普查结果和统计数字显示，6 岁及以上朝鲜族人口中受教育程度为高中的人口所占比例为 25.87%。

（三）加大投入，提升民族学校办学水平

延边朝鲜族自治州教育总投入从 2001 年的 7.9 亿元增加到 2013 年的 36.9 亿元，全州公共财政预算内教育经费拨款从 2001 年的 5.2 亿元增加到 2013 年的 28.9 亿元，2013 年公共财政预算内教育经费投入占全州财政支出比例的 20.54%，比 2012 年增长了 3.11 百分点。自 2011 年起，延边州针对朝鲜族教育实施“三免一提”政策，对幼儿学前一年免除保教费，

---

① 韩达主编，中国少数民族教育史编委会编．中国少数民族教育史（第一卷）［M］．广州：广东教育出版社，1998.

② 张天路．各民族人口受教育水平越来越高［J］．中国民族，2003（9）．

对普通高中统招生免收学费，对中小学寄宿生减免食宿费，适当提供交通补助。州政府每年投入300多万元作为朝鲜族幼儿园保教费；每年投入130万元作为朝鲜族普通高中统招生学费；“十二五”以来，全面实施朝鲜族义务教育学段学生的人均公用经费标准高于汉族学校50%—100%。

（四）教师培养、培训体制不断完善

为满足东北三省朝鲜族学校的教师需求，延边大学师范分院、辽宁省朝鲜族师范学校（后与辽宁省蒙古族师范学校合并为辽宁省民族师范高等专科学校）、黑龙江省五常朝鲜族师范学校（后与黑龙江省民族干部学院、齐齐哈尔市蒙古族师范学校合并为黑龙江民族职业学院）等本民族教师的培养机构培养了较为充足的民族教师。延边州充分利用国家加强民族教育、教师教育的政策和机遇，以及各种教师培养、培训机构，采取多种措施加大对朝鲜族中小学教师的培养、培训力度，探索多样化的培训方法和模式，提高教师培训的实效性和针对性，进一步保证了朝鲜族师资队伍质量。近年来延边州结合农村特岗教师招聘工作，拓宽民族教师来源渠道，朝鲜族学校教师学历达标率达到了91.85%。各县市按照州政府要求设立了农村一线教师岗位津贴，每人年均200元的财政预算内教师培训专项经费也基本落实到位。为大力推进“双语型”教师培训，当地主管部门将少数民族教育中央补助专款（2012年开始每年补助75万元）用于中小学教师培训。教师培训工作在提高教师专业素养方面起到了积极作用，朝鲜族在职教师学历层次和专业水平大幅提升。

（五）包括双语教学改革在内的教育、教学改革收到了良好成效

朝鲜族学生在学好本民族语言的基础上，适应主流社会的能力不断提高。各地朝鲜族学校较早就开始尝试双语教学改革，收到了良好成效。近年来延边州的双语教学改革在课程与教材体系建设、双语师资培养、“一主四辅式”教学模式改革等方面取得了重大突破。完善了朝鲜族学校以双语教育为形式和手段的人才培养模式，科学调整朝鲜语、汉语课时比例，部分学科尝试用汉语教学等实验，实验覆盖中小学各学段的所有年级，基本实现了学校教育、教学的“双语化”和“双语兼通”目标，学生的双语水平特别是汉语水平空前提高。如哈尔滨市香坊区动力朝鲜族小学、哈尔滨市道里朝鲜族中心小学、牡丹江市朝鲜族小学等一些市区学校积极推广小学朝鲜语文作文、阅读训练，小学汉语文学科主题开放教学等多种教学实

验和改革模式，实现了朝鲜族学校“双语化”和“民汉兼通”的教育目标，推动了朝鲜族基础教育的发展。[①]

“小班化”是双语教学改革的重要内容。各地区和学校以此为契机潜心研究小班化教育，召开小班化教育研讨会、现场会，使朝鲜族学生接收优质教育的需求及个性化的需求得到了进一步的满足。如延边州先后制定并下发了《关于在全州朝鲜族中小学实施小班化教育的指导意见》和《小班化教育实施方案》，逐年在全州朝鲜族小学起始年级普及小班化教育。一方面通过狠抓班级建成率，确保30名以内的班额标准和小班化教室环境建设；另一方面推进小班化教学模式改革的实验、教研、科研、培训等工作，内外齐抓、以点带面普及并实施小班化教育。经过几年的努力，目前全州小班化教育改革工作成效显著，朝鲜族义务教育阶段小班化教育覆盖率达到了100%。

（六）民族文化教育和民族团结教育事业得到了进一步加强

近年来民族文化教育在各地朝鲜族学校中普遍受到重视，除了通过朝鲜语文、体育、音乐等学科课程传授民族语言文学、民族体育、民族音乐知识之外，还开设了民族文化专门课程，通过各种活动强化民族文化教育。延边州开发并出版了内容广泛、具有一定体系的民族文化系列教材和配套音像资料供义务教育阶段学校使用，避免了民族文化教育的随意性，民族文化教育收到了良好的效果。散居地区朝鲜族学校民族文化教育的普及程度和规范程度虽说因地而异，但也有很多学校搞得有声有色。如黑龙江省在海林市朝鲜族小学、哈尔滨市动力朝鲜族小学、鸡东县朝鲜族中学、五常市朝鲜族实验小学共投资人民币40万元，建立了以“文化教室”为名的研究实施实验基地和活动场地，有力地推动了散居地区朝鲜族学校民族文化教育的研究，提高了民族文化教育的实效性。[②]与此同时，加强了民族团结教育事业。延边州将民族团结教育列入中小学课程计划，以学生体验式活动为主要载体，以文化交流为重要纽带，通过在汉族学校增设朝鲜语文校本课，在朝鲜族学校和汉族学校之间开展师生互访、联谊、结对帮学等方式，加强各族学生之间的交流和沟通，增进彼此的了解，积极构建了跨校双向联动模式。全州朝鲜族学校和汉族学汉校的共同性资源不断增加，

① 崔英锦.散居区朝汉双语教育的人类学调查与思考［J］.民族教育研究，2012（3）.
② 罗正日.黑龙江省朝鲜族学校民族礼仪教育研究［J］.黑龙江民族丛刊，2010（4）.

朝鲜族学校在校生中有 7%的其他民族学生，朝鲜族学校专任教师中有12.4%的汉族教师，实现了从师资到学生、从语言到文化的融合。长白朝鲜族自治县在全县中小学全面开展了民族团结教育，把民族常识和民族政策常识列入中小学教材，进一步普及了民族常识和民族政策，增强了广大中小学生维护民族团结的自觉性和民族团结进步意识。该县也有不少汉族学生在朝鲜族学校就读。以朝鲜族实验小学为例，汉族适龄儿童就读率达到26.4%。

（七）朝鲜族教育对外交流活动不断扩大，为民族基础教育的发展提供了有利的外部环境和条件

《国家中长期教育改革和发展规划纲要（2010—2020 年）》提出："鼓励各级、各类学校开展多种形式的国际交流与合作"。东北各地的许多朝鲜族学校利用语言等方面的优势，与朝鲜、韩国、日本等国家的大中小学、机关和民间团体建立或保持了交流、合作关系，推动了民族基础教育面向世界的步伐。随着中国的崛起及中韩两国经贸关系的不断深化，韩国兴起了"汉语热"，许多韩国中小学生到东北各地的朝鲜族学校就读，学习汉语、中华文化及其他知识。朝鲜族中小学在对外传播中华文化方面也发挥了积极的作用。关于朝鲜族教育的对外交流与合作，将在下文中作为专章进一步详述，这里从略。

四、主要经验

（一）坚定不移地贯彻执行党的教育方针和民族政策，是发展、繁荣朝鲜族教育的根本保证

中华人民共和国成立以来，党和国家在少数民族和民族地区优先发展教育，切实解决民族地区教育事业发展面临的特殊困难和突出问题，民族地区教育事业取得了前所未有的长足发展。实践证明，民族教育的发展离不开国家政策的大力支持。长春市朝鲜族中学在长春市政府的政策支持下，学生规模由原来不足 300 人激增到 2000 人。长春市政府对长春市朝鲜族中学制定了三个政策：1. 面向全省跨地区招生；2. 对招聘到的教员马上落籍；3. 市财政投入 5000 万元改善教育教学环境。政策的支持，使学校的发展蒸蒸日上，走在了全省中学的前列。[①]

① 朴文一. 21 世纪知识经济时代朝鲜族基础教育的姿态与课题［A］. 许青善. 中国朝鲜族教育研究：纪念中国朝鲜族近现代教育 100 周年［C］. 延吉：延边教育出版社，2006.

民族教育的发展离不开各级政府的投入。以吉林省为例，国家和省的义务教育保障机制、校安工程、薄弱校改造、校舍维修改造、小学科学实验室建设、义务教育图书等财政专项经费持续向民族地区倾斜。2011 年投向民族地区的国家和省的以义务教育为主的各种专项资金达 7.04 亿元，占全省专项资金总额的 15.5%，超过了民族地区人口占全省人口比例（12%）和学生比例（10%）。有民族教育任务的市（州）和县都设立了民族教育专项资金，以解决民族教育遇到的特殊困难。2014 年起，少数民族义务教育学校年生均公用经费标准比普通学校高 1 倍。省级民族教育专项资金逐年增长，2012 年增加到 500 万元，主要用于民族中小学基本建设和设备购置。① 实施上述倾斜政策极大地改善了民族学校的办学条件。黑龙江省和辽宁省也加大了对民族教育的投入，朝鲜族学校的办学条件相应地得到改善。例如，辽宁省大连市 2013 年为市朝鲜族学校投入了教育经费 547.3 万元，每年还设立了 40 万元的少数民族教育专项经费。目前大连市朝鲜族学校的办学条件基本达到了办学设施标准化的要求。②

（二）设立民族教育行政管理机构和教研机构，发挥其职能作用，是民族教育逐步走上正轨和持续发展的基本保证

东北三省和有关市、县设立了民族教育行政机构和教研机构，民族教育的领导、管理和业务指导得到了加强，使朝鲜族教育从行政管理、教学研究到业务指导相互配套，有力地保证了朝鲜族教育事业的发展。以延边教育学院为例，自 1989 年至 2005 年培养了 1200 多名骨干教师，组织中学各学科教师短训班共 658 次，接受培训的教师近 4 万人次。自 1983 年至 2005 年，自行培养的专科生和与吉林省教育学院合作培养的本科生累计达 11400 多名。③

（三）正确处理民族教育的共性与个性的关系是民族教育存在和发展的重要规律

辽宁省抚顺市开发区李石寨朝鲜族学校是一所只有 300 多名学生的农村学校，但该校以先进的办学理念办出了富有特色的民族教育。让民族文

---

① 毕淑梅，张学慧，贾茜. 改革开放以来吉林省少数民族教育发展现状及面临的问题[J]. 民族高等教育研究，2015（2）.

② 资料出自国家民委网（http://www.seac.gov.cn/art/2014/5/16/art_36_204832.html ）。

③ 崔成学，金昌录. 跨越百年路尚远——对朝鲜族近代教育百年历程的回顾与思考[J]. 中国民族教育，2006（12）.

化传统代代相传是该校的办学理念之一。学校要求全校学生每个人都要会 3 种语言（朝鲜语、汉语、英语），每个学生都要会下围棋、会使用计算机、会跳朝鲜族舞蹈、会做朝鲜族咸菜。为此，学校开设了相应的专门课程。6 年下来，所有学生基本上都掌握了朝鲜族风味小吃的全部做法，每个学生都会跳长鼓舞、扇子舞、顶罐舞等 15 种朝鲜族舞蹈。学校舞蹈队曾在喜迎香港回归祖国大型联欢晚会、全国少数民族少儿艺术节、2000 年世界民族艺术节上亮相，深受好评。学校从 1987 年开始连续 18 年被省委、省政府授予“省文明学校”的称号，1999 年被省政府命名为“省模范学校”，2002 年被列入“中国名校”行列。①

（四）民族学校教师质量的高低，直接关系着民族学校教育质量的高低

要发展民族教育，就要有一支素质高、数量足的民族教师队伍。如上所述，朝鲜族通过延边大学师范学院、延边大学师范分院、辽宁省朝鲜族师范学校、黑龙江省五常朝鲜族师范学校等本民族教师的培养机构培养了较为充足的民族教师；通过在延边大学，延边教育学院及设立在东北三省的教育学院，朝鲜族较为集中的各市、县教育学院、进修学校的民族教研部（室）等朝鲜族教师继续教育机构开展相关的业务培训，提高了朝鲜族教师的业务素质和学历层次。

（五）朝鲜族教育能够迅速普及和发展，除了政府的大力扶持之外，与朝鲜族群众的办学热情也分不开

中华人民共和国成立后许多朝鲜族中小学校是朝鲜族群众捐钱、捐物办起来的；农民夜校也是群众通过经营“文化田”、上山采集药材等所得到的收入解决了办学的经费。重视教育这一优秀传统此后也在各地朝鲜族一直延续下来。如黑龙江省桦川县星火乡中兴村朝鲜族群众在国家支援了 1.1 万元后，由村民集资 31 万元，建起了 1566 平方米的朝鲜族小学；延边和龙县 170 多所中小学改建或新建了砖瓦房，其中所需经费 60%以上是群众出资的。② 1985 年沈阳市东陵区前进乡望花村投资 20 余万元新建了

① 李建平. 文化立校，素质立身——辽宁省抚顺李石寨朝鲜族中小学教改纪实［N］. 中国教育报，2004. 2. 10.

② 许青善. 回顾历史，总结经验，促进跨越式发展［A］. 许青善. 中国朝鲜族教育研究：纪念中国朝鲜族近现代教育 100 周年［C］. 延吉：延边教育出版社，2006.

教室、食堂、仓库、浴池、室内厕所，安装了上下水道、暖气并购置了洗衣机、电视机、衣柜、碗橱、文体用品等，创办了辽宁第一所群众办的寄宿制朝鲜族小学，招收散居在32个汉族村的100余名朝鲜族儿童住宿。[①]黑龙江省宁安市过去没有朝鲜族幼儿园，要让孩子接受正规的学前教育，只能送汉族幼儿园。不少习惯于汉语的朝鲜族幼儿升入小学时直接升入汉族小学，入朝鲜族小学的孩子中也有不少因过不了语言关不得不转到汉族小学。加上朝鲜族人口的急剧减少等诸多原因，2003年当地的一年级新生不到20名，宁安市朝鲜族小学面临着生源少而关闭校门的危机。宁安市朝鲜族小学校长尹吉镐自己带头拿出10万元钱，其他教师也或多或少捐赠，在宁安市朝鲜族小学校园附设了朝鲜族幼儿园。经热心于民族教育的宁安市朝鲜族小学教师们的努力和无私奉献，附设朝鲜族幼儿园之后，小学生源很快增加到60多名。[②]各级政府虽然重视并支持民族教育，但难以一时解决所有民族学校面临的诸多特殊的困难和问题。坚持和发展民族教育要调动各界朝鲜族群众，尤其是朝鲜族教师，他们对民族教育充满热情，树立了为民族教育奉献的精神，以多种形式、多种方法、多种途径开拓了民族教育的发展之路。

五、问题与对策

（一）关于朝鲜族教育存在的主要问题

自20世纪80年代中期以来，朝鲜族教育在发展中出现了许多新情况、新问题。主要表现在以下几方面：

1. 朝鲜族学校生源剧减，学校面临经费紧缺等困难

首先，向国内外流动的朝鲜族人口比例过高，导致了朝鲜族学校生源锐减。改革开放后，朝鲜族人口由农村向城镇流动，由东北向东南沿海发达省市流动，还有相当一部分朝鲜族青壮年出国打工，导致朝鲜族传统居住地的人口大幅减少。其次，朝鲜族妇女的生育率偏低，导致朝鲜族学校生源的减少。朝鲜族妇女的总和生育率从1974年起降至生育更替水平

---

① 朴仁勋. 辽宁省建国（中华人民共和国成立）后五十七年的朝鲜族教育［A］. 许青善. 中国朝鲜族教育研究：纪念中国朝鲜族近现代教育100周年［C］. 延吉：延边教育出版社，2006.

② 尹吉镐. 加强学前幼儿教育是学生来源的保障［A］.“纪念中国朝鲜族近代教育一百周年学术研讨会”会议资料［C］. 2006.

（2.1%）以下，即降至 1.89%（全国平均水平为 4.17%）；到了 21 世纪，延边朝鲜族妇女总和生育率只有 1.1%①。再次，大量朝鲜族学生流入汉族学校，造成朝鲜族学校生源的减少。在通学和住宿等方面存在困难、学好我国的通用语言汉语是大量朝鲜族学生流入汉族学校的主要原因。

如前所述，由于朝鲜族人口负增长、到国外和国内发达城市务工者增多，以及大量朝鲜族学生流入汉族学校等，朝鲜族学校生源锐减，许多朝鲜族学校不得不合并或停办。以延边州为例，2005 年全州朝鲜族中小学共有 197 所（包括民族联校）、朝鲜族学生共有 67014 名（包括民族联校的学生），10 年后全州朝鲜族中小学减少到 74 所（包括民族联校），朝鲜族学生减少到 27313 名（包括民族联校的学生），减幅超过了 50%。朝鲜族散居地区无论是学校数还是学生数，减幅都更大。据本课题组成员的调查，2006 年吉林地区朝鲜族中小学共有 35 所，学生总数为 8932 名，而到了 2017 年，全区朝鲜族中小学减少到 10 所，朝鲜族学生减少到 1974 名。散居地区朝鲜族学校学生数在 200 名以内的居多，甚至个别学校仅有不到 100 名学生。班级学生数平均在 20 名左右，个别班级学生数在 10 名以内。

2. 教师队伍老龄化严重，难以补充年轻朝鲜族教师

在许多朝鲜族学校中，比资金上的困难更为突出的问题是朝鲜族学校师资结构不合理，主要是年龄结构不合理、专业结构不合理，而且难以补充缺口优化结构。懂朝鲜语、汉语、外语三种语言的朝鲜族师范生多愿到薪资高的日企、韩企等外资企业就业，到大城市、沿海城市就职或选择国内外高校继续读研，所以有些朝鲜族学校招不到朝鲜族师范毕业生。

不少学校几年甚至十多年未能招进朝鲜族师范毕业生，教师队伍老龄化严重，朝鲜语文、数学、物理、化学、体育、艺术等多门学科的教师纷纷告急，学校面临办学困难。本课题组成员经调查获悉：2012 年长春市绿园区朝鲜族小学教师编制核定 35 人，在岗教师 27 人，有 9 个教学班，学生有 200 人，缺编 8 人；2017 年学校增至 11 个教学班，学生有 273 人，在编教师却是 26 人，缺编 9 人，学校只好临时聘用教师 9 人（在岗不在编），41 岁以上的教师占 58%，30 岁以下的教师数为零。教师年龄偏大，在编教师数量不足，再加上结构性缺编、职称评聘名额少，学校运营面临很

① 吴天喜. 中国朝鲜族人口问题浅论［J］. 黑龙江民族丛刊，2001（3）.

大困难。

3. 双语教育资源欠缺，双语教育缺乏系统规划，随意性大

由于延边州朝汉双语信息化环境相对薄弱，相关教学资源开发进度缓慢，双语同步资源匮乏，导致目前延边州朝鲜族、汉族学生之间课外读物供应量差距已达到了 1:67。朝鲜文图书出版事业在朝鲜族学生人数少、印数不多的条件下，一直面临成本高、盈利少、进展慢等困难。延边州朝鲜文图书种类虽然不多，但可以在本地购买，而散居地区大部分群众在本地买不到朝鲜文图书，朝鲜文读物紧缺程度甚于延边州。无论是延边州还是散居地区，朝鲜族双语教育资源中的人力资源——双语教师资源也处于紧缺状态。另外，不少学校缺少对不同学年或学段间如何衔接的整体设计，一些学校的教材语种和教学用语因任课教师而定，出现了学科和任课教师换了教材语种也跟着换的问题，甚至在散居地区的个别朝鲜族学校，用朝鲜文教材的只有朝鲜语教师。

（二）关于改革与发展朝鲜族教育的建议

1. 完善、保护和扶持民族教育的政策制度保障

许多朝鲜族学校改善教学设施、设备受到经费的限制，办学条件不好。国家及省级政府应充分考虑民族教育遇到的特殊情况和特殊困难，在民族教育经费上给予更大的倾斜，加大对朝鲜族教育的扶持力度，使同一地区同类学校的教育经费持平，减轻民族地区财政和民族学校的办学压力，促进现代化优质民族学校的发展。自治地区需要进一步明确并切实落实民族教育优先发展战略，增加教育硬件设施及基础建设、民族教育出版业、取暖费、寄宿补助费、办公经费、继续教育经费等方面的投入；散居地区也需要依据国家的民族政策争取更多的资金支持，以此实现办学条件的进一步改善。

2. 多措并举，强化民族文化教育

首先，应开设与朝鲜族文化关联的专门课程并保障课程学习正常进行。目前延边州朝鲜族学校均开设了有关朝鲜族历史与文化的专门课程，散居地区的一些学校没有开设有关朝鲜族历史与文化的专门课程。已将有关朝鲜族历史与文化的专门课程列入课程计划的学校，也因其不属于考试科目常被考试科目挤占，得不到正常实施。强化民族文化教育，一定要把有关民族历史与文化的专门课程列入学校的课程计划中，并保障课程实施的规

范性和稳定性。其次，要发挥好朝鲜语文、艺术（音乐、美术）、体育等学科的功能。朝鲜语文、艺术（音乐、美术）、体育等学科是最适宜于进行民族文化及民族意识教育的学科。民族文化及民族意识教育需要通过结合各学科的教学进行。再次，民族文化与民族意识方面的教育还应通过校本课程、综合实践活动、课外活动等多种途径和多种形式进行，要提高家庭、社区、网络中民族文化教育资源的利用率，强化体验性、实践性的传统文化教育。

3. 明确目标，科学、系统地运作双语教育

（1）营造双语教育发展的优越环境

建议参照对民族考生实行的高考答卷及加分政策，在公务员考试、事业单位录用考试和教师考试中允许用本民族语文答卷或降低分数要求，确保其拥有宪法规定的权益。同时建议国家加快发展少数民族学前双语教育，在保持民汉相同学制的前提下，率先把民族学前一年教育纳入义务教育范畴，使少数民族学生享受免费教育待遇，使双语成为少数民族早期教育中重要的媒介，逐步缓解民族中小学课时不足的矛盾。

（2）明确目标，引领调控

学校和教师要明确双语教学的最终目标是双语兼通。每个朝鲜族学校都要定有师生共同努力便能达到自己学校要求的双语教学目标，引领或调控教师的教学行为，使教师的教学用语和板书从一定程度上的随意向尽可能顾及双语转变。

（3）科学、系统地运作双语教育

首先，要打破部分学校把双语教育的注意力放到朝鲜语和汉语两门学科上的局限。其次，双语教育不能按统一的标准要求，但要搞好各教育阶段的衔接。再次，朝鲜语和汉语课程中重复的课文多，在教学课时、侧重点等方面要有所区别地处理这些课文。第四，认识到双语教育基本局限于课堂教学的弊端，结合课外、校外的各种活动进行。

（4）加强朝鲜族中小学双语教师的培养、培训工作

各级教育行政部门应积极协调延边大学师范学院、延边教育学院、东北朝鲜民族教育科学研究所等教师培训机构和教研部门，采取多种方式做好朝鲜族中小学双语教师的培养和培训工作，切实解决双语师资短缺、来源不足等实际困难和难题。

4. 加强朝鲜族教师队伍建设

首先，要通过对民族教育的倾斜政策，建立并完善教师转岗、退出、补充机制等措施，优化朝鲜族教师队伍结构，解决教师总量超编与结构性缺编的矛盾。其次，健全、完善教师管理机制，促进教师队伍建设。完善教师考核、激励机制，充分调动不同层次教师的积极性、主动性和创造性。再次，通过培训促进教师队伍建设。通过全员培训，分层、分岗培训，学历教育，进修，校本培训，报告会，讲座，参观考察等全方位、多层次、多渠道的培训，从整体上提高朝鲜族教师的素质。

中华人民共和国成立70年来内蒙古自治区民族双语教育的辉煌成就

乌　兰　黄妙轩

我国是一个统一的多民族国家，少数民族教育事业是中华人民共和国教育事业的重要组成部分。内蒙古自治区从成立伊始就高度重视民族教育工作，经过70年的不懈努力，特别是改革开放40年以来，构建完成了比较完整的民族双语教育体系，对提升少数民族整体素质，促进自治区各民族团结、进步，维护民族地区社会的和谐，推动自治区经济、社会发展起到了不可磨灭的作用。

一、内蒙古自治区简况

内蒙古自治区成立于1947年5月1日，位于祖国北部边疆，是中国建立的第一个少数民族区域自治地方。全区总面积118.3万平方千米，占中国土地面积的12.3%。东、南、西依次与黑龙江、吉林、辽宁、河北、山西、陕西、宁夏和甘肃8个省区毗邻，北部同蒙古国和俄罗斯联邦接壤，国境线长4200多千米。

内蒙古自治区是以蒙古族为主体，汉族占多数的少数民族自治区。截至2017年底，内蒙古自治区辖9个地级市、3个盟（合计12个地级行政区划单位），23个市辖区、11个县级市、17个县、49个旗、3个自治旗（合计103个县级行政区划单位）。内蒙古自治区的常住人口为2528.6万人，其中蒙古族人口为450多万人，占总人口的18.75%，有90多万“三少民族”，还有其他50个少数民族。作为内蒙古自治区的主体民族的蒙古族，发源于额尔古纳河流域。“蒙古”的汉文译写最早见于唐代的文献，称作“蒙兀”。从元代开始，文献中开始译成“蒙古”。蒙古族是我国一个历史悠久而又富于传奇色彩的民族。中国的蒙古族人口主要分布在内蒙古、黑龙江、吉林、辽宁，在新疆、河北、青海也有分布，其余零散分布于河南、四川、贵州、北京和云南等地。内蒙古自治区成立以来，尤其是改革开放40年来，在党中央、国务院的正确领导下，在党的民族政策光辉的照耀下，内蒙古各族人民奋勇前进，稳步推进各项事业，教育事业产生了翻天覆地的变化。

二、内蒙古自治区民族教育事业发展简要回顾

内蒙古自治区民族教育事业的发展，大致可以分为三个时期：

（一）自治区成立初期民族教育的创业时期

从1947年自治区成立到1965年，可以说是内蒙古民族教育发展的第一个黄金时期。这一时期，内蒙古民族教育从无到有、从小到大，从数量到质量发生了实质性的变化。自治区成立之初，教育比较落后，牧区的民族小学基本上不开汉语课，城市的民族中小学大部分不开蒙古语课，也没有正规的蒙古文教科书。当时，全区只有377所民族小学，在校少数民族学生有2.26万人；民族中学只有4所，在校少数民族学生有524人。到1949年中华人民共和国成立，全区民族小学发展到757所，在校少数民族学生达到4.9万人；民族中学发展到10所，在校少数民族学生有905人。当时自治区政府制定了一系列有利于民族教育发展的方针、政策和措施。1949年3月召开的第一次全区教育工作会议指出："发展少数民族语言和文字，少数民族学校要用本民族语言文字授课，采用民族语文教材。"1954年11月全区第一次民族教育工作会议上哈丰阿所作的报告《内蒙古民族教育的方向和任务》中指出："以民族语文进行教学是使民族学生接受知识最便利的方法，我们必须坚决贯彻这个原则，以提高民族语文教学质量。同时使民族学生学好一定程度的汉语文，以便学习先进民族的文化和生产经验，充实、发展蒙古族及其他少数民族文化，从而丰富祖国的文化。""中等以上学校培养出来的人才，必须同时学会蒙、汉两种语文，特别是师范学校或师范生，要求达到能以蒙古文进行各科教学的程度。""蒙古族小学前四年只学民族语文，从小学五年级开始不分农牧区，一律增设汉语文。"之后，随着自治区教育厅一系列政策、措施的出台，民族学校普遍开设了汉语文课，并将开设年级从五年级提前到了三年级，少数民族中小学汉语文教学逐步加强，少数民族学生汉语文成绩有了明显提高。

1960 年 11 月，中央文教小组召开了全国文教工作会议，进一步落实“调整、巩固、充实、提高”的八字方针。截至 1965 年，民族中小学数量分别达到了 72 所和 3795 所。在校少数民族中小学生人数分别达到了 2.63 万人和 25.62 万人；民族中小学教师分别达到了 1651 人和 1.2 万人。其间，1960 年 4 月，编译、出版民族中小学教材的专业出版社——内蒙古教育出版社成立，建立了内蒙古大学，设有蒙古语文系，高校少数民族在校生达到了 2125 人。到了“文化大革命”前夕，民族教育体系初具规模，民族学校教学质量日益提高，为内蒙古民族教育的发展打下了良好的基础。

（二）“文化大革命”十年民族教育的灾难时期

1966 年 5 月到 1976 年 10 月这一时期，自治区成立初期近 20 年发展起来的民族教育损失殆尽。

（三）改革开放以来民族教育的健康发展时期

“文化大革命”结束后，特别是党的十一届三中全会以来，民族区域自治政策的有关规定得到了逐步恢复和落实，内蒙古的民族教育可以说进入了又一个黄金发展时期。十一届三中全会确定了正确的思想路线，实现了以经济建设为中心的伟大历史转变，内蒙古自治区的民族教育又开始走上了健康发展的轨道，出现了蓬勃发展、蒸蒸日上、不断开拓前进的新局面：建立了比较完备、合理的民族教育结构体系，不断深化民族学校教学改革，积极改善民族学校的办学条件，努力提高民族师资队伍的整体水平，大力加强民族教材建设，民族基础教育质量明显提高，培养了一大批各级、各类少数民族建设人才。截至 2017 年底，全区有普通高中 293 所，全年招收学生 14.4 万人，在校学生有 43.6 万人，其中，少数民族学生有 13.2 万人，少数民族在校学生中有蒙古族学生 11.9 万人，毕业学生为 15.3 万人；有初中 683 所，全年招收学生 22.5 万人，在校学生有 61.9 万人，其中，少数民族学生有 17.8 万人，少数民族在校学生中蒙古族学生为 15.8 万人；毕业学生为 21.5 万人；有小学 1658 所，招收学生 21.6 万人；在校学生有 132.5 万人；毕业学生为 22.6 万人。全区幼儿园在园幼儿人数为 64 万。全区初中阶段毛入学率为 98.88%，小学适龄儿童入学率达到了 100%。内蒙古自治区共有普通高等学校 53 所，全年招收学生 13.6 万人；在校学生有 44.8 万人，其中，少数民族在校学生有 11.7 万人，少数民族在校学生中蒙古族学生为 10.1 万人；毕业学生为 11.8 万人。全区有研究生培养单位10个，招收研究生7176人；在校研究生2万人，其中，少数民族在校研究生有5580人，少数民族在校研究生中有蒙古族研究生4907人（数据出自内蒙古自治区人民政府2018年4月2日《内蒙古自治区2017年国民经济和社会发展统计公报》）。这一时期，全区民族中小学办学逐步趋于集中，体系趋于完善，结构更加合理。在校少数民族学生持续稳定增长，教学改革不断深化，民族基础教育质量进一步提高。

三、改革开放以来内蒙古民族双语教育体系的发展与完善

内蒙古民族双语教育“是内蒙古自治区民族教育的重要组成部分，更是民族教育的核心和两点”。《教育大辞典》指出：“民族教育是中国少数民族教育的简称。特指除汉族以外，对其他55个民族实施的教育。”[①]双语教育，其狭义的概念是“特指在一个多民族国家里以少数民族学生为教育对象，使用其本族语和主流语（族际语）两种语言的教育，我国学者通常称其为少数民族双语教育”[②]。自治区的双语教育是指以民族语言授课为主加授汉语或以汉语授课为主加授民族语言的教育。

党的十一届三中全会以后，自治区双语教育获得了新的生机和活力。1980年，全区中小学接受蒙古语授课的在校生占蒙古族在校生总数的82.1%，1981年占84.03%，达到了历史上最好的水平。

1978年的全区教育工作会议研究制定了加快民族教育事业发展、培养少数民族干部和少数民族人才的一系列政策。1980年，自治区人民政府批转了内蒙古自治区教育厅《关于恢复和发展民族教育的几点意见的报告》，指出要“加强民族语言文字教学。对懂蒙古语的儿童，要用蒙古语授课；对不懂蒙古语的蒙古族儿童，在用汉语文授课的同时，要加授蒙古语文……”1981年，《关于自治区教育工作的决议》提出了对民族教育“优先发展、重点扶持”的方针。1986年，全国蒙古文教材审查委员会成立。1999年9月印发了《内蒙古自治区人民政府关于在全区民族中学开设外语课有关问题的通知》。根据蒙汉双语教育发展的客观实际，2002年7月，自治区教委印发了《关于全区蒙语授课“五·四”学制小学、初中和普通高中课程教学计划的调整意见（试行）》，规定“汉语课程由原来的小学三年级开设

---

① 顾明远.教育大辞典［M］.上海：上海教育出版社，1992.

② 董艳.浅析世界双语教育类型［J］.民族教育研究，1998（2）.

调整到二年级开设”，初中适当增加课程总量。2003 年以后，有条件的地区和学校允许开设汉语口语课。并要求根据教育部制定的《全日制民族中小学汉语教学大纲（试行）》建立符合双语教学实际、突出民族学生学习第二语言规律和特点、适应素质教育和时代发展要求的教材体系。2004 年 4 月印发了《内蒙古自治区人民政府办公厅关于印发〈内蒙古自治区蒙古语授课（加授蒙古语文）和朝鲜语授课考生高考科目及记分办法〉的通知》。2005 年，自治区颁布了《内蒙古自治区蒙古语言文字工作条例》，印发了《关于进一步加强民族工作，加快我区经济、社会发展的决定》，对率先普及少数民族义务教育和高中阶段教育、各级财政设立民族教育专项补助资金、加强双语教育、培养蒙汉兼通的双语人才等提出了具体要求并明确了一系列优惠政策。2010 年 3 月印发并于 2014 年 5 月修订印发了《内蒙古自治区少数民族高层次骨干人才计划管理办法》等。

2016 年 9 月 29 日，内蒙古自治区第十二届人民代表大会常务委员会第二十六次会议通过了《内蒙古自治区民族教育条例》（以下简称《条例》），指出，“民族教育，是指对自治区行政区域内的蒙古族及其他少数民族公民所实施的，以学校教育为主，以使用本民族语言文字和国家通用语言文字教学为重点，以科学、文化知识传授和本民族优秀传统文化传承、发展为基本内容的各级、各类教育”。《条例》指出，“自治区各级、各类民族学校应当使用本民族语言文字或者本民族通用的语言文字进行教学，重点发展民族学校的双语教学工作”，并将双语教育的指导思想和工作原则明确为“认真贯彻执行党和国家的教育方针、政策，把大力推进民族语言文字繁荣发展作为重要任务，把学习、掌握母语作为基本要求，把学习、运用汉语作为必备素质，把学习、使用外语作为一项发展能力。坚持因地制宜、分类指导原则，尊重学生意愿，加强宣传引导，努力培养适应国家和自治区经济、社会发展需要的民汉兼通的双语型高素质人才”[①]。

内蒙古自治区长期坚持双语教学一类、二类模式，并以一类模式为主，经过长期的探索和实践，形成了公认的比较完备的双语教育模式。这是由于“蒙古语言文字完全具备了符合人类文明和中华文化发展的要求，能够适应当今世界社会科学领域和自然科学领域各个学科知识发展需要的

① 陈中永. 中国民族教育发展报告（2017）· 内蒙古卷［M］. 北京：社会科学文献出版社，2017.

编译、吸收和创新生存能力，也区分了少数民族教育与少数民族地区教育的共性与个性差异，厘清了双语教育、双语教学模式等一些基本概念和蒙汉兼通双语人才的科学评价标准”。

四、改革开放40年来内蒙古自治区民族双语教育成就

回顾内蒙古自治区民族双语教育，从无到有，从小到大，从优先重点发展到加快发展。自治区在政策制定、经费支持、结构布局、课程设置、教师培养、设施升级、科学研究等各方面予以保障，使民族双语教育形成了比较完备的体系，进入了稳步发展的辉煌历程。

（一）民族学前教育

改革开放初期，全区民族学前教育发展步入正轨。教育厅印发一系列政策文件，明确规定要有计划地发展民族幼儿园。从1989年开始，内蒙古自治区编写了幼儿语言和数学科目教材，启动了民族幼儿园教材建设工程。与此同时，出台了相关政策措施，强化幼儿教师培养与培训工作。到1999年，自治区民族幼儿园共有98所，其中蒙古族幼儿园76所，蒙、汉合设幼儿园14所；在园幼儿人数为22312人，其中蒙古族幼儿有18037人。

进入21世纪，自治区教育部门相继出台了《关于全区幼儿教育改革与发展的意见》《内蒙古自治区教育委员会关于开展幼儿园教师继续教育的通知》《内蒙古自治区民族教育发展工程实施方案》等政策文件，对自治区少数民族学前教育的改革与发展提出了战略目标，指明了方向。尤其是在《内蒙古自治区学前教育三年行动计划（2011—2013年）》《内蒙古自治区第二期学前教育三年行动计划（2014—2016年）》《内蒙古自治区民族教育发展水平提升工程实施方案（2011—2015年）》等发展规划颁布并实施以后，自治区少数民族学前教育出现了高速发展的态势。截至2016年，内蒙古自治区民族幼儿园已发展到362所，其中蒙古语（朝鲜语）授课幼儿园316所，蒙、汉合设幼儿园46所，在园幼儿人数达152216人，其中蒙古语（朝鲜语）授课幼儿有51793人。

内蒙古自治区民族学前教育在数量、规模等方面均得到了比较大的增长，教学质量也相应有了很大的提高。

（二）民族中小学教育

截至2016年，内蒙古自治区共有中小学校2800多所，其中自治区独立

设置的少数民族中小学校有 502 所，占总数的 17.78%；在校学生共 36.39 万人，占全区中小学在校学生总数的 14.64%。

2016 年发布的《内蒙古自治区人民政府关于加快发展民族教育的意见》中明确提到，“到 2017 年，少数民族学前三年教育毛入园率达到 90%以上，蒙汉双语授课学前三年教育全面普及；义务教育阶段蒙汉双语授课学校办学条件实现标准化，九年义务教育巩固率达到 95%以上，基本实现旗县域内均衡发展；高标准普及蒙汉双语授课高中阶段教育，实现免费和助学优惠政策全覆盖；增加少数民族学生特别是蒙汉双语授课高中毕业生接受优质高等教育机会，提高录取比例；区内高等学校蒙古语授课学科专业结构更加合理，应用型，复合型，技术、技能型人才培养能力显著提升”。

内蒙古自治区始终坚持“优先重点”发展民族教育的方针和政策，保证民族中小学校办学条件与能力，为民族教育教学质量的提高、民族教育稳步发展奠定了坚实的基础。如，在 20 世纪 80 年代，自治区教育厅颁发了《自治区蒙古族中小学教学计划》，“计划分为四种不同类型，即设外语、不设外语、蒙古语授课、汉语授课加授蒙古语文”，在为自治区民族双语教育明确了基本模式的同时，以统一教学计划的形式在全区实施双语教学。进入 21 世纪，实施普通高中新课程计划之后，经自治区人民政府批准，由自治区教育厅印发了《内蒙古自治区双语教学高考学生考试科目及记分办法》，以法规性文件的形式明确了双语教育学生高考科目及记分办法。

自治区一直重视对民族教育经费支持的力度。自 2011 年春季开学起，全区率先对蒙（朝）汉双语教学中小学生实行 12 年的免费教育；到了 2012 年，自治区财政厅、教育厅印发通知，决定“自 2012 年秋季学期开学始，提高义务教育阶段双语授课寄宿生生活费补助标准，同时对双语授课普通高中寄宿生实行生活费补助”。

内蒙古自治区民族中小学教育经过几代人长期不懈的努力，以成熟的双语教育模式培养出了一批又一批优秀的少数民族双语型人才。以内蒙古师范大学附属中学为例，近几年高中毕业的双语学生一本录取率持续达到 100%，升入“985”名校的学生比例较大，成为自治区双语教学成功实践的典范。

（三）民族高等教育

中华人民共和国成立后不久，乌兰夫同志提出："培养少数民族干部是巩固民族团结和彻底解决民族问题的关键，在一切少数民族的地区，都必须予以充分重视。而创办民族学院，成立各种民族学校及训练班，又是大力培养少数民族干部的非常重要的措施。"①

改革开放以来，在党中央和自治区人民政府的大力支持下，内蒙古自治区民族高等教育取得了巨大的成就。自治区民族高等教育在民族高等教育规模、双语师资队伍、毕业生就业率、高等教育教材等方面均有成果显现，逐步建立起了具有地域特色、民族特色的办学模式。

内蒙古自治区民族高等学校承担着为自治区培养双语人才的重要任务。内蒙古自治区 40 多所大专院校中有 100 多个专业可采用蒙古语授课。截至 2015 年底，内蒙古大学、内蒙古师范大学等自治区 8 所大学一级学科硕士学位授权点达到 127 个，二级学科硕士学位授权点达到 58 个。全区有内蒙古大学、内蒙古师范大学、内蒙古农业大学、内蒙古工业大学、内蒙古科技大学 5 个博士学位授权单位。从 2007 年开始，在党中央政策号召下，内蒙古地区开始实施"少数民族高层次骨干人才计划"，通过此计划培养了硕士生 3345 人、博士生 728 人。

内蒙古自治区各高校依据自身的专业优势设置了富有民族特色的课程，如中国少数民族史、中国少数民族经济、蒙古族医药等，为民族人才的培养、民族文化的传承、发展做出了重大贡献。

五、内蒙古自治区民族双语教育主要经验

（一）明确发展方向，出台一系列政策措施，为民族双语教育提供了政策导向

从改革开放至今，国家及自治区发布了《关于加强民族教育工作的意见》《关于加快发展民族教育的决定》《内蒙古自治区人民政府关于进一步加强民族教育工作的意见》等一系列关于少数民族双语教育的政策，推动了自治区民族双语教育的进程，有力提升了民族双语教育的发展水平。

2016 年 9 月 29 日，内蒙古自治区人民代表大会常务委员会印发了《关

① 中国少数民族双语教学研究会. 中国少数民族双语研究论集[M]. 北京：民族出版社，1990.

于实施<内蒙古自治区民族教育条例>的通知》。该《通知》第十九条明确提出，“自治区各级、各类民族学校应当使用本民族语言文字或者本民族通用的语言文字进行教学，重点发展民族学校的双语教学工作”，并就双语教学课程教材体系、师资要求等提出了详细的规定。这些政策、措施的出台和实施，对民族双语教育的繁荣发展起到了有力的促进作用。

（二）重视教材建设，配齐民族教育各阶段教材、教辅，为民族双语教育提供了强大的保障

内蒙古自治区党委和政府十分重视民族教育发展。政府优先在文教部下设蒙古文小学课本编译处，这是全区建立最早的蒙古文教材建设机构。1948 年 12 月 3 日，该机构组织编纂出了初小各学年第一学期使用的蒙古文各科教科书共 10 册，这在全国少数民族地区起到了引领、表率的作用。改革开放以来，内蒙古自治区各级民族学校统一使用内蒙古教育出版社出版的教材和教辅，除对民族语文、加授蒙古语文、汉语学科的教材自主编写、出版外，数学、道德与法治等其余学科均同步翻译出版人民教育出版社的教材，并做到品种齐全，为民族学生提供了优质的教育资源，为民族教育各学段教育、教学提供了重要的保障。

2008 年，内蒙古中小学蒙、汉文教材研究会成立，同年 12 月 16 日召开了第一届理事会。2009 年 6 月，按照自治区教育厅关于“全国蒙古文教材审查委员会办公室、全国大中专院校蒙古文教材审定委员会办公室与内蒙古自治区大中专院校蒙古文教材编审委员会办公室合署办公，其日常工作和蒙古文教材建设工作由内蒙古自治区大中专院校蒙古文教材编审委员会办公室负责组织实施”的决定要求，编审办开始承担了中小学蒙古文教材的审查工作，并认真履行全国蒙古文教材审查委员会办公室的工作职责。审查委员会每年如期组织完成蒙汉双语教材、教辅的审查工作，为民族双语教育教学质量的提升做出了贡献。

（三）加强人才队伍建设，为自治区民族双语教育的长远发展增强动力

纵观自治区民族双语教育建设，改革开放前，更多地关注授课主体及教学规范的设计，教育资源、教学设置的要素相对比较少。改革开放以后，后两者在各方面逐渐凸显，在教师资源、教学规范等方面不断加强，有效推进了民族双语教学质量的整体提升。

2016 年发布的《内蒙古自治区人民政府关于加快发展民族教育的意见》

中明确提到，“到 2020 年，民族教育整体发展水平及主要指标均高于全区平均水平，并高于全国平均水平，加快实现基本公共教育服务均等化”，“各级、各类民族学校教育教学质量大幅提高，校长队伍管理能力和教师队伍专业化素质基本满足了教育现代化要求；民族教育服务全区全面建成小康社会的能力显著增强，保持在西部地区特别是全国民族地区的先进水平”。

《内蒙古自治区民族教育人才培养模式改革实施方案（2011—2020年）》明确提出，要“加大双语教师培养、培训工作力度”。

《中国民族教育发展报告（2017）·内蒙古卷》中记载，“根据全区 2007 年双语教师培训计划安排，自治区教育厅积极筹措并且列出专项经费，由厅民族教育处负责，委托兴安盟、通辽市、赤峰市、锡林郭勒盟教育局组织开展了中小学双语骨干教师免费培训活动”。由于持续坚持这一人才培养模式，近几年，自治区教育厅每年都在定期组织开展全区民族中小学、幼儿园校（园）长和蒙汉双语教学各学科骨干教师自治区级、盟市级免费培训。逐步建立、完善了教师更新和补充机制，加大了教师分类培训力度，努力建设一支适应教育改革和发展要求、师德良好、业务精湛、结构合理、专业化水平高的“双语型”“双师型”教师队伍。

六、内蒙古自治区民族双语教育存在的问题与对策

内蒙古自治区民族双语教育经过 70 年的探索与发展，特别是改革开放 40 年来的长足进步，取得了可喜的成绩，但依然存在一些问题亟待解决。

1. 改革开放以后，党中央出台了一系列繁荣发展民族双语教育的政策，提倡在学好民族语言的同时学习国家通用语言，培养民汉兼通的双语人才，并已经形成了比较系统的双语教育体系。对于出台政策的实施环节，不仅需要认真执行，落实到位，还需要完善政策反馈环节。2017 年的《国家教育事业发展“十三五”规划》规定：“确保少数民族学生基本掌握和使用国家通用语言文字”，“建立、健全双语教育督导评估和监测机制”。当前民族双语教育还需要政府部门投入大量的人力、物力、财力，监督政策的实施环节，加强政策实施反馈机制，来保障民族双语教育的持续发展。

2. 内蒙古地域辽阔，东西部发展不均衡，农牧区与城镇教育水平有明显的差距。所以，应继续加大教育经费投入力度，尤其要加大对农村牧区等偏远地区的民族双语教育资金扶持力度，这样才能保证内蒙古自治区民族双语教育均衡发展，保证教育公平。

3.内蒙古是以蒙古族为主体的多民族聚居的少数民族自治区，教材是实施民族双语教育的重要工具。目前自治区从学前到高等教育，均有配套的教材和教辅，但相比于发达地区，内蒙古自治区民族文字教材和教辅种类少，课外读物欠缺，学前教育启蒙读物有待开发，部分高等教育民族文字课程教材更新缓慢，这些都影响民族双语教育持续健康发展。针对此类问题，国家及自治区应继续加大对民族文字教材编写、出版单位的扶持力度，有效解决民族文字出版人员职称、待遇等切身问题，保证为民族双语教育提供强有力的智力支持。

4.改革开放以来，内蒙古自治区民族教育师资队伍有了长足的发展。自治区党委、政府采取了“国培计划”“特岗计划”“定向培养”等一系列培训形式加强了对民族双语教师的培训力度，并形成了培训长效机制。未来的教育发展对民族双语师资队伍提出了更高的要求，在自身努力更新知识体系的同时，教育部门也要持续加大培训力度，帮助双语教师提升科研和教学能力，迎接新时期的挑战。

5.教师编制问题一直是困扰双语教师发展的问题之一。很多中小学、幼儿园教师编制还远远不能满足其师生结构需要，造成教学上的困境。尤其是偏远地区的民族学校，由于条件艰苦、编制短缺等各种原因，教师队伍还存在不稳定的现象。政府应结合民族地区的实际，制定新的编制标准，提高偏远地区师资队伍的工资待遇，调动其积极性，吸引更多优秀的教师到农村牧区服务，提高全区民族双语教育整体发展水平。

6.2018年发布的《教育部民族教育司2018年工作要点》中提出“提高双语教育水平”“加大双语教育信息化建设”。面对新时期教育现代化的新趋势，自治区民族双语教育应借助自治区云计算数据服务中心区位和规模优势，推进民族教育大数据快速发展，解决全区教育资源的信息化，实现优质教育资源共享。

改革开放40年来，内蒙古自治区的民族双语教育取得了辉煌的成就。作为民族团结进步，经济、社会发展的“模范自治区”之一，内蒙古为推动民族教育事业不断向前发展进行了很多有成效的努力，内蒙古的民族教育工作者进行了长期的不懈努力，为此做出了积极的贡献。

新疆双语教育70年发展沿革、成就、经验及建议

葛丰交

新疆维吾尔自治区是一个多民族、多语种、多文化的地区，自古以来就是东西方语言与文化的交汇之地，世界六大语系中的三大语系的语言汇集在这里。在维吾尔、汉、哈萨克、回、柯尔克孜、蒙古、锡伯、塔吉克、乌孜别克、满、塔塔尔、达斡尔和俄罗斯13个世居民族中，除汉族、回族和满族通用汉语、汉文外，维吾尔、哈萨克、蒙古、柯尔克孜、锡伯等民族不但有本民族的语言，还有本民族的文字。长期以来，各民族人民在共同的生产、生活中逐渐形成了互相学习语言文字的优良传统，已形成了多种双语类型，其中又以民汉双语型为主。

加强少数民族学校的双语教学，是长期以来我区为发展民族教育事业而采取的一项重要措施。中华人民共和国成立以来，各民族中学一直开设汉语课，民族学生升入高等学校后，须先读预科，学习1—2年汉语，然后进行本科阶段的学习。

一、新疆民族中小学双语教育的历史沿革

回顾新疆民族中小学70年双语教育发展历程，其大致可分为四个阶段：

第一阶段，20世纪50年代初至60年代中期为初创及教学体系建立阶段

中华人民共和国成立初期颁布的一系列法律和政策，明确了民族语文和汉语文的关系，并使民族语文的使用范围史无前例地扩大了。民族语文不仅是少数民族的日常交际工具，而且已经成为民族地区政治、经济、文化发展的重要工具。

葛丰交：锡伯族，新疆巩留县人，副研究员，新疆民委（宗教局）民研所原所长、新疆人民政府特聘文史馆员，主要研究方向为少数民族教育。

新疆依据国家相关的政策和法律，制定了相应的语言政策，突出了以民文为主、民汉两种语言并用的原则，同时提出了民汉互学语言的双语政策。新疆有传统语言和文字的维吾尔、哈萨克、柯尔克孜、蒙古、锡伯等少数民族在学校教育中均采用母语授课，建立起了从小学到高中乃至到大学的民族教育体系。在学习、使用和发展民族语文的同时，又不能忽视汉语的学习和使用，必须实施二者相结合的双语政策。

1950 年 5 月，新疆省人民政府发出了《关于目前新疆教育改革的指示》，要求少数民族学生选修国文及俄文，汉族学生选修俄文或维吾尔文。1956 年，自治区第二届中等教育会议对汉语教学提出具体要求：民族学校初中每周教授汉语 4—6 课时，使学生的识字量达到 2500 字，高中阶段再学会 2000 字左右，能了解一般的科学术语和汉文名词，大学阶段能做到用汉语听课。1957 年 3 月，自治区党委发出指示，要求改进、加强汉族干部学习本地民族语文、本地民族干部学习汉语文的工作，首次从双语政策的角度对民汉学生和民汉干部、职工互学语言做出了规定。1959 年 6 月，自治区召开教育行政会议，决定民族小学从四年级起加授汉语课。1959 年，自治区党委和人民委员会决定，大学民族本科、专科班设置预科，让学生学习一年汉语。

1960 年 8 月，自治区教育厅发出了《关于改进和提高民族中学汉语教学工作的通知》，明确提出汉语课是民族中学主要课程之一，并从小学到大学，对每一个教育层次的汉语教学的课时安排、教学目标都做出了具体规定。要求通过中小学阶段的汉语教学，使民族学生在高中毕业时达到用汉语直接听课和用汉文记笔记的水平。1963 年，自治区编写了民族中学汉语课本和教学大纲，同时，开始了多种形式的汉语教学实验。

从以上有关文件的内容来看，可以说新疆的双语教育政策和双语教学体系已初步形成。

第二阶段，20 世纪 60 年代中期至 70 年代为停滞阶段

1966 年“文化大革命”开始，自治区刚刚建立起来的汉语教学体系遭到破坏而处于停止状态。

第三阶段，20 世纪 70 年代末至 2003 年为恢复发展阶段

1976 年“文化大革命”结束后，新疆各项事业进入了正常发展的轨道，民族教育也走上了复兴之路。党的十一届三中全会以后，随着改革

开放和社会主义建设事业的不断发展，双语教学被重新提到了议事日程上，不断受到政府的重视，如设置管理机构、加强领导、调整教学计划、明确培养目标、加强师资队伍建设和教材建设等，尤其是首次提出了“民汉兼通”，并把“民汉兼通”作为双语教育的基本方针，充分显示了新疆双语教育事业的快速发展。

1977 年以后，自治区教育厅多次下发文件，就汉语教学问题做出明确规定。1978 年自治区党委、人民政府决定：民族小学从三年级开始开设汉语课，到 1995 年，高中毕业生要达到“民汉兼通”。这就使我区少数民族中小学双语教学工作重新得到了恢复和发展。

1977 年自治区下发的小学教学计划明确规定：少数民族学校（班）一律从小学三年级起至高中毕业开设汉语课。而且提出要求：使学生到高中毕业时掌握 3000—3500 个字，能阅读通俗的汉文书报，用汉语表达自己的思想，到高一级学校能直接接受汉语授课。

1978 年 6 月，自治区教育局颁布了《关于加强民族学校汉语教学的意见》，《意见》明确规定：1. 要把汉语课作为民族中小学一门重要的基础课，给予足够的重视，尽快从小学三年级起把汉语课开起来；2. 加速培养汉语课教师，争取在 1985 年前基本解决师资问题；3. 做好汉语教师的归队工作；4. 加强汉语教学大纲、教材的编印、发行工作；5. 大专院校的民族班中，凡是经过预科班学习的学生，进入普通班后，必须至少接受一门用汉语授课的课程，并逐年增加；6. 各级、各类学校的民族班都要采取多种形式开展课内外学习汉语活动，作为加快汉语学习的辅助手段。

20 世纪 80 年代以后，中小学汉语教学得到了进一步重视。1980 年，自治区教育厅组织编写了《汉语教学大纲》，并重新编写了从小学到初中的七册汉语教科书。1981 年，在教学计划中明确规定了汉语课的具体任务，从小学四年极起开汉语课，使学生到高中毕业掌握 2000 个左右的汉字、3000 个左右的词组，具有基本的听、说、读、写、译的能力。

从 1982 年起，自治区人民政府规定：大专院校招生，对少数民族考生要加试汉语，并适当计算分数，以后逐年提高计分比例。同年 4 月，自治区教育厅下发了《关于加强民族中小学汉语教学的几点意见》，提出了十年内汉语基本过关的目标。《意见》提出：1. 各级教育部门和学校领导应关心汉语教学和汉语教师，加强汉语教学的领导。2. 采取有效措施，建设一支合格的教师队伍。3. 编写、出版一套较好的汉语教材、教学参考书、工具书和课外阅读材料。4. 对汉语课应实行严格的考试和成绩考核制度。

为了加快少数民族人才的培养，使更多的少数民族学生进入内地汉语高校学习，自治区党委在 1984 年 1 月 9 日印发了新党发［1984］3 号文件，即《中共新疆维吾尔自治区委员会印发巴岱同志〈对加强民族学校汉语教学的建议〉的通知》，文件指出："在少数民族学生中加强汉语教学，实现'民汉兼通'，对发展我区民族教育，提高少数民族人民群众的科学、文化水平，促进我区社会主义建设事业的发展，巩固和发展各民族大团结，有着重要的意义。"《通知》要求"责成自治区教育厅党组解决好中小学汉语教材问题，解决好汉语教师严重不足与质量不高的问题。自治区教育厅可以从一九八四年起，在国家下达的大中专招生计划内，在新疆大学、新疆师范大学、喀什师范学院、伊犁师范学院举办中学汉语教师专科班，学习两年，毕业后分配到各地民族学校担任初、高中汉语教师。"

自治区党委、自治区人民政府于 1987 年 9 月 16 日印发的《关于当前我区教育工作中几个主要问题的决定》（新党发［1987］39 号）中提出：少数民族中小学的汉语教学，从小学三年级起一直坚持到高中毕业，并把"县以上城镇的绝大多数少数民族中学，力争在 1995 年前后，高中毕业生能够在听、说、读、写等方面基本达到'民汉兼通'的程度作为汉语教学的奋斗目标"。还规定了具体的指标，即学生在高中毕业时基本掌握 3000 个左右的汉字和 5000—6000 个常用词汇，达到相当于汉族学校初中二年级的汉语水平，为进入高等学校能直接用汉语听课奠定基础。

1987 年 7 月，自治区党委、政府召开了教育工作会议，提出："要把加强和改革民族学校汉语教学工作作为发展民族教育，提高民族素质，开发、振兴新疆的一项战略措施来抓。"这是自治区第一次把双语教育工作提高到"战略"层次来认识。同年 9 月，自治区教委印发了《关于进一步加强民族中小学汉语教学工作的几项措施》（新教普字［1987］34 号），制定了八项具体措施：

1. 各级党政和教育部门要切实加强对汉语教学工作的领导，把搞好民族中小学汉语教学工作作为提高各少数民族科学、文化素质的一项战略措施来抓。各地、州、市也应在教育部门内设立相应的机构，县（市）教育部门应设汉语教学工作专干和教研员。县、镇以上的民族中小学要单设汉语教研组。县以下的中小学规模小、汉语教师少，单设汉语教研组有困难的可以乡、场中学或中心小学为主，成立联合教研组。

2. 扩大师范院校汉语专业招生名额。从 1988 年起，自治区高等师范院校汉语专业（包括普通高校代培师资班）每年招生不少于 300 人。中等师范学校汉语专业每年招生不少于 700 人。力争在 1990 年之前配齐县镇以上的民族中小学的合格教师，在 1995 年之前配齐农牧区的民族中小学合格的汉语教师。

3. 制定中小学汉语教师培训规划，实行自治区、地、县三级分工负责制度。高中汉语教师的培训工作由自治区设置民族语言专业的高等院校、教育学院负责；初中汉语教师的培训工作，由地、州、市教育学院负责；小学汉语教师的培训工作由地州统一规划，在有条件的教师进修学校或中等师范院校进行培训，并在 1995 年前对现有汉语教师普遍轮训一次。

4. 今年自治区从自然减员指标中拿出 500 个劳动指标，招收民汉兼通的高中毕业生。对其进行一年的短期专业培训后按中师毕业生对待，分配到缺少汉语教师的民族小学任教。

5. 稳定现有汉语教师队伍。各级党政机关、团体和企事业单位不得以任何理由截留师范院校汉语专业毕业生，应根据需要和可能动员其归队。

6. 适当增加民族中小学汉语课教学时数，将初、高中汉语课由每周四课时调整到五课时。从 1988 年开始，高等院校招生考试，汉语按 100 分计算成绩。区内中专、技工学校招生加试汉语。

7. 充分利用现有的电化教学手段和各种音响设备，改善教学条件，增加教学设施，努力实现汉语教学现代化。自治区电教馆应积极制作配合中小学汉语教学使用的唱片和录音带、录像带。自治区教学仪器公司应有计划地向农牧区中心小学以上的民族中小学配备语言教学设备。教材出版部门要组织力量抓紧编写、出版一批中小学汉语教学参考书、工具书和课外读物。

8. 各级党政、教育部门和学校领导要经常关心汉语教师的生活、工作和学习，尊重他们的劳动，帮助他们解除后顾之忧，在评定职称、分配住房、发展党团员、评选先进时要与其他教师一视同仁。

1986 年起，自治区教委及各地州教育局成立了汉语教研室或配备了汉语教研员，少数民族中小学成立了汉语教研室，加强了对双语教学工作的指导和研究。这一时期，自治区开展了多种形式的双语教育实验：

1. 试办蒙古族高中汉语授课实验班

1988 年 9 月，博尔塔拉蒙古自治州试办了蒙古族高中汉语授课实验班。自 1988 年起，博尔塔拉蒙古自治州第二中学在高中阶段的蒙古族学生中开展汉语授课班实验，提高了教育质量，积累了经验，为新疆蒙古族教育的发展探索了一条新路。实验过程及做法如下：1988 年秋，新学年开始时，从当年 6 个高一班中选拔两个班，共 90 名学生作为汉语授课实验班的学生。学生备汉、蒙两种文字课本，高一上学期授课以蒙古语为主、汉语为辅，下学期蒙、汉并重。学期结束时，将 6 名跟不上汉语授课的学生调入蒙古语班，使实验班稳定下来。高二起改为以汉语授课为主、蒙古语为辅，主要课程都用汉语讲授。高三时又从中选出 31 人组成理科班、全部课程用汉语讲授，蒙古文课本作为参考资料。高三毕业后用汉语参加数、理、化全国统一考试，用蒙古语参加其他课程全国统一考试，录取时以民考汉类考生对待。在 1991 年高考预选中，实验班 84 人中通过预考的有 57 人；4 个没有进行实验的蒙古语班 162 人中预选通过的只有 55 人。汉语实验理科班 31 人中有 28 人通过预考，其中 24 人被大专院校录取。实验班学生平均掌握的汉字为 2000—3000 个，相当于汉族学生初中毕业时的汉语文水平，接近于自治区要求民族高中生达到的“民汉兼通”水平。

2. 开展了部分课程用汉语授课的实验

为探索民族中学双语教学改革的新路子，自 1992 年以来，自治区在以维吾尔、哈萨克、蒙古语授课的部分民族中学开展了部分课程汉语授课的双语教学实验，即在自治区少数民族中学教学计划框架下，数学、物理、化学三门课（后来加英语，共为四门）用汉语授课，其余的课程用母语授课。1992 年 7 月 15 日，自治区教育委员会印发了《关于确定自治区十所“民汉兼通”试点学校的通知》，即新教普字［1992］32 号文，决定将伊宁市一中，哈密地区一中，阿克苏地区一中，吐鲁番市一中，阿勒泰地区福海县一中，乌鲁木齐实验中学，巴音郭楞蒙古自治州蒙古族高级中学，乌鲁木齐市五中、十四中、三十六中 10 所民族中学（民汉合校）作为自治区“民汉兼通”试点学校。

之后，该项实验陆续扩大到大多数地、州（市），到 2000 年，实验班已发展到 15 个地、州（市）的 28 所学校，共开设了 91 个双语授课实验班，在校生达 3867 名。

双语授课实验班的办班模式：一是把实验班设在民汉合校，如新疆实验中学、喀什师范学院附中；二是把实验班设在条件较好的民族学校，这种模式较为普遍；三是联合办学、分段负责，将初中部设在民族学校，将高中部设在汉族学校，如乌鲁木齐市十四中和六中；四是把实验班设在用汉语授课的中学，如昌吉回民中学。从实验形式上看，有在区内实验的，也有在区外实验的，有在初中起点开始实验的，也有在高中起点开始实验的，有面向本地区招生的，也有面向全疆招生的，有一所学校单独办班的，也有学校之间合作办班的。

3. 推行了汉语水平考试（HSK）

自治区在少数民族学校逐步推行了汉语水平考试（HSK）。1996 年中国汉语水平考试在新疆开考，逐步实现了 HSK 替代高考汉语科目考试。我区参加汉语水平考试的有 3 万多人次，双语授课实验班的学生汉语水平基本都在 6 级以上，有 80%的学生通过了 8 级。1998 年以来，自治区还将少数民族高中毕业生的汉语水平考试成绩与高考挂钩，根据《自治区 1998 年普通高等学校中等专业学校招生规定》，对汉语水平考试达到 3 级的学生高考总成绩加 5 分，4 级的加 10 分，5 级的加 15 分，6 级及以上的加 20 分，实验班考生的总成绩中均加入了 HSK 成绩。

4. 进行“三语”教学实验

“三语”是指民族学生在学好本民族语言文字的同时，加强汉语和英语学习，以逐步缩小民汉教育、教学差距。自治区在总结双语教学经验的基础上进行“三语”教学实验，2002 年 9 月起在乌鲁木齐市三中、五中、十四中、二十中开办“三语”教育实验班。

综上所述，这一时期双语教育的基本方针和基本要求被进一步明确、具体而系统化，从而使自治区双语教育工作又重新得到了恢复和发展。

第四阶段，2004 年至今为双语教育步入新的发展阶段

2004 年以来，新疆双语教育步入新的发展阶段。自治区党委、人民政府相继颁发了《关于大力推进“双语”教学工作的决定》《自治区关于加强少数民族学前“双语”教育的意见》《关于进一步加强学前和中小学“双语”教学工作的意见》等，明确了双语教育工作的指导思想和总体目标，提出少数民族中小学逐步过渡到全部课程用汉语言授课，同时加授母语文的双语教学模式。按照“因地制宜、分区规划、分类指导、分步实施”的原则，有序推进双语教育。

至此，我区已基本形成了从小学三年级开始以开设汉语课模式为主，开展双语授课实验、“民考汉”、少数民族学前双语教育，从小学一年级开设汉语口语，在内地举办新疆高中班等多种双语教学实验模式并存的发展格局，双语教学已取得了一定成效，为今后进一步发展打下了一个良好的基础。

1. 双语师资培训

师资队伍是双语教育取得成效的前提和保障。自治区在国家的大力支持下，坚持“培养、培训并重”和“多渠道并举”的方针，多管齐下，大力加强双语教师队伍建设，先后启动了多项重大师资建设工程，双语教师队伍日益壮大。

2010 年，全区学前和中小学（含职业高中）双语教育岗位有教师 4.96 万人，其中，学前双语教师 1.01 万人，少数民族教师 0.73 万人，占 72.3%，中小学双语教师 3.95 万人，少数民族教师 3.26 万人，占 82.5%。

自治区大力加强双语教师培训，2003 年启动了《国家支援新疆汉语教师工作方案》《新疆中小学少数民族双语教师培训工程》，截至 2010 年，自治区累计投入双语教师培训经费 2.33 亿元，已安排 1.53 万名教师到内地和自治区高校参加为期 1—2 年的培训。2007 年起实施农村双语教师特培计划，3 年累计招生近 2000 人。2008 年新疆双语教师培训基地在新疆教育学院挂牌成立，整合资源组建了双语学院。

2. 学前双语教育

2004 年以后，新疆的双语班已从中小学阶段下移到了学前阶段，为切实贯彻“从幼儿抓起”的指导思想，自治区花大力气从资金、设施、师资等多个方面对学前双语教育开展建设，已投入资金 30 多亿元，启动、实施了“双语幼儿园建设工程和发展保障工程”等软硬件建设工程，学前双语教育快速发展，呈现出前所未有的喜人局面。截至 2009 年底，在园少数民族双语幼儿达到 26.4 万人，比 2008 年增长了 25.6%。近几年，自治区加大双语幼儿教师的培训力度，2008 年来安排了 2200 余万专项资金，通过集中加远程等形式，已培训双语幼儿园园长和教师 8900 人，并已建立起新疆学前双语教育经费保障长效机制，国家和自治区按生均 300 元/年、1000

元/年、90 元/年的标准分别拨付幼儿园公用经费、幼儿生活补助、幼儿免费读本补助，同时，按 15.6 万元的标准为每所幼儿园标准化配备了教学设备及生活设施。

2009 年，中央新疆工作协调小组专门就实现学前双语教育发展目标进行了安排和部署。同年 6 月，中央派出联合调研组对新疆学前双语教育进行了专题调研，并决定实施新疆双语幼儿园工程。在中央新疆工作座谈会后，教育部等多个部委联合下发了关于推进新疆教育，实现跨越式发展和推进新疆双语教育的意见，明确了到 2020 年新疆双语教育的目标和主要任务，提出了保障双语教学发展的政策措施，把双语教学工作提升为国家战略进行安排、部署。中央决定，2008 年至 2012 年投入 40.2 亿元用于实施双语幼儿园建设工程和学前双语教育发展保障工程。

3. 规范双语教育管理

为切实提高双语教学质量，自治区分别从课程设置，教学大纲，教材建设，评估体系，教育、教学方法，教学专家库等诸多方面开展建设工作，加大规范管理力度。先后出台了《自治区农村双语幼儿园（学前班）教育指导纲要》《义务教育阶段双语教学课程设置方案》及《义务教育阶段学校双语教学评估指标体系（试行）》等指导性文件，成立了双语教学质量监测评价中心等机构，积极开展评价方式改革，推行中国汉语水平考试和中国少数民族汉语水平等级考试（MHK），使办学行为更加规范，办学质量得到提升。

4. 推进双语教育信息化

为充分发挥现代教育技术对提升双语教学质量的促进作用，实现优质教育资源免费共享、全面覆盖的目标，自治区加快了双语教育现代化建设的步伐。几年来，通过实施“班班通”“远程直播课堂”工程，开发、译制并引进双语教材，建设学前和中小学双语教育资源库等举措，推动了双语教育的信息化进程。

5. 在汉语学校开设民族语文课试点工作

2010 年秋季新学年开始，自治区将在伊犁哈萨克自治州、喀什地区、阿勒泰地区等地开展汉语授课义务教育阶段学校开设民族语文课程试点工作。为此，新疆维吾尔自治区教育厅专门下发了《关于做好汉语授课义务教育阶段学校开设民族语文课程试点工作的通知》。

在汉语授课义务教育阶段学校开设民族语文课程的目的，是使民考汉学生在完成规定的学习任务、熟练掌握并使用国家通用语言文字的同时，学习本民族语言文字，具备一定的听、说、读、写能力，为实现民汉兼通的目标奠定基础。同时为母语为汉语的学生学习少数民族语言文字创造条件。

在每个开展试点工作的地州选择 2 所或 3 所少数民族学生较多的汉语授课小学作为试点。试点学校从 2010 年秋季新学年开始，从小学一年级起开设民族语文课程，作为小学一年级民考汉学生的必修课程，母语为汉语的学生和其他年级的民考汉学生自愿选修。

民族语文课程每周安排 2—3 课时，通过增加每周总课时来解决新增的问题。民族语文课程使用新疆教育出版社 2009 年出版的、供双语班使用的本民族《语文》教科书。

6. 科学规划，积极实践，稳步推进双语教育

2010 年，自治区制定并实施《新疆维吾尔自治区中长期教育改革和发展规划纲要（2010—2020 年）》，提出要“大力普及双语教育。到 2012 年基本普及学前两年以国家通用语言文字为主、本民族语言文字为辅的双语教育，加快对少数民族中小学实行国家通用语言文字教学、加授本民族语言文字的双语教育步伐；到 2015 年基本普及双语教育；到 2020 年使少数民族学生基本熟练掌握、使用国家通用语言文字。积极支持少数民族聚居地区兴办双语幼儿园或学前班。继续实施中小学民汉合校工程，不断扩大民汉混合编班和双语班。高等学校除少数民族语言文学等特殊专业的部分课程外，其他课程逐步实现使用国家通用语言文字教学。”

为保证上述目标和任务的实现，《规划纲要》提出了一系列措施和办法，主要包括切实提高各学段的双语教育水平，积极做好各学段双语教育的有序衔接，对接受过两年学前双语教育的学生，从小学一年级起实行国家通用语言文字教学，加授本民族语言文字的双语教育。对部分课程使用国家通用语言文字授课、部分课程用本民族语言文字授课的双语班，逐步加大国家通用语言文字授课课程门类。对使用本民族语言文字教学、加授国家通用语言文字的学生，逐步加大国家通用语言文字授课课时和课程门类，使之尽快适应国家通用语言文字教学、加授本民族语言文字的教学模式。加强双语教育研究，改进教学方法，改革教学内容，积极探索建立双

语教育标准体系、课程体系、考核评价体系和督导评估机制，鼓励学校积极开展双语教育的改革试验，提高教学质量。积极推行民汉学生混合编班，鼓励少数民族学生插班学习，鼓励母语为汉语的学生学习少数民族语言。加快预科教育改革，逐步实现少数民族大、中专学生跨越预科教育阶段直接用国家通用语言文字接受本、专科教育。

表 1 新疆双语教育发展情况对比

指标	2009 年	2013 年	2013 年比 2009 年增加（%）	2013 年比 2009 年增长（%）
接受双语教育在校生数（万人）	99.40	182.61	83.21	83.71
其中：学前	29.00	47.66	18.66	64.35
其中：学前两年	26.00	44.84	18.84	72.46
其中：中小学	70.42	134.95	64.53	91.64
双语教育普及率（%）	42.00	70.93	28.93	68.88
其中：学前两年	44.10	91.20	47.10	106.80
其中：中小学	33.90	60.40	26.50	78.17

（资料来源：2009 年、2013 年新疆教育发展报告）

7. 双语教育模式

根据《新疆维吾尔自治区少数民族学前和中小学双语教育发展规划（2010—2020 年）》（新政发［2011］30 号），新疆在新一轮双语教育推进过程中采用两种双语教育模式。模式一：指小学汉语、数学、科学、信息技术，初中汉语、外语、数学、物理、化学、生物、信息技术，高中汉语、外语、数学、物理、化学、生物、信息技术和通用技术课程使用国家通用语言文字授课，其他课程使用本民族语言文字授课。模式二：指全部课程使用国家通用语言文字授课，开设民族语文课程；不具备师资条件的学校，体育、音乐、美术课程可以使用本民族语言文字授课。此外，少数民族中小学普通班则采用全部课程使用本民族语言文字授课，开设国家通用语言文字课程（这种模式也是新疆双语教育模式之一，但目前新疆官方未将之列入双语教育模式）。

据统计，2012 年全区中小学双语教育模式一、模式二学生人数及比例为：

全区有小学双语班学生648061人，其中模式一学生人数为396386人，占61.16%；模式二学生人数251676人，占38.84%。克拉玛依市、石河子市小学段全部采用模式二教学，乌鲁木齐市、巴音郭楞蒙古自治州模式二采用率达到90%以上；吐鲁番地区则几乎全部采用模式一教学（93.10%），和田与哈密模式一采用率也在90%左右。

全区初中段双语班学生为151430人，其中模式一学生人数为118611人，占78.33%，模式二学生人数为32819人，占21.67%。石河子市、博尔塔拉蒙古自治州初中段全部采用模式二教学，吐鲁番全部采用模式一教学，和田、哈密采用模式一教学的比例超过90%，喀什与塔城采用模式一的比例在90%左右。

全区高中段双语班学生为48871人，其中模式一学生人数为36018人，占73.70%，模式二学生人数为12853人，占26.30%。乌鲁木齐市高中段采用模式二的比例在90%左右，阿克苏、吐鲁番、哈密、伊犁州采用模式一教学的比例超过95%，喀什采用模式一的比例超过90%。

8.少数民族语文教学情况

2012年，全区有普通小学3536所，其中用民族语言授课的学校有2459所，占69.54%，普通小学在校生为1919457人，其中接受少数民族语言授课的学生有942965人，占49.13%。

全区普通中学1525所，其中用民族语授课的学校有653所，占42.82%，普通中学在校生为1409293人，其中接受民族语授课的学生有627429人，占44.52%。

2012年，全区普通小学少数民族教师有83723人，其中民族语文教师有24203人，占28.91%，中学少数民族教师为50448人，其中民族语文教师为8559人，占16.97%；小学语文教师42255人（包括用汉语文和民语文教学的教师），其中民族语文教师有24203人，占57.28人，中学语文教师为19437人，其中民族语文教师有8559人，占44.03人。

二、70年双语教育成就

中华人民共和国成立70年来，新疆中小学双语教育取得了巨大成就，收到明显成效。2017年，全区中小学少数民族在校生中接受双语教育的学生为240.39万人，占中小学少数民族在校学生的91.66%，比上年提高了

13.39 百分点。

内地新疆高中班和区内高中、初中班规模不断扩大。2017 年，内地新疆高中班办班城市有 45 个，办班学校有 93 所，招生 9918 人，在校生为 36585 人。区内初中班办班城市有 18 个，办班学校有 35 所，招生 12000 人，在校生为 32739 人。区内高中班办班城市有 12 个，办班学校有 13 所，在校生为 2414 人。

2017 年，内地新疆中职班办班城市 9 个，办班学校 31 所，招生 3243 人，在校生为 9808 人。2017 年，内地新疆中职班升入高校 803 人，内地新疆高中班升入高校 7316 人。

三、双语教育基本经验、政策措施

（一）中央、自治区高度重视，高位推动新疆双语教育

2010 年中央第一次新疆工作座谈会以来，中央把新疆双语教育提升到国家发展战略高度，顶层设计，高位推动。习近平总书记多次指示要进一步搞好“双语”教学，促进各民族交流、进步，使各族群众有能力、有机会过上好日子。国家、自治区先后出台了一系列政策、措施推动双语教育。2010 年，国家教育部等部委联合下发了《关于推进新疆双语教育工作的实施意见》，提出了保障双语教育发展的政策措施。同年 3 月，自治区人民政府颁布了《新疆维吾尔自治区少数民族学前和中小学双语教育发展规划（2010—2020 年）》，双语教育步入了稳步实施、有效推进的轨道。自治区还相继制定、实施了《自治区中长期教育改革和发展纲要》、《关于进一步提高幼儿园双语教育质量的意见》（新教双［2012］18 号）、《关于进一步提高中小学双语教育质量的意见》（新教双［2012］9 号）；《关于进一步推进中小学少数民族双语班学生招生考试改革工作的意见》（新教双［2012］10 号）等文件，制定了农村双语幼儿园和义务教育阶段学校双语教学评估指标体系，明确了提高双语教育质量的措施，进一步规范了双语教育的教学行为。

2013 年 8 月 20 日，自治区召开少数民族双语教育工作会议，就进一步贯彻落实《新疆维吾尔自治区少数民族学前和中小学双语教育发展规划（2010—2020 年）》、总结少数民族双语教育工作和经验，安排部署了当前及今后一个时期的双语教育工作任务。会后，自治区党委办公厅以党办

通报的形式向各地、州、市印发了自治区党委领导的讲话（新党办通报［2013］第28期）。

同年，自治区又召开伊犁哈萨克自治州、和田地区、喀什地区、克孜勒苏柯尔克孜自治州、阿克苏地区双语教育工作座谈会，分析、研判了五地州双语教育发展形势，并就今后的工作提出了要求，形成了《关于五地州双语教育工作座谈会情况的报告》。自治区少数民族双语教育工作会议、五地州双语教育工作座谈会的召开以及会议精神的贯彻落实，进一步推动了全区双语教育有序、健康发展。

（二）加大投入力度，保障双语教育开展

经费投入是双语工作顺利开展的重要保证。2009 年以来，中央和自治区累计投入 52 亿元，扶持自治区和兵团学前双语教育发展，建成了 2350 所农村双语幼儿园。2011 年起中央又投资 2.37 亿元在乌昌地区建成了 82 所农村幼儿园。2013 年起，中央财政比照农村义务教育经费保障机制，支持新疆建立学前双语教育经费保障长效机制。通过实施义务教育阶段农村双语寄宿制学校建设工程、农村初中校舍改造、民汉合校普通高中建设等项目，改善了中小学双语教育办学条件。投入 9.1 亿元实施中小学双语现代远程教育等工程，双语班的“班班通”覆盖率达到了 85%。安排中央预算内投资，重点支持新疆 17 项农村义务教育双语寄宿制学校建设，主要用于新建学校教学用房、生活用房及辅助用房。

（三）强化双语教师和农村教师队伍建设

自治区把双语教师队伍的建设作为推进双语教育工作和提高双语教育质量的关键来抓，教师队伍建设进一步增强，教师结构性短缺和数量不足的矛盾得到了缓解。自治区按照增量补充、存量培训、定向培养、滚动推进的原则统筹教师招聘工作，补充学前和中小学教师 5.9 万人。2013 年自治区共有学前、中小学双语教师 8.61 万人，比 2009 年增加了 4.94 万人，培养了免费师范生 1.3 万人。

充实、优化双语教师队伍，促进免费师范生培养制度改革，扩大本科层次和音、体、美，学前教育专业专科层次招生计划，取消中师层次招生，调整录取批次，2013 年录取免费师范生 2715 名。改革、完善中小学双语教师特设岗位计划和农村双语幼儿园教师招聘计划政策，招聘了中小学、幼儿园教师 1.16 万人。加强大学生实习、支教的管理和服务，安排 1.35 万名大学生和指导教师赴基层学校实习、支教。

多渠道加强双语教师培训。启动第三期《国家支援新疆汉语教师工作方案》和第二期《新疆少数民族双语教师培训工程》，完成了 1 万名双语教师、10 万名“国培计划”农村教师培训任务。落实了“将教师培训经费列入各级财政预算”的政策规定，健全了经费保障机制。改革“国培计划”培训机制，强化实践性课程培训，推进网络研修社区模式培训。加快两级双语师资培训基地建设。首次将蒙古、锡伯、柯尔克孜语等民语学科教师及实验课教师培训纳入国培项目。

（四）提高教师待遇，改善工作、生活条件

国家、自治区启动乡村教师生活补助政策，在全区农村教师享受人均 200 元的“乡镇干部基层补贴”基础上，设立南疆三地州农村教师生活补助政策，2015 年 1 月起，将补助标准从过去的每月 200 元提高至每月 1500 元至 1800 元；为推进农村教师周转宿舍建设，中央、自治区投入 7.6 亿元资金，建成了 1.4 万套周转宿舍，解决了 2.7 万余名农村双语教师的在校住宿问题。

（五）加强双语教育质量建设

2013 年，自治区认真落实《自治区进一步提高学前和中小学双语教育质量的意见》，开展了义务教育阶段双语教育规范化办学行为督查。制定、实施了《自治区义务教育阶段双语教育教学督查方案》，印发了《自治区义务教育阶段双语教育规范化办学行为检查细则》，督促各地各校规范办学行为，引导建立自我规范、自我完善、自我提升的双语教育教学机制，促进自治区双语教育内涵发展，提高教学质量。

加强双语课堂教学指导工作。组织 20 余名双语教育专家、骨干教师赴伊犁、阿克苏和吐鲁番三地州的 7 个县市的 34 所城镇和农村学校开展课堂教学指导活动。

继续实施双语教育质量监测。在全区实施少数民族小学段汉语、数学教学质量监测。小学汉语学科、小学数学学科的监测对象为小学六年级的少数民族普通班和少数民族双语班部分学生，监测范围为全疆 15 个地州 98 个县市，抽样比例为 10%，抽样人数为 2 万人，总参测人数为 4 万人次。同时启动了小学母语文学科监测工作。

（六）加强双语教材建设，丰富双语教育内容

自治区党委、人民政府把教材建设作为推动双语教育的重要工作来抓，专门设立专项资金5310万元，用于教材编写和审定。2013年，自治区组织专家、学者编写了维吾尔、哈萨克、柯尔克孜、锡伯语文教材，以及汉语、语文（汉）教材。2012年6月，新疆教育部门与人民教育出版社合作编写了双语教育专用教材《语文》（人教版新疆专用）。2013年秋季，人教版语文起始年级新修编教材投入使用，这套教材包括学生用书、教师用书、同步练习，以及电子音像教材、教学参考视频资源、课堂听说训练光盘、配套学习光盘等。教科书反映了新疆富有地域特色的文化、教育、经济、自然景观、民风、民俗等内容，注重培养学生实际应用汉语的能力和实施素质教育，以适应新疆双语教育的发展。同时注重语文教学的思想性，融入爱国主义和民族团结教育内容。

（七）推进信息化建设，提高双语教育效率

新疆地广人稀、交通不便、信息闭塞，自治区把实施信息化建设作为提高双语教育的重要手段。通过实施中小学双语现代远程教育建设计划，使全区85%以上的少数民族教学班有了“班班通”设备。以“三通两平台”建设为核心，全力推进中小学教育信息化建设、新疆数字教育频道（IPTV）进农村学校工作。2013年，自治区划拨中小学双语现代远程教育配套设备，促进教学点数字教育资源全覆盖。依托新疆远程教育网，建设学前和中小学多学科教育资源建设，教育信息化条件有了质的飞跃。现代远程教育建设工程的实施，使边远农牧区的孩子享受到了优质的教学资源，促进了双语教学质量的提高。

（八）施行农村学前双语教育经费保障机制，学前两年双语教育基本覆盖

自治区制定了《学前双语教育发展保障经费方案》，做了将2013年学前双语教育经费纳入中央长效保障机制的各项相关准备工作，自治区承担经费已经下达；对各地2008—2011年由国家投资扶持新建的双语幼儿园，按班补齐畅言智能双语教具系统。

（九）加快培养高素质双语人才

自治区注重培养高层次双语人才，2013年，内地高校协作计划完成招

生 7905 人，继续实施“高层次双语人才特培计划”“少数民族高层次骨干人才计划”“少数民族语言专业优秀应届本科毕业生免推硕士研究生工作”，稳步提高少数民族人才培养质量。其中“高层次双语人才特培计划”是根据自治区社会发展需要实施的一项高层次专门人才特殊培养计划。随着 20 世纪五六十年代培养的一批高级双语人才离开了工作岗位，自治区熟悉少数民族语言文化，能够熟练驾驭汉语和少数民族语言的高级人才十分稀缺，不能适应自治区经济和社会发展的需求。按照自治区党委的指示，自治区决定从 2007 年起实施“高层次双语人才特培计划”，实行单列招生计划，择优推免读研，提供学业资助，培养高级人才。每年在自治区普通本科高校招生计划中，对维吾尔语言和哈萨克语言专业，单列 200 名计划。被纳入该计划的学生完成本科阶段后，有70%左右进入硕士研究生阶段的学习。学生毕业后，主要就业方向为各级党政机关，高等院校，科研机构，新闻、宣传、出版、翻译等部门，采取政策分配与双向选择相结合的办法安排工作。自治区为该特培计划安排专项经费，由自治区财政以专业助学金的形式补助学费。这一计划的实施加快了自治区高层次双语人才的培养步伐。

（十）加强双语教育研究，指导双语教育实践

为了提高双语教育质量，近几年新疆先后成立双语教育专家咨询委员会、新疆少数民族双语教育研究中心（2012 年 5 月 18 日）、新疆教育学会少数民族双语教育研究会（2014 年 3 月），开展了双语教育专项课题研究工作。建立了自治区双语教学专家库（2007 年 12 月 12 日）。从 2009—2011 年连续 3 年举办了全国性新疆双语教育学术研讨会。编辑、出版了一批双语教育教学研究著作。实施了双语教育教学改革实验，研究制定了双语教学课程标准、课程设置调整方案和考试升学政策。加大了双语教材和远程教育资源建设的力度，建立了新疆远程教育网及双语教学资源库，启动了学前远程同步示范课活动，开发了多媒体课程资源，并开展了双语光盘教学实验。组织开展了双语教育教学调研活动，形成了《关于双语教育发展规划执行情况的通报》《关于乌鲁木齐市双语教育工作的调研报告》《和田地区双语教育工作调研报告》等。此外，建立了自治区双语教学质量监测评价中心，并启动了部分年级的汉语学科质量监测工作。

三、科学、稳妥推进新疆双语教育的思考和若干政策建议

（一）全面贯彻落实新时期“科学、稳妥推进双语教育”的指导方针

为推进新疆双语教育，2014年9月召开的中央民族工作会议和2015年8月召开了第六次全国民族教育工作会议。会后下发的《中共中央、国务院关于加强和改进新形势下民族工作的意见》和《国务院关于加快发展民族教育的决定》是指导新形势下双语教育工作的纲领性文献。建议自治区对中央民族工作会议和全国第六次民族教育工作会议精神在新疆的贯彻落实情况进行一次督查。同时，自治区应加大对中央提出的新时期双语教育指导方针的学习和宣传，组织专家编写、出版了《新时期党和政府双语教育方针、政策解读》简明读本，使双语教育方针、政策家喻户晓、人人皆知。

（二）正确理解、全面贯彻执行党的语言平等的政策

党的十八大报告提出“要全面正确贯彻党的民族政策”。双语教育体现的不是单纯的语言教学问题，它与坚持民族平等、维护民族团结密切相关，带有很强的政策性。在双语教育工作中要全面贯彻党的语言平等政策，使双语教学的体制设计符合国家语言方面的基本政策。在处理民汉双语教学时，不能片面强调汉语言的学习，而对民族语文的作用估计不足，不知道少数民族语言文字在少数民族儿童的启蒙教育中有着汉语文无法替代的特点。不能忽视少数民族语言的教学，也不能过高地估计民族语言的功能，而忽视汉语文的教学。

（三）要尊重语言文字的学习规律，按教育规律办事

中央提出双语教育要“遵循规律”。双语教育是科学性很强的工作，有其自身的规律。从一种语言教学转换成另一种语言教学，应具备四个基本的条件：一是学生的语言基础，二是实用的教材体系，三是合格的双语教师，四是一定的语言环境。对于少数民族学生，由原来的用母语教学转向用汉语教学，使新系统运转起来并达到较高水平，还需要相当长的一段时间来试运行和不断调试，专家估算这一过程通常需要 10—15 年的时间。因此，做好新疆双语教育工作，要认真贯彻科学发展观，按教育规律办事，确定适合民族地区实际的多样化的双语教育模式，不能搞“一刀切”。还要特别关注少数民族师生的心理感受和教与学的困难。

在选择双语教育模式上，可根据不同的教育基础、语言环境、师资条件、少数民族群众的意愿及就业市场的具体情况，同时开设几类学校，采

用不同类型的、适合学生实际能力的双语教学模式：1.传统以少数民族语文授课的民族学校（加授汉语文课）；2.传统的以汉语文授课的普通学校（对民考汉的学生加授母语课）；3.新式少数民族双语学校（用汉语讲授数学、物理、化学、生物等课程，用母语讲授历史、政治、地理、自然等课程）；4.新式汉族普通学校（加授民族语文课）。同时，摸索以上各类学校的具体专业设置、招生规模等。在选择双语教育模式时，要充分尊重各民族群众的意愿。

（四）实施新疆中小学教师培养基地建设工程

一是建立新疆师范大学、新疆教育学院。实施双语教育，提高教学质量，关键是要有一支合格的、数量足够的双语教育队伍。新疆应立足现在，着眼未来，把从源头上培养好合格的中小学双语教师队伍作为重中之重。建议实施新疆中小学教师培养基地建设工程，由国家教育部和新疆维吾尔自治区政府共建新疆师范大学、新疆教育学院，充分发挥两所高校在新疆中小学双语教师培养、培训方面的作用。二是由国家和对口援疆省市共同支持，内地 9 所高水平师范大学一对一支援新疆 9 所师范院校建设。通过实施师资队伍建设、课程资源开发与建设、教育科研能力建设等项目，切实提升新疆师范院校培养中小学师资和双语教师的基础能力。三是改革师范教育的结构。按照 5 年制培养，前 3 年按普通高等院校模式学习，后两年重点培养教师职业素质，边实习边学习教育学、心理学、教学法等课程，并到对口援疆的省市中小学，以师徒制形式培养学生的教育、教学能力和职业道德。四是从源头抓起，从师范生招生上设置优惠政策，吸引优秀学生上师范院校。自治区应该提早考虑，顶层设计，让师范院校优先招收优秀生源，保证师范生毕业后有较高待遇等。

（五）实施“农牧区中小学双语教师队伍建设行动计划”

新疆农牧区中小学双语教师占自治区中小学双语教师人数的一半以上。农牧区中小学双语教师队伍建设一直是我区中小学双语教师队伍建设的薄弱点、难点和重点，为此，要按照国务院《乡村教师支持计划》，采取特殊政策和措施，加强我区乡村中小学双语教师队伍建设，建议国家、自治区制定并实施“农牧区中小学双语教师队伍建设支持计划”。

1.从源头上培养本土化的农牧区中小学双语教师队伍

几十年的实践证明，农牧区中小学很少能留住从大城市、城镇下来的教师，还是靠本地的教师。因此，要建设一支土生土长的本土化的农牧区中小学教师队伍，要采取定向、加分、减免学费、给予生活补贴等措施，定向培养农牧区中小学教师。根据农牧区需求，国家每年有计划地定向招收一定数量的农牧区高中毕业生到区内外师范院校学习，待其毕业后，将其分到乡、村农牧区中小学，建设一支土生土长、民汉兼通、长期安心于农牧区的“永久牌”的农牧区中小学双语教师队伍。

2. 高度关注农牧区中小学教师的生活

新疆农牧区自然条件差、教师生活艰苦，建议大幅度提高农牧区教师生活补助标准。从 2015 年起，国家、自治区在南疆三地州农牧区对教师生活实行补助。建议在北疆、东疆边境县，国家、自治区贫困县同步实施这一政策，其他县市也相应提高农牧区教师生活补助标准，至少每位教师每月增加 1000 元生活补助费。

3. 强化农牧区中小学教师培训力度

增加培训数量，提高培训质量。以农牧区教师为主，继续实施中小学和幼儿园教师“国家级培训计划”，继续扩大少数民族母语学科教师和双语教师培训计划。

（六）继续加强双语教师培训工作，提高少数民族教师的综合素质

一是持续推进国家、自治区、地区三级双语教师培训，完成 35 岁以下双语教师的培训任务。2014—2018 年，通过中央财政投入和自治区配套的方式，实施第三期《国家支援新疆汉语教师工作方案》和第二期《新疆少数民族双语教师培训工程》。中央协调对口援疆省市承担经费，帮助受援县市培训 35 岁以下双语教师。由援疆省市与受援地区建设教师培训资源共享平台，开发优质远程培训资源，提升受援县市自主实施教师培训的能力。二是双语教师培训要以提高教师的教学能力为核心，以专业知识、教学方法和双语知识为主要内容，突出针对性、实用性，促进中小学教师完善知识结构，更新专业知识，增强教学能力，提高业务技能，切实做到培训一个，管用一个。三是改进中小学教师的培训方式，采取“走出去学习”与“请进来指导”相结合、集中培训与跟踪指导相结合、研究交流与实际考察相结合等多种方式加强对教师队伍的培训力度；对骨干教师、青年教师、新教师按不同层次，开展不同内容的培训。四是建议国家和自治区下移培训经费，增加地县两级骨干教师和全员教师培训经费支出。成立县（市）

教师培训点（小学、初中各一个）这样，参训教师上午到指定培训学校培训，下午到学校上课，可以做到两不误。五是及早研究制定自治区中小学双语教师的标准，并实施双语教师资格考试制度，严把双语教师的入口关，严格掌握双语教师资格认定条件和标准。六是对普通班和双语班教师的培养、培训、职称评定、评选先进、发放津贴补助等要同等对待，促进教育公正发展。

（七）对教师编制实行动态化管理，按需增加教师编制，解决中小学双语教师结构性短缺问题

建议国家、自治区在中小学教师编制方面给予特殊政策支持，以超常规方式吸引人才，稳定教师队伍。

1. 根据我区教育事业的发展需要，充分考虑农牧区中小学点多面广的实际，适度突破编制总额限制，按需补充中小学、幼儿园教师，协调解决我区中小学教师总体超编、局部缺编、结构性缺编等问题。

2. 完善中小学教职工编制动态核定方法，建立向寄宿制学校、双语学校及农民工较多的城市的学校适度倾斜的编制调节机制；增加农牧区寄宿制学校后勤编制。

3. 根据我区双语教育幼小、小初衔接整体需求及教师自然减员情况，落实自治区提出的增加15%的双语教师编制的规定。

4. 建议为 5 年以上教龄的合格的中小学双语代课老师解决编制，确保到 2020 年全区中小学教师结构性短缺问题基本解决。

四川民汉双语教育发展成效及发展展望

马锦卫

改革开放40年来，在党中央、国务院的正确领导下，在四川省委、省政府的高度重视下，四川民族教育成绩斐然，特别是民汉双语教育成效显著，完成了民汉双语教育从幼儿教育、小学教育、中学教育到大学教育的全面贯通，形成了两类模式的民汉双语教育发展理论体系，实现了两类模式、三次分流、三级规划、全面接轨。下面从彝汉双语教育情况和藏汉双语教育情况入手，对四川民汉双语教育的成效进行分析总结。

一、四川民汉双语教育的基本情况

四川是个多民族大省，辖21个市（州）、183个县（市、区），面积为48.6万平方公里，常住人口8341万，户籍人口9121.8万。境内有彝、藏、羌等14个世居少数民族，3个民族自治州、4个民族自治县、16个民族待遇县，面积为34.3万平方公里，少数民族人口539.4万，是全国最大的彝族聚居区、第二大藏族聚居区和唯一的羌族聚居区。183个县（市、区）中有88个贫困县，其中45个为深度贫困县。

党的十八大以来，四川坚决贯彻党中央、国务院关于教育、民族工作的系列决策部署，坚持双语并重、并举，全面强化国家通用语言文字教育，依法科学、稳妥推进双语教育的改革提升，并取得了突出成效。

（一）基本政策

四川双语教育主要在川西南大小凉山彝区和川西北高原藏区开展。考虑彝族、藏族地区语言环境和学生终生发展的实际需要，四川省于20世纪80年代初确立了“双语并重、并举，不搞单语教学，以国家通用语言文字教学为主模式（以下简称‘二类模式’）和以民族语文教学为主模式（以下

马锦卫：彝族，西南民族大学学科教育学院院长、教授，中国少数民族双语教学研究会副会长。

简称‘一类模式’）并行”的双语教学工作方针；进入 90 年代中期以后，根据双语教学发展的实际，四川省又适时提出了“完善体制、提高质量、适度发展”的双语教学新思路。2005 年，四川省在借鉴其他省区成功经验的基础上，根据彝族、藏族地区广大干部和群众的意愿，按照“统一考试、单列计划、单独划线、单独录取”的原则，正式确立了一类模式高中毕业生参加全国普通高校招生统一考试的政策。2017 年，根据彝区、藏区经济、社会发展的新形势，四川省确立了“双语教学、两类模式、三次分流、三级规划、全面接轨”的双语教育发展新举措。

“双语教学”是指国家通用语言薄弱的彝族、藏族聚居地区，都根据儿童的语言基础及条件实行双语教学，而不实行单语教学，确保少数民族学生在高中毕业时都能熟练掌握、运用国家通用语言文字。同时，根据国家课程设置计划，在小学高段开设一门外语课程。“两类模式”是指彝族、藏族聚居地区根据语言环境和群众意愿，以县为单位规划、推行“二类模式”和“一类模式”并行的双语教育办学模式，以满足群众多样化的双语教育需求。“三次分流”是指彝族、藏族聚居地区的儿童、少年根据双语适应能力及意愿，在“学前后”“小学后”“初中后”“高中后”的分流与转换。第一次分流是指一类模式小学毕业后，根据双语水平及个人意愿分别升入二类或一类模式初中学习；第二次分流是指一类模式初中毕业后，根据双语水平及个人意愿部分升入一类模式高中阶段学校（普高、职高、中专、技工校等）学习，另一部分则升入二类模式高中阶段学校学习；第三次分流是指一类模式高中毕业后，根据成绩和志愿分别升入民族院校民族语文授课专业或其他院校国家通用语言文字授课专业学习。

“三级规划”是指以县、州、省为单位进行双语教育学校规划。其中，县（市、区）负责规划学前和义务教育阶段学校，州（市）负责规划高中阶段双语学校，省负责规划高等院校。

“全面接轨”是指涉及一类模式学校教育的所有要素及环节均按国家一元化标准配备、管理及评估。即按国家相应标准配备一类模式学校教师及装备；按国家课程设置计划开设一类模式学校课程；按国家普通高校统一招生考试办法设置一类模式高中考试科目，录取学生。

（二）民族教育及双语教育的总体概况

1. 民族教育基本情况

截至 2019 年 5 月，四川省民族自治地方 51 县共有中小学和幼儿园

3354 所、在校生 161.87 万人、专任教师 8.23 万人。其中有幼儿园 1515 所、在校生 34.17 万人、专任教师 0.86 万人，有小学 1476 所、在校生 82.39 万人、专任教师 4.43 万人，有初中 244 所、在校生 30.04 万人、专任教师 1.97 万人，有普通高中 80 所、在校生 10.76 万人、专任教师 0.73 万人，有中等职业教育学校 26 所、在校生 4.43 万人、专任教师 0.23 万人，有特殊教育学校 12 所、在校生 0.08 万人、专任教师 0.01 万人，有工读学校 1 所、在校生 75 人、专任教师 22 人。学前毛入园率为 83.27%，小学阶段净入学率为 99.46%，初中阶段净入学率为 95.37%。①

2.民汉双语教育发展现状

一是构建起了学前到博士全覆盖的双语教育体系。截至 2019 年 5 月，四川省共有双语教育学校 1347 所，占民族自治地方总量的 40.1%，在校学生 43.11 万人，占民族自治地方总量的 26.6%，专任教师 1.47 万人，占民族自治地方总量的 17.8%。有一类模式学校 212 所（幼儿园 86 所、小学 96 所、初中 20 所、高中 9 所、特教 1 所），占民族自治地方总量的 6.3%；一类模式学生 7.36 万人（幼儿园 0.74 万人、小学 3.46 万人、初中 2.24 万人、高中 0.92 万人），占民族自治地方总量的 4.5%；一类模式专任教师 0.37 万人（幼儿园 161 人、小学 1785 人、初中 1176 人、高中 579 人），占民族自治地方总量的 4.5%。藏区 32 县共有双语教育学校 839 所、在学生 20.6 万人、专任教师 1.09 万人。其中，一类模式学校共有 184 所（幼儿园 86 所、小学 77 所、初中 14 所、高中 6 所、特教 1 所），一类模式学生共有 5.78 万人（幼儿园 0.74 万人、小学 2.86 万人、初中 1.56 万人、高中 0.62 万人），一类模式专任教师共有 0.31 万人（幼儿园 161 人、小学 1592 人、初中 1007 人、高中 389 人）；二类模式学校共有 655 所（幼儿园 295 所、小学 317 所、初中 26 所、高中 16 所、特教 1 所），二类模式学生共有 14.82 万人（幼儿园 2.33 万人、小学 9.15 万人、初中 2.86 万人、高中 0.46 万人、特教 0.02 万人），二类模式共有专任教师 0.78 万人（幼儿园 0.06 万人、小学 0.55 万人、初中 0.14 万人、高中 0.02 万人、特教 0.01 万人）。大小凉山彝区 13 县共有双语学校 369 所、学生 15.56 万人、专任教师 0.31 万人。其中，一类模式学校共有 27 所（小学 19 所、初中 5 所、高中

① 数据由四川省教育厅提供。

3所），一类模式学生共有1.43万人（小学0.59万人、初中0.59万人、高中0.25万人），一类模式专任教师共有450人（小学193人、初中107人、高中150人）；二类模式学校共有342所（小学307所、初中32所、高中3所），二类模式学生共有14.13万人（小学9.53万人、初中4.2万人、高中0.4万人），二类模式专任教师共有2728人（小学1972人、初中737人、高中19人）。[①]

二是双语学校办学条件基本达标。坚持一元化投入、一元化建设，把双语学校纳入民族地区学校总体规划同步建设、同标准装备。目前，所有的双语学校均达到了“适用、够用、安全”的要求。

三是考试招生政策不断完善。四川省统一一类模式高考试卷文字呈现形式要从2017年高一新生即2020年高考起，一类模式高考试卷除汉语文、英语外，其他科目试卷统一用本民族文字呈现，学生可选用本民族文字或国家通用语言文字中的一种文字答卷；调整二类模式藏语文、彝语文考试从2017年高一新生即2020年高考起，二类模式高考统考语文科目按“汉语文、藏语文或彝语文”各50%的比例计入总成绩。近几年四川省一类模式高考升学率一直保持在89%左右。

四是积极推动资源开发。四川省高度重视双语教材资源的开发，指导三州完成了部分教材资源的开发，取得了较好的成果。

甘孜州开发了小学1—6年级PPT428个、教案489个、参考书1本，并上传到甘孜智慧教育云平台；阿坝州编译、出版了幼儿教学类、幼儿读物类、幼师教材类、影像作品类和中小学教材类等5类“双语读物”共计56种、560000册；凉山州组织开发了一类模式高中教辅及视导模拟资料。[②]

二、民汉双语教学中的教学要求及其情况

（一）教师使用双语教育的能力及水平

四川省双语教师均“双语”或“三语”兼通，总体使用双语教育能力主要通过学科教学进行评价，一类模式除语文、外语外，民语文和其他学科用民语文授课；二类模式除民语文外，其他学科用汉语文授课。一类模式和二类模式教师的讲述知识、表达及课堂教学能力均达标，但部分教师的教学设计、教学评价、教学创新能力有待加强。

---

①② 数据由四川省教育厅提供。

（二）学生在课堂上掌握和日常使用双语情况

四川省一类模式学校的学生除语文课、外语课外，均用民语文交流，在日常生活中受语言环境影响，也多用民语文进行沟通。二类模式学校的学生除民语文课外，均用汉语文交流，在日常生活中也多用汉语文交流。

三、民汉双语课程开设和教材使用情况

（一）双语课程开设情况

四川省双语学校按照国家相关要求，均开齐、开足国家课程，同时开设有彝语文、藏语文课程。

（二）双语教材使用情况

四川省一类模式学校使用藏文版、彝文版教材，二类模式学校民语文课程也使用藏文版、彝文版教材。其中，甘孜州、阿坝州一类模式和二类模式中小学统一使用五省区协作教材，2018 年发放并使用教材 258 种，218 万册；凉山州一类模式、二类模式和乐山市二类模式中小学统一使用省中小学彝文教材审查委员会审查的教材，2018 年发放并使用教材 200 种，120 万册。双语教材存在教辅读物少且针对性不强等问题，应增加教辅读物种类，提高阅读课文针对性，积极营造双语教学氛围。

（三）双语教材编审情况

四川双语教材主要是彝汉双语教材和藏汉双语教材。藏汉双语教材由“五协办”组织统一编写，全国中小学藏文教材审查委员会审查；彝汉双语教材由四川省凉山彝文教材编译室编写，四川省中小学彝文教材审查委员会审查。彝汉双语教材编审机构情况如下：

1. 编译机构情况

四川省凉山彝文教材编译室属全国八大少数民族文字教材编译基地之一，担负编译四川省中小学各种彝文教材、教师用书、课外读物和部分工具书的重要任务，下设语文、政治教材编译科，历史、地理教材编译科，数学、物理教材编译科，生物、化学教材编译科及行政秘书科。有在职职工 33 人。其中，彝族 33 人，研究生 2 人、本科 25 人、专科 5 人，高级职称 8 人、中级职称 14 人、初级职称 9 人、主任科员 1 人。截至目前，共编译、出版了中小学各学科彝文教材、教参、教辅、工具书等 1060 种，其中 18 种彝文教材分获国家教育部全国少数民族文字优秀教材一、二、三等奖。①

① 数据由四川省教育厅提供。

2.审查机构情况

自1991年四川省中小学彝文教材审查委员会成立以来，已召开10届，45次教材审查会，完成了原九年义务教育版教材、新课标教材和两套中小学《彝语文》教材审查任务，共审查小学、初中、高中《彝语文》《政治》《历史》《地理》《数学》《物理》《化学》《生物》等663册（种）教材、教参和其他资源，7200余万字，有效地保证了教材质量，积极推动了彝区双语教学的健康、稳步发展。第十届审查委员会共有审查委员和学科委员62人，其中审查委员会主任委员1人、副主任委员3人、委员11人，学科委员47人。包含高校教授16人、副教授4人，一线中小学教师18人，翻译、出版、新闻媒体等科研单位的业务骨干24人，博士研究生6人（1人为清华大学生物学博士）、硕士研究生12人、大学本科34人、大学专科10人，是自成立以来学历最高、涵盖单位最多、学术造诣最深的一届。①

四、双语教师队伍建设情况

（一）双语教师队伍基本情况

截至2019年5月，全省有双语专任教师1.47万人，其中一类模式专任教师有0.37万人，占25.2%，分别为幼儿园161人、小学1785人、初中1176人、高中579人；二类模式有专任教师0.78万人，分别为幼幼儿园0.06万人、小学0.05万人、初中0.14万人、高中0.02万人、特教0.01万人。②

一类模式教师学历情况：据不完全统计，截至2019年5月，有研究生学历的25人、本科学历的1777人、专科学历的1789人、高中（中专）学历的89人、高中（中专）以下学历37人。③

一类模式教师学科结构情况：据不完全统计，有民语文教师800多人、汉语文教师560多人、数学教师660多人、政治（思想品德与社会）教师170多人、地理教师110多人、历史教师130多人、物理教师110多人、化学教师90多人、生物教师90多人、信息技术教师110多人、科学教师90多人、音乐教师90多人、体育教师120多人、美术教师90多人、英语教师270多人、学前教育教师160多人。④

存在的问题：缺乏合格的专业教师培养基地，致使“精通本民族语言

①②③④ 数据由四川省教育厅提供。

文字的不懂教材、教法，懂教材、教法的不懂本民族语言文字”；优秀教师引不进，致使双语学校“被全科化”现象严重；教学能力总体偏低，严重制约着双语教育的高质量发展。

（二）双语教师培养培训情况

一是壮大队伍。实施“省内公费双语师范生计划”“急需教师特殊招聘”“国培计划”“省培计划”“双语教师培训项目”“到对口帮扶学校跟岗学习”等政策，通过考核招聘引进教师，培养、壮大双语教师队伍。二是提高能力。组织开展“全省民族地区一类模式首届民族地区藏、彝语论文评选活动”“全省民族地区一类模式汉语文学科论文评选活动”“全省双语数字资源审查工作”，积极参加“首届五省区民族中小学汉语教师教学大赛”，增强双语教师的教科研能力。三是严格考核。探索实施“四川省一类模式百名知名教师计划”，严格双语教师准入制，完善师德、师风考评监督机制，并实行师德“一票否决”。

五、国家通用语言文字教育情况

四川省高度重视国家通用语言文字教育，在学前阶段、义务教育和高中阶段全面开设了语文课。一是在全国率先实施“一村一幼”计划，从2015年秋季起在彝区13县（区）试行，2017年又将其扩展到整个民族自治地方的51县（市、区），目前已累计帮助20多万幼儿学会普通话。二是大力推广、规范国家通用语言文字，积极推进学校语言文字达标建设和验收、普通话基本普及、县域调查和验收工作。三是明确学校以国家通用语言文字为教育、教学用语和用字，将普通话水平达标作为教师资格认证、新教师录用的基本条件和教师评优、晋职的必备条件。

六、四川民汉双语教育发展展望

2019—2020年是四川省双语教育改革提升的关键时期，四川将深入学习、贯彻总书记来川重要讲话精神，牢固树立“以人民为中心”的发展思想，以推动双语教育高质量发展为核心，按照学校治理体系及治理能力“一年变大样，两年变规范”的工作目标，采取针对性更强、作用更直接、效果更明显的举措，咬定青山不放松，“撸起袖子加油干”，奋力补短板，努力满足人民群众享受优质双语教育的需求。

（一）改善办学条件

继续整合“三区三州”“全面改薄”“彝区教育振兴工程”等各类项目资金，按照“缺什么补什么”的原则，配套完善“一村一幼”和双语中小学校舍及设备、设施，振兴乡村双语学校，全面化解“大班额”“大通铺”矛盾，保证学生坐得下、住得好。

（二）壮大队伍

继续实施“省内免费双语师范生计划”，为乡村双语学校培养合格教师；继续实施急需教师特殊招聘政策，允许藏区县、彝区县公开招聘中专（中师）学历的教师或考核招聘 35 岁以下大专以上学历的教师从事双语教学；继续通过“国培计划”“省培计划”“双语教师培训项目”“到对口帮扶学校跟岗学习”等，按照“什么弱补什么”的原则，分“短期通识类培训”“脱产专业知识培训”“访学跟岗类培训”推进教师培训工作，精准解决双语教师“新信息、新理念、新技术了解和运用滞后，专业知识结构性缺陷”等问题；推动省属民族院校、师范院校加快双语师范教育学科专业建设，增强培养、培训能力；依法、依规保障双语教师待遇，职称（职务）评聘、优秀教师评选和生活待遇向乡村双语教师倾斜，保障周转宿舍；加强双语骨干教师队伍建设。

（三）提升信息化水平

以国家启动“教育信息化 2.0”计划为契机，全面加快“三通两平台”建设步伐，提升双语学校教育信息化水平。以“用”为牵引，加大培训力度，推动教师“自我革命”，提升信息技术应用能力，实现从展示性教学应用到日常性教学应用的转变。紧紧围绕“互联网+教育”和“信息技术与教育、教学深度融合”的主题，聚焦“应用”这一核心要务，积极开发特色双语课件、课例、软件等资源，加快建设双语“专递、名师、名校网络”三个课堂，促进信息技术更好地为学校管理和课程教学服务、为教师和学生的全面发展服务。

（四）强化教育、教学管理

加快建立现代学校治理体系，不断提升学校管理水平；强化教育、教学管理，开齐课程，开足课时，提升国家通用语言文字和民族文字教育水平，优化理科课程和实验课教学，实现双语及文理并重、并举，确保少数民族高中毕业生能够熟练掌握、使用国家通用语言文字，提升就业、创业能力；深化一类模式高中课程改革，落实国家课程方案，加强选修课程建设，推行选课走班；强化双语教材建设，编译、出版普通高中教材，支持编译学前教育及中小学双语教辅材料，提升编译、审查、出版质量；健全州（市）、县（市）双语教研机构，按学科配齐教研人员，加强对学科教学及其实践环节的研究、指导，推动教育理论及教学方式创新；健全双语教学质量检测、监控体系和督导机制，加强对双语教学过程、效果的监测和评估；强化校园文化建设，营造积极向上的育人环境；加强学生生涯规划指导，提升学生的职业发展意识与能力；组织省内优质中小学校结对帮扶一类模式学校，引导一类模式学校进行对外交流、交往，多渠道提升教育质量，着力扩大优质双语教育资源。

实施双语教育，促进均衡发展

罗世荣　石锦宏

贵州实施双语教育，始于民族文字恢复试验推行的20世纪80年代初，迄今已有30多年的历史。30多年来，在各级党委和政府的关心和支持下，在全省民族、教育工作部门和广大民语工作者的共同努力下，取得了很大的成效，对促进民族地区教育的发展起到了不可替代的作用。同时，贵州双语教育也存在一些重大的问题与不足，严重妨碍了其自身的健康发展。

一、贵州民语基本省情

贵州全省辖9个市（州）、88个县（市、区、特区），其中有3个自治州、11个自治县，另有193个民族乡。世居少数民族有苗、布依、侗、土家、彝等17个。据第六次全国人口普查，我省常住人口中少数民族人口有1255万，占全省总人口的36.11%。据调查，全省少数民族中，掌握本民族语言的人口约有700万，占55.78%；半掌握本民族语言的人口约有110万，占8.76%；不掌握本民族语言的人口约有440万，占35.38%；目前仍有100余万人不通晓汉语，占7.97%（主要是儿童、妇女和老人）。苗族、布依族、侗族、彝族、壮族、水族和瑶族的语言被保留得完好，使用人数的比例都在60%以上。不掌握民族语言的人口主要是土家族、回族、蒙古族、满族及后来由汉族恢复为少数民族的人口。换言之，母语地区群众的语言使用情况并无显著变化。在少数民族母语地区，当地汉族或其他少数民族群众通晓当地少数民族语言的现象很普遍。全省开展民族语文工作的范围包括全省9个市（州）、50多个县（市、区、特区），涉及有语言的10个世居少数民族，其中苗、布依、侗、彝、壮5个民族兼用本民族的文字

罗世荣：彝族，贵州省民族语文办公室主任。
石锦宏：苗族，贵州省民族语文办公室副主任。

（其中苗文有4种）。水族有水书，也在一定范围内被使用。民语工作涉及社会生活的方方面面，点多、面广、任务重，是贵州民族语文工作的特点。

二、贵州民语工作主要历程

从20世纪50年代新创民族文字诞生后的1957年开始，贵州陆续开展苗文（4种）、布依文、侗文和彝文（系本民族传统文字）的试验推行工作。民族文字创制初期，主要是民语工作者和民族文艺工作者利用民族文字收集整理民间文学、用民族文字进行文艺创作活动，特别是收集整理民间文学成效显著，这些资料得以保存到现在。1959年以后，由于受极“左”错误思潮的干扰和破坏，民族语文推行工作被迫中断。党的十一届三中全会后，经过拨乱反正，自1981年秋开始，我省民族语文工作得到恢复试验推行。这时期的民语工作以成人社会扫盲为主，同时在学校开展双语教学，民族文字的学习和双语教学在民族地区发挥了重要作用和影响，推行工作由原先的几个县发展到高峰时的57个县（市、区、特区）。可惜好景不长，进入1990年以后，由于物价大幅上涨，民族工作部门经费增幅相对有限，新创民族文字验收未获国家批复等原因，直接影响了民族语文推行，农村扫盲工作基本上中断，双语文教学规模不断缩减，特别是在20世纪90年代后期，每年只有100来所学校在开展双语文教学，学生10000人左右。进入2000年以后，随着全球对非物质文化遗产保护的重视，民族语文重新引起各级各界人士的关注，工作有了新的进展。特别是党的十七大提出文化大发展大繁荣，进一步推动了民族语文工作的发展。截至目前，全省共开办农村扫盲点6000余个，学员人数达45万人；开展双语文教学的学校（教学点）达1000余个，学生60余万人（次）。加上个人自学、互教互学、厂矿、机关、院校举办培训班等不同渠道，学会民族文字的人数累计达100万人以上。民族语文课本、读物及报刊杂志近150余种、出版发行350余万册（份）。

三、措施与成效

（一）政策措施

2005年省委省政府在出台的《中共贵州省委省人民政府关于进一步加强民族工作加快少数民族和民族地区经济社会发展的意见》（黔党发[2005]16号）中规定，从2006年起，省级财政设立少数民族教育专项补助资金

1000万元，用于解决“双语”教师培训及教材编写等特殊问题，在很大程度上缓解了我省双语教育工作经费严重不足的矛盾；出台了《省民委关于进一步做好少数民族语言文字管理与服务工作的意见》(黔族发［2012］104号）文件，对稳慎开展双语教育作出了明确规定；制定《贵州民族语文工作“十三五”规划纲要》(黔民宗发［2015］89号)，对协同做好双语教育工作提出了具体的意见和实施计划。

（二）主要成效

系列政策措施的出台较好地推动了我省双语教育工作发展。经统计，在我省双语教育最佳时期的2006年，共有51个县（市、区、特区、管委会）189个乡（镇、工业区）314所学校开展双语文教学，学生42763人，教师753人，掀起了1995年国家民委和中国社科院对我省苗、布依、侗三种文字论证验收之后的双语文教学新高潮。尤其值得庆幸的是，贵州还利用国家民委和联合国教科文组织在松桃苗族自治县实施的“苗汉双语和谐环境建设示范区”所取得的成功经验，在“十二五”期间在全省布局32个省级以学校双语教学为主要支撑的“民汉双语和谐环境建设示范点”，涵盖全省10个有语言的民族，到2015年底，完成了所有示范点的布点和挂牌工作，并完成与之相配套的10个双语服务基地的选定和挂牌工作，为发展双语教育创造了更为有利的条件。

经统计，全省需要开展双语教学的学校有2460所，年涉及学生20余万人，有1750余所学校开展了苗、布依、侗、彝、水、瑶等语种的双语教学，有15.15万名学生接受双语教学，其中双语双文校点200余所，年在校学生2万人左右。从2010年起，我省启动了苗、布依、侗3个民族5个文种的学前双语教材上、下册的编译工作，到2012年全部编完，2014年全部出版，发行4万册；同时开始启动自主编译小学民汉双语版教材，完成了小学彝汉语文（1—6册），西部方言苗汉语文（通用版上、下册），东部方言苗汉语文（1—3册），苗（中部方言、西部方言、东部方言）、布依、侗三语种小学语文初级本上、下册，苗（中部方言）、布依、侗小学语文高级本上册和水汉双语课本的编译出版，发行8万册。在“十二五”期间，贵州省民宗委共组织了民汉双语师资培训12期1200人次；教育厅从2008年以来举办60多期双语教师培训班，4000多人次参加培训。

四、贵州双语教育的几点体会

“双语教育”是一个既古老而又陌生的概念。说它古老，是因为自从少数民族地区有了汉文教育就有了双语教育，这是跨文化教育必须要采取的教学手段，否则教学就无法进行；说它陌生，是因为随着时代的发展，民族地区通晓汉语的比例不断提高，人们对双语教育的重要性认识很不到位，甚至忽视了它的存在。

体会之一：必须摸清双语省情“家底”。为全面掌握我省双语教育的需求状况，2011 年省教育厅和省民委联合组织在全省范围内进行双语教育专项调研行动。结果显示，贵州 88 个县（市、区、特区），其中 55 个县（市、区、特区）有少数民族母语学区分布，占一半以上（62.5%）；1543 个乡（镇），其中 387 个乡（镇）有少数民族母语学区分布，占四分之一（25.1%）。从全省的情况来看，全省四分之一的乡镇有开展双语教育的需求，母语学区的分布点多面广，大多分布在社会经济落后、地理环境差、交通不发达的农村学校。据省教育厅最新统计，全省需要开展双语教学的学校有 3000 所（点）左右，而目前全省双语教师仅有 1500 人左右，缺口达 1 万人左右，其中专职双语教师仅约 300 人。高校民语专业师资也很紧缺，贵州民族大学民族文学专业的师资也很缺乏。

体会之二：正确选择适合本地双语教育发展的模式。关于双语教育模式，从全国来讲，我国的双语教育在实践中一般描述为“部分学科民语授课部分学科汉语授课”“所有学科民语授课加授汉语”“所有学科汉语授课加授民语”三种模式。但从贵州甚至整个南方少数民族来讲，主要适用第一种模式，同时还存在另一种模式，即“汉语授课加民语辅助教学”。这样的双语教学模式在南方民族母语社区学校普遍存在，实际上是从古至今沿袭下来的也可以称其为传统的一种双语教育模式，理应成为双语教育的第四种模式。尽管它不是严格意义上的双语教育，但它在民族地区还将长期客观存在。

体会之三：双语教师和双语教材是重要前提。贵州双语师资缺口巨大，直接影响了双语教育的开展。在双语教材建设方面，2008 年以来，省民语办组织编译出版了苗、布依、侗、彝四个民族 6 种文字的统编教材双语课本各 4 册，并从 2010 年起，启动了苗、布依、侗 3 个民族 5 个文种的学前双语教材上、下册的编译工作，同时开始启动自主编译版小学民汉双语教材。从目前双语教材的供求情况看，有的语种文种基本满足需求，有的语种文种缺口较大，如彝语、布依语和苗语西部方言。

体会之四：领导重视和管理科学是关键。事实反复证明，要做好双语教育，领导重视和管理科学是关键，二者缺一不可。光有领导重视没有管理科学是不能搞好工作的；同样，光有管理科学没有领导重视也是难以持久坚持下去的。

五、存在的主要问题及对策

（一）对双语教育问题尚未形成统一的认识

作为双语教育核心内容的双语教学虽然取得了无可置疑的成效，但囿于传统教育观念的影响，没有得到普遍的认同，也未能引起决策部门的高度重视，使双语教学仍处于“实验”的尴尬境地：民族语文成绩只作参考；双语教师的业绩不能作为职称评定、考核晋级的内容；双语代课教师缺乏转为正式教师的有效途径等等，严重挫伤了学生、双语教师和学校开展双语教学的积极性。

（二）双语师资和双语人才严重匮乏

就全省而言，双语教师缺口非常大，高校民语专业师资也很紧缺；并且对具备双语教师资格的教师，使用也极为不合理，有的因学校领导不重视开展双语教学而造成双语教师闲置，有的学校希望开展双语教学却苦于没有双语教师。在人才培养方面，由于经费有限，双语人才培训规模小，培训力度不大，有的受训对象不符合条件等，影响了培训的效果。贵州民族大学、贵州工程应用技术学院等是省内少数几所培养高层次民语专业人才的高校，20 世纪 90 年代高校招生并轨后，不再进行民语口试，约三分之二的学生都不懂民族语言，培养不出真正的双语人才，造成了教育资源投入的浪费。

（三）双语教材、读物较为紧缺

因为经费问题，贵州曾中断十多年没有编译双语课本，2007 年得到省政府教育专项资金支持后才重新启动。但每年也只有 60—80 万元的经费用来编译双语课本，对多达 7 个文种的贵州来说还是很紧张的，加上学前双语教材，就更显不足。读物和工具书只能视条件和急需情况而机动安排，满足不了群众和学生学习需要。

根据贵州双语教育存在的问题，笔者认为应采取如下对策加以解决：

（一）因地因人制宜，实行分类指导

双语教育要因地区、因民族、因工作需要而异，实行分类指导。在不通汉语的地区，重点开展利用民族文字进行扫盲和双语扫盲、双语教学工作，发挥母语优势，努力提高这些地方少数民族群众的文化素质和教学质量。在汉语水平较高而本民族语言使用环境良好的地方，在群众中开办民族语文学习班和在学校开设民族语文课（仍然属于双语教学，是深层次的双语教学），目的是让群众和学生利用民族文字传承和发展各民族的优秀文化，也是全面贯彻落实党的民族语文政策法律法规的具体体现。随着国内、国际文化的大交流，少数民族群众掌握和使用语言的变化，民族语文推行和双语教育工作不能再像以前一样以不通汉语的人群为重点，而应转移到以继续使用本民族语言的人群为重点上来，因为民族语文政策绝非仅仅适用于某一特定人群。职能部门要从观念上、工作部署上统筹解决好包括双语教育在内的新时期贵州民族语文工作。条件允许的地方，应开办各种民族语文培训班，培训机关、学校、企事业单位干部、教师和工作人员，满足他们因工作、业务的需要学会民族语言文字，更好地服务于民族地区经济、社会、文化发展的需要。

（二）创新体制机制，走适合贵州双语教育发展的路子

各级民族工作部门要加强对民族语文工作的管理，设置民族语文的专门机构或内设机构，配备相应的管理人员。当前贵州，特别是地县级民族语文管理很不到位，机构残缺，这与贵州是民族语文工作大省是极不相称的。在教育体制上，应把民族语文教学纳入民族地区国民教育管理体制，从贵州实际情况看，民族语文在学校教育中不宜搞体系发展，而是应当以一门独立学科进入课程设置。民族语文成绩应按适当分值或适当比例计入学生总成绩和升学总分，这是解决民族文字“无用论”的最有效办法，也是贯彻党和国家民族语文政策法律的本质要求。在社会使用中，民族语文成绩要在职称评定、公务员录用、特殊行业招考中作为考核成绩和工作业绩，双语教师的业绩要和其他科任教师一视同仁，双语代课教师应通过特殊考核转为正式教师，或从特岗教师指标中划出一定数额专门解决双语代课教师指标问题等。

（三）高校民语专业招生要采取特殊政策，使人才培养学有所用

从2012年开始，贵州民族大学招收民语专业学生进行民族语言口语考试，并免收学生学费，希望其他有关高校民语专业招生也参照贵州民族大学的做法，在报考前通过民语口试后才能填报民语专业。同时，加大解决民语专业学生的生活待遇问题的力度，以吸引众多优秀人才报考民语专业。

（四）加大民语教材、读物出版资金投入，保障双语教育顺利开展

应逐年加大省级民族教育专项经费投入用于民族语文工作，以解决民语教材、读物及双语教育经费之不足，使全省双语教育能够顺应时代发展的需要。

改革开放与云南民汉双语教学

祁德川

云南自古就是多民族聚居的边疆省份，是祖国多民族大家庭的一个缩影。云南的民汉双语教学在全国具有典型性和代表性，民汉双语教学好坏直接影响着全省各民族的团结和边疆的繁荣稳定。改革开放 40 年来，在党的民族政策和民族教育政策的指引下，云南民汉双语教学取得了巨大成绩，积累了丰富经验。对这些成绩和经验进行科学总结，有利于我们今后更好地开展双语教学，促进少数民族地区社会、经济、文化、教育的全面发展。

一、基本情况

（一）云南是个边疆省份

1. 云南与缅甸、老挝、越南接壤，与 3 国的边界线总长 4061 公里

2. 云南是多民族的省份，少数民族占全国 56 个民族的 40%以上

少数民族人口 1415 万人，占全省人口的三分之一。全省所有市县都有少数民族分布。人口 5000 人以上的少数民族有彝、白、哈尼、傣、壮、苗、傈僳、回、拉祜、佤、纳西、瑶、景颇、藏、布朗、布依、普米、阿昌、怒、基诺、德昂、蒙古、水、满、独龙等 25 个世居少数民族。

3. 多民族构成了与之相应的多语种

25 个少数民族，除回、满、水使用汉语外，其余 22 个少数民族操 26 种语言。其中，景颇族有两种语言，一是自称“景颇”的景颇族使用景颇语，一是自称“载瓦”的景颇族使用载瓦语。瑶族有两种语言，一是自称“勉”的瑶族使用勉语，一是自称“布努”的瑶族使用布努语。怒族有 3 种语言，即碧江自称“怒苏”的怒族使用怒苏语，兰坪、泸水自称“柔若”的怒族使用柔若语和福贡自称“阿侬”的怒族使用阿侬语。这 26 种语言中不包括克木人、芒人等的语言。

4. 云南的多民族、多语种构成了与其相适应的多文种

云南在历史上共使用过50种不同类型、不同形式的民族文字（包括各种宗教、区域性文字和新老文字）。经过有关部门多年的调查研究和规范整理，现有彝、白、哈尼、壮、傣、苗、傈僳、拉祜、佤、纳西、瑶、景颇、藏、独龙等14个民族使用22种民族文字。

5. 云南仍有510万少数民族不通汉语

云南的少数民族，由于社会发展阶段的差异，各民族所处的地理环境、语言环境不同，人口多少、聚居和杂居的情况也不同，各民族语言的情况和受其他民族影响的情况就有很大差异，因而呈现出各自不同的特点。从现代语言使用的情况看，大致是这样：基本使用本民族语言的有1100万人；有的民族除使用本民族语言外，有一部分人兼通汉语或其他民族语言，有740万人；有的民族除使用本民族语言外，有一部分人还兼通两种以上民族语言，有520万人；有的民族本民族语言消失，已通用汉语的有240万人；不通或基本不通汉语的有510万人，形成了独特的现象。

（二）民族教育状况

1. 居住地域不同受教育情况不同

云南少数民族从居住地情况看，分布几乎遍及全省各州市县。总体上呈大分散、小集中；大杂居、小聚居的状态。除回族、傣族、白族、纳西族等少数民族主要居住在坝区外，其他少数民族则相对集中地居住在山区或河谷地带。滇东北、滇西、滇西北和滇南边境地区多为少数民族居住。从经济发展情况看，由于居住和地域的原因，少数民族聚居区大多处于交通不便，社会、经济发展比内地汉族地区滞后的状态。改革开放以后，特别是瑞丽、打洛、河口等边境口岸开放以来，沿边少数民族地区的经济发展较快；德宏、西双版纳的傣族，大理白族，红河州泸西县的哈尼族，昆明市石林县的彝族等靠近边境口岸和风景区名胜地方的少数民族的一部分，发展了边境贸易和民族风情旅游产业，使这些地区的部分少数民族迅速脱贫致富。但广大在边远山区的少数民族，目前仍需解决温饱问题。

2. 云南民族教育的特殊性与复杂性以及民族教育发展的不平衡性

从各民族受教育的情况看，云南少数民族在中华人民共和国成立前处于不同的社会历史发展阶段，白、回、纳西、蒙古、水、满和彝族的一部分，约有430万人，中华人民共和国成立前就已进入了封建地主经济，这

些地区的城镇资本主义已有明显发展，与内地汉族接近，社会经济发展水平相对先进；傣、壮、苗、瑶、藏、哈尼、拉祜、布依、普米、阿昌和彝族的一部分，约有850万人，中华人民共和国成立前仍处于封建领主制经济或封建领主制向地主经济过渡阶段，社会经济发展水平落后于内地先进地区；佤、景颇、傈僳、布朗、怒、德昂、基诺、独龙等民族的120万人，中华人民共和国成立前虽然已经产生了阶级分化，但尚不明显，仍然保留着较浓厚的原始公社残余因素，也有的还停留在原始公社解体的阶段，中华人民共和国成立后采取“直接过渡”方针。以上这些不同类型的民族，构成了云南各种各样、错综复杂的社会经济形态和民族特点，它决定了云南民族教育的特殊性与复杂性以及民族教育发展的不平衡性。

3. 云南民族教育呈现多种类型

由于种种原因，云南民族教育大体上可以分为三种不同的类型：一是中华人民共和国成立前学校教育发展就比较好，教育事业发展水平大体接近内地汉族，办学类型与规模也跟汉族差不多。这部分主要是白、回、纳西、蒙古和部分彝、壮等民族，这部分民族经过较长时期的民族教育工作，在不同的历史时期培养了一批知识分子，对本民族的经济、文化发展起到了积极的作用。这部分民族的教育，在小学、中学生的普及程度，扫除文盲、教师成长等方面有一定的基础。二是原有教育基础比较差，现在仍然教育不发达的边疆民族地区。这部分主要是哈尼、傣、藏、阿昌和一部分彝族、壮族等，这部分当中傣、藏两个民族主要是靠上部座佛教、藏传佛教传播民族文化，但学校教育基础差。三是原有教育比较落后，现在教育发展水平仍然比较差，这部分主要有苗、瑶、佤、景颇、傈僳、布朗、怒、德昂、基诺、独龙和一部分彝族。

（三）云南民族教育总体落后于全国

改革开放初期，云南全省教育发展水平落后于全国其他省区，而民族地区的教育又更加落后。据1982年人口普查统计资料，全省少数民族人口为10318998人，但文盲、半文盲就达4075015人，其中文盲率在60%以上的就有拉祜、瑶、苗等11个民族。尤其是拉祜、瑶、苗、德昂、傈僳、布朗、哈尼、佤、怒等9个民族的文盲率高达66%至83.3%。1985年，云南全省适龄儿童入学率达93.1%，而民族地区只有88.9%。少数民族人口占全省总人口的近三分之一，但其科技干部却只占全省科技干部总数的五分之一。全省科技干部总数占全省人口的1.1%，而少数民族的科技干部却只占少数民族人口的0.6%。傈僳、拉祜等民族没有自己的中级以上的科技人员。民族地区教育的落后和少数民族中科技人员的极其缺乏，严重地影响和制约着民族地区社会、经济的发展。

（四）云南民族教育落后的根本原因

根据当时的教育情况调查资料和数据分析，云南少数民族地区的教育还十分薄弱，且发展缓慢，其根本原因有以下几个方面：

1.中华人民共和国成立初期，云南处于原始社会末期向阶级社会过渡的独龙族、怒族、景颇族、傈僳族、佤族、基诺族以及苗族、拉祜族和部分哈尼族的文化传承主要是依靠原始形态教育，还没有走上真正意义上的教育。一是生产、生活、自然知识和技能的教育；二是家族、民族历史的教育；三是伦理道德、风俗习惯等内容的教育；四是宗教信仰教育。

2.自然地理环境闭塞。云南少数民族聚居地区地处山区或半山区，地理位置闭塞，居住村落分散，道路崎岖难行，特别是遇到雨天，路面泥泞更加难行，加上封闭环境下遗留的一些落后的思想观念和生产方式仍然影响着当地的社会、经济的发展。诸如积累意识的淡漠、“小富即安”的小农意识，严重阻碍了当地教育的发展。

3.“文化大革命”时期教育事业遭到极大的破坏，教育事业全面停顿，各级、各类学校陷入无政府状态，教育、教学工作全面混乱。

4.语言障碍阻碍了民族教育的发展。20世纪80年代，教育部提供的调查数据显示，新疆、西藏有70%的农牧民不能使用国家通用语言，贵州和云南有70%—80%的人口不能使用通用语言进行交流，新疆有30%以上的少数民族县、乡镇干部不会说普通话。由于存在语言障碍，少数民族地区学生的升学、就业困难重重，严重阻碍了对外交流与经济发展。

5.地方财政对教育投入严重不足，且一些家庭贫困。历史上地方教育的经费投入与当地的经济发展息息相关，民族地区财政总收入大部分都用于支付本乡机关事业单位职工的工资，本级政府对教育的投入微乎其微。财政拮据，教育经费短缺，教育投入严重不足，政府和家庭都不能保证学生的学习权利，人才培养渠道资源有限，导致当地基础教育发展滞后。

6.一些少数民族传统文化对学校教育影响较大。主要表现在： 是些少数民族有饮酒的传统，个别少数民族地区时常可以看到一些人精神颓废、嗜酒成性、不思进取、无所事事，这些不良的社会风气严重影响了家长和学生求学意志，导致低学业成就。二是一些少数民族有早婚的传统，早婚的直接后果就是早育，一些少数民族少年在该接受义务教育的未成年阶段过早地承担起了成人的责任，不仅不能给下一代创造良好的家庭教育环境，早育易造成人口身体素质低下和智力障碍，直接影响学生的学业成就。

7. 师资不足，难以发展民族教育。民族地区学校存在的主要问题，一是师资力量薄弱。如德宏州芒市西山乡是一个景颇族聚居的山区，居住分散。改革开放之前学校规模小，一般都是一个年级一个班，虽然学校布局作了调整，把全乡 6 所完小压缩到 4 所，学生家庭离学校远的已到 10 公里左右，大多数也在 3—8 公里，但学生数几乎还是小班额，一般小学最少的一个班只有 13 人，最多的也只是三四十人。在山区，一个老师一个班的包班上课现象一直都存在。中学有 6 个教学班，一个班也就 30—40 人。因此，小学按师生比 1:19—23，中学按 1:15 左右来核定教师编制是不够的。民族地区的师资力量薄弱的原因，主要是许多大专院校毕业的大学生都不愿意到农村教学，因为农村的环境和大城市是比不上的，大多数的人还是希望在一个好的环境里教书。这就造成了民族地区的师资力量匮乏，没有优秀的老师，民族学生的成绩自然比不上城市的学生。二是师资素质差距巨大。通常情况下“骨干”教师都被抽调到乡中心校任教或者调到城市工作，留下的一线教师教学经验普遍偏低。三是教师培训不够。在少数民族地区教师培训困难重重，能实现预期目标的培训并不多。四是部分教师教学方式单一陈旧，教学方法呆板，思想传统。由于大部分教师都是一个钉子一个眼，学生数又少，教育保障经费有限，教师外出培训的机会少，新的教育理念和教学方式不能得到及时普及。还有少数教师敬业精神不够，没有上进心和竞争意识，工作中存在庸、懒、散的现象。总之，教师数量不足，负担过重，精力分散，专业教师比例失衡，教学质量低。

8. 学生家长家庭教育配合度不高。少数民族地区学生家长的文化层次普遍较低，综合素质不高，对子女的教育意识不强，过度依赖学校，认为家长的义务就是把孩子送到学校，家庭教育缺失，家庭教育与学校教育脱节。少数民族地区“特殊家庭”的比例大，如德宏州芒市西山乡，915 个小学在校学生中，留守儿童 109 人，单亲 78 人，缅籍 49 人。中学在校学生 230 人，留守儿童 22 人，单亲 19 人，缅籍 12 人，孤儿 4 人。这些孩子在心理上本身就存在一定的阴影，引导不好，往往会自暴自弃，成为“问题学生”。

二、民汉双语双文教学

（一）双语双文教学政策法规

党和国家根据马克思主义对语言文字的基本观点、态度和语言发展的规律制定了一系列民族语文政策，为开展民汉双语文教学提供了政策依据。早在 1938 年毛泽东同志在党的六届六中（扩大）全会的报告中就指出：“尊重少数民族的文化宗教、习惯，不但不应强迫他们学汉语汉文，而且应赞助他们发展使用各民族自己语言文字的文化教育。”1945 年毛泽东同志在《论联合政府》一文中强调：“他们的语言、文字、风俗、习惯和宗教信仰，应被尊重。”中华人民共和国成立以后，党和国家把这一政策进一步用法律的形式固定下来，在《共同纲领》、历届《宪法》《民族区域自治法》、《义务教育法》、《居民身份证条例》、《全国人大代表大会组织法》及一些文献中都做了明确的规定。《宪法》第四条规定：“各民族都有使用和发展自己的语言文字的自由。”《民族区域自治法》第三十七条规定：“招收少数民族学生为主的学校，有条件的应当采用少数民族文字的课本，并用少数民族语言讲课；小学高年级或者中学设汉文课，推广全国通用的普通话。”《义务教育法》第六条规定：“招收少数民族学生为主的学校，可以用少数民族通用的语言文字教学。”《国务院实施<中华人民共和国民族区域自治法>若干规定》第二十二条规定：“国家鼓励民族自治地方逐步推行少数民族语文和汉语文授课的双语教学，扶持少数民族语文和汉语文教材的研究、开发、编译和出版，支持建立和健全少数民族教材的编译和审查机构，帮助培养通晓少数民族语文和汉语文的教师。”除有关法规制定以外，中共中央、国务院、教育部、民委等有关部门在 20 世纪 50 年代初期，就分别制定了一系列推行民族语文教育的具体政策和措施。1953 年，由教育部、国家民委联合召开“全国第一次少数民族教育会议”，会议形成了《关于第一次民族教育会议的报告》，得到政务院批准。在报告中明确规定：“少数民族学校应使用本民族语言，在各种学科中，应根据实际情况，使用本民族语言。条件具备了的要立即采用民族语文课本，用民族语讲课；条件不具备的要积极创造条件实行。”后来党中央和国务院都反复重申了这一条民族教育的根本政策。1980 年教育部、国家民委在《关于加强民族教育工作的意见》中明确指出：“最重要的是，凡有本民族语言文字的民族，应使用本民族的语文教学，学好本民族语文，同时兼学汉语汉文。为此，必须加强民族文字教材的编译出版工作。民族文字内容一定要注意民族特点和地区特点，要适应多种形式办学的实际需要。没有本民族文字而有独特语言的民族，也应以本民族语言辅助教学。”1981 年中共中央办公厅印发的《云南民族工作汇报纪要》也明确指出：“对有自己语言文字的民族，有关学校要使用本民族的语言文字教学和学习；对有自己语言而无文字的民族，也应当用本民族的语言辅助教学。”

（二）民汉双语双文教学实验

为落实党的民族语言文字平等政策，促进民族教育事业的发展和获得双语文教学的经验，云南省民语委从 1982 年开始，与有关地、州、市、县教育局、民委、民语委密切配合，先后在包括佤、傈僳、纳西、白、拉祜、彝、景颇、藏、苗、哈尼等 10 个民族 12 个文种的学校或班级办起了 14 个民汉双语双文教学实验点（后有所增加）。1982 年 9 月，临沧市沧源县岩帅镇贺南小学开展佤汉双语文教学实验，1984 年 9 月，普洱市澜沧县东回乡班利小学开展拉汉双语文教学实验，1985 年 9 月，丽江市玉龙县石鼓镇拉巴支小学开展傈汉双语文教学实验，1985 年 9 月，丽江市玉龙县白沙乡玉龙小学开展纳汉双语文教学实验，1985 年 9 月，丽江市玉龙县塔城乡依陇巴甸小学开展纳汉双语文教学实验，1986 年 9 月，德宏州芒市西山乡营盘小学开展载汉双语文教学实验，1986 年 9 月，大理州剑川县甸南乡西中小学开展白汉双语文教学实验，1988 年 9 月，红河州绿春县大兴镇广吗小学开展哈汉双语文教学实验，1988 年 9 月，丽江市宁蒗县红旗乡白牛厂小学开展彝汉双语文教学实验，1988 年 9 月，文山州富宁县洞波乡果布小学开展瑶汉双语文教学实验，1989 年 9 月，楚雄州禄丰县仁兴镇大箐小学开展苗汉双语文教学实验，1990 年 9 月，怒江州沪水县上江乡东方红小学开展傈汉双语文教学实验，1991 年 9 月，思茅市澜沧县东朗乡扎根小学开始拉汉双语文教学实验，1992 年 9 月，迪庆州中甸县（香格里拉县）小中甸乡区洼丁小学开展藏汉双语文教学实验，1995 年 9 月，文山州文山县德厚乡以奈黑小学开展苗汉双语文教学实验。通过跟踪调查研究，这些实验点，在有关部门的积极配合支持下，特别是在承担实验任务的学校师生的积极努力下，实验取得了可喜的成果，并为当地各族干部群众所公认。从研究的角度总结出双语文教学的目的：1.党的民族政策和民族语文政策在民族教育中的具体体现；2.在不通汉语的少数民族地区用来辅助汉语文的教学，也就说给少数民族学生创造更好地学习汉语文的有利条件，加深对汉语文的理解，达到提高汉语文学习质量的目的；3.发展和提高民族语文本身，为繁荣和发展优秀传统文化服务；4.抢救和保护少数民族语言，不让丰富多彩的民族语言消失。在正确处理民汉两种语文的关系方面，总结归纳出了“先民后汉，民汉并重，以民带汉，民汉俱通”的十六字方针。目前，云南在9651所学校、12176班中开展着民汉单文双语教学，学生达487050人。

为进一步提高双语教学质量，云南省教育厅决定从2011年开始，在部分州市设立14个民族18个语种32个双语文教学试点，即昆明市官渡区大板桥镇云桥小学彝汉双语文教学试点、石林县圭山镇大糯黑小学彝汉双语文教学试点、禄劝县翠华镇汤朗箐小学苗汉双语文教学试点、红河州绿春县纳卡彝汉双语文教学试点、绿春县大兴镇坡头小学哈汉双语文教学试点、元阳县牛角寨乡新安小学哈汉双语文教学试点、屏边县玉屏镇姑租碑郑格如小学苗汉双语文教学试点、金平县金河镇平安寨小学瑶汉双语文教学试点、大理州剑川县西中小学白汉双语文教学试点、德宏州芒市风平镇那目侨小学傣汉双语文教学试点、芒市西山乡营盘小学双语教学试点、盈江县平原镇大芒丙小学傣汉双语文教学试点、盈江县支那乡崩董小学载汉双语文教学试点、陇川县陇巴镇龙安小学景汉双语文教学试点、普洱市澜沧县东回乡帮利小学拉汉双语文教学试点、孟连县勐写镇帕亮小学拉汉双语文教学试点、文山州砚山县八嘎乡三星小学壮汉双语文教学试点、师宗县龙庆乡黑尔小学壮汉双语文教学试点、马关县金厂民族小学苗汉双语文教学试点、富宁县洞波瑶族乡果布小学瑶汉双语文教学试点、楚雄州禄丰仁兴镇大箐小学苗汉双语文教学试点、临沧市沧源县民族小学佤汉双语文教学试点、迪庆州香格里拉县民族小学藏汉双语文教学试点、德钦县普利藏文学校藏汉双语文教学试点、丽江市玉龙县白沙完小纳汉双语文教学试点、丽江市古城区束河完小纳汉双语文教试点、怒江州福贡县上帕中心校腊务完小傈汉双语文教学试点、泸水县大兴地乡卯照完小傈汉双语文教学试点、贡山县独龙江乡孔目小学独龙汉双语文教学试点。

除双语文教学试点外，目前云南有彝、白、哈尼、壮、傣、苗、傈僳、拉祜、佤、纳西、瑶、景颇、藏、独龙 14 个民族的 22 种民族文字在 800 所学校、1460 个班中开展着民汉双语双文教学，学生达 58423 人。

（三）双语教师队伍建设

要搞好双语教学，教师起着决定性的作用。在长期调查研究中发现，民汉双语文教学，对教师有着许多特殊的要求。那就是双语文教师既懂民族语文，又懂汉语文，二者缺一不可。从 20 世纪 80 年代开始，从事双语文教学的教师，一般都是民族教师，他们有一定的民语文知识，但汉语文的水平相对较低；汉族教师汉语文水平高，但又不懂民族语言文字。另外，还有一大部分民族教师没有接受过师范教育和民族语言文字的系统教育，知识面窄，教法不当，如果不经过专门的培训，达不到具有两种语文的教学能力，很难搞好民汉双语文教学。因此，必须通过各种渠道，采取有效措施，加强民汉双语文教师的培训，以适应民汉双语文教学需要。从 20 世纪 80 年代开始，有关部门采取上下结合、自办和合办等形式，先后开办了各文种的师资、干部、编译培训班 520 多期，参训 15600 人。近几年，云南省教育厅十分重视民汉双语文教师培训工作。从 2001 年开始举办双语文教师培训班，至今已有 3112 人参加了培训。目前，全省有双语教师 12936 人，占小学专任教师总数的 5.9%。

（四）民文教材编译、出版

教材问题是双语文教学中必须处理好的问题之一。历史上民族文字教材没有统一的编写原则和要求，教材五花八门。有的自编教材只有薄薄的二三十页，知识容量太少，一篇课文只有几个字母，几个单词或者几个短句，没有突出拼音文字的特点；有的全部直译汉语课文 1—10 册，没有自己的特色；有的虽自编一套，但又没有处理好与汉语文的衔接和配合；有的教材忽视了听、说、读、写、译的训练等。1997 年以来，从中央到地方的教育部门都很重视民族文字教材编译工作，特别是最近几年，云南省教育厅在教育部的支持下，对全省少数民族文字教材进行了全面的审查和清理，在审查、清理的基础上，云南省教育厅、云南省民语委 18 次组织召开了少数民族文字教材审定会，先后审定了彝文、德傣文、西傣文、景颇文、景颇族载瓦文、川黔滇苗文、滇东北苗文、哈尼文、傈僳文、佤文、拉祜文、纳西文、白文、独龙文 14 个民族 18 个文种不同年级的民族文字教材 300 余种，由云南民族出版社印制出版后，免费发行到各民族地区双语教学校点供学生使用 150 本 33 万册。同时先后组织编译了彝文、德傣文、西傣文、景颇文、景颇族载瓦文、川黔滇苗文、滇东北苗文、哈尼文、傈僳文、佤文、拉祜文、纳西文、白文、独龙文、壮文、门方言瑶文、勉方言瑶文、藏 14 个民族 18 个文种的学前教材上下册共 36 本，不仅解决了民族文字教材五花八门的问题，而且有效抵制了境外各种不良教材的渗透和侵蚀。

（五）民文教材教法编译

长期以来，民文教材教法方面存在着不少问题，主要表现为：在教学指导思想方面，不能正确理解和处理民族语文教学与汉语文教学、母语教育与本民族儿童发展思维、开发智力的辨证关系，认识不到语言障碍对学习汉语文的影响，片面地强调汉语文教学，忽视母语教育，从而限制了民族学生适时发展思维与开发智力。在教学内容方面，不能正确处理民族语文与汉语文的相互关系，以及语言与文字、知识传授和能力培养之间的关系，往往出现重文轻语的现象，致使学生的语言和文字表达能力受到限制。最关键是在教学方面长期存在不能正确处理民语文教学与汉语文教学之间衔接的问题，忽视两种语文的对比教学，往往采用单语文封闭式的注入式教学法，让学生死记硬背，脱离实际，严重挫伤了教和学两方面的积极性，影响民族学生的全面发展。面对上述问题，有关人员认真对双语文教学进行系统研究，总结并归纳出以下几点：1. 双语文教学比单语文教学好；2. 学前班或小学一年级先学民语文比后学汉语文好；3. 初、中年级双语文同步教学与双语文分课教学好；4. 中、高年级重点学汉语文又兼学民语文比只学汉语文、不学民语文好；5. 双语双文连续教学比双语双文间断教学好；6. 双语普通话教学比当地双语方言教学好。

（六）民汉双语双文教学形式

如前所述，云南各民族由于历史文化背景不同，语言文化各异，教育发展不平衡，以及地理位置、居住条件、风俗习惯、宗教信仰、民族传统价值观念等的差异，在双语文教学上表现出不同目的、层次、规格的教学形式。归纳起来有三种类型 8 种形式。

第一类型，双语单文型。是一种传统的双语教学模式，用汉语文教材，教师在教学中用当地民族语言解释汉语词义，用民族语讲解汉语文课文内容。

第二类型，以汉语文为主导，民语文为辅助。这种类型在云南双语教学中占绝对优势，具体有 8 种形式：1. 学前班主要教授民族语文，并辅以一些汉语日常用语，一年级后，进行汉语文为主、民族语文为辅的教学，如德宏、怒江、红河、迪庆、大理等州部分小学采用此种形式。2. 小学一年级以民族语文为主，并开设一门汉语会话课，进入二年以后，民族语文课时和教材分量逐年减少，汉语文课时和教材分量逐年增加，如德宏、西双版纳、红河、怒江等州部分民族小学采用。3. 小学一、二年级完全用民语文教材（语文、数学）进行教学。三、四年级进行民汉双语文教学，民语文教材分量和课时量减少，汉语文类教材分量和课时量增加。五、六年级完全用汉语文类教材教学，如临沧市沧源县部分佤族小学和西双版纳勐海县部分傣族小学属于此种类型。4. 小学一、二、三年级进行民汉双语文教学，民文教材分量和课时量由少到多。四、五、六年级完全用汉语文类教材，民语文仅做辅助教学，如大理州剑川县西中白汉实验小学属于这种形式。5. 小学一至六年级用汉语文各门教材教学。临近毕业时，为让民族学生在统考中拿到民语文考试分，突击进行民语文教学，如德宏州陇川县和怒江州贡山县部分民族小学采用此种形式。6. 民族杂居区的小学一至六年级用汉语文类各门教材教学。每星期抽四节课，把各年级的同一民族学生集中起来进行民语文教学，如德宏州一些乡镇民族杂居区的小学采用这种形式。7. 小学一至六年级用汉语文类各门教材教学，民语文作为一门必修课进行教授，每周两个课时，如德宏州碗町经济开发区民族小学采用此种形式。8. 小学一年级集中开学后的前几周进行民语文教学，等学生掌握字母和拼读方法后，就马上转为汉语文类教材教学，只用民语文注音释义，如红河州红河县采用此种形式。

第三类型，以民语文为主导，汉语文为辅助。这种类型双语文教学，其小学阶段的教学用语和教材（语文、数学、常识）以民语文为主导，汉语文只作为一门必修课开设。一般实行四年制，如西双版纳州勐海县距离城镇较远的傣族聚居区的部分小学曾经采用这种形式。

（七）民汉双语双文教学实验效果

云南省民语委从 1982 年开始，与有关地、州、市、县教育局、民委、民语委配合，开办了 10 个民族 12 个文种 14 所民汉双语双文教学实验点，在各地开展民汉双语文教学，紧紧抓住了不通汉语民族地区的小学教育质量这一核心、关键问题和主攻方向，下决心、花大力气，勇于探索实践，因而在教学改革中不断向纵深发展，取得了可喜的成果。主要表现为：1. 入学率、巩固率、普及率、合格率、升学率五率大幅度提高。2. 开展民汉双语文教学极大地激发了民族学生的学习热情和自信心。3. 开展民汉双语文教学较快地开发了少数民族学生的智力。4. 有效地促进了汉语文基础知识的学习，提高了教学质量。5. 开展民汉双语文教学不仅加快了少数民族地区普及义务教育的进程，而且对少数民族地区的经济振兴和文化繁荣都起到了重要作用。6. 加强了民族团结，巩固了边疆，在少数民族地区取得了很大的社会效益和政治效益。

三、双语双文教育中存在的问题

在教育行政主管部门的领导下，双语教学取得了一定的成绩，但存在不少问题，需要研究和解决。

（一）认识问题

目前，双语教学方面存在着偏重少数民族语言教学造成的汉语言障碍，并有碍于学好汉语普通话以及教学任务加重等认识问题，对双语教学工作的全面开展影响较大，致使双语教学工作不断萎缩。事实上搞好双语教学，促使民族教育更加适应经济与社会发展的需要，对民族教育、加快少数民族地区的发展、缩小地区和民族间发展水平的差距，实现各民族的共同繁荣，具有特殊意义。在云南这样多民族、多语种、多文字的边疆省份，开展民汉双语文教学，既是为了贯彻党的民族平等、语言文字平等的政策，也是为了提高各族群众的文化素质，使民族学生能更好地学好汉语文和其它学科。一些人往往把学习民文和汉文对立起来，这里应该指出，这是一种误解，要知道民族文字和汉文两者绝不是相互排斥、矛盾的东西。在提高民族文化事业中，双语文教学能够起到相辅相成的作用。多年来，许多地方的实践经验充分证明，使用民汉双语文教学在开发民族儿童智力、提高全民族的素质和科学水平方面比单语教学有效。

（二）领导层不重视民汉双语教学，其结果可想而知

领导是做好民汉双语教学工作的关键因素，无数事实证明了这一点。一些地方教育局和学校领导层对双语教学重视不够，一是对民汉双语教学工作抓而不实。抓而不实带来的是措施不到位，往往流于形式，不能从组织机构上、教师配备上、经费上给予保证。二是缺乏计划性。一个国家的发展需要制定发展计划，一个地区的发展也需要制定发展计划，一个家庭的发展也离不开发展计划，而且发展计划性还要可行。三是民汉双语教师培训落实不到位，参加培训人员少，对培训没有引起高度重视。四是课程没有开足，完成不了教学计划。

（三）双语教师问题

提高教学质量，教师起着决定性作用，但从云南的情况来看，存在着不少问题。首先，教师队伍发展不平衡。相对而言，优秀教师大多集中在城镇，广大农村师资力量普遍薄弱，勉强能胜任教学工作的占 40%，经过培训才能胜任的占 60%，无法胜任教学工作的还有 20%。其次，是缺乏精通民汉双语的教师。目前，普遍存在的问题是汉语文水平高的不通民族语文，精通民族语文的汉语文水平又不高。再次，民族地区从事双语教学的教师，汉语普通话水平普遍偏低。最后双语教师队伍不稳定。双语教学搞得好的教师要么被提拔，要么被调开，从事其他工作。

（四）缺乏对民汉双语教学的理论和实践指导

双语教学，特别是民汉双语文教学，多年来只有一些实践经验的积累，还没有很深的系统研究，理论方面的知识是欠缺的。由于缺少理论指导，再加上教学主要依靠民办或兼职教师，人数少、待遇差、教师队伍不稳定且教师素质差等，都严重影响了民汉双语文教学实验工作的质量，在一定程度上阻碍了民语文在普通教育领域的应用。

（五）民汉双语教学还没有形成体系

首先，缺乏有组织、有计划地实施，各地区所进行的民汉双语教学情况也不平衡。其次，经费不足。许多地方有经费就搞，没有经费就不搞，随意性很大。再次，从体制上来讲，目前，对教师和学生都没有激励机制，缺乏相应政策，双语教师的待遇低，许多具体问题如评定职称等无法解决，民族学生的民族语文考分没有计入总分，增加了教师和学生精力、经济负担，师生缺乏教学积极性。

（六）民汉双语教学管理不完善

民族地区的学校双语教学管理制度不完善，学校领导不是依照民族教育政策的内在规律进行科学的管理，而是单纯靠个人意志和经验进行管理。学校缺乏对双语教师教学环节的监督机制和激励机制，对双语教师的教案、备课情况没有审查监督制度。一直以来，民族地区教育部门对民汉双语教学缺乏一套科学的课程管理机制，民汉双语教学模式和管理呈现无序状态，教学质量难以保证。民族地区学校开设双语课程的积极性不高，而且双语教学质量管理体系尚不完善。

（七）民汉双语教材不适用

以云南为例，民汉双语教学（课标）大纲没有制定，各地教材编写情况相差较大，且不完全适用于少数民族地区民汉双语教学。民汉双语教材中很多内容都与现实脱节且普适性不高，与新课改教材的差距更大，缺乏针对性，内容较多，篇幅较厚，同时缺乏相应的课外辅助读物。实践证明，一本适合少数民族地区民汉语教学、具备完善辅导内容、配备相应实验教材且用地道当地少数民族语编写的民汉双语教材是十分重要和必要的，可以说该教材将对民汉双语教学的发展起到举足轻重的作用。

（八）民汉双语教学体制机制不完善

民族地区双语教学管理运行体制机制不完整，缺乏专门的双语教学评价制度，管理学校的部门对双语教学质量监控不力，质量评估结果对双语教学工作的反馈调控作用比较弱。不少实行双语教学的学校重结果激励，轻前期指导的情况比较突出，没有很好地结合评估结果对双语教师进行个性化的指导和帮助，导致评估和指导“两张皮”，不利于双语教学质量的提高。

（九）现代化教学设备利用率不高

在上级教育部门的关心、支持下，许多民族地区学校都配备了一些多媒体电教设备，但这也仅限于教师上公开课、观摩课等。平时利用率不高，大部分教师基本上不能利用，不能给学生直接的体验。

四、民汉双语教学的展望

（一）提高认识，加强领导

多年来，由于认识不到位，以及双语教学调研工作跟不上、合格双语教师缺少、教学设施不完善等原因，双语教学一直存在着诸多的问题，主要表现在：一是双语教学师资力量比较薄弱，部分教师学历、知识结构与学生知识需求之间存在差距。二是教学方法、教学手段比较传统，不适应现代教育发展的需要。三是奖励竞争机制不够健全完善，教师教学积极性、工作责任感与主动性还不是很高等。其实双语教学既体现党的民族政策，又是当前不通汉语的少数民族地区推进“两基”工程的重要保障，同时也是提高少数民族地区教学质量的重要手段，应该引起教育部门、民族主管部门的高度重视，并进一步加强领导和指导，使双语教学工作健康发展。与此同时，各级党委政府，特别是教育行政部门和民族主管部门，要站在各民族共同提高、共同繁荣、实现各民族真正平等的战略高度，转变观念，统一思想，走出对双语教学认识的误区，充分认清双语教学是提高教学质量的一项战略措施。要大力宣传双语教学的重要性、迫切性，激发广大教师开展双语教学的积极性和自觉性，切实加强领导，采取多种有效措施，少数民族地区学校要把双语教学摆在学校工作的重要位置，努力为少数民族地区开展双语教学工作创造良好条件，以提高教学质量为中心，把双语教学工作抓紧、抓实。

（二）大力培养和培训民汉双语教师

提高双语教学水平和质量的关键在于任课教师，而双语教师教育观念的转变，教育理念的提升，综合素质的提高，决定着学生由“机械学习”向“兴趣学习”转变的进程，决定着学生学习效果的好坏。毫无疑问，要培养合格的人才，首先教师必须合格。要实现学生民汉兼通，教师必须民汉兼通。从战略意义上讲，随着西部大开发步伐的加快，民族教育发展迫在眉睫，双语教学水平的高低，发展速度的快慢直接关系到少数民族后继人才培养，关系到少数民族经济的可持续发展。各级教育主管部门应加强教学调研，掌握双语教学情况，分析问题，结合实际逐步摸索适应新时期双语教学发展的新路子。目前，全国各地双语教师的数量，特别是素质，与承担双语教学的艰巨任务，尤其是完成新课程改革后的教学任务，还很不适应。加强对双语教师的民语和汉语的培训是亟待解决的问题。

（三）以双语教学课程改革为重点，突破困局

双语教学是提高少数民族教学质量的关键和突破口，是少数民族教育的重要组成部分，把双语教学摆在少数民族教育的突出位置，抓好抓实。

全面贯彻党的教育方针，全面发展民族教育的重要基础。首先从双语教学一线入手，切实实施双语教学内容、双语教学方法的改革，以提高课堂教学实效性。各地可以采用专题教学、观摩课的形式，把解决学生学习双语文中存在的实际问题作为双语教学改革的主要目标，充分发挥教师的主导性。经常性地组织双语教师学习现代教学理论和现代学习理论，教师不仅研究新的教学方法、教学艺术，而且还认真研究教学对象，研究少数民族学生的心理特征和兴趣，设计好教和学的过程，打破“课本搬家”的教学方式，对症下药。

（四）做好教材的出版、发行、使用管理工作

教育主管部门依据党和国家有关政策法规，并根据课程改革要求，以新教材为蓝本，编译部门和编译人员根据统编教材变化，多编译符合云南民族地区实际的民汉对译教材，编译重点放在小学低段和学前班读物上，把握好教材的思想性、知识性、实用性和科学性。健全双语教材的编译审定和使用管理制度，并保持常态化。坚持进入学校的民文教材和读物必须遵守国家教育方针，必须经过各地中小学教材审定委员会审定认可，必须通过正规出版社正式出版。对审定通过的教材，包括新课改教材，尽快安排出版，让各地各学校替换旧教材，争取民文教材的使用与新课改同步。要求各有关州县教育行政主管部门要积极做好新教材的发行推介工作和民语文教材使用的管理工作。坚决杜绝不规范民族文字教材和非法出版物的产生，有效抵制境外不良民族文字教材、读物的渗入。

（五）加强双语教学研究，注重实效

有必要积极开展双语教学经验总结和理论研究。在有条件的民族地区提倡对“三语”教学（即民语、汉语、外语）的探讨、实验。各地教育主管部门和民族工作部门密切配合，并组织人员，开展双语教学的课题研究，探索不通汉语的少数民族聚居区的少年儿童尽快学好汉语的有效途径和方法，同时组织进行双语教学的工作总结和经验交流与理论研讨，使双语教学不断规范化、科学化，不断提高双语教学水平和教学质量。

（六）科学处理好民汉双语文教学的衔接问题

民汉双语文教学的衔接问题是个亟待解决的问题，它关系到民汉双语教学的实际效果，关系到少数民族学生学习语文的兴趣和能力的发展，关系到学前教育和九年一贯制教学模式的实质内容。要么统一在学前班有计

划、有目的地教授民语文课，要么硬性规定在小学阶段从一年级到六年级按照一定的比例，分段实施双语双文教学。在衔接教学中要研究大纲、课程标准、教材和学生，充分考虑到教材内容、教学目标和教学方法的变化。

（七）国家应尽快制定出台民汉双语教学大纲（课标）

多年来，民汉双语教学实践证明，如果没有一个统一完善的教学形式和教学计划做保障，其教学目的、效果是不能实现的。因此，国家及省自治区出台一个对民汉双语双文教学有一定指导意义的双语教学大纲势在必行。

（八）国家应增加投入双语教学经费

各级人民政府也要把双语教学纳入当地教育事业规划，所需经费，可多渠道筹集，争取各方面的支持，加大对双语教学工作经费的投入，也希望教育行政主管部门和民族工作部门加大对西部少数民族地区双语教学的经费投入力度。

（九）加强双语教学的鼓励政策

为了促进民汉双语教学的顺利开展，提高民汉双语教师从事民汉双语教学的积极性，相关鼓励政策当然是必不可少的。如赴内地高等院校进修、双语培训、课程评奖、评优、晋级、评职称、评定岗位津贴、绩效工资和年终奖、赴内地旅游等，优先考虑从事双语教学的教师。

（十）狠抓校内培训，不断增加公开课

一方面组织教师学习业务知识，特别是现代化教学设备知识，让教师不断充电、加压，利用一切可利用的机会，给教师提供自学条件，苦练内功，不断提高教师的业务素质。学期末学校对教师的业务学习状况进行检查与考评。一方面让外出学习的教师回来作学习汇报、上示范课；另一方面要透过远程教育对教师进行培训，减少培训的经费。

五、小结

民汉双语教学是中华人民共和国成立以后，逐步流行起来的一种语言文字教学形式。少数民族地区教育取得的巨大成就，诚然得益于民族地区较好地执行了党的民族教育政策，各级党委政府着眼于全面提高少数民族教育质量，大力培养“民汉兼通”双语人才，加快提高劳动者素质，确保建设社会主义新农村的重大举措，在少数民族地区因地制宜地不断开展和发展民汉双语教学，推动民汉双语教学健康有序发展，无论从实践方面还是学术方面都进行了大量的研究与考察，并取得了明显效果。按照党和国家全面推行素质教育的要求，总结中华人民共和国成立以来，遵循双语教学的规律，少数民族地区民汉双语教学实践。改革开放以来各地开展民汉双语教学的实践经验告诉我们，民族语引导教学可以为不通汉语的学生提供直接的、易于接受的学习语言信息，有助于不通汉语少数民族学生准确理解汉语的意思；民族语引导教学有助于发展不通汉语的少数民族学生最基本的认读能力；民族语引导教学能够为不通汉语的少数民族学生学习学科知识提供安全感，这是因为任课教师能顺畅运用不通汉语的少数民族学生第一语言组织教学，减少了学生因为害怕听不懂汉语授课而产生的种种顾虑，从心理上保证少数民族学生对学习有安全感。随着民汉双语教学质量保障体系的逐步完善，双语教师素质和教学水平的提高，民汉双语教学质量将全面不断提高；随着双语教学的发展，大批少数民族人才茁壮成长。双语教学必将取代传统的民族教育模式成为民族教育的主要形式，实现民族教育的跨越式发展，逐步缩小并最后消除民汉教育的差别。

壮汉双语教育风雨四十载

覃其文　零兴宁

广西是我国少数民族人口最多的省区，根据 2015 年全国 1%人口抽样调查数据，2015 年末全自治区常住人口 4796 万人，其中，少数民族人口 1781.23 万人，占 37.14%。有壮、汉、瑶、苗、侗、仫佬、毛南、回、京、水、彝、仡佬 12 个世居民族，除了回族使用汉语外，其他民族共使用 13 种语言，分别是壮语、汉语、勉语、布努语、拉珈语、苗语、侗语、仫佬语、毛南语、京语、水语、彝语、仡佬语，此外还有汉语的粤、客家、湘、闽、平话、西南官话等方言以及系属待定的多种土话，语言情况复杂，语言资源丰富。广西是壮族自治区，壮族人口 1508.82 万人，占 31.46%，广西的少数民族双语教育主要是壮汉双语教育。

一、改革开放以来壮汉双语教育的发展历程

中华人民共和国成立后，党和国家非常重视少数民族事业发展，政务院文化教育委员会成立民族语言文字研究指导委员会，帮助尚无文字的民族创立文字，创制新文字的工作首先在少数民族人口最多的壮族中进行。1957 年 11 月 29 日，国务院第 63 次全体会议讨论通过了《壮文方案》（草案）。从此，壮族人民有了自己统一的、合法的文字，壮汉双语教学开始了新纪元。“文化大革命”期间，壮文试教试验工作停滞。

（一）试点恢复时期

1980 年 6 月，自治区党委决定在广西壮族地区恢复推行使用壮文，提出“积极稳步，有计划、有步骤地在壮族地区的农村、学校、机关推行使用壮文”的方针和“搞好重点，逐步铺开”的原则。1981 年秋季开始恢复壮文进校工作，武鸣、德保两县率先在 8 所小学举办壮文教学试点班。1983 年 7 月自治区人民政府批转马山、上林等 22 个县部分小学使用壮文教

覃其文：壮族，广西壮族自治区教育厅干部。

学试点。1984 年以后，又有邕宁、横县等 23 个县开办壮文进校。到 1990 年，广西壮文进校试验工作发展到 45 个县（市），共有小学 306 所，1071 个班，学生 30879 人；初中 26 所，72 个班，学生 3749 人。

在这一时期，壮汉双语教育工作由自治区少数民族语言文字工作委员会主管。这一时期的壮汉双语教学模式属一类模式，具体是：小学阶段以壮文教学为主，从三年级起开设汉语文课；初中阶段的全部课程（英语除外）用壮文授课，并增设一门汉语文课。这一时期的教学模式脱离了壮族地区的社会实际，加上条件不足、管理不顺、急于求成等原因，导致了部分壮文小学教学质量偏低，一些壮文实验校点停办。

这一时期学校开设的课程，小学有《壮语文》《汉语文》《数学》《美术》《音乐》《政治》《劳动》等，初中有《壮语文》《汉语文》《数学》《历史》《地理》《政治》《物理》《化学》等。《壮语文》课程教材小学阶段共有 8 种：《小学速成识字课本》三册；《拼音》全册；《课外阅读》八册；《课外练习》8 册；《作文》八册；《学话》四册；《写字》四册；《汉语文》八册。这 8 种教材的大体安排是：《小学速成识字课本》供小学一年级和二年级上学期使用；《拼音》全册供小学二年级下学期使用；《课外阅读》《课外练习》《作文》供小学一至四年级使用，每学期使用一册；《学话》《写字》均在小学三、四年级使用，每学期使用一册；《汉语文》供小学三至六年级使用，每学期使用一册。除《汉语文》外，《数学》《美术》《音乐》《政治》《劳动》《历史》《地理》《政治》《物理》《化学》这些课程教材使用汉语统编教材翻译成壮文。

（二）实验调整时期

1990 年上半年，自治区人民政府决定对广西壮文进校实验工作进行调整，将自治区少数民族语言文字工作委员会管理的壮文进校工作划归自治区教育行政部门管理，并确定了壮文进校工作“以小学为重点，初中只开设壮语文必修课，高中暂不推行”的原则。1992 年，壮文进校实验工作由原来的 45 个县调整为 22 个县，即贵县、武鸣、邕宁、宾阳、横县、上林、马山、隆安、扶绥、来宾、武宣、田阳、田林、平果、德保、乐业、宜山、天峨、环江、巴马、上思、钦州等，加上主动要求保留的东兰县，实际是 23 个县。2009 年，广西有壮文小学 69 所，壮文初中 23 所。

自治区教育委员会接管壮文进校工作后，根据当时广西的财力、物力、人力情况，对壮文中小学校点进行了调整。广大壮文教育工作者不断总结经验，加强教学研究，终于探索出了一条利用壮文优势，促进小学壮汉双语教学的好经验。这条经验归纳起来就是“以壮为主、壮汉结合、以壮促汉、壮汉兼通”的十六字经验。这十六字经验在1990年2月召开的广西壮族自治区壮文指导委员会第二次会议上被认为是小学壮汉双语教学的好经验，自治区人民政府随后在桂政发［1990］24号文中将十六字经验确定为广西壮文进小学试验的十六字教学方针。在自治区人民政府确定的壮文进小学试验十六字教学方针的指导下，从事小学壮汉双语教学教研的广大教育工作者，总结出了一个符合广西壮族地区实际的小学壮汉双语教学模式，即壮汉双语同步教学法。

所谓“壮汉双语同步教学法”，就是从一年级开始就同时使用壮、汉两种语言文字，按照一定的结合方式进行双语教学。壮汉双语同步教学的基本步骤是：学生在学前阶段集中学习壮文，要求能够掌握壮文的声母、韵母、声调和拼音方法，并具备对壮文音节的直呼能力。在这个前提下，从一年级开始进行壮汉双语同步教学。在语文教学方面，同一篇课文由同一位教师用壮、汉两种语言文字来进行教学，先由壮语文课来完成词义、段意、中心思想、文章结构、写作知识、壮语语法基本知识等几个环节的教学任务，再由汉语文课来完成汉语的字、词、句式和朗读教学等，壮、汉文课的两个教学时段互相结合、互相协调，共同完成语文课程标准所要求的教学任务，最终达到壮汉兼通的目标。在数学教学方面，由于中低年级学生掌握的汉语词汇量少，汉语文理解能力弱，不能正确理解汉文数学教材中的数学概念、运算法则和应用题题意，因此，一、二、三年级主要使用壮文数学课本，辅助使用汉文数学课本，用壮语授课；高年级学生随着汉语词汇量的增多，已有一定的汉语文理解能力，则以汉文课本及汉语为主、壮文课本及壮语为辅进行教学。根据壮汉双语同步教学的要求，壮汉双语小学双语课程开设《语文》《数学》（《数学》开到三年级止）。教学所使用的教材主要包括全国或全区统编的汉文教材、由汉文教材翻译的壮文教材、自行编写的壮文教材三大类。

（三）转型试验时期

2010年9月，为了贯彻落实《国家中长期教育改革和发展规划纲要（2010—2020年）》，自治区人民政府印发《广西教育发展重点工程和体制改革试点总体方案》，实施十个重点工程和十个体制改革试点，简称“双十工程”，其中“民族教育特色建设工程”是十个重点工程之一，将“加强壮汉双语教育”作为广西48个教育重点建设项目之一，其主要内容是“支持壮族地区学校学前双语教育试点工作；科学合理调整壮文学校布局，扩大壮汉双语教学规模；培养培训壮汉双语教师；开展壮汉双语教学研究，提高壮汉双语教学质量；重点推进壮文教材开发建设”。从此，壮汉双语教育得到了进一步的重视和加强，进入一个新的发展阶段。

为探索提高壮汉双语教育发展水平的新模式，在总结壮汉双语教育实践经验的基础上，2012年秋季学期起在壮族地区部分农村学校的预备班和义务教育阶段实施壮汉双语教育二类模式试验。具体的地区为：防城港市上思县江平镇、钦州市钦北区那蒙镇、百色市田东县平马镇、德保县那甲乡、靖西县化峒镇、那坡县百都乡、来宾市兴宾区五山乡、忻城县古蓬镇、象州县大乐镇、崇左市江州区板利乡、扶绥县中东镇、大新县全茗镇、天等县东平乡、龙州县武德乡。2013年秋季学期起，河池市大化瑶族自治县六也乡、都安瑶族自治县地苏镇实施壮汉双语教学二类模式试验。这些地区的学校分别从预备班起逐年级开展壮汉双语教学二类模式试验。

壮汉双语教学二类模式课程设置要求壮语文课程为必修课程，纳入地方课程管理。汉语文教材则是选用根据《义务教育语文课程标准》编写经全国中小学教材审查委员会审查通过的教材——《语文》，壮语文选用根据《壮语文课程标准（试行）》编写，经广西中小学少数民族语言文字教材审查委员会审查通过的教材——《壮语文》。课时安排是每周一、二年级四节，三、四年级三节，五、六年级两节。

截至2018年底，广西开展壮汉双语教育工作的已增加到37个县（市、区），壮汉双语学校285所，比2009年的92所增加193所，增长2倍多，其中小学244所，初中35所，高中6所，在校学生总数14万多人。

二、壮汉双语教育改革发展的主要措施及成效

广西自2010年以来加大壮汉双语教育改革发展力度，有效遏制了壮汉双语教育滑坡的趋势，壮汉双语教育进入新的发展时期，成绩可圈可点。

（一）更新观念，促进壮汉双语教育科学转型

在1991—2009年这一时期，虽然壮汉双语教育进行了试验调整，但总体上仍是以壮文进校为主要形式，以推行壮文为主要目的。这样的教育定位和工作机制，没能充分认识到民族地区基础教育阶段民族学生的文化背景和语言特点，忽视了教育的科学性和规律性，影响了壮汉双语教学试验的效果。在广泛深入调研、认真总结经验教训的基础上，2010年广西壮汉双语教育进入了试验转型新时期，主要体现在四个方面：一是从壮文进校向壮汉双语教育转型；二是从壮文教学向语言文化教育转型；三是从阶段性试验向教育体系构建转型；四是从单一教学模式向多种教学模式试验转型。这一转型，使广西壮汉双语教育呈现了积极稳步推进的态势。

（二）完善政策，保障壮汉双语教育工作顺利开展

2010年，自治区印发《广西壮族自治区中长期教育改革和发展规划纲要（2010—2020年）》和《广西教育发展重点工程和体制改革试点总体方案》，提出“民族教育特色建设工程”等十个重点建设工程，将“加强壮汉双语教育”作为全区48个教育重点建设项目之一予以实施。

2012年，自治区人民政府办公厅转发教育厅等部门《关于进一步加强壮汉双语教育工作的意见》。随后，教育厅印发《关于加强壮汉双语教学工作的通知》《壮汉双语教育二类模式实施办法》。2014年，自治区教育、财政、人社、编办等部门印发《关于实施小学壮汉双语教师定向培养计划的通知》等政策文件，壮汉双语教育政策措施得到进一步完善。

2016年4月，自治区人民政府印发《关于加快发展民族教育的实施意见》，提出“积极稳妥开展民族双语教育”。同时，经自治区人民政府同意，自治区教育厅等六部门联合印发《广西壮族自治区壮汉双语教育发展规划（2016—2020年）》，对未来五年壮汉双语学校的布局、双语教育改革发展、双语学校标准化和信息化建设、壮汉双语教育体系构建等进行全面部署。

一系列政策文件的出台，进一步完善了壮汉双语教育政策体系，为开展双语教育工作提供了有力的政策保障。

（三）创新模式，为壮汉双语教育工作注入新活力

广西在20世纪90年代初创建“壮汉双语同步教学模式”并在全区双语学校推广运用。随着改革开放深化和经济社会快速发展，人员流动加快，民族之间、地区之间交往交流交融广泛深入，广播电视、电影电信和

新媒体普及，国家通用语言文字普及程度越来越高，广西广大地区基本上通行国家通用语言，包括壮族农村地区持壮汉双语的人越来越多，民族地区各民族能说汉语的现象已相当普遍。壮族地区社会使用语言和教育改革发展形势发生巨大变化。因此，广西壮汉双语教育由“过渡型”向“保留型”转变，壮族双语教育主要是传承民族语言文化。壮汉双语教学模式也要随着语言使用环境变化而创新。2012 年秋季学期，广西开始实施“壮汉双语教育二类教学模式”试验，壮汉双语小学全部开设国家汉语课程，另开设一门壮语文必修课程。2013 年，广西民族高中招收两个壮汉双语班，探索创建高中壮语文选修课教学模式。

由于二类模式操作简便、效果显著，符合壮族农村地区实际，得到教育部门、学校的欢迎和支持，部分县和学校纷纷自愿要求参加壮汉双语教学实验，双语教育规模不断扩大。

（四）制定标准，加强壮语文课程教材建设

2012 年，自治区教育厅印发《壮语文课程标准（试行）》，明确壮语文课程的性质和教学要求及教学目标，科学地规范壮汉双语教学活动，结束了广西壮汉双语教育 30 多年来没有壮语文课程标准的历史，使双语教育工作提高到了一个新水平。2017 年又出台了《初中壮语文课程标准》《高中壮语文课程标准》。根据相关标准，组织专家共计编写、编译、审查各类壮汉双语教材、学生工具书、教师用书和课外读物 100 余种，每年发行近 40 万册，编写课外壮文读物近百种，每年发行约 3 万册，初步构建了壮汉双语教育课程教材体系。

（五）创新机制，加强壮汉双语师资保障工作

一是实施“小学壮汉双语教师定向培养计划”，联合自治区人社、财政、编办等部门，从 2014 年起，每年面向双语教育实验县的乡镇定向招收 100 名壮汉双语专业免费师范生，为双语小学定向培养双语教师，保障双语师资来源。二是实施壮汉双语学校教师全员培训计划，2011—2018 年共培训双语教师 9000 多人次。三是采取“培训+学历”培养模式，从双语学校教师中选派中青年教师参加壮文培训，每年培训计算学分，修满学分，发放本科学历文凭。四是实施“百名双语名师培养工程”“双语教师个性化培训项目”“双语学校校长模块化培训项目”等，不断提高双语教师专

业水平。

（六）创新形式，促进壮汉双语教研持续开展

建立双语教研常态化机制，每年召开双语教学研讨会，开展双语小学生壮语文水平测试，定期举办小学生讲标准壮语故事比赛、才艺表演赛、壮文作文比赛，以及双语教师说课比赛、论文比赛，基本形成“以赛促研、以研促教、赛研教相结合”的双语教研新常态。加强县级、校本教研工作，自治区财政每年安排双语教研专项经费，下达各县教育行政部门和双语学校，支持县级教育部门组织双语教研活动和校本教研，形成了自治区、县、学校教研新格局。每年设立一批双语教育科研项目，组织专家、教研员及一线教师开展研究，产出了一批研究成果。2014 年，广西“壮汉双语同步教学模式”荣获国家级教学成果奖二等奖。

（七）健全体制，加强壮汉双语教育工作指导

一是成立“广西民族教育发展中心”，落实事业编制 6 人，主要负责民族教育政策研究和壮汉双语教育相关工作。二是各市、县教育部门明确一名分管领导，指定一个工作部门负责双语教育工作，配备专职或兼职管理人员（教研员）。三是加强“壮汉双语教学示范基地”建设，确定 10 个县为示范基地，发挥引领、辐射和带动作用。四是依托高校成立壮汉双语教育教学专家指导委员会，发挥专家指导、课题带动、团队合作作用。五是定期检查指导双语教育教学工作，组织专项督导活动，保持双语教学实验工作的连续性。

三、壮汉双语教育存在的问题

壮汉双语教育发展过程并非一帆风顺，也存在一些不足，主要有：

（一）认识上存在阻力

社会对壮族语言文字发展和民族教育规律的认识有偏见或模糊，甚至错误认识，是影响壮汉双语教育发展的最大困难和阻力。一是不认同论，不认同现代壮文是壮族人的文字，反对推行壮文。二是无用论，认为学习壮文没有用处，唯有学好汉语和英语，才能上大学，找好工作。三是悲观论，对开展壮汉双语教育工作持怀疑、观望态度，对开展壮汉双语教育工作抱着消极的态度。

（二）缺乏科学理论支撑

拼音壮文是新创文字，目前在社会上的使用面还较窄；壮族聚居地区

的语言环境发生了深刻的变化，新生代壮族儿童会说母语的人数逐渐减少；民族地区基础教育教学改革不断深入；等等。这些都对开展壮汉双语教育提出了挑战。如何通过政策机制、教学模式创新应对这些挑战，需要科学理论指导。然而，研究壮汉双语教育的专家学者屈指可数。广西壮汉双语教育没有自己的本土理论，缺乏科学研究成果作为支撑，实践过程中遇到的问题得不到及时解决，难以科学保障壮汉双语教育的持续健康发展。

（三）政策约束力不足

虽然近年来广西陆续出台了一些政策性文件，对壮汉双语教育的发展规模、教学实施、教学管理、师资配备、教材建设等方面提出了工作要求，但在壮汉双语教育激励机制、学生升学就业机制、教学评价体系等方面还未完善。例如，对《广西壮族自治区人民政府办公厅转发自治区教育厅等部门关于进一步加强壮汉双语教育工作的意见》《广西壮族自治区壮汉双语教育发展规划（2016—2020年）》等政策文件，各市、县（市、区）贯彻落实仍然不到位，没有落实管理人员，未按要求规划建设双语学校，每个开设民族语文课程的教学班增加 0.3 名双语教师编制的规定很多地方没有执行。

（四）课程资源缺乏

一是壮文教学资源缺乏，除了预备班教材《快乐壮文》Flash 外，尚未开发其他音视频教材或课程资源，教学资源和双语教育信息化建设滞后。二是电子教材、教师培训教材、课外读物、练习册、教参、学生字典等辅助教材十分缺乏。三是编译人员缺乏，目前自治区教育部门只有 3 名工作人员负责全区的壮文版教材编译编写工作，任务重，压力大。

（五）师资队伍薄弱

壮汉双语教师数量不足，质量不高。2010 年以前，由于对壮汉双语师资培养工作重视不够，双语教师来源中断。加上 20 多年间，有很多壮文教师转岗、调离和退休，壮汉双语教师严重短缺。2014 年开始实施“小学壮汉双语教师定向培养计划”，但人才培养还需要一定的周期和时间。通过培训方式培养双语教师，有部分人只能勉强上壮语文课，不能完全胜任双语教学工作。目前，双语教师数量和质量都难以满足壮汉双语教育发展需要。

四、对策建议

随着经济社会的发展和教育改革的深入，壮汉双语教育也必须进行改革，要科学地认识壮汉双语教育工作，遵循教育规律，积极探索有助于促进壮族地区教育发展水平和教学质量的提高。为此我们建议：

（一）加强宣传教育，推进政策落地生根

充分发挥新闻舆论导向作用，定期组织专题宣传活动，利用各种活动，大力宣传党和国家的教育方针及民族语言文字政策，广泛宣传开展壮汉双语教育工作的重要意义、政策措施和实践成果，重视宣传报道在壮汉双语教学工作中涌现的先进经验和典型人物，努力营造全社会共同关心和支持壮汉双语教育的社会氛围和舆论环境，推动广西壮汉双语教育政策得到充分的贯彻落实。

（二）加强课程建设，完善壮语文教材体系

加强教材编译队伍建设，加大教材编译审查经费投入，同时指导地方完善教师培训教材、校本教材、乡土教材、音像电子教材、学生课外读物等壮汉双语辅助教材的编写、编译及审查工作，提高教材质量。

（三）加强培养培训，提高双语教师队伍素质

按照“定向培养、增量补充，在职培训、存量提升”的原则，进一步加强双语教师队伍建设。继续实施并完善定向培养壮汉双语教师计划。进一步创新在职培养双语教师模式，实施“培训+等级”“培训+学历”模式、双语教学个性化培训、双语小学校长模块化培训等培养双语教师。

（四）普及信息化，提高现代教育技术应用能力

加快双语学校信息化建设步伐，逐步实现信息技术与双语教学课程的整合，提高对优质教育资源的共享能力。采取多种形式努力培养培训信息技术教育教师，组织力量开发适应双语教学的课件，通过信息技术教育的普及，提高教育教学质量。

（五）加强科学研究，进一步健全双语教育评价体系

建立符合壮汉双语教育要求的督导制度和质量监测、评价体系，制定有关壮汉双语教育教学评价办法，实施壮汉双语教育质量监测和评估。组织专家定期到壮汉双语学校（幼儿园）进行双语教学检查指导。建立和完善政策措施，为接受双语教育的民族学生升学考试和就业创业等提供保障。

西藏双语教育教学的历史回顾与思考

张廷芳　次仁央宗　南小民

西藏自治区地处祖国西南边陲，北与新疆、青海相邻，东同四川、云南接壤，南与缅甸、印度、锡金、不丹、尼泊尔等国以及克什米尔地区毗邻。西藏自治区为青藏高原的主体部分，面积 122.8 万平方公里，占中国全部领土面积近六分之一。西藏自治区土地多在海拔 4000 米以上，近半土地海拔超过 5000 米。无论从地理还是政治上，都有极为重要而不可替代的重大战略意义。西藏是中国领土神圣不可分割的一部分。

时值举国庆祝中华人民共和国成立 70 周年、改革开放 40 周年之际，中国少数民族双语教育学会也迎来了 40 岁生日。西藏作为我国西南边陲的少数民族地区，它的发展关系着国家的发展，关系着中华民族伟大复兴的实现，西藏双语教育教学发展的状况也一直颇受国内外关注。以下我们从西藏民族简介、西藏民族教育的历史回顾、西藏双语教育的成就和思考等三个方面作一汇报。

一、西藏的民族简介

（一）民族结构

藏族是西藏的主体民族，是中国 56 个民族之一。此外，西藏还有汉族、回族、门巴族、珞巴族等民族居住。2012 年人口普查资料显示，西藏人口总量为 308 万，其中藏族和其他少数民族人口占 91.83%（其中藏族人口占 90.48%，其他少数民族人口占 1.35%）；汉族人口占 8.17%。

（二）民族语言文字情况

藏语属汉藏语系、藏缅语族、藏语支。当代藏语有卫藏方言、康巴方言及安多方言三大类方言，以拉萨话为当代藏语的标准语。藏族以藏语作

张廷芳：汉族，西藏大学原副校长、教授，中国少数民族双语教学研究学会顾问。
次仁央宗：藏族，西藏大学副教授。
南小民：汉族，西藏大学教授。

为第一语言。在西藏地区长期居住的回族，其生活习惯与藏族大致相似，他们中多数人可以使用藏汉双语，而藏语仍是其日常生活和工作中使用的主要语言。在西藏的门巴族、珞巴族人口较少，其社会文化与藏族社会文化基本一致，仅有一些细节差异。这部分群体即使有本民族的方言，也基本能与藏语通用，有时被视为藏语的方言。

西藏地区目前使用人口最多、通行范围最广的语言仍是当代藏语，政府机关、企事业单位及社会交际交流使用的语言是藏汉双语。

藏语对应的文字为藏文。藏文是表音文字，当代藏文用三十个辅音字母和四个元音符号进行拼写，在古藏文典籍或梵文藏译语境中亦有反写字母使用。根据目前语言学及历史学界较为普遍认同的主流观点，当代藏文系统最早出现于公元 7 世纪吐蕃王朝时期。据藏文史籍记载，当时吐蕃在外交文书中使用并翻译中原唐朝、天竺（今印度）、尼婆罗（今尼泊尔）等各地各国文字，却没有自己的文字。出于政治、教育、文化及外交等各方面需要，吐蕃王朝第 33 代赞普松赞干布派遣使者到印度学习语言学。使臣吞米 · 桑布扎自印度学习十三年后回到吐蕃，根据古印度的语言学理论，以印度文字为基础，对故地雅隆或者新址拉萨的中古藏语语音特点加以改造，建立了符合藏语的规范文字和语法体系并沿用至今。藏文字的创立使得藏族文化得以用文本记载、保存和传承，从而推动了西藏社会的文明进步。

（三）民族文化

作为西藏的主体民族，藏族人民创造了灿烂的民族文化，在文学、音乐、舞蹈、绘画、雕塑、建筑艺术、藏医药等方面，留下了极为丰富的文化遗产。藏族雕刻技艺高超，藏戏独具特色，藏医药学更是闻名中外。藏族的传统文化既是中华文化的一个有机组成部分，也有其独有的、鲜明的、自成系统的特点：

首先，藏族的传统文化是一种“合金”文化，即藏族文化是一种开放式、包容性极强的文化，它吸纳、包含、融入了包括汉民族在内的众多民族的优质文化要素，在其历史发展过程中，融草原文化、农耕文化等的特点，发展出了集多样文化于一体的西藏地域文化，其中包含了藏、汉以及印度、尼泊尔等多地、多国、多文化的特点，从而形成了今天在中华民族大家庭中独具特色的文化形态。

其次，藏族的传统文化还是一种绿色文化，体现为藏民族传统观念中的自然和谐理念。除了对资源的合理利用、对自然平衡的维护外，藏族文化独有的自然崇拜，在对自然赋予神圣性的同时，形成了人类敬畏自然的意识。这种敬畏自然、依赖自然、爱护自然的观念在客观上尤其有效保护了脆弱的高原生态环境，也构建了西藏传统文化中的自然观念。

再次，藏族传统文化具有丰富的宗教内涵。大部分藏族的信仰从原始宗教到本教再到藏传佛教，这样一个演变历程贯穿在西藏数千年的历史发展长河当中。西藏经历过相当长的政教合一统治时期，这为宗教思想内化到群众日常世俗生活当中提供了客观的发生条件。尽管随着中华人民共和国的成立与新西藏社会主义建设的发展，宗教本身已经逐渐与世俗生活分离，退出了绝对统治地位，但宗教内涵依旧大量存在于藏族文化体系中。

尽管西藏自治区的民族成分并不单一，但因为其民族交融、文化同构的共同历史渊源，西藏的传统文化，在表现形式上与藏民族传统文化基本一致。西藏传统文化所体现出的主要基本特性，也正是藏民族文化的主要特性。

二、西藏民族教育的历史概况

（一）西藏的传统教育

我们所说的传统教育指的是西藏和平解放以前的地方教育。西藏的传统教育模式主要包括寺庙教育、藏医药教育、官办教育和私塾教育等，而其主要的教育内容为藏文化之“十明”，包括“大五明”和“小五明”。在吐蕃时期及更早的时候，还有以“苯”“仲”及“德乌”为主要形式的特殊教育形式。

早在原始氏族公社时期，藏民族就有了传授生产和生活知识的教育活动，此后随着民间艺人的说唱及巫师的祭祀活动而逐渐发展。公元 7 世纪，藏民族创制了文字，佛教也传入藏区，在藏传佛教的发展过程中，神话传统与宗教理论的传播教育、巫术活动中的专职训练教育及伴随而来的自然常识教育和医学教育，成为吐蕃时期教育的主要内容。公元 8 世纪中叶，桑耶寺的建立、佛教徒的出现，促成了“学在寺院”的特殊现象的产生。

在长期的政教合一制度背景下，西藏教育的形式以寺院教育为主，内容局限于宗教框架内的佛教理论、藏医药、天文历算和语言文化教育。从 18 世纪起，西藏的教育从办学形式到办学规模都较以前有了更大的发展。除传统的寺院教育和医算教育外，官办教育和多种形式的私塾教育也发展起来。1751 年七世达赖喇嘛创办的孜康是俗官学校的典型代表，1754 年七世达赖喇嘛创办的孜拉布扎则是建立最早、影响最大的僧官学校。这些学校培养的僧俗官员，对提高地方政府的管理水平起到了重要作用。

特别值得一提的是，公元 7 世纪的吐蕃时期，松赞干布派人留学印度，出使大唐，迎娶文成公主，西藏就出现了印藏、汉藏等双语使用的情况，随着文化交流、佛教的传入和商业发展，双语现象特别是汉藏双语的使用也在逐步发展。

西藏和平解放以前，西藏的教育被三大领主所垄断，广大农（牧）奴没有受教育的权利，西藏人口文盲率高达 95%以上。即使在寺院，也仅对入寺僧人给予识字教育和传授经文；在官办僧俗学校中，学员均为僧人和贵族、俗官子弟，这些学校都是为培养统治阶级接班人而设立的。除此之外，西藏还有官办职业学校如拉萨藏医星算院（门孜康），以及几十所私塾、家塾等。

（二）清朝和民国政府在西藏兴办的教育

与西藏传统教育曾经并存的，还有清朝驻藏官员和民国政府一度在西藏兴办的现代学校教育，如 1904 年由驻藏大臣捐廉、官商捐资试办过新式学堂——蒙养院。1907 年驻藏大臣联豫奏请清政府批准在拉萨相国寺旧址设立初级小学堂两所，后来还在拉萨增设藏文传习所和汉文传习所各 1 所。1938 年民国政府教育部在拉萨设立了一所完全小学——“国立”拉萨小学，并将 1910 年清真寺建立的回民小学并入“国立”小学，该校设有藏文、国文、算术、历史、地理、公民、常识、音乐、阿拉伯文等课程，设有藏文班、回民班、国文班、幼儿班、上层子女特别班等。学校口头上允许庶民子弟入学，事实上入学者只限于城镇的极少数人。该校于 1949 年 7 月停办。办学九年，该校培养完全小学毕业生 4 期，共 200 人左右。

西藏和平解放以前，清朝驻藏大臣和民国政府在拉萨开办的启蒙学堂、国立小学等都开设了汉语文课。尽管这些学校入学者较少，藏族学生更是寥寥无几，且学校未能长期开办，但都具有相对成熟的办学模式，相对稳定的学制和课程计划，藏、回、汉族学生都接受藏汉双语教学，故这一时期西藏的双语教学在学校教育中只能说是初见端倪。

综上，尽管自吐蕃王朝时期起西藏就有了双语学习的模式，但仅限于极少数人，远未普及。清朝及民国以后，西藏有了实施双语教学的学校，在一定程度上推行了双语教育，但其作用远未达到学校教育的效果。总之，和平解放以前西藏的双语教学虽然存在，但与科学、规范的双语教育体系相差甚远。

（三）西藏和平解放初期的新型教育

西藏的双语教学是随着西藏现代民族教育的创建而产生，随着现代民族教育的发展而发展的。自西藏和平解放到西藏自治区成立（1951—1965年）这段时间，既是西藏现代民族教育的创建时期，也是西藏少数民族双语教学的初建阶段。

1951年，西藏和平解放，西藏处于一个特殊的过渡时期。此时西藏教育两种模式并存。一方面，保留了旧时西藏地方政府的官办学校、寺院教育和私塾；另一方面，是中国共产党在进入西藏后开办的新型学校。

由于当时党在西藏的中心工作是“团结上层，影响群众，建立广泛的反帝爱国统一战线”，学校成为党进行统战工作的重要阵地。因此，在创建新型学校的过程中，中共西藏工作委员会和西藏自治区筹备委员会制定了特殊政策并采取了一系列灵活措施。这些措施主要包括新建学校要与上层人士反复协商；学校由共产党干部、地方政府代表和上层知名人士组成的董事会管理，师资由双方协商后选定；各类学校均开设藏语文、算术、音乐、体育等课程并用藏语文进行教学；一定程度上保留了早上的念经活动；每年安排师生对宗教领袖进行朝拜等。

1951年3月，西藏第一所现代正规小学昌都小学成立。1952年8月拉萨小学建成招生。1956年9月，西藏历史上第一所中学——拉萨中学成立。1958年9月，在陕西咸阳创办了西藏公学和西藏团校。到1958年底，西藏有公办小学13所，在校学生2600余人；中学1所，小学附设的初中班2个，在校学生342人；西藏地方干部学校、西藏公学、西藏团校各1所，共有学员3000余人。

和平解放，使西藏社会跨越了几千年，从封建农奴制社会进入社会主义社会。随着封建农奴制度的废除，西藏人民获得了人身权利、政治权利和受教育的权利，这在旧中国任何一个时代都是不可能实现的。可以毫不夸张地说，和平解放以来西藏教育发生的变化、取得的巨大成就，不仅是对中华民族繁荣昌盛的重大贡献，也是对人类社会进步事业的重大贡献。

（四）民主改革以后的西藏双语教育

西藏的双语教育是西藏社会发展变迁过程对西藏教育形式和内容产生的客观需求，也是西藏自治区教育体系对当代生产力发展阶段的主动适应。

1959 年，西藏实行了民主改革，彻底废除了封建农奴制度，依附在旧制度上的官办学校、寺院教育、私塾教育相继瓦解或削弱，为西藏社会主义教育事业的发展创造了重要的社会历史条件。1959—1965 年，西藏现代民族教育得到了迅速发展。1960 年，在拉萨中学基础上建立了西藏历史上第一所完全中学。1961 年 9 月，创办了西藏第一所中等师范学校——拉萨师范学校。1965 年 9 月，西藏公学改建成西藏民族学院，西藏有了第一所高等学校。这一时期，群众还自发集资创办了一批民办小学。到 1965 年 9 月西藏自治区成立时，西藏共有民办小学 1485 所，公办小学 87 所，完全中学 1 所，初级中学 3 所，中专学校 1 所，高等学校 1 所，在校生达 7 万人。虽然还存在着很多问题，但西藏基本建成了比较完整的现代教育体系。

这一时期新建的公办小学、民办小学均用藏语授课，公办小学在民主改革后进行了汉语教学的试验。民办小学的汉语课则是“根据群众意愿和办学条件”开设。其他学校也基本上是以藏语文为主兼学汉语文，汉语文教学从最低起点起步，基本是识字教学和口语训练。民主改革以后中共西藏工委提出“公立中小学的汉族教师应在 1—2 年内能用藏文讲授本门学科，藏族教师也应努力学习汉语文”的要求，所以各级各类学校的教师、干部兴起了汉族学藏语、藏族学汉语的热潮。

（五）“文化大革命”时期西藏的双语教育

1966 年，“文化大革命”开始，西藏自治区各级各类学校被迫相继停课，教育机构瘫痪，刚刚兴起的西藏教育事业和双语教学遭到了严重破坏，民族教育被视为狭隘的民族主义表现而受到批判。西藏唯一的中等师范学校和唯一的高校西藏民族学院先后被撤销，多数学校的藏语文课教学被削弱或取消……这一切使刚刚发展起来的西藏教育事业遭到严重摧残。

1971年以后，尽管各级教育行政机构及中小学逐步有所恢复，但是师资、经费、教材等基本没有保障，许多学校根本不具备办学条件。“文化大革命”开始后，民族语文翻译出版及教材编译机构被撤销，人员解散，双语教学畸形发展。1972年西藏自治区文教局恢复，成立了中小学教材编译组，结合当时的政治形势和西藏实际编译了部分中小学教材，也远远供不上需求。这一时期，还出现了不顾西藏实际，盲目追求数量规模的倾向，提出在第四个五年计划期间实现“县县有中学，区区有完小，队队有民小，普及小学教育”的目标，1971年4月到1976年10月，西藏公办小学从85所增加到513所，民办小学从1845所增加到6131所，普通中学从6所增加到35所，中专从1所增加到28所。这样的规模完全超出了西藏经济发展的需要和支撑能力，西藏教育事业再度出现了盲目发展的“虚肿”现象。

这一时期中小学普遍开设了汉语文课，但学校的藏语文教学被严重削弱，片面强调汉语文教学，教材内容与大多数学生甚至教师的汉语基础严重脱节，教学内容、教学方法等缺乏科学性、系统性，加之师资严重不足，整体素质偏低，汉语教学的效果大打折扣。这一时期的西藏双语教学甚至整个教育走上了畸形发展的轨道，所面临的形势是十分严峻的。

三、改革开放以后的西藏双语教育

（一）西藏双语教育教学的发展与完善

1976年，随着“文化大革命”的结束，和全国一样，西藏的政治、经济、文化教育等各项事业进入了新的发展时期。特别是1978年党的十一届三中全会召开以后，党中央、国务院加大了对西藏工作的支持力度，为西藏各项事业尤其是教育事业的恢复发展提供了重要支撑。改革开放以后，党中央、国务院针对西藏实际适时召开西藏工作会议，不断调整、完善支持和援助西藏工作的政策和举措，使西藏各项工作得以健康、稳定、持续地发展。西藏双语教学模式经过调整，不断完善、成型。

1980年3月，中共中央、国务院召开第一次西藏工作座谈会，提出了关于发展西藏教育的指导意见：逐步发展小学教育，扫除藏文文盲，藏汉各族学生都要学习藏文；尽快把民办小学改制为公办学校，有计划地发展初高中学校；编印藏文课本，提高教学质量。西藏贯彻这个指导意见，对全区各级学校和教育机构进行调整，调整教学计划和专业设置，调整和整顿教师队伍。到 1983 年底，西藏的小学从 1979 年的 6266 所调整为 2542 所，普通中学由 1981 年的 79 所调整为 55 所，中等专业学校从 1981 年的 24 所调整为 13 所，技工学校由 1981 年的 8 所调整为 1 所，高等学校由 4 所调整为 3 所。学校数量的调整为教育的健康发展奠定了基础。这一时期，为进一步加强对西藏教育的扶持和援助，中央还做出了两项决定。一是自 1984 年起在内地 19 个兄弟省市举办内地西藏班（校），招收西藏的小学毕业生，以加速对西藏建设人才的培养；二是在西藏对部分重点中小学和边境沿线地区中小学实行“三包”即包吃、包穿、包住的改革试验，以推动西藏基础教育事业的发展。此后，中共中央、国务院于 1984 年、1994 年、2001 年、2010 年、2015 年又先后五次召开西藏工作座谈会，研究西藏工作情况，有针对性地提出对西藏工作的指导意见。1987 年国务院在北京召开第二次援藏工作会议，专门研究制定西藏教育事业的大政方针和智力援藏的实施办法。1993 年、2002 年国务院委托国家教委（教育部）两次召开全国教育援藏工作会议。每次会议都对西藏教育工作的方针、指导思想、改革发展目标和举措的确定起到了指导作用。中央政府和有关部门投巨资支持西藏教育事业发展，各省、市和西藏自治区人民政府签订对口支援协议书，采取有力措施，加大西藏人才培养力度。在党中央、国务院的亲切关怀、直接指导和大力扶持下，在全国人民和各行各业的无私援助下，西藏教育按照《中国教育改革和发展纲要》的要求制定了符合西藏实际的发展规划，步入了健康持续发展的轨道。特别是智力援藏、对口支援，使西藏各级各类学校的办学条件、办学水平都有了显著改善和提高，双语教学也随之不断完善。

1984 年以后国务院召开了四次教育援藏工作会议，西藏自治区党委、政府根据党中央、国务院的决策调整了教育格局，在教学语言体制上作出了两次重要的决定，西藏的双语教学进入了规范建设阶段。1984 年，中央召开的第二次西藏工作座谈会明确提出“学校教学要以藏语文为主，教学内容要适合西藏经济文化的发展水平”。1987 年召开的国务院第二次援藏工作会议，出台了主要文件《关于改革和发展西藏教育若干问题的意见》。同年 7 月，西藏自治区四届人大五次会议通过了《关于<西藏自治区学习、使用和发展藏语文的若干规定（试行）>的决定》。据此，西藏自治区人民政府于 1988 年 2 月成立了西藏自治区藏语文工作指导委员会，10 月颁布了《<西藏自治区学习、使用和发展藏语文的若干规定（试行）>的实施细则》。这三个文件明确提出在西藏“要逐步建立以藏语文授课为主的教学体系”，并规定西藏自治区各级各类学校“要重视藏语文的学习和使用，在学校教育中要积极创造条件首先学好藏语文，加强藏语文教学，在基础教育阶段应以藏语文教学为主，在学好藏语文的同时，注意打好汉语文的基础，逐步做到学生在高中毕业时能够藏汉兼通”。此后十年中，西藏各级教育行政部门、各级各类学校都全力以赴地为建立以藏语文授课为主的教学体系做了大量工作。实践证明，在当时的社会条件下，基础教育阶段的少数民族学生用藏语文授课，学生直接用母语思维，消除了语言障碍，减轻了学习负担，提高了学习效率，建立以藏语文授课为主的教学体系是可行的，但是也有很多问题值得探讨、修正。

西藏的双语教学经历了建立以藏语文为主的教学体系的十年试验，到 20 世纪末，随着国务院批转的《面向 21 世纪教育振兴行动计划》的贯彻实施，西藏自治区党委、政府对西藏双语教学的思路进行了调整，提出：藏语文、汉语文是西藏自治区中小学民族学生的必修科目和考试科目。藏语文、汉语文的教学目标是使学生藏语、汉语兼通，为自身今后的发展打下基础。汉语是我国各民族之间交流的共同通用语，是我国主要的信息载体语文。西藏自治区的教育要面向全国，加强汉语文教学，是民族团结的需要，是西藏自治区稳定发展的需要，也是藏族学生自身发展的需要。能否使藏族学生做到藏、汉兼通，关系到西藏自治区基础教育的成败。2011 年 3 月，中共西藏自治区委员会和西藏自治区人民政府在《关于贯彻落实<国家中长期教育改革和发展规划纲要（2010—2020）>实施意见》中提出了西藏教育改革发展的十项任务，其中第九项就是“积极推进双语教育”，在以往双语教育政策的基础上提出了更全面、更科学、更符合实际的政策。2011 年 11 月，西藏自治区人民政府颁布《西藏自治区“十二五”时期教育事业发展规划》，对西藏双语教育的性质和目标、藏语汉语的地位和作用、双语的学段衔接、教学模式、课程建设、师资建设、教材开发、双语教学督导和评价机制、双语信息化平台和远程教育建设都提出了明确要求。规划还把“学前双语幼儿园建设工程”作为其 14 项工程之 ，使西藏双语教学的学段延伸到了学前教育。在新的思路指导下，西藏教育整体上有了新的更大的发展，西藏的双语教学、教育也逐步完善成型，趋于制度化、规范化、体系化。

（二）西藏双语教育教学的成就

西藏的双语教育从最早局限在上层贵族小部分人群，经过缓慢、艰难而曲折的发展，到形成当前遍布西藏全区各级各类学校和内地西藏班（校）的比较科学、规范和趋于完善的教育模式，这是一个历史性的具有重大意义的成就。西藏双语教育的成就主要有以下几个方面。

其一，培养了大量的藏汉兼通的双语人才。其中不仅包括能熟练使用汉语文的藏族公职人员、教师、军人、学生、城镇从业者和群众，也包括相当一部分通晓藏语文的汉族教师、干部、各行业从业者以及相应领域的专家学者等。截至 2016 年，西藏全区已有各级各类学校 1855 所，教学点 322 个。其中普通高等学校 6 所；中等职业学校 9 所；中学 127 所（十二年一贯制学校 3 所、九年一贯制学校 3 所、高级中学 23 所、完全中学 4 所、初级中学 94 所）；小学 826 所；特殊学校 5 所；幼儿园 882 所。各级、各类在校学生人数为 607697，其中研究生 1476 人、普通本专科生 34203 人（专科生 11017 人）、中职生 15601 人、高中生 57961 人、初中生 117520 人、小学生 292290 人、特校生 695 人、幼儿园在园人数为 87951。西藏平均每年都有万余名高校毕业生走上就业岗位，他们都是藏汉兼通的双语人才。

其二，西藏的双语教育，也对中华民族多元一体格局的建立，起到了积极的推动作用。在双语教育教学活动中，汉族学生和少数民族学生之间形成源流共识、兄弟共识、国家共识，培养和增强了他们相互之间平等、团结、互助的意识，使他们认识到中华文明自始至终都是各民族相互作用的结果，认识到各民族的语言是文化的载体，各民族文化是多元一体的共生关系，祖国是各民族共同的母亲，从而为推动西藏的建设发展、民族文化的保护和促进民族团结共同努力。

其三，西藏的双语教育促进了各民族学生综合素质的提高。我们双语教育学会的创始人、我国著名的语言学家马学良先生在学会初建时就说过：双语教学是发展少数民族教育的有效途径，对少数民族学生实行双语教学是提高少数民族地区教育教学质量的重要举措。由于历史的原因，西藏教育相对落后于全国整体教育的水平，这必然影响学生综合素质的培养和提高。在西藏实施双语教育，学生习得的不仅是语言本身，还可以通过母语和第二语言所承载的教学内容、思想内容学习丰富的文化理念及其他内涵，通过比较改变思维模式，拓宽思路，从新的视角认识问题、思考问题，并在解决问题的过程中提高认知水平和多种能力，综合素质必然得到提高。

其四，西藏的双语教育促进了西藏经济社会的发展和人民生活水平的提高。教育水平低、人才匮乏一直是制约西藏经济社会发展的主要瓶颈。改革开放以后，中央和对口支援单位给西藏提供了人力、物力、财力的支援，还选派科技人员进藏传授科学技术，发展特色企业，同时接收西藏各行各业人员到中直单位、相关省市培训深造，正是双语教育为这些举措的实现提供了人员支撑。西藏的矿产、生物医药、冰山融水和农牧产品通过青藏铁路销往内地，带动百万农牧民脱贫致富。以青藏铁路开通为契机，西藏旅游业等第三产业得到井喷式的发展。西藏经济的发展屡创历史新高，人民生活质量大大提升，这让少数民族群众更加认识到双语教育与其子女升学就业、家庭富裕、生活幸福的密切关系，从而更加重视双语教学。

其五，西藏的双语教育推动了社会文化事业的进步。多民族共存与民族文化的多元发展，是我们的国情，更是我们国家的宝贵财富。多民族的文化习俗和价值观念可以给各族人民带来丰富的精神生活、多样的思维及色彩斑斓的社会文化。西藏双语教育的开展使藏汉兼通的人越来越多，必然促进西藏社会文化事业的发展。西藏自治区各级党政机关、群众团体、企事业单位都以藏汉两种语言作为工作语言，文件行文都用藏汉两种文字。西藏不仅有用藏语演出的藏剧团、民间歌舞团（队），还有用藏汉双语演出的话剧团、歌舞团。广播、电视都有双语频道，优秀影片、电视剧都有藏语译制片。随着群众文化水平和文化需求的提高，西藏创办发行了藏汉两种文字的报纸期刊 66 种（其中报纸 27 种，期刊 39 种）。藏汉双语在西藏社会事业中发挥着日益突出的作用。

四、对西藏双语教育的思考

（一）西藏双语教育的主要历史经验

1.双语教育教学的开展和完善必须经由由点到面逐步试点推广的过程。《中央人民政府和西藏地方政府关于和平解放西藏办法的协议》（以下简称“十七条协议”）第九条规定：“依据西藏的实际情况，逐步发展西藏民族的语言、文字和学校教育”，这为西藏双语教学的发展走向奠定了政策基础。中国人民解放军进藏部队1950年10月渡过金沙江，边修路边进军，第一仗昌都战役告捷，解放了昌都。遵照“十七条协议”的精神，经过进藏部队和当地政府协商，同年12月昌都地区第一届人民代表大会通过了《在昌都地区创办学校，发展藏族人民教育事业》的决议，成立了由当地寺庙活佛、地方政府官员和进藏部队干部组成的办学董事会。1951年1月试办昌都冬学，3月正式成立昌都小学。当时的教学以学习藏文为主，汉文作为选学课程，教学语言是藏语。昌都小学是中国共产党在西藏创办的第一所新型现代学校，它的办学模式、课程设置、教学方法为后来西藏现代学校的全面建设创立了一个适用可行的成功模式，此后拉萨、昌都、日喀则、林芝、那曲等地先后建立的小学，都以昌都小学为蓝本。和平解放以来西藏教育事业的发展、双语教学的推开无一不是先行试点，摸索经验，逐步推广，由点到面的渐进过程。

2. 双语教育教学的开展必须坚持“从实际出发，实事求是”的原则。在西藏开展双语教学必须紧密结合西藏的实际，要考虑社会基础、师资力量、学生的需求和接受能力等多方面的条件。我们党在1956年创办的西藏第一所中学——拉萨中学，位于西藏政治、经济、文化中心拉萨市，师资力量中有精通藏族历史文化的藏族教师，也有内地高校毕业的胜任现代课程的汉族教师，学生大多来自拉萨市各阶层子女，也有汉藏族干部子弟，有一定文化基础。建校初期，开设的课程有藏语文、汉语文、数学、物理等。当时拉萨中学的双语教学在四个方面有显著表现：（1）在教学语言上，以藏语为主、汉语为辅；（2）在课程开设上，藏语文和汉语文均单独开设，但藏语文为主要课程；（3）在学习内容上，以藏语文为主，兼学汉语文和其他现代科学知识；（4）在班级设置上，设有藏语班和汉语班，藏语班使用藏语授课，汉语班使用汉语授课、加授藏语。学校还组织了丰富的文化体育活动，鼓励藏族师生和汉族师生、高年级学生和低年级学生互帮互学，形成良好的双语学习氛围。拉萨中学从实际出发，灵活地开展双语教学，藏汉双语在课堂教学和班级活动中得到了很好的运用，为西藏培育出了大批藏汉兼通的优秀人才，这些人才在西藏民主改革和社会主义建设中发挥了重要作用，受到社会的广泛好评。事实证明，任何时候“一刀切”的做法都是违背社会实际和群众意愿的，只能影响西藏双语教育的持续健康发展。

3. 从“实事求是”原则出发，给地方乃至学校赋权，尊重西藏各地市和有条件的学校自主选择双语教育模式。如1999年2月，西藏自治区教委提出“鉴于各地基础教育发展状况差异很大，允许不同的地区、不同的学校、不同的班级选择不同的教学用语”，使得西藏双语教学在模式选择和教育实施等方面更加机动灵活。1999年11月，西藏自治区教委在《关于开展教学改革，积极推进中小学素质教育的意见》中强调，继续坚持“以藏语文授课为主”，允许各地各校探索适宜自己的双语教学模式。这些规定的调整、权力的下放都促进了西藏双语教育的发展。

4. 双语教育教学需要不断改革完善，相应的法律法规、政策指导也要与时俱进地进行修订。如2002年5月，西藏自治区第七届人民代表大会第五次会议通过了修改《西藏自治区学习、使用和发展藏语文的若干规定（试行)》的决定，将第六条修改为“义务教育阶段，以藏语文和国家通用语言文字作为基本的教育教学用语用字，开设藏语文、国家通用语言文字课程”，这样就把“以藏语文为主，同时学习汉语文”调整为“藏语文和汉语文同时作为基本教学用语用字”，体现了平衡性双语教学的基本思想和理念。再如2011年西藏自治区人民政府颁布《西藏自治区“十二五”时期教育事业发展规划》，把“学前双语幼儿园建设工程”作为规划的14项工程之一，使西藏双语教学的学段延伸到学前教育。

5. 实行藏汉双语教学，建立符合西藏实际的贯串于学前教育到高等教育的科学规范的双语教育体系，使西藏的少数民族学生成为“藏汉兼通”的合格人才，符合西藏经济社会发展的要求，符合广大群众的愿望，也符合学生自身发展的需求。这在西藏社会已经形成了广泛的共识。目前乃至今后相当长的一段时期内，藏语仍将是西藏使用的主要语言。与此同时，随着西藏社会与经济的发展、双语教育的不断普及与提高、科学技术的推广及西藏与内地的文化交融日趋广泛，学习藏汉双语的人数将不断增加，双语使用的范围也将不断扩大。

（二）西藏双语教育教学存在的问题和对策

经过60年的探索实践，经过几代人的不懈努力，西藏双语教育取得了不容否认的成就。但从教学模式到教学体系再到教育机制，这是一个渐进的长期的持续发展、不断完善的系统工程，现阶段的西藏双语教学还有很多问题需要研究、需要探讨。

其一，双语教育的管理机制、监管措施、指导和评价措施还不够完善。西藏双语教育是从学前教育到高等教育的完整的体系，总体目标是培养藏汉兼通的人才，宏观指导性文件是有的。但分期目标是什么，如何分学段实施，由谁来监管，如何评价教育成效，应有哪些监督举措和激励机制，这些都还不够具体明晰。对策：建议西藏的教育行政部门设定西藏双语教学多元化、多层次、多维度目标，将双语教学中涉及到的学生学习、教师授课、教学活动、教育效果等均作为精细量化的二级指标；加快完善西藏双语教学的质量标准，健全西藏双语教学实施学校的教师队伍建设、教育投入、教育信息化、教育督导、学校运行、语言文字等工作的标准，便于西藏双语教学监管工作的可操作、可量化和可落地，并突出监管措施的地位，完善专项督导制度，强化西藏自治区“省—市—县”三级政府的双语教学职责履行能力，定期对西藏双语教学政策的监管数据和实情进行发布报告。

其二，双语教学的资源配置不够平衡。由于不同地区地理、环境和经济发展水平的差异，不同地区、不同类别、不同学段的学校在教学资源上存在着明显的差异。比如师资力量的差异、教学硬件的差异、学生基础和学习习惯的差异、教学环境的差异等。对策：建议教育主管部门和地方政府部门对此予以应有的关注，突出重点，有计划地予以解决。

其三，双语教学的教材问题。教材是双语教学得以顺利进行的重要媒介力量，是教师实施教学活动的依据。教育部 2013 年印发的《民族中小学汉语课程标准（义务教育）》指出：“教科书编写应从第二语言教学规律出发，符合学生的身心发展特点，适应学生的认知水平，简化头绪，突出重点，注重综合，内容适量，便于实施，充分体现科学性和实用性。”对策：建议西藏教育主管部门组织力量，总结西藏双语教学教材工作的实践经验，结合西藏双语教学实际和西藏本土教材素材资源，尽快开展西藏本土双语教材的编写开发工作。

其四，目前基层中小学存在只在汉语课上学汉语，汉语以外的其他课程、教学用语、课后活动都用母语的情况。教师对学习国家通用语言的重要性缺少认识，有相当一部分没有接受过普通话培训，普通话水平不达标甚至不会讲普通话，并且直接影响到学生。同时还存在一种不能忽视的倾向，就是除藏语文课以外都学习使用汉语文，追求升学率，只考虑求职找工作，轻视甚至放弃藏语文的学习。对策：教育行政部门、语言文字工作部门甚至人才使用部门应充分注意这一现象，除了思想教育，还应有政策导向、监管措施、激励机制等配套措施保证双语教育教学的健康良性发展，保证双语教育总体目标的实现。

其五，西藏双语教育的研究开展尚不够深入。对策：建议教育行政部门及相关教育教学研究机构在深化西藏双语教育改革、实施双语教育的过程中，不仅要有政策、目标、规划，还应有专业技术方面的指导，加强调研，科学研究，及时总结出成功的可行的经验，指导面上的工作，才能使西藏双语教育的总体设计、课程教材、教学内容、教学手段、评价体系等不断推陈出新，改革稳步发展，教育教学质量不断提高并不断推出研究成果、学术著作。还应注重提升西藏双语教师的科研素质。为此应不断培训和强化双语教师在实际教学实践中的问题意识和研究能力。对西藏双语教师，既要鼓励他们潜心钻研、勤于总结，又要提供便利条件让他们进修学习，还可通过培训学习、集中研讨、经验交流、实地观摩、典型推荐等形式，让西藏双语教师在一种友善、热爱、向上的良好氛围内，注重双语教学的理论思考、实践总结。

改革开放以来，西藏各项事业突飞猛进，西藏与全国各兄弟省市交流协作的道路早已开通，与包括南亚各国在内的友好国家互通贸易、交流文化的大门也早已打开。西藏优秀的民族文化、丰富的自然资源和雄厚的物产资源吸引着国内外越来越多的学者、探险家和企业家。封闭和落后已成为过去，开放和繁荣正在成为现实。这就决定了西藏单一语言的历史永远结束，藏汉双语制已成为西藏社会发展的必然选择。西藏的双语教育事业已经呈现出全方位、多层次、多形式的特点，健康稳步发展。我们坚信，在党中央治藏方略、大政方针的指导下，经过西藏各级党政部门和全社会特别是教育工作者的努力，西藏的双语教育会越办越好，必定有着美好的前景。

追思与缅怀

大德永歌
——沉痛悼念布赫老

丁文楼

2017 年 5 月 6 日媒体讣告："优秀的中国共产党党员、久经考验的忠诚的共产主义战士、无产阶级革命家、杰出的民族工作领导人"布赫同志与世长辞。噩耗传来，令我震惊，深感悲痛！眼前不由得浮现出与布赫老几次交往的情景。老人慈祥的面容、平易亲和的长者风范、深邃的目光、高屋建瓴的谈吐，给我留下深刻的印象，心情久久不能平静。我为我们党失去一位德高望重的少数民族领导干部和可敬的长辈而惋惜。

布赫同志是党的高级干部、全国人大常委会副委员长，而我只是中央民族大学的一个普通教师，怎么和这位大领导有交往的机会？这还是由于少数民族双语教育的缘分。

我国是一个有 56 个民族的大家庭，汉族是主体民族，55 个少数民族除回族、满族已使用汉语外，50 多个少数民族使用着 80 多种语言。

中华人民共和国成立后，在民族地区大力实施的民族语、汉语双语教育体制，是党的民族平等、语言平等政策的体现，是党为培养大批"民汉兼通"的少数民族人才、解决民族问题制定的重大国策，受到民族地区各级领导的高度关注。早在布老担任内蒙古自治区主席时，就对自治区蒙汉双语教育高度重视并深有研究。因此，内蒙古的蒙汉双语教育，半个多世纪以来取得了巨大的成就，不仅建立了从学前到大学完整的双语教育体制和模式，且创造了自己的经验和特色，在全国独树一帜。

蒙古国是我国的友好邻邦，改革开放以来，随着两国经济文化交流日益频繁，学习中文的人越来越多。两国蒙古族同根同源，语言、习俗相同，为推动蒙汉双语教育，交流经验和促进我国汉语国际教育的发展，2005年，蒙古语文教育家、中国少数民族双语教学研究会顾问、我校哈斯额尔敦教授积极倡议，由中国少数民族双语教学研究会和中国蒙古语文学会合作，在北京联袂举办“蒙汉双语教学与研究国际学术研讨会”。因为是一次重大的国际会议，在报请国家民委主管领导批准后，还要争取内蒙古自治区有关部门和蒙古族领导的理解和支持。为此，我们拜访了原全国人大常委会副委员长布赫先生。

2005 年 5 月中旬，哈教授与布老秘书联系，同意和我们见面。一个风和日丽的上午，我们驱车来到位于东城区布老的家。我们向门卫通报了身份，走进不大的院子，布老早已在客厅迎候，热情与我们握手。初见布老，年近八旬的老人精神矍铄，慈眉善目，给人一种亲切感。客厅里没有豪华陈设，多宝槅里没有贵重的古玩和奇花异石，而是骏马雕刻和有草原特色的艺术品等，看得出主人浓重的民族情结。哈教授与布老相识多年，老朋友相见，布老很开心。哈教授向布老介绍了我，布老知道我是回族说：“回族是个了不起的民族，回族文化和生活习俗很有特色！”为了不耽误布老太多的时间，几句寒暄后，我们很快切入正题。哈教授和我汇报了会议准备情况。布老说：“蒙古语，我会一点。蒙古文是拼音文字。总的看，我觉得蒙古语是一种非常优美的语言。就拿朗诵一个普通的蒙古文作品来说，听起来具有音乐感。因此，蒙古语的确很有特色。蒙古语是蒙古族文化的积淀和载体，同时又是蒙古族文化的重要组成部分，所以学习、使用、保护、发展蒙古语文本身就是对中华文化及人类文化的贡献，这项工作应该引起人们的注意。”

布老详细问了会议的筹备情况，嘱咐我们：“国际会议影响很大，工作要细致，对国际友人的接待工作要注意政策，要有专人负责！”我们谨遵布老的指示，决心把会议开好。我们最大的愿望就是请布老出席开幕式并讲话。布老爽快地答应说：“这次会议很有意义，如果到时候没有重要的事定出席！”布老谈兴正浓，不觉一个小时过去了，怕影响老人休息，便起身告辞。哈教授说:"我们照张相吧!"布老很理解我们的心情,秘书按动相机,给我们留下了珍贵的瞬间,这是我第一次近距离见到布赫老。

第二次,是在会上。经过一段时间的认真筹备,"蒙汉双语教学与研究国际学术研讨会"于 2005 年 8 月 26 日在北京中央民族大学隆重召开。来自中国、蒙古、俄罗斯、日本等国和香港特别行政区的 120 多位学者参会,收到论文 103 篇。会前,布老秘书来电话说:"首长 10 点有重要活动,开幕式只能参加一会儿。"为了争取时间,满足老师们能与布老合影的心愿,我们一改会后合影的做法,早上 8 点在会场外集合。蒙古文系的师生兴高采烈地穿上鲜艳的蒙古族服装,整齐列队,一俟布老车到,大家热烈鼓掌,布老神采奕奕,在热烈的掌声中,高兴地同代表们合影。照相结束后,立即进行开幕式。主持人宣布请布老讲话,年近 80 的老人即席讲话,没有发言稿,娓娓道来,思维敏捷,条分缕析,无赘言俗套,从会议的意义谈到双语、语言与文化、党的民族语文政策、蒙古语文等,20 多分钟的讲话,会场鸦雀无声。好在我们早有准备,请两位学生帮助录音,根据录音整理了布老的讲话 2000 多字,基本没有文字改动,一气呵成。这里只摘录两段,便可领略老人高度的理论修养与口才:"民族语言是交际的工具,文化的积淀和载体,又是民族的灵魂、精神、智慧的体现,所以我们党和政府历来就非常重视民族语文工作,可以说党的早期工作一开始就提出了这个问题。到了抗日战争时期,当时的环境艰难,民族语文工作在某些环节中得到了实施。比如延安民族学院里边就有用民族语文进行教学的班级和课程。当时,蒙古族干部用蒙文学习,在蒙古国学习过的人担任教师。当然还要兼学汉文汉语,所以双语教育很早就开始了。现在我们要发展民族地区的经济文化,提高人民的物质文化生活,更需要搞好双语教育。这方面需要进一步总结经验,提高教育教学质量。"

关于双语教育的重要性,布老接着说:"当今世界科学技术的迅猛发展,经济一体化和文化多元化趋势凸显出来,各国各民族间的交往会越来越多,实施双语教育的必要性是不容置疑的。在双语教育中要注重民族语言的学习、使用、保护和发展,这些环节都很重要。首先是不学习不行,不学就不会,所以必须学习,学习是语言传承的主要途径。而语言的使用则是活的语言的标志,是语言发展的实践基础……"由于篇幅的关系,不再多引。布老这篇 20 多分钟精彩的讲话,赢得了与会代表的热烈掌声和高度评价，堪称为高水平的主旨演讲，成为会议的指导报告。布老讲话完，不失礼仪地起身与代表们挥手告别。我送老人上车，表示了深深的谢意！

第三次与布老会面，是 2009 年中国少数民族双语研究会成立 30 周年，学会聘请布老为“名誉会长”。过了几年，我和哈教授再次来到布老家，见到已是 84 岁高龄的老人，精神依然很好，身体硬朗，走路轻便，无人搀扶。当我们说明来意，老人深情地说：“我已谢绝了很多学会的‘名誉会长’，但你们双语学会要支持，双语教育是党的国策，是少数民族发展的大事，一定要搞好！”听了布老的话，我心情激动，双手捧着聘书，恭敬地递给老人家，秘书拿起相机，为我们留下了一张珍贵的照片，至今珍藏在学会。

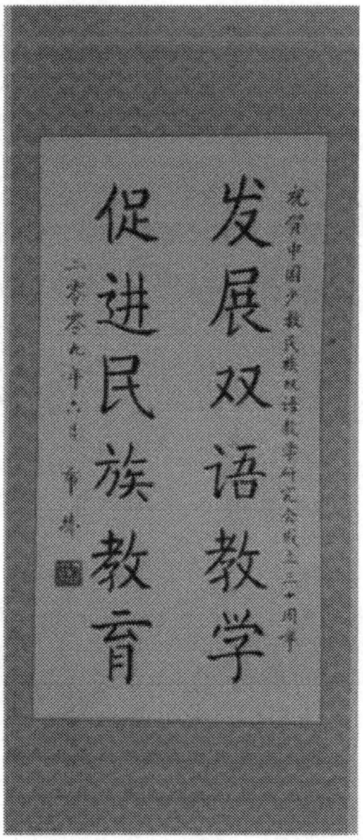

布老是书法家，为庆祝学会成立 30 周年，我们想请老人题辞，布老欣然答应。过了两天，秘书开车送来布老墨宝，我急不可耐地展开散发墨香的宣纸，“发展双语教学，促进民族教育”，12 个大字映入眼帘，令我欣喜不已，工整的楷书，可以看出老人的书法功底，我如获至宝，小心翼翼送去装裱，在庆祝中国少数民族双语教学研究会成立 30 周年大会上展示，使代表们深受鼓舞。这既表明老人对学会的鼓励，又表达了他对我国双语教育事业的期望，布老的题词已载入学会的史册。

2010 年，中国少数民族双语教学研究会为庆祝西部大开发实施 10 周年，在内蒙古锡林郭勒职业学院召开第十六次全国学术研讨会，代表们希望布老能出席开幕式，给大家鼓鼓劲。我们和秘书联系，秘书说：“首长岁数太大了，不能乘飞机，不能远行。”我们完全理解，只能祝福老人家健康长寿！光阴荏苒，弹指之间又过了六七年，期间虽然没有机会再见面，但内心关注着老人家的健康，并默默为老人家祈福！而今，斯人已逝，风范长在！我忆起布老家客厅里悬挂的条幅，是布老夫人珠兰女士的诗作，由布老书写：“贺兰山间不老松，根深叶茂四季青，愿为世间留绿色，笑对炎夏与寒冬”。这不正是布老光辉一生高风亮节的真实写照吗？为表达对布老的敬仰之情，我也涌出一片心语，以志悼念：

茫茫大漠，悠悠洪荒。革命风云，草原曙光。
红色家庭，根深苗壮。十三从戎，少年志刚。
十六入党，圣地成长。延安民院，马列滋养。
从小立志，赴敌疆场。斗争砥砺，百炼成钢。
浴血奋战，祖国解放。民族自治，内蒙首创。
文化战线，领导有方。乌兰牧骑，文艺榜样。
“文革”动乱，蒙受冤枉。光明磊落，心地坦荡。
不计恩怨，忠心向党。拨乱反正，正道沧桑。
主政内蒙，励精图强。农牧发展，经济日上。
文化教育，业绩辉煌。一生为民，百姓眼亮。
爱护干部，凝聚力量。清正廉洁，心有党章。
克己奉公，情操高尚。多才多艺，诗书见长。
德高望重，奉调中央。胸怀祖国，不负众望。
事业为重，古道热肠。民族团结，大爱无疆。
高山景行，世人景仰。大德永歌，奕世传扬。

尊敬的布赫老，安息吧！

2017.5.18

注：布赫同志又名云曙光，1926年生于内蒙古土默特旗一个革命家庭，无产阶级革命家乌兰夫同志长子。1939年（13岁）参加革命，1942年（16岁）加入中国共产党，毕业于延安民族学院。中华人民共和国成立后，曾任内蒙古自治区文工团团长、自治区文联主任、文委主任，创建了具有鲜明民族特色的文艺组织——乌兰牧骑。1983—1993年任内蒙古自治区人民政府主席，1993—1998年任第八届、第九届全国人民代表大会常务委员会副委员长。“优秀的中国共产党党员、久经考验的忠诚的共产主义战士、无产阶级革命家、杰出的民族工作领导人。”

追思铁木尔·达瓦买提同志

胡振华

铁木尔·达瓦买提同志因病于2018年12月19日14时20分在北京逝世，12月21日上午在北京八宝山革命公墓举行了送别仪式。党和国家领导人、党政机关的负责同志、各界人士、亲属和生前好友及我校师生都前去吊唁、送别。铁木尔·达瓦买提同志是中国共产党的优秀党员，忠诚的共产主义战士，党和国家民族工作的杰出领导人，维吾尔族人民的优秀儿子，他曾是第八届、第九届全国人民代表大会常务委员会副委员长，他还是我们中央民族大学的校友及中国少数民族双语教学研究会的名誉会长。

由于铁木尔·达瓦买提同志是我们中央民族大学1955届的校友，加上他来北京工作后被我们中国少数民族双语教学研究会聘为名誉会长，我是这个研究会的顾问，我们接触的机会较多，就增多了对他的了解和他对我们的影响。我从他身上受到不少教益。铁木尔·达瓦买提同志是维吾尔族农民出身、在党的培养教育下成长为国家高级领导人的一位典范，他身上体现了光辉的中国共产党民族政策。他赠送给我的2008年民族出版社出版的回忆录《生命的历程》一书，回忆了他在党的教育下成长的过程、对党的感恩及永远跟着党走的决心。他还写了不少歌颂党的诗歌插在文中。例如第92页摘自《心中的歌》的诗行：

亲爱的党啊，伟大的党！
带领人民跨上新的征程。
我们像一泻千里的洪流紧随其后，
奔向新的胜利，奔向新的征程。
倘若有任何蒺藜敢于挡道，
我们将一往无前地将之踏平。
我们一定会赢得更加美好的明天，
有党撑腰，我们对胜利满怀信心。

铁木尔·达瓦买提同志是一位非常谦虚的国家高级领导人，没有一点架子，保持了劳动人民的优秀品德。我在这里举两个例子。有一年，中央民族学院少数民族语言学院维哈柯语言文学系举行一个表彰老教师的会，系里邀请了铁木尔·达瓦买提同志和干训部教师曾麟同志等前来出席。请铁木尔·达瓦买提同志给几位老教师颁发奖状时，他说自己是老师们的学生，不能给老师们发奖，他非要请当年当过他老师的曾麟同志代发。铁木尔·达瓦买提同志有一次给我们家打电话，我没在家，是我夫人穆淑惠接的。他一听不是我接，在电话中就说："我是铁木尔·达瓦买提，胡老师在家吗？我有事找他……"他常常不让秘书代打电话，他总是以"老师"称呼中央民族大学年纪大一些的教师，在他的诗作中就有一首是歌颂教师的。学校里为我 80 周岁组织活动时他还写来了贺词。

他担任"十二木卡姆"研究会会长，向联合国教科文组织成功申报"十二木卡姆"为世界非物质文化遗产项目，他还组织、拍摄、整理了新疆各地区的维吾尔族传统歌舞《麦什莱普》。他担任中国少数民族双语教学研究会的名誉会长，我们在北京、昆明、乌鲁木齐、兰州等地开会，他总是亲临大会，并作重要讲话，对各民族人民积极学习国家通用语言起了促进作用。

铁木尔·达瓦买提同志非常关心家乡的发展，他也非常关心教育事业。北京市是支援新疆和田地区的城市，为了帮助和田地区发展，北京农学院为和田地区开办了培养人才的专业班。北京农学院领导请我邀请铁木尔·达瓦买提同志前去讲课，我作为推荐人先请北京农学院聘请铁木尔·达瓦买提同志为名誉教授，然后陪同铁木尔·达瓦买提同志前去作报告，这使新疆和田来的学员受到很大鼓舞，受到很深教育。

铁木尔·达瓦买提同志非常勤奋，他每次出国回来都要写文章或写书。他访问中亚五国回来后就出版了一本介绍中亚五国的著作，这部著作成了学习、研究中亚的专家、学者的参考书。他还抓紧时间进行文学创作，他特别喜爱作诗。例如出版了《心中的歌》《故乡情》《生命的火炬》等诗集。

铁木尔·达瓦买提同志离开了我们，但他为祖国的统一、民族的团结和为国家作出的奉献将永记人们的心间，他的优秀品德永远是我们学习的榜样！我们将永远怀念铁木尔·达瓦买提同志！

心系民族双语教育事业的领导人
——沉痛哀悼铁木尔·达瓦买提先生

丁文楼

2018年12月19日媒体讣告:“中国共产党的优秀党员,忠诚的共产主义战士,党和国家民族工作的杰出领导人,维吾尔族人民的优秀儿子,第八届、第九届全国人民代表大会常务委员会副委员长”铁木尔·达瓦买提同志与世长辞了。噩耗传来令我震惊,悲痛不已!眼前不由得浮现出与铁老多年交往的情景。老人慈祥的面容,平易近人的长者风范,智慧的目光,和蔼可亲的教诲给我留下深刻的印象,心情久久不能平静。我为我们党失去一位德高望重的少数民族领导干部和可敬的长辈而惋惜。

多年来,由于工作关系,我有幸与铁木尔·达瓦买提副委员长有较多的交往,对老人家的宽厚为人、坦率、朴素的工作作风有较深的了解。因为我是搞少数民族双语教育的,接触到全国各民族地区少数民族语言的使用、民族教育、中央及地方制定的政策法规乃至一些领导人的讲话等有关资料。新疆维吾尔自治区民族众多,语言使用情况复杂,民族教育相对滞后。经济要发展,民族要进步,教育就要先行。铁老在任新疆维吾尔自治区领导期间,工作日理万机,始终心系民族教育事业。他走遍了新疆的山山水水、农村、牧区的中小学校,关心教师的疾苦。在他的有关著作和文集中,新疆民族教育的指示、讲话、文稿占了很大比重。1987年铁主席在自治区召开的民族中小学汉语文教学工作会议上指出:“在这科技飞速发展的信息时代,掌握了双语乃至外语,对促进一个民族、一个地区、一个国家的科学技术和经济发展具有十分重要的作用……从少数民族的长远利益和根本利益考虑,大力加强民族中小学汉语教学工作,使少数民族学生在学好本民族语言的基础上学习和掌握汉语言文字,达到‘民汉兼通’是提高我国民族教育质量,培养少数民族建设人才,特别是高层次建设人才,采取的一项战略措施……这一措施对于少数民族教育坚持‘三个面向’,

对于提高少数民族科学文化水平、加速新疆的‘四化’建设，逐步消除历史上遗留下来的经济文化方面的差距，对于巩固发展民族大团结，有着重大的现实意义和深远的历史意义。”他对我国少数民族双语教育事业的论述，全面、深刻、高屋建瓴，对新疆乃至全国少数民族双语教育事业至今仍具有指导意义。

中国少数民族双语教学研究会是经国家民政部登记注册的国家一级学术团体，现由国家民委直接领导和管理。1997 年第七届理事会换届选举时，经理事会领导研究决定，拟聘请全国人大主管民族工作的铁木尔·达瓦买提副委员长为名誉会长。当我们把聘书送给铁副委员长时，老人很高兴，一再表示，为了民族教育事业的发展，将尽力给予我们支持和帮助。以后理事会的几次换届选举，由于老人的崇高威望和对学会工作的大力支持，各族会员、广大双语教育工作者一致拥护聘请他为名誉会长，直到 2018 年 9 月最近的一次换届。

1999 年学会成立 20 周年，在北京召开庆祝大会，时在新疆的铁老听到消息后，指示秘书打来电话表示祝贺和对代表们的问候。2000 年学会召开首届双语教育国际学术研讨会，铁副委员长正在参加中央工作会议，他深知代表们的心意，就在研讨会即将结束的前一天，我接到铁老秘书电话，说副委员长要来中协宾馆看望中外专家，消息传来令人精神振奋，代表们纷纷换上最漂亮的民族服装等待与副委员长照相。2007 年 7 月 20 日，北京的盛夏，骄阳似火，副委员长抽中午休息时间，冒着盛夏酷暑，没有保安、警察开路，在秘书和身边工作人员的陪同下，神采奕奕地来到中外学者中间与大家交谈，高兴地与大家合影留念，给中外专家留下了美好的印象。

2002 年 7 月，学会在兰州西北民族学院召开第十次全国学术研讨会，我给老人家打电话请示能否莅会，老人欣然答应，为了参加大会改变了原来的出访计划。7 月 19 日铁副委员长出席了大会开幕式并作了重要讲话。会上，他为“中国少数民族双语教育西北基地”揭牌，为“先进双语教育工作者”和获得科研成果奖的教师颁奖，使参会代表深受鼓舞。会议期间，铁副委员长视察了西北民族学院，为西北民院题词，受到西北民院各族师生的热烈欢迎。这次会议因为铁老的参加，大大提高了会议的规格和影响，也受到了中共甘肃省党政领导的高度重视，正如中共甘肃省委副书记马西林同志在大会开幕式上所说：“中国少数民族双语教学研究会第十次全国学术研讨会的召开，对我们甘肃省民族教育事业的发展是一个极大的促进。”

2004年7月，学会在昆明召开第三届双语教育国际学术研讨会，我向铁副委员长汇报了会议筹备情况，并表示希望如有可能请他亲莅大会。铁老经再三考虑，放下其他工作，推迟了去新疆休假日期，赶赴昆明参加大会。听到铁副委员长要亲莅大会的消息，新疆报名参加的代表非常踊跃，由自治区教育厅一位副厅长带队，近50人参会，铁老出席了开幕式并作了重要讲话，向中外专家阐述了我国的民族教育政策以及新世纪开展双语教育的重要性。会上他还为中国少数民族双语教学研究会的两个信息化实验学校授牌，与中外专家合影留念，使大家倍感亲切。开幕式一结束，新疆代表立刻围拢在老人身边，照相留念。他们和副委员长拉家常、问长问短，像久违的老朋友一样。云南省民委主任格桑顿珠同志这样评价这次会议："第三届双语教育国际学术研讨会在云南昆明召开，体现了中国少数民族双语教育研究会对云南少数民族双语教育的关心重视，体现了中央有关部门和各省区专家教师的关心。此次会议规模大、主题鲜明，全国人大常委会原副委员长铁木尔·达瓦买提、原国家民委副主任伍精华等领导同志亲莅会议并作了重要讲话，对进一步做好我国双语教学和双语教育研究明确了指导思想和工作思路。”

多年来，研究会在名誉会长铁副委员长的关心指导下办得有声有色，一年一个新台阶，多次受到国家民委领导的表扬。

逝者长已矣，生者当如斯！

谨以几句心语寄托我对这位深受各族人民爱戴的党的杰出民族工作领导人的崇高敬意与哀思！

京城寒冬传噩耗，铁老归真万人悼。
贫农出身苦难深，一心跟党不动摇。
革命意志坚如铁，新疆人民好领导。
人民公仆人民爱，天山有情祭英豪！

铁老千古！

2018.12.19

悼念老同学张公瑾教授

胡振华

张公瑾教授于 2017 年 4 月 26 日凌晨 3：00 因病离开了我们。我内心异常悲痛，特撰写这篇祭文，表示悼念，并追忆我们共同度过的岁月。

张公瑾教授是我的老同学。他是 1951 年响应国家号召由上海复旦大学选送来北京中央民族学院的，而是那年从山东省青岛市山东大学（当时的山大尚未迁到济南市）选送来的。我们同属中央民族学院语文系的第一批学员。初来时，同系 60 多位男同学挤住在东城区雍和宫的一座年久失修的旧庙屋里，因而张公瑾与我还是真正的“室友”！当年，我们学习和就餐都在国子监对门的中央民族学院本部的院内。后来，学校搬迁到西郊新建的校区，同学们四人一宿舍，我们就不再是“室友”了。后来语文系开设了许多民族语言班。张公瑾同学被分配到布依语班，我被分配到维吾尔语班。我俩虽不在一个民族语文班学习，但上大课还是在一起的，因而还算是真正的“同窗”！

当年每到星期日，本系同学常常一起去白石桥小河边游玩，我们班的段昆同学会拉手风琴，张公瑾同学爱拉小提琴，其他同学就集体唱歌。白石桥小河边，留下了我们的足迹和友谊。

1952 年年底，时任副院长的费孝通教授找了与我同在维吾尔语班学习的程默同学、张公瑾同学和我三人谈话，说是中央民族学院语文系要新开几个民族的语文班，需要我们三人提前毕业担任辅导员，与民族语的任课教师一起编写课本。学校决定：程默同学与景颇族载瓦语教师合作，编写载瓦语课本，准备给新开的载瓦语班授课；张公瑾同学与傣族傣语教师合作编写傣语课本，准备给新开的傣语班授课；我与佧佤族（现在叫“佤族”）语教师合作编写佧佤语课本，准备给新开的佧佤语班授课。我们三人都表示服从学校领导的安排，自此开始拼命地学习各自没有学过的民族语，积极为开设新的民族语文班做准备。1953 年 1 月 11 日，我在院人事科填写了工作人员登记表。

这一天，就成为我在中央民族学院参加教学工作的开始。也是从这时起，张公瑾同学便开始努力学习傣语傣文，特别是深入研究傣文古籍。经过多年的刻苦钻研，他成了我国研究傣语傣文的知名专家。

“文化大革命”后期，除了维、哈、朝、蒙、藏这些语言的教学人员继续保留在语文系外，从事南方一些民族语和新疆柯尔克孜语的教学人员都划归“中央民族学院民族研究所”（原研究部）的民族语文研究室。由于我已参与柯尔克孜语的研究工作，所以又和张公瑾同学同在一个研究室工作了。当时他研究的是傣族历法，并做出了突出成绩。据报道，他先后出版了《傣族文化》《傣族文化研究》等多部专著，“四人帮”粉碎后又开始研究我国各民族的古文字古籍。他不仅讲授民族古文字课程，还主编了《中国少数民族古籍总目提要》，编辑、出版了《中国民族古文字图录》等填补空白的专著。

张公瑾担任中国民族古文字研究会会长、全国古籍工作专家委员会委员、中国文字博物馆专家委员会委员、全国高等院校古籍整理研究工作委员会委员期间，曾举行多次民族古文字研讨会，举办多次民族古文字展览。作为他的同行，我也应邀出席了这些活动。张公瑾和马学良教授还合作编辑出版了《中国少数民族文学史》。他在语言学理论和民族语言、民族文学、民族文化的教学研究方面充满创新精神，特别是在我国民族古籍文献整理和文化语言学的理论建设中作出了贡献。我和他同于1992年被评为博士生导师，享受国务院特殊津贴。他于2006 年荣获北京市高等学校“教学名师”称号，我和他又同于2016年被评选为中央民族大学的“荣誉资深教授”。他还担任过全国政协委员。

张公瑾同学在我国民族语文学界是位非常谦逊的知名学者，他在为人处事上更有许多优秀的品质值得我学习。让我先从住房这件事说起吧！在中央民族学院校园的小东院里有几排工棚改建的平房，张公瑾同学和他的夫人杨甲荣及其母亲曾住在那里。我因家里孩子多，也给我分了一间小东院的平房，我在那里住了一段时间脸都肿了，据说是因为屋内潮湿墙上的漆味所致，就不敢再在那里住了。但张公瑾同学家却没有搬出来，仍旧住在那里。后来中央民族大学几次分房，他都有条件分到较宽大的房子，但他都礼让给其他同志了。

再说一说张公瑾同学夫妇对老师的敬重和关心。马学良教授是我们的老师，其老伴何汝芬老师去世后，张公瑾同学夫妇常常给马学良教授送去家里煮的饺子和鸡汤。

再说说他对同事、对老同学的支持与帮助。我和二女儿校勘、撰写和注释了一部明代文献《回回馆译语》（波斯文和汉文对照的来文集及波斯文和汉文对照词汇集），烦请他写篇序。起初，他谦逊地说："咱俩是老同学，我怎么敢为你的书写序呢？"我说："您是我国民族古文字研究会的会长，是这方面的专家，我是您的老同学，我不找您找谁呢？"最后，他在非常忙碌的情况下挤出时间给我们的那部书写了一篇评价很高的序。他还非常支持我们继续进行这方面的深入研究，并提了一些很好的建议。

我和张公瑾同学都是老民大人，了解校内的情况比较多，学校里安排单位的人员配备和更替时，有时会征求我们的意见。有一次，校领导考虑安排中国少数民族语言文学学院的领导人时，先找了张公瑾同学，接着又找了我去征求意见。后来我和张公瑾同学交谈时得知，我们的意见常常是一致的。

有一年夏天，听说张公瑾同学得了丙肝病住院。经到处打听，我才清楚他住进了属于清华大学医院的一座疗养楼里，便骑自行车去该医院看望他。见面时他很激动地说，一是感谢我去看他，二是说我不应去看他，怕我被传染上这个病。我开玩笑地说："我身子壮，染不上。"不久前，他因摔了肋骨住进了积水潭医院，我抱着鲜花去看他，他的鼻子里插着管子，看来呼吸十分困难，还是说我不应当去看他，说我比他年纪大。但他是我66年来的同学、同事、知己朋友，我怎能不去看望呢？！

如今，老同学张公瑾教授离开了我们，但他的业绩留在了人间，我们的友谊记在我的心间。

张公瑾同学，走好！我们永远记着您！

（写于2017年4月27日晚）

附录

双语教育历届荣誉表彰

本会第九届理事会在广泛听取意见的基础上，从全国评选出1位“终身成就奖双语教育专家”和10位有“突出贡献双语教育专家”，在报请国家民委有关领导同意后，在“纪念马学良先生诞辰100周年暨第十九次全国少数民族双语教育学术研讨会”上颁发了“荣誉证书”和奖金。

第一届“终身成就奖双语教育专家”荣誉称号

丁文楼教授简介

丁文楼，回族，教授，1940年6月生。1966年6月毕业于中央民族学院（现中央民族大学）并留校任教。1993年任中央民族大学“双语教学中心”主任，兼少数民族双语教育研究所所长。1995年任中央民族大学预科部主任，同年11月任中央民族大学出版社社长兼总编辑、兼《中央民族大学学报》主编。多年来主要从事民族双语教育理论与实践研究。发表论文、文章、译文120多篇，出版专著、教材（部分与人合作）18部。曾获北京市第三届哲学社会科学优秀成果一等奖（合作）、全国民族图书二等奖（合作）、北京市普通高校教学成果二等奖（合作）、中央民族大学优秀教学成果奖、中央民族大学哲学社会科学优秀科研成果论文二等奖，1997 年荣获“北京市优秀教育工作者”，1998 年荣获“首都民族团结进步模范”“首届全国大学出版系统先进工作者”等荣誉称号。曾任中国少数民族双语教学研究会第七、第八、第九届会长，现为荣誉会长，主编出版了《中国少数民族双语教学研究会学术文库》文集 6 部。个人小传载入《中国当代教育家辞典》等多部辞书。

第一届“突出贡献双语教育专家”荣誉称号

张公瑾教授简介

张公瑾，男，汉族，1933 年生，浙江温州人。中央民族大学中国少数民族语言文学系教授、博士生导师，享受国务院政府津贴，有突出贡献专家。曾任壮侗学研究所所长。教学研究工作重点是傣族语言与文化、少数民族古籍和语言学理论。学术兼职有教育部全国高等院校古籍整理研究工作委员会委员，文化部全国古籍保护工作专家委员会委员，中国文字博物馆专家委员会委员等，曾任中国民族古文字研究会会长，中国少数民族双语教学研究会顾问。主持国家级项目《中国少数民族古籍总目提要》，任主编。2005 年被评为中央民族大学本科教学“十佳教师”，2006 年获得第二届北京市高等学校教学名师奖。曾任第九届全国政协委员。

胡振华教授简介

胡振华，回族，1931 年 1 月 9 日出生于山东省青岛市，1949 年 7 月参加革命，1953 年 1 月提前毕业于中央民族学院语文系维吾尔语专业，留校工作迄今 60 年。1985 年被评为教授，1992 年被批准为博士生导师及享受国务院政府津贴的有特殊贡献专家。曾先后被评选为“首都 60 年教育人物”，吉尔吉斯国家科学院外籍院士、吉尔吉斯钦吉斯·艾依玛托夫研究院院士，荣获吉尔吉斯总统颁发的“玛纳斯”三级勋章、塔吉克斯坦纪念鲁达基奖章和上海合作组织国家丝绸之路合作贡献金奖等。参加过柯尔克孜族文字创制工作，多年来主要从事柯尔克孜语、中亚学及伊斯兰文化教学研究工作。著有《中亚五国志》、《吉尔吉斯语教程》、《玛纳斯》（第一部片段柯汉日对译本，日本出版）、《柯尔克孜语言文化研究》、《民族语言文化论集》、《中亚东干学研究》、《高昌馆来文》、《高昌馆杂字》、《胡振华文集》（三卷）等多部著作及论文 300 余篇，多次荣获省部级奖。现担任国务院发展研究中心欧亚社会发展研究所研究员、中国中亚友好协会、中国少数民族双语教学研究会、中国“玛纳斯”研究会顾问。

孙宏开教授简介

孙宏开，男，汉族，1934 年 12 月出生于江苏省张家港市，1954 年毕业于北京大学中文系。现任中国社会科学院荣誉学部委员、国家民委民族语文工作专家咨询委员会委员、中国少数民族语言研究中心副主任、民族学与人类学研究所研究员、研究生院教授兼博士生导师、中国民族语言学会名誉会长、美国语言学会名誉会员等职。自 1954 年到中国科学院（1977 年成立中国社会科学院）以来，他一直从事少数民族语言文字调查研究，调查记录过汉藏语系30多种语言，新发现15种语言。曾主持或参与30多个国家级、省部级和国际（地区）合作项目，参与联合国教科文组织有关语言规划和语言政策方面的一些重要活动和国家民族语言文字政策的制订和咨询活动。

他组织并推动了汉藏语系的历史比较研究，他提出语言识别理论，建立语言识别的标准，补充并完善了中国语言分类简表。他最早将国外濒危语言理论引进国内，组织国内濒危语言调查，为保存濒危语言资料做出了贡献，得到国家的表彰。他在境内、境外调查研究华夷译语丛书的收藏和整理情况，尤其对13种《西蕃馆译语》逐个进行实地核对，主编《中国新发现语言研究丛书》，已出版45种，《中国少数民族语言系列词典丛书》已出版20多种，《中国少数民族语言方言研究丛书》已出版20多种，《汉藏语同源词研究》已出版4卷，《中国民族古文字古文献研究丛书》已经出版3种，《中国的语言》等。多项成果获国家级和省部级奖励。

哈斯额尔敦教授简介

哈斯额尔敦，男，1934年3月生，内蒙古科右中旗人，蒙古族，中共党员，中央民族大学教授，中国蒙古语文学会顾问，中国少数民族双语教学研究会顾问。享受政府特殊津贴。1957年毕业于中央民族学院（今中央民族大学）语文系研究班。曾任内蒙古师范大学蒙语系主任、党总支书记等职。获内蒙古自治区劳动模范和高校先进工作者称号。从事高校教学和科研工作40余年，已培养20余名硕士。出版《达斡尔语与蒙古语比较》（合著）、《现代蒙古语》（修订版主编）、《阿尔寨石窟回鹘蒙古文榜题研究》（合著）、《古蒙古语》（合著）、《蒙古口语语法》（合编）、《科尔沁左翼中旗蒙古族语言使用现状及其演变》等。发表了《鄂尔多斯土语特点》、《我国蒙古语基础方言和标准音问题》（合写）、《对我国蒙古语方言的划分意见》（合写）、《察哈尔土语语音系统》、《敦煌石窟回鹘蒙古文题记考查报告》（合写）、《蒙古文〈孝经〉研究》、《〈华夷译语〉研究》、《蒙古书面语的历史分期》、《古蒙古语文献概述》等80余篇论文。

盖兴之教授简介

盖兴之，男，汉族，1933年生，济南市人，大学本科，云南民族大学教授、研究生导师，中国少数民族双语教学研究会顾问。1956年参加了全国少数民族语言调查、全国少数民族社会历史调查和云南省民族识别调查，长期从事藏缅语言文化、少数民族语言教育研究。在“七五”“八五”“九五”“十五”期间，承担关于少数民族语言、少数民族汉语中介语、双语教育、三语教育等国家级、省部级研究课题6个。先后出版了专著《基诺语简志》、《双语教育原理》（增订本）、《双语教学的理论与实践》、《拉祜族双语教学研究》等十多部。发表了论文《纳西语在藏缅语言中的地位》《中介语与底层研究的关系》《中国少数民族汉语中介语研究》《纳西族双语地区的汉语中介语研究》《少数民族汉语教学中文化词语的翻译问题》《语言对比分析的理论与实践》《关于双语教学师资队伍的建设问题》《少数民族汉语教学是一门新兴的学科》《双语教学法的理论研究》《三语教育浅说》《浅论三语教育研究》《瑶汉双语教学研究》《纳汉双语教学研究》《云南少数民族英语教育》等60余篇。此外还从事民间文学研究和散文写作，2009年翻译出版了基诺族史诗《大鼓与葫芦》。论著曾多次获奖。

刘明章教授简介

刘明章，1933年出生于山东平度，汉族，教授，中共党员。1953年吉林省师专中文科毕业。1957年在中央普通话研究班学习。1958—1960年带队到东北师大中文系借读进修。1953年曾任延边二高中汉语组长。1956年调入延边大学，曾任教务处副处长、汉语系主任、《汉语学习》主编和现代汉语硕士导师组长。被聘为国家汉语高考命题员，民族汉考研制评审员。总体规划专业建设，力导朝汉对比研究。出版双语双文化研究著作，培养了大批双语人才。1978 年联合 14 所民族院校，1979 年成立“全国民族院校汉语教学研究会”，任副会长兼顾问，出版了《汉语教学与研究》。1979 年创办了《汉语学习》，现已成为语言类核心期刊。从事朝校汉语教学 60 年，讲授多门课程，编写教材、教参 13 部，主编合编论著 16 部，发表论文 45 篇。曾获优秀教师、先进工作者、研究生教育突出贡献奖等荣誉。多次被评为校、州民族团结先进个人。1994 年被评为省先进个人、全国民族团结模范，进京受奖并参加国庆观礼。

瞿霭堂教授简介

瞿霭堂，男，祖籍江苏常熟，1934 年生于上海，中国人民大学文学院教授。1956 年毕业于中央民族大学语文系藏语文专业。1956 年供职于中国社会科学院民族研究所，任中国社会科学院研究生院硕士生导师，兼任华中理工大学中国语言文字研究所研究员。1988 年调入中国人民大学中文系任教，并担任语言学专业硕士生导师和语音实验室主任，兼任南开大学中文系兼职教授和中国少数民族语言文学博士生指导小组成员，以及北京大学外国语学院对比语言学博士生指导小组成员。曾任中国少数民族双语教学研究会常务理事、顾问，中国民族语言学会理事、北京语言学会理事。在藏族语言文字、汉藏语言和语言理论研究三个方面均有建树。发表专著 6 部，论文 60 余篇。

覃国生教授简介

覃国生，男，壮族，1936年生，中国少数民族双语教学研究会理事、常务理事，现任广西壮学丛书编委会委员。已发表论文32篇；出版著作（含独著、合著、参写、译注）21本（部）。有关双语教学的论文主要有：《壮语使用情况和壮汉双语教学》（《三月三》1997年）、《科学发展观与民汉双语教学》（《中国当代教育思想宝库》人民日报出版社版2005年12月）、《广西壮汉双语教育问题》、《广西语言文字使用问题调查与研究》（广西教育版社2005年1月）、《双语教学是提高基础教育质量、保护文化生态的有效途径》、《第五届国际双语学讨论会论文集》、《论壮—老挝特殊的双语教学》（《双语教学研究与实践》第3辑）。他牵头撰写的《关于提高壮族地区初中教学质量论文集》荣获中国少数民族双语教学研究会文集类一等奖，还撰写了《中国少数民族双语教学与实践》第十章“广西的双语教学”等。

他先后荣获“广西推广壮文先进个人”称号两次（1986年、1997年）、“广西语言文字工作先进个人”称号1次（2004年）、“广西民族古籍工作先进个人”称号1次（2012年），注译的壮族的民歌唱本《何文秀》即将出版。

余惠邦教授简介

余惠邦，男，汉族，1939年生，四川省泸州市人。1960年毕业于西南师范大学中文系。曾任西南民族学院少数民族语言文学系主任、教授、硕士研究生导师。享受国务院特殊津贴。在学术界长期担任中国少数民族双语教学研究会副理事长、顾问，中国修辞学会常务理事、顾问，四川省语言学会常务理事等职。长期从事应用语言学、汉语修辞学研究，双语教学与研究。主要论著有《现代汉语》

（上册）、《双语研究》（主编）、《学生易误词语辨析词典》（主编）等 10 余部。在全国报刊发表论文 50 多篇，其中 5 项成果荣获部、省级优秀教学科研成果奖。先后被评为成都市优秀教师、劳动模范、国家民委系统离退休先进个人。

尤努斯 · 阿不利斯教授简介

尤努斯 · 阿不利斯，男，维吾尔族，1944 年 9 月 5 日出生于新疆哈密县。新疆财经大学原党委副书记、院长、教授、硕士生导师。新疆维吾尔自治区政协第七届、第八届、第九届委员会委员，第九届委员会教科文卫体委员会副主任。中国少数民族双语教学研究会副会长。新疆教育系统关心下一代工作委员会常务副主任，新疆双语教育专家委员会顾问，新疆教育学会少数民族双语教育研究会第一届理事会理事。他紧密结合教育、教学、学校管理，编写出版了《汉语教学与民汉兼通教育研究》（汉文），《汉语水平考试（HSK）应试指导》及财经类系列教材 30 多部（部分是合著）著作；发表《民汉兼通是双语教学的根本方针》等 50 多篇论文文章（民汉文）；主持并较好地完成了“新疆汉语教学发展史”这一国家资助课题的研究，在新疆人民出版社出版了 50 万字的著作（汉文担任主编）。

本会第十一届理事会在广泛听取意见的基础上，从全国评选出3位“终生成就奖双语教育专家”和4位有“突出贡献双语教育专家”，在第二十五次全国双语教育研讨会上颁发《荣誉证书》。

第二届“终身成就奖双语教育专家”荣誉称号

胡振华教授
哈斯额尔敦教授
盖兴之教授

第二届“突出贡献双语教育专家”荣誉称号

张廷芳教授简介

张廷芳，女，汉族，北京人，1946年生，中共党员。1970年毕业于北京师范大学中文系，自愿申请赴西藏工作，先后在西藏自治区师范学校、西藏师范学院、西藏大学任教，曾任教研室主任、系主任、教务处长、西藏大学副校长等职，2006年10月退休。1979年4月参加全国民族院校汉语教学研究会（中国少数民族双语教育学会前身），1981年任理事，1983年至2012年任副理事长。

在西藏工作、生活40余年，努力为人师表，教书育人，为西藏民族高等教育的建设和发展贡献了全部心血和精力。主持编写了西藏自治区师范学校《汉语文》教材、西藏自治区初高中藏文班汉语文教材及教学参考书（第一副主编）、西藏大学《大学语文》教材，合作主持编写教材及著作4部，参编《中国少数民族双语教学研究与实践》一书撰写西藏部分，主持完成的国家社会科学基金项目“西藏少数民族汉语教学概况与研究”，项目成果《西藏少数民族汉语教学概况与研究》获学会研究成果奖。撰写发表论文20余篇。获西藏自治区教学成果奖1项。先后获得西藏自治区“巾帼建功”先进个人、全国教育系统“巾帼建功”标兵、宝钢教育基金优秀教师、西藏自治区“三八”红旗手、全国少数民族双语教学先进工作者、北京师范大学百年校庆优秀校友、全国全民国防教育先进个人等荣誉称号。

刘厚生教授简介

刘厚生，男，汉族，1941年2月生于北京，毕业于中央民族学院开办的少数民族语言文学系首届满文班。现为东北师范大学历史文化学院资深教授、博士生导师，兼任长春师范大学客座教授、满族文化研究所名誉所长，吉林省长白山文化研究会副会长，长春市满族文化促进会顾问等职务，系国家非物质文化遗产吉林省满语文传承人。主要研究方向为清史、东北民族与疆域史、满族文化与满语言文字、满文古籍整理与研究等。曾主持并参与国家、省部级重点项目14项，如："旧满洲档研究"（国家中华社科基金）、"东北疆域沿革史研究"（国家中华社科基金）、"国家清史工程·民族志"等。目前承担教育部重大课题"中国满语文保护抢救口述史与满语音像资料库建构"。几十年来，发表论文百余篇，出版专著三十余部，其中《满语文教程》《简明满汉辞典》《汉满词典》《满族萨满跳神研究》《钦定满洲祭神祭天典礼》《中国长白山文化》等著作在学术界有一定的影响。《旧满洲档研究》获教育部三等奖。

陈世明教授简介

陈世明（1941— ），汉族，乌鲁木齐人。1967年从新疆大学中文系维吾尔语专业本科毕业，1981年从新疆大学中语系突厥语族语言文学专业研究生毕业，文学硕士。现为教育部文科重点研究基地新疆大学西北少数民族研究中心兼职研究员、新疆文献研究基地学术顾问，教授、博士生导师。研究方向为汉维双语和地方文献。先后主持并完成国家社科基金重大项目"新疆维吾尔民族察合台文契约文书整理与研究"、教育部文科重点研究基地重大项目"新疆民汉双语现象与社会发展之关系”、国家社科重大委托项目“新疆通史”基础项目“察合台文《苏图克·布格拉汗传》翻译与研究”、教育部全国高校古籍整理研究工作委员会项目“二十四史西域史料维吾尔文翻译和注释”等5项。公开出版的专著、编著、译著有《现代维吾尔语实用语法》《新疆现代翻译史》《新疆民汉双语现象与社会发展之关系》《二十四史西域史料辑注》（3部）、《二十四史西域史料维吾尔文译注》（9部）、《现代维吾尔语》等共18部，以非第一完成人署名的著作有《汉维翻译教程》《西域翻译史》等，正在参研国家社科重点项目“《西域同文志》校注”。先后在《民族语文》《西北民族研究》《新疆大学学报》等刊物发表《〈西域图志〉民汉语合璧地名研究》《从谚语看维吾尔民族的伦理道德观》《新疆民汉双语教育的由来和发展》等学术论文50余篇。获得省部级以上科研成果奖8项，2008年获新疆优秀博士生论文指导教师称号。《新疆民汉双语现象与社会发展之关系》被评为教育部文科重点研究基地新疆大学西北少数民族研究中心标志性成果，《二十四史西域史料维吾尔文译注》（9部成果）被评为新疆大学社科研究标志性成果并首批纳入《新疆文库》出版。

太平武教授简介

太平武，1947年生，吉林省延吉市人，中央民族大学教授、博士生导师。1975年毕业于中央民族学院汉朝翻译专业，先后两次到北京大学从事教学与科研工作，两度赴朝鲜金日成综合大学从事学术研究工作，获得副博士学位和博士学位。曾赴日本大阪经济法科大学做访问学者，赴韩国高丽大学从事中韩语言对比研究工作。

历任中央民族大学少数民族语言文学院副院长、朝鲜语言文学系主任，兼任中国朝鲜语学会副理事长、中国朝鲜语规范化委员会副会长、中国少数民族双语教学研究会副理事长、中国民族语言学会理事等职。

太平武教授毕生致力于汉朝（韩）—朝（韩）汉翻译理论研究、汉朝（韩）—朝（韩）汉语言对比研究，卓有建树。先后出版《汉朝翻译理论与技巧》《中韩语序对比研究》《社会语言学研究》《中韩语言对比研究》等多部专著和十多部编译著，在国内外重要刊物发表了《汉朝翻译中场面信息与色彩意义的转换》《语言变异与双语教学》等 90 余篇论文。太平武教授在汉朝、朝汉翻译理论，以及汉朝、朝汉语言对比方面倾注了大量的心血与精力，穷数十年的研究功力，不仅建立了汉朝、朝汉翻译理论体系，而且创立了以信息论为主的翻译实践方法论，获得了汉朝、朝汉翻译学界的高度评价。其著作《中韩语言对比研究》从微观角度对汉朝两种语言的形态、结构、功能以及语义特点进行对比，探索两种语言的对应关系及转换规则，在国内称得上是第一部综合性的中韩语言对比专著。

《中国民族教育》杂志“壮丽70年，奋斗新时代”专栏专访丁文楼荣誉会长

编者按：

今年，中华人民共和国成立70周年。70年来，新中国民族教育事业蓬勃发展，双语教育作为民族教育的重要组成部分，为培养少数民族人才，促进民族优秀传统文化传承，促进各民族共同团结进步、共同繁荣发展发挥了重要作用。

中央民族大学教授、中国少数民族双语教学研究会荣誉会长丁文楼出生于1940年，多年来从事少数民族双语教育的理论研究和实践，为我国双语教育事业的发展做出了突出贡献，也亲历和见证了我国双语教育事业的发展历程。精神矍铄的丁文楼教授，至今仍在为双语教育事业积极发挥余热。在中华人民共和国即将迎来70周年之际，本刊记者对丁文楼教授进行了专访。

问：丁教授，您好，您是我国民族教育领域德高望重的前辈，您是怎样与少数民族双语教育结缘的？能否简要介绍一下您的成长、学习和工作经历？

答：我1961年考入中央民族学院（现中央民族大学）少数民族语文系维吾尔语专业，师从著名民族语言家马学良教授学习语言学。大学期间，我较系统地修完本科各门课程，打下了初步的语言学基础，也学习了党的民族政策。毕业后，服从国家分配留任学校。1966年赶上“文化大革命”，后来又去“五七”干校锻炼。1970年初，学校恢复招生，让我给新疆少数民族学生教授汉语课。当时，给少数民族学生教汉语有很多困难。首先，人们对这一工作的意义认识不足，不被重视，包括某些领导也误认为“给少数民族学生教汉语容易，会说汉语就能教”。教学成果不被承认，科研成果无处发表。其次，就教学而言，一是没有现成教材，教材由教师自己编。二是自己学习的专业是民族语，要给学生教授汉语，是两码事。特别是20世纪70年代初，工农兵学员文化素质普遍较低，有的仅仅初中毕业，绝大

多数一句汉语都不会说。面对这样的教学对象，对自己不仅是两种语言功底的考验，而且很多方面需要重新学起。教学中碰到解决不了的问题就查资料，去进修充实自己，真的是边教边学。维吾尔语不会的就向学生请教，与学生互教互学。正可谓“学然后知不足，教然后知困。知不足，然后能自反也；知困，然后能自强也。故曰：教学相长也。”（《礼记·学记》）少数民族学生热情淳朴，在多年的教学工作中我与同学结下了深厚的师生之谊。从20世纪70年代初到1995年因工作需要离开了教学第一线，我共教十几届学生，教过“汉语语法”“大学语文”“古代汉语”等10多门课。教学对象有本科生、研究生、留学生等。新疆学生毕业后分配到天山南北各个地区，有的当了翻译，有的当了教师，有的当了领导干部，成了民族地区革命和建设事业的骨干力量。有的学生几十年都保持着联系，每每想起这些，作为事业的一员，成就感和自豪感油然而生，特别是看到学生的进步，倍感欣慰。

中央民族大学是全国民族地区教育的缩影，有几个教学单位有双语教学。本校关于双语教学的每项改革或教学问题的破解都会对全国起到示范作用。1987年，我曾撰文“谈谈双语教学的改革”（载《中央民族学院院刊》），提出从体制、教材、教法等进行改革，在学校领导的支持下，由我牵头成立了中央民族大学双语教学中心和全国唯一一所少数民族双语教育研究所。为解决学生“开口难”的口语问题，我和维吾尔族老师共同编写了《汉语口语教程》，伴随多届学生的口语教学。为解决教学燃眉之急，我主编了《中央民族大学预科系列汉语教材》，成为本校和新疆多所高校的汉语教材。

中国少数民族双语研究会是由马学良先生于1979年亲手创办的全国性学术团体，在马先生的亲自主持下，到1988年召开过6次全国学术研讨会，出版过4本文集，为研究会的发展奠定了基础，对推动我国双语教育事业的发展发挥了重要作用。1997年学会换届选举，我当选为第七届理事会理事长，到2013年连任3届17年。其间，召开过12次全国学术研讨会、5次国际学术研讨会，举办过7届双语教师培训班，开展了5次全国科研和教学成果评奖，出版了8本文集，创办了会刊《双语教育研究》等，对交流经验、理论研究和全国双语教育的发展起了巨大的推动作用。壮丽70年，我从一个不谙教育的青年教师，伴随民族教育事业的发展而成长，亲历了祖国民族教育事业的改革与发展，也见证了民族双语教育事业取得的伟大成就。深感民族双语工作是一项伟大而崇高的事业，并决心为之终生奋斗。

问：中华人民共和国的成立，开辟了中国历史新纪元，使我国各民族人民迎来了新生。请谈一谈中国的民族语言政策和民族语言状况，中华人民共和国成立后，党和国家的民族双语教育政策是怎样形成和完善的？

答：我国是个多民族、多语言的国家，汉族是主体民族，汉语、汉字是国家通用语言文字。50 多个少数民族使用 80 多种语言。

双语教育是我国民族教育的重要组成部分，是党解决民族问题的重大决策。中华人民共和国成立以来，党根据我国国情、民族情况制定了相关的民族语文政策。伴随改革开放，不断发展完善，民族语文政策是我国实施民族双语教育的法理依据和根本保证，这些政策概括起来有以下内容。

民族平等和语言平等政策，帮助少数民族创制和改革文字，积极倡导、鼓励各民族干部群众互相学习语言文字，民族地区实施民汉双语教育等。

关于双语教育，习近平总书记对搞好民族双语教育有过一系列重要指示，2014 年 4 月，在新疆考察时，他指出："少数民族孩子的双语教育要抓好，学好汉语将来找工作方便些，更主要的是能为民族团结多作贡献。"习总书记的指示，不仅表明双语教育的重要，也表明党中央对双语教育的高度重视。

中华人民共和国成立以来，中央和地方对开展双语教育制定了一系列政策、法规。2015 年 9 月召开的第六次全国民族教育工作会议颁布了《国务院关于加快发展民族教育的决定》，提出了"科学稳妥推行双语教育"方针："依据法律、遵循规律、结合实际，坚定不移推行国家通用语言文字，确保少数民族学生基本掌握和使用国家通用语言文字，少数民族高校毕业生能熟练掌握和使用国家通用语言文字。尊重和保障少数民族使用本民族语言文字接受教育的权利，不断提高少数民族语言文字教学水平。在国家通用语言文字教育基础薄弱的地区以民汉兼通为基本目标，建立健全从学前到中小学各学段有效衔接、教学模式与学生学习能力相适应，师资队伍、教学资源满足需要的双语教学体系。"这是国务院在习近平新时代民族工作战略方针指导下，对我国民族双语教育的顶层设计，是搞好双语教育的指导方针，是新时代我国民族工作战略核心理念的具体体现。

问：中华人民共和国成立后民族双语教育事业的发展大致可以划分为几个阶段？壮丽70年，特别是改革开放以来，双语教育发展取得了哪些辉煌成就？

答：中华人民共和国成立70年来，民族双语教育事业从无到有，经过了不平凡的风雨历程。如果从历史分期来了解民族双语教育的发展，我觉得大体可分为四个阶段：第一阶段，从中华人民共国成立到“文化大革命”前（1949—1966年），是全面创立和初步发展时期；第二阶段，是“文化大革命”10年（1966—1976年）到改革开放前，双语教育受到挫折，可以说是缓慢发展和停滞时期；第三阶段，从改革开放之初到20世纪末，是双语教育大发展、大繁荣时期；第四阶段，从本世纪初到现在。其间，颁布施行了《国家通用语言文字法》（2001年），《国家中长期教育改革与发展规划纲要（2010—2020年）》（2010年），到2015年第六次全国民族教育工作会议召开，双语教育事业进入“科学稳妥发展”时期。随着改革开放的发展，全面贯彻《国家通用语言文字法》，大力推广和普及国家通用语言文字，民族地区双语化进程加快，双语教育模式由以民族语为主，单科加授汉语，转为以汉语为主、单科加授民族语。

中华人民共和国成立70年来，我国双语教育取得了辉煌成就。目前，民族地区从学前到高校已建立起完整的双语教育体系。据统计，现在全国有1万多所学校开展双语教育，有22个民族使用29种文字进入课堂教学，双语教师有23.5万人，接受双语教育的学生达450万，出版中小学教材3500多种，印数达1亿多册，这在世界上是绝无仅有的。另外，建立了中国特色民族双语教育的理论体系。第一，中国少数民族双语教育研究会的建立，形成立体式不同层次、不同门类的庞大的双语教育研究队伍。第二，研究成果系统全面。几十年来广大双语教育工作者边教学边研究，专著、论文、调研报告等，成果累累，既有理论创新，也有经验总结，有语言对比研究，也有教材、教法研究，等等，丰富多彩，不计其数。第三，编辑、出版了不同民族、不同层次、不同专业的各类教材，满足了民族双语教育的发展需要。

问：中华人民共和国成立70年来，民族双语教育的发展有哪些宝贵经验？

答：我国民族地区地域辽阔，民族众多，语言使用情况复杂，教育基础不尽相同，教学模式各异。因此，各地双语教育因地制宜，不搞“一刀切”，而作为共同的追求与目标，“民汉兼通”的提法便应运而生。“民汉兼通”这一科学提法，是我国双语教育事业发展的产物，具有深刻而丰富的内涵。“民汉兼通”是对党的民族语文政策的高度概括，是民族双语教育的指导方针，是要求，也是目标和方向。在“民汉兼通”方针的指引下，各民族地区根据本地的具体情况，通过各类教学实验，探索出了自己的发展路子、做法和经验，使我国民族双语教育的园地呈现出百花齐放异彩纷呈的繁荣景象。例如广西壮族自治区经广泛的教学实践，总结出“以壮为主，壮汉结合，以壮促汉，壮汉兼通”的方针，要求学生在学好壮语文的同时，要积极学好普通话，学好汉语文，切实做到“壮汉兼通”。云南白族小学双语教学经验总结出“先白后汉，白汉并重，以白带汉，白汉俱通”的重要经验。西藏自治区提出了“以藏语文为主，藏汉语文并用”，“在基础教育阶段应以藏语文教学为主，同时学好汉语文，逐步做到学生在高中毕业时能够藏汉兼通，有条件的还要学习一门外语”；湖南湘西苗族小学“双语双文，四步转换”的经验；四川彝、藏族地区“双语教学二十年分三步走”的体制规划；东北地区朝鲜族双语教育经多年改革总结出“精化朝语，强化汉语，优化外语”的经验。另外，新疆、内蒙、青海、甘肃、贵州等地区都结合本地区实际开展了各具特色的双语教学，取得了丰富的经验。这些都是中国民族双语教育的特色和经验。

问：党的十八大以来，以习近平同志为核心的党中央高度重视民族教育工作，出台了一系列重要举措，大力推进民族教育事业科学发展。进入新时代，我国双语教育事业呈现出哪些新的特征和发展趋势？展望未来，您对双语教育发展有哪些建议？

答：民族双语教育是党的民族工作的重要组成部分，党和政府历来对民族双语教育非常重视。十八大以来，习近平总书记对双语教育有过多次重要指示，全面贯彻新时代民族工作的指导思想和方针，服务国家民族工作大局，是广大民族教育工作者的光荣历史使命。应该说，中国特色的民族双语教育是服务全国民族工作大局的重要阵地，是各民族交往交流交融的桥梁，是各民族共同繁荣发展的人才培养基地。新时代党的民族双语教育政策的核心理念，正是我国民族双语教育伟大时代意义与其社会功能的集中体现。换句话说，新时代民族双语教育应努力体现以下新的工作特征：

首先，以习近平总书记关于民族工作的重要论述为指导，坚定不移推行国家通用语言文字，维护国家统一，铸牢中华民族共同体意识，服务于国家语言规划，促进“五个认同”；其次，科学稳妥推行双语教育，提高全民素质，加强各民族交往交流交融，为民族团结作出贡献；再次，尊重和保障少数民族使用本民族语言文字接受教育的权利，不断提高少数民族语言文字教学水平，继承、弘扬中华多元文化，增强国家的文化软实力；最后，培养大批“民汉兼通”双语人才，促进各民族共同发展繁荣进步，为民族地区同步实现小康提供人才支撑和智力支持。2011 年 3 月新疆维吾尔自治区人民政府批准颁布的《新疆维吾尔自治区少数民族学前和中小学双语教育发展规划（2010—2020）年》指出：“在我区推进双语教育是提高少数民族教育质量、培养民汉兼通少数民族人才的战略举措；是深入实施西部大开发战略，建设社会主义和谐社会，实现新疆跨越发展的必然要求；是维护国家统一和民族团结，促进各民族共同繁荣发展和进步，实现新疆长治久安的迫切需要。党和国家高度重视我区少数民族双语教育工作，把推进双语教育摆在特殊重要的地位。我们要从战略和全局的高度，充分认识推进双语工作的特殊重要性，增强做好双语教育工作的责任感、使命感和紧迫感。”这一表述，对双语教育的重要意义进行了全面概括，也是今后我国民族双语教育发展方向。

问：近年来，国家大力推广国家通用语言文字，有些人认为推广国家通用语言文字会削弱少数民族语言文字的教学，甚至会影响少数民族文化的传承和发展。与此同时，也有人认为民族语文应用范围较小，开展民族语文教学没有什么意义，甚至会阻碍少数民族学习现代科学文化知识。应该怎样认识国家通用语言文字与少数民族语言文字教学的关系？双语教育在传承民族文化、促进民族团结中发挥着怎样的作用？

答：民族语文教学与汉语文教学的关系问题是困惑双语教育工作者多年的老问题。在双语教育中，处理好民族语文教学和汉语教学的关系，是关系到国家语言政策和双语教育质量的重要问题。民族语是学生的母语，联合国教科文组织多次召开专家会议，“支持母语教育，因为这可以利用学生和教师的知识和经验，从而提高教育质量”。另外，“尊重和保障少数民族使用本民族语言文字接受教育的权利”和少数民族优秀传统文化的传承和发展，其地位和作用是不可替代的。汉语作为国家通用语，在我国语言关系中具有独特的地位和作用，少数民族学习汉语的重要性多有论述，毋庸赘言。因此，在双语教育中既不能只强调民族语文而忽视汉语文，同样也不能只强调汉语文而忽视民族语文教学。同时，民族语和汉语都是双语教学用语，民族语文课和汉语课都是双语教育的重要基础课程，两者密切配合，共同构成科学、完整的双语教学体系，“殊途同归”，共同培养、造就“民汉兼通”的少数民族双语人才。因此，民族语文与汉语文教学是“相辅相成，互为补充”的关系（金星华主编《中国民族语文工作》）。2013年国家民委有关领导组成调查组，赴一些民族地区开展双语教育调研工作，总结出双语教育的经验，提出“民汉兼通培养，民汉教学并行”的要求，我想这是对民汉双语关系最恰当的表述。当然，在双语教学中，因各地、各民族情况不同，语言环境、师资条件等教育基础各异，各地因地制宜地开展不同模式的双语教育是很自然的事。特别是根据教学内容和教学要求的需要，不能平均安排课时，或者因为学生汉语水平的提高，变换教学模式都是人才培养的需要，不能认为哪一个重要或不重要。

问：教育大计，教师为本。我刊的读者中也有很多民族地区的双语教师，您对他们的专业成长有哪些建议和寄语？

答：首先，在今年教师节来临之际，我向全国的老师和广大民族教育工作者致以崇高的敬意，并致以节日的问候！

习近平总书记在2011年教师节讲话中指出：“教育发展，需要我们大力培养造就出一支师德高尚、业务精湛、结构合理、充满活力的高素质专业化队伍。”习近平总书记的讲话应该成为广大双语教师的座右铭。多年的教育工作，使我深深认识到，中国民族双语教育事业是一项伟大而崇高的事业；同时我也深感作为一名合格的双语教师，不仅要具备扎实的汉语文专业知识，还要熟悉少数民族的语言和文化，还要具备语言学、教育学、心理学和民族学等多学科的基本素养和对事业的深厚感情。冀望凡有志于献身民族双语教育事业的广大青年教师，不忘初心，牢记使命，久久为功，砥砺前行，为中华民族的伟大复兴贡献自己的聪明才智！

记者：感谢丁教授接受我刊采访。祝您身体健康，万事如意！

丁：谢谢！

后记

后　记

今年，中华人民共和国成立 70 周年，举国同庆祖国各条战线的历史巨变！

今年，中国少数民族双语教学研究会成立 40 周年，广大民族教育工作者热烈庆祝我国民族双语教育的辉煌成就！

自成立之日起，中国少数民族教学研究会乘着改革开放的春风，团结全国各族双语教育工作者，以宣传、贯彻党的民族语文政策为己任，高举中国特色社会主义伟大旗帜，深入贯彻科学发展观，以学术为本，开展“理论研究，学术交流，专业培训，国际合作，咨询服务”，全面弘扬中华多元文化，推动建立、完善中国少数民族双语教育学科理论体系，以会养会，不断提高研究会的学术地位、品牌、特色和影响力，为促进我国民族教育事业的发展、维护民族团结和构建中华民族共同体做出了自己的贡献。

40 多年来，学会秉持“团结、民主、奉献、创新”的会风，不忘初心，牢记使命，先后召开过 25 次全国双语教育学术研讨会（包括 5 次国际研讨会），举办过 7 届双语教师培训班，进行过 5 次全国双语教育科研成果评奖，对双语教育先进工作者进行了表彰，创办了会刊《双语教育研究》，编辑、出版了双语教育研究文集 12 部，大大推动了我国民族双语教育理论研究和经验交流，使研究会成为在国内外有重大影响力的学术团队和推动民族双语教育事业发展的强大生力军。

2013 年研究会第十届理事会换届选举。到 2019 年又举办了 5 次全国学术研讨会，收到论文近 400 篇，从中选出有代表性的论文 76 篇，结集出版《双语教育研究·第九辑》，代表了我国少数民族双语教育研究的前沿理论水平。

本文集的出版得到中央民族大学出版社的大力支持，在此表示衷心感谢！由于时间仓促，疏漏之处在所难免，敬请读者批评指正！

编者

2019 年 12 月